アラン・ワトソン

ローマ法と比較法

瀧澤栄治　訳
樺島正法

信 山 社

Alan Watson
Roman Law & Comparative Law

© 1991 by the University of Georgia Press
Athens, Georgia 30602
All rights reserved

Set in 9/12 Trump Mediaeval by Tseng Information Systems, Inc.
Printed and bound by Thomson-Shore
The paper in this book meets the guidelines for permanence
and durability of the Committee on Production Guidelines for
Book Longevity of the Council on Library Resources.

Printed in the United States of America

95 94 93 92 91   5 4 3 2 1

Library of Congress Cataloging in Publication Data
Watson, Alan.
    Roman law and comparative law / Alan Watson.
      p. cm.
    Includes bibliographical references and index.
    ISBN 0-8203-1260-6 (pbk : alk. paper).—ISBN 0-8203-1261-4
    1. Roman law. 2. Comparative law. I. Title.
KJA160.W38 1991
340.5'4—dc20   90-36930
                                                                             CIP

British Library Cataloging in Publication Date available

For Leigh Bauer,

for the reasons he knows

目　次

序　文
年　表
略語表

第1部　ローマ法

第1章　法とローマの精神 … 3
第2章　王法と十二表法 … 10
第3章　法　源 … 17
第4章　家族法 … 32
第5章　奴隷制 … 46
第6章　財　産 … 52
第7章　契　約 … 62
第8章　不法行為 … 82
第9章　相　続 … 92
第10章　後古典期の法とユースティーニアーヌス … 99
第11章　ローマ法のその後の歴史 … 104

第2部　比較法

第12章　比較法 … 117
第13章　ローマ法と比較法——法源 … 134
第14章　ローマ法と比較法——奴隷制度，占有 … 140
第15章　ローマ法と比較法——契約の出現 … 147
第16章　ローマ法とイングランド法 … 167
第17章　ユースティーニアーヌス『法学提要』が学術書に及ぼした影響
　　　　——大陸法 … 177

第18章	ユースティーニアーヌス『法学提要』が学術論文に及ぼした影響——ブラックストンの『釈義』……………………201
第19章	フランス民法典における不法行為と準不法行為……………221
第20章	莫大な損害……………………245
第21章	法学上の分類と実体法……………………253
第22章	ユースティーニアーヌスの自然法の遺産……………………262
第23章	裁判官の文化……………………271
第24章	封建法と法的伝統……………………302
第25章	法発展の2つのパターン……………………308
第26章	伝達と法……………………328

〈付録A〉　ヘイルの『分析』……………………337
〈付録B〉　ブラックストンの一覧表……………………339
〈付録C〉　ゴトフレードゥスの一覧表……………………343
原　注……………………347
訳者あとがき
邦語索引
原著索引

序　文

　この本は，独立のしかし関連する2つの部分から構成されている．ローマ〔ix〕法についての第1部は記述的で，比較法の第2部は解説的である．そして，第1部が一つの法制度に関するものであるに対して，第2部は，全ての西洋の法制度における法準則や法構造を理解する方法を述べている．

　第1部は，事実上，『古代ローマ人の法』(The Law of the Ancient Romans Dallas: Southern Methodist University Press, 1970) を改訂し，少し増補したものである．私がその本を書いたとき，私の主たる興味はローマ法であり，そして，その本が，古典文化学科のコースを取っているカレッジの学生とローマ法それ自体あるいは比較法の勉強に興味を持っている法学部の学生用の教科書となることを望んだ．

　1970年以来，私の興味の中心は比較法に移ったが，それは必然的に強い歴史的要素を有するものである．比較法の価値は，法が変化する環境を特定することを助け，その故に法的発展の過程を明らかにすることに役立つところにある．それは，政府の法形成における利害と役割を明らかにする．その結果として，比較法は我々に，法，法準則，そして法構造の，それらが機能している社会に対する関係について多くのことを教えるのである．その後の西洋の法の発展にとってローマの私法が中心的役割を果たしているのであるから，比較法の研究においては，ローマ法に親しむことが要求されるのである．故に，第1部と，比較法の解説に当てられる第2部をリンクさせることが妥当である．

　実際上，問題を比較法的にそして歴史的に調べることなしに，いかに法が発展し支配するか，そして法準則と法構造が社会に対してどのように関連するのかを理解することは不可能であり，西洋においてはローマ法の知識なくして法の比較的な理解もまた同様に不可能である．ポイントは，ローマ法の知識それ自体が近代法の理解を与えるのではなく，近代法が何故そのような準則や構造の状態にあるのかに対する解答がローマ法の知識なくしては不可能であることにある．

　第2部において扱われるものの中から，いくつかの具体例を上げてみよう．ブラックストン (Blackstone) の『イングランド法釈義』(Commentaries on the Laws of England, 1765-69) は，英国の先駆者達についての知識と共に，紀

元後533年のユースティーニアーヌスの『法学提要』の構造の知識と，それについての17世紀のヨーロッパ大陸での『法学提要』についての研究の構造の理解なしには，正しく説明できないのである．同様に，ステアー卿 (Lord Stair) の『スコットランド法提要』(Institutions of the Law of Scotland, 1681) から，刑法が何故抜けているのかについての説明は，ユースティーニアーヌスの『法学提要』の研究から由来するヨーロッパの伝統についての知識なしには完結しないのである．ステアー卿の著作と同じ題名のジョージ・マッケンジー卿 (George Mackenzie) の著作 (1684年) が，『人の法』(the law of persons) の表題の下でブラックストンの方は憲法を扱っていると思われるのに対して，それと同じ表題の下で法律管轄を扱っているのは何故であるかについても，同じ知識が要求されるのである．実体法の問題に目を転じると，1804年のフランス『民法典』中の（今なお妥当する）不法行為による損害賠償責任の相異なるいくつかの根拠を合理的に説明することは，フランス人が拒否したローマ法の準則と，17世紀のフランスにおける不法行為 (delict) と準不法行為 (quasi delict) の再分類に対する評価を抜きにしては不可能である．

フランス法とドイツ法における契約交渉での不平等に対する非常に異なった近代でのアプローチも同様に，ローマ法の源流とその後のそれらの取扱いについての知識があってはじめて解釈できるのである．

比較法的アプローチの利点の一つは，法的発展における正確な一般化が可能となる点である．比較法の側からローマ法に対する洞察が得られるのは，この方法によるのである．今や我々は，結局は（この関係においては）政府と何の関係もない私的な市民にすぎないローマの法学者に与えられた法的発展の巨大な役割を説明することができる．ローマ共和政における私法についての立法の数が少ないことは，特異な出来事ではないことが分かる．そして，ユースティーニアーヌスの法の統合は，その時代──「あらゆる面においてほとんど独創的なものではない時代」[1]──の精神の産物ともはや見る必要はない．ローマ法についての更なる詳細なる解説は，第2部でなされる．

ローマ法を理解するための比較法の講義についての諸章の後，第2部は，法律学者，立法者，裁判官による法形成を明らかにするために大まかな形で編成されている．法源は相互に作用し合うので編成はおおまかな形である．

かくして，このテーマは重要である．私の希望は，初心者にも専門的な法律学者にも等しく分かりやすい言い方をするならば，比較法（そしてそれに含まれるものとしてのローマ法）は，法の社会に対する関係を理解するのに大変重要であるから，西側世界のロースクールは，それをカリキュラムにおけ

る中心テーマとすることを欠かしてはならない，という見解を提案することである．

謝　辞

　本書第2部の意図は，主として，歴史的な方法で比較法にアプローチすることによって，そうでなければ不可解で誤解を生じさせる多くの法的現象の説明が可能となることを示すことにある．諸々の特別な例が必要となる．かくして大部分の章は，私の以前の著作に由来するか，書き直したものである．第12章と第24章は，ほとんど，『南北アメリカにおける奴隷法』*Slave Law in the Americas*（Athens: University of Georgia Press, 1989）の第1章の内容を詳述したものである．第15章は，『法の進化』*The Evolution of Law*（Baltimore: Johns Hopkins University Press, 1985）の第1章とだいたい同じものである．第17章は，『市民法の形成』*The Making of the Civil Law*（Cambridge, Mass.: Harvard University Press, 1981）の第6章の詳述である．第18章は，The Yale Law Journal Company 及び Fred B. Rothman & Company の許可を得て，*The Yale Law Journal*, 97（1988）pp. 795-821 の論文を再印刷したものである．第19章は，『法的想像力の欠乏』*Failures of the Legal Imagination*（Philadelphia: University of Pennsylvania Press, 1988）の第1章の一部が元になっている．第20章は，*Journal of Legal History*（1981），pp. 186ff. の論文に由来する．第22章の一部は，『南北アメリカにおける奴隷法』*Slave Law in the Americas* の第7章の書き直しである．第23章は，基本的には，*American Journal of Comparative Law*（1985），pp. 163ff. の論文をそのまま載せたものである．第25章の元になっているのは，ニューオーリンズのロヨラ大学ロー・スクールでのブレンダン・ブラウン講演 the Brendan Brown lecture at Loyola University Law School, New Orleans であり，*Loyola Law Review* において公表予定である．第26章は，『法的想像力の失敗』*Failures of the Legal Imagination* の第5章の一部を大幅に書き直したものである．再出版をお許し頂いた以上すべての出版社に対して謝意を表する．

　名前を挙げることが大変なほどの多くの友人達は，様々な章の膨大な草稿に対して意見を述べてくれたが，特に John Cairns と，私のゼミナール「歴史的な視点における法と社会」のメンバーである Dan Dalton, Kaled Abou el Fadl, Matthew Frank そして Elise Zoli に感謝の念を表明したい．彼らには作品全体を読んで頂いた．

年　表

　この年表は，マシュー・フランク（Matthew Frank）によって用意されたものであるが，西洋法史において重要な事項の年表ではなく，特にこの本に関連する事項のそれである．年代のあるもの，特に初期のものは，言い伝えによる．不確かで，言い伝えによっても決定されない年代は，年代の前に c. を付けて示した〔訳においては～年頃とした〕．

紀元前
- 753 年　　　　　　ロムルスによるローマの建国
- 594～93 年　　　　ソロンのアテネ法典
- 509 年　　　　　　ローマ最後の王，傲慢王タルクィヌスの追放
- 471 年　　　　　　平民会（concilium plebis）を区によって編成する法律の制定
- 462 年　　　　　　ガーイウス・テレンティリウス・ハルサ（護民官）が，執政官に対して，法律を起草する委員会を提案する．
- 451～50 年　　　　10 人委員（Decemviri）は，彼らの法典を作成（正式に十表法として採択される）．追加改正されて十二表法として採択される．
- 445 年　　　　　　カヌレイウス法（Lex Canuleia）
- 443 年　　　　　　戸口総監職が作られる．
- 300 年　　　　　　オグルニウス法（Lex Ogulnia）
- 287 年　　　　　　アクィーリウス法（Lex Aquilia）
- 275 年頃　　　　　鋳造貨幣の導入
- 242 年　　　　　　外人掛法務官の創設
- 230 年　　　　　　スプリウス・カルウィリウス・ルガ（Spurius Carvilius Ruga）の有名な事件
- 220 年頃　　　　　市民掛法務官の告示による法の発展の始まり
- 218～184 年　　　プラウトゥスの劇
- 210 年　　　　　　アティーリウス法（Lex Atilia）
- 204 年　　　　　　キンキウス法（Lex Cincia）
- 200 年頃　　　　　フーリウス法（Lex Furia），売買法のローマでの始まり
- 198 年　　　　　　最初の非神官の法律家セクストゥス・アエリウス・パエトゥス（Sextus Aelius Paetus）による法律書『三部書』（Tripertita）の公表
- 193～192 年　　　プラエトーリウス法（Lex Plaetoria）

169 年	ウォコーニウス法（Lex Voconia）
160 年	カトー『農業論』（de agri cultura）
159 年	アーティーニウス法（Lex Atinia）
140〜120 年	アエブティウス法（Lex Aebutia）
123 年	委任契約（mandatum）の存在
117 年	クイントゥス・ムーキウス・スカエウォラ（Quintus Mucius Scaevola）が執政官に
106 年	マールクス・トゥッリウス・キケロー（Marcus Tullius Cicero）の誕生
100 年頃	法務官が，実体法についての新しい法律を作る『告示』を発布し始める．
99 年	ティティウス法（Lex Titia）
95 年頃	クイントゥス・ムーキウス・スカエウォラ（Quintus Mucius Scaevola）は市民法を『分類』（genera）に整理した最初の法律家である．
90 年	ミニキウス法（Lex Minicia）
81 年	コルネーリウス法（Lex Cornelia）
80 年	オクタウィウス（Octavius）によって強迫に対する救済手段が導入される．
66 年	アクィーリウス・ガッルス（Aquillius Gallus）によって，悪意に対する救済手段が導入される．
63 年	ユリウス・カエサルが大神官（pontifex maximus）として選任される．
50 年	スクリーボーニウス法（Lex Scribonia）
40 年	ファルキディウス法（Lex Falcidia）
31〜紀元後 68 年	ユリウス・クラウディウス朝（アウグストゥス，ティベリウス，クラウディウス，そしてティベリウス一族の構成員による王朝）
36 年	オクタウィウス（アウグストゥス）が終身の護民官職権を与えられる．
2 年	フーフィウス・カニーニウス法（Lex Fufia Caninia）

紀元後

4 年	アエリウス・センティウス法（Lex Aelia Sentia）
41〜54 年	クラウディウスの統治
52 年	クラウディウス元老院議決（Senatus consultum Claudianum）
69〜79 年	ウェスパーシアーヌスの統治
79 年	ヴェスヴィウス山の噴火によってポンペイ破壊される．

年表

117〜38年	ハドリアーヌスの統治；法学者ユーリアーヌスが，その最終版で市民掛法務官の告示を改定する．
138〜61年	アントニーヌス・ピウスの統治
160年頃	ガーイウスの『法学提要』が書かれる．
212年頃	アントニーヌス〔カラカラ〕の勅法が発布される．
224年頃	近衛兵によるウルピアーヌスの殺害
235年	アレクサンダー・セウェールスの死
235年頃	ローマ法の衰退
284〜305年	ディオクレティアーヌスの治世
301年	ディオクレティアーヌスが一定の食物と役務に最高価格をつける告示を発布する．
325年	ローマ帝国がキリスト教国となる．
382年頃	『ヴァティカンの断片』(古典期法学者パーピニアーヌス，パウルス，ウルピアーヌスの著作の抜粋)
426年	テオドシウスII世の引用法は，従うべき法学者を選びだす．
429年	テオドシウスII世はコンスタンティーヌス帝以来の一般的適用される全ての制定法大全を編集する委員を任命する．
438年	『テオドシウス法典』の公布
476年	皇帝ロムルス・アウグストゥルスは退位し，西ローマ帝国が滅亡
506年	西ゴート族の王アラリックII世は『西ゴート人のローマ法』(*Lex Romana Visigothorum*) を制定
518年	ユースティーヌス(ユースティーニアーヌスの叔父)が皇帝に即位
527年	ユースティーヌスとユースティーニアーヌスが共同皇帝の地位を分け合う．
528年	ユースティーニアーヌスは帝国法の新たな収集をするための委員会を設置する．
529〜30年	ユースティーニアーヌスの『勅法彙纂』が公布される，ユースティーニアーヌスはトリボニアーヌスに昔の権威ある著作者達の抜粋を作る委員会を設立するよう指示する．
533年	ユースティーニアーヌスの『学説彙纂』または『会典』(*Pandects*) が公布される．『法学提要』はこの年の終りに公布され，発効する．
534年	2番目の『勅法彙纂』(*codex repetitae praelectionis*) が公布される．
553年	ユースティーニアーヌスはイタリアをビザンツ帝国の支配下におく．
554年	ユースティーニアーヌスの法典は国事詔勅によりイタリア

	に施行される.
568年	ロンバルディア人はラヴェンナ,南イタリア,シチリア島を除くイタリア半島を支配下においた(ロンバルディア時代).
654年	レッケスヴィントは西ゴート人のローマ法を廃止し,『レッケスヴィントの西ゴート人法』(*Lex Visigothorum Recesvindiana*) を公布した.
740年	『エクロガ』(法令撰集)の出版
867～886年	皇帝バシリウス1世はマケドニア王朝を建てる.
879年	皇帝バシリウス1世は『プロケイロン』(便利な本)を出版する.
885年	『エパナゴゲ法典』(改訂版)の公布
888年頃	『バシリカ法典』(帝国法典)の公布
1055～1130年頃	伝承によれば,彼によってローマ法がボローニャで教えられたとされるイルネリウスの時代が始まる.
1149年	アルルで『勅法彙纂』(*Lo Codi*) がプロバンス語で書かれる.
1150年頃	オベルトゥス・デ・オルト(ミラノの帝国裁判所の判事)が封建法書(封土の本)を書く.
1150年頃	注釈学者,ヴァカリウスがイギリスで最初にローマ法を教える.
1265年	『七部法典』(*Las Siete Partidas*) がアルフォンソ10世賢王によって公布される.
1314～57年	中世で最も影響力のある法学者バルトールス・デ・サクソフェルラート(Bartolus de Saxoferrato)の存命期間
1345年	ハルメノプロスによる『六巻書』の出版
1348年	『七部法典』が完全な法的効力を付与される.
1495年	帝室裁判所(*Reichskammergericht*——神聖ローマ帝国の最高裁判所)が再編される.
1516～84年	最初の主要な体系化されたオーストリア法の説明(黄金のオーストリア法の論文)の著者ベルハルト・ヴァルターの存命期間
1522～90年	最も有名な人文主義法学者の一人であるジャック・クジャスの存命期間
1529～31年	『ローマ法大全』(ローマ法の集大成)の校訂者ハロアンダーの存命期間
1549～1622年	『ローマ法大全』の校訂者デュオニシウス・ゴトフレードゥスの存命期間
1567年	スペインの『カスティリアのための新集成』(*Nueva Reco-*

	pilación de Castilla)
1573年	ユグノー教徒の迫害が始まる.
1603年	フランス人法学者フランソア・オットマンによる『反トリボニアーヌス』(Antitribonianus) の出版
1607年	ギ・コキーユの初期の『法学提要』が出版される.
1619～21年	グローティウスが『オランダ法学入門』(Inleiding tot de Hollandsche Rechtsgeleertheyd) を書く.
1631年	『オランダ法学入門』の出版
1643年	ヘルマン・コンリングの『ゲルマン法の起源について』(De origine juris Germanici) は「継受」の最初の歴史である.
1644年	オランダ人のローマ刑法の著作者アントニウス・マタエウスが『刑法について』(De Criminibus) を出版
1647年	最初のラテン語版『反トリボニアーヌス』
1649年	フルーネウェーヘンは『オランダと隣接の地域において廃止され不要となった法に関する論証』(Tractatus de legibus abrogatis et inusitatis in Hollandia vicinisque regionibus) を出版
1652年	シモン・ファン・レーウェンの『ローマ＝オランダ法』(Het Roomsch Hollandsch recht) の出版
1665年	ジェローム・メルシエの『皇帝ユースティニアーヌスの法学提要に基づくフランス法の新研究』(Remarques nouvelles de droit François sur les institutes de l'empereur Justinien) の出版
1670年	ゲオルグ・アダム・シュトルーヴェの『ローマ＝ドイツ法についての注解』(Jurisprudentia Romano-Germanica forensis) が出される.
1681年	ステアー卿が初めて『スコットランド法提要』を出版
1684年	ジョージ・マッケンジー卿による『スコットランド法提要』が初めて出版される.
1689年	ルイ14世のもとでの改革
1689～97年	ジャン・ドマの『その自然的秩序における市民法』(Les Lois Civiles dans Leur Ordre Naturel) の最初の出現
1692年	ガブリエル・アルグーによる『フランス法提要』(Institution au droit François) がパリで出版される.
1693年	重要な修正が加えられたステアー卿の『スコットランド法提要』の2度目の出版
1698年	フットが『学説彙纂注解』(Commentarius ad Pandectas) の第1巻を出版
1699～1701年	ゲルマン私法の初めての大学での講義がクリスチャン・ト

年表

	マジウスによりなされる.
1700年	ヨハネス・フットの入門書『ユースティーニアーヌスの法学提要の順序に従った法の要素』(Elementa Juris secundum ordinem Institutionum Justiniani) が出版される.
1704年	フットの『学説彙纂注解』の第2巻が出版される.
1713年	ゲルハルドゥス・ヌートは最初の27冊の学説彙集への論評を出版,マシュー・ヘイル卿の『法の分析』の出版
1718年	ドイツ私法の最も早い法学提要,ゲオルク・バイヤーによる『ドイツ法概説』(Delineatio juris Germanici) の出版
1756年	ブラックストンによる『イングランド法の分析』が初めて出版される.
1765～69年	ウィリアム・ブラックストンの『イングランド法釈義』の最初の出版
1773年	ジョン・エアスキンの『スコットランド法提要』の発行
1794年	プロイセンの『プロイセン一般ラント法』(Allegemeines Landrecht für die preussischen Staaten) が出される.
1803年	ジョセフス・バスタの『ナポリ私法提要』の出版
1804年	ナポレオン法典
1806年	ヨハネス・ファン・デア・リンデンの『法の実務と実業家のためのハンドブック』(Rechtsgeleerd practicaal en koopmans handboek) の出版
1811年	『オーストリア法典』が公布される.
1818～20年	ホセ・マリア・アルバレスによる『カスティリアと西インド諸島の王の法についての法学提要』(Instituciones de derecho real de Castilla y de Indias) が初めてグァテマラで出版される.
1835年	『六巻書』(Hexabiblos) はギリシャにおいて効力を有すると宣言された.
1900年	ドイツ『民法典』(Bürgerliches Gesetzbuch) がドイツ連邦の法となる.
1925年	スイス民法典がトルコにより採用される.
1946年	ギリシャ民法典が施行される.

略　語　表

BGB	*Bürgerliches Gesetzbuch*（ドイツ民法典）.
Buckland, *Textbook*	W. W. Buckland, *A Textbook of Roman Law from Augustus to Justinian*, 3d ed., ed. P. Stein（Cambridge, 1963）.
C.	*Codex Justiniani*（ユースティーニアーヌス『勅法彙纂』）.
C. Th.	*Codex Theodosianus*（『テオドシウス法典』）.
Coing, *Handbuch*	H. Coing, *Handbuch der Quellen und Literatur der neueren europäischen Privatrechtsgeschichte*, 1-（Munich, 1973-）.
D.	*Digesta Justiniani*（ユースティーニアーヌス『学説彙纂』）.
G.	*Gai Institutiones*（ガーイウス『法学提要』）.
h. t.	*huius tituli*（前掲の『学説彙纂』または『勅法彙纂』と同じ章）.
J.	*Institutiones Justiniani*（ユースティーニアーヌス『法学提要』）.
Kaser, *Privatrecht*	M. Kaser, *Das römische Privatrecht*, vols. 1 and 2, 2d ed.（Munich 1971, 1975）.
Lenel, *Edictum*	O. Lenel, *Das Edictum perpetuum*, 3d ed.（Leipzig, 1927）.
Milsom, *Foundations*	S. F. C. Milsom, *Historical Foundations of the Common Law*, 2d ed.（Toronto 1981）.
pr.	*principium*（『学説彙纂』を含むいくつかのローマ法源中の法文の最初の部分，番号は付されない）.
Robinson, *Introduction*	O. F. Robinson, T. D. Fergus, and W. M. Gordon, *Introduction to European Legal History*（Abingdon, 1985）.
Rontondi *Leges*	G. Rontondi, *Leges publicae populi romani*（Milan, 1912）.
Thomas, *Textbook*	J. A. C. Thomas, *Textbook of Roman Law*（Amsterdam, 1976）.
Watson,	Alan Watson, *The Making of the Civil Law*

Civil Law	(Cambridge, Mass., 1981).
Watson, *Evolution of Law*	Alan Watson, *The Evolution of Law* (Baltimore and Oxford, 1985).
Watson, *Failures*	Alan Watson, *Failures of the Legal Imagination* (Philadelphia and Edinburgh, 1988).
Watson, *Legal Transplants*	Alan Watson, *Legal Transplants, an Approach to Comparative Law* (Edinburgh and Charlottes-ville, Va., 1974).
Watson, *Sources of Law*	Alan Watson, *Sources of Law, Legal Change and Ambiguity* (Philadelphia and Edinburgh, 1984 and 1985).
Wieacker, *Privatrechtsgeschichte*	F. Wieacker, *Privatrechtsgeschichte der Neuzeit*, 2d ed. (Göttingen, 1967).

第1部　ローマ法

第1章　法とローマの精神

　ローマが近代世界に遺した最大の遺産は，疑いもなくその私法である．〔3〕ローマ法は，西ヨーロッパの全ての法制度の基礎を形成しており，その例外は，イングランド（スコットランドは異なる）とスカンジナビアである．ヨーロッパ以外では，ルイジアナとセイロン，ケベックと日本，エチオピアと南アフリカ，トルコとチリのように多くの異なった場所の法律が，ローマ法によって明確に基礎づけられている．イングランドや英米法諸国一般においても，ローマ法の影響はかなりのものであり，一般に考えられているよりもはるかに大きい．

　ローマ法の優秀さと影響は，3つの要素の結果である．第1に，ローマ人は法と裁判に対して興味を持ちつづけた．この点については本章においてより詳細に見ていくことになろう．第2に，ローマ人は，変化が比較的容易で，重要な改良を行う権限が最良のリーガルマインドを持つ人々の手中にあるような制度を発展させた．ローマの法源については，第3章で詳しく議論することになるが，法のこの柔軟性は，我々がその歴史的経過を調べる中で，絶えず現れるであろう．第3に，紀元後6世紀のユースティーニアーヌス帝の法典編纂は，後世の法律家達に，模写しやすいモデルとなる，高度に発展した法制度についての比較的短く，しかし包括的な説明を与えた．これについての考察は，少しおくれて第10章でおこなう．

　ローマ人の法と裁判に対する興味は，最も初期の時代に遡る．伝説上のローマ建国年は紀元前753年であるが，509年の傲慢王タルクィヌス（Tarquin the Proud）の追放までこの新興都市は王によって支配されていた．古代の文献は，王が，特に宗教法や家族法の領域で，驚くほど大量の立法をおこなったと伝えている．

　ハリカルナッススのディオニュシウス（Dionysius of Halicarnassus）によると，ローマの建国者であるロムルスは，平民（plebeians）それぞれに，貴族（patricians）の中から保護者（patron）を選ぶことを許し，貴族と平民それぞれに権利と義務が割り当てられた．保護者の義務は，「法を彼らの庇護民のために解釈することであり，庇護民が損失を被った場合に彼らのために訴訟を提起することであり，庇護民が訴訟をしている場合は彼らを支援するこ

と」であった[(1)]．これがまさに，貴族たる保護者に関して言及されている義務である．初期のラテン語文学は少ししか残っていない．しかし，その多くの文献が残っている初期の作家の中に，法と訴訟について同様に強調されたくだりがみられる．紀元前3世紀の終り頃から2世紀の最初の頃に活躍した喜劇作家のプラウトゥス（Plau-tus）は，『幽霊屋敷』（Mostellaria）という劇の中で，酔った人間に次のように言わせている．

「さあ，私はあなたに，何故人間は家のごときものであると考えるべきかについて話をしたい．まず第1に，両親は子供達の建設者である．彼らは子供達の基礎を作り，育て上げ，子供達を立派に建設するために最善を尽くす．子供達を社会と彼ら自身のために有用で立派にするために，彼らはいかなる資財も惜しまない．彼らは子供達を磨き，文字，一般法（general law）と制定法（statute law）の原則を教え，他の親が自分達の息子も同じようになれば良いなあと祈るようなまでに，彼らの金と労働を使うのである．子供達は建設者の手を離れる．……建設者の手中にあったその時までは私は良い子だったのであるが，独立するや私は建設者の仕事をただちにそして完全にだいなしにしてしまったのだ．」[(2)]

法の知識が，ここでは立派な人間の顕著な印として強調されている．この知識は，制定法——すなわち，国家により制定された法——と一般法曹法（general juristic law）——すなわち，法律学者たちによって発展させられた法——の双方を含む．両方の法がプラウトゥスによって明確に述べられており，そして彼がその他の種類の実務的能力のことを言っていないことが重要である．

もう一つの劇『カシナ』（Casina）[(3)]で，プラウトゥスは，友人のために法廷に出頭する義務について紹介している．若い男が，愛人と楽しむことのできた時間を法廷で費やさなければならないことに不平をこぼしている．

「私の意見では，誰にせよ，彼の愛人が彼を待ってくれている日に裁判所に出かけなければならないというのは，全く馬鹿げたことである．ちょうど私がしたように，全く馬鹿げたことだ．私はその日を無駄に使い，私のある親類のために代理人として働いたのだ．彼は敗訴したが，私はそれが嬉しい，本当に嬉しい．何故なら彼は，今日私に法廷に来いと頼んだが，それが全くの徒労に終わったからである．私の意見では，他人に自分のために法廷に立って欲しいと頼む人は，最初に，その人間が事件に関心を持っているかどうかを判断するために彼に質問するべきであると思う」．

このラテン語劇の示唆するところは，彼が法廷で代理した親戚は近い親戚

ではないことである．そして，ある者が法廷に出頭することは，簡単に拒否することのできない，単なる楽しみに優先する重大な義務であることが明らかにされる．そして，プラウトゥスの第3番目の喜劇『三文銭』(Trinummus)で，ある若者が他の若者に，「君がよくやっていたようにベッドの中の彼女ではなくて，法廷における友人に君の努力を払え」と説示をする[4]．

　少し遅れて作品を書いているテレンティウス（Terence）は，若者カエレアの，年配の親戚との出会いを描いている．「さっそく彼は，大変遠くのほうから私のところにやって来て，お辞儀をし，身を震わせて，口を開けて顎を垂らし，呻き声で『やあ，カエレア』と言った．私は立ち止まった．『私はあなたに言いたいことがある』，『どうぞ』，『私には明日法廷がある』，『それで』，『君のお父さんに法廷に早く来ることを忘れないで欲しいと言って欲しい』．彼がこのことを言っている間に，1時間が経過した．」[5]

　有名な軍司令官である〔小〕スキピオ・アフリカーヌス（Scipio Africanus〔Minor〕）は，歴史家のポリュビウス（Polybius）に，彼は18歳の時（すなわち紀元前167年頃），ローマ人としてのエネルギーのない，無気力で怠惰な人間とみなされており，それは彼が法廷で活動することを好まなかったからであると語っている[6]．

　しかし，法律知識が初期のローマ人にとって社会的に重要なものであったことを最も明確に示すものは，キケローの作品にある．キケローは，彼の著作『善と悪の究極について』(The Ends of Goods and Evil) の冒頭で，哲学の勉強が正当であることの論証を試みている．彼の考察の一つとして，法律――それを彼は哲学よりもはるかに重要性の劣るものと考えているのであるが――は，国の指導者になるためには適切な学習であると広く考えられていたということが出ている．政治家達は，法律の最も細かい論点についてさえ議論している．彼は言う，「国の指導者達，プーブリウス・スカエウォラ（Publius Scaevola）とマーニウス・マーニーリウス（Manius Manilius）との間で，奴隷の主人が第三者に女奴隷の用益権を与えている場合，その子供は母である女奴隷の主人に帰属するか否かについて論争があった．マールクス・ブルートゥス（Marcus Brutus）は彼らと意見を異にした」と[7]．まことに法に関する余り重要でないポイントである．しかし，それを議論することに時間を捧げる人達は，紀元前2世紀の重要人物達であった．スカエウォラは，紀元前133年に執政官（consul）の地位――執政官は最高官職である――にあった．マーニーリウスは，紀元前149年に執政官の地位にあった．ブルートゥスは，紀元前142年に法務官（praetor）――法務官は第2に重要な官職である――であった．

〔5〕

この，法とその適用に対する情熱により，法の性質に対するすみやかな理解が形成され，その故に，古代世界において比ぶべくもない程度に，法と道徳，法と宗教の分離が促された．法と道徳の分離とは，個々の事件において判決は法的原則によりなされるべきであり，その特定の状況において何が公正であるかということによってではないことを意味する．だからキケローは，「不正義は，ペテンと，法の過度に巧妙で，しかし不正な解釈によっても生じる．従って『法が厳正であればあるほど不正義は大きい』という言葉は一般的な警句となっている」と述べることができた[8]．そしてテレンティウスの劇の登場人物は，「厳し過ぎる法律は，しばしば最も大きな邪悪である」という言葉を引用している[9]．

　法と道徳の分離の例は，問答契約（*stipulatio*）との関係において見ることができる．この契約は，すくなくともすでに紀元前5世紀には知られていた要式口頭契約であり，使用されている言葉の方式の故に有効なものであった．形式のみが重要であり，契約が詐欺または強迫によってなされたか否かは全く問題とはならなかった．紀元前80年頃までは，かかる状況の下での強迫の犠牲者には救済手段がなかった．また，紀元前66年になって初めて，詐欺に対する保護が導入された．法と道徳の間の区別は，いったん形成されると法の合理的でほとんど科学的な発展を加速した．

　ローマ人が法と道徳の間に明確な区別を引くからと言って，何が道徳的な行為を構成するかについての考え方に彼らの法が影響されないことを，もちろん意味しない．初期の法の下では，離婚は特定の夫婦関係に関わる犯罪を理由としてのみ認められた．さらに，初期の頃には，婚約の破棄を原因として訴訟ができた．しかし，それに対する社会の対応が変化した結果，訴訟は姿を消すに至る．多分紀元前3世紀の末以前のことである．帝政期においても，過酷な主人から奴隷を保護する多数の法律が存した．そして，訴訟を統括する法務官は，一方で，あらかじめ訴訟が規定されていない場合，提起された訴えに対する許可を決定することができ，他方で，訴訟が市民法によって規定されている場合でも，提起された訴えに対する許可を拒否することができた．後者の一例として紀元前70年のものがある[10]．また，紀元前74年には，法務官は——以前に彼自身の告示[11]によって，遺言で指定された相続人に占有を付与すると宣言していたにも拘わらず——，遺言で指定された相続人に対して遺産占有の付与を拒否した．その理由は，当該相続人が売春宿の主人であり，法務官は「売春宿と法廷の立場は別々に維持されるべきであると考えた」からである[12]．ここでの重要なポイントは，ローマ人は，法概念は，たとえしばしば道徳観の影響を受けるとはいえ，それとは別のも

のである，という原則を受け入れたことである．

　宗教と法もまた別個のものとされた．宗教上の制裁と法的制裁は別々のものであった．しかし，我々に伝えられているところによれば，王の立法の多くが，宗教的儀式を命ずることと関係があったことは本当である．また，国の宗教上の指導者であった神官（pontiff）は，共和政になってからもなおしばらくの間，訴訟手続の方式に大変大きな支配をしていたことも，その通りである．しかし，大神官（*pontifex maximus*）による訴訟方式の支配をより詳細に見ると，それが法律と宗教の分離の最も良い例であることがわかる．大神官の職は，選挙で選ばれ，公務に対する論功行賞であった．それは，フルタイムのポストではなく，その地位にある者は彼の全生活を聖職に捧げたのではなかった．例えば，ユリウス・カエサル（Julius Caesar）は紀元前63年に大神官に選ばれたが，それはたいそうな贈賄の結果であった．しかし，神官の誰も，国の宗教の強大化のために彼らの権力を司法手続に対して行使しようとしたり，あるいは宗教上の観念を法律に導入しようと試みたことの形跡はどこにもない．実に，その反対のことが時々あった．有名な法学者のプーブリウス・ムーキウス・スカエウォラ（Publius Mucius Scaevola）は大神官であったが，遺言により遺産を相続した人が，義務としての，被相続人の家の祭祀を遂行することなく，遺産を取得する回避術を発展させ助言したのは，他ならぬ彼であった[13]．

　法と宗教のこの分離は，ローマがキリスト教国になった後でさえ続いた．教父達が繰り返し離婚を非難し，初期のキリスト教会が離婚の無効を認めたにもかかわらず，正式手続なしの，配偶者のどちらかの要請による離婚は，紀元後6世紀におけるユースティーニアーヌス帝の時まで——制裁は課されたが——なお法的に有効であった．

　ローマ人が法と裁判を愛好したことは，少なくとも部分的には社会条件によって説明することができる．上流階級と下層階級との大きな裂け目の結果，特に奴隷制度が一般化した後，労働することと有給で雇用されることは，社会的に蔑視されていた．したがって，わずかな活動のみが，活動的な富める者達のものであり，それらは全て公務に関連していた．アテネで，最も聡明な人々が哲学に向かったのと同様に，より実際的なローマ人達は法律に向かったのである．活動的な富める者達に許容された他の2つの「仕事」は，軍人としての経歴と政治であったが，これらの3つは，多くの有名なローマ人達の生活と分かち難く結びついていた．公職に選ばれるためには，際立った軍人としての経歴とか弁護士としての名声とかあるいはそれらの両方を有していることが役に立った．ヤウォレーヌス・プリスクス（Javolenus Priscus）は，紀元前1世紀の優れた法学者だったが，数個の軍団を指揮し，執政官となり，栄達して上ゲルマニア，シリアとアフリカの総督となった．キケローは，家族的縁故はない人であったが，彼が築いた法廷における弁論家としての名声の故に，政治的階段のトップに上り詰めることができた．その上に，政治的官職の保持者が無報酬であったのと同様に，弁護士あるいは法学者のサービスに対して報酬を取り立てることはできないと定められていた．少なくとも理論的には，弁護士は，感謝している依頼者から贈り物を受け取ることすら禁じられていた．

[7]

公衆の評価は，法学の発展よりも弁論術に好意的であるかに思われるが，弁論術は，法に対する知識に基礎を有していなければならなかった．そして，全ての富める者は，貧乏な依頼者達のサークルに囲まれていて，相互的な権利と義務があるというローマの社会的習慣があり，それは必然的に，富める者達に法的サービスを与える能力を持つ義務を課したのである．初期の，神官による訴訟方式のコントロール——およびこれに伴う法修正権——，そして，上級政務官，特に法務官と高等按察官（curule aedile）が有した，法律効果を変更する告示の発布権の意味するところは，全共和政を通じて，法発展に大いに関心をもった影響力のある人達が多数いたことである．彼らが進んで改善しようとすることは，もちろん常に，とにかく私法に対する公の関心があったことを前提とする．事実その通りであったことを我々は知っている．ここでも，私は喜劇作家のプラウトゥスに言及することができる．彼は，教養のある大衆のために書いたのではなく，熊いじめとどちらが面白いか観客集めの競争をしなければならなかった．彼の芝居は，法律のジョークと念の入った法的シーンに満ちているのである．彼は，財産を担保に入れる形式を用いた語呂合わせをし[14]，按察官告示をパロディ化する[15]．そしてプロローグで慎重に，彼の芝居はローマでは不可能とされていた奴隷の結婚を扱うものであるが，かかる結婚はどこでも，特に彼の芝居がなされていたところでは有効であったことを説明している[16]．また，登場人物に，買い手に救済の手段がないような詐欺的売買の条件を作らせて見せるのである[17]．そして正当にも——喜劇の伝統にしたがって——加重窃盗（現行盗 *furtum manifestum*）——についての法律用語を使用するのである[18]．

この法的活動は，法律が極端に詳細になっていて，微妙な区別が継続的になされていたことを意味する．財産損害に関する2つの法文はこのことを示している．

「あなたが私の奴隷を殺すならば，私の個人的感情は金銭では評価できないと，私は考える．例えば，誰かがあなたの庶子〔であり奴隷であ

る〕息子(すなわち,第三者の女奴隷に生ませた子)を殺した.その子をあなたなら高い価格で購入したであろう場合でも,市場価格にすぎない価格が〔その子の価値として〕評価される.セクスティウス・ペディウス (Sextius Pedius) も,物の価格は,個人の感情や価値によってではなく,一般的な方法で評価するべきであると言っている.彼自身が,自分の庶子を〔奴隷として〕所有しているとき,もしも第三者がその子を所有していたならば,自分は高い金額でその子を買い戻すであろうからといって,より金持にはならない.他人の〔庶子である〕息子を〔奴隷として〕所有している者も,その子を彼の父に売却することができたであろう金額で所有しているわけではない.」[19].

「誰かが,ラバを御すために奴隷を雇い,その奴隷にラバをまかせた.そして奴隷は,ラバに端綱をつけて親指につないだ.ところがその後ラバは突然走り出して,その奴隷の親指をちぎって,高い所から飛び下りた.メラ (Mela) は,もし未熟な奴隷が熟練した者として雇われた場合,奴隷の所有者に対して雇用契約に基づいて,傷ついたラバの件で訴訟を提起することができる,と著作に書いている.しかし第三者がラバを打ったり,怖がらせたりして興奮させた場合は,ラバの所有者と奴隷の所有者はアクィーリウス法 (lex Aquilia) に基づいて,ラバを怒らせた人間に対して訴訟を提起することができる.私は,雇用契約に基づいて訴訟のできる場合,アクィーリウス法に基づく訴訟もできると考える.」[20] 〔8〕

早くも紀元前2世紀に,マーニーリーウスは,売買契約で使用することのできる様々な条項について1冊の書物を著したか,少なくとも条項案をつくった[21].

法準則や法概念についての長期にわたる興味の結果,ローマ社会は,歴史の舞台で卓越した多くの他の国々とはかけ離れたものとなった.

第2章　王法と十二表法

〔9〕　ローマは，伝承によると，紀元前753年にロムルス（Romulus）によって建国され，7人の王達によって順次支配されるが，紀元前509年に傲慢王タルクィヌスの追放によって終りとなる．我々の史料によると，これらの王達の時が，驚くべき大量の立法を行ったものと認められる．そしてこれらの立法は，明らかに，専らではないけれども主として，宗教法と家族法に関するものであった[1]．現代の学者達は，通常かかる法律の存在を否定する．彼らは，そんなに早い時期の立法は信じがたい，古代の作家達は，立法作業なくして法律はあり得ないという間違った考え方に陥ったのである，そしてこれらの法と言われるコレクションは，いずれにせよそんなに初期のものではない，と主張する．しかし，以上の議論は，ローマ人の法とその仕組みに対する能力を見落としている．時代を経て保存されているこれらの規定が，立法作業の結果と考えるべきか否かはともかくとして，それらは我々に，王政時代の法律についての許容できる程度の正確な状況を与えてくれると信じるのが合理的である．まず規定を全体として見るならば——そしてそれらは，主として，まず第一にプルターク（Plutarch）や古事研究家のハリカルナッススのデイオニュシウスに由来するとはいえ，多くの資料によって伝えられているものであるが——調和のとれたシステムを形成している．とりわけ，これらの規定が語られているときに，規定に対する称賛ないし批判の何ら明白な一般的傾向は見られないからである．単に後日創作されたものとは考えにくいのである．このシステムは，ローマの後のいかなる時代の法律とも対応しないものであり，十二表法（紀元前5世紀の中頃のものである）やプルタークやディオニュシウス自身の時代の法律と際立った対照をなすものである．それで，ローマ人が，後の時代の法律をはるか以前の時代に起源があると考えたと単純に信じることはできない．同時に，我々に知られている如何なる他の制度も，著作者達が初期のローマのものであると想定しているモデルを提供できなかったであろう．最後に，これらの法律の条項と後のローマの法との間には十分な類似性があり，前者は後者の究極の源泉であることを示唆するのである．

　家族の長（家長 *paterfamilias*）の地位を考察することによって，以上の見

解を例示する論拠が示されるであろう．それは，私法の，王政期に最も十分な形で記録が残っている部分である．家長は，彼の妻や卑属に対して強大な権力を有していたが，史料から判断すると，この権力は後の時代よりもより大きく制限されていた．ロムルスは以下のように決定したと伝えられている[2]．ローマ市民は男の子供全てと最初に生まれた娘を育てなければならず，3歳以下の子供達を殺すことはできない．しかし，不具の子供達は，最初に5人の隣人達に見せて承諾を取るか，事実の確認の証明を取った場合，生後ただちに（山などに）捨てて殺すことができた．後になって，早くも十二表法の時には，これらの制度は全てなくなり，家長は子供を全て，チェックを受けることなしに遺棄することができるようになった．より発展した段階の〔10〕ローマ法において，家長は子供達全てに対して，彼らが十分成長した後ですら完全な権力を有しており，彼らを殺すことも奴隷に売ることもできた．これらの権利もまたロムルスによって最初に認められたと言われている[3]．しかし，第2代の王であるヌマ（Numa）の法は，結婚することを認めた息子を売る父親の権利を否定した[4]．父の権力に対するこの制限もまた，後の時代の法律には存在しない．

　ロムルスは，夫は妻を，子供の毒殺（堕胎のことか？），不貞または鍵の無許可使用（不貞未遂の証拠か？）を理由としてのみ離婚することができる，との法を制定した．そのような理由がないのに夫が妻を離別した場合，彼の財産の半分は妻のものとなり，後の半分は女神ケレースに捧げられた[5]．共和政後期になってからは，離婚のために何の理由も必要でなくなり，不当な離婚に対する唯一の制裁は，妻の嫁資の保有または返還に関するもののみとなった．妻が不貞をはたらくかワインを飲んだ場合，ロムルスは，夫の承諾と彼女の実家の家族会議の指示により，彼女を殺すことができるとの準則を定めた[6]．後に夫は，夫権に服する（*in manu*）彼の妻が不貞をはたらいていることが分かった場合，彼女を殺すことについて何の制約もない権利を有し，彼女の家族はその問題について何の発言権もなくなった．これらの法律の規定によれば，家長の権限は，王政時代には制限されていたが，少し後には拡張されたようである．この発展のパターン（父の権限の増大）は，文化人類学（anthropology）に通じていない誰にとっても予期することと全く反対のできごとであるし，後日のローマ人によって創作されたものでもないであろう．かくしてそれは，我々が王政下のローマ法の内容に関して有している全体像が一般的に正しいことの強い証拠を提供するのである[7]．

　我々は，王政時代における私法の他の側面についても，いくつかの情報を有している．ロムルスは，平民はそれぞれ貴族から1人の保護者を選ぶべし

との法律を制定した[8]．貴族達は，彼らの庇護民のために法を解釈しなければならないし，庇護民が損害をこうむった場合，彼らのために訴訟を提起し，庇護民が訴訟を提起している場合，彼らを援助しなければならない．平民たる庇護民達は，彼らの保護者が娘の結婚資金に不足している場合，彼を援助しなければならず，保護者または彼の息子達が敵に捕まった場合，身代金を支払わなければならず，保護者が民事または刑事裁判で敗訴した場合，賠償金や罰金を支払わなければならなかった．保護者も庇護民も，お互いに告訴・告発したり，不利な証拠を提出したり，敵対するような投票をしたりすることはできず，それに違反した場合は死刑となった[9]．ロムルスはまた，妻は彼女の夫と離婚することはできないとの法律を制定した[10]．そして――後年の発展にとって重要な点であるが[11]――もし父が彼の息子を三度売却した場合，息子は父の権力から完全に自由となるとの法律を制定した[12]．

多数の法律が第2代のヌマ王の時にできたとされている．彼は，各人がその土地の境界を明確にするように命じ[13]，故意の殺害は謀殺（murder）であると定め[14]，過失による殺害に対して比較的軽い罰を定めた[15]．彼はさらに，妊娠中の女性が死亡した場合，胎児の生きる機会を与えるため，胎児を彼女の体から離す前は埋葬してはならないとの法律を定めた[16]．当時ローマは経済的に原始的な状態にあったのであるが，そのような社会にとっては，これらの法律の規定は全く驚くべきものである．

〔11〕 第6代の王，セルウィウス・トゥッリウス（Servius Tullius）は，そのリベラル性の故に，古代世界ではユニークな人物であるが，解放された奴隷はローマ市民となるというルールを定めたとされる．このルールは，ローマにおいて決して基本的に変わらなかった．彼はまた私的訴訟（private lawsuit）から公的裁判（public trial）を分離した．

ローマ人の法律に対する聡明さは早い時期から現れていたが，真のローマ人の天才性が最初に現れたのは，彼らの最初の法典，十二表法であった．これは，ローマ人自身によって，彼らの全法律の基礎として尊重され[17]，そしてキケローの時代には，学校の子供達はそれを暗唱して学んだ[18]．

史料によると，法典化の物語は以下の通りである．紀元前5世紀の前半に，他の時代と同様に，貴族と平民との間に争いがあった．平民達の不平の一つは，法律が事実上，神官のところで秘密にされているので，法の内容を知らなかったことと，裁判官達が，自らを法律によって拘束されているとは考えていなかったことである．それで，紀元前462年に，平民の護民官（tribune）ガーイウス・テレンティリウス・ハルサ（Gaius Terentilius Harsa）は，司法権力の行使のさいに，執政官（consul）――最高の政治的官職の保持者

第 2 章　王法と十二表法　　　　　　　　　　13

——を拘束する法典を起草するために，5人委員会が設置されるべきであると提案した．彼は言う．何故ならば，執政官の権力が王達のそれよりもまだ好ましいものであるというのは名目に過ぎないからであり，実際は，それはより悪いものであった——「何故ならば，我々は，無限の規制されない権力を有し，全ての制約に拘束されず自由で，一般の人民に法の恐怖と全ての責め苦を及ぼす 1 人〔王〕ではなく 2 人の主人〔執政官〕を受け入れてきたからである」[19]．8 年の間，貴族達はその提案に抵抗することに成功していたが，最後には屈伏しなければならなかった．なお，彼らはさらに時間を稼ぐために，有名なアテネの立法家であるソロンの法律を研究する目的で，ギリシャに外交使節団を送った．このアテネの法典は伝承上，紀元前594～93年にできたとされる．外交使節団が戻った時に，通常の国制は一時停止されて，十人官（decemviri）が，最高政務官として選ばれた．護民官は，平民にも貴族と同様に選挙資格を与えるよう希望したが，これを実現する闘いに破れた．紀元前451年に，十人官は法典を作った．これは10の青銅板に書かれ，公の市場に置かれた．十人官は，彼らの公正なる精神が史料中に強調されているが，人民にその銅板を読んでもらい，各問題点を考察して彼ら自身の間で議論し，法典の欠陥を公に明らかにして欲しいと要請した．修正の後，十表法は正式に採択された．しかし，法典には更に 2 つの表が必要であると感じられるようになった．翌年に，十人官の次の委員会のための選挙がなされた．選挙活動が大いになされて，この時は，幾人かの平民が選挙で選ばれた[20]．これらの十人官は，専制君主的に変化し，そして無制限に権力を保持しようと欲するに至ったが，平民達の離反の後，彼らは罷免された．それでも，十人官はさらに 2 つの表を作成した．これらは，不公平なものであったが，正式に受け入れられた[21]．以上が，ローマにおける十二表法制定の物語である．

　しかしこの物語は，完全に正確なものとは思われない．外交使節団のアテネ派遣という話は最もありそうもないことである．ギリシャ側のいかなる史〔12〕料にも，外交使節団の痕跡はない．それに，当時のローマは，イタリア以外の他の地中海の国々についてはほとんど知らなかったし，接触もなかったのである．二三の最近の学者達は，紀元前 451 年は，法典化の年としては余りに早いものであるとすら示唆し，その時点を大体紀元前 300 年，あるいは 200 年と提案している．この見解は正当にも退けられた．それは以下の双方の理由による．まず，これらの後の時代の歴史的な諸活動は良く知られており，紀元前 1 世紀のキケローの時代のローマ人が，比較的その少し前の作り事に騙され得るとは信じられないことだからである．それに，十二表法は紀

元前300年当時ですら，その時代に想定されるものよりも精神的にはるかに原始的である．さらに，十二表法はもっと後の時であると仮定するならば，キケローの時代の柔軟性のある制度が発展する時の経過がいかにして可能であったかを理解するのが困難である．

　もちろん，もともとの青銅板は残っていないので，十二表法の内容は時々の証拠の断片から再構成されなければならなかった[22]．これらの断片は我々に完全な法典を提供しないのであるが，十二表法は大変基本的なものと考えられていたので，我々が最も重要な条項についてだけは幾らかの知識を有しているのはありそうなことである．そして我々は法典の一般的な性格について大変多くのことを推論することができる．なかんずく，現代の法典と異なり，それは包括的なものではないが，他の古代の法典と同様に，通常ではない状況を扱い，直接的なことがらを無視する傾向がある．そこで我々は，息子が損害を与えた場合，あるいは奴隷が損害を与えた場合どういうことが起こるかに関する規定，そして動物が損害を与えた場合の法的結果についての規定を見いだすのであるが，家長が損害を与えた場合の通常のケースについては何の規定も見いだせないのである．ミッシュパティム（*Mishpatim*）のような初期の聖書の法典など，他の原初の法典には同じことが起こったのであるから，重要な条項が失くなったのであると考えるのはありそうにないことである．その法典には，私の家畜，私が掘った穴，私がその庭で起こした火によって生じた損害に関する特定の規定はあるが，私が直接的に損害をひき起こした場合については何の規定もない．十二表法においても，握取行為（mancipatio）すなわち特定の種類の重要な物を移転するための正式な方法は単純に有効と宣言されているが，その形態についての要件は議論されていない．以上のことから，単純で直接的なケースは当然の前提とすることができたことが分かる．

　十二表法の詳細な準則は，ここでは論じない．というのは，主要な規定は後の章で出て来るからである．ここでは，法発展の程度を例示するのに必要な程度で説明すれば十分である．法典の中で，訴訟手続が広範囲にわたって考察されており，原告あるいは被告を守るために出廷する人に関し十分に規定されている．この人は，彼の「依頼人」が期日に出廷することの保証として，金銭支払義務を負った．ある訴訟の方式では，原告と被告はお互いに，彼の主張が正しいと宣誓をし，訴訟に破れた者が宣誓額を支払わなければならなかった．宣誓額は，当該事件が1,000アース（*as*——銅貨の単位）以上の場合は500アースで，1,000アース未満のときは50アースである．訴訟が人の自由に関するものである場合に，その人が奴隷であることが証明された

ときは，奴隷としての価値にかかわらず，宣誓額は常に50アースであった．[13]

彼ら自身の面倒をみることのできないと見なされた人々——女性，子供，精神障害者，そして浪費者——に対する後見人の指定の規定がある．握取行為による所有権の移転の場合，もし譲受人が追奪を受けたときは，譲渡人は握取行為において言明した価格の倍額を譲受人に支払うという自動的保証がある．遺言をすることは人の通常の権利であるとされた．また，遺言において，奴隷がある特定の金額を相続人に支払うことにより，自由になるとされている場合，その支払をなすことのできる前に奴隷を相続人が売ったときは，その奴隷は遺言書に書かれた金額を買手に支払うことにより自由を得ることができる．境界に関する紛争を解決するための訴訟や，隣人がその地所に対して工事をした結果，自己の土地が氾濫の危険にさらされた人を保護する訴訟が規定されている．人は，彼の木から隣人の土地に落ちた団栗（acorn，豚の餌用のもの）を拾って集めることができ，彼の土地に延びた隣人の木の枝を，地上から50フィートまで刈り取ることができる．大部分の人身傷害に対しては，特定の財産補償の額が決められていた．手足が実際につぶされてしまった場合，被害当事者は，不法行為者に対して同じことを復讐することができたが，規定によると，この準則は当事者間で妥当な金銭補償についての合意ができなかった場合にのみ実施することとされていた．多分，最も驚くべきものは，契約は通常，極端にその発展が遅かった法の部分であったが，十二表法は契約の存在，問答契約（*stipulatio*）の方式を認めていたことである．その方式は以下の通りである．契約は，口頭の質問と，それにただちに続く口頭の答えによって締結される．したがって当事者は直接対面しなければならない．一人の当事者が「あなたは誓って約束しますか？」（*spondesne?*）と尋ねる．相手は，「私は誓って約束します」（*spondeo*）と答える．契約は厳正な法（strict law）に従って解釈され，実際に述べられたことのみが契約の解釈にとって重要であった．限界はあったにせよ，問答契約は注目すべき業績であった．

幾つかの条文は，現代人の目には身の毛のよだつものと思われる．たとえば，色々な法的儀式がなされ，特定の時が経過した後——全て注意深く定義されている——債務者が未だ債権者達に支払をしていない場合，債権者達は債務者の体を彼らの間で分割することができた．シェイクスピアの『ベニスの商人』（*The Merchant of Venice*）とは対照的に，十二表法の条文は，明確かつ賢明に，肉を多く切り取っても，少なく切り取っても，債権者は責任を負わないと規定している．

十二表法のスタイルは印象的である．たいへん簡略にして明解かつ簡単に

作られている．そのことから，起草者達は，長い法律の伝統に基づいた経験のある人達であったに相違ない．たとえ，外交使節がソロンの法律を調査するためにアテネに派遣されたという考えを受け入れたとしても——私は受け入れないが——，アテネの法律の影響はわずかなものであったであろう．

[14] ガーイウスは，紀元後2世紀の法律家で，十二表法についての注釈書を書いているが，クラブや団体のメンバーは国の法律に違反しない限り彼ら自身の準則を作ることができるという条文は，ソロンの法律から取ったものであると言っており[23]，また別の所で彼は，人が土地の端に植樹をするような行為を扱う規定はソロンの法律に範を取ったものであると主張している[24]．これを別とすれば，十二表法の内容は，ローマ特有のものと思われる．実際このことは，平民達が欲したのは法律の内容を知ることができることであり，それを改革することではなかったという考えと調和する．

第3章 法　　源

　ローマ法が，同時代に書かれた初等教科書を持っていたのは，まれに見る幸運であった．一つには，ガーイウスという無名の法学者によって紀元後2世紀頃に書かれたものがある．ガーイウスについてはほとんど知られておらず，彼の名前の他の部分や，彼がローマ人なのか属州の人間なのかすら分かっていない．彼について同時代の法学者が何か述べているかといえば，そのようなものは今日伝わっていない．唯一の例外として，ポンポーニウス(Pomponius) が彼に言及しているが，それが真実ポンポーニウスのものであるかについては通常疑われている[1]．しかし，ガーイウスの『法学提要』は，帝国中で，すなわち西部のみならずギリシャ東部やエジプトをも含めて，標準的な教科書となった．この本が，古典期（帝国の最初の250年）の著作で，殆ど完全な形で残った唯一のものであることは，偶然ではない．我々は，ただ1つの完全な写本，しかも再利用羊皮紙を持っているにすぎないが[2]，『法学提要』の断片は，他の古典期法学者の著作よりもより沢山出て来るのである．我々が持っている写本は，紀元後5または6世紀に書かれたものであり，そのことは，この本がいかにポピュラーなものであり続けたかの例証であり，その高い質を示すものである．紀元後533年に，ユースティーニアーヌス帝は彼の『法学提要』を公布する．その法律は時代に合わせて新しいものとなっていたが，これは基本的にはガーイウスの著作をモデルとしたものだった．ユースティーニアーヌス帝の『法学提要』は，1年生の法学生のための教科書を意図したものであったが，皇帝の法律として公布されたものである．したがって，ローマのこの初等教科書は，我々が知っているように，特に権威のあるものである．ガーイウスの『法学提要』は，その質の高さとローマの法学教育への影響の故にであり，ユースティーニアーヌスの『法学提要』は，それに加えて，それ自体が国の法律であったからである．この章およびそれに続く章においては，絶えずガーイウスとユースティーニアーヌス双方の『法学提要』に依拠することになろう．

　ユースティーニアーヌスは，ローマ法は成文法と不文法からなると教えている[3]．成文法は，制定法，平民会議決 (plebiscites)，元老院議決 (*senatus consulta*)，皇帝の判決，及び法学者の解答であった．不文法は，慣習が認

[15]

めた法である．「なぜなら，それを使う人々によって認められた日常的慣習は制定法を模倣するからである．」[4]つまり，成文法と不文法の区別は，文字通りのものであり，伝統的な英米法の曖昧さとは無縁である．成文化された全ての法が成文法であり，成文化されていない法が不文法である．成文化されていない法とはもちろん慣習である．ガーイウスは彼の法源の一覧表の中で，不文法について語っていない．事実——そしてそれは大変重要なことであるが——ローマにおいては共和政，帝政時代を通じて，慣習は，新しい法の源泉としては重要ではなかったのである．もちろん，誰でも最初にさかのぼれば，大部分の基本的準則は慣習から由来していることが分かる．たとえば，所有権移転の形式としていかなる法律上の手続を要するかは，後日の立法による承認が与えられるにせよ，慣習が決定する．まさに法律を制定する

[16] 国家の力は，結局のところ国家権力の慣習的受容に基づくものでなければならない．しかし，いったん当初の時代が過ぎると，慣習が新しい法律を作ることができるかどうかの問題は，大変異なったものとなる．共和政の時代には，慣習が法を作ったケースは大変まれなことであり，実際，たったの１件だけであった．十二表法は，ある者が犠牲用動物を買ったがその支払をしなかった場合，売り手は，差押えの時に定められたある言葉を発することを条件として，支払の担保として買い手の財産の一部を差押えることができる，と定めていた．生贄の祭のために金を必要としている者が，〔その賃料をこれに充てる目的で〕ある動物をある者に賃貸したが，その者が支払をしなかった場合にも，同じ準則が適用された．戸口総監（censor）——公衆の道徳を取り締まる公職者——は後に，徴税請負人に，制定法の下で税金を払う義務を有する者に対してもこの手続を適用した．ここまでは，慣習が法律になったという話ではない．しかし，慣習により，この手続は，特定の事例で，軍人の利益のために拡大された．軍人は彼の俸給をもらえなかった場合，彼に給料支払義務を負う者に対してこの手続をすることができた．同様に，軍人が馬を買うための金員を認められたのに，その金が彼に支払われなかった場合にも，さらに，彼の馬のための大麦に認められた金員に対しても，同じことが妥当した[5]．しかし，共和政の時代には，慣習に関する何らの理論もなかった．慣習は，それが法律となるためにはどれだけの間遵守されていなければならないかとか，制定法と慣習が抵触した場合どちらが優先するのかといった問題は，提起されなかったし，いわんや解答されたこともない．

　帝政時代に関しては，法学者ユーリアーヌス（Julian）の論述があり，これがユースティーニアーヌスの『学説彙纂』に残されている．「長年の慣習は法と見なされることが正当である．……成文法といえども，まさに他なら

ぬ人民の同意によって受け入れられているという理由から，我々を拘束しているが故に，人民が受け入れていることは，文章によらなくても，全てを拘束すべきが正当である．人民が彼らの希望を投票によって宣明しているか，実際の行動によっているかは，問題ではない．」[6]にもかかわらず，そして現代の学者の必死の探索にもかかわらず——属州における実践と対照的に——帝政の時代を通じてローマにおいては，慣習が法を作った明らかなケースは生じなかった．コンスタンティーヌス（Constantine）帝は，紀元後319年に宣言した．「慣習（custom）と長く続いた慣行（usage）の権威は，小さなものではないが，理性や制定法に優越する程度に至るものではない」と[7]．

慣習の重要性が低いことの意味は，2つの面を有する．第1に，それは，ローマの成文法の豊饒さを示すものである——慣習が重要な役割を演じる余地はなかったのである．第2に，政府のコントロールの下での法源が，はるかに多かったことを意味する．政治的なファクターが，成文法の源泉においては実に顕著であり，この理由により，共和政における源泉と帝政における源泉とで大きな相違がある．

共和政における成文法源

制定法は，民会（comitia）の可決によって成立した．民会には，ケントリア民会（comitia centuriata）とトリブス民会（comitia tributa）があった．ケントリア民会は軍令によって招集された人々の集会であるが，歴史時代には，軍隊的要素は重要でなくなった．紀元前241年以前の時代，この集会では，人々は，裕福さの度合いに応じて5つのクラスに分けられ，それぞれのクラスには，（投票の単位である）ケントリアが割り当てられた．第1のクラスは，最も裕福で，数の上では最も小さいものであり，80ケントリアを持っていた．第2，第3，第4のクラスは20ケントリアを持っており，第5のクラスは30ケントリアを持っていた．これらに加えて，騎士階層（equites）に対して18ケントリアが——そして，騎士階層は裕福であることが条件であった——，工兵とラッパ手に対して4ケントリアが割り当てられ，最後に1ケントリアが無産者層に割り当てられた．無産者層とは，最下級のクラスに必要な財産すら持っていない人々である．投票は個人単位ではなくケントリア単位で行われ，全部で193ケントリアあった．第1のクラスは，騎士階層の支援を得て98ケントリアを集めることができ，そうなれば投票において常に他の階級に勝つことができた．紀元前241年と218年の間，民会は改良されたが，富裕階級寄りの際立った偏向は残された．ケントリア民

[17]

会の主たる仕事は，政務官の選出であった．

　もう一つの重要な民会であるトリブス民会は，元々は属地的な意味を持っていたトリブスへの古い分類に基づいていた．トリブス民会とその活動に対する我々の知識は，大変不十分なものである．それは，早くも十二表法の時代には確かに存在していたのであるが，同様にトリブスに基づいて分類されていた平民会（*concilium plebis*）と歴史記録では混同されている傾向が見られるからである．

　平民会の初期の歴史は明らかでないが，早くも紀元前471年に[8]その編成がトリブスによってなされるべきであるとの立法がなされ，以後その状態が続いた．この組織は，貴族と平民との間で続いていた身分闘争において顕著なものであった．この会（*concilium*）の立法（平民会議決 *plebiscita*）は，最初は厳密な意味での制定法ではなく，平民に対してのみ拘束力を有した．しかし，紀元前449年，339年，そして287年の3つの別々の制定法が，平民会議決は法律としての効力があり，全ての人民に対して拘束力があると定めたことが，我々に伝わっている．法史料は，最後の制定法である紀元前287年のホルテンシウス法（*lex Hortensia*）しか言及しておらず，実際に存したのはこの法律のみであった可能性が高い．

　これら3つの組織体，ケントリア民会，トリブス民会，そして平民会が法律を制定することができた．ある特定の案件についてどの組織が法律を制定するかは，提案が人民によって受け入れられることを希望する政務官が決定した．これらローマの集会は，政務官によって招集された場合にのみ開催可能であった．ケントリア民会は通常，執政官の主宰の下で行われた．トリブス民会は，「貴族である」政務官つまり全ての人民によって選出された政務官によって招集されなければならなかった．平民会は，平民の政務官によって招集された．

　民会では，政務官によって提案された事柄についてのみ取り扱うことができた．修正に関する議論や機会はなく，民会ができたことといえば，政務官の議案について可決または否決をすることだけであった．実際は，議案は通常，貴族が構成する元老院で最初に議論されたが，元老院は共和政の時代を通じて，それ自体は立法の権限を有しなかった．その時代の状況においては驚くべきことではないが，大部分の立法は政治的なものであった．そして実際に，私法と関係のある制定法はほとんどなかった．私法の場合でも，政治的動機を見つけるのは難しいことではなかった．このことは，債務の保証人を保護するために可決された多くの法律に当てはまる——何時の世でも，債務を支払う責任のある人間の方が債権者よりも多いと思われる．

それでも，いくつかの制定法は，市民法に多大の進歩をもたらした．紀元前445年頃のカヌレイウス法（lex Canuleia）は，貴族と平民の通婚を許した．紀元前210年頃のアティーリウス法（lex Atilia）は，法務官と半数以上の平民の護民官によって，そうでなければ後見人を持たない親のない子供に対して，後見人を指定することを認めた．紀元前204年のキンキウス法（lex Cincia）は，大きな金員を贈与することを制限した．紀元前193ないし192年のプラエトリウス法（lex Praetoria）は，25歳未満の者が詐欺にあった場合の救済手段を定めた．紀元前150年頃のアティニウス法（lex Atinia）は，盗まれた財産が元の盗まれた人の手に戻るまでは何人もその財産の所有者になることはできないと定めた．重要な手続的改革が——その内容は定かではないが——紀元前2世紀の後半期に，アエブティウス法（lex Aebutia）によってなされた．共和政期の全ての法律で最も重要なのは，アクィーリウス法（lex Aquilia）である．その法律は多分，紀元前287年の最終段階の以前に数度の発展の段階を経ており，財産損害に関するほとんど全ての法を定めた．平民会が私法の立法について最も活動的であったことを示すいくつかの徴がある．アクィーリウス法は平民会議決であった[9]．

ローマ人の分類では，成文法は，不完全法（imperfect law），未完全法（less than perfect law），そして完全法（perfect law）に分かれる．不完全法は，ある行為を禁止するが，それが行われてしまった場合は，無効とは宣言しないし，罰も科さないものである．未完全法は，ある行為を禁止するが，それが行われてしまった場合は，その行為を無効とは宣言しないが，罰を科すものである．完全法は，ある行為を禁止するが，それが行われてしまった場合は，それを無効と宣言するものである．最初の2つのタイプは，共和政時代の私法に共通のものであるが，最後の法は，共和政時代には明らかに登場していなかった．他方，帝政時代においては，完全法が一般的であった．最近の学者は，不完全法と未完全法の共和政時代における流行について多くの仮説を提示するが，それらのどれも特に説得力のあるものはない．

全体的に見て，制定法が共和政において法の発展に余り大きな役割を果たさなかったことは，多分，幸運なことであった．根本的な重要性を持っていたのは，しかしながら，政務官告示であった．全ての上級政務官は，彼らの権限の範囲内で告示を出す権限を有していたが，その中で彼らは，自分達の義務をどのように考えているかを表明している．我々にとって最も重要なのは，市民掛法務官（urban praetor）と外人掛法務官（peregrine praetor）の告示であり，重要性はそれでも相当にあるとはいえこれに劣るものとして，高等按察官（curule aedile）の告示がある．

法務官——執政官の直ぐ下のランクの政務官——は，職務に就く時に，広場で，彼がどのように法を執行するかを述べる人目につく掲示——つまり彼の告示——を行うのが慣習となっていた．このような慣習が何時始まったのかは分からないが，プラウトゥスは，紀元前2世紀の初め頃に劇を書いて，
[19] ある告示についての少なくとも1つのジョークを作っている[(10)]．公式には，法務官は，法律を変えることはできないが，法廷を支配下に置くことができ，市民法が訴訟を認めている場合でも，彼の告示で訴訟提起することを拒否できたし，反対に市民法で訴訟が規定されていない場合でも，彼は救済手段を与えることができた．法務官の在職期間は1年であり，彼の告示は，彼がその職にある間に限って有効である．しかし，このことから必然的に，絶えず増大する規定が，次の法務官によって自動的に更新されるという事態が生じた．標準的な告示は膨大になり，ハドリアーヌス（Hadrian）治世下の帝国で変動しなくなった時，標準告示の約200にのぼる個別の規定（つまり諸告示）があったことが分かっている．これらの告示の大部分は共和政時代に起源を有するものであるが，時の経過と共にその多くが変更された．これらの告示に加えて，告示であれ市民法下であれ法務官によって認められた救済手段を統括する訴訟方式を規定する告示があった．

　告示の重要性は計り知れないものである．後の章で見るようにそれは私法の全分野に影響を与え，相続法のような分野では，法の発展の基本的な原因となった．家族法からそれを明らかにする例を挙げることができる．

　ローマの家では，家長のみが財産を所有することができた．そこで例えば，父親の権力下にある息子や奴隷は，彼ら自身の財産は何も持てなかった．息子や奴隷が契約をした場合，全ての権利は父または主人の所へ行き，父親や主人のみが相手方契約当事者に対して訴訟を起こすことができた．しかし，相手方契約当事者が不満を抱いた場合でも，彼は父親や主人に対して訴訟をする権利はなかった．何故ならば，家長が彼の隷属者の過ちを通じて損失を被ることは，間違いであると思われていたからである．この準則は，家長の利益のために考えられたものであったが，反対の効果が出始めた．何故ならば，父親から訴えられるけれども，父親に対しては訴訟提起できないのであれば，誰も息子や奴隷とは契約しようとは思わないのが当然だからである．奴隷に対しては全く訴訟提起できなかった．息子は訴えられることができたが，訴えてもほとんどむだであった．息子達には財産がなかったからである．

　一連の告示が，状況を改善した．それらの告示は，以下のように規定を変えた．もし父親が，相手方契約当事者に，息子や奴隷と契約して良いと言った場合，父親は，彼が指定した金額までその契約に対して完全に責任を負う．

または，父親がその契約で利得を得た場合，彼はその利得の限度まで責任を負う．また，父親が子供や奴隷に彼ら自身のものとして管理するべく基金（特有財産 peculium）を与えた場合，父親はその資金の限度まで責任がある．また，他の告示の条項によって，息子や奴隷（または他の人間）が父親によって商売を持たせられたり，ある船の責任を持たせられた場合の規定が設けられ，息子や奴隷の基金からどれだけが父に対してまたどれだけが他の債権者に対して支払われるべきであるかが決定された．実際上，これらの規定は，息子や奴隷を商業上の取引をするために用いることができることを意味している．しかし，父親は，彼らが最も悪い行き過ぎをした場合には補償を免れた．

　法の発展に対する法務官の影響は，告示だけではなかった．個々の事件において，法務官は，市民法や告示に規定されていなくても訴訟を許可することができた．共和政時代にはこの実務例はほとんどないが，帝政においては一般的であった．同様に，遅くとも紀元前70年から後は[(11)]，法務官は，市民法で定められていた訴訟でも，特定の事件で許すことを拒否することができた． [20]

　市民掛法務官と並んで外人掛法務官が存在したが，その職は紀元前242年に創設された．その法的側面における活動は，少なくとも当事者の1人がローマ市民ではない事件に関するものと考えられている．彼もまた告示を発していた．その大部分が市民掛法務官の告示に対応するものであったことが知られている．外人掛法務官は，一般的な見解では（しかし，私はそれは正しくないと考えている），最も重要な法発展に寄与したとされている．ローマ人に関するものと同様，外国人に関する法律は，よりシンプルなものでなければならない．故に，法律を簡単なものにするべしとの圧力は，市民掛法務官に対するものよりも外人掛法務官に対する方が大きなものであったと思われる，と主張されている．外国人は，古い種類の正式の訴訟（法律訴訟 legis actiones）に参加できなかったので，法務官によってよりシンプルなタイプ（方式書 formulae〔訴訟〕）が導入されたのは，外国人のためであったと言われている．その他の制度は大変硬直していたので，ローマ市民自身のための法の発展は大変遅れた．新しい手続がローマ人だけの事件に適用できるようになったのは，紀元前140ないし120年頃のアエブティウス法以後のことである．しかしこれは，（すぐ後に説明する）有名な諾成契約の導入以後のことである[(12)]．そして，諾成契約は法務官によるものであったので，外人掛法務官の創作に相違ないのだと．しかし，外人掛法務官に卓越した重要な役割を帰せしめる上述の論拠は，一見してそう思われるほどに強いものではない．

この初期の時代に，良きにつけ悪しきにつけローマの法廷を利用しうるほどにローマに十分に近いところにいたであろう外国人は，通常は非常に有力な商人たちであった．したがって，商法が彼らの利益のために大いに簡略化される必要があったのか疑問である．さらに，外国人は，裁判官にあたかも彼らがローマ市民であるかのごとくして手続をさせるために申立書（pleadings）に巧妙な擬制の事実を挿入することにより，古い公式の手続の下で法廷に登場することができた．この法的擬制は良く知られている．それは大変古いもであるかに思われ，それ以外の使用目的を見つけることは困難である．また，紀元前160年頃にローマ人のために書かれたカトー（Cato）の農業についての作品の中に[13]，諾成契約を強く示唆するものがある．これらの契約は——したがって，より最近の非公式の手続の広い使用も——ローマ市民に使用可能であったはずのものである．

　我々は，市民掛法務官や外人掛法務官のそれぞれの活動の範囲について殆ど何も実際上分からないのが本当のところであるが，政務官として彼らは同じランクであったことを知っている．キケローは我々に，強盗に対する告示が紀元前76年にマールクス・ルークッルス（Marcus Lucullus）によって発布されたこと，その目的は，内戦の後イタリアに暴行が蔓延することを阻止することにあったことを，伝えている[14]．このことは明白に述べられている．しかし，紀元前76年まで，イタリアに居住していた人々は，ほとんど全てがローマ人であった．しかしルークッルスは，外人掛法務官であり，市民掛法務官ではなかったのである．さらに，詐欺に対する告示は，キケローは（いささかの誇張をもって）「全ての邪悪に対する袋網」[15]と言っているが，アクィーリウス・ガッルス（Aquillius Gallus）が法務官をしていた時，多分紀元前66年に作ったものである．彼は決して市民掛法務官ではなかった．そして，（ローマ）市民のみが当事者である場合に，そもそもはこの告示が適用されなかったという形跡はない．

　その功績を賞賛されるに値するのが市民掛法務官か外人掛法務官のいずれであるにせよ，諾成契約の最初の導入は，あるローマの法務官に帰せしめられるものと思われる．諾成契約とは，当事者の合意があるだけで有効となる契約であり，何かの文書，何かの形式または外部的要件を一切根拠としないものであった．合意それ自体を契約の拘束的要素とするこの考え方は，簡単に見えるが，大いなる功績である．今日ですら，直接か間接かローマから制度を借りている場合を除いて，諾成契約の制度を有している法制度はない．ローマ人は4つの諾成契約——売買，賃貸借，組合，そして委任——を認めていた．そして十中八九，少なくとも最初の3つは，紀元前2世紀には存在

しており，最後のものも，そんなに後ではなかった．

　もう一つの重要な告示は，ローマの街路や市場について担当していた高官であった高等按察官から出されたものである．それらの告示の規定は，主として売買法の発展にとって重要であった[16]．その他の規定は，街路の近くで，損傷を引き起こすような方法で猛獣を飼うことに関するものであった．売買に関する主要な規定は，紀元前199年から始まっているものと想定されるが，これがそうであるか否かはともかく，この告示は，紀元前2世紀の初期にプラウトゥスに知られ，パロディー化されている[17]．

　制定法と告示は解釈される必要があったし，その効果と影響は，どのように解釈されるかに依存していた．英米法においては，解釈の重要な仕事は，現実の個別の事件を決定する裁判官によってなされる．ローマ法においては，それは現実の事件と想定上の事件双方を考察する法学者によってなされた．

　最初，法の解釈一般は，完全に，神官団（the College of Pontiffs）の手中にあった．しかし，神官団は宗教的機能に関する宗教的組織であったが，既に見てきたように，神官になることは公職に就くことであり，そして卓越したローマ人の標準的な経歴の一部分であった．我々がすでに知っているように，神官は，彼らの宗教的見識の故に特に選出されるものではなく，紀元前300年のオグルニウス法（*lex Ogulnia*）までは，貴族のみが神官になることができたし[18]，紀元前253年までは，平民は誰も大神官に選出されなかった．神官は，政務官と人民のために法を解釈した．この活動は，神官達に――神官を通じて貴族達に――膨大な影響を与えた．とりわけ制定法および（この時は）告示の数が少なかったからであり，貴族達が訴訟の方式（即ち，訴訟を提起するための形式的要件）に対して規制を及ぼしていたからである．神官達は，彼らの解釈の権限を，要求される状況に合わせて使用した――条文を広くも狭くもすることができた．彼らは，元々の条文を，彼らの目的を遂行するために，いつでも意図的に誤って解釈する用意があった．神官達の最も[22]有名な解釈の一つは，十二表法の一条項に関するもので[19]，この条項は，ロムルスの法を再現したものであった[20]――「もし父が彼の息子を3度売却する場合，その息子は父から自由となる」．もともとこれは，心ない父の権力を制限することを意図したものであった．家長は，息子達に対して完璧な権限を有し，彼らを売ることができた．彼が息子を債務奴隷として売却して，その息子が解放された場合，息子は父の権力の下に残されることになる――そこで，制定法は心ない父の権利を制限したのである[21]．しかし，時の経過と共に父親の権力から自由になった人間は，大いなる利益を得るのだと評価されるようになった．つまり，彼自身が家長となり，財産を所有すること

が可能となる，等々である．ときどき父親は，息子が──高い評価のあかしとして──権力から自由になることを望んだ．そしてこの十二表法の条項は，その目的を遂行するために使われたのである．父親は息子を友人に売却し，その友人は直ちにその息子を解放する．この手続はもう2回行われる．3度目の売却の後，息子はその友人によって解放される．そして息子は正真正銘の家長となるのである．ここまではそれでいいとしよう．しかし，神官達ははるかにその先に進んだ．十二表法の条文は，娘や孫の売却については何も語っていないが，多分その理由は，娘や孫が「息子」という言葉に含まれていたか，或いは，何度売られようが家長の権力の下に常にとどまったか，のどちらかである．しかし，神官は，十二表法の条文は，父親による3回の売却が，父親の権力からの息子の解放のためにのみ必要なものであることを意味している，と決定した．この制限は娘や孫については何も表明されていないのであるから，彼らは1回の売却だけで決定的に父親の権力から解放されたのである．このような方法で，制定法は，新しい，そして予見しえざる状況に見合った再解釈を受けることができた．

伝承によれば，法律の解釈に対する神官のこの独占は，紀元前4世紀の末に瓦解した．紀元前312年に戸口総監であったアッピウス・クラウディウス・カエクス（Appius Claudius Caecus）の秘書であったグナエウス・フラーウィウス（Gnaeus Flavius）が，彼の主人から（彼の主人の黙認の下に）全ての重要な訴訟方式のカタログを盗み出し，公開したのであった[22]．実際は，神官の権力の喪失はもっと段階的なもので，さほど劇的なものではなかったと思われる．というのは，訴訟方式はそんなに固く秘密とされていなかったからである．もしそんなに固い秘密だったのであれば，アッピウス・クラウディウスは神官ではなかったのだから，訴訟方式のことを知らなかったと思われる．

法学者の歴史における次の大きなステップは，（紀元前198年に執政官をしていた）セクストゥス・アエリウス・パエトゥス（Sextus Aelius Paetus）による『三部書』（*Tripertita*）という本の出版であった．彼は，その弟と共に，最初に名の知れた，神官ではない法学者であった．『三部書』は，訴訟方式を単純に集めたもの以上の法律書としては明らかに最初のものであった．それぞれのトピックが3つの部分に分かれている点で，『三部書』と呼ばれたものと思われる．十二表法の特定の条項，その解釈，そして重要な訴訟方式である．

（紀元後2世紀に著作をなした）法学者のポンポーニウス（Pomponius）は，紀元前95年に執政官であったクイントゥス・ムーキウス・スカエウォラ

(Quintus Mucius Scaevola) が市民法を類 (genera) ないしクラスに整理した最初の法学者であると我々に語っている[23]. このことは多分, 彼がなんらかの合理化を試みたこと, 関連するトピックの間に区別を設けようとしたことや分類化に興味を抱いたことを意味する. 彼の著作は膨大なもので——ポンポーニウスによると約180巻近い——, そして彼の最も重要な著作は, 市民法の18巻の注釈書であった. これは明らかに, 最初の体系的な学術論文であり, 市民法に関する後世の殆どの著作の基礎となった. かくして彼は, ローマにおけるその法の時代の先駆けとなり, 彼の著作は彼の多くの門弟達によって継承された.

この新しい時代の到来と世紀の変り目において, 政治的変化が生じた. 以前は, 法学者達はほとんど全員が元老院階級の者たちであった. 今や, 騎士階層の者達がそれを占めるに至り, 貴族達は多かれ少なかれ法学者の列から消えて行った. キケローによると[24], 紀元前1世紀頃のこれらの法学者達には, 3つの主要な役割があった. *ad respondendum*：熟練した法学者とは言えない個人または裁判官から諮問のあった時に意見を出すこと, *ad agendum*：訴訟活動を助けること, *ad cavendum*：法律文書を起案することであった. この最後の役割は初期の時代にあっては大変重要であり, 何世紀にもわたって続いた方式と解釈の多くの原則を確立した. 例えば, キケローと同時代人であるアクィーリウス・ガッルスによって考案された, 息子が遺言者よりも先に死亡した場合に, 未だ生まれていない孫を相続人に指定するという複雑な作業のための遺言書の方式は, 6世紀後のユースティーニアーヌスの時において未だ標準的なものであった[25]. 帝政時代とは反対に, 起草は, 指導的な法学者の考察のためにさえ重要な事柄と考えられていた. 我々は, 4人の最も重要な法学者——ラベオー (Labeo), オフィーリウス (Ofilius), カスケッリーウス (Cascellius), そしてトレバーティウス (Trebatius) が諮問を受けたケースを知っている[26].

この時代の法学者達は, 我々がすでに知っている解釈の自由を示し続けた. 2つの例を上げよう. 第1に, 十二表法は, ある者の土地が, 雨水 (*aqua pluvia*) を自己の土地に引き入れる工事をした隣人の仕事によって損害を被った場合に, 救済手段を与えた. トレバーティウスは, 温泉水の方向転換によって損害が引き起こされた場合訴訟ができると判断した[27]. 第2に, 何事かが暴力により (*vi*) なされたときに, 救済手段が可能である状況において, クィントス・ムーキウス・スカエウォラは, そうするなと言われた人間がそれを行った場合, それは暴力によってなされたものであると判断した[28]. 共和政の最後の世紀は, ローマの法的発展にとって最も実り多い時

期である．故に，共和政後期のことについては次の章で力を入れたい．

帝政における成文法源

　アウグストゥス皇帝 Augusutus は，共和政を復活すべきであると主張した．しかし，法源は一見したところ変化していないかに見えたが，それらは根本的に変化していた．

　民会は，立法機関であり続けた．実際に，民会は，アウグストゥスの下で家族に関する幾つかの重要な法律を可決したが，これらはすべて，ローマ人の道徳を変えようとするアウグストゥスの政策であり，全ての制定法は彼の要請によって可決されたものであった．次の皇帝の治世下で，とりわけ紀元後41年から54年まで皇帝であったクラウディウス（Claudius）の下で，若干の制定法が可決された．しかし，クラウディウスは，他のところと同じく，時代の風潮からかけ離れた時代錯誤の素人であることを露呈した．その世紀の終りまでに，民会による立法は全て消滅した．

　同様に，新しい告示を出す政務官の権限には最初は何の変化もなかったが，にもかかわらず政務官は告示を出すことをやめた．法務官が時々，告示に少し変更を加えた証拠はあるが，帝政時代を通じて，法務官の告示によって法に実質的な変化がもたらされることはなかった．このことは，共和政の最後の2世紀の熱狂的な活動と比べると驚くべき対照である．ハドリアーヌス帝の治世の間（紀元後117〜38年），法学者ユーリアーヌスは，市民掛法務官の告示を改訂する仕事を与えられた．彼がどの程度告示を改訂したかは不明であるが——多分ほんの少しであったであろう——，我々は，彼が形式的な面で重要な変更を行い，内容的な面での変更は小さなものであったことを知っている．しかし，それから以後，市民掛法務官は告示については何の変更も行わなかった．直接の証拠はないが，外人掛法務官と高等按察官は，その時点で新しい告示を作る権限を喪失したものと推察される．

　法学者は，引き続き重要な役割を果たしたが，彼らは皇帝達によって巧みにコントロールされた．アウグストゥスは，特定の選別した法学者達に，皇帝の権威において法律問題に解答する権限を与えた（解答権 ius respondendi）．このことの正確な意味は知られていないが，十中八九，これらの法学者達の一人が意見を出した場合，正式には審判人を拘束しないが，実際上は常に審判人はそれに従ったと思われる．その権限の付与によって，かかる名誉ある法学者の意見の価値は増大したばかりでなく，他の全ての法学者の意見の価値を減少させた．法学者の意見の価値は，従って皇帝の好みに依存

していたのである．

　ハドリアーヌス帝は，事を更に進めて行った．かかる法学者達の意見は，学者達全員が賛成であれば法的拘束力を有する．しかし，学者達の間に意見の食違いがある場合には，審判人は，彼が好ましいと考える意見に従うことができた[29]．この事の正確な意味が何であるかが，現代の学者達の間の論争の原因となり，正しいとは思えない類の種々の意見が表明されている．どの意見も明らかに正しいとはいえず，対立する意見の内，どれでも選択できそうである．私が考える最も正しいと思われる意見は，ハドリアーヌス帝は事実上，解答権を廃止したのであるというものである．

　帝国の最初の250年は，法学者達の大いなる活動の時期であった．大量の書籍が高名なる法学者達によって次から次へと出された．これらの書籍は，告示全体とか市民法全体についての完全な注釈書であったり，法律の一分野についての単行書であったり，問題（現実の問題や法学者仲間や門弟達によって創られた想定問題）に対する解答集であったりした．またそれらは，ガーイウスの『法学提要』のように，教科書であったりもした．ユースティーニ〔25〕アーヌス帝は後に，彼の『学説彙纂』（*Digest*）はこのような文献2,000巻を参考にし凝縮したものであると語っている．

　これらの法学者達の著作は，色々な方法で法を発展させた．重要な問題は，何世紀にもわたって議論の対象となり得た．例えば，売買契約は優れた救済手段を提供したので，多くの法学者達は，その契約の範囲を拡大しようとした．交換――商品と商品の交換――が売買であるか否かが，何世代にもわたって精力的に論争の対象となった．新しい疑問点が上げられ，解答がなされた．これらの理由づけが順次，古い，良く知られた問題に対する解答に影響を与えた．制定法は解釈され，また再解釈された．帝政の最初の150年の間，法学者達は，2つの学派に分かれた．サビーヌス学派（Sabinian）とプロクルス学派（Proculian）であり，それらは多分，実際の教育組織だったと思われる[30]．しかし，全体として，帝政時代の法律家達は，共和政時代の彼らの同輩達と比べると，法律の解釈と変更に関し，大胆さにおいて劣っていた．多分，法律がたえず増大するので，そのような大胆さを必要としなかったのであろう．また多分，経験の結果余りに大きな解釈の自由の危険性をよりいっそう知るに至ったのであろう．しかしまた多分，思うがままに新しい告示を発布することを止めた政務官達のように，彼らは勇敢であることを恐れたのかも知れない．

　法の新しい源泉が，帝政期においても発展した．元老院議決は，共和政の時代の間，何ら法を形成する力はなかった．しかし，帝政期の最初から，法

務官の告示に条項を挿入することによって，元老院議決を法的に実施することが一般的になった．結局，元老院議決は，告示の介入なしに，直接的に法形成力を持ち始めた．その最初の確かな例が，ハドリアーヌス帝の時のテルトゥッリアーヌス元老院議決（*senatus consultum Tertullianum*）である．但し，それにはいくつかの先例のあることが，時々示唆されている．

　初期の皇帝達には立法の正式の権限はなかったが，紀元後2世紀の中頃には，彼らの立法権は完全に認められていた．このことは，何らの法的根拠なしに発展したように思われる．ガーイウスは言う．皇帝の決定することは，法としての効力を有する，それは，皇帝が法によってその権威（命令権 *imperium*）を授かったからである，と[31]．そして後に，ウルピアーヌス（Ulpian）は言う．皇帝の決定は法の力を有する，それは，彼の命令権に関して可決された法により，人民が彼に全ての権限と力を与えたからである，と[32]．ガーイウスの説明は，我々に何の役にも立たない．そして，ウルピアーヌスがその説明で言及していたと思われる制定法の中には，人民が命令権を皇帝に付託したことを示すものは何もない．

　皇帝の勅法（constitution）は，4つの主要なグループに分けられる．皇帝は，他の上級政務官達と同様，告示を発することができた．しかし，彼の権限は特定の範囲に限定されていないのであるから，彼は，どのテーマに関しても，どの領土に関しても告示を発することができた．例えば，紀元後212年のアントニーヌス〔カラカラ〕の勅法（*constitutio Antoniana*）は，帝国の全ての自由の住民にローマ市民権を与えたのであるが，これは皇帝の告示であった．また，個々の訴訟の上訴は皇帝に対してなされたものであるが，皇帝は最上級の裁判官として行動した．もちろん，彼の判決（裁決 *decreta*）は，個別の事件を超越するものとして扱われた．さらに，法律問題についての質問が，役人，公的団体あるいは私的な個人からさえも皇帝宛てになされ，皇帝書記局は，それに対する回答（勅書 *epistulae*）を出した．役人や特に属州の総督達に対する皇帝の指令（指令 *mandata*）も，将来に対する拘束力があった．

　ここで，ローマの訴訟について若干述べておくことが便利であろう．訴訟は，ローマの法律にとって基本的な重要性を有する．何故なら，訴訟が可能なものとして規定されている場合にのみ，人は法的救済手段を持つことができたからである．一般に，ローマの訴訟は，個々の制度に適合するように，個々に仕立てられていた．初期の法的手続は，法律訴訟（*legis actiones*）と呼ばれる制度によっていた．これらの数は限定されており，柔軟性に欠けるものであった．ガーイウスは，使用されている言葉に少しでも誤りがあれば

その訴訟は却下されたと信じていた．ガーイウスの言うところは正確とは思われないが，彼がこのような間違いをすることそれ自体が，重要なところである．法律訴訟は，大変限定的であり，それらは方式書 (*formulae*) 制度によって取って代わられた．この発展の経過に関しては多くの議論がなされているが，早くも紀元前 2 世紀の初め頃には，多くの事件の幾つかの訴訟が，方式書によってなされていたようである．しかし，法律訴訟の大部分もまた，相当の期間存在し続けた．方式書は，はるかに柔軟性があり，多くの新しい必要な状況に適用された．特にこの制度は，相対的に非形式的なものであり，その故に，諾成契約のような新しい非形式的な制度を創るのに役割を果たすことができた．そしていくつかの訴訟では，当事者の信義誠実に重要性が与えられるという事態となったのである．

第4章　家　族　法

〔27〕　婚　　約

　　初期の時代においては，結婚するという相互の約束が新婦と新郎とのために取り交わされていた．この約束は，誓約（*sponsio*）という契約の形式をとり[1]，訴訟の対象とすることができた．紀元前2世紀の初めまでには，相互の約束はなおなされていたものの——あるいは少なくとも女性を与えるという一方の約束は存在したが——，訴訟をする権利は消滅した．婚約の形式に変化はなく，また誓約一般も訴訟の対象となることができたので，ローマ人は婚姻約束の違反に対して訴訟を許すことが道徳に反すると決定したのである，というのが〔訴訟の対象にならなかったことの〕唯一の説明である．この結論を回避するための方策が考案されたように思われる．女性がその男と結婚するという約束に代えて，もし女性が男性と結婚しなかった場合には，ある定まった金額を支払うという約束である．しかし，これもまた強制力がないものと宣言された．
　　男性側の約束は，父または，父が生きている場合でもその男性自身によってなされた．女性側の約束は，常に家の長，家長（*paterfamilias*）によってなされた．女性が家長の権力下にないときは，約束は彼女の親族の一人によってなされた．親族達には彼女に対する権限はなかったのであるから，彼らの介入は，法的理由ではなく社会的理由によるものであったと想像するのが合理的である．女性自身が結婚の約束をすることは不適当であると考えられていたのである．約束の破棄は訴訟の対象とはならないとされていたが，婚約は一定の法的結果をもたらした．すなわち，女性による他の男性との性的交渉は不貞（adultery）を構成し，また両方の親族は婚約の当初から姻戚の地位を有した．
　　キリスト教の力によって，東方の法は，紀元後4世紀までには，婚約のローマ的形態を変更した．フィアンセは，今や女性に，婚約を確かなものにするために，贈物（婚約手付 *arra sponsalicia*）を与えた．男性は，女性と結婚しない場合，その贈物を失った．女性は，男性と結婚することを拒否した場合，最初の頃は贈物の4倍の，後になって2倍の物を返さなければならな

かった.

婚　姻

　ローマの婚姻には2つのタイプがあった. 古い方の, 手権を伴う (*cum manu*) 婚姻は, 妻を夫 (または, 夫が家長を持つ場合には夫の家長) の権力の下に置いた. 妻は娘と同じ法的地位にあると言われ, 彼女が有している財産は彼のものとなった. 新しい方のタイプ, 手権を伴わない (*sine manu*) 婚 [28] 姻では, 妻は夫の権力 (手権 *manus*) から自由のままで, 彼女の家長の権力の下に残り, あるいは彼女が家長を持たない場合は, 独立の状態を保った.

　手権を伴う婚姻が成立する3つの方法は, すべてが十二表法の時代までに確立された. 最初の方式は, ファール共祭 (*confarreatio*), すなわち, 2名の高位の祭司の立会いが要求される宗教的儀式である. その名前は, 儀式で主要な役割を果たしたスペルト小麦 (*far*) のケーキに由来する. この方式は, 法律によって貴族階級に限定されていたわけではないが, 実際上限定されていた. 第2の方式である共買 (*coemptio*), すなわち売買は, 握取行為 (*mancipatio*) という, 一定種類の価値ある財産の正式な譲渡方式を, 特に婚姻に適用したものである. 握取行為は, 後述するように, ローマ法の中で最も活用された制度である. この制度は, 財産譲渡の方式から出発して, 隣人の土地に役権を, 財産に担保を設定するために, 遺言, 結婚をするために, 子供を養子に迎えるために, 子供を親の権力から解放するために, そして新たな, あまり厳しくない後見人を女性に与えるために, 使われるに至った. 共買は, 妻の夫への仮装売却の方式であるが, 初期の時代において実際の売買であったことを示すものはない[(2)]. 確かに, 同じ儀式を用いていた養子縁組 (adoption) は, 売買と考えられてはいなかった. 第3の方式は, 使用 (*usus*) によるものであった. 妻は, 夫と続けて1年間暮らして, 3夜連続して不在することがなかったならば, 夫の手権の下に入ったのである. この場合, 手権が成立する前から, 婚姻は有効であった.

　もう一方の婚姻の形態である手権を伴わない婚姻は, 初期の時代から市民法上の婚姻として十分に確立されており, 紀元前2世紀の最初までには, 極めて一般的なものであった. この婚姻形態が, 使用によって〔手権を伴わない婚姻から〕手権を伴う婚姻へと変わる過程での第1段階の婚姻というよりは, 婚姻の一つのタイプとなったのはどれくらい古いことなのか, 資料が乏しいのでこれを決定することができない. 帝政期において, 妻が夫の家に連れていかれることは必要であったように思われるが, 何の儀式も形式も婚姻

のためには必要なかった．婚姻と内縁を区別するものは，当事者の意思であり，それは通常，嫁資に関する条項によって示されていた．

　ローマの妻達は，夫の権力の下に締めつけられていると，ますます感じ始めたものと思われる．しかし妻は，たとえファール共祭や共買という儀式に参加しなくても，1年に3夜連続して不在するという予防手段をとらない限り，自動的に夫の権力下に入ったのであった．紀元前1世紀の初めには，手権を伴う婚姻が未だ一般的であった．しかし，ほとんど突然，キケローの時代に状況は変化した．その変化の理由は，キケローのフラックス（Flaccus）弁護論に見ることができる．この弁護論においてキケローは，とりわけ使用の結果として既婚女性が夫の権力下に入ることはないと主張する．キケローは言う，「後見人全員の同意なしには，女性の財産権を剥奪することはできない[3]」からであると．ここでのポイントは，女性が父または夫の権力下にない場合，彼女が有する全財産はその後見人の管理下に置かれ，女性は重要な財産（手中物 res mancipi）を後見人の同意なしには譲渡できないことにある．これは十二表法の準則であり，元々は，女性による意図的な財産の譲渡についてのみ適用があった．しかし，この条文には，女性が（そして彼女の財産が），夫と一年間結婚生活をすることの結果，自動的に夫の権力下に入るという状況は含まれていなかったし，含むことは当然意図されていなかった．しかし，いったん，古い意味で女性が夫の権力下に入るということはあるべきではないと広く感じられるや否や，この条文は，意図的に誤って解釈されることになった．その結果，女性は夫と1年間一緒に住むことによって自動的に夫の権力に従属することは，もはやなくなった．それは，彼女の後見人の同意がある場合に限って発生したのである．父の権力下にない女性が使用により夫の手権下に自動的に入るものではないことが認められた後，この準則は，すぐに父親の権力下にある女性に拡大された．かかる考案と回避策は，法発展に一般的なことである．帝政期の初期において，使用は立法によって完全に廃止された．手権を伴う他の婚姻形態もまた，稀な状態となった．特定の上級祭司は，ノアール共祭による婚姻をした両親から生まれていなければならなかったし，彼ら自身，この方式で結婚しなければならなかった．祭司職の資格のある者を見つけるのが困難となったので，アウグストゥスと彼の後継者のティベリウス（Tiberius）は法律を公布して，ファール共祭による婚姻は，妻の市民法上の地位に影響を与えないが，宗教上の目的のために妻を夫の家族に編入させるにすぎないものとした．

　有効な市民法上の婚姻は，ローマ市民の間か，ローマ市民とローマが通婚権を認めた国の人間との間でのみ締結可能であった．奴隷は婚姻できなかっ

た．貴族と平民の間の婚姻は，十二表法で禁じられていたが，紀元前445年のカヌレイウス法（lex Canuleia）で認められた．共和政の時代には，自由人として生まれた市民と解放奴隷との間の婚姻には法律上の禁止はなかったが，かかる婚姻は好ましくないものと見られ，戸口総監による刑罰が科せられる場合があった（戸口総監の職は，紀元前443年に最初に創設されたものである．戸口総監の仕事は，軍事及び徴税のために5年毎に作られる市民のリストを準備することであった．戸口総監は，市民が国のどの階級に属するかを決定したので，彼らが許可できない者を高い階級から低い階級に下げることができたし，その名前に不名誉の汚点を付けることができた．戸口総監は，この権限のある地位を使って，ローマの道徳の保護者となった．例えば，父親が子供に対して権力を濫用した場合，介入をすることができた）．アウグストゥスは，元老院とその子孫が解放奴隷と結婚できないとの法律を制定して，婚姻に対する法的規制を導入した．帝政後期には，ユダヤ人とキリスト教徒の通婚が禁止された．

花嫁と花婿双方の家長の同意が要求された．そして，帝政期では違ったが初期の法では，女性の希望は——法的には——まったく問題にはならなかった．家長が死亡した場合，男性にとっても女性にとっても，外部の者の同意は要求されなかった．もっとも，嫁資の設定については女性の後見人の同意が必要であった．結婚がファール共祭や共買による手権を伴う婚姻である場合，女性の後見人の同意が必要であった．前述のように，キケローの時代には，使用によって手権を伴う婚姻が成立するためにも，後見人の同意が必要となっていた．[30]

近親者の婚姻は禁じられていたが，禁止の程度は，時代によってまちまちであった．原初の時代には，又いとこの結婚は禁止されていたが，キケローの時代には，いとこ同士の結婚ができた．叔父と姪，大叔父と甥（姪）の娘との通婚はできなかった．クラウディウス（Claudius）皇帝（紀元後41～54年）は，彼の姪のアグリッピーナ（Agrippina）との結婚を欲した．そこで元老院は，兄弟の娘との婚姻は合法であるとの議決を出したが，姉妹の娘との婚姻は合法化しなかった．この恣意的な準則は，古い法が復活する3世紀後まで効力を維持した．国の指導者の婚姻の便宜を図るために法が変えられたもう一つの事例は，6世紀におけるユースティーニアーヌス皇帝の結婚に関するものである．アウグストゥスのパピウス法（lex Papia）は，元老院議員の地位にある者が皇帝の許可なしに女優と結婚することを禁じた．皇帝ユースティーヌス（Justin）は，甥のユースティーニアーヌスが引退した女優と結婚することを許し，その結果，テオドラ（Theodora）と結婚することができた．紀元後542年，ユースティーニアーヌス自身が元老院議員に対するす

べての制限を廃止した．

　遅くともアウグストゥスの時代から，女性の最小婚姻年齢は12歳と定められていて，女性が成熟しているか否かは関係がなかった．女性の場合，未成熟での結婚が稀ではなかった証拠がある．男性に関しては，相対立する法学派の間で論争があった．サビーヌス学派は，少年が成熟していることを要求し，身体検査が必要であるとした．プロクルス学派は，少年が14歳になっていることのみを要求し，この考えが勝利を収めた．

　婚姻は，それが手権を伴うものではない限り，夫や妻の地位に滅多に影響を与えるものではなかった．初期の法では，夫は妻を厳しく罰する権利があったが，多分それは限定された状況においてのみであったし，証拠の示すところによると，妻の家族の同意を必要とした．アウグストゥスの立法以前は，この権利が手権を伴う婚姻に限定されていたのか，すべての婚姻に適用されたのかは明らかではない．合法的なローマの婚姻の主要な効果は，子供が嫡出となることであり，また家長の権力（家父権 patria potestas）の下に服したことである．

離　　婚

　離婚する権利は，ローマにおいては最も初期から認められていた．共和政の後期に，そしてアウグストゥスの道徳立法にもかかわらず初期の帝政時代にも，一般的であった．王政時代においては，夫は妻を，不貞，鍵の無断使用，または子供の毒殺を理由にして離婚できた[4]．夫が妻を離婚した場合，妻および妻の父親は，彼女に与えられていた嫁資に対して何も主張することができなかった．もし，夫が妻を他の理由で婚家から追い出した時（つまり，多分離婚した場合），夫は妻に彼の財産の半分を与えなければならなかった．

　これらの法律の条項は，長い間存続していたように思われ，有名なスプリウス・カルウィリウス・ルガ（Sprius Carvilius Ruga）事件が起こった紀元前230年頃にも未だ効力を有していた．古事学者のアウルス・ゲッリウス（Aulus Gellius）は，以下のように報告している．

　　「セルウィウス・スルピキウス（Servius Sulpicius）も，彼が書いた書物『嫁資について』（On Dowries）の中で言っているが，嫁資の返還についての私的な約束が最初に必要であると思われたのは，高貴の生れのスプリウス・カルウィリウス・ルガが，子供が生まれないという肉体的欠陥の故に妻を離婚した時のことであった……．そして，伝承の伝えるところによると，このカルウィリウスは，離別した妻を心の底から愛し，彼

女に対してその性格の故に大いなる親愛の情を懐いていた．しかし，彼は戸口総監に強制されて，彼の愛や親愛の情を超えて，子供をもうける目的で結婚をしたのであるとの宣誓を行った．」[5]

　その時の状況は以下の通りである．貞淑であるが不妊の妻は離婚させられたのであるが，彼女はこの離婚を正当化する明確な罪は何も犯していないのであった．しかし，夫も何も悪いことはしていないのであった！　彼は彼の妻を愛していたが，すべてに優先して，ローマの道徳の保護者である戸口総監に対して，子供をもうける目的で結婚をしたのであるとの，伝統に従った宣誓を行った．法律的には，彼は今や財産の半分を離婚した妻に与えるべきであった——これは厳しい決定であり，多分制裁は科されなかった．しかし，夫を相手とする嫁資返還のための訴訟はできなかった．この事件の重要性をローマ人達は見逃さなかった．今後，将来の義理の父と花婿にとっては，離婚の場合にそなえて，彼ら自身で財産の分配について約束をしておくことが賢明であった．今や，夫は制定法により規定された以外の理由で，制裁金を支払うことなしに離婚できることになったからである．

　発展の次の段階は不明なところ大であるが，変化は急速に起こった．夫は，何の理由もなしに妻を離婚できたが，同様に妻も，夫の権力下にいない限り，夫を離婚できた．有責の当事者に対する，または正当な理由なしに配偶者を離婚した当事者に対する，厳しい金銭的な制裁は消滅した．当事者が自分達で取決をした場合を除き，結婚が離婚の結末となった場合は，妻の嫁資は彼女または彼女の父に返還されなければならなかった．しかし，夫が嫁資の中の一定の部分を保持することができる場合があった．例えば，婚姻による子供がいた場合である．もし妻が不貞をはたらいた場合や正当な理由なしに夫を離婚した場合は，さらに嫁資の一定部分を保持することができた．夫が有責で，妻には何の落ち度もない場合，彼は嫁資に対する権利を喪失した．

　離婚には何の儀式も手続も必要はなかった．但し，婚姻が，ファール共祭によって執り行われた場合は別で，この場合には，ファール断絶祭（*diffarreatio*）と呼ばれる，元に戻す儀式が必要であったと思われる．

　帝政後期の離婚法は特に興味深い．ローマ帝国は紀元後325年にキリスト〔32〕教国になったけれども，良いか悪いかはともかく，キリスト教がローマの私法の実体に多くの影響を与えたことの証拠がほとんどないのは，不思議なことである．帝国の改宗を行ったとされる皇帝コンスタンティーヌスは，配偶者の一方が他方を離婚した場合（一定の特別な理由ある場合を除いて），嫁資に関わる現存の制裁に加えて，離婚した妻は追放される場合があり，離婚した夫は2度と結婚できない，との法律を制定した．夫が再婚した場合，離婚

された妻は，2度目の妻の嫁資を取ることができた．法は続く2世紀にわたって色々な変化をこうむった．6世紀にユースティーニアーヌス帝は，妻が夫を離婚し，それが認められた理由によるのでない場合，彼女は生涯，尼僧院に幽閉されるべきであり，彼女の全財産を没収するべし，と定めた．正当な理由なしに妻を離婚した夫は，単に制裁に服するだけであった．この場合でさえもキリスト教は法の基本的な構造に対する影響をほとんど与えず，これらすべての場合に，制裁は科せられたが，離婚自体は有効であった．

嫁　資

　婚姻終了に際しての嫁資返還についてはすでにいくらかの説明をしてきたが，嫁資の設定について一言説明が必要であろう．嫁資は，3つの方法で設定された．嫁資の引渡による方法（嫁資の供与 dotis datio），問答契約という契約の下にそれを約束する方法（嫁資の約束 dotis promissio），そして嫁資の言明（dotis dictio）による方法である．最後の方法は，最も限定された方法であった．というのは，花嫁の家長，花嫁自身，または花嫁の債務者だけしか行うことができなかったからである．嫁資の言明においては，花嫁の父（または，花嫁か彼女の債務者）が特定の金額を嫁資として支払うことを約束することにより，手続が始まる．そして，花婿はそれに対する受諾を示すだけでよい．その体裁は変わったものであり，少し説明を要する．というのは，嫁資の言明は片務契約（すなわち，一方当事者の側にのみ債務を発生させるもの）で，贈与者側がイニシヤティブをとる唯一のローマの口頭合意形式[6]だからである．この形式についての説明は，その社会的背景に見いだすことができる．元々，嫁資の言明は婚約の時にのみなされていた．花婿候補は少女に結婚を申し込む．父親は，彼女自身と，彼女に付ける特定の額の嫁資を約束する．花婿はそれを承諾する．嫁資の額の問題が，最初に少女の父から提起され，将来の夫からでないことは，明らかに妥当なことであると考えられていた．徐々に，社会的慣行に法的効果が与えられていったのである．

　嫁資の返還のための妻または父の訴訟（妻の財産訴権 actio rei uxoriae）は，カルウィリウス・ルガの離婚後に作り出されたものであるが，独特のものであった．手続の主要部分は以下の通りである．「〔被告男〕ヌメリウス・ネギディウス（夫）が，市民法上，嫁資またはその一部を〔原告女〕アウラ・アゲリア（妻）に返還すべきことが明らかであるならば，審判人よ，ヌメリウス・ネギディウスに，最も公正で最良である額をアウラ・アゲリアに支払うべしとの判決を下すべし．もし明らかでない場合は，免訴判決せよ．」つま

り，裁判官は2つの手続で仕事をしなければならない．最初に，彼は法的に見て，夫が嫁資またはその一部を返還しなければならないかどうかを決定しなければならない．そして，もしそうであるならば，正当と思われる割合の額を夫に宣告する[7]．明らかに，妻に返還されるべき額を減額できるが，それを増額することはできない．夫が，嫁資の財産と関係のある合理的な出費を余儀なくされた場合，この減額がなされ得る．この訴訟のもう一つの特性として，嫁資を出した父は，彼自身だけでその返還のための訴訟をすることはできず，妻が共同原告になっていなければならなかった．

家父権 (*patria potestas*)

家父権は，ローマの家族法で最も基本的で特性のある部分である．市民法上有効に婚姻した両親の下に生まれた子供は，父親の権力（家父権）の下に入るのであり，もし父親の父親が生きている場合は，その父親の権力下に入るのである．家父権は，父が存命中は存続した．息子は，たとえ国の最も高い地位についたとしても，なお彼の父 (*pater*) の権力下に残った．父親は子供達に対して完全な生殺与奪の権を有した——しかし，父親がその権力を恣意的に行使した場合，戸口総監によって罰せられる場合があった．父親は子供達を奴隷として売ることができたし，子供達の結婚に父親の同意が必要であった．また彼は，欲する場合，離婚をさせることもできた．子供達は財産を持つことができなかった．もっとも慣習的に，あたかも彼らの物であるかのごとく彼らが管理する財産（特有財産 *peculium*）を与えられてはいた．もし息子が契約を締結した場合，父親は直ちに，契約の相手方との間のすべての権利を取得した．しかし，反対に，子供達の行動によって損失を被るべきではないと思われていたので，初期の法では，父親は相手方当事者に対する契約上の責任を免れた．この最後の部分がどのように修正されたかについては，既に述べた[8]．家父権概念の重要な変化はゆっくりと生じた．奴隷として売る権利は，帝政期が始まる以前に消滅した．アウグストゥスは，息子が軍人なら，その間に稼いだもの（軍営特有財産 *peculium castrense*）は何でも，その遺言により処分することを許した．しかしそれは，息子が軍人である間だけであった．我々は，何の原則にも従わない奇怪な法がここに現れているのを見るべきである．アウグストゥスは，息子が軍人であり，彼が生きている間，軍人としての収入が誰に属するのかという問題を取り扱っていなかったように思われる．息子が軍役を退いた後はそうであるように，それらが父に属していたとすると，息子は自分が所有していない物を遺言により遺

贈することができるというのはおかしなことである．それが子供に属していたとすると，彼が軍人を辞めた場合に，なぜ彼はそれらを失うことになるのか．アウグストゥスは，法的原則ではなくて，実際的な困難の解決に関心を持ったのであるが，これこそ，最も簡単な解決方法である．疑いもなく，軍人たる息子は，家からはるか離れた所にいて，法的には彼の父に属するけれども，軍人としての収入を彼の意思通りに処分するのである．彼が軍務中に死亡すると，彼の財産はなお彼の父のものである．軍務当局は，財産が父に送られるように取り計らわなければならない．しかし，軍人たる息子が彼の俸給や戦利品について異なった指示をした場合，例えば，彼がそれらを彼の女性に残したいと考えた場合——軍人は結婚できなかった——あるいは彼の同志に残したいと思った場合，市民法の準則と，軍隊の仲間や，それどころか上官の，亡くなった仲間の希望に対する忠誠との間に，矛盾が生じる．かくして，アウグストゥスの準則は，実際的ではあるが，法理論としては無茶苦茶なのである[9]．

　ハドリアーヌス帝は，軍営特有財産の所有者を息子と定めることによって，その地位を規定した．後に，コンスタンティーヌス帝のとき，公職から生じた収入（準軍営特有財産 *peculium quasi castrense*）に同じ考え方を拡大した．また同皇帝は，子供が彼の母から相続した物は，その子供に帰属する，但し父の存命中は父がそれとそれによる収入を使用する権利を有する，と定めた．アントニーヌス・ピウス（Antoninus Pius）は，父親から，子供の意思に反して，仲良くいっている結婚を終わらせる権利を剥奪した．

　家父権は，出生だけではなく，養子縁組によっても生じた．養子縁組には，2つの形が存した．第1は他権者養子縁組（*adoptio*）で，養子となる人間がなお家父権の下にある場合に用いられる．共買と同じように，これは，特定の重要な財産の譲渡の形式である握取行為による養子縁組である．父親が息子を3度「売却」する．そして「購入者」は，息子を最初の2回の「売買」のつど彼を解放する．3度目の握取行為の後，「購入者」は，息子を父に再度譲渡するか彼の下に留めておく．養父は，法務官の所に行って，その少年は彼の息子であると主張する．父または「購入者」はなんの防御もしない．法務官は養父に対して，その少年が彼の息子であると宣告する．父が息子を3回売却すれば息子は父の権力から解放されるというのが十二表法の準則であるから，父による3回の売却が必要であった．成長した息子の場合でも，彼の養子縁組に対して息子の同意が必要であったことを示唆するものはない．

　もう一つの形態である，自権者養子縁組（*adrogatio*）は，養子とされる者

が家父権の下にいない場合に用いられる．この形態は，宗教的理由からより複雑なものである．宗教的な問題とは，家父権の下にない男性は彼自身が家長なのであり，彼が養子縁組されたとき，彼の家は同時に消滅することになり，家の宗教的儀式を行う者が誰もいない状態となる．2段階の手続がこの問題を扱った．第1に，大神官による事前の問合せがなされる．大神官は，養親になろうとする者（子供のいない者でなければならない）が，もはや子供をつくる能力がなく――古典法では特別の事情のない限り60歳以上でなければならなかった――，また，子供をつくる能力のあったとき子供をつくろうと努力したに違いないことを決定しなければならなかった[10]．神官が，自権者養子縁組を認可した場合，クーリア民会（*comitia curiata*）に送られた．この民会は，この目的で開かれるとき，特別招集民会（*comitia calata*）と呼ばれた．養親になる者と養子となる者の双方が，養子縁組に同意するのか否か質問を受け，人民がその養子縁組に同意するのか否か質問を受けた．人民に行う質問の形式が示すところでは，儀式が現実の立法であり，キケローの時代にも未だそう考えられていた[11]．養子となった者は，養親の家族の一員となったばかりでなく，養親の息子としてそこに加わる資格を得た地域社会において高い社会的地位を取得した．例えば，キケローの敵であった煽動政治家のクローディウス（Clodius）は，貴族であったが，護民官の職に就くことを欲した．しかし，この職は平民のみに開かれていた．そこで彼は平民と自権者養子縁組をしたのである．この原則は，初期の法において，はるかにその射程範囲が広かった．かつて――紀元前2世紀という古くない時代――，養子縁組をした奴隷は，法的には生まれながらの自由人となるということがあった．

　コンスタンティーヌス帝の時からユースティーニアーヌス帝の治世の時まで，十分明確に定められた一定の規定された状況の下で，非嫡出子を嫡出子とし，両親が後で婚姻した場合には，家父権の下に入るものとする，相当数の立法が存在した．

　家父権は，〔父親の〕死亡によるのみならず，子供の家父権免除によっても終了した．家父権免除（*emancipatio*）は，子供にとって有益なものであった，それによって彼が家長になることができたからである．家父権免除においても，やはり握取行為が行われた．息子は父親によって3度，いつもの通り「売却」され，そして息子は2度解放され，そしてなお父親の権力の下に留まる．そして父親は彼を3度，握取行為により譲渡する．譲受人は，彼を解放するか，またはこちらの方が頻繁であったが，彼を再び父に握取行為により譲渡する．父親は，奴隷を自由にするように息子を解放し，今度は

息子は父の権力から解放される．ここでも，娘および二親等以上の直系卑族の場合には，1度の売却で足りた．

後　見

　家父権の下になく，しかも成熟期に達していない男子と女子には，少なくとも1名の後見人による保護が与えられた．後見職は，多数のテクストが強調してるように，神聖な義務であった．サビーヌス（Sabinus）によると，この職務はその他すべての義務――賓客，庇護民，親族に対する義務――に優先した[12]．

　後見人にはいくつかの種類があった．第1に，遺言により指定された後見人（遺言後見人 tutor testamentarius）が存在した．このタイプは，十二表法の時には早くも十分に確立されていた．遺言後見人を指定することができたのは家長だけであり，そして家長は，彼の自権相続人（sui heredes），すなわち彼の権力の下にあり，彼の死によって他の人間の権力下に入ることのない者のみに〔後見人を〕指定することができた．指定の形式は厳格に規制されていて，遺言者は，決まった言葉「私はルキウス・ティティウスを私の子供たちの後見人に指定する（L. Titium liberis meis tutorem do）」または「ルキウス・ティティウスは私の子供達の後見人となれ（Liberis meis L. Titium tutor esto）」を使わなければならなかった．この文言によらなければ，指定は無効であった[13]．このタイプの後見人は，ユースティーニアーヌス帝の時でも存続していた．また，十二表法は，遺言後見人がいない場合，後見職は宗族――男系親族――に移るものと定めた．このタイプもユースティーニアーヌスの時代まで続いた（法定後見人 tutor legitimus）．同じ親等にある最も近い宗族（agnates）で成熟年齢に達している者達は皆，同時に後見人となった．これら最近の宗族は，被後見人（pupillus）が死亡した場合その財産を相続する人間でもあった．彼らが被後見人の財産の面倒をみる義務を課されたのは，偶然ではなかったのである．選定後見人（tutor dativus）は，公職者によって選任された．紀元前210年頃に，アティーリウス法（lex Atilia）は，ローマにいる法務官及び過半数の護民官に，このタイプの後見人を，後見人を持たない人のために指定することを許した．同じような選任は，後にユーリウス・ティティウス法（lex Iulia et Titia）の下で，属州においても行うことができるようになった．第4のタイプの後見人は法務官選定後見人（tutor praetorius）であり，被後見人と通常の後見人との間で古い儀式的なタイプの訴訟（法律訴訟 legis actio）が係属している場合に，臨時に選

任された．ガーイウスの時代にこの種類の後見人がなお存在していたか否かは明確ではない．

　後見職は公的義務であり，指定された者は，欠格事由があるか，または何らかの免除を主張することができる場合を除いて，その職を務めなければならなかった．免除に関する法律は，大変詳細なものであり，沢山の研究論文の主題であった．古典期後期の法学者であるモデスティーヌス（Modestinus）による研究論文は6巻本であった．免除には一時的なものと永続的なものとがあり，無知であることから高級公務に就いていることまで，既に3人の子供の後見人になっていることから，遺言者が彼に対する敵意から遺言で彼を後見人に指定したとの主張まである．

　後見人は，被後見人の生活や活動について全般的な権限があり，被後見人の利益のために行動しなければならない．後見人が被後見人自身に対して権力を持っていたとか，例えば彼の居住場所を選ぶ際に決定権を持っていた気配はない．種々の場合に後見人は，土地の売却のような様々な処分行為を行うことができなかった．しかし，我々はその詳細を知る必要はない．子供が幼児（幼児 infans とは，文字通り話すことができない者であり，紀元後5世紀の初め頃にこの言葉が7歳未満の子供に使われるまではそう理解されていた）である間は，彼はなんらの法律行為をすることができず，後見人がすべてを行わなければならなかった．被後見人が幼児でなくなったとき，彼にとって損失となる可能性のあるすべての法律行為は，後見人の助成を必要とした．取引が被後見人と相手方当事者双方に権利と義務を課するものであって，後見人の助成なくして行われた場合には，公正な結果を実現するための試みがなされた．被後見人は，相手方に取引の履行を請求しようとするならば，彼の側で取引を履行する用意がなければならない．被後見人が既に履行している場合には，彼が与えたものを回復するか，契約に基づいて訴えるかの選択権を有した．後見人の助成なしに債務が被後見人に支払われていた場合，被後見人の受領は無効であった．しかし，被後見人がその後債務の支払を求めて訴訟をするならば，彼が未だ有している，または彼が分別をもって費消した金員を，請求から差し引かなければならなかった．

　後見は，被後見人が成熟期に達した場合や後見人または被後見人の死によって終了した．遺言書による後見人は，後見人被嫌疑罪（crimen suspecti tutoris）の下，悪意がある場合に訴えられ，それが認められたときは，後見人を辞めなければならなかった．

　被後見人は多くの救済手段によって保護されていた．早くも十二表法の時には，法定後見人に対して，彼が横領した財産の倍額の返還を求める計算剥

奪訴権（actio de rationibus distrahendis）が存在した．この訴訟は余り価値がなかった．なぜなら，後見が終わってからのみ提起することができたからである．後見人被嫌疑罪は，遺言後見人に対して，悪意がある場合に訴える
[37] ことができた．これは十二表法で規定されたもので，この場合には，後見がまだ続いている間でも訴訟が提起できた．以上のいずれよりも重要なものが，後の時代の法の，後見職に関する訴訟，後見訴権（actio tutelae）であった．この訴訟は，誠意訴訟という小グループに属するもので——誠意訴訟において裁判官は，被告が誠意に従って与え為すべき金額を原告に支払うべしとの判決を下すよう命じられる——，誠意訴訟の中でも最も古いものであるという証拠があり，紀元前3世紀の中頃のものというのが妥当であると思われる．後見訴訟は，最初は，後見人に悪意がある場合にのみ提起できたが，古典期の終り前のある時から，後見人に過失があるにすぎない場合でも提起することができた．帝政の始まりの時から，遺言や高級政務官によって指名・選任された後見人以外の後見人は，職務を始めるに当たって，被後見人の財産が安全に運用されることについて，担保を提供しなければならなかった．

　後見人を持つのは成熟期未満の年齢の者だけではなかった．成熟期に達していたとしても，家父権の下にない女性は，後見人を持たなければならなかった．このタイプの後見制度も大変古く，後見人は子供に対するのと同じ方法で任命された．しかしながら，女性自身，管理能力を有していたのであり，後見人は必要な時に彼の権限をもって干渉することができた．一般的には，問題の取引によって女性の家産が減少する危険のある場合であった．古典期の法では，成人女性の後見制度は不自然なものと考えられ，女性達に後見人を替える能力を与えるという色々な回避策があった．その主要なものが，握取行為のもう一つの応用形態であった．手権を伴う婚姻による夫もまた，遺言により妻が後見人を自分で選任する権利を有すると定めることができた．さらに，成人女性は，彼女の後見人の助成なしに，通常の被後見人ではできない数多くのことを行うことができた．例えば，有効に受領行為ができたし，非ず中物，すなわち原初の時代に最も重要な物のカテゴリーに入っていなかった物[14]の譲渡ができた．さらにまた，後見人の助成が必要な場合にも，法定後見人でない限り，女性は助成を強制することができた．

保　佐

　後の時代の法においても適用され続けていた十二表法のある条文は，精神障害者を最近の宗族（agnates）の保佐の下に置いた．さらに，それより古い

法準則（しかし十二表法で繰り返されていたものである）は，無遺言相続で取得した財産を無駄づかいする浪費者は，政務官によってその財産を取り扱うことが禁じられ，保佐人の下に置かれるものと定めた．後に，そして多分共和政の時代においても，この準則は拡張され，浪費者が遺言によってその財産を取得した状況にも適用された． [38]

　後見や保佐に関する準則の多くは，特に初期の法では，後見や保佐に服している人間が死亡したとしたならば，その遺産を相続することになるであろう最も近い親族の利益のために，財産の保護を行うことにあったと思われる．思うにこの事実は，初期の法においてなぜ成熟年齢以上の未成年男子に対する関心が欠落しているかの説明となろう．男子は，一度成熟期に達したならば遺言をすることが可能となり，そうすれば宗族（agnates）を相続から排除することができたからである．その上に，彼は結婚し，子供も作ることができたので，無遺言の場合には，子供達が彼の相続人となったからである．

　未成年者に対する最初の特別の保護は，紀元前193〜92年のプラエトリウス法（*Lex Plaetoria*）によるものであり，その規定によれば，25歳未満の者を騙した者は罰金を科された．この法律はまた，未成年者が，彼を騙した者から訴えられた場合の，特定の抗弁を規定した．法務官もまた，未成年者の保護のために告示を発した．ここでの救済手段は，未成年者が損失を被る可能性のある場合，いかなる取引にも適用できた．しかし，未成年者が普通に保佐人の選任を要請できることになったのは，はるかに後の紀元後2世紀頃のことである．制度が発展して，保佐人を有している未成年者が行った取引については，保佐人がその取引に同意を与えていない限り，未成年者は，彼が得た利益を越えて，その取引について責任を負わされることはなかった．

第5章　奴　隷　制

〔39〕
　奴隷制は，都市ローマの初期の時代から，我々が扱う時代の終りに到るまで，現実の，ローマ人の生活と法の一部であった．
　人が奴隷になる主な方法は2つであった．ローマとの間の友好条約や協定関係にない人民が捕虜となった場合と，奴隷の母から出生した場合である．古典期の法では，女性奴隷が妊娠と出産の間に一時でも自由であったことがある場合，子供も自由となることが確立されていた．その他の例外的な場合もあった．例えば，奴隷の所有者が女性奴隷を解放する義務があるのにそれを怠っていた場合，その母親奴隷から出生した子供は自由となる．人が奴隷となる他のいくつかの原因に，ローマ人の考え方が現れている．十二表法においては，現場で逮捕された泥棒は奴隷にされた．また国は，戸口調査に登録されることを回避した者達を奴隷として売ることができた（戸口調査の回避は，軍役の回避のためになされた）．共和政後期の間，戸口調査の行われることは稀であったが，軍役の回避に対してはなおこの刑罰が科された．特定の犯罪で宣告を受けた者達も奴隷とされた．自由人が詐欺により自分を奴隷として売却し，〔売主と〕売却代金を分配しようとした場合（後で友人が現れて，彼が自由人であることを証明するという段取りである），彼は本当の奴隷となることが決定された．
　中でも，紀元後52年のクラウディウス元老院議決（*senatus consultum Claudianum*）は，最も示唆に富む．この元老院議決は，自由人の女性が他人の男性奴隷と同棲したが，奴隷所有者がそれを禁じた場合，その女性と子供は，男性奴隷の所有者の奴隷となる，と宣言した．これには，政務官の裁決が必要であった．しかし，自由人女性は，自由身分を保つための取引を奴隷所有者とすることができた．但し，生まれた子供は奴隷となった．もしその女性が父の権力下にあり，父がその同棲に同意していない場合，この準則は適用されなかった．何故ならば，父が，彼の側に何の落度もないのに娘を奪われることは間違いであると考えられていたからである．問題の女性が解放奴隷であり，以前の奴隷の主人がその同棲に同意していない場合，旧所有者の奴隷となった．その理由は，旧主人，〔つまり今や〕保護者は，その意に反して奪われることのない，なお残存する権利を有しているということに

あった．同棲した相手の男性が国有奴隷である場合，女性は——もとより父や保護者の権利を前提として——奴隷とはならないが，国の解放奴隷女となった．ユースティーニアーヌス帝は，クラウディウス元老院議決の準則を廃止して，奴隷ないし農奴を罰する全面的権限を主人に与えた．

奴隷は，ある点では物，ある点では人間と考えられていた．奴隷のつくり出す物は何でも——例えばいかなる稼ぎも——，他の物の生み出したものと同様に，主人のものとなった．しかし，共和政末か帝政初期に，奴隷に生まれた子供は果実として取り扱ってはならないと定められた．「何故なら，物〔40〕の果実はすべて，人間のために獲得されるという性質を有しているので，果実の中に人間を含めることは愚かしいことであると思われるからである」(1)と．この格調の高い議論にもかかわらず——そして，人間が果実ではないとの決定は，事実，道徳的または哲学的基礎に依存しているに違いないのであるが——，決定それ自体は，奴隷の幸福に関心があったのではなかった．それは，奴隷の子供たちが自由であることを意味するものではなかった．むしろその実際的適用は，ある（奴隷所有者ではない）者が，女性奴隷の使用と果実に対する権利（用益権 *usus fructus*）を有するに到った場合，彼女の子供は用益権者ではなくて，奴隷の所有者に帰属するということであった(2)．

他の物と同様に奴隷は盗みの対象となったが，他の物とは異なって，奴隷に対して可能ないくつかの不法行為が存在した．例えば，奴隷に対する侮辱についての訴訟（人格権侵害訴権 *actio iniuriarum*），あるいは奴隷のモラルを堕落させたことに対する訴訟（奴隷誘惑訴権 *actio servi corrupti*）が存在した．奴隷は財産を有することができなかったが，原初の時代から，奴隷に特有財産（*peculium*）すなわちあたかも奴隷に帰属するかのごとく彼が管理することのできる基金を奴隷に与えることが慣習であった．正式には，この財産は主人に帰属するものであったが，ある程度，正当な理由がなければ主人が介入できない，分離された財産として取り扱われた．最初は，奴隷が主人のために契約をした場合，これにより相手方当事者は主人に対して責任を負うのであるが，主人自身は，その契約に対して責任は負わなかった．主人の責任が，限定つきではあるが認められるに到った経過については，すでに述べた通りである(3)．奴隷が不法行為をはたらいた場合，主人は，法によって定められた補償を支払うか，その奴隷を被害者に引き渡すか，選択することができた．これは，奴隷の行動についての主人の責任を奴隷の価値にまで制限するものであった．その効果において，それは有限責任の初期の形態であった．類似の準則が（ユースティーニアーヌスの時代まで）息子による損害について，そして動物による損害についても存した．しかしながら，奴隷自

身は，訴訟を提起することも，被告として訴えられることもできなかった．
　共和政期のすべてを通じて，奴隷は法的には完全に主人のなすがままの状態に置かれていた．帝政期においてのみ，主人の権力に対して制限が加えられた．帝政初期のペトロニウス法（lex Petronia）は，政務官の認可を取らない限り，猛獣と闘わせる方法によって奴隷を罰することを禁じた．クラウディウス（紀元後41～54年）は，主人が病気の奴隷を遺棄した場合，その奴隷は解放され，ローマ市民とはならなかったけれども，ラテン権と呼ばれるものを有すると判決した．ハドリアーヌス（紀元後117～38年）は，主人は政務官の同意なしに奴隷を殺すことはできないとの法律を制定した．アントニーヌス・ピウス（紀元後138～61年）は，奴隷が残酷な取扱いを受けている場合に，神殿や皇帝像に，聖域として逃げ込む権利を与えた．政務官には事件を調査する義務があり，主人が残酷であったと認定された場合，その奴隷は，彼らが旧主人の所に返されないという条件で売却されなければならなかった．コンスタンティーヌス帝の治下において，主人による残酷な罰の結果奴隷が死亡するに至った場合，それは殺人として扱われた．後に，さらなる立法がなされ，ユースティーニアーヌス帝の時には，主人は合理的な罰のみ加えることができた．この人道主義的な傾向は，帝国がキリスト教国になるはるか前から始まっていたことが強調されなれなければならない．そしてその動きがキリスト教によって加速されたという何らの兆候もない．
　共和政の時代に，奴隷を解放するのに3つの方法があった．この論題全体は特に法学者に興味をもたらした．3つの方法はどれも奴隷に自由のみならず市民権をも与えたのであって，このことは，古代世界においても，また近代においても驚くべき譲歩であった．さらに興味深いのは，解放手続それ自体は1つしか存在しなかったことであり，他の手続は他の制度の応用であったことである．それとして創られた解放手続は，遺言による解放であった．奴隷を解放しようと望む遺言者は，特定の文言を使わなければならなかった．だいぶ後になって（多分ユースティーニアーヌス帝の時まで十分に確立されてはいなかった），遺言者が，奴隷を解放すると宣言しなくても，彼を相続人または後見人に指定した場合，遺言による黙示の解放が認められていた．共和政の時代において，生きている時に奴隷を解放したいと望む主人が出てきたのは，当然の成行きであった．そのための特定の規定はなかったが，これを行う2つの方法が見いだされた．5年毎に戸口総監は市民名簿を作成し，発行した．奴隷を解放したいと考える主人が，奴隷を市民名簿に載せることを許すことが習慣化した（戸口調査による解放 manumissio censu）．正式には，これは解放行為ではないと思われるが，そうなった場合の奴隷は，ローマ市

民のように見え，そしてローマ市民として受け入れられた．この方法は，共和政末に戸口調査が用いられなくなったときに消滅した．もう一つの方式（棍棒による解放 *manumissio vindicta*）は——少なくとも十二表法にまで遡るが——，自由人が不当に奴隷にされている場合に誰でも提起できる訴訟の応用であった．奴隷を解放したい主人は，友人をして彼自身に対する訴訟を提起させ，友人はその奴隷は本当は自由人であると主張する．そして主人はその主張を争わない．再度言うが，奴隷の解放〔そのもの〕がなされたわけではない．〔ここにあるのは，〕その奴隷が〔実は〕前から自由人であり，ローマ市民であったのだという着想であった．

　奴隷を解放したローマ人は，彼の保護者となり，特定の権利を有した．この権利についてはすぐ後で説明する．自由を与える方法の内，後の2つは，どちらも表面上は解放がなされているようには見えない．したがって，旧主人は保護者としての権利に与ることにはならないはずである．しかし，旧主人が保護者の権利を有することは，異論なく認められていたのであり，実際，何ら論議されたこともなかった．論理的でないことを，ローマの法学者は気にしなかった．

　これら3つの方法は，特別の興味をそそる．解放についてのみローマの奴隷法が存在したのであり，その余の奴隷制について，特別の法は存在しなかったのである．奴隷が人間として扱われる場合，適用される法は，家父権に服す息子に関する法律とほとんど同じであった．奴隷が物として扱われる場合，その法律は，特に家畜など手中物として分類される他の重要な物に適用されるものと，ほとんど同じであった．しかし，これらの解放手続は国家 〔42〕によって創られたものではなかった点が強調されなければならない．奴隷を解放したい市民がそうする手段を講じたのである．そしてこれら3つの方式は国家によって黙認されたのである．

　様々な非公式の解放方式が認められるようになった．例えば，解放されたという手紙を奴隷に与えるとか，友人の前で宣言をするとかである．このようにして解放された人間は奴隷の状態に止まったが，もし主人が彼らに働くよう強制しようとした場合，法務官が介入する形で保護された．彼らのこうした立場は，帝政初期のユーニウス・ノルバーヌス法（*lex Junia Norbana*）によって法制化され，彼らは解放されて，市民権ではなくラテン権を有するものと宣言された．

　条件に係わらせることのできる唯一の解放方式は，遺言による解放であった．遺言者は，一定の期間，または奴隷が何か特定のことをする時まで，解放を延期することができた．早くも十二表法のときに，かかる奴隷の地位

(候補自由人 *statuliber*) は保護された．この法律によれば，奴隷が，主人の相続人に対して一定の金額を支払うことを条件として解放されるものと遺言で定められていた場合に，もし主人の相続人が奴隷を売却したときは，その金額を奴隷購入者に支払って自由を得ることができた．古典期までに，この準則は以下のように修正された．遺言の条件を履行できないことが奴隷の落度でない場合は常に奴隷は解放されるべしと．

　解放，特に遺言による解放は，共和政後期において一般的なものであった．アウグストゥスは，明らかに，膨大な数の解放奴隷が容易に自由人と同化することを恐れた．かくして彼はそれを抑制する立法を行った．紀元前2世紀のフーフィウス・カニーニウス法（*lex Fufia Caninia*）は，主人は一定割合の奴隷しか遺言によって解放することを許されないものとした．奴隷の数が増大するにつれてその割合は減少した．2人から10人の奴隷を所有する者はその半分を，30人から100人の場合は4分の1を解放することが可能であり，100人を超える奴隷を遺言により解放することはできないことと定められた．詳細に調べると，この条文は人種差別的ではないことが分かる．自由身分に生まれた女性が3人の子供を産んだ場合，彼女は後見から解放されるが，解放奴隷の女性が保護者の後見から解放されるためには，4人の子供を産まなければならなかった．この準則は，出生率の増加を意図したものである．しかし，〔後見免除という〕恩恵と引替えに，解放奴隷の女性にはより多くの子供を要求したのである．そうすると，どの民族の生れであれ，解放奴隷の女性に対しても子供が要求されたのである．この法律から引き出すことのできる，よりありそうな結論としては，奴隷は有害なものと考えられてはいたが，その汚名は自由身分で生まれる〔解放奴隷の〕子孫には伝わらなかったということである．

　紀元後4年のアエリウス・センティウス法（*lex Aelia Sentia*）は，〔解放しようとする〕奴隷の所有者は20歳以上でなければならず，そうでなければ解放は無効であり，奴隷は30歳以上でなければならず，そうでなければローマ市民とはならないものと定めた．しかし，同じアウグストゥスの時代のユーニウス・ノルバーヌス法以後，奴隷はラテン人となった．いずれの事例においても，強力で立派な理由がある場合で，*concilium* と呼ばれる公の会議で解放が認可されるときは，例外とすることができた．同じ法律はまた，奴隷所有者の債権者を欺くためになされた奴隷解放は無効であると規定した．

〔43〕さらに，特定の種類の破廉恥な奴隷は，解放されても，ローマ市民やラテン人にはならず，敵に投降した場合と同様に扱われて，特別に低い地位（降伏者 *dediticii*）が与えられた．

解放奴隷

　解放奴隷は，公法上，一定の資格を持たないものとされたが，ここで特に考察する必要はない．アウグストゥス以後，彼らは元老院議員身分の人間と結婚することができなかった．

　解放奴隷は，彼らの保護者に対して特定の義務を有した．解放奴隷は，尊敬（*obsequium*）を示さなければならなかった．それは，例えば，解放奴隷は保護者や，それによって面目を失う可能性のある彼の近しい家族に対して，訴訟を提起することができないことを意味した．解放奴隷がかかる人間に対してなんらかの訴訟を提起するためには，政務官の同意が必要であった．解放奴隷は刑事事件の法廷において，保護者に不利な証拠を提出できなかった．主人が女奴隷を，自分との結婚のために解放した場合，彼女は結婚を拒否できなかった．

　しかし，義務は解放奴隷の側にのみ存在したのではなかった．保護者は，解放奴隷が困っている場合には，彼のために経済的支援をしなければならない義務を有した．古典期の法においては，保護者は刑事事件の法廷において，解放奴隷に対して不利な証拠を提出できなかった．後になって，かかる証拠を提出することを強制されないこととなった．とりわけ保護者は解放奴隷を奴隷として扱うことが許されなかった．主人は，自由の贈物と引換えに，奴隷がいったん解放された後，毎年，定められた日数の労務（*operae*）をする，という取引を奴隷とすることが認められた．しかし，取り立てる程度は過剰であることが許されなかった．十二表法と法務官の告示の双方において，保護者は，解放奴隷がその権力下にあった子供を残さずに死亡した場合，彼の財産（*bona*）の分配に与る権利を有した．

第6章　財　　産

[44]　ローマの法学者達の分類に対する愛好は，財産法によく示されている．それらの分類の大部分は，遅くとも紀元前1世紀には存在していたことが立証できるし，その余のものも同じくらい古いものである可能性が高い．ガーイウスの『法学提要』⁽¹⁾の中での物の第1の分類は，神法に属する（*divini iuris*）物と人法に属する（*humani iuris*）物とである．

　神法に属するものは，神聖物（*res sacrae*）か宗教物（*res religiosae*）であった．神聖物とは，例えば，ローマ人民の権限の下で，天上の神々に捧げられた神殿のような物であった．宗教物とは，黄泉の神々に捧げられる物で，墓所のみであった．墓は，私人が死体を彼の土地に埋葬したとき，個人の行為によって宗教物となった．但し，埋葬が彼の利害に関わる場合に限られる．財産権（property）と社会的儀礼（propriety）に対するローマ人の感覚はたいへん強いものであって，埋葬の場合ですら，所有権に対する妥当な利害が証明された場合にのみ，その土地が宗教物となった．もう一つのクラスである聖護物（res sanctae）は，ある程度まで神法の下にあると考えられていた．これらは，都市の門や壁であり，それらをよじ登れば死刑となった．神法の下にある物は所有の対象とならなかった．このことは，例えば，ある土地に死体が埋葬された場合，埋葬場所以外の部分は何の影響も受けなかったが，実際の埋葬場所は，所有の対象であることを停止したことを意味する．このことと対応して，墓所侵害訴権（*actio sepulchri violati*）は，死者の親戚などだけではなく，誰でも提起することができた．

　人法下の物には，公の物（*res publicae*）と私的な物（*res privatae*）とがあった．公の物は国家に帰属するものであり，道路や航行可能な川そして港などである．川の岸は私的な所有であったが，その使用は公のものであって，誰でも彼のボートをそこに生えている木に繋ぐことができた．もう一つの分類は，共通の物（*res communes*）といわれている物であった．空気，流水，そして海であり，これらの物も所有の対象とならなかった．古典期初期のある法学者によると，海岸は冬場の高い水面のところまで公の物であったが，後期の法学者やユースティーニアーヌス帝によると，海岸は共通の物であった．何者もそこに権利として何かを建築することはできなかった．しかし，

政務官の許可を得てそこに避難所を建てることはできたが，土地の上に財産上の権利は生じなかった．

　ガーイウスは次に，物を有体物と無体物に分類した(2)．有体物は，接触することのできる物であり，無体物は，接触することのできない物で，債務や，土地に対する大部分の役権といった権利であった．この分類の実際的な重要性は，所有権の移転の最も一般的な方法（引渡し traditio）が，物を実際に手渡すことを要求したことにある．物が無体物である場合はこのことが不可能であったので，異なった方法（法廷譲与 in iure cessio）が用いられなければならなかった．

　ガーイウスの最後の分類，手中物（res mancipi）と非手中物（res nec mancipi）――用語の意味はすぐに説明するが――は，所有権の取得に関する議論へと導く． 〔45〕

所有権の取得

　最初にこの分野で，我々は市民法（ius civile）と万民法（ius gentium）というローマ人の区別に出会う．ある分野の法律はローマ市民に対してのみ適用があり，他の分野の法は外国人に対しても開かれていた．この区別は所有権および（程度は劣るが）契約において重要なものであった．例えば，手中物は，ローマ市民によってのみ所有することができ，所有権の取得の3つの形態は，手中物であってもなくても，ローマ人に対してのみ開かれていた．我々は最初にこれらの方式を見ることとしよう．

　有史時代において握取行為（mancipatio）は，その正規の方式としては，手中物を譲渡する通常の方法であった．手中物は，イタリアの土地（通常はイタリアの土地であるが，イタリア権を受ける地方の土地のこともあった），奴隷，家畜・馬・ラバ・ロバ（これらの動物は，サビーヌス学派によると生まれた時からで，プロクルス学派によると，車両牽引用や荷物積載用の動物として飼い馴らされた時からであった），4つの最も古い不動産役権(3)であった．十中八九このリストは，価値のある物が全て，握取行為により譲渡されていた大変初期の時代の状況が固定化されたものである可能性が高い．このリストに含まれているものは原始の農村社会における最も重要な物だからである．握取行為のためには，譲渡人と譲受人とが，譲渡される物と共に（土地の場合は別で，その土地から離れたところで握取行為で譲渡することができた），男性のローマ市民で成熟期に達した5人の証人と，同じ資格を有して青銅の秤を持ったもう1名の人間の前に出て行く．譲受人が，その譲渡される物，例え

ば奴隷を彼の手で握って，青銅（または銅）の塊で秤を押し下げ，そして，「私はこの奴隷が市民法によって私のものであることを宣言する．そして，この奴隷はこの青銅と青銅の秤によって私に買得されよ」と言う．ガーイウスは述べていないが，この宣言において購入価格を言うのが慣習であったようである．譲渡人は何も言わなかった．彼の沈黙は，彼の黙認を示した．

　この宣言自体はもちろん古いものである．青銅の塊と秤は，思うに，金属が現実に重量を計られていた，貨幣が発明される以前の時代に遡るものである．このことの意味するところは，元々所有権は代金が支払われた時にのみ譲渡されたということである．もっとも後になって，青銅で秤を押し下げることは形式的儀式となり，支払は何時でもできることとなった．古典期の法全体を通じて，握取行為の単なる儀式で所有権が譲渡された．手中物と非手中物との間の区別は，古典期以後の時代に消滅し，ユースティーニアーヌスによって正式に廃止されたが，彼は，売買において価格が支払われるか担保が提供されない限り，引渡しによって所有権は移転されない，との準則を定めた．

〔46〕　もし売主が所有者でなく，所有者が買主からその物を追奪した場合，握取行為によって，売主は買主に対して握取行為で述べられた価格の倍額を支払うことが担保された（担保訴権 *actio auctoritatis*）．この保証は，当事者の合意によっては直接に排除できなかった．しかし，たいへん早い時期に，売主が希望し，買主による承諾があった場合，この担保責任の回避策が発展した．握取行為において買主は，実際の価格ではなくて，愚かしいまでの小さな価格を述べた．買主が追奪された場合に，買主が売主から取る金額は，真の価格の2倍ではなく，述べられた金額の2倍であったので，問題が生じた場合のことを配慮したのである．例えば，このことは，何かの物の所有権が担保として譲渡された場合の債権者が，債務が未払いであった時にその担保物を売却した場合に生じた．その場合に，書面による握取行為の証拠を作ることが一般的であった．それには真実の価格と握取行為において宣言された価格が述べられていた．売却された土地の面積が，握取行為に述べられたものよりも少ない場合，類似の法定担保責任として，土地の面積に関する訴権（*actio de modo agri*）が与えられた．

　所有権の譲渡の第2の方式は，法廷譲与（*in iure cessio*）と呼ばれ，手中物と（その他の全ての物である）非手中物の双方に使用可能なものであった．これは，古い正式のタイプの訴訟（法律訴訟 *legis actio*）による馴合い訴訟であった．譲渡人と譲受人とが政務官の前に出頭して，譲受人がその物が彼のものであるとの主張を行い，譲渡人は（真実の所有者なのであるが）反論をし

ない．そこで，政務官はその物は譲受人のものであるとの裁判をするのである．手続は正式には訴訟なのであるから，政務官の裁判は，全ての他の裁判所の判決と同様，訴訟の当事者に対してのみ影響すべきものである．しかし，どこでも同じように，法律の論理は，一度それで用が足りてしまえば，ローマ人にとって実際上の便宜に比べれば重要なものではなく，したがって政務官の判決は，譲受人が事実において真実の所有者であることを意味するものとして取り扱われた．全く同じ意味で，法廷譲与は，古い正式の訴訟が消滅した後も長く存続した．法廷譲与はいささか煩雑なものであったので，控えめに使われた．しかし，譲渡されるものが，役権のような無体物である場合，唯一の可能な方法として使用された．

ローマ市民に限定された，所有権の取得の残るタイプは，使用取得（*usucapio*）で，特定の条件が充足される場合，土地については2年間——その他の物については1年間——，何者かの占有を誰も侵害しない場合に生じた．その場合の条件は，時の経過の中で相当の変更を被ったが，古典期におけるその内容の主なものは，その物が人間の所有権の対象となりえるものであること，盗まれた財産であってはならなかったこと，占有者が善意で，通常は彼が所有者であると信じて占有を開始しなければならなかったことである．古典期以後の時代において新しい制度が導入され，時の経過——今や，占有者と実際の所有者が同じ地方にいる場合は10年，そうでない場合は20年と定められた——は，占有者を所有者にするのではなく，以前の所有者の権利を消滅させた．ユースティーニアーヌス帝の時代には，占有により所有権が与えられた． 〔47〕

ローマ人と同じく外国人にも開かれていた，所有権を取得する主要な方法は，引渡しであった．現実の物理的な引渡しが——それ以上の形式性は必要でなかったが——通常要求された．帝政時代に比して共和政時代には，現実の直接の引渡しはそれほど要求されなかった．共和政後期には，買手が購入した商品に彼の印を押せば，現実に売手の管理下からその商品を取り上げなくても，引渡しはあったとされた．しかし，帝政時代においてさえ，現実の引渡しは常に要求されたわけではなかった．買手が，所有権を移転する合意がなされる前にその物を管理下に置いている場合，いわゆる短い手による引渡し（*traditio brevi manu*〔簡易の引渡し〕）があったとされた．他方において，倉庫に置いてある商品が売られ，売手が買主に，倉庫の見えるところで倉庫の鍵を渡した場合，所有権は長い手による引渡し（*traditio longa manu*）によって譲渡された．（多分，引渡しと関係がないが）譲渡の最も極端な方式である占有改定（*constitutum possessorium*）が，古典期以後の時代に

最初に用いられた．これは，売却したにもかかわらず売手がたぶん賃貸借契約に基づいて対象物の現実の管理をしばらく保持することを当事者が合意した時に生じる．十二表法は，代金が支払われるか，支払のための担保が出された場合にのみ，売買に続いての引渡しにより所有権が譲渡される，と定めた．このような制約は共和政後期の法学者によって回避され，彼らは，売主が買手の誠実を信頼した場合，引渡しによって，いっときに所有権が譲渡される，と宣言した．この意味するところは，引渡しがなされた場合，売主が代金や担保を受領しなくても何時でも所有権の譲渡があるとするものである．手中物の所有権の譲渡については引渡しだけでは十分ではないが，例えば，奴隷が握取行為なしに引き渡され，譲渡人が所有権を主張して訴訟を起こした場合，法務官は買主に抗弁を許した．紀元後1世紀の末に，そしてたぶん相当に早い時期に，法務官はプーブリキウス訴権（actio Publiciana）を与えて，奴隷が第三者の手に移った場合，譲受人がそれを取り戻すことを可能にした．そしてもちろん譲受人は，奴隷やその他の物に対して1年の後，土地に対しては2年の後，使用取得することができた．

　史料によると，所有権を取得するその他の可能な方法が議論されている．無主物先占（occupatio）は，海岸で発見された宝石，猛獣，そして敵から取り上げた物など，それまでに所有されていない物の所有権の取得である．共和政時代においては，猛獣は，それらが捕獲できる程度にまで負傷すれば直ちに所有権が取得されたが，帝政時代においては，現実の捕獲が必要であった．加工（specificatio）は，——例えば私が，権限はないけれどもあなたの葡萄からワインを作った場合など——新しい物の創造をした場合であり，附合（accessio）は，主たる物に従たる物を，取消しのできない形で付加することである——例えば，板に絵を書くような場合である．このような方法で財産を失った者達に対しては，補償が定められていた．

　これら全ての所有権取得の方法，特に最後の2つは，所有権原に関する困
〔48〕難な問題点を創り出した．しかし，諸文献から，それらの問題が法廷に持ち込まれることが滅多になかったことは明らかである．これに関する議論は，法律に関する問題提起と，原則と詳細を確立することに対するローマ人の愛好を例示するものである．

占　有

　ある者がある物に対し現実的支配を有していて（自分自身でも良いし，第三者をして彼の支配のためにさせても良い），それを所持しようと考えている場

合に，占有が成立する．これまでに見たように，占有は使用取得のために重要であるが，それ以上に重要なことは，それ自身が保護されたことである．これには2つの理由があった．第1に，通常，占有を有する者は，その物について有効な所有権原を有しているので，占有を保護することはその物に対する権利の保護となる．第2に，物の所有権について紛争がある場合，占有を保護することは，暴力の状態をもたらす可能性をより少なくするであろう．何故なら，占有を有していない人間は，多分その物を暴力によって支配下に掌握するよりは，要求の充足を求めて裁判所に訴えるであろうからである．訴訟においては，被告の立場は原告の立場よりも有利である．何故ならば，その主張を立証しなければならないのは原告であり，もし原告が敗訴すれば被告はその物を保持し続けるからである．そこで，ある物の所有権やその他の権利について紛争のある場合，誰が占有すなわちその物の支配をしているかを決定することが有益である．その支配をしている者が被告となるからである．他方当事者が占有者に対して訴訟を提起する場合にのみ，紛争がさらに発展する．占有のためのローマの手続，特示命令（*interdicta*）は，通常，現存している占有を保護した．しかし，それは，例えば暴力によって奪われるなどしてそれを失った者に占有を回復させる場合があった．そして極端な場合，占有をしたことのない者に占有が与えられることすらあった．

　ある者が彼の名においてある物を所持している場合，彼は通常は占有をしている．しかし彼が，債務の支払に対する担保とか賃貸借契約などの合意が継続している結果としてそれを所持している場合，その者が占有をしているのか，合意の他方の当事者がその者を通じて占有をしているのかは，社会的基準によった．そこで例えば，質権者は占有をした．しかし，ローマ法は不動産の賃貸人を保護し，不動産賃貸借契約の下においては，賃借人は占有をせず，彼を通じて賃貸人が占有をした．それぞれの異なる利害を持った2人の人間が同一の物を占有することは不可能と考えられたのである．私が占有している物をあなたが占有した場合，私の占有はなくなったのである．しかし，現実の支配なくして物の占有をすることは起こりえた．その典型的な例は，季節的な放牧地であった——占有者は1年の一部分のみそれを使用するが，残りの年の期間その権利を放棄する意思はないからである．

　占有の意思と現実の支配とが，占有の取得に必要であった．このことが，以下の場合に困難な問題を創り出した——そしてその解決について議論されている——．息子や奴隷が，父親や奴隷主が知らないで，ある物を支配している場合である．何かの物が幼児（*infant*）に与えられた場合にも，類似の問題が生じた．幼児は意思を持つことができないとされていたのである．よ〔49〕

く起こったことであるが, 共和政末期により緩やかな見解がとられた. 少なくとも法学者の一部は, 幼児が, 後見人が知らず, その助成のない場合ですら, 占有することを認めたのである. しかしこの見解は後になって否定された. ローマの占有は, この本の第2部でさらに議論する.

役　権

　土地と建物が, 隣接する財産に対して負担に供せられる場合がある. この負担を, 不動産役権 (praedial servitude) と言う. この負担は, 1つの例外 (壁または屋根を支えとしてもらう権利) を除いて, 負担を負う土地の所有者に何かを行う義務を構成するものではなく, 隣接する土地の所有者が負担を負う土地に対して何かを行うことを許すことや, 負担を負う土地の所有者に何かを行うことを禁じることに制限される.

　多くのタイプの役権があったが, 最も古い4つのタイプ——通行権 (iter), 家畜の通路役権 (actus), 車通行役権 (via), そして水道役権 (aquaeductus) ——は, 手中物であったので, 特別のカテゴリーに属した. 通行権は, 隣接する土地を横切る権利であり, 家畜の通路役権は, 隣接地に家畜を通らせる権利であり, 車通行役権は, 隣接地に道を付ける権利であり (十二表法は, 当事者が明確な合意をしていない場合に, その道の寸法について大変詳細に決定している), そして水道役権は, 隣接地に水道を通す権利である.

　これらの権利が手中物であったからと言って, 原初の時代に, 有体物, すなわち隣接する土地の中自体に, ある種類の所有権が実際に与えられていたものと考えられていたと想定するべきではない. むしろ, それらを設定する方法が要求されたのである. それ以外には他に認められた方法がなかったので, 人々は握取行為を試み, やがて裁判を担当する政務官によって有効なものとして取り扱われた. かくしてこれらの役権は手中物として分類された.

　後になって, 多くの他の役権が発展した. その内の一つが, チーズ工場から, 上層のアパートを通じて煙を通す権利であった. 一般的によく知られている役権は, 日照権であった. 隣人は, 隣の所有者の日照を妨害するような方法で彼の土地により高い建物を建ててはならなかった. 役権が何かを行う義務を課してはならないとの原則に反するタイプが, 壁または屋根を支えとしてもらう権利であった. 負担を負う土地の所有者は, 支えを与える良好な状態を維持しなければならなかった. この役権は, 原則が不便をきたす場合に, ローマの法学者がその原則を容易に放棄するもう一つの例である. 支えてもらう権利は, その壁が, 負担を負うべき土地にすでに存在しており, そ

して当該所有者に利益となっている場合にのみ生じた．従って，要役地の所〔50〕有者が，役権の物理的状態の維持に対して責任があるという通常のルールに，十分な妥当性はなかった．と言うのは，この場合，双方の財産の所有者が壁から利益を受けていたからである．そこで壁を支えとする権利は，役権として認定することができないとするか――それは最も不都合な結果をもたらすであろう――，あるいは，役権ではあるが，何らかの点で変則的なものとせざるを得ないか，のどちらかである．法学者は当然，後者の選択をしたが，長い間，この役権の準則はどうあるべきかについて論争が続いた．

　不動産役権についての重要なことは，それが土地に付いているもので，人に付いているものではないと考えられていたことである．そこで役権は，それを設定した人間の死によっては影響を受けなかったし，当事者の一方または双方が彼らの土地を第三者に売却した場合でも継続した．

　古典期の法では，4つの元々の役権は握取行為によって設定できたし，どの権利も法廷譲与によって設定することができた．しかし，役権は無体物であったので，引渡しの方式は妥当ではなかった．ユースティーニアーヌス帝の時代までに，より形式的でない設定の方法が認められた．

　不動産役権に加えて，人役権もあった．それは，他の人間に与えられた，ある者の財産に対する権利であり，通常その人間の存命中は存続したが，もっと短期のものを設定することもできた．最も重要なのが，用益権（*usus fructus*）であった．土地を使用し，その果実を取得する権利である．これは通常は遺言によって，未亡人のために設定された．遺言者は，彼の全財産を彼の子供達に遺すのであるが，その用益権を彼の未亡人に，彼女の存命中のものとして与えるのである．用益権者には，用益権の対象物を破壊したり，その性質を変更したりする権利はない．その他の人役権は，使用することはできるが果実を取る権利はない使用権（*usus*）と，特定の住居に居住できる権利である居住権（*habitatio*）であった．それで，使用権はしばしばその価値が限定されていた．例えば，一群の羊に関する使用権が与えられても，権利の譲受人は，羊を使って彼の畑に肥料を施すことができても，羊毛，ミルク，そして小羊を取る権利はなかった[4]．

物的担保

　古代ローマにおいては，債権者が貸金についての担保を取ることが通常のことであった．返済に対する友人による人的保証が一般的であったが，物的担保――質を与えること――が初期の時代から十分に確立されていた．

発達した最初のタイプは，ほとんど間違いなく信託（*fiducia*）であった．これは，債務者から債権者に担保として，手中物を握取行為によって，または物が何であれ法廷譲与によって，所有権を譲渡するものであった．信託は，債権者に対して多くの優位な立場を与えた．債権者は所有者なのであるから，保護の度合いは大きく，債務者が債務を返済しない場合，債権者はその担保を売って，完全な所有権を買主に与えることができた．債務者の立場は，良いものではなかった．債務者はもはや所有者ではなかったし，債務が支払われた場合でも，再度の譲渡に期待するほかなかったからである．多分，債務者にとってより大きな不利益は，その物がもはや彼の物ではなかったために，その物に2度目の担保を設定することができなかったことである．しかし，債務者には一つ大きな利益があった．それは，債権者は所有者であり，したがって十分に保護されていたので，債権者は，債務者がその物に対する現実の支配を保持することを喜んで許したからであり，債権者が担保に供せられた物を利用することは法によって禁じられていたからには，なおのことそうであった．事実，我々は諸文献から，信託の場合に債務者がその物に対する支配を維持しているのが通常であったことが分かる．債務が支払われた場合に，債権者が所有権を返還しなかった場合，債務者は同人に対して信託訴権（*actio fiduciae*）を提起した．この訴訟については，いささか不可解なところが存する．というのは，この訴訟は，古い，そして大変形式的で厳格な手続（法律訴訟）の時代に生じたと考えられているのに，他方で誠意に依存する訴訟であることに間違いないからである[5]．誠意訴訟は，新しい，形式的に厳格ではない手続（方式書 *formulae*）が登場して初めて，存在することになったはずであると考えられている．

　この問題を解決するための糸口は，「言明されたことは法となるべし」[6]という，握取行為に関する十二表法の条文を法学者が利用したことに求められる．担保のための握取行為において述べられる言葉は，通常のものと少し異なる．債権者は，彼が所有者であり，その物が彼ならびに彼の誠意と信託に対して（*fide et fiduciae*）譲渡されたことを宣言した．債権者がその物を返還しない時は，握取行為に基づいて訴訟が債務者によって提起される．そしてこの訴訟は厳正訴訟の一つであり，用いられた言葉しか考慮されなかったのではあるが，まさにその言葉自体が債権者の誠実という考えを持ち込んだのである．そこで，この誠意は，厳正訴訟における判断にとって重要なものであった．十二表法のこの条文は，もともと譲渡人ではなく譲受人を保護するために設けられたものだったので，法学者のこの条文に対する態度は革新的であった．

発展した次のタイプの担保は占有質（*pignus*）であり，債務者が債権者に対して所有権ではなく占有を移転する形であった．これもまた大変古いものであった．プラウトゥスは，紀元前2世紀の初めの作品で，信託と占有質を用いた語呂合せをしている[7]．債権者がその物に対する支配を失った時，彼は所有権を主張して訴訟を提起できないが，第三者の手元にあっても債務者自身の手元にあっても，その物を追求する特別な訴訟（セルウィウス訴権 *actio Serviana*）が，早い時代から可能であった．債務が支払われた場合，債務者はつねに，所有権を主張する通常の訴訟（所有物取戻訴権 *vindicatio*）を提起することにより，債権者からその物を取り返すことができた．それに加えて，帝政時代の極めて初期から，彼は債権者に対して契約訴訟（質訴権 *actio pigneraticia*）を提起することができた．

　多分，発展した最後のタイプは，紀元前2世紀の中頃に隆盛となったので [52] あるが，抵当（*hypotheca*）であった．この場合，所有権も占有も債権者に移転されないが，債務が支払われない場合，その物に関して，同じセルウィウス訴権を有した．抵当は，とりわけ債務者に有用であった．彼は担保の対象を引き続いて使用してその利益を得，最初の債務を返済する前であっても，第2の（あるいはその後の）人間に対して抵当に入れることが可能であった．しかし，新しい債権者に，最初の抵当のことを伝えないで後の抵当を設定することは，犯罪であった．債務者が返済することができない場合，最初の債権者は，第2の債権者が請求する前に，その対象物から彼の債権全額を満足させることができた．厳格な準則が（それは時代によって変化し，その点について詳細に述べる必要はないが），債務が支払われない場合に担保物件を売却する債権者の権利に関して定められた．

第7章 契　　約

[53]
　近代の法制度の大部分は，契約の一般理論を持っている．すなわち，当事者は合法的な目的のために，彼らの好む方法で，合意によって自身を拘束することができるという一般理論である．ローマ法は異なっていた．沢山の個別の契約はあったが，一般理論はなかった⁽¹⁾．契約としての性質を有する合意は，特定の方式に従ってなされなければならなかったか——様々な方式が様々な効果を有した——，あるいは，特定の機能を有する特定のタイプでなければならなかった．したがって，それぞれの契約はそれ自身の準則，指導原理，そして効果を有していた．ローマの契約法と近代の契約法との間に基本的な相違はあるが，この部分はローマ法の最も影響力のある分野であった．ローマの理論は事実，近代の発展の道を指し示した．個々のローマの契約について，この章で議論がなされる．それらの起源についての説明は第15章で行う．

　ガーイウスとユースティーニアーヌスの『法学提要』の双方とも，契約を4つのクラスに分類する⁽²⁾．要物契約，言語契約，文書契約，そして諾成契約である．しかし，我々にとっては言語契約から始めるのが便利である．

言語契約

　言語契約の中で一番古く，しかもすべてのローマの契約の中で最も古いものが，問答契約 (*stipulatio*)（または誓約 *sponsio*）であり，早くも紀元前451年の十二表法の時代には存在していた．契約——個人の間の私的な合意に対する国による認定とその履行強制——は，通常，比較的遅れて発展するものなので，このことは，法に対するローマ人の天才性の，大変顕著な証拠である．問答契約は，厳正法 (strict law) によって規制される要式契約であり，また当事者の一方のみを拘束する．しかし，その方式は簡単であった．問答契約は口頭による約束であり，約束させる人が，相手方に対して，彼が何かを与え，または為すかを尋ね，相手方が同じ動詞を用いて約束する．質問と答えは口頭で交換されなければならず，その約束は質問に正確に対応するものでなければならず，答えは質問に対して遅滞なくなされなければならな

かった．このことは，当然，当事者が顔と顔を向き合わせて契約をしなければならず，離れたところから手紙によって行うことはできなかったことを意味する．

　元々は，契約を成立させるに十分な，正式な動詞は一つ，「誓約する」(*spondere*) しかなかった．十二表法の時代には，この形態しかなかった．そして，相当後になっても，正に古典期の法を通じて，この方式はローマ市民のみによって使用することができるという特殊性をもった．ガーイウスによると[3]，ただ１つの例外があって，ローマの皇帝が外国の支配者に平和を約束するか否かを尋ねる時，または外国の支配者がローマの皇帝に同じ質問〔54〕をする時に，「誓約する」を使ったと言われている．しかし，ガーイウスが述べているように，この説明は技巧が過ぎている．この問答契約が破られても，訴訟は提起されない．戦時法に訴えることで十分だからである．

　十二表法以前の誓約（または問答契約）の歴史は，はっきりしない．語源的に，「誓約する」はギリシヤ語の*sponde*，神に捧げる御神酒と関係があり，そして，元来，宣誓が関わっていたように思われる．元々，誓約に対する違反は，訴訟ではなく宗教的制裁を招来したのであり，法的承認は少し後の段階で生じたと推測できる．歴史時代における最初の大きな発展は，使用することのできる動詞の数の増大であり，この契約の外国人への拡大であった．このプロセスは早くから始まったことが明らかで，古典法の時代のはるか以前から，いかなる動詞もこの約束に使用することができた．

　問答契約が厳正契約（a contract of strict law）であることは前述した．この意味するところは，その当事者は方式の故に拘束されるのであり，合意の意味は，ほぼ完全に，使われている言葉によって認定される，ということである．諾約者（promisor）は，錯誤に陥ったり，強迫によって契約を強要された場合と，詐欺の結果，契約締結に至った場合とを問わず，拘束された．もちろん，その言葉遣いを余りにそのままに解釈することには限界があった．たいへん初期の時代に，役者が舞台の上で，私はあなたの娘と結婚すると約束しても，拘束されないことは認識されていた．契約が厳正法に属すことの主たる結果として，当事者は正に言ったとおりのことを，そして言ったとおりのことのみを意図した，と解釈された．したがって，表現されていない条項を契約中に含めることは困難なことであった．しかし，初期の時代からさえ，いくつかの条項が契約中に含められた．かくして，紀元前１世紀までに，私があなたに何かを約束し，あなたが，私がそれを行うことを不可能にしたときは，私は義務から解放される，ということが確立された．

　この契約はたいへん古いものであったが，その最も顕著な欠陥——強迫や

詐欺にもかかわらずそれが有効であること——が改善しようと試みられたのは，ようやく紀元前1世紀になってからのことであった．このことはローマの（そしてその他の）法学に特徴的なことである．制度は早くに発展するであろうが，一度それが確立されると，強い保守主義があらゆる根本的変革に抗して作用するのである．この点に関しては，与えられる救済手段の性質がより一層重要である．救済手段は，問答契約から完全に切り離され，その結果，この契約は，実際上は根本的に作り変えられているのに，理論上は変化しないままであった．紀元前80年頃に，法務官のオクタウィウス Octavius は，強迫が行われた場合に，被った損害の4倍の額を請求する訴訟（強迫故の訴権 actio quod metus causa）を認め，また，損害を被った当事者に，その取引がなかったならば彼が有したであろう立場に戻すことを許し（原状回復 restitutio in integrum），不正を行った者がその契約についての訴訟を起こした場合の抗弁（強迫故の抗弁 exceptio metus）をも認めた．このような抗弁（exceptio）は，被告によって答弁書（pleading）に挿入されるべき特別の抗弁であり，被告は，原告の請求の正しさを争うのではなく，その他の特別な状況を考慮に入れるべきであると主張するにすぎない．ここでは，問答契約で約[55]束させた人間が，それに関する訴訟を提起し，被告は，当該問答契約ないしその有効性を否定するのではなく，その契約が強迫により強要されたと主張する．かくしてこの新しい考案は，当該問答契約は依然として有効であるが，その効果を否定することができるとするものである．この抗弁は，答弁書（方式書 formula）の中にはっきりと挿入されなければならない．アクィーリウス・ガッルスは，単額の損害賠償を与える，詐欺に対する訴訟（悪意訴権 actio de dolo）を認めたが，また詐欺の抗弁（悪意の抗弁 exceptio doli）も認めた．これらの救済手段は，元々は契約が問題となる事件に対するものとして意図されたのであったが，まもなく他の関係の事件にも拡大された[(4)]．悪意訴権は，他に適当な訴訟が提起できない場合にのみ許され，そして詐欺は，誠意契約（good-faith contract）においてはすでに訴訟の対象とすることができたので，この新しい訴訟は，まず第1に，問答契約と，それより重要性は劣るが文書契約とを改良するために計画されたはずである．

しかし，すべての問答契約が有効であったわけではない．問答契約が，道徳に反するか，違法であるか，または不可能である場合，あるいはそのような条件にかかわらしめられている場合は，無効であった．道徳に反する問答契約の例としては，自由人に，彼が奴隷となったならば何かを与える，という約束がある．当事者の一人の死亡後に履行されるべき問答契約は，義務が相続人に関して始まるというのは「優雅ではない」と感じられたので，無効

と考えられた．「あなたは私の死亡後に（または「あなたの死亡後に」）与えると約束しますか？」，「あなたは私が死亡する前の日に（または「あなたの死亡する前の日に」）与えると約束しますか？」，「あなたは私の相続人に与えると約束しますか？」といった問答契約は，すべて無効であった．2番目の文言は，「私の死亡する日」は，私が死亡してから初めて認定できるものであるが故に無効であった．そのうち，このような契約は，例えば生命保険を考案するために使い道があることが認識された．そして，問答契約に関する法は非常にしっかりと確立されていたので法学者が直接的に変えることはできなかったが，彼らは，「あなたは，私が死亡しそうになっているときに（あるいは，あなたが死亡しそうになっているときに）私に与えると約束しますか？」という方式は有効であると決定した．義務が人生の最後の瞬間に生じるのであるから，死亡の後に履行される問答契約ではないと，法学者達は判断したのである．

　また，第三者が何かを行ったり，諾約者が第三者に対して何かをすることは，問答契約とはなり得なかった．これに関して発見された方法は，問答契約を条件不履行の場合の違約罰の方式にすることであった．「ティティウスが私に50金与えない場合，あなたは私に100金与えると約束しますか？」，または「あなたがティティウスに50金与えない場合，あなたは私に100金与えると約束しますか？」のような方式である．もし条件が履行されない場合，問答契約に関する訴訟を諾約者に対して提起することができた．問答契約の大きな長所は，それがいかなるタイプの取引にも用いることができたことである．売買をするためにも，売買契約の条項を作ることにさえ，あるいは，嫁資を設定するため等々に，用いることができた．

　その最も一般的な利用は，人的保証，保証契約のためのものであった．債権者が彼の貸した金が戻ってくることを確保したい場合，債務者は，彼が返済しない場合に彼に代わって支払をする誰かを見つけなければならない．ローマ人は，我々よりもはるかに個人保証を評価していたのであり，友人のために保証人として行動することは道徳的義務であると考えられていた．通常の方式は，問答契約が債務者によってなされた後，もう一つの問答契約が保証人によってなされ，保証人は同じ債務を支払うという約束をした．初期の法では，ただ2つの言葉の方式がこの目的のために用いられた．*spondesne?*（「あなたは誓約しますか？」）と *fidepromittisne?*（「あなたは信約しますか？」）である．どちらの言葉を選んでも，ほとんど相違はなかった．但し，*spondesne* はローマ市民によってのみ用いられた．これらの約束，誓約（*sponsio*）と信約（*fidepromissio*）とは，主たる債務自体が言語契約であり，

[56]

且つ主たる債務者が法的義務を負う場合にのみ，有効であった．保証人の相続人は，契約に関しては責任がなかった．紀元前200年頃のフーリウス法 (*lex Furia*) は，保証人——誓約人 (*sponsores*) と信約人 (*fidepromissores*) ——は2年の後に彼らの義務から解放されること，および，数名の保証人がいる場合，それぞれの保証人に対しては頭割りした債務額についてのみ訴訟を提起することができる，と制定した．日付の定かでないキケレーユス法 (*lex Cicereia*) は，そのような保証を取った債権者は，事前に公に通知し，責任の原因と程度，および誓約人と信約人の数を明らかにしなければならない，と定めた．債権者がそれをしない場合，保証人は30日の間に異議を申し立てて，その義務を拒絶することができた．これら2つの制定法（およびその他の法）から，保証人の保護のために多くの配慮がなされていたことが分かる．

いくつかの社会的立法と同様，この法律は予期しない効果をもたらした．保証人は，たいへん良く保護されていたので，債権者にとっては，人的保証を要求する値打ちはほとんどなかった．かくして，お金を必要としている人々にとって，喜んで貸してくれる債権者を見つけることはより困難であった．もう一つの約束の方式——あなたは信命しますか？ (*fideiubesne?*) 私は信命します (*fideiubeo*) ——は，制定法によって影響されない人的保証を発生させるこが決定されて，最終的に事態は修復された．信命 (*fideiussio*) は，共和政の時代にはその証拠がないが，遅くとも帝政初期に遡る．信命保証は，間もなく人的保証の通常のタイプとなり，ユースティーニアーヌス帝の時代には唯一のタイプとなった．主たる債務が言語契約でない場合でさえも，また主たる債務者が法的債務を負っていない場合でさえも，それは有効となった．信命人 (*fideiussor*) の相続人は，当該契約について責任を負った．

問答契約についての訴訟は，（不当）利得返還請求訴権 (*condictio*) と呼ばれた．

言語契約のその他のタイプは，嫁資の約束（嫁資の言明 *dotis dictio*）と解放奴隷の宣誓 (*iusiurandum liberti*) であった．前者について我々はすでに考察した[5]．後者は，新たに解放された奴隷が彼の保護者のために特定のサービスを行うと宣誓により約束するものである．宣誓はローマ法の通常の特徴ではなく，この宣誓は特定の問題を解決するために意図されたものであった．解放されようとする奴隷が，解放後に彼の旧主人に何かサービスをすると約束をしても，これによって解放後に強制できる法的義務は生じない．しかし，それを宣誓せよと彼に要請することができた．これにより宗教的義

務が発生する．宣誓は解放後に繰り返され，これは市民法上有効であった．

　初期の法では，履行は契約を消滅させなかった．法的に履行は重要でなかった．必要なことは，契約と同じ形に表現された方式を踏んだ，義務からの解放であった．歴史時代において唯一重要だったのは，受領問答契約〔57〕(*acceptilatio*)，すなわち，問答契約にふさわしいその解放行為であった．諾約者が「あなたは約束したものを受け取りましたか？」と尋ね，相手方は「受け取りました」と答えて，義務が解除されるのである．この方式は，その後，問答契約からの解放のために必要なものでなくなったが，有用なものであり続け，約束の履行を請求しないことに合意して，債権者が，債務者に履行させることなしにその義務から解放したい場合に（回避の手段として）採用された．受領問答契約の方式は，債務者が約束したことを履行したような外観を作ったものであったので，落し穴のある状況が起こる場合があった．一つの事例として，債務者が彼の債権者である女性に結婚を申し込み，2人の間で債務額を妻の嫁資とすることに合意した場合がある．その男が受領問答契約によって債務から解放された後，彼女と結婚しないことがあり得る．かかる状況においては，通常，解放の形式ではなく，その背後の真の状況を見なければならないもの，と考えられた．

文書契約

　これもまた厳正契約——同様に（不当）利得返還請求訴権[6]を可能にするもの——であるが，古典期の終り以前に廃れた．しかし，紀元後79年にヴェスヴィウス山の噴火によってポンペイが破壊されたときもまだ盛んに用いられていたのであり，その多くの証拠が廃墟から回収された．この契約の存在は，ローマの家長の，会計簿をつける習慣に依拠していた．この慣行が消えると，文書契約も消えたのである．会計簿をつける慣行は紀元後3世紀に死滅したが，その理由は，税金が取引に課され，その税金を逃れる最も簡単な方法が会計簿をつけないことであったという可能性が最も高い．

　文書契約がどの程度古いものか明確ではない．文書契約の発生は，会計簿を付けるよりも前であることはなく，また，キケローがそれは取引にとって重要なものと述べている紀元前1世紀の初めより後であることもない．この契約は，債権者の帳簿に2つの記入を行うことにより成立した．債権者は，第1に，（実際には支払われていないのに）既存の債務が支払われたと記録する．第2に，（行われたと擬制される）金銭貸付を記録する．これらの記入の内，第2の記入の方が重要であるが，双方ともに必要であったように思われ

る．文書契約は，新規に債務を発生させるものというよりは，既存の債務の転換であった．この契約は，債権者にたいへん有利であったと思われる．例えば，債務のより良い証拠となったし，誠意債務であれば額の確定しない訴訟——いかなる額であれ「信義誠実」に適う額——となったのに対して，文書契約の場合には額が確定されていた．ガーイウスはそのことを述べていないが，この取引には債務者の同意が必要であったはずであり，ポンペイやヘルキュラネウムから回収された文書の中に，債務者の同意の証拠として作られたと思われるものがある．思うに，この同意は，元々の契約の支払期間を延長することなどの，なんらかの譲歩に対する見返りであった．

[58]

　この契約は厳正契約であり，その性質がいかなるものかは，キケローの話に例として示されている[7]．紀元前1世紀初め頃のことであるが，ローマの騎士階級の人カニウスは，シシリー島のシラクーサ近くにある小さな地所を購入したいと考えた．シラクーサの銀行業者であるピュティウスは，売地は持たないものの，自分は海の近くに地所を持っているので，あなたの所有のごとく使用してはどうか，とカニウスに持ちかけ，彼を翌日の食事に招待した．それからピュティウスは，その土地の漁師を説得して，当日その地所で漁をするように言い含めた．カニウスは食事にやって来て，漁師達がかわるがわる，取った魚をピュティウスの足下に置くのを見た．カニウスがその説明を求めたところ，この地所はシラクーサの漁業の中心地であり，漁師達は漁業なしでは暮らしていけないのである，との説明を受けた．これがカニウスの欲を刺激して，彼はその地所を法外な値段で売却するようピュティウスを説得した．そこでピュティウスの帳簿に然るべき記入がなされた．翌日，カニウスは友人を彼の新しい地所に招待し，彼自身は早い目にそこに来た．しかし，そこには，漁船のかけらもなかった．カニウスは，漁師たちは今日は休みなのかと近所の者に聞いた．「いいえ，私の知る限りは誰もここでは漁をしていません．昨日何があったのですか」との答えであった．キケローはこの物語を次の言葉でしめくくっている．「カニウスは怒り心頭に発した．しかし，彼に何ができたか？　というのも，私の同僚にして友人であるガーイウス・アクィーリウス（Aquillius Gaius）は，未だ詐欺に対する救済手段をつくり出していないのであるから．」

　文書契約には2つの方式があった．一つは，依然として債務者は同じで，しかし債務の原因，例えばカニウスの物語の中の売買契約が，文書契約に代わる場合である．もう一つは，債務者が代わる場合で，あなたが私に負う債務を，今やティティウスが負うのである．あなたとティティウスの双方が，これに合意していなければならない．ローマ人のみが，文書契約の債権者と

なりえたように思われるが，2つの学派，サビーヌス学派とプロクルス学派との間で，どこまで外国人は債務者となれるかについて論争があった．

ユースティーニアーヌスも，彼の『法学提要』で，文書契約についての一節を設けている[8]．彼が述べるには，古い文書契約は時代遅れであるが，もしある者が，実際は受け取ってもいないのに金員を受領したと文書に記載し，2年経過して，その金員に関して訴えられた場合，彼はその金員を受領していないという抗弁を立てる権利を喪失する．この場合，人は問答契約を考慮することはできず，受取証書のみを問題にすべきであり，かくして，ユースティーニアーヌスの述べるところによれば，なお文書による債務が存在する．これは実際には真の契約ではない．要点は，時間の経過と共に，債務者が金員を受領したという借用証書（IOU）の存在が証拠となっているに過ぎないことにある．ユースティーニアーヌスの『学説彙纂』は文書契約について何も述べていない．問答契約がそれまでに変質していたからである．問答契約は口頭の質問と答えであり，他の方式は要求されなかった．しかし，事の性質上，問答契約の証拠は必要だった筈であり，問答契約の約定内容を述べた証書を作ることが習慣であった．早くも共和政時代には，もし問答契約の書面による証拠が使えないとしたならば，困難を来したであろうことを示唆するいくつかの証拠がある．もちろん，証書の重要性はますます増大したであろう．そしてこのことは，あえて面倒な問答契約を締結するよりは，そうではなくて〔問答契約は締結せずに〕単に問答契約があったことを記録しておけば良い，という傾向に人々を誘った．しかしこの傾向は，放っておけば次の段階として，口頭契約のまったくの消滅へと導く可能性があった．問答契約と関わりを持つ，ユースティーニアーヌスの文書契約は，このパターンに一致する．彼の以下の準則は，より一層この想定に一致する．その準則とは，問答契約が文書に記録された場合，口頭の問答契約が実際に行われたことが推定され，この推定は，当事者の一人が，書面の作成の日に一日中その場所から遠くはなれた所にいたことを証明することによってのみ反証することができる，というものである[9]．

〔59〕

要物契約

当事者の一方が他方に何かを引き渡した場合に締結される契約は，要物契約と呼ばれた．ユースティーニアーヌスの『法学提要』[10]及び近代の分析によると，4つの要物契約が存在した．消費貸借（mutuum），使用貸借（commodatum），寄託（depositum），そして占有質（pignus）である．ガー

イウスの『法学提要』は消費貸借しかあげていないが(11)，彼の『法学提要』第4巻(12)から，彼が確かに他の3つの契約の存在を知っていたことが分かる．ガーイウスがそれらの3つを契約として扱っていないのは，彼の『法学提要』が，それらの契約が存在する前に書かれた初期の作品をモデルとしていることの，重要な証拠である．消費貸借は，他の要物契約と大いに異なり，たいへん古いものである．

消費貸借は，消費目的の貸与であり，厳正契約の一つである．片務契約であり，一方の当事者のみが拘束される．彼は貸与された物の所有権を受領し，彼の義務は等質の物を返還することである．このことは，この契約が，金銭や穀物などのような重さ，数，寸法などによって測定できる物だけに適当であり，馬や奴隷などの個別的性質を有している物については適当ではないことを示している．与えられる訴訟はこの場合も，（不当）利得返還請求訴権であり，利息はこの契約に基づく訴訟の対象ではなかった．もし貸主が利息を欲する場合，そのための別個の問答契約がなされなければならなかった．ウェスパシアーヌス Vespasian の時代（紀元後69〜79年）のマケドー元老院議決（senatus consultum Macedonianum）は，誰かの権力下にある息子に対する金員の貸付は，たとえ彼の父がその前に死亡していても訴訟を提起することはできない，と定めた．マケドーは，明らかに，彼の債務を返済するための金を得るために父を殺害した若者であった．期待されたのは，この元老院議決によって，そのような事故がこれ以上起こることを阻止することであった．

使用貸借は，使用目的の貸与であり，消費貸借とはたいへん異なっていた．物の所有権は借主に移転しなかった．そこで，その物が壊れても，借主は，適当と思われる程度の注意を払ったことの証明に失敗しない限り，損害を負担しない．契約は，無償でなければならなかった．すなわち，借主はその借用の対価として何も与えなかった．もしそうでなければ，それは賃貸借となった．ある法務官の告示は，共和政の終り以前に，使用貸借のための法務官法訴権（使用貸借訴権 actio commodati）を告示したが，帝政の初期には，[60]法務官法訴権と並んで，市民法上の誠意訴権が作り出され，以後，法務官法訴権と並存した．使用貸借は，寄託および事務管理（negotiorum gestio）と同様に，同時代に2つの訴権〔法務官法訴権と市民法訴権〕を持つという特性を持つ．この現象に対する満足するべき説明はない．

誠意訴権は，被告に責任があると認定した場合，被告が誠意に照らして与えまたは為すべきである額を同人に支払えと裁定すべきことを審判人に命じる訴権である．それは，審判人に対して，厳正訴訟の場合よりもはるかに柔

軟な態度を取ることを許した．なかんずく，答弁書においてその効果については何の特別な条項も記載されていないにも拘わらず，審判人は詐欺のような事実を考慮に入れることができた．

　寄託は，無償での保管のために物を引き渡すことである．一般的に言って，寄託を引き受けた人間は，悪意（fraud）に対してのみ責任があり，過失（negligence）に対してはなかった．そして受寄者は，要求があれば，寄託者にその物を返還しなければならなかった．十二表法が，不当に返還しない場合に寄託物の2倍の損害賠償訴訟を定めているのは，明確にそれを窃盗として扱っていることを示す．後に法務官は，2つの部分からなる告示を発した．通常の寄託の場合，物を悪意で返還しないとき，その物の価額を求める寄託訴権（actio depositi）を与え，暴動，家の崩壊，火事，船の難破の結果の寄託の場合は，受寄者に対する2倍の損害賠償，彼の相続人に対しては単額の損害賠償を求める訴訟を与えた．これらの規定と並んで，誠意訴権が，おそらく帝政時代に発展した．

　占有質については既に論じた(13)．

諾成契約

　諾成契約においては，方式をなんら必要とせず，どのような表現であろうと，ただ当事者の合意があればそれで足りた．4つの諾成契約——売買，賃貸借，組合，そして委任——があり，必然的に誠意契約であった．諾成契約は，ローマ特有のものだったので，特に興味深い．したがって，それらの起源の問題，特に起源が最も古いと思われる売買のそれが，議論されてきた．一つの見解は，売買は国の慣行から派生したとする．敵から獲得した戦利品は，早い時期から何らの方式もなしに，政務官の一人によって〔競りにより〕売却されたのであり，政務官が私人から入札を受けるとすぐに売買は完成した．訴訟はできなかったが，紛争が起きると，政務官が公平の原則によりこれを解決した．これが契機となって，ローマ人は，私人間でも定められた方式は必要ないと考えるに至ったものとされる．もう一つの見解は，売買はいっとき要物契約であり，物が引き渡された後，買主が代金を支払わない場合にのみ，訴訟ができたとする．しかし，この見解には難点がある．つまり，諾成契約は遅くとも紀元前2世紀の最初から存在してきたものであり，要物契約は，——売買とはたいへん異なるので，そのモデルとはなりえない消費貸借は別として——，すべてそれよりも後の起源だからである．第3の〔61〕仮説は，売買は買主が売主に代金の手付（arra）を打つことにより締結され

たとするものである．これは，アテネの法において〔当事者を法的に〕拘束する要素であり，ローマにおいても，買主が代金の印かその一部を売主に与えることにより，合意の証しとすることが一般的であった．しかし，ユースティーニアーヌス帝以前には，ローマ法において手付が何か法的機能を有していた証拠はない．もう一つの可能性は，当事者がお互いに，契約内容を述べた1つまたはいくつかの問答契約を要求したことである．方式は除々に衰退して行き，最終的に，単なる合意で十分であると認められた．古典期の法においてさえ，問答契約は売買において重要な役割を果たした．このテーマ，そしてまさに個々のローマの契約の起源という全体的論点については，第2部で議論する[14]．

〈売　買〉

　売買（*emptio venditio*）の基本的要素は，合意，価格，そして物である．方式は何ら必要ではなかった．しかし，通常，売買契約は，その存在の証拠とするために書面にされるか，証人達の前で締結された．ユースティーニアーヌス帝は，法を改正して，売買契約が書面でなされるべきであると合意された場合，合意だけでは契約は完成せず，契約が有効であるためには方式に従った書面にされなければならない，と定めた[15]．彼は，方式が完成されるまでは，どちらの当事者も，違約金なしで契約を解除することができるものと定めた．しかし，手付が契約のために支払われている場合，買主は，手を引くと手付を失い，売主が手を引くときは，手付およびそれと同額を取り戻すことができた．

　合意は売買にとって非常に本質的なものであったので，十分に重大な錯誤は，契約の成立を妨げた．錯誤は，それが売却される物と関係する場合，十分に重大であると考えられた．例えば，私はあなたの奴隷のスティクスを買おうと考え，あなたはあなたの奴隷のパンフィルスを売ろうと考えている場合である．また，物の素材といった，基本的な質に関する場合もそうである．例えば，私は金の指輪を買おうと思っているが真鍮でできているような場合である．しかし，ワインだと思って酢を買ってしまった場合，その酢がワインが酸っぱくなったものであるとき，売買は有効であるが，特にその酢が他の物質で出来ている場合は無効である．私が少女の奴隷だと思って少年の奴隷を買った場合も，売買は無効であるが，少女の奴隷を処女だと間違って購入した場合は，無効ではない．間違いが売買を無効にするに十分なほど重大でない場合，買主には何らの救済手段がなかった．但し，その間違いが売主の不実表示によるものである場合は別である．不実表示が〔売主の〕善意に

基づく場合，買主の訴訟（買主訴権 actio empti）は，彼が支払ったものと真実の価値との差額に対するものとなる．もし不実表示が詐欺的なものである場合，買主は，その事件で被った損失をも回復することができた．

価格が決められなければならず，そして，その見解が優勢となったプロクルス学派によると，貨幣で決められなければならなかった．劣勢となったサビーヌス学派の見解によると，価格は貨幣以外のものでも良かった[16]．この学派間の論争は長く続いた．売買はたいへん効果的な契約であり，十分な〔62〕救済手段が与えられていたので，サビーヌス学派は，これらの救済手段を交換（barter）すなわち物々交換にまで拡大したかったように思われる[17]．しかし，プロクルス学派の以下の反論は，明らかに争う余地のないものであった．すなわち，売買において買主と売主の義務は異なる，しかし交換においては，一方の当事者が買主であり，他方が売主であるとは言えない，という反論である．価格もまた確定されたものでなければならないが，それは，知られていなければならないという意味ではなく，知ることのできるものであり，将来の事柄に依存しないという意味においてである．例えば，価格は売主がそれを買ったときの価格として売買が合意された場合，その時点で，買主が価格がいくらだったかを知らず，売主も忘れていたときでも，有効であった．しかし，次の市場の日に市場で成立している価格というのは無効であった．さらに，価格は現実の価格であることを要し，取引は仮想された贈与であってはならなかった．この準則は，特に夫と妻の間の大きな贈与は無効であったし，また実際はプレゼントとして意図されている物に対して愚かしいまでに低い価格が決められる場合もありえたので，必要だった．新しい準則は，ディオクレティアーヌス帝の時（紀元後284～305年）に登場したように思われるが，ユースティーニアーヌス帝の時に復活した．その準則は，設定された価格が真実の価値の半分を下まわる場合，（少なくとも土地の）売買契約は解除することができる，というものであった[18]．

売買はまた，売却されるべき物を必要とした．そこで，私があなたに，どちらも知らなかったが，すでに死んでいた奴隷を売却した場合，その売買は無効であった．また，私が売った物が実際はすでにあなたのものとなっていた場合も同様に無効であった．法学者達に大いに関心のあった問題は，自由人または宗教地，神聖地もしくは公有地といった，所有できないものについて売買が成立するか否かであった．この点についての錯誤は容易に発生し得たし，元来，契約に基づく訴訟は，契約が有効である場合にのみ出来たから，この問題は実務的に重要であった．最初は，かかる売買は無効であった．しかし，帝政時代初期にその状況が打破されて，自由人の売買は無効であるが，

にもかかわらず買主は買主訴権 (*actio empti*) を提起することができる, との判断が下された. 古典期の終りまでに, 法学者達は, 自由人の売買によって自由人が奴隷になるわけではないがその売買は有効であると主張した. 彼らがこう考えた理由は, まったく実際的なものであり, 自由人を奴隷から見分けることが困難だったからである. 次の段階は, 宗教物 (*res religiosa*) ――死体が埋葬されている場所――の売買が, その場所は依然として宗教的なままであるものの有効であると認定されたことである. これも, 私的に所有されている土地から宗教物を見分けることが困難であるという理由からである. 古典期の終り以前に, 神聖物 (*res sacrae*) と公有物 (*res publicae*) も売却可能であることが認められた.

売買の対象となる物は, 相続権のように無体物でも良かった. しかし, この場合, 売主が相続することを期待している相手は死亡していなければならなかった. そうでなければ, その売買は不道徳により無効であった. 次の年の収穫のような将来の物は売却できた. そのような契約は, 2つの形をとった. 希望の売買 (*emptio spei*) と期待された物の売買 (*emptio rei speratae*) である. 最初の場合においては, 購入される物はチャンスであり, 購入物が現に存在するに至ったかどうかは問題ではなかった. 文献での例として, 漁師がこれから行う, 網による漁獲がある[19]. 第2の場合では, 将来の物自体が売買され, その物が存在するに至らない場合, その売買は無効であった.

買主の義務と売主の義務は同じではなかった. すべての買主のすべきことは, 価格を期日に支払うことであり, それを怠った場合, 彼は価格に対する利子と売主の費用を支払わなければならなかった. 他方, 売主は, 物が引き渡される前にそれを保管し, 平穏なる占有を引き渡さなければならず, 追奪や隠れた瑕疵に対して担保責任を負わなければならなかった. 売主の義務に関しては, もう少し述べなければならない.

売主は, それが引き渡されるまでは, その物を保管しなければならなかった. 我々が見てきたように, ローマ法においては, その物が実際に引き渡されるまでは所有権は移転しなかったが, その物が破壊されたり損害を受ける危険は, 契約が完成した瞬間から (つまり, 通常は合意の瞬間から) 買主に移った. したがって, その物に対してまだ支配を有している売主が, 行うべき管理を怠った場合, 彼は買主に対して損害賠償の責任を負うべきである, と法学者達が判断したのは当然のことであった.

しかし, 売主は買主に対して所有権を与える義務はなかった. この準則――それは近代法と異なるのであるが――の理由は, 1度も十分に説明されたことがなかった. 第1に, すべての売主は物を買主に引き渡す義務を負うが,

真実の所有者が後で現れて彼の財産を回復した場合，売主が詐欺的でない限り，買主にはなんの救済手段もなかった[20]．そこで，買主がその財産を追奪された場合に一定の金額を彼に支払うべき旨の問答契約を売主に約束させて，自身を保護することが一般的となった．これらの問答契約がトラヤヌス（Trajan）の治世の時（紀元後 98 ～ 117 年）に通常の実務の大勢となったので，然るべき問答契約がなされなかった場合，買主は，買主の訴訟によってそれを強制することができた．その後間もなくして次の段階に進み，端的に問答契約がなされているものと見做された．古典期の終り以前に，買主の合法的な占有が妨害されないことについて黙示の担保責任（inherent warranty）が認められた．

　同様に，最初は，売主は彼が売った物の隠れた瑕疵に対してなんの責任もなかった．買主はその物をあるがままの状態で受け取らなければならなかった．もちろん，彼は売主から問答契約を要求することはできたが，紀元前 3 世紀の終り以前でさえ，物の性質についての売主の明確な説明に基づいて——それが問答契約としてなされていなかった場合でも——訴訟を提起することができたように思われる．しかし，主要な発展は，読者は思い出すと思うが，ローマの街路と市場を支配下に置いていた高等按察官の告示によるものであった．高等按察官は，紀元前 2 世紀に告示を発し，奴隷の売主は特定の瑕疵を言明しなければならないものとした——瑕疵は主として身体に関わるものであるが，その奴隷が精神障害であること，逃亡の性向があること，あるいは加害者委付（noxal surrender）の責任を負っていることも[21]，瑕疵とされた．売主がそのような欠陥を明らかにしなかったか，あるいは売買のときに明示の保証をしなかった場合，買主は，6 カ月以内に，その売買を解除する訴訟，または 1 年以内に価格を減額させる訴訟を選択して提起すること〔64〕ができた．その告示のもう一つの条項は，類似の規定を動物の売買に広げた．ローマの市場において奴隷や動物の売主がこの責任を回避する直接の方法はなく，保証がなされていると否とにかかわらずその告示が適用されるのであるから，それは実に売主が自動的に負う責任であった．しかし，奴隷商人達は，回避手段を発明した．奴隷は自由の帽子をかぶって売りに出されるが，それは奴隷が考えられるあらゆる病気に罹っていることのシンボルであった．この場合，通知を受けていない瑕疵が発見されたときでも，買主には救済手段はなかった．しかし，少なくとも買主は〔奴隷の瑕疵について〕警告を受けていた．その後，告示の解釈を通して 2 つの進展が見られた．第 1 に，その条文が拡大され，最終的にはすべての物（家すらも）が含まれた．第 2 に，告知の妥当範囲が広げられ，場所の如何を問わずすべての売買に適用された．

これは，ユースティーニアーヌス帝の時までに出来上がった状況であるが，それ以前に何時ごろから実施されていたのかは定かではない．

〈賃貸借〉

賃貸借（locatio conductio）の初期の頃の発展についてはほとんど知られていない．その範囲はたいへん広く，物の賃貸，なされるべき仕事の賃貸，そして労務の賃貸であった．古典期初期の法では，支払が貨幣でなされるべきか否かについて論争があった[22]．結論は，それは常に金員でなされなければならないことになったが，例外として，農地の賃貸借においては地代を農産物の割合の形で決めることができた．

ある物が賃貸される場合（物の賃貸 locatio rei〔賃貸借〕），賃貸人（lessor）は所有者であることを要しなかった．彼はただ，合意された期間，その物に対する支配を賃借人（lessee）に与えればよかった．したがって転貸は可能で，アパートの場合には一般的であった．その物が，賃貸がなされた目的に適合しない場合，賃借人は賃料を支払う必要はなかった．しかし，必要もないのに，賃借人がその物を使用できなくなるような結果を賃貸人がつくり出した場合，賃借人はまた，例えば転貸していたような場合に，彼が被ったあらゆる損失を取り戻すことができた．一つの問題がしばしば議論された．賃借人がその物を使用することはできたが，何か間違いが起こって，彼が期待された利益を取得できなかった場合，彼の法的立場はどうなるのか．諸文献は，穀物が鼠やムクドリの害によって食べられてしまった場合，ワインが酸化した場合，土地自体が地震の間に消失してしまった場合の例をあげている．法学者は，抗すことのできない力，不可抗力（vis major）の結果として権利の行使ができなくなった場合，賃借人は賃料の支払義務を免除されるが，他の場合は免除されないものと判断した．非常に後期の法では，収穫が非常に少ない場合は，賃借人は賃料を支払わなくても良かったが，次の年の収穫が特に良かった場合，その埋合せをしなければならなかった．

なされるべき仕事の賃貸借（locatio operis faciendi〔請負〕）の場合，雇われた人間は，雇った人が提供する人または物に対してある結果をもたらすことについて合意した．例えば，私はあなたの奴隷を教育して医者にするとか，あなたの金で指輪を作ると合意する場合である．この場合，雇われた人間は，その物にもたらされた損害や損失に対して，不可抗力や強奪の結果でない限り責任を負ったのであり，雇われた人間に過失がなくても関係なかった．彼はまた，請け負った仕事に対して適切な技能を有していない場合も責任を負った．

[65]

労務の賃貸借（locatio operarum〔雇用〕）は，ローマの世界では今日ほど重要ではなかった．というのは，大部分の仕事が奴隷によってなされ，賃金をもらって働く自由人は相当軽蔑されたからである．実に，自由人にふさわしい職業（liberal arts）と言われるもの——哲学の教授，医療行為，測量，法的アドバイスの提供など——は，自由人によって行われる場合，「働く（work）」という文脈から離れ，賃貸借契約を生ぜしめないのであった．

〈組　　合〉

　組合（societas）は長い歴史を有し，諾成契約の導入よりもはるかに早くから，その法概念の歴史をたどることができる．最も初期の形態は，*ercto non cito*，すなわち「遺産が分割されない場合の」と呼ばれた．これは，契約によるものではなく，ある人間が死亡して，その相続人達（自権相続人 *sui heredes*）を残した場合に，自動的に生じた[23]．彼らは相続財産が分割されるまで組合員であり，しばしば地所を分割しないで組合員となり続けると決定していたようである．この組合は，このような方法で生じたので，組合員の全財産の組合となったであろう．諾成契約の下ですらも，このような制限のない組合が，最も一般的でないにしても，標準的な形であり続けた．

　遺産が分割されない場合の組合は，満足のいく制度だったに違いない．なぜなら，少し後になって法務官は，自権相続人でない人がこのような組合に加入することを認めたからである．これは最初の契約による組合であったが，諾成契約ではなく，訴訟手続によって形成された．間もなくこれは諾成契約によって取って代わられた．ローマの諾成契約による組合は，その範囲において今日の組合よりもはるかに広かった．基本的に，3つの形態の1つを採ることができた．組合員の全財産の組合，一種類の事業の組合，または1つの取引の組合である．第1の形態は，それが終了した場合に，財産の分割に関して特別な問題を生じる場合があった．例えば，1人の組合員が結婚をして，後に結婚が終了した場合に返還することになる嫁資を受け取った場合である．この場合，嫁資は結婚した組合員のものとなり，組合財産の彼の持分として数えないと決定された．

　各組合員は，財産，彼の仕事または双方を出資することができた．組合員の出資は平等である必要はなかった．しかし，特に別段の合意がなされない限り，組合員は利益も損失も平等に分けた．共和政の時代に，損失よりも利益について大きな取り分を取れるとの合意ができるかどうかについての論争があったが，それは可能であると決められた[24]．

　組合は，終了の日が合意されている場合，その時の経過によって終了した．

何時であれ組合員が告知した場合，ある組合員が死亡し，あるいは他の組合員に対して契約訴訟（組合訴権 actio pro socio）を提起した場合には終了した．組合員は他の組合員に対して誠意を示さなければならなかった．そして訴訟[66]は，悪意を理由とする場合のみ許された．不注意な組合員を選んだ場合，それは選んだ組合員の落度と考えられた．

〈委　　任〉

　委任（mandatum）は，友人はお互いに助ける義務があるというローマ人の考え方に由来する．委任は，他人のために何かを行うことを無償で引き受けることであって，紀元前2世紀の終りまでには，諾成契約として確かに存在していた．すべての種類の行為が委任の対象となりえた．近代の代理関係（agency）と異なり，委任には必ずしも代理人が他人と契約関係に入ることが含まれているわけではなかった．委任は，不道徳な目的のためにはできなかったし，全面的に代理人の利害のためである場合もできなかった．代理人の義務は，彼の引き受けた仕事を適切に遂行することであった．それは無償であったので，代理人は通常悪意に対してのみ責任を負った．本人は代理人に対して，費用と代理人が被った損失を償還しなければならなかった．

　以上で，主要なローマの契約の論述は終りとなる．これらのタイプのみが，ガーイウスとユースティーニアーヌス帝の『法学提要』に出ている．この制度の主たる制約は，訴訟やその他の救済手段が存在するためには，それが特定のタイプの契約関係でなければならなかったことである．後になって，このことは少なくともある程度緩和された．『学説彙纂』には，「前書きについて」（de praescriptis verbis）という表題が含まれており，この表題はむしろ人を困惑させるものと思われるが，契約に関わる多くの状況を取り扱っている．この表題中に出てくる債務は，中世において無名契約（innominate contracts）として知られるようになった．無名契約というのは，それらのいくつかは名前を有していたのであるから，奇妙な言い方ではある．この場合の債務は2つのクラスに分かれる．それ自身の準則と名称を発展させた標準的な状況と関連しているものと，無名ではあるが訴訟ができる場合で，そのような標準的な状況と関係のないものとである．

　前者のクラスの最も重要なものは，交換（permutatio）であり，紀元後1世紀に独自の契約といってよい程のものに発展したと思われる．これは商品と商品の交換であって，一方の当事者が彼の側の取引を履行した場合に契約が締結された．しかし，後日の発展にとって最も重要であったのは，第2の

クラスである．紀元後2世紀の法学者パウルス（paul）の法文には，訴訟を起こしたい者が彼の側の義務を履行したことを要件として，次の4つのいずれかの合意によって訴訟ができると解説されている．あなたが与えるので私は与える．あなたが為すので私は与える．あなたが与えるので私は為す．あなたが為すので私は為す．そこで，双方に対して義務を課する合意は，一方の当事者が彼の側の義務を果たした場合，訴訟を提起することができることとなった．

契約上の義務を一般化するもう一つの発展は，早くも共和政の時代に始まった．これは，合意約束（pacta），すなわちいかなる種類の契約にも該当しない合意によるものであった．最初これらはなんの効力もなかった．しかし，共和政の時代のある時に，法務官は合意約束を保護する告示を出した．これによって法務官は合意約束に基づく訴訟を許したのではなく，それによる抗弁を許したのである．例えば，私が形式を踏まずにあなたに何かを支払うと約束したが支払をしない場合，あなたは私を訴えることはできない．しかし，あなたが問答契約によって私に何かを支払うと約束をし，そして私が形式を踏まずに，あなたは支払う必要がないと合意した．その後，私が支払のための訴訟を提起した場合には，その形式を踏まない合意は，私の勝訴を〔67〕阻止する抗弁として用いられた．帝政時代には，特定の標準的な合意約束は，訴訟の権利すら生じさせた．

契約との関係は希薄であるが，この章で，2つの訴訟，（不当）利得返還請求訴権と事務管理訴権を扱うのが便利であろう．

（不当）利得返還請求訴権 (condictio)

（不当）利得返還請求訴権においては，原告は単純に，被告によって何かが彼に与えられるべきであると主張した．この請求の理由は，答弁書に記載されなかった．通常この訴訟は，原告から被告に対して所有権が移転されている場合にのみ提起することができた（しかし，問答契約のごとき例外はあった）．被告がその物を保持することに何の理由もないのでなければならなかったし，訴訟の対象は，特定の物であれ一定の金額であれ，確定のものでなければならなかった．契約のレベルでは，この訴訟は，（多分）問答契約，文書契約，そして消費貸借契約において用いることができた．これらの制度が契約として考えられる以前でさえ訴訟の権利を行使できたというのが，当を得た想像である．それらはすべて，被告が原告に引き渡すべき何かを有し

ている情況を含んでいたからである．

　(不当)利得返還請求訴権は，なんら契約がない場合でも行うことができた．例えば，原告が間違って債権者だと思ってある人に支払った金員の回収，金員の受領者がその見返りに何かをくれるかしてくれるとの了解の下に支払ったのであるが，そうはならなかった場合の金員の回収，不道徳な目的のために金員が支払われた場合で，受領者の不道徳の度合いが支払者のそれよりも大きい場合のその金員の回収．この最後の例に関しては，売春婦に与えられた金員は回収できないことを述べておくべきであろう．その論拠はいささか屁理屈によるもので，その女性が売春婦であることは不道徳なことであるが，売春婦であれば，金員を取ることは不道徳ではないというものであった．ある特異な事例では，(不当)利得返還請求訴権は，実際に所有者である人間でも提起することが許された．これは，物が盗まれた場合に生じた．その所有者は，物の回収のための訴訟を選択するにあたって，通常の訴訟（所有物取戻訴権 *vindicatio*）で所有権を主張しても良いし，あるいは返還請求訴権で請求しても良かったからである．この奇妙さの説明としては，たいへん初期の時代において，(不当)利得返還請求訴権はその後の時代のものよりもはるかに広く適用されていたこと，および泥棒に対する嫌悪の故に元々の範囲がこの一事例に残存しているものと考えるのが一番可能性がある．

事務管理訴権（*actio negotiorum gestorum*）

　事務管理訴権は，いかなる意味においても契約による訴訟と考えることはできない．しかし，古典期初期の法においてこの訴訟は，ある者が他の者の事務を管理し，そしてそこに代理人と本人との関係があるという，広い範囲の状況において利用可能であった．この訴訟は，以下の者が原告として訴え，

[68] または被告として訴えられる場合の訴訟であった．代訴人（*cognitor*），すなわち当事者の一人から全訴訟行為を引き継ぐように任命された者，全財産の委託事務管理人（*procurator omnium bonorum*），すなわちある者の事務全部を管理するために任命された者，事務の管理人（*negotiorum gestor*），すなわちある者の財産を管理するために，依頼を受けることなく介入した者，支配人（*institor*），すなわち他人のために商売を始めた者，そして保佐人（*curator*），すなわち浪費者，精神障害者の，そして後には未成年者の，保護者である．この訴訟の歴史は共和政時代に遡るが，その内容ははっきりしない．この訴訟には，市民法上の訴訟と法務官の告示の下での訴訟とがあった．この現象に対する満足すべき説明はない．この訴訟が元々生じたのはど

のような種類の状況であったかということすら分かっていない．『学説彙纂』においてこれに関する章が出てくるのは第3巻であり，この巻のその他の部分は裁判所の手続の問題に関するものである．そこで，この訴訟は，元々は法廷における代理の問題と関連して考えられなければならないと通常考えられている．しかしこの論拠の説得力は弱い．そこは，『学説彙纂』の中でこの訴権が議論されるべき最初の適切な場所であり，ただそれだけの理由でそこに記載されているのかも知れないからである．

第8章　不法行為

[69]　ローマ法においては，今日であれば先ず犯罪であると見なされる多くの権利侵害（wrongs）について，不法行為（delict）に基づく市民法上の訴権が与えられた．4つの主要な不法行為があり——そしてこれら4つだけが，ガーイウスとユースティーニアーヌス帝の『法学提要』（*Institutes*）で議論されている——，それらは窃盗（*furtum*），強盗（*rapina*），財産損害（不法損害 *damnum iniuria datum*），そして人身的侵害（人格権侵害 *iniuria*）であった．第2部で我々が見るように，ローマの権利侵害を分類しようとする引き続いての試みが，たいへん重要な帰結をもたらした[(1)]．

窃盗

窃盗という不法行為は，少なくとも十二表法と同じくらい古いものであり，十二表法は，現行の窃盗（現行盗 *furtum manifestum*）と非現行の窃盗（非現行盗 *furtum nec manifestum*）とを区別した．現行の窃盗は，行為の最中に窃盗犯人が逮捕された場合に生じたが，奴隷の場合の制裁は，鞭打ちとタルペイウスの岩からの投棄であり，自由人の場合のそれは，鞭を打たれて後に被害当事者に奴隷ないし債務奴隷として引き渡されることであった．後に法務官告示により，現行窃盗犯人が奴隷であっても自由人であっても，制裁金は盗まれた物の4倍となった．非現行の窃盗に対しては，訴訟は常に盗まれた物の2倍であった．現行の窃盗に対する制裁が厳しかったことについては，被害当事者が現場で逮捕された窃盗犯人を殺害しないで法的手段に訴えるようにするための動機づけであるとか，逮捕された人間が窃盗犯人であることに間違いはないことの結果であるというのが，一般的な説明である．十二表法は，夜間に窃盗をはたらく者を殺害することは合法であると決定した．そして紀元後2世紀になってようやく，殺害が不必要なものであった場合には違法となった．

近代の大陸法や英米法は，窃盗が成立するためには，その物を実際に移動したことが必要であるとする．このことは初期のローマ法でもその通りであったが，多分ローマ法が未遂の権利侵害（attempted wrongs）を訴訟提起

の対象ではないとしたので，法が拡張されて，窃盗はただ触っただけで既遂に達するものとされた．このことは，とりわけ，損害賠償は盗まれた物の価値の何倍と定められていたので，困難を生じさせた．そこでウルピアーヌスは以下のように述べている．「穀物の山から少しの量を取った者は，それ全部の窃盗を犯したのか，彼が取り去った部分についてのみなのか，良く知られた問題である．オフィーリウスは，その者は穀物の山全部の窃盗犯人であると考える．というのは，トレバーティウスが，奴隷の耳に触った者でもその奴隷全部に触ったのであると述べているからである．同様に，ワインのかめを開けて少しだけ取った者は，彼が取った物だけではなく，かめ全部の窃盗犯人であると見なされる．しかし，実際には，窃盗犯人達は，訴訟において彼らが取り去った物についてのみ窃盗の責任を負う．」[2] ウルピアーヌ [70]スは，紀元後2世紀後期に著作を書いた人であるが，上述の共和政期の法学者達の厳しい意見を緩和しようとしたものと思われる．諸法文に見られる最も極端な例は，積荷のワインが壺に入れてではなく船倉に放置された状態で輸送されているときに，誰かがその内のいくぶんかを飲んでしまった場合である[3]．

取った者は，不法の意思を有していなければならないし，利得を得ようと欲していなければならない．しかし，この点も英米法と異なり，取った者がその者の所有権を永久に剥奪する意思を持つ必要はなかった．訴訟ではその物の価値の何倍も請求されるので，この準則もまた，厳しく作用する場合があった．例えば，旅行のために馬を借りた者は，〔旅行の目的地よりも〕さらに遠くまで馬に乗って行った場合，――所有者は反対しないであろうと思っていなかった限り――馬の価値の2倍を訴訟で請求されえた[4]．ローマ人自身も，この準則が厳しいものであると考えていた[5]．種付けを唯一の目的として私があなたの雄ラバを私の雌馬の中に入れたが，そのラバを取るつもりはなかった場合，論理的ではないが，ウルピアーヌスはそれは窃盗ではないと判断した[6]．所有者ではないが，その物に対して適法な保護に値すると考えられる利益を有していると見なされている一定の者は，窃盗の訴訟を提起できたが，その利益の何倍かの請求しかできなかった．

十二表法は，窃取された財産に対する儀式的な捜索（皿と下帯による〔捜索〕 lance et licio）を定めた．ガーイウスによると，捜索者は下帯のみを纏って皿を持たなければならなかった．窃取された財産がこの捜索の時に発見されたならば，その窃盗は現行の窃盗として取り扱われた．法務官の告示により，捜索が拒否された場合，4倍の制裁金を科する訴訟（盗品捜索妨害訴権 actio furti prohibiti）が導入された．正式の捜索なしに，ある者の敷地

内で窃取された物が発見された場合，十二表法によって決定された制裁金はその価値の3倍であって，その家の所有者が窃盗の犯人であってもなくても訴訟を提起することができた（盗品発見盗 *furtum conceptum*）．その家の所有者もまた，物をそこに置いた人間に対して同じ額について訴訟をすることができた（盗品転置盗 *furtum oblatum*）．最後の2つの訴訟は，法務官の告示によって繰り返し宣言された．

強　　盗

強盗（*rapina*）は，外人掛法務官のマールクス・ルークッルスが内戦の後である紀元前76年に告示を出した時に〔窃盗とは〕別の訴訟の対象となった．訴訟は4倍の損害賠償を求めるものであった．しかし，明らかでなく，多くの議論の対象となっていたことは，窃盗の場合のように，被害当事者はこの訴訟に加えて，彼の財産の回復のための訴訟もすることができたか否か，ということである．通説によれば，それはできなかったとされた．

財産侵害

〔71〕
　財産侵害というテーマは，紀元前287年の平民会議決，アクィーリウス法（*lex Aquilia*）によって主として規律されたものであるが，この制定法がそれ以前の立法を統合したものであることを推測させるいくつかの証拠がある．制定法にある3つの章の最後の章は（第1章と第2章を構成する）以前の立法に付け加えられたとの仮説に立たない限り，第1章と3章の間に没論理的に挟まれた第2章の位置を説明できないであろう．第1章は，奴隷および群をなす家畜の殺害を取り扱う．第2章は，債務者を解放し，債権者を騙した参加要約者（*adstipulator*）に対する訴訟を規定する．第3章は，奴隷，家畜の傷害を含めて，財産に対する不法侵害の事例についての訴訟を規定する．

　第2章から考察しよう．参加要約者とは，要約者（*stipulator*）（債権者）の友人であり，問答契約締結時に，同一の金員についてもう一つの問答契約を債務者に締結させた者である．債務者は，主たる債権者か参加要約者のどちらかを満足させれば，彼の義務から解放された．初期の時代において，債権者と参加要約者との間には契約上，救済手段はなかった．そこで，参加要約者が債務者を解放したが，金員を詐欺的に引き渡さなかった場合，債権者は救済手段なしで放置されたのである．このギャップは第2章によって埋められたのであるが，古典期には廃れた．というのは，その時代には委任契約

が債権者と参加要約者との関係を規律し，委任訴権（actio mandati）がより効果的であると考えられたからである．

　アクィーリウス法の第1章は，奴隷または群をなす四足の動物（animal）が故意にまたは過失によって殺害された場合の訴訟を規定した．その訴訟では，奴隷または動物が過去1年の間に有していた最高の価値を要求できた．時々，所有者は，彼が失ったよりも多くのものを得ることができた．例えば，奴隷が失明し，したがって価値は落ちたが，その後その1年以内に殺害されたような場合である．群をなす動物には羊，山羊，馬，象，駱駝，そして（しばらくの躊躇の後）豚が含まれたが，犬は含まれなかった．それ以前はそうではなかったが，紀元後1世紀には，この制定法は厳格に解釈されるようになり，殺人は死の原因を与えたこととは別であると判断されるようになった．唯一アクィーリウス法訴権（actio legis Aquiliae）を発生させる前者においては，死は直接に，身体により身体に対して引き起こされなければならなかった．明らかに愚かしい区別がなされた．例えば，妊娠した女性（女奴隷）が死亡した場合，産婆がその手で薬を投与したときは殺人であったが，それを妊婦に，妊婦自身が服用するために与えた場合は，単に死の原因を与えたに過ぎなかった[7]．サビーヌス学派はその立場をはるかに進めて，誰かが他人の奴隷を橋の上から川に投げ込んで，その奴隷が溺れ死んだ場合でも，殺人ではないとすら主張するに至った[8]．しかし，単に死の原因が与えられたにすぎないすべての場合に，法務官は，彼の告示や市民法の下では何も規定が設けられていないにも拘わらず，自動的に事実訴権を与えた[9]．実に，法務官法上の事実訴権が最も一般的であるのは，まさにアクィーリウス法に関連する場合においてのことである．この厳格な解釈の理由は不明である．制定法の文言の中には，それについての何の説明もなく，殺人がその他の制定法の下ではたいへん狭く見られていたわけでもない．思うに，我々にはそれが何で有るのか分からないが，事実訴権を許すことを選好する実際的な理由があったのであろう．〔72〕

　アクィーリウス法の第3章は，過失または故意による焼き，折り，壊す（urere, frangere, rumpere）ことによって引き起こされるその他の財産損害について，被害の日から30日以内に明らかとなった損害額を請求する訴訟を規定した．30日以内に明らかとなった損害という制限は早くから意味を喪失した．第1に，この章は奴隷と家畜に対する侵害についてのみ規定していたが，まもなくすべての物に適用されるようになったからである．壊す（rumpere）という動詞は，だめにする（corrumpere）を意味し，損害を引き起こすすべての方法を含むものと理解された．しかしこの章もまた，帝政

時代に，訴訟を直接の侵害に制限する同じ限定がなされた．そこで，係船のロープを切断したのでその船に損害が生じた場合，事実訴権は許されたが，アクィーリウス法訴権は適用されなかった(10)．3章すべての場合において，自己の責任を否定し，しかし敗訴した被告は，損害の2倍額を支払わなければならなかった．

人格権侵害

　人格権侵害は，十二表法の3つの条項の主題であった．第1に，手足が破壊された場合，負傷した当事者は，当事者間でなんらかの金銭的な和解に到達しないときは復讐することができた．第2に，骨を折られた場合，負傷した人間が自由人であるときは300アース，奴隷のときは150アースを訴訟で請求することができた．第3に，その他のすべての侵害に対しては，25アースの訴訟ができた．第1と第2についての，その境界線と制裁金の区別を見出すことは容易ではない．第1の場合は性質上一般的なものであり，重症の場合をすべて含むとの解釈が最も可能性がある．そこで第2の場合は，骨が折れた場合の最小限度の制裁金を設定したものであろう．貨幣価値の下落により，後の2つの条項の価値が殆どなくなってしまった．アウルス・ゲッリウスは，あるローマ人が，お金の入った袋を持った奴隷を従えて徘徊し，気に入れば誰でも殴打し，奴隷がその者に25アースを渡したという話を伝えている(11)．

　最終的に，紀元前3世紀の終りまでのある時に，法務官はこのテーマについての一般的な告示を出した(12)．以来，損害額は裁判官によって評価されるべきものとなった．そのことが意図されたわけではないが，その結果，十二表法の区別は喪失した．最初は，この告示による訴訟は身体的暴行についてのみ適用するものであったが，紀元前2世紀に，法学者達は，何の暴行もなされていない事例にもこれを拡張した．紀元前106年の法務官であるムーキウス・スカエウォラは，舞台の上から侮辱された詩人に対してこの訴訟を許した(13)．後に，なんらの身体的暴行がない場合でも，この訴訟は社会政策の道具として使われた．例えば，債権者は，債務者からでも保証人の一人からでも債権を回収できたし，契約上最初に債務者を訴える必要はなかった．しかし，債権者が最初に保証人を訴えるのは，——なおキケローの時代に見られたことではあるが(14)——道徳的に間違いであると考えられ，結局，債権者がそうした場合，彼は，債務者によって提起された人格権侵害訴権(*actio iniuriarum*)で責任ありとされた．債権者の行動が，債務者が支払不

能であり，訴訟に値しないことを言外に示したものとみなされたからである．しかし一般に，権利侵害が故意によるものである場合にのみその訴訟は許された．

さらに他の告示が間もなく出された．これらは，公の侮辱に関するものであり，ローマ人の既婚婦人，若者，若い女性の貞節に対して何かを試みたこと，法的に他人を辱めるための行動，善良の道徳に反して（第一に彼を叩きまたは拷問することにより）他人の奴隷に暴行を加えること，奴隷による人格権侵害，最後に，その父や夫が不在中で，彼のために行動する代理人を残さなかった場合の，権力服従者に対する人格権侵害について規定した．これらの告示は成功し，十二表法による訴訟は用いられることがなくなった．しかし，もちろんそれらの訴訟は廃止されたのではなく，後の法学者達はそれについて議論を続けた．これらすべての告示による訴訟において，敗訴した原告は，請求の10分の1を被告に支払わなければならなかった．さらに，共和政の終りの頃に，スッラ（Lucius Cornelius Sulla）は，ある制定法，人格権侵害に関するコルネーリウス法（*lex Corneria de iniuriis*）を発令し，他人を打ったり叩いたり，また暴力で家に押し入ることに対する，刑事訴訟に非常に近いものを規定した．

『法学提要』が我々に最も重要であると説いた，これら4つの不法行為に加えて，その他多くのものが存在した．

紀元前80年頃に，法務官のオクタウィウスは，強迫に対する告示を発した．その規定の一つは，原状回復（*restitutio in integrum*）を付与した．すなわち，罪のない当事者を，もしその取引がなかったなら置かれたであろう状態に戻すことであった．もう一つの規定は，損失の4倍の賠償を許す訴訟（強迫故の訴権 *actio quod metus causa*）を付与した．その時か，あるいはその後か，不法行為者が契約に基づいて罪のない当事者を訴えた場合，抗弁（強迫故の抗弁 *exceptio metus*）が与えられた．

紀元前66年に，アクィーリウス・ガッルスは詐欺に関する告示を導入し，この告示は訴訟（悪意訴権 *actio de dolo*）と抗弁（悪意の抗弁 *exceptio doli*）の双方を規定した．その訴訟は，損害を被った当事者に単額の損害賠償しか認めず，しかも，他に適当な訴訟ができない場合にのみ，彼はこの悪意訴権を提起することができた．この訴訟は，他の不法行為訴訟とは異なったものであり，多くの注釈者にとって奇妙なものに思われた．しかし，アクィーリウスの意図の中にその説明を求めることができる．彼は，「あることをするふりをしながら，〔実際には〕別のことがなされたときに」[15]，人はこの訴訟において責任がある，と述べている．かくして，当事者間の取引がある場合に

のみその訴訟をすることができたのであり，それは実に契約訴訟であった．したがって，他の契約訴訟と同様，その目的は当事者の一人の被った損害を補償することであり，他の当事者に制裁を科すことではなかった．悪意訴権は，他の訴訟ができない場合にのみ提起されたのであるから，誠意契約において適用する余地はなかった（契約訴訟が存在したからである）．したがって，それは問答契約や文書契約に関して提起されたに違いない．アクィーリウスの時代以後，間もなく，訴訟の範囲は拡大した．まさに帝政時代の最初の時に，ラベオーは悪意を再定義して，「人を出し抜き，騙し，罠にかけるため

[74] に使われるあらゆる策略，欺罔，陰謀」[16]であるとした．それ以降，当事者間の交渉はこの訴訟の要件ではなくなることになった．

　ガッルスの抗弁，すなわち悪意の抗弁は次の通りである——「この事件で，原告により悪意で何もなされたことがなく，またなされていない場合に」．したがって，詐欺行為が過去になされなくても，訴訟を提起したその時に詐欺行為があれば，その場合でも抗弁は使うことができたのである．アクィーリウス・ガッルス自身が審判人であった時に，この種の事件があった[17]．資産家のガーイウス・ウィセリウス・ワッロー（Gaius Visellius Varro）は，自分は間もなく死ぬと思い，死んだ時に，しかし死亡した場合に限り（死因贈与 *donatio mortis causa*），彼の愛人のオタキリア・ラテレンシス（Otacilia Laterensis）に贈与をしたいと考えた．かかる贈与は，不道徳性の故に無効であったので，直接にこれを行うことはできなかった．そこで，彼はオタキリアに 30 万セステルティウスについて問答契約で約束した．オタキリアは，彼女にそれが支払われたものとして，この支払を彼女の帳簿に記入し，そして彼女がワッローにその金額の貸付をした旨のもう一つの記入をした．つまり文書契約が成立した．ワッローは〔病気から〕回復したが，オタキリアはその金員が欲しいと考え，訴訟を起こした．ワッローは勝訴したが，それは間違いなく悪意の抗弁によってであり，抗弁の第 2 の部分のおかげであった．ワッローは，原告の請求からは免れるが，非難は免れないと，審判人から遺憾の意が表明された．

　別の告示は，ある者が逃走中の他人の奴隷を宿泊させたか，詐欺的にその奴隷をそそのかして，その奴隷を堕落させる何かをさせた場合，そのある者に対する 2 倍の損害賠償訴訟（奴隷誘惑訴権 *actio servi corrupti*）を規定した．奴隷は身体的にも道徳的にも悪化し得るし，主人の訴訟は，奴隷の市場における価値の下落からだけではなく，彼の被ったあらゆる損害を含むものとして理解された．主人は，彼の帳簿を管理していた奴隷を解放したが，後で，その奴隷が「愛人」に与えるために金員を横領していたことが判明した．そ

の場合，奴隷が解放されていたとしても，その女に対してこの訴訟を提起することができると判断された[18]．法務官の告示はまた，妻が夫から盗みをはたらいた場合のような，その他の状況についても規定した．夫が妻に対して，窃盗のような重大な不法行為の故に訴訟を提起できることは，誤りであると感じられていたので，特別な訴訟（物移動訴権 *actio rerum amotarum*）が新設された．

十二表法によって訴訟の対象とされたいくつかの比較的小さな犯罪は，たいへん後の時代まで存在し続けた．盗まれた材料が家を建てるのに使われたり葡萄の木を支えるのに使われた場合に，挿入された材料に関する訴訟（梁木組立訴権 *actio de tingo iniuncto*）で，2倍の損害賠償を請求できた．家や葡萄の木が立っている間は，その材料は取り去ることができなかった．他人の木を違法に切った場合には，樹木伐採訴権（*actio de arboribus succisis*）が認められた．他人の土地に，団栗を食べさせるために自分の動物を入れた場合，放牧訴訟（放牧訴権 *actio de pastu*）ができた．まだ他にも，係争物を神に献納することについて，あるいは，家やその近くに積まれた穀物の山に火を付けることについての訴訟もあった．

準不法行為

〔75〕

ユースティーニアーヌス帝は，4つの債務を，あたかも不法行為から生ずるかのような義務として分類する[19]．ガーイウスは，彼の『法学提要』でそれらの債務について述べていないが，『学説彙纂』中の法文では，その分類は元々はガーイウスのものである旨が示唆されている[20]．それらが通常の不法行為と異なると考えられている理由は，大論争のテーマである．例えば，審判人が「訴訟を自分自身のものとする」（訴訟を自己のものとした審判人 *judex qui litem suam fecerit*）場合，彼は有責である．多くの独創的な提案にもかかわらず，この不法行為が含むところは未だに不明である．ある告示の下で，ある者の住居から何かが流されたり投げられたりして不法侵害がもたらされた場合，その者は訴訟（流出投下物訴権 *actio de effusis vel deiectis*）に直面しなければならない．彼がそれを投げたか否か，またはそれについて知っていたか否かは関係がない．また，ある告示は，突き出た屋根の庇の上に何かを置いたり吊るしたりすることを容認し，それが落ちて不法侵害を生じさせた者に対する訴訟（吊下物訴権 *actio de suspensis*）を規定した．この場合，居住者はその物をそこに置かなくても責任があるのだが，その物がそこに置いてあることを知っていることが必要であった（しかし，多くの学者

達が，居住者がそれを知っているかどうかは重要ではないと信じていたことに，注意しなければならない）．残りの準不法行為は，船長，宿屋の主人，厩舎の主人を被告とする，彼の使用人によってなされた船上，宿屋，厩舎での詐欺や窃盗についての訴訟を発生させた．いくつかの準不法行為は，その使用人や召使の行為に対して，たとえ彼らの行為を知らなくても人は責任を負うものとしており，近代の使用者責任に類似したものとなっている．

第2部において見るように，準不法行為の一般的特性を発見し，不法行為から区別するものが何であるかを発見することが，その後の理論化や法的実務に大きなインパクトを与えた[21]．

加害者委付の責任（noxal liability）

息子や奴隷が不法行為を犯した場合に，父親や奴隷の主人が大きな損失を被ることは，誤っていると考えられてきた．それで，最も早い時期から，父親や奴隷の主人は損失を息子や奴隷の価値に限定することができた．息子や奴隷によって犯された権利侵害により，家長に対して不法行為訴訟が提起された場合，家長は，その請求額を支払うか，息子や奴隷を引き渡すかを選択することができた．奴隷の主人自身がその違法行為に関与している場合，通常，加害者委付の権利を喪失した．ユースティーニアーヌス帝の時代，奴隷のみが加害者として委付されえた．

〔76〕 ### 動物に関する責任

十二表法は，動物の所有者に対する，損失額に対する賠償か，その動物の引渡しを求める訴訟を定めた（四足動物の与えた損害に関する訴権 *actio de pauperie*）．その訴訟については，共和政末の時代に大いに議論されたのであるが，通説は，その動物が獰猛であるとか，または例えば怯えていたかして，「落度がある」場合にのみ，訴訟をすることができるものとした．しかし，その動物が何者かに傷つけられたり苛められたりした場合は，訴訟は提起できなかった．クィーントゥス・ムーキウスの記しているところによれば，牡羊か雄牛が闘争し，一頭が他の一頭を殺した場合，死んだ方が先に仕掛けたものならば，その訴訟は許されなかったが，そうでなければ，先に仕掛けた動物の所有者が損失を支払うか，その動物を差し出さなければならなかった．

按察官は，路の側に置かれている猛獣——通常は，恐らく剣闘士のショー

の準備のためであったが——が逃亡して損害を生じた場合の訴訟を規定する告示を発した．その訴訟は，財産に対する損失の2倍の損害賠償を認めた．自由人の傷害の場合は，その評価は裁判官に委ねられ，自由人の死亡の場合は，200 ソリドゥスという定額の制裁金が科された．

第9章 相　　続

〔77〕　**遺言相続**

　死亡の際の相続には，遺言相続と無遺言相続とがあった．遺言は早くも十二表法の時に認められていて，2つの最も古いタイプとして，特別招集民会における遺言（*testamentum comitiis calatis*）と出陣軍隊面前の遺言（*testamentum in procinctu*）があった．

　最初の遺言は特別招集民会（*comitia calata*）においてなされたが，その民会は年に2回——3月24日と5月24日——，遺言を作成する目的で招集された．それは，自権者養子縁組（*adrogatio*）と同様，立法行為であったと思われ，国民の同意を必要とした．その欠点は明らかであって——それは公開され，国民の同意を必要とし，1年に2日しか作成できなかったからであるが——，したがってこの方式が早く消滅したことは驚くに値しない．

　出陣軍隊面前の遺言は，鳥占い——勝利の前兆が好ましいものか否かを決める儀式——の後，軍隊が隊列を整えた時になされた．これには，書面やその他の方式は必要ではなかった．しかしこれは，紀元前2世紀中頃の後，キケローの時代の前に死滅した．何故ならば，政治的変化の結果，軍事司令官は，彼が（前政務官としての）鳥占いを行う権力を停止した後にのみ戦争を始めたからである．古典期においては，最初にユリウス・カエサルによって導入された，何の方式も必要でないもう一つの軍人の遺言があった．この遺言は，その時代に短期間存在したに過ぎなかったが，後日再び導入された．

　第3の方式（銅と秤による遺言 *testamentum per aes et libram*）は——歴史的にはるかに重要であり——，十二表法によって正式に承認されたとはいえ，握取行為（*mancipatio*）のもう一つの応用形として早くに登場した．握取行為と同様，それは，5人の証人，秤の持ち手，そして遺産が譲渡される人間（遺産購買者 *familiae emptor*）の立会いを要した．遺産購買者は，「私は貴方の財産および金銭が貴方の委託と私の保管の内にあることを宣言する．そうして，貴方が公法に従って適法に遺言を作成することができるように，これらの物はこの銅と秤によって，私によって買い取られるように」と言明する．彼は青銅の片で秤を打ち，その青銅の片を代金の象徴として遺言者に供与する．次いで遺言者は，「私はこれらの蝋板に記載したように供与し遺贈し遺

言する．あなた方ローマ市民よ，私のために証言を与えよ」と言う．この第二の言明（*nuncpatio*）は，蝋板の上に書かれた条項を正式に確認した．しかし実際は，条項が記載される必要は全然なかったのであり，遺言者は口頭で，遺言の条項を言明することができた．

　大部分の学者達は，元々は遺言者の財産は直ちに遺産購買者に移るのであり，同人は，遺言の条件を履行する道徳的義務を負うだけであった，と考えている．古典期法においては，（私の意見では，最初の時から）遺産購買者は，〔78〕余り重要ではない名目に過ぎず，遺言者は，死ぬまで財産の所有者であり続けた．これは共和政末期と帝政時代の標準的な遺言であった．実務において書面は，握取行為の5人の証人，秤の持ち手および遺産購買者により封印を施された．キケローの時代に存在した法務官の告示[(1)]は，この慣行を大いに後押しした．この告示が宣言するところによれば，相続財産をめぐる紛争があり，そして必要な数の封印を施された蝋板の〔遺言〕書が作成されていたときは，法務官は相続人に指定された者にその財産の占有を与えた．もちろん，遺言の有効性を争うことはなお可能であったが，遺言書で指定された相続人は，最初から最も強い立場に置かれた．

　その他の遺言の形態が，後の法において導入された．その主たるものは三部遺言（tripartite will）であり——3つの源泉から由来するのでそう呼ばれたのであるが——，紀元後439年に導入された[(2)]．これは一つの手続で，7人の証人達の前でなされ（これは市民法上の要件であった），証人達は封印をし（これは法務官法上の要件であった），証人は署名をしなければならなかった（これらは皇帝の新制度であった）．これは末期ローマ法における通常の遺言となった．

　遺言は，成熟期以上の正気の，家父権に服していないローマ市民によってのみ行うことができた．ハドリアーヌス帝の時代まで，何人の権力にも服していない女性は，家父権（*patria potestas*）から自由となって後，（例えば，手権を伴う（*cum manu*）婚姻をすることによって）家の変更を受けた場合にのみ，遺言をすることができた．ハドリアーヌス帝の前も後も，遺言をすることのできる女性は，後見人の同意を必要とした．

　遺言は，いずれにせよ有効であるためには，適切に指名され，妥当な資格を持ち，そして，相続を受け入れる相続人を指定しなければならなかった．ローマ人のみが相続人となることができたのであるが，唯一の例外として，遺言者の奴隷であれ他のローマ人の奴隷であれ，奴隷は資格を有した．遺言者の奴隷は，遺言において自由を与えられている場合にのみ相続人として指定されたのであるが，少なくともユースティーニアーヌスの時代には，相続人

として指定されれば，それだけで自由の贈与があったものとされた．遺言者以外のローマ人の奴隷が相続人として指定された場合，その奴隷は相続人となったが，財産は全て彼の主人のものとなった．未だ出生していない卑属は，相続人に指定することができた——そして遺言書が作成されて後に，自権相続人（*suus heres*）が生まれ，彼のために何の条項も作成されていなかった場合，その遺言は無効であった．紀元前169年の反女権拡張主義のウォコニウス法（*lex Voconia*）は，中でも，最も裕福な階級である戸口調査の第1クラスの人間は女性を相続人に指定できないと定めた．これは，唯一の子供が娘の場合にも適用されたが[(3)]，帝政期の初期に信託遺贈（*fideicommissa*）の導入があったので，この規定は重要性を失った．

相続人の指定は，適切な方法で，すなわち「ティティウスを私の相続人としよう」または「ティティウスに私の相続人になるよう命じる」かのどちらかの言葉で，なされなければならなかった．その他の言葉の方式は有効でなかった．これは遺言の最も重要な部分であった．相続人の指定の前に記載されたことは何であれ無視された．相続人は3つのカテゴリーに分類された．必然相続人（*necessarii*），自権必然相続人（*sui et necessarii*），そして家外相続人（*extranei*）である．必然相続人は，遺言者の奴隷で，彼らは相続を拒否できなかった．自権必然相続人は，遺言者の権力下にあり，彼の死によって独立した人達である（従って，祖父が死亡した時に父親の権力下に入った孫達は含まれなかった）．最初は，彼らもまた相続を拒否することができなかったが，後に救済された．家外相続人は，家の外の者達であり，彼らは相続を拒否することができた．この拒否の権利の意義は，近代の法と異なり，ローマの相続人は，被相続人の債務が資産を超過していても，全債務額について責任があったことにある．相続人として指定された者が相続を拒否したり，遺言者よりも先に死亡する場合が，しばしば起こった．相続人が不在となる危険に対処するために，先に指定された者が相続を拒否したり死亡した場合に，相続すべき何人かの後続の相続人（補充相続人 *substituti*）を指定することが通常であった．しばしば，相続人のリストの最後に遺言者の奴隷達が指定されたが，彼らは相続を拒否することはできなかった．債務が資産よりも大きい場合，支払不能と宣言され，恥辱を被るのは，今は自由人となった奴隷であって，亡くなった遺言者ではなかった．

遺言作成後に生まれた者を含めて全ての自権者（*sui*）は，遺言により相続人に指定されるか，さもなくば廃除されるかのいずれかでなければならなかった．一般に，息子の廃除は，明言をもってしなければならなかった．娘やそれ以上に隔たっている卑属は，「その他の者は全て廃除されるべし」と

の一般条項によって廃除することができた．正当な理由がないのに廃除された近親は，その遺言を義務違反のものとして取り消すための訴訟（不倫遺言の訴え quellera inofficiosi testamenti）を提起することができた．この訴訟は，遺言書の内容を前提として，遺言者は精神障害であったに違いない，故に遺言をする能力がない，という擬制を根拠に行われた．

相続人の補充指定の特別なタイプに，未成熟者補充指定（substitutio pupillaris）と呼ばれるものがあった．父は，まだ成熟期に達していない自権者の一人を相続人として指定した場合，その子供が相続人となったものの，成熟期に達する前に死亡した場合の補充相続人を指定することができた．結局，当該補充相続人は，〔その子供が死亡すれば〕その子供（彼自身はもちろん遺言を作成することができない）を父の遺言により相続することになる．通常の補充指定（substitutio vulgaris）においては，補充相続人は，以前に相続人として指定された者がまったく相続人にならない場合にのみ相続人となった．紀元前93年と91年の間に，補充指定の条項の解釈に関して有名な事件が起った(4)．遺言者には息子がなかったが，遺言書を作成した時に，一人の息子ができる希望を持っていた．そして，補充指定の条項は，「私の息子が成熟期に達する前に死亡した時は，Xを私の相続人とすべし」であった．遺言者は息子を残さずに死亡し，補充相続人と，遺言が効力を生じない場合に相続人となる者達との間で紛争が生じた．クィントゥス・ムーキウス・スカエウォラは，無遺言の場合の相続人達の側に立ち，遺言の文言は，未成熟者補充指定の場合の文言であり，通常の補充指定の条項ではないので，実際に遺言者の息子が生まれて，遺言者よりも後に，そして成熟期に達する前に死亡した場合にのみ，その条項は適用されるのである，と論じた．有名な弁論〔80〕家であるルキウス・クラッスス（Lucius Crassus）は，補充相続人の側に立ち，遺言者の意思が最も重要であり，それは間違いなく，遺言者の息子が出生していようといまいと，息子が成熟期に達しない場合に補充相続人が相続人たるべしとの内容であったので，未成熟者補充指定の条項はその中に通常の補充指定を含むものである，と論じた．クラッススが勝利した．

遺言は，相続人を指定すること以外の条項を規定することができた．最も重要なのが，奴隷の解放(5)，幼児（infant）に対する後見人の指定(6)，遺贈，および信託（信託遺贈 fideicommissa）であった．

遺贈は，遺言によったなされた贈与であったが，相続人のみによって支払われた．古典期の法では，4つの種類があった．第1は，所有権の主張による（per vindicationem）遺贈〔物権遺贈〕であり，遺言者自身が方式による言葉により受遺者に贈与をすると表明する方法でなされた．基本的には，遺

言が効力を生じるとすぐに受遺者がその物の所有者になったので，この種の遺贈は，遺言者によって所有されていた物についてのみ行うことができた．第2に，債権（*per damnationem*）遺贈があったが，遺言者が相続人に対して，同じく方式による言葉により，遺贈物を受遺者に与えるべしと命じる方法でなされた．この遺贈の場合，もし相続人が受遺者にその物を与えなかったならば，後者が前者に対して対人訴訟を提起する権利が与えられた．そして，相続人がその訴訟で敗訴した場合，彼は遺贈の2倍額を支払えと宣告された．第3に，余り重要ではないが，許容（*sinendi modo*）遺贈があった．この場合相続人は，受遺者がその物を取ることを許容するように命じられた．この場合も受遺者が相続人に対して対人訴訟を提起することが認められたが，相続人が敗訴した場合，彼はその価値分のみを与えればよかった．最後に，先取（*per praeceptionem*）遺贈があった．これは，遺産が2人以上の相続人に残された場合に用いられたもので，相続人の1人（またはそれ以上）に，遺産分割の前に受け取ることのできる遺産が与えられた．最も一般的な事例は，父が遺産を彼の子供達に均等に残したが，子供達の特有財産の先取遺贈をそれぞれに与えた場合である．ローマ市民のみが遺贈をすることができた．遺贈の準則は紀元後64年のネロ元老院議決（*senatus consultum Neronianum*）によって簡明にされたが，その準則は，遺贈がそれを行うための適切な方法でなされなかった場合，遺贈を行うに最も適した方法，すなわち債権遺贈によってなされたものとして取り扱うべきであるとした．ユースティーニアーヌスの時代までに，遺贈をするのに方式による文言はもはや必要でなくなった．

　信託遺贈は共和政期に始まったが，単に道徳的な効力しか有しなかった．アウグストゥスは，若干の個別事例においてその強制力を認め，間もなく信託遺贈は完全に拘束力のあるものと考えられるに至った．信託遺贈は主として，相続人の指定および，程度は劣るが，遺贈に対する制限を避けるために有益であった．例えば，紀元前169年のウォコニウス法（*lex Voconia*）は，資産家が女性を相続人として指定することを禁じたが，遺言者が男の相続人を指定して後に，彼に信託により全財産を女性に与えよと指示することによって，この法律を回避することができた．信託遺贈には法的な制限はほとんどなかった．もちろん，相続人に指定された者が，彼にとって利益が余りないので遺産を受け取らないことが生じえた——同様のことは，遺産の大部分が遺贈された場合にも当てはまった——．そして，指定された相続人が常に，遺産の少なくともある部分を確保することができるための立法がなされた．ユースティーニアーヌス帝は，遺贈と信託遺贈との間には区別がないこ

と，および各々の長所とするところを共通に適用すべきことを法律で定めた[7]．

　小書付（*codicils*），すなわち方式を踏まずに行われる遺言補足書は，アウグストゥスによってその効力を認められた．彼と何人かの者がレントゥールスという名の資産家によって相続人に指定されたが，レントゥールスは，小書付によって相続人達に信託遺贈を課した．アウグストゥスは，その信託が実行されるべきものと命じ，小書付に法的に強制力が与えられるべきものか否かに関する鑑定を求めた．解答は，付与されるべしであった．

無遺言相続

　遺言がない場合――あるいは，有効な遺言がない場合――，財産は一定の準則によって分割された．無遺言相続の法は，継続的に変化していて，たいへん詳細なものであるが，ここでの我々の関心事ではない．十二表法の制度は，宗族関係，すなわち男性を通じての関係に依拠していた[8]．この制度は，最初は法務官の告示により，その後，ハドリアーヌスの時代から皇帝による立法により，徐々に変化した．『新勅法』（New Constitutions）に見られるユースティーニアーヌス帝の立法の後，古い市民法のルールは完全に消えて，無遺言相続は，何よりもまず血族関係に基づいてなされた．しかし，いかなる時代にも，長子が同一親等の他の自権者に優る権利を与えられたことが無かったことは，特に重要であった．宗族で同じ親等の男性と女性は，共和政期においてウォコニウス法が制定されるまでは同様に扱われたのであるが，その法によって，姉妹以外の女性は宗族として無遺言相続をすることができないと判断された．

　無遺言相続の法は，最終的にユースティーニアーヌス帝の『法学提要』において述べられているように，宗族を重視している点で，いまだ古拙なものに見える．しかし，これは10年後にユースティーニアーヌス帝によって改正された．彼は『新勅法』の中で，男性と女性の間の古くからの不公平な区別をなくするために改正したと述べている[9]．これらの準則は極めて現代的であり，事実，多くの国で，修正された上で採用されてきた．順位は以下の通りである．第1順位の相続人は直系卑属であり，男性と女性を問わない．等級の離れた直系卑属は，彼らの死亡した親の相続分を取得する．第2順位は直系尊属で，等級の近い者は遠い者を排斥する．直系尊属が，同じ親等にあるが，異なった系に属する場合，それぞれが半分を取得した．同父母兄弟姉妹は，直系尊属と相続分を同等に分け合う．少なくとも1人の兄弟姉妹が

生きていて，そのクラスの相続を維持している場合，死亡した兄弟姉妹による甥と姪についても同様であった（兄弟姉妹の1人でも生きている場合は，既に死亡した兄弟の子供達は，直接相続ではなく代襲相続であった）．次に，〔尊属なきとき〕同父母兄弟姉妹〔のみ〕が，同じく代襲相続の権利を有した．上記の相続人がいない場合，異父母を兄弟姉妹が相続した．但し，死亡した兄弟姉妹の子供達がいる場合は，彼らが優先的に取得した．最後に，夫と妻はお互いを相続した．相続人がいない場合は，相続財産は国庫に帰属した．

第10章　後古典期の法と
　　　　　　ユースティーニアーヌス

　紀元後224年にウルピアーヌスが近衛兵によって殺害されて間もなく，〔82〕
ローマ法は下降線をたどり，注目に値する新しい法学者が現れなかったと通
常言われている．帝国の中心はローマからギリシャ東方に移ったが，そこで
は知的な伝統が異なり，法は同じような魅力を持たなかった．それに加えて，
帝国が紀元後325年にキリスト教国になってから，神学が有閑の人々にとっ
て最も魅力的なものとなった．少し異なる見解もまた，ある程度の真実性を
有する．多分，下降線をたどったのは，ローマ法以上にローマの法学であっ
た．以前は法律書を書いていた類の人々は，今や帝国官吏として働くことに
大いに専念するようになった．ウルピアーヌス，パウルス，パーピニアーヌ
ス（Papinin）のような大法学者が行ったように，今や彼らは皇帝のために勅
答を起案していたが，彼ら自身の独自の法律書を書くことはしなかったので
ある．

　いわゆる後古典期の書物は，以前に達成されていたものを維持する努力に
よって最も特徴づけられるのであって，それ以上に前進する試みによってで
はない．この期間について我々が知っている法律書は，まず2つのクラスに
分けられる．一つは，以前の文献の収集またはアンソロジーであり，特定の
論題についての法を例示する．紀元後382年よりも後の作品に間違いない
『ヴァティカンの断片』（Fragmenta Vaticana）は，古典期の法学者，パーピ
ニアーヌス，パウルス，そしてウルピアーヌスの著作の抜粋と多くの法律か
らなるものである．『モーゼ法とローマ法の対照』（Collatio legum Mosai-
carum et Romanarum）は，390年から438年の間に書かれたが，それに先行
する元の作品があったように思われる．この作品は，聖書の法とローマ法を
条文毎に平行させて挙げている．もともとの著者の目的は——彼がキリスト
教徒なのかユダヤ教徒なのか論争があるが——明らかでない．しかしその作
品は，モーゼ法が早くからローマ法の本質的な全ての結論に到達できたこと
を証明しようとの試みであった．もう一つの重要なクラスの文献に教育的著
作がある．それらは古典期の初級教科書の主要な縮小版である．これらの作
品の例として，『ウルピアーヌスの抜粋』（Ulpiani Epitome），『オータン〔で

発見された〕ガーイウス〔『法学提要抄録』〕』(*Autun Gaius*) とパウルスの書物からの収集である『パウルスの断案録』(*Pauli Sententiae*) がある．

　この期間中，ウルピアーヌス，パウルス，パーピニアーヌス，モデスティーヌス，そしてガーイウスの5人の古典期法学者の作品が圧倒的な評判を博するに至った．ガーイウスが，後の時代に彼に相応しいと考えられてきた重要性を発揮したのは，この時だけであった．法律は，これらの法学者達の重要性を強調した．そのような法律は，紀元後426年のテオドシウス2世の有名な『引用法』においてその頂点に達した[(1)]．これら5人の法学者達の著作はすべて法によって権威あるものとされ，ガーイウスは他の4人と同等の権威を有することが明言された．これら5人の一人によって引用された法学者の著作もまた，権威あるものと宣言されたが，彼らの意見は，写本の照合によって点検されなければならなかった．5人が相反する意見を表明した場合，多数の意見が制した．彼らの意見が同数に分かれた場合（例えば，1人が意見を表明しなかった場合），パーピニアーヌスが立った側の意見が優先した．彼らの意見が同数に分かれて，パーピニアーヌスの意見が分からない場合，裁判官は自らが選好する側に従うことができた．

　『引用法』は，しばしばローマ法学の低い水準を示すものと言われる．それは，正当な意見が頭数を数えることによって形成され，最も良い解決を選ぶことによってではなかったからである．しかし，事態は何人かの学者が考えているほど悪いものではなかった．少なくとも，『引用法』は，イングランド法における近代の厳しい先例理論 (doctrine of precedent) に優るとも劣らないものである．その先例理論の下においては，上級審の判例によって拘束されるのであり，その時に裁判所がそんなに優れた人々によって構成されていたとか，理屈に合わない議論によって結論に到達したかは，関係がなかったのである．『引用法』は，少なくともそれに従うべき最高の法学者をえり抜くという長所を有した．しかし，私は事態ははるかに複雑であると信じる．ガーイウスは別として，指名された法学者達は，偉大なる古典期の法学者達の最後の者たちであった．つまり彼らは，古典期の法の頂点を代表する．さらにガーイウスの名声は彼の『法学提要』によるものであり，その初級教科書は，詳細なる注釈書よりも長く用いられた．古典期を越えた後，皇帝の勅書によって法が形成された．皇帝の勅書は，多数の法学者の意見よりも優先した．つまり，『引用法』の主要なポイントは，皇帝による準則がない場合，裁判官は栄光の頂点にある最高の法学者の意見に従わなければならなかったということである．

　皇帝は立法を続けたが，大量の勅書は，古典法の時代にすでに存在してい

た問題を増大させることになった．すなわち，法律家達が，関連する立法の存在を知っていることを確保するという問題であった．これに対する救済手段として，皇帝の勅法の2つの非公式の集成が発行された．291年の『グレゴリウスの勅法集』(Codex Gregorianus) と 295 年の『ヘルモゲニアーヌスの勅法集』(Codex Hermogenianus) である．皇帝テオドシウス2世の説示によって作られた公式の集成である『テオドシウス法典』(Codex Theodosianus) は，438 年に公布された．テオドシウスは，429 年に 9 人の委員会を任命し，一般的適用を意図したコンスタンティーヌス帝時代以来の全ての制定法の集成を作成するように指示した．この作業が完了した時，編纂者達は，その勅法集，『グレゴリウスの勅法集』および『ヘルモゲニアーヌスの勅法集』からの，並びに当時まだ有用で廃れてはいなかった法学者の著作の全てからの抄録を作る予定であった．この第2の集成は，制定法としての効力を与えられるべきものであった．この計画は，野心過剰であり，計画は放棄された．しかし，435 年に，この時は 16 人の委員からなる新しい委員会が，一般的な皇帝の勅法の全てを集成するというより限定された目的で設けられた．しかし，勅法を時代に相応したものとするためにそれらを変更できる権限が委員会にあった．この委員会はその仕事を 2 年で完成させた．

　ローマ法が古典期以来被ってきた変遷にもかかわらず，ユースティーニアーヌス皇帝による新しい構成により，6 世紀にローマ法は世界の知る最も実りのある私法の源泉となった．ユースティーニアーヌスは，セルビアの農家に生まれたが，彼の叔父のユースティーヌスの養子となった．ユースティーヌスは，軍人から 518 年に皇帝に即位した．ユースティーニアーヌスは，その時から彼の叔父に対して大きな影響を及ぼし，527 年に共同皇帝の位を授けられた．ユースティーヌスはその後同じ年に死亡し，ユースティーニアーヌスは単独の皇帝となり，直ぐに法の再編纂の作業を開始した．〔84〕

　彼は 528 年の初頭に 10 人の委員会を設置したが，その中には彼の右腕のトリボニアーヌス (Tribonian) とコンスタンティノープルの法学教授であるテオフィルス (Theophilus) が含まれていた．彼らの仕事は，以前の 3 つの勅法集とその後の勅法から，皇帝の立法の新しい集成を作ることであった．彼らは広い権限を与えられていた．不必要にして時代遅れのものは全て削除することができ，勅法の内容を時代に合ったものとして変更することができた．14 カ月後に，『勅法彙纂』が公布された．それは 534 年まで効力があったが，その後は生き残らなかった．

　ユースティーニアーヌスは，次に法学者の著作を扱うことを始めた．この場合，『勅法彙纂』の場合に使えたような以前のモデルはなかった．資料の

量もはるかに大きく，勅法の場合に見られたよりも法学者の間の意見の相違も多分大きかったであろう．法学者の著作に顕著ないくつかの問題を解決するために，ユースティーニアーヌスは多数の勅法を発した．そして『五十の決定』(Quinquaginta Decisiones) として知られるその最も重要な集成が作られた．この集成もまた消失した．この『50 の決定』が最初の勅法に含められていなかったことは，それが——従って法学者の著作の集成が——事後的考案であったことを示している．

　ユースティーニアーヌスは今や，法学者の著作の法典化を始める立場にあって，530 年 12 月 15 日の勅法により，トリボニアーヌスに委員会を組織するように指示した．トリボニアーヌスは 16 人の人間を任命したが，その中には，テオフィッルスとドロテウス (Dorotheus) という偉大な教授が含まれていた．彼らは，権威ある古法学者の抄録を作るように言われていた．勅法におけるこの言い回し〔権威ある古法学者〕が古の解答権 (ius respondendi) に言及したものであると考えるべき根拠はない．抄録は主題ごとに 50 の巻に分類され，それぞれの巻はさらに章に区分けされた．委員会は，それぞれの論題について最高の見解を選択する全権を有し，全ての少数意見と時代遅れで余計な全てのものは取り除くように指示された．『勅法彙纂』に既に存在しているものは一切含められなかった．この最後の点は，ユースティーニアーヌスの目的が，古典期の法学者の著作を変更したり当時の時代に合うように変えることにあったのではないことを示す．古典期の法学者の著作を時代に合うよう改める意図はなかった．というのは，それ以降の法の変更は，後の時代の皇帝達が行ったのであって，彼らの勅法は，受容可能なものである限り『勅法彙纂』に収められていたからである．しかし，『勅法彙纂』におけるユースティーニアーヌスの法と両立しないものは，単純に削除された．委員会は事実，元々の著作の価値に関心があったので，それぞれの章で，法学者からの抜粋の初めに，法学者の名前，本の名前，そしてその

[85]　抜粋がなされた巻の番号を記した．ウルピアーヌスは最も人気のある法学者で，『学説彙纂』の 3 分の 2 は彼の著作からのものである．パウルスは 6 分の 1 で次にランクされる．ユースティーニアーヌスによると，300 万行を容するほぼ 2000 巻の本が読まれて，15 万行に縮小された．完成された作品は『学説彙纂』(Digest) または『会典』(Pandects) として知られているもので，533 年に公布された．編纂者によって示された性急さによって，必然的にその作品には欠陥が生じることになった．なかんずく，法学者達の間に多くの相反する意見が残った．しかし，とても手に負えないほど大部の古典期の法律文献が，権威のある，使いやすい統一体に纏められたのである．このまま

の状態を維持するために,ユースティーニアーヌスはすでに注釈を禁止して,ギリシャ語への翻訳のみが認められた.その作品に対する批判がどうであれ,後の時代における『学説彙纂』の使用の示すところでは,編纂者達が主要な仕事において称賛に値するほど成功裏に行っていることを示している.

『学説彙纂』が完成する前に,ユースティーニアーヌスは新しい初級教科書,『法学提要』(Institutes) を作成するよう指示を発した.その仕事はトリボニアーヌス,テオフィルス,ドロテウスに委ねられた.おそらく,トリボニアーヌスは監修者としてのみ行動し,ある部分はテオフィルスの単独の仕事であり,その他の部分はドロテウスの仕事であろう.編纂者達は,古典期の法学者の初級者向け文献,とくにガーイウスのそれに基づいて仕事をするように命じられていた.そして彼らはその指示に厳密に従った.その仕事の基本的な雛型は,ガーイウスの『法学提要』のそれであった.論題は同じ順序に従っている.両文献は4巻からなる.しかし,ガーイウスの『法学提要』と異なり,ユースティーニアーヌスの『法学提要』は,それぞれの巻がさらに章に分かれていた.『法学提要』は533年の終りに公布され,制定法としての効力が認められ,『学説彙纂』と同じ日の533年12月30日に効力を生じた.『法学提要』の構成は,後の法律書,とりわけ17世紀と18世紀の法律書と近代民法典に多大の影響を与えた[2].

529年以降に,多くの勅法がユースティーニアーヌスの法典編纂を完成させるために発令され,皇帝の勅法の新たな集成を編集するために説示が与えられた.この第2『勅法彙纂』(codex repetitae praelectionis) が534年に公布され,『学説彙纂』や『法学提要』と同様に今日に伝わっている.それもまた,主題に従って巻や章に分けられている.それぞれの章において,各勅法は年代順に並べられている.

この第2『勅法彙纂』は法典化の仕事に終止符を打ったが,ユースティーニアーヌスは,多くの事柄について立法を行う必要があると考えた.彼のその後の立法,『新勅法』(Novellae Constitutiones) もまた残された.これら4つの作品——『学説彙纂』,『法学提要』,第2『勅法彙纂』,そして『新勅法』——は,現在『ローマ法大全』(Corpus Juris Civilis) と呼ばれるものを形成している.

本書は,ローマの属州の法的問題を取り扱うものではない.気候の関係でパピルスを保存したエジプトは別にして,ローマの属州においてほとんどその痕跡は残されていない.ローマの法学者は属州における実務について全く興味を持たず,したがってユースティーニアーヌスの編集の中に登場しない.

第11章 ローマ法のその後の歴史

〔86〕
　近代の学者はしばしば「ローマ法の第2の人生」について語る．この表現は厳密でなく，また正しくない．ローマ法は，色々な所で，色々な時に，色々な方法で再登場したので，「もろもろの人生」と言うべきが妥当であろう．本書の第2部は，ローマ法が後の制度に与えた影響のさまざまな側面やその詳細について扱う．そこで本章においては，後に出てくる事柄の予備知識を与えるのに必要な，初歩的な説明のみを行うことにする．

　ローマ人によって支配されていない領土においてローマ法が最初に受け入れられたのは，早くも紀元後6世紀の最初のことであった．西ローマ帝国は476年に滅んだが——それは中世の始まりであると通常言われている日付であるが——，この年に皇帝ロムルス・アウグストゥルス（Romulus Augustulus）が退位させられた．その日付以前でも，西ローマの多くは，西ゴート族やブルグンド族のような蛮族によって侵略されていた．西ゴート族は，スペインとフランス西南部に定住し，506年に彼らの王のアラリック2世（Alaric II）は，ローマ人の臣民のための法の集成である『西ゴート人のローマ法』（Lex Romana Visigothorum）を制定した．それは，『テオドシウス法典』とテオドシウス以後の『新勅法』からの抜粋，『グレゴリウスの勅法集』（Codex Gregorianus），『ヘルモゲニアーヌスの勅法集』（Codex Hermogenianus）からの抜粋，ガーイウスの『法学提要』の概要，『パウルスの断案録』の抄録，法学者パーピニアーヌスの一つの『解答』（responsum）からなっている．全ての文献は，ガーイウスの概要を例外として，解釈（interpretatio）と呼ばれる説明的パラフレーズが添えられている．対象は，ユースティーニアーヌスの後の法典編纂のそれと同じであった．レッケスヴィント（Recceswind）は，紀元後654年にその法典を廃止し，『レッケスヴィントの西ゴート人法』（Lex Visigothorum Recesvindiana）すなわち西ゴート人の『法典』（Visigothic Code）を公布し，それはローマ人と西ゴート人に平等に適用された．『西ゴート人のローマ法』（Lex Romana Visigothorum）は，スペインではほとんど忘れられているかに見える．しかし，それはフランスにおいて生き残り，そこでそれは，12世紀にローマ法が復活するまで西ヨーロッパにおけるローマ法の生き残りの主要な法律文書であった．

第 11 章　ローマ法のその後の歴史　　　　　　　　　　　　　　　105

　第2の，ユースティーニアーヌス以前の編集物が，6世紀の始めに，ブルグンド人によって，多分グンドバード王 Gundobad の下で，ローマ人の臣民のために制定された．この『ブルグント人のローマ法』(Lex Romana Burgundionum) は，ローマ人の著作からの抜粋ではなく，法準則の声明によって構成されていた．それほど重要ではないが，東ゴート人の王によって，493年から507年の間に，『テオデリック王の告示』(Edictum Theoderici) が発令された[(1)]．

　しかし，ローマ法の普及の主たる手段はユースティーニアーヌスの法典であって，それは西ヨーロッパと東ヨーロッパの双方で影響力を有した．皇帝は，彼の作品が永久に効力を有することを願って，注釈を禁じ，ギリシャ語への翻訳と要約のみを認めた．しかし，東ローマにおいて，彼の存命中でさえ，この禁止は守られなかった．[87]

　テオフィッルスは，『学説彙纂』と『法学提要』双方の主要な編集者の一人であるが，『義解』(Paraphrase) として知られる『法学提要』の大部のギリシア語訳を作った．ほとんど同じく重要な編集者であるドロテウスは，『学説彙纂』に対する要約を書いた．他の2人の編集者であるタレアエウス (Thaleaeus) とイシドールス (Isidorus) は，『勅法彙纂』についての著作を書いた．後に，6世紀の終わりか7世紀の始めに，名前の知られざる法学者——世界的に「無名氏」(Anonymous) と呼ばれている——が『学説彙纂』についての初期の注釈を基にして大きな著作をなした．これは，ビザンツの神学の著作にも見られる形であるが，「連鎖」注釈 ("chain" commentary) の形をとっている．

　この後まもなく，法水準の新たな低下が生じ，『ローマ法大全』が適切に使用されず，その結果，最終的には紀元後740年頃に，『エクロガ』(Ecloga) と呼ばれる新しい著作の刊行となった．これは，最初の公式のビザンツの法典化であり，イサウリアのレオ3世 (Leo III the Isaurian)（最初の偶像破壊主義者の皇帝）とその息子のコンスタンティーヌス・コプロニムス (Constantine Copronimus) の下で発布された．それは第1にユースティーニアーヌスの『法学提要』に基づくものであったが，また彼の『勅法彙纂』，『学説彙纂』，そして『新勅法』，さらにローマ以外の源泉にも基づいていた．聖書からの引用文も，法準則の権威あるものとして引用された．第18章を通じて，正義，人道主義的原則とキリスト教の倫理が強調された．その少し後に，3つの小さな集成が，海洋法，農地法と軍法について作成されたが，次の世紀にはほとんど働きをしなかった．

　再び活性化するのは，マケドニア王朝の創始者である皇帝バシリウス1世

(Basil I)（867～86年）の即位によってであった．879年頃に彼は，『プロケイロス』(*Procheiron*) を公布するが，それは，異端であると考えられていた『エクロガ法典』に代わるものとして意図されていた，40巻からなる手引書であった．それは主として人法と相続法を扱った．『プロケイロス』は大きな影響力を有し——特に，その主題のためであり，教会の法廷においてであったが——，13世紀にアラビア語にさえ翻訳された．『エパナゴゲ法典』(*Epanoge*) として知られる改訂版が885年頃に出された．しかし，バシリウスが法律家の間で名声を博した主要な原因は，彼が，息子のレオ3世の下で公布された『バシリカ法典』(*Basilica*) として知られる大法典の発起者であった点である．『バシリカ法典』は，60巻に分けられ，各巻はさらに章に分けられている．それぞれの章には，ユースティーニアーヌスの『学説彙纂』，『勅法彙纂』，そして『新勅法』，さらに所々に『法学提要』の関連箇所が（いくらかの変更を加えられて）集められている．この著作は，完全にギリシャ語で書かれており，ユースティーニアーヌス以降の6，7世紀におけるギリシャ語の著作に基づいて作成された．正式の注釈 (*scholia*) がまもなくそれに付けられ，後に非公式の注釈が付された．それがどの程度の影響力を有し，広く使われたかは学者の間での議論のテーマとなっているが，1453年のコンスタンチノープルの陥落の後でさえビザンツ教会で効力を有していたことが知られている．

　『バシリカ法典』の後，重要性の高い新たな著作は，東ローマにおいては公布されていないが，色々な概要書（epitome）が現れた．これらは1345年の『六巻書』(*Hexabiblos*) においてその頂点に達したが，それは，サロニカの判事ハルメノプロス（Harmenopulos）の著作であった．『六巻書』は，『エクロガ法典』やその他の著作に基づいており，それゆえ「哀れな，概要の概要のそのまた概要」と言われた．1835年の勅令により，『六巻書』は，慣習および裁判実務に反しない限り，民法典が施行されるまでの間ギリシャにおいて効力を有すると宣言された．しかし，ギリシャに民法典が施行されたのは1946年2月23日のことであり，したがって，その時まで『六巻書』はその国の法であった．1946年以前のギリシャの民事裁判は（ドイツの）パンデクテン法学者の著作（これについてはすぐ後に論じる）に大いに依存しており，民法典自体がドイツ法学の強い影響を受けている．

　西ヨーロッパにおけるローマ法の存続は，長い間たいへん不確かなものとなっていた．18年続いた戦争の後，ユースティーニアーヌスは，553年にイタリアをビザンツの支配下に置き，554年にユースティーニアーヌスの法典は，『ユースティーニアーヌス法典をイタリアに施行する旨の国事詔勅』

第11章 ローマ法のその後の歴史

(*Sanctio pragmatica pro petitione Vigilii*) として知られる制定法によりイタリアに適用された．その法典が当時イタリアを支配していた条件下で広く適用されたかどうかについては疑問がある．568年にロンバルディア人が，ラベンナ，南イタリア，シシリーを除く全半島を支配下に置いた．未だビザンツの支配下にあったこれらの地域は，なかんずく修道院のおかげで，法の水準は相当高い状態を維持し，また法は属地的に（territorially）適用された――すなわち，その地域内の誰にでも，その出自を問わずに適用されたのである．

　西ヨーロッパの他の場所では，法の水準は非常に低く，属人法（personal law）が適用された――人に対して適用される法は，その人が何処にいてもその人自身が属する人民の法であった．ロンバルディア人の支配時期の法水準を示す例として，8世紀の『クール地方ローマ人法』（*Lex Romana Raetica Curiensis*）の第1巻第4章を挙げることができる．それは，東スイスのローマ人に適用することを意図したものであったが，チロルや北イタリアにおいても使用された．第1巻第4章は，「引用法」の適用を意図したものであったが，そこには，初めてという訳ではないが，パーピニアーヌス（Papinian）はパーピアーヌス（Papian）として，ガーイウス（Gaius）はガーギウス（Gagius）として，スカエウォラ（Scaevola）はスキフォラ（Scifola）として登場している．さらに奇妙なことに，引用法は，訴訟の各当事者は支持者を出すべきこと，そしてより多くの支持者を持った方が勝訴と解釈されている．もし支持者の数が同数である場合，パーピアーヌスの意見によって支持される請求の当事者が勝訴するものとされている．

　属人法主義は，大いに混乱を引き起こした．850年頃のリヨンの司教アゴバルドゥス（Agobard）は，5人集まれば5人ともそれぞれ異なった法によって支配されることがしばしば起こったと言っている．しかし，西ヨーロッパの教会での属人法はローマ法であったので，相当の量のローマ法が教会法に編入された．属人法主義はたいへん不便なものであったので，徐々に廃止され，属地法（territorial law）に変わって行き，制度としてのローマ法は，西ヨーロッパにおいては何処でも効力を有しないものとなった．

　復活は11世紀の末になってボローニャで始まった[2]．伝説上，ローマ法を最初に教えたのは，ペポ（Pepo）と呼ばれる法律教師（*legis doctor*）である．彼の名が，『学説彙纂』が引用されている1076年の判決に出ている．しかし，ローマ法の正式の授業は，次の世紀の最初に，やはりボローニャで，イルネリウス（Irnerius）によって始まったようである．そしてボローニャは，西ヨーロッパ中から学生がそこに集まる，法学研究の中心となった．新

[89] しい学問をマスターし伝達するイルネリウスの個人的才能は過少に評価されてはならないが，経済的・社会的環境の発展によって，ローマ法が適切に利用される条件が整えられたことを強調しておく必要がある．11世紀の中期の少し以前に『学説彙纂』が再発見されたことも，極めて重要な役割を果たした．イルネリウスの後を，「4博士」"Four doctors"として知られる4人の弟子——ブルガールス（Bulgarus），マルティーヌス（Martinus），ヤーコブス（Jacobus），そしてウゴー（Ugo）が継承した．

イルネリウスとその学派は，注釈学派（glossators）として知られている．その理由は，彼らの主たる著作方法が，語句注釈（gloss），すなわち，元々の著作の写本に挿入する形での言葉，句，文章に対する注釈または解説であったためである．注釈が短い場合——例えば相互参照の場合——，関連する行の上に挿入され，それが長い場合，余白に記載された．語句注解が増加するにつれて，元々の文章はそのページの真ん中の比較的小さな場所から始められるようになった．12世紀中頃以前の注釈学派の影響は，イタリア以外でも巨大なものであった．例えば，注釈学派の一人であるヴァカリウス（Vacarius）は，1150年以前にイングランド，多分オックスフォードでローマ法を教えた最初の人間であった．多分彼は，将来の大主教（archbishop）で，自身がボローニャで法律を勉強したトーマス・ア・ベケット（Thomas à Becket）の誘いで，〔イングランドに〕連れて来られたのであろう．今日に伝わる，ヴァカリウスVacariusの最も有名な著作『貧乏な学生の本』（*Liber Pauperum*）は，『学説彙纂』の助けを借りた，ユースティーニアーヌスの『勅法彙纂』の圧縮版である．ユースティーニアーヌスの『法学提要』に関する彼の講義と他の著作が約30年前に出て来たのであるが，未だ出版されていない．そしてフランスにおいては，1149年頃にアルルで，プロヴァンス語で書かれたユースティーニアーヌスの『勅法彙纂』，『ロ・コディ』（Lo Codi）が，注釈学派に依存していることをたいへん明確に示している．

当初の注釈学派の著作でそんなに大きなものは残されていない．名前の知られている著者による最初の著作は，『勅法彙纂集成』（*Summa Codicis*）であり，ブルガールス（Bulgarus）の弟子であるロゲリウス（Rogerius）によって書かれたものである．しかし，この時以後の他の著作は沢山残されていて，我々に彼らの仕事がどのようなものであったかを教えてくれる．

13世紀の第1半世紀の2人の最も有名な注釈者はアーゾ（Azo）とアックルシウス（Accrusius）であった．『勅法彙纂』と『法学提要』についてのアーゾの注解である『勅法彙纂集成』（*Summa Codicis*）と『法学提要集成』（*Summa Institutionum*）は，何世紀にもわたりローマ法についての最良の入

第11章 ローマ法のその後の歴史

門と考えられていた．アックルシウスは，多分もっと良く知られている．彼は，以前の語句注釈を集め，最も重要なものを選択し，異なる解釈をとても巧く調整したので，彼のこれらの作業による仕事は，ボローニャで作られた『ローマ法大全』のその後の全ての写本に書き込まれた．アックルシウスの注釈は通常，『標準注釈』(glossa ordinaria) と呼ばれている．

しかし，13世紀の第2半世紀におけるローマ法研究の最も重要な中心地は，イタリアではなくフランスで，特にオルレアンとトゥルーズであった．そこの教師達，少なくとも第1世代は，彼ら自身ボローニャで学んだが，彼らの作品は，法史に対するより大きな関心において抜きんでている．その最も有名な学者は，ヤコブス・デ・ラヴェネイオ（Jacobus de Raveneio）とペトルス・デ・ベラペルティカ（Petrus de Bellapertica）であった．しかし，14世紀の初期までにイタリアはキヌス・デ・ピストリオ（Cinus de Pistorio）の 〔90〕下で支配権を回復したが，キヌスはフランスの研究に大いに影響され，ベラペルティカの弟子であった可能性がある．彼の弟子であるバルトールス・デ・サクソフェルラート（Bartolus de Saxoferrato）(1314～57年) は，中世における全ての法学者の中で最も影響力があり，彼の多くの著作の写本が発見されている．「ローマ法の継受」"Reception of Roman law" と呼ばれるものは，大いに彼と彼の弟子であるバルドゥス・デ・ウバルディス（Baldus de Ubaldis）に負っている．

この「継受」の物語——すなわち，大学で教えられている学識ローマ法を同化して，西ヨーロッパの個別の地域の法に変えること——は複雑であり，未だ十分に理解されていない．しかし一般的に言えることとして，うまく大学を卒業して，教会または世俗の行政官に任命されたり，裁判官または弁護士として活動する人たちは，程度の高くないその国の法を基礎として判決や決定を下すことに満足はしなかったであろう．かくして（英国諸島とスカンディナヴィアを除く）全西ヨーロッパにおいて，色々な国（territories）の法学者達が，法に対して類似のアプローチを採りはじめた．法の運営が遅れている国においては特に，ローマ法はその国の法として受容されるに至った．

例えばフランス南部において，継受は，最初はローマ法の法律用語を使用する形で現れた．ローマ法の専門知識の増大と相俟って，最終的には，特定のローマ法の準則を実務において採用するに至ったのである．ローマ法の浸透に抵抗するために，フランス南部の多くの都市では都市の法慣習の法典を発布したが，それらの法典の中には，実はかなりのローマ法が含まれていた．13世紀においてフランス南部におけるローマ法の影響はたいへん大きくなったが，それは，オルレアン，トゥルーズ，そしてモンパリエで学んだ

人々によるものであった．この過程は，16世紀に上級裁判所が恒常的にローマ法を適用するに至って結末を迎える．

スペインにおける継受の主たる媒介物は，体系的で分かりやすい『七部法典』(*Código de las Siete Partidas*) であった．この法典は，13世紀の中葉に，多分カスティリャのアルフォンソ10世 (Alfonso X) の発案で，多くの法学者によって作られたものであった．その源泉は，カスティリャとレオンの慣習，教会法，そして（それに対するイタリアの学者の著作付き）ユースティーニアーヌスの『学説彙纂』であり，最後の2つの源泉が優位を占めていた．この法典は，最初は法として効力を有しなかったが，その影響力が増大し，1348年に補充法として全面的な法的効力を与えられた．『七部法典』，その後のスペインの立法，そして『新集成』(*Nueva Recopilación*) として知られる1576年の法律要録集が，新大陸のスペイン領にローマ法を持ち込むのに基本的な重要性を有した．

ドイツにおける継受は，遅れて15世紀と16世紀に起こったが，それはより全面的なものであった．それら全てが神聖ローマ帝国下にあったとはいえ，〔ドイツは〕300以上の分離した独立の領邦に政治的に分割されていたので，その多くは行政的に遅れた状態にあり，より発展した制度の継受にとって理想的な条件下にあったと言える．神聖ローマ帝国の最高裁判所，帝室裁判所〔91〕(Reichskammergericht) が1459年に再編され，裁判官の半分はローマ法博士 (*Doctores iuris*)，つまりローマ法の訓練を受けた法学者でなければならないと決定された時に，継受の過程は大いに促進された．地方の支配者達もこの例に従った．

スコットランドにおける継受も遅くに始まった．スコットランド大学における法律の研究は，存在するとしても幼稚なものであったし，イングランドに対する敵意が，オックスフォードやケンブリッジからスコットランド人を締め出していた．16世紀までに（そしてその後も），多くのスコットランド人がフランスで法律の勉強をし，宗教改革の後はオランダで学んだ．そこで彼らはローマ法を吸収し，必然的に帰国後の彼らの方法に影響を与えた．1681年に，ステアー卿 (Lord Stair) は，彼の偉大な著作である『スコットランド法提要』(*The Institutions of the Law of Scotland*) を出版した．その著作は巨大な成功を収め，近代スコットランド法の基礎を形成した．

しかしこれ以前に，ルネッサンスの精神の影響により，人文主義 (humanist) 法学者の，新しい誕生が促された．彼らは，彼ら自身の社会の必要性のために『ローマ法大全』を使うことに満足せず，元々のローマ法の本義を追求した．16世紀初頭におけるこの動きの先頭に立ったのが，イタリア

人のアルキアートゥス（Alciatus）とドイツ人のツァジウス（Zasius）であった．もう一人のドイツ人のハロアンダー（Haloander）は，ユースティーニアーヌスのギリシャ語で書かれた『新勅法』を編集した最初の人であった．彼の有名な『ローマ法大全』の校訂版は，1529年と1531年の間に出版された．しかし最も有名な人文主義者は，フランス人，とりわけクヤキウス（Cuiacius）とドネッルス（Donellus）である．クヤキウスの主たる著作は，『省察と修正』（Observationes et Emendationes）の28巻であった．これらの注解と修正は，法律に関する著作であると共にギリシャ語・ラテン語文献に関する著作でもあった．真の人文主義者として，彼の法的興味は，ユースティーニアーヌスの法に限定されなかった．例えば，アフリカーヌスに関する論文，パーピニアーヌスについての注釈を書き，『テオドシウス法典』の一部を含むユースティーニアーヌス以前の著作を校訂し，後世に残した．彼はまた，彼自身は出版していないが，『バシリカ法典』の写本を集めた．ドネッルスの主たる著作は，相続，国庫帰属（escheat），そして『学説彙纂』や『勅法彙纂』の諸章についてのものであった．

　フランスの人文主義者の中の何人かは，ドネッルスも含めユグノー教徒であり，1573年に迫害が始まると国外移住を余儀なくされた．オランダでは彼らは特に影響力があったが，17世紀にオランダが最大の法律文献の法学生産地であったのは，一つには彼らに負うところがある．17世紀と18世紀初頭の偉大なオランダの法学者達は，注目すべき色々なアプローチを示した．それらの内，最も初期で，多分最も影響力のあったのは，フーゴー・グローティウス（Hugo Grotius）であった．彼は，政治的犯罪のために刑務所にいる時の1619年から1621年の間に，『オランダ法学入門』（Inleiding tot de Hollandsche Rechtsgeleertheyd）を書いた．この本の中で彼は——ローマ法によって深く影響されていた——オランダの法をそれ自身の制度として扱ったが，純粋のローマ法を大いに背景としながら扱った[3]．シモン・ア・フルーネウェーヘン（Simon à Groenewegen）は1549年に，『オランダと隣接の地域において廃止され不用となった法に関する論考』（Tractatus de legibus abrogatis et inusitatis in Hollandia vicinisque regionibus）を出版した．これは，ユースティーニアーヌスには見られるがオランダにおいてはもはや使われていない準則と法についての体系的な説明である．彼がグローティウスに恩義を感じていることは，彼がグローティウスの『オランダ法学入門』に注釈を付けたことに示されている．全く異なったタイプであるのは，1713年に『学説彙纂』の最初の27巻についての注釈を発行し，アクィーリウス法，用益権，そして合意約束（pacts）に関する論文を書いたゲルハルドゥス・ヌー

[92]

ト（Gerhardus Noodt）であった．彼は純粋のローマ法を復活することに関心があった．2つの極端な立場の間にいたのがヨハネス・フット（Johannes Voet）である．彼の主要な著作である『学説彙纂注解』（*Commentarius ad Pandectas*）は，2巻本の形で，第1巻は1698年に，第2巻は1704年に出版された．彼はローマ法と当時の法の双方について述べている．彼の影響は莫大なものがあった．それは，彼の意見の質の高さのためだけではなく，彼が比較的簡潔な方法で法について分かりやすい説明を行う故であった．

　16世紀の間に，個々の法学者は，増大する複雑にして不確かな問題を解決するために法典編纂を要求した．この法典化の要望自体が大いに『ローマ法大全』の例によるものであるが，一つには法学者がローマ法の影響を控えたいと望んだことも認めなければならない．かくして，16世紀の第2半世紀において，フランスのフランソア・オットマン（François Hotman）は，一部はローマ法から，一部は哲学者の著作，裁判所での実務，そして聖書から引いた法典に賛成した．有名なドイツの哲学者のゴットフリード・ライプニッツ（Gottfried Leibnitz）は，ユースティーニアーヌスの『ローマ法大全』をその時代に合ったものにするためにその姉妹法典を作るべきであると提案した．正式の法典化に最初に成功した試み——その法典は，1794年まで公布されなかったが，その起源は1738年に遡ることができる——は，プロイセンの『プロイセン一般ラント法』（*Allgemeines Landrecht für die preussischen Staaten*）であった．この法典は，自然法理論によって大いに影響を受けたものであり，その目的の一つがローマ法の抑制にあったが[4]，実際はその多くの部分がローマ法的であった．ユースティーニアーヌスの『ローマ法大全』は理性法（Law of Reason）と考えることも大いにできたのであるから，ある側面で自然法理論は，ローマ法の立場を強化する傾向があった．しかも，自然法理論は，法はその性質上地域的であることはできず，少なくとも普遍的なものにある程度参加しなければならないと主張する．なかんずく，18世紀と19世紀初期の合衆国におけるローマ法の影響の説明となるのが，この傾向である．

　西ヨーロッパにおける法典化には，ローマ法にとって敗北の部分と成功の部分とがある．ローマ法の敗北とは，法典化を採用した国の法をさらに発展させる力の大部分を失ったことである（何故なら，実務に当たる弁護士は，その法典の背後にあるものを滅多に見ないからである）．ローマ法の勝利とは，ローマ法の大部分が法典の中で価値あるものとして秘蔵されていることであり，そして法典自身がアジアやアフリカの発展途上国のために有用なモデルを提供していることである．

第11章 ローマ法のその後の歴史　　　　113

　最も重要な諸法典は，1804年のフランスの『ナポレオン法典』(Code Napoléon)，1811年のオーストリア法典，そして1900年に政治的に統一されたドイツの法となった『民法典』(Bürgerliches Gesetzbuch)である．これらの内，最初と最後のものは，特に影響が強かった．例えば，スペインとエチオピアの法典はフランスの法典に，スイスと日本の法典はドイツの法典に負うところが大きい． [93]

　ドイツにおける法発展の一つの側面について，特に述べておかなければならない．19世紀においてドイツは大いに工業化されたが，その多くの――その時は未だ統一国家ではなかったので――領邦において，ローマ法は国の法であり，一定の指導的な法学者達は，ローマ法の文脈を工業化された社会の必要性を満たすために，非常に技巧的な方法で解釈した．今やパンデクテン法学者として知られるこれらの法学者達の中で最も影響力のある学者は，ヴィントシャイト (Windscheid) であった．

　ヨーロッパ以外で，ローマ法に大いに基づくか，それに由来する制度を有している主たる国は，ルイジアナ[5]，フィリピン，ケベック，南アメリカ，トルコ，日本，タイ，スリランカ，エジプト，アルジェリア，エチオピア，そして南アフリカである．

　スコットランド，南アフリカ，ルイジアナ，ケベックにおいては，現在もまた，イングランドのコモン・ローとの強い混合形態が存する．現代の民法制度は，南アフリカとスコットランドを例外として，法典の形をとっている．

第2部　比較法

第12章 比 較 法

　ローマ法は，11世紀の後半以来，熱心で継続的な学問研究の対象となっ [97]
てきた．反対に，学問分野としての比較法は未だ幼年の段階にある．その実，
その範囲，性質，または正に内容について学者の間でほとんど合意が形成さ
れていない．私にとって，学問研究の内容としての比較法の価値は，法が変
化する状況を特定し，それを通じて法発展の原因を明らかにすることに役立
つことにある．したがって，比較法は我々に，法，法準則および制度と，こ
れらが作用する社会との関係について多くのことを教えるのである．これを
理解するためには，数多くの体制における法準則および制度の起源，発展，
そして変化を見なければならず，準則と制度が歴史的に関連している場合は
とりわけそうである．なかんずくこの関係は，借用の結果である．比較法の
主たる実践的価値が，法制度に関する多くの知識が，選択的借用（selective
borrowing）による法の改良を可能にすることにあるのと同様に，比較法の理
論的研究の主たる価値は，如何にして準則や制度が他の所から採用され変質
を被ったかを証明するところにある．事実，借用は法的変化の主たる方式で
あった[1]．かくして比較法は，法史の一形態である．法の借用と変質は，歴
史的に研究されなければならない．しかし比較法は，法の性質の多くを明ら
かにする限りにおいて，法学の特に価値のある形態である．
　しかし，比較法は法の借用の研究に止まるものではない．多くの法制度を
歴史的に研究することによって，それらの間の関係が要求されまたは強調さ
れない場合ですら，法の性質，そしておそらく，とりわけ色々な法源の性質
についても，一般化することが可能となる．この章は，これらの一般化に焦
点を当てる．
　法は権力である．法は政治である．法は，政治権力を有している人間が，
どの人間や機関が法を作るのか，いかにして法の効力が評価されるべきか，
そしていかに法秩序が機能すべきかを決定するという意味において政治であ
る．しかし，このことからしばしば思われているように，何が準則であるべ
きか，何が法源であるべきかを決定するのは政治権力の保持者である，と単
純に帰結することはできない．事実，歴史の教訓は，法の大部分の領域，特
に私法の領域で，ほとんどの政治的・経済的状況の下で，政治的支配者は，

法の準則とは何であるか，あるいは何であるべきかを決定することについてなんの興味も持つ必要がない，ということである（もちろん常に，収入があり，公的平和が維持されていることが前提であるが）．支配者とその直属の部下は，効力を有する法準則の性質について無頓着でいることができるし，しばしばそうであったし，また現在もそうである．この単純な事実はしばしば無視され，実に，否定されるのが常である．しかし，これを受け入れないことは，法の性質，法と社会の関係，そして法発展の過程を誤解する大きな原因となる[2]．

〔98〕

　しかし，ヨーロッパに関しては，政府[3]は効力を有する大部分の法準則の正確な性質について，通常無関心であるという主張は，思うに，——真面目な法学者ならば否定しようと思わないであろう——〔以下の〕諸事実によってその一般的な正しさを容易に証明することができる．しかし，それらの事実は，通常，この問題において一緒に考慮されることはない．いくつかの例を挙げよう．第1に，古代ローマの私法制度は，かつて知られたもので最も革新的（そして影響力のあるもの）と考えられる．しかし，その最も形成力のあった時——共和政の最後の2世紀と帝政の最初の2世紀半の間——私法制度は，主として，その地位において政府となんのつながりもない法学者，個人の仕事であった[4]．第2に，12世紀から近代の法典化に至るまで，ヨーロッパ大陸における法発展の主たる特徴は，「ローマ法の継受」であった[5]．この継受は，実際にそうであったように，異なった文化的土壌に多くの新しい法をつくり出す立法が存在しない場合にのみ生じることができたのである．それはなかんずく，またもや政府となんの（必然的な）つながりも持たない教授の著作や解釈の結果であった．支配者が「継受」を課したことはほとんどなかった．課した場合でも，通常は原状の承認であった．さらに，課せられたものは，全体としての，または注釈されたものとしての『ローマ法大全』（*Corpus Juris Civilis*）であり，王達にとって好ましいルールだけではなかった．しかし一般的には，裁判所がローマの準則を受け入れたので，「継受」は〔支配者〕より下のレベルで生じた[6]．第3に，その同じ時期に，私が示唆したように，私法に関する立法が少なかったことがある．学者の中には，立法を行うだけの権力や権威がなかったからだと言う人もいるだろうが，このような理由は成り立ちえない．なぜなら，時と場所を同じくして他の事柄に関しては多くの立法がなされたからである．第4に，社会的・軍事的制度としての封建制度は，12世紀かその少し後に終わろうとしていたが，影響力のあるものとして封建制度の法（『封建法書』*Libri Feudorum* の中に解説されており，我々は第24章で考察する）が形成されてきたのは，まさにその時

だったのである⁽⁷⁾．しかし，分権化の程度が大きかったにもかかわらず封建制度は，他の全ての社会制度の中で，そこに含まれる強い個人的忠誠の故に，権威の最も高いレベルから低いレベルに達する第1の社会制度であった．第5に，ヨーロッパの支配者達はしばしば，法の内容を，刑法についてですら明確に彼らの被支配者達に知らせることについて無頓着であった．例えば，この無頓着は，立法が一般的に少なかったことと，その結果として，多くの先例や法学者の著作から法を発見したり演繹したりすることの困難さの中に見られる．このことは，支配者達が法の現実の内容に多くの興味を有している場合は理解できないことである⁽⁸⁾．第6に，私法の偉大な立法者が現れた場合でも，彼らはしばしば，ユースティーニアーヌスやフリードリッヒ大王（Frederick II the Great）のように，法を特定の政治的あるいは社会的な理念に適合させることよりも，法をより利用しやすくするという願望に，よりいっそう動機付けられている．立法者で，民法典を彼らの国のために準備するに当たって，ナポレオン（Napoleon I）は，全フランスのための唯一の法となることを欲し，アタチュルク（Atatürk）は，トルコを近代化することを欲した．法の詳細な内容は，一般的に彼らには余り関心のないことであった⁽⁹⁾．最後に（後で再度述べるが），イングランドにおいては，コモン・ロー〔99〕の伝統から，19世紀の第二半世紀まで，法は主として司法手続によって発展させられる状態にあった⁽¹⁰⁾．これは，法の成長を，無計画で，遅く，社会的・政治的な条件に対して対応の鈍い，非法律家に対しては理解困難で，体系的でないものにした．

　教訓は2つである．第1に，政府は重要な事柄についてすら立法をしようとしない．第2に，それをする場合でも，政府はしばしば，公布する準則の特定の内容に対してほとんど関心を示さない．実に政府はしばしば，非常に異なる社会から大規模に借り物をしているのである．

　しかし，政治的・経済的に発展した国は，法準則を必要とする．そして，政府がそれを作らない場合，ある他のグループがそれをしなければならず，またそれをしようとするのである．古代ローマにおける法学者達，中世やその後のヨーロッパ大陸における法学教授達，コモン・ローのイングランドにおける裁判官達がそうである．しかし政府は，もし法準則の内容について関心がない場合，多分同じように，誰が準則を作るかを決定し，これらの人々が準則を作る条件と環境を定めることにも関心がないであろう．（もちろん，常に政府はその準則を作ることを不許可とはしないことを，そしてもちろん，政府はそれが欲する場合はいつでもそれに介入できることを前提とする．）これはこれで，流行の法形成の様式は大いに偶発的なものであることを意味する．

例えば，ローマにおいては，法学者は誰かに任命されて法学者になったわけではない．（曖昧で短命で，明らかに重要でない解答権 ius respondendi を別とすれば）ローマの法学者は，彼らの才能と社会的地位の故に，勝手に自分達で法学者の身分を奪い取った他の者達によって，そのようなものとして認められたのである．法学者の意見が権威を持つものとして扱われたことは，それ自体が偶発的なことである．少なくともそれは，政府の選択や決定の結果ではなく，過去の歴史の結果である．紀元前5世紀において，神官団は，唯一法を解釈できる権利を与えられ，この役目をそのメンバーの一人に与えた．そこで，法的意見を出す者に対して高い地位が与えられ，彼の意見は権威あるものとされた．公的生活において地位の高い人間は，法を知っているという評判を得たいと欲した．神官団による法の独占が解体した後も，法的意見を出す社会的な地位は継続し，意見はなお権威を有するものとして取り扱われた．ローマ法の英雄は，法学者達である[11]．中世とそれ以後のヨーロッパにおいて，教授達は，大学での椅子を時には支配者達によって与えられた場合でも，法を作るために任命されたのではなかった．教授達の権威は，純粋に，『ローマ法大全』に与えられた重要性の副産物であった．古法の集成である『ローマ法大全』は解釈されなければならなかったが，それを理解する人々は明らかに，裁判官でも実務家でもなく，特別に任命された解釈者，すなわち教授達であった．「ローマ法の継受」と法学教授の法形成力は提携し合ったのである．法典化以前の大陸法の英雄は法学教授達である．イングランドにおいて，裁判官は正式に任命されたが，どの支配者も，裁判官に法を形成する力を実際に与えなかった．そうでなければ，裁判官は法の形成者ではなく法の発見者であるという観念がそんなに長期に維持されなかった筈である．しかし，裁判官が判決に達するためのより良い指針がない場合——そして，法の内部に指針を求めるとすれば，それは法の性質および法的理由付けの中にあり，法の外部であれば，適切と思われる制度の中にある——裁判官は，以前の判決に依拠することになる．そして，手続はますます固定化される．コモン・ローの英雄は裁判官である．

　そこでヨーロッパにおいては，政府以外の人間による法の形成が一般的であったし，現在もそうであるが，それ自身，怠慢の産物である．これらの方法により法を形成する力は，過去の歴史の，しかもほとんどの時代については純粋な法史の産物である点が，注目に値する．（ローマ法のある特徴が注目に値する．共和政後期において，私法の発展のもう一つの主たる要因は，立法議会を通過した制定法や元老院の決定ではなく，法務官の告示であった．法務官は，上から2番目に位置する選出公職者であり，執政官の直近下にランクされ，そし

て他の義務と共に，彼ら——特に市民掛法務官と外人掛法務官——は裁判所の統括を義務とした．全ての上級政務官は告示を発令する権限を有し，彼らは彼らの義務をどう考え，公務をどう進めるかを公表した．法務官もまた告示を発令し〔それは最後には標準的基準となった〕，彼らが法廷で許す訴訟を公表した．正式には，法務官は法を作ることができないが，救済手段を与え，拒否し，拡大し，そして制限したので，事実上，多くの法的変化に責任を負っていた．告示は，政府による法の形成と見なされなければならないが——但し，それは全体としての政府または最高の行政官の仕事ではないことに注目しなければならない——，しかし，この制度は，そのようなものとして決して考案され，計画されたものではなかった．それは，全ての上級公職者に与えられた一般的行政権力の偶発的な副産物であった．事実それは怠慢の産物であった．加えて，告示による法の公表と，法準則の問題としては情報価値のない訴訟方式モデルの極度の簡潔性は，法務官と法学者とが協力していたと想定することによってのみ説明することができる．法学者達は，生の規定に対する法的意味の説明をしたが，多分彼らはまたしばしば，生の規定そのものを提案した[12]．売買，賃貸借，そして組合といった契約を告示によって導入したのは法務官であると考えて良いが，かかる契約の実体は全く法学者の仕事であった．）

　しかし，もしこの方法による法の形成が，政府権力者の怠慢の結果であるとするならば，法の形成者達は，自己完結的存在（self-sustaining）とならざるを得ない．例えば，ある法学者が良き法学者となるのは，同僚の法学者がそうみなすからということになる．たしかに皇帝の官僚でもあった法学者は，皇帝の注目を引き，彼に争点を解決するための勅令を発令するよう説いたかも知れない．しかし，このことで，彼が良き法学者になったのではなかった．紀元後2世紀の中頃に，ライバルのサビーヌス学派とプロクルス学派との間の論争の対象として，法学者ガーイウスが記述した多くの法律問題が，何世紀も後のユースティーニアーヌスの時代まで未解決であったのは，このことが理由であったに違いない．法学者は誰も，問題を皇帝の裁定を仰ぐことによって解決しなかった．法学者は彼の意見が法廷で勝利することを望んだが，彼が最も望んだことは，同僚の法学者達の高い尊敬であった．このような尊敬は，皇帝を介在させたとしても獲得できなかったのである．このことを根拠としてのみ，ユースティーニアーヌスの有名な『五十の決定』の必要が理解できる．この決定は，法学者の著作の大編集物である彼の『学説彙纂』の準備的なものであった．『五十の決定』の目的は，古代の古典期の法学者達の論争を解決することであった．（同時に官僚でもあった）ただ1人の影響力のある法学者だけが，皇帝に権威のある裁定を下すように説得したのではな

いように思われ[13]．他方において，ユースティーニアーヌスの『学説彙纂』も含め，残されている法律文書を読むと，法学者は法廷で実際におこっていることについて実に無関心であったとの印象が残る．

しかし，まさに自己完結的存在でなければならないという事実により，法律のエリートは，法を彼らの専門的文化として取り扱うに至った．彼らの評判は，彼らの仲間の尊敬によって決まったのであって，非法律家の尊敬でも，さらには，彼らのグループに親しくない法律家によるものでもなかった．法律家は，他の人々の見解に興味を持たなくなる．イングランドの上級裁判所の裁判官ほど，知的に排他的なクラブはない[14]．彼らは，間もなく裁判官として彼らに参加する人々を除いて，他者から自分達を遠ざけることにより，エリートであるとの意識を増大させるのである．キケローを読むと，彼自身が最高の雄弁家であり政治家であるのに，法学者仲間から排除されていると感じていたとの印象を懐く．キケローは，紀元前 117 年の執政官であった，鳥占官のクイントゥス・ムーキウス・スカエウォラ（Quintus Mucius Scaevola, the elder）と，彼の息子で紀元前 95 年の執政官であったクイントゥス・ムーキウス・スカエウォラ（Quintus Mucius Scaevola, the younger）の双方から，法に関する教育を受けたが，彼は法学者とはみなされなかった（そして彼自身も自分を法学者とは考えなかった）[15]．法学者で，法務官時代の同僚であるアクィーリウス・ガッルスの発言を，キケロー自身が引用しているが，ガッルスは「これは法律となんら関係がない，キケローに関係するのみである．」("*Nihil hoc ad ius, ad Ciceronem*")[16]と冷たく言っている．キケロー自身の法学に対する嘲笑は，排除された人間のものと思われる．

かくして法律のエリートは，評判を得るために仲間を形成する．討論，議論，そして新しい考え方は，その承認を得るためには，すべて参加者自身が決めたゲームのルールの範囲内で行われなければならない．これらのルールがどのようなものになるかは，裁判官のような法の形成者の一つのタイプにとってすら，第 23 章で見るように，場所と場所，時と時によって異なるのであるが，ゲームのルールは常にそこに存在するのである．ゲームのルールは，決定の結果ではなく——これらの法の形成者は，一般的な決定をする権限はなかった——，知らず知らずの間にか，あるいはほとんどの場合がそうであるように時間，通常の場合長い時間を経て出現する．個々の法学者や教授の意見は，法準則となる前に，一般的な承認を勝ちとっていなければならない．この承認は，彼らの仲間から引き出されなければならないが，それは共通の文化を基礎としてのみ可能である．概して，この方法による法的発展は緩慢なものである．例えば，売買契約は，紀元前 200 年以前にローマに出

現した．しかし，法学者の意見を基礎として，この契約が追奪（eviction）や隠れたる瑕疵に対する黙示の担保責任（implied warranty）を含むとの考えが受け入れられたのは，何百年か後——低く見積もっても 300 年後——のことであった．しかし，黙示の担保責任（inherent warranties）の可能性は，初めから知られていたのである——それらは，正式の譲渡行為である握取行為（*mancipatio*）の中に存在していた——，そして，明示の担保責任（express warranties）は，習慣的になされ，担保責任が好まれたことを，我々は知っている．さらに，先例を基礎とする制度においては，一般的なルールが出現 〔102〕
したと認められる以前に通常多くの事件が生じるものであり，制度が存在すると言われる前にそれよりも大変多くの事件が生じるのである．契約についての法制度は，19 世紀以前にイングランドにおいて出現したとはほとんど言うことができない．出現したのはその後，ドイツ法の影響下においてのことである．しかし契約は，法の個別の分野として，古代ローマと中世のヨーロッパ大陸の多くの部分で存在し，17 世紀から，貧しく，離れたスコットランドにおいてさえ法として繁栄した．法学者，教授，そして裁判官によって作られた法律は，何世紀にもわたる積み重ねの結果である．機能していないものが一時には現れないのと正に同じように，機能不全となったものは，なんらの反対がない場合ですら，消滅はしないのである．それは実際はどのようにして可能なのか？　これらの法学者達は，法を作る権限を与えられていないので，それを撤廃する権限も与えられていなかったからである．父親の終生の権力であるローマの家父権（*patria potestes*）は，——我々が知る限り——その存続の要望よりも長く存在していた．そしてそれは明らかに，経済的に機能不全であった．イングランドについて言えば，聖職者の特権をあげることができる．この特権は，何世紀にもわたり，それがもったいぶった口調で主張されるや刑事裁判を茶番劇に変えてしまったのである[17]．

　かかる法形成者が，質と尊敬についての彼らの評価に関して，過去と現在の世代の間をほとんど区別しないのは，上述の事実に符合する．紀元後 2 世紀のローマの法学者達は，紀元前 1 世紀のセルウィウスやアルフェーヌスあるいは次の世紀のラベオーについて，あたかも同時代の人間であるかのごとく言及する．偉大な注釈学派の博士達やバルトルスは，18 世紀においてさえ，比較的最近の著作者に対して権威を持っていた．そして多くのその後のイングランドの世代は，次の判決の力を知っていた．（ほとんど無作為に選択するが）キャリアー事件（*The Carrier's Case*（1473）64 SS 30），ピュアフォイ対ロジャーズ事件（*Purefoy v. Rogers*（1671）*2 Wms. Saund. 380*），コッグス対バーナード事件（*Coggs v. Bernard*（1703）2 Ld. Raym. 909），ブラッド

フォード会社対ピックルズ事件（*Bradford Corporation v. Pickles*（1895）AC 587）．後の世代は，同じようにしてローマの法学者，アックルシウスやバルトルスといった学者，あるいはコモン・ローの先例の意見を常に読んでいたわけではない．しかし，彼らは自分達が以前の偉大な法律家と同じ伝統の中にいると考え，その意見を決定的ではないにしても，権威に満ちているものとしてと取り扱い，その足跡に従い，直接にその意見に影響された．

　法は，過去に従属する法形成者達がつくり出す文化であることについて，若干の例をここで示すことにしよう．最初の例は，紀元後10年のシーラーヌス元老院議決（*senatus consultum Silanianum*）として知られる元老院の決定に対してローマの法学者が与えた解答から選択したものである．元老院議決は以下のように定めた．主人（*dominus*）が殺害された場合，(1)彼の家に住んでいた全ての奴隷は，尋問され，拷問を受け，そして処刑されるべし．(2)遺言書の開封と相続財産の承認は，奴隷の拷問と処刑の以前にすることは禁ずる（奴隷が遺言によって解放される結果として自由とならないようにするためである）．(3)彼の主人の殺害者を摘発した奴隷は，法務官の決定によって自由を得るべし[18]．法学者のウルピアーヌスは，この理由を説明する．「奴隷が自らの命を賭けて，その家族のメンバーと外部の者から主人を護るべく

[103]　強制されない限り，どの家も安全ではあり得ないからである．」[19]この決定は，厳しいものであるが，全ての奴隷所有社会を必然的に脅かす恐怖に対する鮮やかな法的解決ではある．しかし，奴隷所有階級の個々人にとっては，彼らが相続人であった場合（したがって彼らの奴隷が奪われることになる）とか，奴隷に対する彼らの権利が完全な所有権よりも劣るものであった場合，不利益となる可能性があった．

　現在の文脈で，我々にとって問題なのは法学者の解答である．恐るべき事は，法学者が元老院議決を何か無害な法のように毎日の解釈で扱っていることである．すなわち，時には元老院議決の目的を促進するために，またある時は，他の文脈中で決められた基準に従って，当該元老院議決の目的には明らかに関心を示さずに解釈をしたのである．法が文化であることを示す例として我々の興味を引くのは，この法律的に視野の狭い第2の方法である．奴隷達に用益権が設定されていて，主人が殺害された場合，その奴隷達は拷問され，処刑される[20]．もし殺害されたのが用益権者である場合，奴隷達は拷問されたり，処刑されたりはしない[21]．この第2の決定は，元老院議決の目的に反する結果をもたらすと思われる．というのは，ここで考えられているのは，用益権者が彼自身の家で殺害され，奴隷達が彼と共に住んでいた場合であるからである．用益権者は，主人と同じく保護に値するのに，彼の

権利は所有権ではないので保護を受けないのである．また奴隷に対する用益権者の経済的利益が，空虚な所有者自身よりも小さいとは，誰も考えないであろう．用益権者と奴隷所有者のそれぞれの年齢と奴隷達の年齢に多くのことが依存するであろう．同様に，善意の占有者（*bona fide possessor*）の支配下にある奴隷は処刑されない．しかし，善意の占有者とは，所有権を受け取ったと善意で考えて奴隷を受け取った者なのである．さらに，父親の権力下にある息子が殺された場合，彼は（この目的の関係においては）主人（*dominus*）と見なされる[22]．彼が父親の権力から解放されている場合，マルケッルス Marcellus は懐疑的であるが，ウルピアーヌスは，彼は所有者として取り扱われるべきであると考えるが[23]，養子である場合はそうではないとする[24]．同様に，殺害された者が養子である場合も元老院議決の適用はない[25]．しかしこれらの全ての場合において，殺人は一家の長である家長の家で起こったであろう（したがって，例えば養父と養子の間に愛情の破綻はなかった）．この制定法の目的からすれば，全ての状況で決定は同じであるべきだった．しかし，法学者によって与えられた解答は，純粋に父親に対する法律関係，例えば父親に対する無遺言相続権といった他の分野における決定に応じて色々であった．

　よりいっそう法律尊重主義的で法学的なのは，『学説彙纂』第29巻第5章第10法文首項におけるパウルスの決定である．「相続から廃除された息子が，相続が承認されるよりも前に殺害された場合，事件は判明した事実状況に応じて考察されなければならない．相続が承認された場合には，奴隷は誰か他の者に属しているかのように考えられる．しかし，〔相続が拒否されて〕遺言が無効とされた場合は，奴隷達は，もしその息子が生きていたとすれば彼の物であるから，彼が所有者であるかのごとく全てのことがなされる．」ローマ法においては，被相続人の奴隷，および被相続人の権力下にあったが被相続人の死亡によって自権者（*sui iuris*（独立した人））となった自由人を除いて，相続人は（遺言相続の場合でも無遺言相続の場合でも），正式に相続を承認した場合にのみ相続財産の所有者となった．彼が相続の承認を拒否した場合，遺言は無効とされ，相続財産は，無遺言相続のルールに従って引き継がれた．無遺言相続または遺言相続の場合で，最も近い相続人が，〔被相続人の死亡により〕自権者となる被相続人の直系卑属，例えば息子である場合，（遺産を拒否しない限り）彼は死の瞬間に相続人となった．そこで，父親が死亡して遺言を残し，家族以外の第三者を相続人として指定し，息子を相続から廃除したとする．そしてその息子が明確に父親の家で殺害されたとする．その奴隷に何が起こるべきなのであろうか？　パウルスの意見は，静観的方法を〔104〕

とるべきであるとする．遺言相続人が相続を承認した場合，奴隷には何も起こるべきではない．奴隷の所有権は，遺言者の死亡から相続承認までの間，休止の状態にあったからである．これに対して，遺言相続人が相続を拒否した場合には，遺言は失効した．それで，相続から廃除された息子は，父の死亡の瞬間から相続人と見なされ，奴隷達は相続人死亡の時から，故に息子の殺害の時点において息子の物として取り扱われるべきものとされたのである．かくして奴隷達は，拷問の下で尋問され，処刑されるのである．この決定は法的には申し分のないものである．しかし，法律家以外の誰が，残虐な愚かしさや多くの人間達の虐殺と財産の破壊の無益さを指摘することなしに，法的論理の筋道を最後の最後までたどって，心静かにこの結論に到達することができようか．パウルスの方法は，元老院議決の目的を全然踏襲していないが，彼の鋭い法的洞察力を示すものではある．

　他の問題とは全くかけ離れた，この元老院議決についての法学者の思考力を示す最後の例として，これが告示の配列上相続法のところに置かれていたことを挙げておくことにする．他の主題と共に，この議決は「その遺言書が開封されない人々」という一般的題目の下に置かれ，「遺言で廃除された者が無遺言相続で相続財産を占有している場合」という題目と「遺贈」との間に挟まれていることである[26]．ユースティーニアーヌスの『学説彙纂』においては，該当する第29巻第5章は，「シーラーヌス元老院議決とクラウディウス元老院議決──その遺言書が開封されていない人々」という表題が付けられ，第29巻第4章の「ある者が遺言を無視して無遺言相続またはその他の方法により遺産を占有する場合」と第29巻第6章「ある者が，他人が遺言をすることを妨げまたは強制した場合」との間に置かれている[27]．

　法に対する教授達の思考方法は，文化として見た場合，類似のものであり，それぞれの例示は必要ではない．もっとも，シーラーヌス元老院議決がこの問題を論じ尽くしていると私は言おうとしているのではない．ここで意図され，そして必要であったことは，以下のことを示すことだけであった．すなわち，極めて代表的な法学者や教授達は，法の目的と想定された社会のニーズを吟味することによってではなく，彼らのグループに特有な法的論理を使うことによって，その結果についてはほとんど考慮することなしに法的な問題に解答するということである．この法的論理は，社会によって異なるものである．

[105]　法に対する法学者の解答も，文化として見た場合，だいたい同じことが言える．かかる法学者の解答もまた社会によって異なる[28]．ここでは一例だけあげておくことにしよう．またもや奴隷法からであるが，1827年の合衆

国ヴァージニアの例である．

英連邦対ターナー事件（*The Commonwealth v. Turner*, 26 Va.（6 Rand.）678）で裁判所は，主人が彼の奴隷を「特定の棒，笞，そして棒切れ」で「故意に，悪意をもって残酷に，過酷に，そして過剰に」叩いても，奴隷が死亡しないならば犯罪とはならないと，判決した．デイド（Dade）判事は，裁判所の見解を述べている．「このデリケートで重要な問題に対する判断を下すに当たって裁判所は，この問題について何が得策であるか，また道徳的であるか，政治的に正しいかではなく，何が法であるかを確かめるのがその義務であると考えた．」デイドは，さらに進んで法形成に関する「自由主義の理論」を否定した．かくして，コモン・ロー裁判官の法形成の力はよく理解されているが，裁判所はこの力を否定した．

　「コモン・ローは，それが絶えず変化する社会条件に適合し続けるというのが自慢であると言われている．しかし，この適合は社会条件の変化と同じ歩調で歩み続ける．社会条件の変化と同様，それは緩慢で目に見えない程のものである．社会が法に容易に適合できるようにするためである．社会秩序に大きな変化が生じる場合，より強い手，つまり立法者の手が適用されなければならない．かくして全く新しい条件である奴隷制が導入された時，コモン・ローはそれに影響を及ぼすことができなかった．ルールは，立法機関による立法によるか，そこでは人間のこのような条件が容認されている他の国の法典から演繹することによって確立されるべきものであった．」

デイドは，新しい社会制度が導入される場合，裁判所が使える法源は，立法と，その制度がかつて存在したか現に存在する国々の法準則だけである，と論じる．この第2に言われている法源は驚くべきものである．第1に，外国の制度は，それが権威あるものとして受け入れられない場合（この場合がそうであるが）法源ではない．第2に，裁判所がこの方法で〔外国の法制度を〕借用する場合，事実上，裁判所が法を形成することになる．第3に，それは全くあり得ることなのであるが，もし外国の制度が異なったルールを持っている場合には，なおさらのこと，裁判所が法を形成すると言うことができる．デイドは以下のように論じる．

　「以上の原則を前提として本事件に戻るならば，以下のように想定することが合理的であると思われる．すなわち，奴隷制はイングランドの植民地であったヴァージニアに導入されたが，それは，奴隷制を決して認めないイングランドのコモン・ローとの関連なしに（なぜならば，イングランドには農奴制が常に存在したが，それは奴隷制の原型ではない），母

国の議会や植民地の立法機関の積極的な立法化なしに，ただ買主と売主の意思のみで導入されたのである．したがって，導入された奴隷の条件は，主人の意思に対する無制御で無制限な服従であるか，あるいは，未だ大いに奴隷制度が盛んである国々や，かつて奴隷制度が存在しており，良く定着し確立されたルールに従っていた滅亡した国々の，確立された慣行によって修正されるべきものであった．前者〔未だ奴隷制度の存在する国々〕の慣習は，それらの国々とは政治的そして宗教的偏見から滅多に交流がなかった人々にはほとんど知られることがなかった．

〔106〕

　この文章の最初の部分が示唆するところは，イングランドのコモン・ローにはこの問題に投入すべき適切な情報源がないということである．それが正しい分析であるならば，デイドは，植民地の奴隷制はイングランドの農奴制から由来したものではないので，農奴制からの類推で議論はできないと論じているように思われる．

　古代および近代の外国の制度に関連した論拠は，よりいっそう技巧的である．ヴァージニアの奴隷制度の最初の頃，他の近代の制度はほとんど知られていなかった．故に，主人の権力を制限していたかも知れない「若干の，そして不明確なルール」は，古代の制度から取り入れられなければならなかった．故に，ユダヤ，ギリシャ，そしてローマ法からの借用という様式が始められていたので，それは継続することができた．

　デイドは引き続いて，農奴制を根拠にしたいかなる議論も，主人が奴隷を打つことを犯罪とはしなかった，と主張する．我々は，奴隷を打つことが犯罪であることに反対する裁判所の議論をこれ以上続ける必要はない．デイドの結論は以下の通りである．

　「このような憎むべきかつ不快な犯罪が，人間性の面目に反して存在することは大いに遺憾なることである．議会の立法によってそれに罰を与えるのがより賢明なのか，それとも，犯罪者に深いそして厳粛な非難を与えはしない公の世論という批判に委ねるのがより賢明なのかは，大いに微妙で疑問のある問題である．当裁判所は，罰する権限を有しないと言うことに少しの躊躇もない．そして，ただ１人の少数意見を除き，当裁判所は，当裁判所にこの犯罪についての管轄がなく，そして起訴に対する妨訴抗弁（demurrer to the indictment）は支持されるべきであると宣言する．」

　ブロッケンブロー（Brockenbrough）判事の少数意見については，以下のことに注目すれば足りる．

　「たしかに奴隷制度は，農奴制の修正された形態を除いては，コモ

ン・ローに知られていない．しかし上下の関係については，コモン・ローにより十分に確立されたルールを持っている．主人は彼の召使を，両親は子供を，後見人は被後見人を罰する権利を持つ．しかし，これらの人々のいずれであれ，妥当な節度の限界を越えた場合は直ちに，彼はその国の法に従う義務があり，彼の権限濫用，その残虐性と非人間性の故に訴追されるであろう．奴隷制が導入された時に，その関係により主人に与えられた権力は，他の上下関係のいずれかにより与えられた権力よりもはるかに大きなものであった．しかし，コモン・ローは，この新しい関係に容易に適合したであろう．」

つまり，この判事にとって，正しい方法はコモン・ローの他の分野からの類推で議論することなのであった．そして彼は政策に関する議論で終わる．

「私は，私が支持した理論の帰結について何か言うことは必要でないと考えた．それらの帰結の中に，何か社会の平和にとって有害なものがあるとは信じない．我々の裁判所や陪審員達が大部分，主人達によって構成されることを想起するとき，社会のその階級の権利や利害に何か有害なことが生じえると考えることはできない．奴隷については，親切と人道的な取扱いが彼らを満足させ，幸福にするのであるが，救済なき圧迫と暴虐が彼らを絶望に駆り立てる危険はないであろうか？」〔107〕

他の社会的要素が判決や少数意見に反映されていないというのが私の主張ではない．我々の関心を引くことは，裁判官は法を作ることはできず，（法の借用の観点から）古代のユダヤ，ギリシャ，そしてローマ法を参照することはできるが，フランスやスペインの植民地の法を参照することはできないとする多数意見の法律論議の性質であり，また，コモン・ローはその制度の他の部分からの類推を使うことによって発展することができるという少数意見である．起こっていることは，水面下に隠れている．

その論点は特殊なものである．ヴァージニアの裁判官は，関連する制定法がない状態で，いかにして奴隷法を発展させるべきか，したがって実際に法を作るべきであるのか？　少数意見は，コモン・ローの内容からの類推で作られるべきであるとする．裁判所の見解は，デイドの言葉に隠されているのであるが，ローマ法から借用するべきであるとする．デイドは，事実上，コモン・ローの他の分野からの類推，奴隷制を受け入れている同時代の法制度を排除し，そして古代の制度に依拠するであるが，その中では唯一ローマ法が，十分に発展したルールを持っており，このルールは広く知られていた．1854年に，有名なハーヴァード大学法学部教授のルーサー・S・クッシング (Cushing, Luther S.) は，ローマ法の永続する重要性について書いている．

「その普及は，中世から今日に至るまで，単純なる原則の上に生じてきたものであり，この瞬間にも同じく実施されているものである．すなわち，何処でも，そして何時でも，そして何についてでも，人事の規則に関して原則が必要とされるときは，その権威が一致して認知され，承認され，適用されてきたのである．この国の家内奴隷制度に関しては，ローマ法の例が見出される．奴隷制度が導入されたところでは，他に立法がない場合，ローマ法の諸原則に従って規制されてきた．」(29)

「他に立法がない場合」という条件に注目すべきとはいえ，これは誇張であると思われるかも知れない．しかし，それは英連邦対ターナー事件における裁判所のアプローチを代弁している．

法源はたいていこのようにして生成するが故に——法準則を作ることに対する政府の無関心の故に，それらの法源あるいはそのような下位の源泉が要求されているが，それら自身は怠慢のために生じていたものである——，法源は，法を時代にあったものとして維持し，法に明確性を与える仕事については，ほとんど適当なものではない(30)．法源の創造者に法を作る権限が与えられていなかった場合に，法源はいかなることになるのであろうか？ そのことはたびたび起こることであるが，法学者達や教授達が合意に達していない場合に，誰も権威のある解答を与える権限を与えられていないときに，従って正しい解答はないときに，正しい解答を与える者は誰かを決定することができるのであろうか？ やがては，法学者達と教授達のヒエラルキーが生じるであろうが，それが正式に確立されていない時は（それは通常そうなのであるが），ルールまたは結果の確実性は未だ確立されないのである．

この法形成の役割を担うのが裁判官である場合，状況は異なる．この場合には，裁判官のヒエラルキーが存するからである．しかし，法の確定性は未だ結果として生じない．多分，奇妙なことに（しかし，説明はすぐにできるが），先例が拘束力を有する国々ではまさにその通りなのであるが，裁判官は，彼らの意見の中で判決の基礎となっている法準則を説明しないのである．イングランドと合衆国の双方で，先例の拘束力を持つ部分は，判決理由 (*ratio decidendi*)，判示事項 (holding of the case) と言われるが，判決理由や判示事項を決定する方法は，許容できるものとして認められてきていない．

法学者と法学教授は，その役割の中で，実際に法に対して大きな影響力を与えようとの希望を懐くことはほとんどできず，その旨を願望することすら滅多にできない．彼らがそうすることのできる方法が1つある．立法を促進することである．しかしこの場合，彼らの役割を逸脱することになる．ユースティニアーヌスの場合のトリボーニアーヌス，フリードリッヒ大王の場

第12章 比較法

合のコケーユス，ナポレオンの場合のポルタリス，トロンシェ，そしてビゴー・プレアムヌーのような，彼らの主人のために大きな立法をなし遂げたことで知られている法律家達は，偉大な法学者とは考えられていないのである[31]（アメリカの法学教授達は，異なるカテゴリーに属する．彼らについてはここで論じない）．かくして，法学者や法学教授達の法理論は，直接の実務的目的に向けられたものではないのである．ローマの法学者が，それが有益で，正当で，道徳的あるいは経済的に効率が良いという理由でしきりに勧めたような法律的見解を，私は1つとして思い浮かべることができない．

さらに裁判官にとっての状況は異なる．彼らが法形成者である場合，彼らの法形成は，眼前にある事件の特定の事実についての判断に内在していると考えられる法規範に限定されているのである．彼らは，実務に大きな影響を与えようと望むことはほとんどできない．西洋の歴史における唯一の例外は，アメリカ合衆国最高裁判所の裁判官達の場合である．そして，法学者が立法に影響を与えることにはほとんど関心がないのと全く同じように，裁判官は概して——現代の合衆国の場合は例外として——結果志向の人ではない．

これらの法律家達の文化の性質は理知的であることである．それは利用しやすくて，容認し得る，インスピレーションの源泉を決定する．借用が法的変化の最も実り多い手段であることを強調しなければならない．借用は，類推によってそれ自身の制度の内部からの場合，あるいは，何らかのかたちで高い威信を有するに至った他の制度からの場合があり得る．後者の場合にはさらに，「外国の」制度の非常に異なった部分から類推によって借用する場合と，同じ文脈の中の同じルールを，修正を伴うにせよ伴わないにせよ借用する場合とがあり得る．この文化の影響力は，しばしば認識されなかったり，明示されないことがよくある．

その結果として，法的変化や法と社会の形相を考える場合，人は常に政府とこれら従属的立場にある法形成者の役割のことを心に留めておかなければならず，立法，裁判官の下す判決あるいは学者の著作を，法文化の文脈の中で解釈しなければならない．この方法により，そしてこの方法によってのみ，人は正しい理解に至ることができるのである．

以上に述べてきたことをもって，社会的関心が法の成長に対してなんの影〔109〕響力もないことを意味するとは理解されるべきではない．もちろん，社会的関心は影響力を有するのであるが，控えめなものである．そしてこの影響力は，法源，すなわち立法，法学者および教授の意見，そして司法判決を通じて形成される．そして，組織化された圧力グループが強力に活動することができるのは立法の形成についてのみで，他の法源についてではないことは，

いくら強調しても強調しすぎることはない．そして，立法のみが，法文化と矛盾のない議論によって法の実質における変化を合理化する必要がない．他の法源の中で，立法は以下の点で特別な地位にある．すなわち，他の法源に優先することのできる政府の法源である点で，法の伝統との結びつきが最も少ないという可能性を持つ点で，そして最も根源的でかつ包括的な強さを保持しているという点で，特別である．しかし，立法は通常，エリート法律家である起草者の手を経るのである．かくして，それはまた，法文化の性質を帯びるのである．

　法学者や教授達の意見と判例の中に政治的なものがないと私が主張していると思うのは間違いである．政治的なものはもちろん存する(32)．私法や刑法についての立法の多くが，立法者が特定の政治的または社会的な教義を推進することには関心がないという意味で非政治的であるのと全く同じように，その他の方法で作られた法の多くは，形成者の政治的な考え方に由来する内容を有しているのである．このことは，裁判官によって作られた法の場合に特に真実である．というのは，裁判官は通常，政府から任命されるからである．しかし，法学者，教授，そして裁判官によって作られる法の著しい特徴は，依然として法の伝統や文化それ自体の莫大な影響力なのである．

　6世紀において，主としてそれよりはるか以前のローマの材料によって行われたユースティーニアーヌスの『ローマ法大全』の編纂，およびその後の歴史は，この章での私の論拠を見事に示す好例である．しかし，それは最も明らかなものであるとしても，一つの例に過ぎない．『ローマ法大全』は，後の章で重要な役割を演じるので，ここではこれ以上論じないことにしよう．『ローマ法大全』がその編纂とその後の歴史において特異なものではないことを示すために，後の章で，中世の『封建法書』を取り上げるつもりである．

　多数の個々的現象の研究から以上の一般化が導き出された訳であるが，これらの一般化は本書の比較法の部の最初に述べておかなければならないことであった．これらの一般化については他の章においてさらに情報が提供され，時々において補っていくであろう．そして，一般化それ自体が，後の章で論じる現象の説明に役立つであろう．次の3つの章では実際に，比較法による一般化により，ローマ法のそうでなければ困惑させる特徴がいかにして説明されるかを証明することに努めたい．

　その取扱いは第26章で行うが，ここで，最後の，異なった種類の一般化について述べておくことにしよう．既に論じたように，法形成者は，私法に関する立法について，あるいは彼らが立法をする場合にはルールの中に特定の社会的なメッセージを入れることについて，しばしば関心がない．そして，

従属的地位に立つ法形成者達が彼らの文化に目を奪われて，彼らの仲間に〔110〕もっともらしく思われる意見をすることに関わるとき，以下のことが生じる．すなわち法形成者達は，そのルールの内容を公衆一般に，あるいはそのルールによって一般的に影響を受ける人々に対してさえ，その内容を伝達することにしばしばほとんど関心がないのである．第26章で論じるように，これはその通りであるように思われる．

第13章　ローマ法と比較法——法源

〔111〕　比較法の研究から出てくる一般化についての簡単な紹介をしただけで，ローマ法を新しい目で扱うことができるようになる．

比較法の第1の教えは，しばしば政府は，私法に関して法律を公布することについて特に興味がなく，その必要もないということである．共和政末——紀元前36年オクタウィウス（後のアウグストゥス）に終身の護民官職権が付与される以前の約2世紀の期間——に，私法についての最も大きな進歩[1]がなされたように思われる．

しかし，私法に関する立法の役割は，過剰なまでに制限されていた．例えば紀元前300年に遡ってみても，したがって，伝承によれば紀元前287年頃[2]にその最終の形成がなされたとされるアクィーリウス法（lex Aquilia）を考慮に入れることができたとしても，このことは真実である．この私法についての——十二表法という初期の法典化を例外として——最も重要なローマの制定法は，3つの章からなる．第1章は，奴隷と群をなす四足の動物の殺害を，第2章は，契約法の小さな技術的な問題点を，そして第3章は（その元々の範囲が論争の対象となっているので，少なくとも最終的なものとしては），奴隷と群をなす四足の動物の傷害と，他の動物財産の殺害と傷害，そして全ての種類の無生物財産に対する損害を取り扱っている．

人的保証に関する様々な制定法もまた存し，これらの制定法も考察してみよう．イタリアでのみ適用された多分紀元前200年頃のフーリウス法（lex Furia）によって，誓約人（sponsor）と信約人（fidepromissor）（2種類の保証人）は，2年を経過すると責任を免除され，また各共同保証人は，一定の負担分についてのみ責任を負った．それより前のアープレーユ法（lex Appuleia）は，誓約人達の間，信約人達との間に一種の組合関係を導入し，その負担分以上に支払った者は他方から回収できるものとした．制定年が不明のキケレーユス法（lex Cicereia）は，誓約人又は信約人を取ろうとする者は，事前に通知して，保証内容と保証人の数を言明しなければならないことを定めた．紀元前81前年頃のコルネーリウス法（lex Cornelia）は，同じ人間が同じ年に同じ債務者のために貸付金20,000セステルティウス以上の保証人になることを禁じた[3]．

第13章 ローマ法と比較法——法源

紀元前204年のキンキウス法（*lex Cincia*）は，法廷での弁護の返礼に贈物をすることと，特定の関係外の人間に特定の金額（その額は知られていない）を超える贈物をすることを一般に禁じた．その後間もなくプラエトリウス（またはラエトーリウス）法（*lex Plaetoria* (or *Laetoria*)）が制定され，未成熟者を詐欺にかけた人間を被告とする訴権を〔未成熟者に〕与え，未成熟者が取引に関して訴えられた場合，その未成熟者に対して抗弁を許した[4]．年月〔112〕は定かではないが，紀元前210年が最も可能性が高いアティーリウス法（*lex Atilia*）は，法務官と過半数のローマの護民官に，後見人のいない者に後見人を任命することを許した[5]．紀元前99年頃のティティウス法（*lex Titia*）は，属州の政務官に類似の権限を与えた．

遺言相続について4つの制定法が存した．紀元前204年ないし169年の間に制定された遺言に関するフーリウス法（*lex Furia testamentaria*）は，特定の階級に属する者を除き，遺贈によって1,000アース以上の物を取得することはできないものとした．紀元前169年のウォコーニウス法（*lex Voconia*）は，最新の戸口調査において第1クラスに登録された市民は，女性を相続人として指定することができないこと，遺贈または死因贈与によって，相続人が取得するより以上の物を取得できないこと，を宣言した．紀元前40年のファルキディウス法（*lex Falcidia*）は，遺言者は彼の遺産の4分の3以上を遺贈として残してはならないと立法した[6]．たぶん紀元前81年のコルネーリウス法（*lex Cornelia*）は，敵に捕まって囚われの状態で死亡した人々によってなされた遺言書の有効性を確認した．

紀元前1世紀の第1半世紀のアーティーニウス法（*lex Atinia*）は，盗まれた財産がいったんその所有者に返還されるまでは，取得時効の成立を禁じた．紀元前90年以前のミニキウス法（*lex Minicia*）は，市民法上の婚姻の権利を有していない親から生まれた子供はより低い地位を取得することを宣言した．紀元前50年頃のスクリーボーニウス法（*lex Scribonia*）は，役権の取得時効を禁じた．

以上が，ローマ法が最も独創的であった時代に制定された私法の全てである．その他の政府の考案により導入されたものとして，売買，賃貸借，委任，そして近代的形態の組合といった契約がある．信義誠実が法的思考において重要な役割を演じるに至る．またたくさんの相続法が，法務官の告示によって新たに作られた[7]．

この期間のもので，ローマ人にとってさえも傑出した重要性をもつ唯一の制定法が，アクィーリウス法であった．その他のいくつかの制定法は，我々が見たように，保証人または遺言相続について，グループで存在する[8]．し

かし，公法と政治的な事柄に関する立法の方がたくさんあった．私法に関する知られた制定法は16存在したが，政治，犯罪または手続的な事柄に関する制定法は502存在した[9]．後者の大部分は過渡的な特定の問題に関するもので，こうした問題は緊急を要するが，これに対して，私法に関する広く永続的な問題は緊急のものではない．この期間の私法と他の立法との間の不均衡は，立法府の典型的な関心事の――極端ではない――例となり得る[10]．今や我々は，私法についての立法が少ないことは特異なことではないことが分かる．

比較法の第2の教えは，偉大な立法者が現れる場合でも，彼らは，個々のルールに特定の政治的，社会的または経済的な趣旨を説明することに大きな関心を懐いていないことがしばしばある，ということである．第12章で，ユースティニアーヌスの法典をその例として説明した．実にそれは傑出した例である．ユースティニアーヌスは，もし彼が明確な社会的指示を課そうと欲したのであれば，皇帝や法学者の初期の法の引用を基礎として『勅法彙纂』や『学説彙纂』を構築しようとはしなかったであろうし，またそうするべきではなかったであろう．もちろん，引用は選択的であり，ある程度，

[113] その時代の関心事を反映している．しかし，現在の状況に効果を及ぼすために過去の論述を選択することが，その時代の世界に的確に適応する法準則を提供しようとする方法などほとんどなるはずがない．さらに，『学説彙纂』，それほどではないにせよ『勅法彙纂』は，多様な経済条件の一つであるローマの異教徒の世界を反映しており，コンスタンチノープルのキリスト教の世界を反映していない．実に，『学説彙纂』と『勅法彙纂』は，相当程度に異なる世界を表している．実質的に，『学説彙纂』の内容は，紀元後235年のアレクサンダー・セウェールス Alexander Severus の死亡以後の時代の産物ではなく，他方で『勅法彙纂』のはるかに大きな部分は，その死亡後の時代の産物である．従って，『学説彙纂』は『勅法彙纂』と異なり，ディオクレティアーヌスの半世紀前の経済的腐敗，その後の支配者の独裁政治，コンスタンティノープルへの遷都，キリスト教の興隆，そして独立した創造的な法学者の不在といった状況を反映するものではありえないのである．

『学説彙纂』と『勅法彙纂』の間のこのような相違は，これらの2作品が相互に独立して準備されたことを想起するときに，現在の文脈の中でますます重要なものとなる．現存している証拠の示すところによると，ユースティニアーヌスは，最初の法典の準備を命じたときに，古典期の法学者の著作を法として収集し，縮約し，公布する意図を未だ有していなかった．『学説彙纂』は以前の法を新しい法と取り替えようと考え始めた第2段階で

あると解しない限りは、なぜ『五十の決定』を交付したのかを説明することはできない。つまり、その目的は、529年の『勅法彙纂』第1版公布後もなお存在していた古い法律論争を解決することであり、『五十の決定』はその後534年の『勅法彙纂』第2版の中に盛り込まれたのである。『五十の決定』は、『学説彙纂』の完成のための予備的な努力であったはずである。しかし、同じ皇帝の援助の下で計画された『勅法彙纂』と『学説彙纂』という2つの異なった作品について、そのどちらか、または両者ともに、全体として精密な政治的、社会的または経済的メッセージを含む実質的な法準則を提供するものであると考えようとするならば、その期待はまったく裏切られることになる。加えて、編纂者に対するユースティーニアーヌス帝の指示、および『勅法彙纂』の第1版、第2版、そして『学説彙纂』に関するその他の序文は、社会の特定のイメージを維持し遂行することを彼が欲していたと結論づける何ものをも含んでいない。しかし、我々は、ユースティーニアーヌスが何を欲していたのかに関する大量の情報を有している。彼は、『勅法彙纂』第1版に対する2つの序文、ひとつは委員会の設立、もうひとつは完成された仕事の認可において、また『勅法彙纂』第2版を認可する序文において、そして『学説彙纂』についての2つの序文、ひとつはそのための委員会の設立、もうひとつはその認可において、何を欲していたかを述べている。

この段階での余談として、立法者はしばしば、彼らの法律を明確に伝えようとはしていない、と言うことができる[11]。このことは、例えばユースティーニアーヌス帝のような、法律をもっと利用しやすいものにしようと欲していた立法者の場合ですら、時々生じる。例えば、『勅法彙纂』、『学説彙纂』、そして『法学提要』の大部分はラテン語で書かれていたが、何と数世紀にわたり、皇帝の言葉はギリシャ語だったのである。たしかに、『法学提要』のギリシャ語版が、『学説彙纂』と『法学提要』の編集者の一人であるテオフィルスによって作られたが、これが正式の仕事であることを示すものは何もない。そして、もちろんユースティーニアーヌスの時代には、『学説彙纂』と『勅法彙纂』の翻訳はなされなかったし、それを作る正式の試みもなかった。しかし、法律が外国語であるラテン語で書かれたならばその法を知ることが困難であることをユースティーニアーヌスが知らなかったわけではない。例えば、彼はラテン語で書かれた『法学提要』（第3巻第7章第3節）において、「全ての者の理解のために」ある法律をギリシャ語で書いたことを自己賛美すらしているのである。

比較法の第3の教えは、発達した社会において立法者が私法を作らない場合、他のグループが、権限はないが政府の黙認の下で私法を作ろうとする、

〔114〕

ということである．共和政後期と古典期の法のローマにおいて，そのグループはいわゆる法学者達であった．彼らが法的変化について影響力があったということは，もはや驚くべきことではない．しかし，なぜその権限がこれらの人々に与えられたのか，なぜ地位のある人々が直接的な報酬なしで，法的見解を与えることに価値を見いだしたのか，そしてなぜ彼らの社会的または政治的地位がかかる活動によって高められたのかについては，説明がなされるべきである．西ヨーロッパにおいて，このことは後にも先にも起こらなかった．共和政後期からはるか以前の期間を調べれば，その答えが明らかとなる．

　紀元後2世紀の法学者であるポンポーニウスの説明では，十二表法の公布の後，法についての公権解釈は神官団の手にあった[12]．これは全く適切なことであった．効果を発揮するためには，法は解釈されなければならない．神官達は，祭司の特別なカーストに属していた訳ではなく，彼らの全時間を宗教的な儀式に捧げていた訳でもない．彼らは，資産家であり，公的生活で成功しており，紀元前300年までは貴族でなければならなかった．彼らは，この都市を支配する人々と親密な関係にあり，加えてその才能が認められた，組織されたグループに属していた．

　さらにポンポーニウスが続けて言うには，毎年，神官団の中の1人が，市民の面倒を見るために指名された．選ばれた者が法の解釈についての神官団の意見を出し，彼の宣言する内容は権威あるものとなった．これは，政府の観点からもっともなことであったので，興味ある結果をもたらした．貴族，神官団，そしてその志望者は，法律に博識となることを望んだのであった．神官団に昇進することは，それ故に促進され，神官団における彼らの同僚やその他の貴族達の間での彼らの名声は高まり，そしてまた一般の民衆における評判も高まった．

　結局は，神官団はその解釈の独占を喪失した．結果として，法学者の解釈はその正統性を失い，法的権威はその発言権を失った．しかし，文化的伝統は，ひとたび確立された場合，なかなか死なないものである．その後もなお，良い法律的意見を述べることの結果として高い評判が得られ，高い地位にある人々は引き続き，専門的法技術を通じて彼らの地位を高めようと望んだ．理論上は，誰でも法的意見を出すことはできたが，意見の価値は主として，それを与える人の地位によって決定された．実際上，最も有力な法律の顧問は，社会の最も高い地位の出身者達であった．

[115]　しかし，法務官の告示の発展に伴い，変化が生じた．特に法務官が——単に新しい訴訟の方式書にとどまらず——法を実質的に変化させる効果を有す

る告示を発布し始めた時にである．法務官が，実体法についての全く新しい訴訟を作る告示を発布できるようになったのは，ようやく紀元前100年頃のことであった．これは，法務官との積極的な協力関係にあった法律顧問達に大きな影響を与えた．彼らは新しい告示や方式書を提案し，そして法務官は通常，告示の解釈を彼らに委ねることに甘んじていた．しかし，この協力関係において，法務官の役割が優位を占めていた．法務官は，法学者の勧告に従うように強制されなかったし，告示の条項についての法学者達の解釈が気に入らない場合，文言を彼の意図に合わせることができた．そして，告示の条項の文言はしばしば変化した．法律顧問の役割は，法務官が彼に割り当てたいと思うものに限られた．このことは，市民法の解釈についてすら当てはまった．何故ならば，法務官には，そこに生じている事態が気に入らなければ法を修正する告示を発令する完全な自由があったからである．

このようにして法律顧問の限定された役割は，もはや元老院には適当なものではなかった．その道は，より地位の劣る人達，すなわち騎士階層に開かれていた．彼らは法務官との交際を通じて地位を向上させていた．彼らの法に関する意見の価値は，彼らの社会的地位から生じたものではなかった．むしろ，彼らの社会的地位は，彼らの法的専門知識の価値から生じた．彼らは引き続いて法的意見を出し続けたが，彼らが解答集であれ法の注釈であれ本を出版した場合には，仲間の法学者，法務官，そして著名な市民などから注目を集めることになったであろう．それぞれの法学者はそれぞれ自分の名声の故に法学者なのであった．

法学者や裁判官のような下位の法形成者達は法的推論に関して彼ら自身の文化を発展させるという比較法の第4の教えは，この段階においてすでに詳しく説明されてきた．それは第23章の主題となる．

第 14 章　ローマ法と比較法——奴隷制度，占有

〔116〕　同様に，実体法の側面に目を向けると，比較法的分析から生ずる一般化により，今や，そうでなければ理解しがたい発展が簡単に理解できるものとなる．2つの簡単な例をこの章において議論し，次の章においてより広範囲の例を論じることにしよう．

　最初の例は，奴隷法からのものである．奴隷制度は，多くの社会において存在してきたが，古代ローマは，奴隷が労働力の主たる構成要素であった非常に数少ないものの一つであった．共和政の終りの時に，権威ある評価によれば，奴隷の人口は全体の 35 から 40 パーセントの間であったのに対し，アメリカ南部の奴隷制度の最盛期においては，奴隷の人口は約 33 パーセントであった．このことがもたらす経済的影響を考慮するならば，そして奴隷制度が引き起こす道徳的・社会的諸問題もあわせて考えたならば，奴隷法といった固有の法体系がほとんど存在しなかったことは驚くべきことであろう．私法において，奴隷は，ある目的のためには人間として扱われ，他の目的のためには物として扱われた．奴隷が人間として扱われた場合，その法的立場は，父親の権力下にある息子のそれとほとんど同じであった．奴隷が物として扱われた場合，その法的立場は，手中物（*res mancipi*）として分類されるその他の重要な物のそれとほとんど同じであった．立法はほとんどなかった．さらに，奴隷に関する法準則が他の財産や市民にも関連するものである場合でさえ，多数の奴隷の存在が実際に法的発展の刺激となることはほとんどなかった[1]．

　奴隷制度に特有な法があったと言えるのは，奴隷解放に関連する法である．奴隷解放には，3つのいわゆる古典的方式があったが，古典的とは，これら3つの方式だけが，古典時代またはそれ以前において自由と同様に市民権を与え，法律家ガーイウスによって彼の『法学提要』において述べられているからである．これら3つの解放方式は，ここでの問題設定に解明の光を投じてくれる．第1の方式は，棍棒による解放（*manumissio vindicta*）と呼ばれるものである．自由人が不法に奴隷とされている場合，「自由の要求」すなわち自由身分回復の訴（*vindicatio in libertatem*）を提起することができたのであるが，この訴えをフィクションとして用いるのが棍棒による解放であ

り，巧妙な法的考案物であった．奴隷を解放したい主人は，自分に対して自由身分回復の訴を提起するように友人に段取りをした．奴隷所有者は，防御をせず，したがって審理を担当する政務官は，奴隷は自由であると宣言した．この手続は政務官の協力を必要とするが，この形態の奴隷解放のイニシアティブは，明らかに，彼らの奴隷を解放したい個々の市民の行動から生じたものである．国はそれを黙認したにすぎない．

　第2のより早期の形態は，戸口調査による解放（manumissio censu），戸口調査の時の登録による奴隷解放である．戸口調査がなされた時（定期的に行われていたときは5年毎であった），奴隷は彼の所有者の同意を得て，自らを戸口調査の市民のリストに登録し，そしてこれが戸口調査官によって承諾された．戸口調査は，紀元前166年以後，実際には行われなかった．奴隷解放のこの方式は，多分，その時でも稀なことであり，戸口調査官が，奴隷が今や市民であると公然と宣言したかどうかは，残されている証拠では明らかではない．しかし，重要なポイントは，ここでもまた明らかに，解放方式のイニシアティブは，奴隷を解放しようとする所有者の側にあり，国家はその方式を黙認していただけであったことである．奴隷所有者は単純に，奴隷は自由であると宣言し，戸口調査官が彼をそのように記録した．戸口調査による解放は，政府によって作り出されたものではなかった． [117]

　第3の方式である遺言による解放も，この関係では類似のものである．初期のローマで，遺言書の作成に関する政府の関与はあったが，奴隷を遺言書によって解放することができるとの制定法や正式の決定はなかった．そうではなく，主人が単に，奴隷は遺言書によって解放されたと宣言し，国が黙認した．そしてその結果が遂行されたのである．

　しかし，奴隷解放におけるローマ国家の黙認は，黙認とはいえ受動的だったのではなくて，能動的であった．国家が積極的に関与したのであった．棍棒による解放は，第2に地位の高い，選ばれた政務官である法務官の前で，その決定によって行われた．戸口調査による解放は，戸口調査官の協力を必要とした．初期の時代には，ローマ人の遺言は，ローマ人の民会によって認可される必要があった．彼らの承諾は，正式には立法行為であった．

　先に述べたように，奴隷解放は，そこに特に奴隷に関する私法が存在すると言うことができる，ローマ奴隷法の一部である．そして奴隷制度は，政治的，社会的，そして経済的な理由で極めて重要であった．しかし，共和政と古典期において，政府は奴隷解放を許す法を制定するイニシアティブをとらず，ただ黙認するだけであった．そして，ローマの社会が膨大な数の解放奴隷と彼らの子孫達の存在によって大きな変化を来す可能性があり，また現に

変化を来していた事実があるにもかかわらず，奴隷を解放したいと思う主人を制限することに政府はほとんど何の役割も果たさなかった．私法を作ることに対する政府の無関心についてのこれ以上はっきりした例を見ることはほとんどできない．そしてしかも，ローマ法はその活力で有名なのである．

第2の例は，占有に関するものである．所有権とは別の制度として，それ自体として保護に値するものとして占有を承認することは，ローマ人の発明のようである．共和政後期に占有には主要な2つの機能があったが，それぞれが非常に重要なものであった．第1に，(善意で開始された) 占有は，取得時効 (使用取得 usucapio) による所有権の取得のための必須の要件であった．取得時効のために，土地は2年間，他の物は1年間占有されなければならなかった．第2に，占有の事実は，所有権に関する争訟の被告を決定した．原告は，当該財産に対する彼の権原を証明しなければならなかった．被告はそれをする必要はなかった．かくして，政務官による事前の宣言において行うことのできる占有の割当てが，所有権についての紛争の結果を決する場合があった．

〔118〕　ユースティーニアーヌス以前には，占有の基本的要素に関する立法はないように思われる．むしろ特示命令 (interdicts) と呼ばれる特別な救済手段によってそれを保護した法務官にその大きな功績が与えられなければならない．基本的には，特示命令は，誰かが何かを行うことを禁じる宣言である．しかし，法務官の役割を評価することについては注意を要する．彼らはまた，占有が関係しない状況で，すなわち占有の保護に関係のない特示命令を出したのである．さらに，占有に関する特示命令は，占有 (possessio) のような占有を指示する文言を常に有しているわけではなかった．法務官は，占有を定義したことは決してなかったし，その一般的要件を決定したこともなかった．また，何者かが占有をしている状況のリストを作成することも決してなかった．彼らは，占有が開始され，継続する以前の物理的支配や意思について何も言っていなかった．さらに，特示命令は，現存する占有を保護する場合もあり，またその目的が，占有を喪失した者がそれを回復することを許可する場合もあった．

法務官の特示命令を，我々が再構成できる限りにおいて検討するならば[(2)]，法務官は，占有とは何であるかについての明確な考えを有していた，との結論は出てこない．むしろ，たいへん特定された状況において，法務官は，何らかの保護が要求されていると感じ，そしてそれを与えた．限定可能なタイプの支配を保護するものとして，諸々の特示命令を一つのものとしてくくる理論的な基礎はない．2つの最も重要な特示命令である動産占有保持の特示

命令（utrubi），不動産占有保持の特示命令（uti possidetis）を引合いに出せば，このことは明らかとなる．前者の文言は以下の通りである．「君達のうちで，問題となっているこの奴隷を，暴力によるものでもなく，秘かにでもなく，他方の許容によるものでもなく，この1年の大部分において自身のもとにおいていた側に対して，この者を連行することができないようにするために，暴力が行使されることを，私は禁じる」．[3] 後者は以下の通り．「問題となっているその家を，今，君達が，暴力によるものでもなく，秘かにでもなく，他方の許容によるものでもない形で占有しているように，君達がこのように占有しないようにするために暴力が行使されることを，私は禁じる．」[4] 最初のものは，占有といった言葉を使用せず，また占有という法的な概念が存在することを示すものは何もない．あるいは，占有といった言葉を使用した場合でも，法的な意味における占有が，特示命令を得るための鍵であったことを示すものは，何もない．いわんや，これらの特示命令もその他の特示命令のいずれも，一人の人間が他の人間の物理的支配を通じて占有しまたは占有し続ける場合に生じる困難な問題を解決する方法を提示していないのである．寄託者は，受寄者を通じて占有をし続けるのか，あるいは，質の債務者は，債権者を通じてそうすることになるのか？　幼児は，後見人を通じて占有を取得するのか，または彼の奴隷を通じてさえ占有を取得するのか？　などである．

　これらの状況において，個別的な事実の状況に対する法務官による個々の救済手段に基づき，占有という別個の概念を創造したのは，法学者達であった．彼らは，その概念に実体を与え，一般的適用のルールを創造しようとした．その過程において法学者は，第12章において議論した特色を示した．法学者達はそのルールに，彼らの文化的概念に基づいて，時には現実的な結果を考慮することなく，彼ら自身の別個独立の内容を与えた．このことは，歴史的な発展を示す一節を見る場合，最も明瞭に思われる．

　『学説彙纂』第41巻第2章第1法文第3項（パウルス『告示注解』第54〔119〕巻）　精神障害者および未成熟者は，後見人の助成なくして行為するとき，占有を開始することはできない．何故ならば，彼らには所持しようとする意思がないからである．いくら長くその物に身体的に接触していたとしても，眠っている人間の手に何かを置くのと同じようにである．しかし，未成熟者は，後見人の助成があるときは占有を開始する．しかしながら，オフィーリウスと〔息子〕ネルウァ（Nerva）は，未成熟者は，後見人の助成がない場合ですら占有を開始する，と主張する．というのは，占有は事実の問題であり，法の問題ではないからである，と．この

見解は，未成熟者がそれを理解することのできる年齢であったならば，受け入れることができるであろう．

オフィーリウスは共和政末の，ネルウァは帝政時代初期の〔法学者〕の息子であり，パウルスは紀元後3世紀初頭に活動した．パウルスは，良く知られているように(5)，占有を開始するためには十分な物理的支配と適切な意思を有しなければならないと考えた(6)．かくしてパウルスの場合，〔被後見人たる〕未成熟者——すなわち14歳未満の男子または12歳未満の女子——は，適切な意思を形成することができないので，占有を開始することはできなかった．しかし，パウルスは，理解する能力にある未成熟者には，占有を開始することを許した．しかし，それ以前の（初期の）オフィーリウスとネルウァの場合，未成熟者は，後見人の助成なくして占有を開始することができた．オフィーリウスやネルウァの立場は，多分もっと温情的なものである．法的概念としての占有は，単なる物理的支配や所有権とは異なり，有害な結末になることはあり得なかった．それは有益なものでしかあり得なかった．

しかし，法学者による占有概念の理論的内容の成長にともない，理論が正当な結果に優越する事態が起こった．

『学説彙纂』第41巻第2章第1法文第3項（パウルス『告示注解』第54巻）　反対に，数人の人々が，同じ物を一体として占有することはできない．何故ならば，私がある物を所持している場合，あなたもまたそれを所持していると見なすことができるというのは，自然に反することだからである．しかしながら，サビーヌスは，ある物を恩恵的土地貸与（precarium〔容仮占有〕）として与えた者が，彼自身でもそれを占有し，恩恵的土地貸与を受領した者も占有することを書いている．トレバーティウス（Trebatius）は，ある人間が正当に占有し，もう一人が不当に占有することはあり得るが，2人ともが不当な，あるいは正当な占有者ではあり得ないことを基礎として，同じ見解を有している．ラベオーは，占有の問題について，ある者が正当にあるいは不当に占有しているか否かは人した問題ではないということを根拠として，彼を批判した．これは，より正しい見解である．何故ならば，2人の人間が同一物を占有しているのは，私が立っている同じ場所に貴方が立っている，あるいは私が座っている場所に貴方が座っているというのと同じようにあり得ないことだからである．

トレバーティウスは共和政の法学者で，サビーヌスとラベオーは彼より少し後の人であった．恩恵的土地貸与は，その終期を定めない使用と収益のための土地の提供であったが，提供者の意思によって何時でも取り消すことが

できた．2人の人間が同じ物を占有できないとするパウルスとラベオーの意見は，理論的には妥当であるかに見えるが，実際は，トレバーティウスやサビーヌスの意見よりは劣るものである．パウルスの場合，占有をしている人間は，恩恵的土地貸与の借手であったが，貸手は何らの占有も有しない．したがって，第三者が，借手から土地を不法に取った場合，借手は彼に対して，不動産占有保持の特示命令を取ることができる．しかし，貸手はそれができない．トレバーティウスとサビーヌスの場合，貸手も借手も第三者に対して特示命令を取ることができる．実際に恩恵的土地貸与の貸手の利害が，彼に侵害者との関係で占有をさせることによって最も都合の良いものとなる状況を想像することは容易である[7]．

〔120〕

そこで学者を困惑させた占有に関するローマ法の多くの形相は，比較法の教えに照らせば説明可能である．政府の無関心，占有の一般的概念を形成する意図なしに個別の事実状況における法務官による救済手段の付与，これらの救済手段で仕事をし理論構築を試みる法学者，そしてそれは，やがて実際の生活から占有をかけ離れたものとする過程であった．同じ教訓は，占有に関するローマ法を説明する一般理論を探すことが無意味であるかも知れないことを教える．しかし，最も著名な学者の何人かは，J. A. C. トーマス（Thomas）からの以下の引用文が示しているように，それを試みてきた．

「原則を発見する多くの試みの内，その後に修正されたとはいえ，最大の忠誠を集めた2つは，サヴィニー（Savigny）とイエーリング（Ihering）のそれであり，これについて若干述べておく必要がある．しかしながら，前口上として，有名なパウルスの一節を引用することが許されよう．『そして，我々は肉体と意思によって，意思によってだけでもなく肉体によってだけでもなく占有を取得するのである（*et apiscimur possessionem corpore et animo, neque per se animo aut per se corpore*）．』このことから，占有の体素（*corpus possessionis*）と占有の心素（*animus possessionis*）を，それらは同じ事実状況の2つの側面であるにもかかわらず，あたかも占有の2つの別々の要素であるかのごとく述べることが，一般的となった．ある人間が，ある物を手にしている場合，彼はさし当たり少なくとも，何らかの意味で，その物の占有者であると見なされる事実を知っていなければならない．体素（*corpus*）は，その人間と物の間の事実的関係であり，心素（*animus*）は，それに伴う精神の状態である．サヴィニーとイエーリングの間の論争の源は，心素の性質である．

サヴィニーにとっては，心素とは，その物を自身の物として，自身の

ために所持する意思である．すなわち，所有者の意思（*animus domini*）である．彼の見解では，彼自身のために支配をする人は，法的に占有者であり，特示命令を与えられるのである．この理論は，明白に占有の大部分の場合に妥当し，受寄者などの非占有もまた説明するのである．しかしそれは，恩恵的土地貸与の借手（*precario tenens*），係争物受寄者（*sequester*），質権の債権者，永借人（*emphyteuta*）の占有を説明しない．サヴィニー自身は，これらを他主占有の場合として説明しようとした．その場合，占有者は心素の要件を，所有者の意思ではなく，真の所有者に由来する物を所持する権利を行使する意思によって満たす．しかし，これは，なぜ彼らが，所有者ではなく非占有者である他の所持者と異なって扱われるべきだったのかを説明しない．イエーリングは，このこととサヴィニー理論に対する他の反対意見——逃亡中の奴隷の継続的占有，その理論の主観的性質，要件とされる意思を立証することの事実上の不可能性，サヴィニーのパウルスの教科書に対する強い依存——を表明した．彼自身の見解は，体素はそれ自身が所有権の外に向かっての表明となる占有の要素であった．ある者がその物との関係で，所有者ならば通常そうである立場にいたならば，その物の占有者である．

〔121〕心素は単に，事実状況の知的な理解に過ぎない．もちろん，この理論は，占有の要件として，心素を事実上排除した．というのは，双方共に理性を有しない，未成熟者と精神障害者の場合を例外として，人は自分が何をしているかを自覚しているはずであり，したがって，物に対する事実上の支配をしている者は誰でも，占有を，したがって特示命令の保護を受けるべきであるからである．その結果，イエーリングは，受寄者の事例等を，色々な理由で法が真に占有であったものに対する法的保護を差し控えた状況としてうまく説明しなければならなかった．イエーリングの理論は，サヴィニーが例外的なものとして認めなければならなかった事例を説明するものであるが，サヴィニーの理論で説明される状況がイエーリングにとっては例外的であった事実は残った．結果として，いずれの理論の支持者にとっても，いずれか一方の理論が満足のいくものであると言えるはずはない．」[8]

サヴィニーとイエーリングの議論の複雑性と人為的技巧性は，明らかに，彼らが不可能なことを試みていたことを示している．

第15章　ローマ法と比較法——契約の出現

　比較法の教えがローマ法の説明を助けるさらなる例は，契約法から引いて　〔122〕
くることができる．本書の第7章において私はローマ契約法の基本原則を述
べた．この章で私は，何故それぞれの契約がそのような特徴を持って出現す
るに至ったのかについて説明したい．
　ローマ法は，西洋においては最も革新的で，最もよく模倣された制度で
あった．契約法は，その制度の最も独創的な部分であり，最も称賛に値する
部分である．私的な合意とそれに関連する法は，商業の国々において——実
にヨーロッパ世界一般がそうであるが——中心的役割を占め，したがって，
法のこの分野が，「法発展と社会における法」という主題に特にはつらつと
した光を投げかけることを期待して当然である．契約は私的な合意であり，
(フランス『民法典』 code civil の言葉を用いれば) おそらく2人の個人の間で
作用するところの私法であるといってよいものであり，しかし国の承認を必
要とするものであるが故に，このことは一層当てはまるであろう．
　その承認を与えるのは，国によって遅かったり早かったりする．遅い例と
してはイングランドの場合がある．イングランドでは12世紀後半に至るま
で，王の法廷は財産法と刑法についての管轄権を行使したが，契約について
はほとんど行使しなかった[1]．早い例としてはローマの場合がある．紀元前
451年以前に，法的に強制力のある合意を形成するために，問答契約
(stipulatio) を使用することができた．国家はまた，私的な合意を承認する
ことについて留保をすることもできた．国家は，特定の最小限度の価値を有
する合意に，それがまさに国家が興味を持つ十分な社会的あるいは経済的重
要性を有すると考えられるという理由で承認を限定することができる．ある
いは，特定の形式でもって締結された合意にその承認を限定することもでき
る．その意味するところは，その形式の中に他者に対する証拠となるものを
含むことができるということであり，その形式によって，当事者に彼らが
行っていることの意味を正しく理解させることができるということであり，
そしてまたその形式を利用するのに十分に真面目な当事者のみが，国家によ
る彼らの合意の承認を得るに値するということである．あるいは，国家は特
定の主題についての合意にその承認を限定することができ，例えばローマに

おいては，商品を金銭と交換する旨の合意は承認されたが，商品を役務と交換する合意は承認されなかった．あるいは，国家の承認は，これらの制限の色々な組合せである場合がある．例えば，フランス『民法典』第1341条は，(特定の例外は別として) 一定のごく小さな額を超過する合意は，契約として有効であるが，公証人によって認証されたか，当事者によって署名された書面がない限り，法廷において証明できない，と定めている．そして，ドイツ『民法典』(*Bürgerliches Gesetzbuch*) 第518条は，贈与の合意の承認について，裁判所または公正証書で記録されることを要求している．

　本章の当面の目的は，寄託とか売買などの個々の契約のタイプのローマ国家による承認を説明することであり，何故それらが，それらが生じた年代順に個々に生じたかを明らかにすることであり，何故ある契約と他の契約の間の区別のラインがそのようになっているかを示すことであり，書面による一般的な契約のような他の契約が生じなかった理由，あるいは物々交換の場合のように，後期にのみ発生し，不満足なルールしか有しなかった理由を説明することである．経済的あるいは社会的理由により，それぞれのタイプの導入が要求されたとはいえ，それぞれの契約の性質，構造，そして年代順を決定したものが法的伝統であったことが明らかとなるであろう．そのためローマ法の基本的構造は，その区別を必要とする社会的正当性がなくなっても長く残った．

　この調査は，紀元前451～50年頃にローマの最初の法典である十二表法が制定される少し前から始まる[2]．現在の目的のために，私はとりあえず契約を，その主たる結果が物ではなくて人に関する効果を伴う義務である，2人ないしそれ以上の人間の間の合意，と定義する．もちろん，たいへん異なった時代と場所の法制度を調査する場合には何時もまず最初にぶつかる困難として，概念を明確にしておくという問題がある．特にこの場合，問題は，その時代のローマ人が，我々が行っているように契約の概念を考えていたか否かである．答えはおそらく否であり，実際ローマ人は契約の抽象的な概念を有していなかった．当面の定義には，紀元前5世紀当初に存在していた制度の中，問答契約は含まれるが，握取行為 (*mancipatio*) や法廷譲与 (*in iure cessio*) のような譲渡行為，そして拘束行為 (*nexum*) のような担保取引は，合意に基づく債務の要素があるけれども，含まれない[3]．この区別は適当でないかに見えるが，仮の定義を認める3つの根拠がある．第1に，十二表法に対する我々の知識は限られてはいるが，初期のローマ人が問答契約を握取行為やその他のものと一緒に分類していたことを示す証拠はない．第2に，仮の定義によると，その後のローマ人が契約によるものと考えた全ての債務

を含むことになり，その後のローマ人が契約ではないと考えた全ての債務を排除するのである．第3に，この定義に含まれている近代的観点は，ローマ人が発展させてきた考えの延長線に他ならない．

　ローマ人は契約の概念を発展させたのでは決してなくて個々の契約のみを発展させたのであるとしばしば言われ[4]，そして，それぞれの契約が生じた時に，その理由を経済用語で説明する試みが時々なされる．かかる試みは，失敗するべく運命づけられている．1つずつ，そして別々に契約について調査しても，それらの出現の順番についての経済的理由を発見することにはならない．例えば，寄託は紀元前5世紀に，消費貸借契約は遅くとも紀元前3世紀には出現したが，交換は，いやしくもそれが契約であると言えるには，少なくともさらに2，3百年待たなければならなかった．そのうえ，売買契約は存在せず，出現したのはようやく紀元前200年頃であった．さらに，物を保管するかわりに報酬を受け取る契約，自己の物を他人に使用させるかわりに報酬を受け取る契約，自己の役務の対価として報酬を受け取る契約は，——鋳造貨幣の出現後——紀元前2世紀に近いある時に賃貸借契約が導入されるまでは存在しなかった．これらの状況の中で，（ある者が他人のために無償で行動することに合意するものであり——そして契約の本質が明確に，その履行が無償であることにある——）委任契約が紀元前123年以前の[5]比較的初期に創造されたことは，この契約の必要性が経済的理由で説明されるべきであるならば，ありそうにないものと思われる．

　真実はもっと複雑なものであるが，もし法的伝統に，法発展における重要な役割を認める用意があれば，ローマの契約の成長の展開は一直線であり，説明することは簡単である．ローマ人が，たいへん初期の時代，それを用いて（明確に違法というのでない限りは）何であれ債務関係の成立について合意することのできるある方法——実のところ，問答契約であるが——をもった時点から，この展開は始まる．時代錯誤的にあえて言うならば，たいへん初期の時代においてローマ人は個々の契約の法ではなくて契約の一般理論を有していたのであると言える．解決されるべき問題は，それではこの一般的方法はどうして消失したのかである．その発展についての手掛りは，説明を要する奇妙な事実に存する．たいへん特別で複雑な組合契約の場合は別として，ローマの契約は全て金銭の支払が有るか無いかのいずれかである．この後者のカテゴリーには2種類の契約がある．それらは当然に無償であるか片務契約（この場合，それらはもう一つの契約とペアとなっていることがある）であるかのどちらかである．後期の，不確かな例である交換を除いて，物または役務を物または役務と交換するローマの契約はない．さらに，驚くべきことは，

どの契約が関係しているかを決定する場合の試金石は，履行が必然的に（契約に関する限り）対価なしにおこなわれるものであるのか，履行が金銭とひきかえのものであるのかにあった．例えば，寄託（*depositum*），使用貸借（*commodatum*），そして委任（*mandatum*）というそれぞれ異なる3つの契約は，支払が約束される場合は全て賃貸借（*locatio conductio*）となる．ローマの契約類型は金銭支払を含むか無償かのいずれかでなければならないほど，この金銭支払にはどんな重要性が存在したというのか？　私の意見では，発展の問題の解答は，多くの場合，ローマの契約の個別のタイプが問答契約の後に，つまり，理由はともかく，問答契約がそのタイプの状況に不適切で不十分になり，そのため社会的必要性が生じた時に，発生したことである．したがって，その後のほとんど全ての契約のタイプは，問答契約からの逸脱（derogation）なのである．合意に基づく法的救済手段は，重要な取引の頻度に従ってではなく，それらがうまく行かない頻度に従って必要となっていることが注目されなければならない．

　（誓約 *sponsio* としても知られている）問答契約の起源は曖昧であり，献酒（libation）や宣誓を伴ったと思われるが，今のところ起源については我々の興味とするところではないし，起源についての仮説からそれ以上の結論は出てこない[6]．問題は，問答契約が，十二表法の時代以前に良く発展していたことであり，この時代，問答契約は，通告式法律訴訟（*legis actio per iudicis postulationem*）と呼ばれる手続によって訴訟提起をすることができた（G. 4. 17a）．問答契約は，要式の片務契約で，要約者（promisee）が「あなたは（中身は何でも良い）約束するか？」と，誓約する（*spondere*）という動詞を必ず使って尋ねると，諾約者（promisor）は直ちに，同じ動詞を使って「私は誓約する（*spondeo*）」と回答した．後になって他の動詞を使用することができたが，「誓約する」は，ローマ市民によってのみ使用することができた．誓約の内容は，使用される言葉によってのみ決定され，その誓約が詐欺によって勧誘された場合でも，強迫によって強要された場合でも，錯誤によって進められた場合でも，契約は有効で効力を有した．問答契約は，合法であればいかなる目的にも使用できた．嫁資を約束すること，売買契約をすること（その場合は相互の問答契約が必要となる），人の役務を約束すること[7]などである．しかし，合意が問答契約の形式でなされない場合は，当事者の意思がいかに真面目なものであっても，取引の目的がいかに重要なものであっても，契約上の義務は生ぜず，不服のある当事者に契約に基づく訴訟を提起する権利はなかった．

　問答契約は，もし巧みに現代化されたならば，柔軟で一元的な契約制度の

基となることができたはずである．多分，口頭の質問と答えに対する代替手段として2つの書面作成による証書化を採用することができたし，あるいは合意は（証明の手段は別として）契約の基礎となることができたはずである．詐欺，強迫あるいは錯誤に対する救済手段は，契約に内在するものとして扱われたはずである．そして黙示の契約条項が，特定の事実状況ごとに発展することができたはずである．ところがそうならずに，その機能に応じてそれぞれ定義される多くの他の個別の契約が生じた．機能によるものであって形式によるものではないこの定義により，これらの契約は問答契約から鋭く区別された．これらの契約は，その種類が少なく，一般的というよりは特殊でさえある．しかし，それぞれの契約上の合意は，消費貸借であれ売買であれ，1つまたはそれ以上の問答契約の形式で行うことができたはずであり，そういうタイプの契約となるべきものであった．

　初期の契約の一つに消費貸借（*mutuum*）がある．消費貸借には，（不当）利得返還請求訴権（*condictio*）として知られる相当奇妙な訴訟が伴っている．この訴訟では，原告が，被告は原告に引き渡すべき法的義務を負っている物を所有していると主張する．多くの学者は，消費貸借は，たいへん古いもので，（不当）利得返還請求訴権が設けられる以前からの歴史を持つものであると信じている．もしそうであれば，本章における一般的議論は強力なものとなる．しかし，この訴訟の導入と消費貸借の形成を法制度としてリンクさせるならば（我々はそうするのであるが），（不当）利得返還請求訴権に特有のことについて多くが説明できる．この訴訟手続すなわち通告式法律訴訟はシリウス法（*lex Silia*）によって導入されたが，そのときは，請求できるのは確定の金額とされ，カルプルニウス法（*lex Calpurnia*）のときは，特定の物とされた（G. 4. 19）．シリウス法が最初であり，そうでなければ特に金額をカバーする法を必要としなかったはずだからである，と通常は考えられている[8]．デイヴィッド・ドーブ（David Daube）は，我々がこれから見るように，新しい次元を付け加える．とにかく，これら2つの前後関係がどうであれ，（不当）利得返還請求訴権という救済手段はたいへん古い．紀元前184年に死亡したプラウトゥスが「ルーデンス（Rudens）」を創作した時にはすでに，方式書（*formula*）による古典的手続は，法律訴訟（*legis actio*）による古い〔126〕手続と同様に，（不当）利得返還請求訴権のために使用することができた[9]．そして，方式書が使用されるに至った後，新しい法律訴訟を設ける意味はほとんどなかった．

　（不当）利得返還請求訴権の特色は，原告が訴答において彼の請求原因を述べないという意味において抽象的であったこと，金銭または特定の物の所有

者がそれを非所有者に与える法的義務があると思われるときはいつでも提起することができるという点で一般的だったこと[10]，および，例外的な場合は別として，その物は以前に原告が被告に引き渡したものでなければならないことである．そこで，(不当)利得返還請求訴権は，契約がある場合でもない場合でも提起することができた[11]．それが抽象的であると共に一般的であることにつき説明を要するが，その最も簡単な説明は，(不当)利得返還請求訴権は，元来，明確に述べる必要がないほどに具体的な状況を想定していたのであるが，その後他に拡張することができることが判った，というものである．最も明らかな具体的状況が消費貸借であるが，事実，(不当)利得返還請求訴権が最初に用いられたものであるといつも言われてきた．消費貸借は，友人が借入を返済せず，隣人関係が破綻した場合に，法的効果を認められる必要があった．初期の農業社会において，穀物の種子の借用が収穫の後に返済されるべきことは，一般的なケースであった．この場合，問答契約は締結されなかった．その理由はまさに，友好的なサービスを提供する友人が，他方に正式な契約を要求することは，道徳的に不適切であるからである[12]．貸付が商業上のものである場合，問答契約は利息も含めて締結された．したがって，消費貸借という特別の契約は必要なかったのである．今や我々は，消費貸借に関する訴訟が元本のみで，利息にまで拡大されなかった理由も理解できる．友人は友人から利息を要求しないのである[13]．隣人関係の破綻は，ローマの規模の拡大と関係があるものと思われる．

　しかし，消費貸借の最も初期の訴訟は，明らかに金銭に関してであり，穀物に関してではなかった．このことはデイヴィッド・ドーブによって大きな枠組みの中で説明されている．彼は，「いくつかの取引は，元々，共同社会（fellowship）『ゲマインシャフト』(Gemeinschaft) の贈与の世界に属していたのであるが，貨幣が入り込んでくると，利益社会（partnership）『ゲゼルシャフト』(Gesellschaft) のより厳格で法律尊重主義的な特性を有するようになる」と強調する．特に消費貸借に関しては，訴訟を認めることは――最初は金銭貸借に限られていたが――，彼にとっては贈与取引における破綻を示すものとなる[14]．それ以前，穀物や金銭を，それを必要としている友人に贈与すれば，都合の良い時に反対の贈与によって返還されることが期待されていた．私は，シリウス法以前でさえ，消費貸借というのは，都合の良い時に返還されるべき貸付であると考えられていた，との見解を採りたい．しかしそれは小さな問題である．重要なことは，ドーブが，(不当)利得返還請求訴権が元々金銭に対する要求に限定されていたことについて，もっともな説明をしていることである．

第15章 ローマ法と比較法——契約の出現

もう一つの初期の契約タイプが寄託であった，と私は信じる．法学者のパウルスは我々に，「寄託に関して，十二表法によって2倍額請求訴訟が，法務官の告示によって単額請求訴訟が認められる」と説明する[15]．——他の人と同様に私も——十二表法の下における2倍額請求訴訟は罰であり，必ずしも契約の概念に基づくものでなく，不法行為に近いものであると考えてきた[16]．そして，実にその不法行為は窃盗に近いものであったとも言われている[17]．しかしこの点について強調されなければならないことは，この訴訟の範囲が非常に限定されていたことである．パウルスの言うことを信じるならば，寄託された物が返還されない場合に訴訟がなされた．パウルスの言葉によると，賃貸されたり使用貸借されたりした物が返還されない場合，その訴訟も，また我々が知っている類似の古代の訴訟も提起できなかった．財産の保管のために報酬が支払われるべき場合にも，寄託は無償のものでなければならなかったので，その訴訟は提起できなかった．さらに，契約の問題とは別に，そのような訴訟の必要性はほとんどないように思われる．所有者は，所有権を主張する（その時代の）通常の訴訟，神聖賭金式対物法律訴訟（legis actio sacramento in rem）を提起できたし，少なくとも受寄者がその物を移動させた場合は窃盗で訴訟ができた（そして，受寄者がそのようなことをしなければ，訴訟は彼にとってほとんど効用がなかったであろう）．このような状況をとりあげて不法行為概念に基づく特別の訴訟を認める理由は，ほとんどなさそうである．

それでは，何が特別の訴訟に対する願望を駆り立てたのであろうか？ 寄託は，物の賃貸借や使用貸借とは異なる．第1に，寄託においては，寄託物は流通から排除され——誰もそれを使用することはできず，確かに受寄者も使用することができない——，そして第2に，利益を与えるのは，まさに受寄者の側である．そのことから，寄託者は，その物を返還することを契約によって正式に約束せよと受寄者に要求する立場にないことになる．寄託者は，受寄者が行う善行に対して報酬でもって報いることはできない．それは，受寄者の誠実に疑いを持つことを意味するからである．さらに，寄託者が彼の財産をしばらく流通から引き上げる理由は，しばしば——地震，火事，建物の崩壊あるいは船の遭難が原因で——，彼自身が緊急事態にあり，彼自身でその財産の面倒を見ることができないことにあり，ここでもまた，寄託者は彼の救助者から問答契約の方式を要求する立場にないのである．しかし，寄託者は特に詐欺に遭いやすい立場にあり，罰金を伴う強制力のある救済手段を与えることには合理性がある．共和政後期の時代に，法務官は寄託に関する複雑な告示を発令した[18]．その主たる条項は，緊急寄託（*depositum mis-*

〔127〕

erabile)——地震，火事，建物の崩壊，船の遭難の結果としてなされる寄託——の場合に，彼に託された財産を返還しなかった受寄者に対して2倍額損害賠償の訴訟を規定し，その他の場合に単額の損害賠償を規定した．議論は，十二表法の条項は緊急寄託についてのみ適用があるという見解[19]と，それは全ての種類の寄託に適用があるとの見解の双方からなされてきた．私は第2のより多数の意見に賛成であるが，決定的な論拠はないように思われる．しかし，何れの場合にも，詐欺の場合の特別の訴訟に関する議論は妥当するであろう．ありそうなことと思われるが，もし寄託がしばしば寺院の中や僧侶となされていたならば，詐欺がなされた場合に受寄者が訴訟することが許されるべきであるという考えは強まったであろう[20]．

[128] 偉大なローマ人の発明の一つが——現在，外国のモデルがないことが広く承認されているが[21]——諾成契約であって，単に当事者の合意を理由としてのみ法的に拘束力のある契約であり，そしてその形成について何の要式性も要求しないものである．4つの契約があり，売買契約（*emptio venditio*）が最も初期のものであると一般に推測されている．紀元前200年頃には全面的に訴訟可能であった[22]．諾成契約の起源の説明には多くの理論が展開されてきた[23]．その内の一つとして，例えば，かつては，買主が売主に代金の支払について手付金を支払った場合にのみ，あるいは，売主が買主に引き渡した場合にのみ，合意が拘束力を持った，という仮説がある．しかしこの説は，歴史的資料の裏付けを欠くと見られている．その他の例としては，例えばテオドール・モムゼン（Theodor Mommsen）の仮説があり，国の契約（例えば戦利品の競売）がその例やモデルを提供しているというのである[24]．この見解は，要式性なしの合意が訴訟の対象となり得るという考え方をローマ人に与えたものは何であるかという問題と関連する．しかしこれらの仮説は，私人によって締結される個人的な取引が売買契約へ変形され，裁判所によって強制されることについての洞察はなんら提供しない．諾成契約の発展の根は1つ以上ある可能性がある．しかし，どのような経済的または社会的な圧力を想定しようとしても，（ある者達が考えているように）外国貿易の拡大と遠隔地で行うことのできる契約の必要性の故にであるとか，（他の者達が考えているように）ローマ法の要式に不慣れな外国の商人達の便宜を図る要式性のない契約の必要性の故にであるとか，あるいは（またはその他の者達が論じているように）ローマ人と外国人の双方を扱う契約法における信義誠実の価値についての認識が増大したから諾成契約が必要になったのである[25]，人が言おうと言うまいと，同じ結論になる．別個の契約としての諾成売買契約は，一つには問答契約がその課題には不適切であったから発生し

たのである．次の事柄には何の疑いもない．諾成契約の導入以前に，売買の
タイプの取引を行う当事者で，彼らの合意に法的強制力を持たせたいと欲す
る者は，問答契約の形式で彼らの合意を形成した(26)．そして，この合意の
方法が満足すべきものであったならば，更なる発展は生じなかったのである．

　諾成売買契約の起源と問答契約との関連についての私自身の見解は(27)，
最初からそして何世紀にもわたって存在し続けた売買契約における2つの欠
陥を観察することから生じている．すなわち，売買契約は，所有権の，また
は追奪（eviction）に対する黙示の担保責任（inherent warranty）を有してお
らず，また隠れた瑕疵に対する黙示の担保責任もなかったことである．しか
し，問答契約によって実際に担保を取っている数百の資料が示しているよう
に，買主達はそのような事柄に対する担保責任の保護を欲した．そして黙示
の担保責任の概念は，ローマの法学者達にとっては異質のものであった．何
故ならば，それらは特定のタイプの重要な財産の移転の正式の方法である握
取行為の形で何世紀にもわたって存在していたからである．黙示の担保責任
の存在しないことは，諾成契約の商業上の価値をはるかに低くすることにな
る．商人達が保証を要求するときは何時でも——そして，証拠が示している
通り彼らはしばしば担保責任を要求していたのであるが——，当事者は問答
契約を締結するために顔を合わせなければならなかった．したがって，この
契約は手紙や使者によって行うことはできなかった．確かに，問答契約によ
る約束を取ったり与えたりするために家族の従属的なメンバーを送ることは
できたであろうが，それ自身不便で費用のかかることが多かった(28)．何世
〔129〕
紀もの長きにわたり黙示の担保責任がなかったこと，ローマ人の担保責任に
対する強い願望，そして担保責任が当然伴い得ることを彼らが知っていたこ
とは，説明を要求するが，私が思うに，その説明は，我々がそれらの欠陥が
それほど目立つものではなかったところに売買契約の起源を想定する場合に
のみ，見出せるのである(29)．

　売買の起源以前に遡るならば，売買契約の類の取決めをし，法的に拘束力
のある合意を望む当事者は，私が述べてきたように，彼らの取引を問答契約
で締結するであろう．他に方法はなかった．全ての契約条項は，問答契約の
性質により，一言一言，言葉にされなければならないことになろう．買手は，
定められた日に支払をすることとそれに遅れた場合には利子を支払うことを
約束することになろう．売手は，定められた日にその物を引き渡すこと，そ
れに遅れた場合は違約金を支払うこと，買手がその物の占有を追奪されない
こと，そしてその物には隠れた瑕疵が存しないことを約束することになろう．
それぞれの問答契約は片務契約であるが，当事者は彼らの権利や義務が相互

的であることを欲するであろう．かくしてそれぞれの問答契約を履行する義務は，他方の問答契約の履行または履行する意思を条件としなければならないであろう．さらに悪いことには，この条件付相互性は，部分的であって全面的ではない不履行を考慮して形成されなければならないことになろう．例えば，売られた奴隷に，比較的重要でない欠陥があることがわかった場合，買主はその奴隷を保持したいと思うものの，値段を減額して支払いたいと欲するであろう．問答契約の言葉を案出し，約束を取ることは，極端に煩わしく複雑なことであり，したがって当事者の意図が挫折することがよく起こったであろう．ここまでは確かなことである．ここから先は，では裁判を担当する政務官，すなわち法務官がこの問題をいかに処理したかという話である．以下は推測であるが，私としてはもっともなことだと思っている．ある時，法務官は，売買に関する問答契約中の予期しない欠落を救済するために，信義誠実に従って行われる訴訟を与えるべきであることを認めた[30]．とりわけ，彼は義務を相互的に認めようと努めた．法律を枠組ごとに見ようとするローマ人の傾向に従い[31]，厳正法に属す問答契約と信義誠実に基づく新しい訴訟は，別個のものとして分けられる．しかし，売買のタイプの状況があり，少なくとも１つの問答契約が存するならば，買主か売主に対して，信義誠実に従って与え為すべきところの額の金銭を請求する，相手方に対する訴訟を認めるべきものとの見解が採用されるに至ったであろう．独立した契約としての売買契約は，出生の途上にあった．しかし，必要な問答契約の内容は何か？　最も簡単で可能な売買タイプの取引においては，合意が成立するや否やただちに金銭の引渡しと物の引渡しがなされたであろう．求められる問答契約が扱うのは，ただ売主の残存する義務のみであり，それは追奪と隠れた瑕疵に対する担保責任のみから構成されるであろう．我々は共和政時代の著述家であるワッロー[32]から，これらの担保責任が単一の問答契約に含められていたことを知っている．最終的には，売買契約に基づく訴訟は，問答契約が行われていない場合にも認められた．しかし，その契約が出現した

[130] 経過の故に，買主が占有追奪された場合や，目的物に隠れた瑕疵があった場合でも，売主が信義誠実に従って行動した限りは，その訴訟は長いあいだ何の救済手段も与えなかったのである．その契約が出現した方法の結果であるか，多くの人達が考えているようにその契約を認知する圧力の一部としてであるかはともかくとして，売買契約においては信義誠実が強く強調された．私が前述した発展には，それをもっともなものとするもう一つの特徴がある．その発展は，法的思考において突然飛躍するようなものではない．それは，売買タイプの取引を行う当事者がいかに行動したか，そしてそこで生じた問

題に対する，法を創造する担当者の徐々の答えに，深く根ざしている(33)．

　第2の諾成契約，賃貸借（locatio conductio）の起源はもっと曖昧であるが，おおかたの想定するところは，その始まりが売買の起源と密接に関連することと，売買のほうがより重要な事例であったことである．したがって，売買契約の例にならって賃貸借契約がその後に続いたのであり，賃貸借が後の契約であるか，あるいは，売買契約を認知する推進力は，同時に，それよりは重要性の劣る賃貸借をも認知するよう促したか，のいずれかということになる．例えば，契約における信義誠実に法的な重要性を付与する必要性は，契約の承認を促した共通項である(34)．ローマ人によっても後世の学者達によっても奇妙なことに気づかれなかったが，もし人が，時間的にあるいは法的重要性において売買契約を優先させる場合，賃貸借に関して1つの要素が明確な形で出現する．賃貸借は，売買以外の，当事者の一方の給付が金銭でなければならないすべてのタイプの双務契約をカバーする，補充的なカテゴリーである．このことが，そしてこのことのみが，少なくとも3つの非常に異なる契約状況がこの契約の中に含まれているという特性を説明することができる．3つとは，金銭と引換えにある期間物を使用すること，金銭と引換えにある期間労働を提供すること，金銭と引換えにある期間特定の仕事の割当てを達成することである(35)．これらのそれぞれの状況において，金銭と引換えに行動する当事者の義務は大変に異なる．賃貸借が残余の部分を補充するカテゴリーであることに対する疑いは，金銭の交付がなされない，それぞれに対応する状況においては，この1つの契約に代わって3つの契約，すなわち委任，寄託，使用貸借が登場することに気付くならば，解消するはずである．賃貸借のような形態が出現し，ローマ時代を通じてその範囲を変化させず，さらにフランス，チリ，そしてアルゼンチンのような国々において一つの契約としてなお盛んであるということは，法発展において法的伝統の力がいかに強いかを，きわめて明白に示すものである．

　西洋の伝統においてすら，あるタイプの契約と他のタイプの契約との間に，通常おこなわれているように正確に線を引く必要がないことを示すもう一つの例として，以下のことは一考に値する．紀元前2世紀のローマにおいては，金銭の支払と引換えに，冬場，他人が自己の土地で家畜を放牧することを許す合意は，飼葉の売買として考えられた(36)．古典期のローマ法と近代法は，この合意を賃貸借として取り扱う．売買においては所有権を移転する必要がなく，平穏な占有を引き渡せば足りた──この事例では当該合意の期間──という事実を考慮に入れるならば，共和政期の立場はまったく賢明なものであったし，古典期の法においてもなおそうであったであろう．売買における，[131]

追奪と隠れた瑕疵に対する標準的担保は，完璧に妥当なものだったであろう．

第3の諾成契約，委任は，紀元前123年までには存在していたが[37]，すでに検討した2つの契約とは存在理由において異なる．委任は，他人に役務を無償で提供する合意である．それは商業上の契約ではなくて，友人間における合意である．さらにそれはまさに，役務を提供しようと頼まれている友人に対して，あるいは経費の償還を要求する友人の側から，問答契約を要求することができないタイプの状況なのである．いやしくもこれが契約として存在するに至ったことは，ローマ人が友情に大きなウェイトを置いていたことに帰せしめられるべきことである．友人達は，お互いのために多くのことをするものと期待されていた．他人のために無償で行動する合意と有償で行動する合意の間にかかる区別をすることは驚くべきことと思われるかもしれないが，労働を卑しいものであると考えたローマ人の態度が，たぶん十分な説明となる．少なくとも，自由人にふさわしい職業（*artes liberales*）の履践は賃貸借の対象にはなり得ないという見解を導きだしたものは，この態度である[38]．

使用貸借，すなわち使用のための無償の貸与が，たぶん紀元前1世紀始め頃に出現したことに関しても，同じような説明が可能である[39]．友人に無償で貸与した友人は，返還に関して正式の約束を要求することはできないのである．たぶん同じ頃の，寄託の改造された義務についても，同じ議論が適用できる．

個別の契約としての質（*pignus*）の起源は，簡単には判らない．質物をそれが何処にあっても追求できる特定の訴訟を債権者に認める物的担保取引としての質は比較的古いものと思われるが，このことは，質が契約訴訟をもまた生ぜしめたことを意味しない．ローマ市民法において契約訴訟が存在したという証拠はないが[40]，たぶん法務官は，紀元前1世紀頃に，告示によってそれを認めた[41]．少なくとも法務官の訴訟は，推測されるどの市民法の訴訟よりもはるかに傑出したものであった．そしてその文言は多くのことを説明する．「もし，アウルス・アゲリウス［原告］が，ヌメリウス・ネギディウス［被告］に，この訴訟の対象である物を，債務として負う金銭の担保として交付したこと，そしてその金銭が返還され，またはその債務について満足がなされたか，あるいは金銭の返済がなされないのはヌメリウス・ネギディウスのせいであること，そしてその物がアウルス・アゲリウスに返還されなかったこと，が明らかであるならば，何であれ問題となっているものが値する額……」云々である．いわゆる反対訴訟（*iudicium contrarium*）を債権者も提起することができたが[42]，最初は，そしてたぶんある段階ま

では，債務者が債権者に対して提起する契約訴訟だけが存在したことには疑いがない．かくしてこの契約を導入する主たる推進力は，債務者の保護であった．質という物的担保は，引渡しなしでも行うことができたが，訴訟の文言が示しているように，質物が債権者に引き渡された場合にのみ，契約が存在し，債務者が借入を返済したか，満足を与えた場合にのみ，その契約による訴訟が提起できた．かくして大部分の場合において，問答契約に対する〔132〕物理的な障害〔契約締結時に当事者がその場で相対するという面倒〕はあり得なかった．たとえ，引渡しが債務者個人によってなされず，息子や奴隷などの債務者の権力下にある者によってなされた場合でも，あるいは，引渡しが債権者の権力下にある者に対してなされた場合でも，法的に拘束力のある問答契約を取りつけることができた．命令訴権 (*actio quod iussu*) は，（我々の目的のためには）家長に彼の権力服従者の一人が彼の計算で締結した問答契約について責任をとらせるものであるが，質契約よりもさほど後のものとは思われない[43]．そして，この取引は商業上のものであるから，問答契約で約束をとりつけることに対する既に述べた類の道徳的な障害は，ここでは存在しなかったであろう．

一つの仮説として，私は，ローマの契約法の伝統の中における〔質契約の〕導入についての考えられる理由を述べたい．通常の場合，内部的な観点からは，貸手がいかに無節操あるいは評判の良くない者であったにせよ，借手に恩恵を施すのは貸手であることが，前提となる．借手は現金を必要とし，貸手はそれを持っており，貸す用意がある，という事実が強調されなければならない．借手は，支払後の質物返還のために貸手から問答契約を取りつけることについて，何時でも容易に要求できるとは限らないであろう．人に明確な道徳的義務をなすよう正式の約束を要求することは，不信を意味する．正直な貸手ならば問答契約を与えることになんの躊躇もないであろうという反対もあろうが，訴訟は，うまく行く取引にではなく，まずくなって行く取引に必要なのであり，第1に，正直でない債権者に照準を合わせているものなのである[44]．

しかし，この類のアプローチは妥当なものだとは思わず，それに代えて質契約の出現の経済的あるいは社会的な必要性に説明を求めるべきだと主張する人がいるとしよう．かかる説明は見いだすことができないであろう．問答契約が取りつけられていない場合でも，新しい契約訴訟を求める経済的または社会的な大きな圧力があったと想像することは困難である．つまり，支払を受けた債権者が質物の返還を怠ったり拒否したりした場合に，かつての債務者は，この時代ではすでに所有物取戻訴訟 (*vindicatio*) ということにな

るが，自己の財産を要求する所有者に与えられる通常の訴訟を提起することができたからである．債権者の行動が窃盗になる場合，債務者は加えて盗訴権 (*actio furti*) を提起して罰金を求めることができた．後の時代においては確かなことであるが，たとえ最初から，債権者が質物を損傷した状態で返還した場合に，方式書も訴訟を認めるべく予定されていたと想定したとしても——方式の文言からはその想定は正しくないと思われるのであるが——，債権者または彼の権力下にいる者が，過失によってであれまたは悪意をもってであれ損傷を引き起こしたときは，債務者はすでにアクィーリウス法に基づいて訴訟をする権利を有していた．以前は規定されていなかったが今や契約訴訟によってカバーされるに至った状況の一つ（しかも，文言の率直な解釈の範囲内で）が，過失のある状況で質物が盗まれたので，債権者がそれを返還しなかった場合である．ほとんど同じ理由で，使用貸借や，すでに述べた寄託を認めるための経済的理由は，ほとんどあり得ない．

〔133〕　たとえ明確な証拠はないにしても，寄託，使用貸借，そして質についての法務官の訴訟が歴史的につながっていることは，驚くべきことではない．寄託に関する十二表法の訴訟は，道徳的憤りの結果であり，そして，たいへん後に，告示は大部分の事件において損害を単純な原状回復に緩和した．使用貸借についても，寄託と異なるものとは判断されなかった．かくして同様に，契約訴訟は，合意の結果としてある人間の手にある財産が適切に所有者に返還されなかった場合に認められた．そして質も，使用貸借よりも古いものか否かは別として，もう一つの例として見られた．

　　我々は，文書契約（literal contract）が，いかにして，何時，また何を目的として生じたかについての実際の証拠を持たない．したがって，ローマの契約法の成長に関するあらゆる理論に賛成とか反対の議論をこの契約から引き出すことはできない．それは紀元前 1 世紀の最初の頃までには存在したが[(45)]，はるかに古い可能性もある．古典期の法において，ローマの家長が，彼の会計簿に，実際には支払われてないのにそれが支払われたと記入し，実際には貸付がなされていないのに貸付がなされた趣旨の勘定を付けた時に，文書契約が生じた[(46)]．したがってそれは，債務を元から発生させる契約ではなく，ある種類の債務を他の種類の債務に更改する方法であった．文書契約が最初に登場した時にも，そのようなものであったのかどうか，そして最初は正式の会計簿に記入されなければならなかったのかどうかについては，明らかではない[(47)]．訴訟は確定貸金訴訟（*actio certae pecuniae*）であって，したがって一定の金額についてなされなければならなかった．文書契約は，ポンペイがヴェスヴィウス火山の噴火によって破壊された時に盛んであった

が，古典期の終りまでには明らかに消滅した．

　唯一の標準的なローマの契約，組合（societas）の取扱いが残されたのであるが，その起源と成長はユニークである．最も古いローマの組合，遺産が分割されない場合〔の組合〕（ercto non cito）はたいへん古いもので，家長が死亡して，彼の遺産が自権相続人（sui heredes）[48]すなわち，家父権に従属しているが父の死亡によりいかなる権力からも自由となる人間に移転した時に生じた．自権相続人達は相続において直ちに組合員となり，相続財産が分割されるまでその状態にとどまる．初期のローマにおいては，他人の権力下にある人間は財産を所有しなかったので，自権相続人は相続財産が手に入るまで何も所有しなかった．したがって遺産が分割されない場合〔の組合〕は，組合員の全財産の組合であった．これは契約による組合ではないが，後にこのような組合を設立したいと望む者達は，法務官の前で，古い訴訟の形態である法律訴訟によってそうすることが許された[49]．最終的に法務官は，諾成組合契約を認めるのであるが，それはたぶん，法務官が売買と賃貸借という諾成契約を創った頃のことである．しかしこの諾成組合契約は，古い遺産が分割されない場合〔の組合〕をモデルとしたものであった．重要なポイントとして，法務官は彼の告示においてたった1つの，訴訟のモデル方式である方式書を設けたのであるが，それは組合員の全財産の組合であった．したがって諾成組合契約は，商人間の商業上の合意ではなく——彼らははるかにもっと限定された組合を欲したであろう——，近しい親戚や友人達の間の組合で，たぶん彼らは共同の農業経営に参加することを望んだのであろう[50]．ローマは長く商業が活発であった．商業上の組合は明らかに経済的〔134〕に有用であったが，法的歴史と伝統により諾成組合契約の第1のタイプは商業的なものではなかった．確かに後の時代には存在した，限定された種類の組合も，最初から存在したのかどうかは決定できない．

　組合が商業にではなく相続に起源を持つことは，諾成組合契約の重要な特性の説明となる．ローマの相続人は，被相続人の債務について，それが財産を超過する場合ですら責任があった．共同相続人達は，彼らが相続したのと同じ割合で債務について責任を負った．そこで，法学者のクイントゥス・ムーキウス・スカエウォラ（紀元前82年に殺害された）は，1人の組合員が，生じ得べき損失の［分担］割合よりも，生じ得べき利益についてより大きな割合を取るべしと定めるのは組合の性質に反すると主張した[51]．ムーキウスの見解は，明らかに彼が考えていた通り，組合の性質によっていたのであり，公正によってではなかった．セルウィウス・スルピキウスは，この見解から離れて首尾よく以下のように論じた．そのような組合，さらには一組合

員が利益には与るが損失は分担しない組合でさえ，その組合員の働きが価値のあるものならば公正な取決めであり得るのであるから，有効であると．しかし，サビーヌスとウルピアーヌスは，かかる取決めは，それが実際に公正である場合のみ有効であると判断した(52)．これは，錯誤，強迫あるいは詐欺なくして締結された契約による任意の取決めが，出資と報酬とが同等でない限りは有効ではないとされた，古典期のローマ法における唯一の例である(53)．その存在はまったく法的伝統の内部の論理に依拠し，経済的，社会的あるいは政治的圧力には何ら依拠していない．等価性の必要性が，他の双務的な契約に広がること，あるいは逆に，組合に関しては消え失せることを阻止したのは，この同じ法的論理であり，ローマの契約の暫次的な発展であって，社会的な力ではない．

　この内的な法的論理の力は，発展のもう一つの不成功において明らかである．寄託，使用貸借，そして委任は，一歩ずつ成長したが，いったん存在するに至ると，実際それらが別個の制度であると考えられていたことは別として，寄託と使用貸借を委任の下に包括しない理由はなかった．寄託と使用貸借の場合には契約成立のために物の引渡しが要求されるが，このことは障害とならない．これらの契約が委任に編入されたとしても，法の実際的な効果は変わらなかったであろう．委任については，何かが履行されていない限り，当事者のどちらかが一方的に撤回または解約する自由があったからである(54)．ポンポーニウスが明らかにしたように，特定の取決めが委任か寄託かについて疑問のある場合すらありえた．

　しかし，問題を見る法律家の方法が法的発展に及ぼした力は，発展していなかったか，部分的にのみ発展していたか，後になって発展した契約を見ると，たいへん明白である．まず第1に，ローマ人が書面契約を決して発展させなかったことは，一見したところでは驚くべきことである．書面契約は，機能ではなく要式によって規定される第2の契約として問答契約と並び立ったはずのものである．かかる契約があれば明らかにたいへん有用であったはずである．とりわけ，当事者が同席することが容易でなかったことは別として，問答契約がすぐに思い浮かぶ契約であったであろう状況において，書面契約は有用であったはずである．これらの情況に，追奪と隠れた瑕疵に対する担保責任が要求される場合の売買も含まれたであろう．その上に，その有効性が書面の存在に依存する契約は，通常，証明が簡単であったであろう(55)．事実，他の契約は，問答契約も含めて，あるいは証拠を残すため，あるいは契約条項が忘れられないようにするために，しばしば文書にまとめられた．ローマ人が書面契約の有用である可能性を知らなかったはずはない．

書面契約は，古典時代のアテネにおいてすら標準的なものであった[56]．さらに，紀元後2世紀の法学者ガーイウスは，ギリシャの書面契約の存在と，そしてそれとローマの文書契約との対照についてよく知っていた[57]．書面契約が存在しなかったことについては説明を要するが，それは経済的または社会的なものではあり得ない．私が提案する最も妥当な説明は，もともと問答契約は，書面化が広く用いられていなかった時の唯一の契約であったということである．問答契約が明らかに適切でない場合にのみ，それに対する例外として，あるいはそれからの変形として他の契約が生じるほどに，問答契約こそ契約の中の契約であると見る習慣がしみ込んでいたのである．問答契約を使用することができるすべての状況，そしてそれを使用することのできない他の状況のどちらにでも使える，要式によって規定される新しいタイプの契約を作ろうという考えは，ローマの法律家には起こらなかった．

同様に，交換契約が，帝国の最も初期の頃まで発達しなかったことは，驚くべきことであった．紀元前275年頃の鋳造貨幣の導入の時[58]まで，物々交換タイプの状況は商業取引の最も一般的なタイプに違いなかった．その後になってすら，物々交換は最も頻繁な取引だったであろう．しかし，交換（permutatio）は，法制度としては売買契約に何世紀も遅れて登場し，ローマの契約制度に決して全面的に受け入れられなかった[59]．契約としては不十分なものであった．その成立のためには一方の当事者の引渡しが必要であり，不履行に対する訴訟は交付された商品の価値に対してのみなされたからである．この契約を，当事者の合意のみが要求され，訴訟は被告が信義誠実に従って与えまたは為すべき金額に向けられた売買契約と対比されたい．万能の問答契約が交換契約を不必要にしたと言うこともできない．何故ならば，問答契約は口頭の質問と答えを要求し，契約をする当事者が対面することを要求するからである．異なる場所にいる2人の商人が物々交換の合意をすることのできる唯一の方法は，彼らの一方が他方に，息子や奴隷のような彼の家族の従属メンバーを，引渡しをするか相互の問答契約をするために派遣することであるが，それは相当の費用がかかり不便であった．ローマの商人達が物々交換をそんなに締結しなかったということは，貨幣のローマへの導入が比較的遅かったことを忘れることである．そして，ローマの商人達が物々交換に関連した法を不便とは思わなかったというのであれば，売買のような見事な契約の導入の説明ができなくなってしまう．

しかし，個々のローマにおける契約の出現は——確かに，社会的必要から生じたものであるが——，出現の足並みも契約の特徴も，法的論理によって〔136〕規制されたのであった．売買契約の価格が貨幣以外のものでも可能かどうか

に関する，サビーヌス学派とプロクルス学派の間の論争ほど，このことを明確に例示しているものはない[60]．サビーヌス学派は，交換は売買契約の最も古い形態であるという見解を支持するホメロス（Homer）の一節に依拠して，それは可能であると主張した[61]．多数説となったプロクルス学派は，その解釈は誤りであると主張し，その解釈では，人は何が売られる物で，何が買われる物であるのかを決定することができない，とも論じた．論争の根本にあるのは，満足すべき法準則を交換に広げるという重大な作業である．しかしサビーヌス学派は，経済的真実に気付いていたが，法的ゲームのルールに拘束されて，交換のためのより望ましいルールに賛成の議論をすることができなかった．彼らのできたことは，せいぜい交換は売買の概念に含まれることを論じた程度であった．その上に彼らは，社会的または経済的基礎に対する法的変化に賛同する議論がぜんぜんできなかった．プロクルス学派もまた，経済的変化を無視していたか否かは不明であるが，多数説となった彼らの見解のために純粋に法的な性質の論拠を提出したのである[62]．法はあたかもそれ自身が目的であるかのごとく扱われた．そのことは，法律家が〔社会的，経済的要素を〕どれほど無視したかを明らかにする．問答契約を要求することが道義的に不可能な場合は別として，契約を創造するために許された問答契約の唯一の変形は，金銭の支払義務を含む場合であり，つまりは，売買とその補充的カテゴリーである賃貸借であった．売買でさえ，問答契約の束縛から解放されるのにたいへん長い時間を要した．

ドーブは，消費貸借の場合と同じように，売買と同じ頃に，そしてもっと後になってからでも，諾成契約としての交換が承認されなかったことについて説明が必要であると感じ，そして以下のことに気づく．この「現象は，金銭に導かれる売買においてはよそよそしい雰囲気があるのに対して，金銭を伴わない物々交換は本質的に親密で近い人達の関係であることの結果である．現代においてすら，原則として，レコード，カメラ，家（または住む仲間）の交換に関する合意は，これらの物を金銭と引換えに移転するよりもより私的であり，法指向的ではない」．そして彼は，いずれの側の給付も金銭によるものではないという点を別にすれば，賃貸借に類似した契約を発展させなかったことに関しても同じように説明している[63]．ドーブの議論には疑いもなく多くの真実があると私は信じるが，これらの契約が発展しなかったという問題は，たぶんドーブが提案するよりも大きな問題である．第1に，寄託や使用貸借のような，金銭の支払を伴わない，親密で近い人達の間の契約は，常にそれらが無償であることを前提として認められた．第2に，商人間の物々交換は，ドーブが提案する現代の例よりも，特に鋳造貨幣以前の時代

においては，親密で近い人達の間の契約とは大いにかけ離れたものであった．契約のリストからこれらの取引がないことについては，金銭の支払がないという事実に加えて，問答契約のみが契約として認められていた法的伝統が挙げられなればならない．但し，特別なタイプの状況において問答契約の変形の承認を迫る十分な圧力が生じていた場合は別であった．金銭が関係している場合を別にして，その義務が友人間のものであって，信頼を必要とし，したがって無償であると見られる場合には，その圧力はより大きなものであった．

　たぶん紀元後1世紀には早くも，ローマの法学者達は契約制度におけるギャップを埋めるための改善策を考案しはじめたが[64]，交換のための改善策はそれらの一つであったと思われる．紀元後2，3世紀の法学者パウルスは，ついに，原告がすでに彼の側の取引を履行した場合を条件として，以下のタイプの合意に基づいて訴訟が認められるべきであると述べた．「あなたが与えるので私は与える．あなたが為すので私は与える．あなたが与えるので私は為す．あなたが為すので私は為す．」[65] したがって，双務契約に関する合意には，一方当事者により履行がなされたとき訴訟が認められた．これは契約の一般理論へのステップであると時々言われている．これは正しくないように思われる．それぞれのタイプの契約は，それぞれ固有の主たる奇妙な特性を持ち続けたからである．まだ一般的契約理論はなかったのである．

[137]

　最後に我々は，最も古い契約である問答契約に立ち帰ることにしよう．それは，長い歴史にもかかわらず，法的伝統に関連した理由により，本来あるべきところまで発展するには決して至らなかった．たいへん初期の契約は厳格なもので，諾約者は彼が言うことによってのみ拘束され，その約束の理由は――錯誤，詐欺あるいは強迫でさえ――関係がなかったということは，十分推測がつく．しかし，特に諾成契約に関して，ひとたび義務が信義誠実に基づきうることが承認されるに至れば，問答契約を厳正法上の契約としてなお維持するものは，法律家の保守性と伝統以外にはないであろう．契約について信義誠実を考慮に入れることは，法にとっては社会的利益であり，社会的に格付けされる詐欺などない．しかし，問答契約に関しては，紀元前1世紀まで強迫や詐欺に対する救済手段が与えられなかった．強迫に対する救済手段は，紀元前80年頃にオクタウィウスという法務官によって，詐欺については，明らかに紀元前66年にアクィーリウス・ガッルスによって，導入された[66]．我々の興味を引くのは，強迫や詐欺についての特定の抗弁であり，訴訟が問答契約に基づいて提起された時に，これを主張することができた．抗弁の核心は，正確には，被告は原告の主張の有効性を否定しないこと

である．被告は，考慮されるべき他の事実があると主張するのみである．言い換えると，強迫や詐欺は問答契約を無効にはしないのである．それは有効に残るのであるが，その効果を，抗弁の使用により拒否することができたのである．問答契約は常にこの素朴な段階に止まった．無効であることと抗弁により阻止されることの間の区別を，重要でないものと考えるべきではない．もし被告が適切な時期に明確に抗弁を主張しない場合，彼は後になってそれを主張できず，それを試みても敗訴するのである．なぜ，問答契約自体は有効として維持し，それを無効としなかったかについては，法において適切なものは何かについての法律家の観念以外に満足のいく説明はない．

　この章の趣旨は，とりわけローマの契約の起源と性質を統括したのが，契約の起源である問答契約に根ざした伝統に基づくローマの法的思考である，ということであった[67]．組合は，問答契約からの変形として発展したものではないが，その起源と性質，そしてまたユニークで重要なルールにおいて成熟した契約であり，同様に，法発展における法的伝統の巨大な役割をよく〔138〕示している．もちろん，だからといって，経済的な力や政治権力による影響を排除するものではない．しかし，法的伝統の外にある力の影響は，それに見合った結果をもたらさなかった．一方で，寄託，使用貸借，そして質の契約が，比較的早い時期から訴訟をすることができたこと，他方において，交換が遅くに出現し，不十分な状態が継続したことほど，これを明確に例示するものはないであろう．上記3つの契約が，個々的に，そして全体として，交換よりも商業的にはるかに重要性が低かった，というのは正しくない．それらは，財産や不法行為に関してすでに訴訟が存在していたことから考えると，ほとんど必要がなかったとも言えるのであり，他方において，遠隔地間の交換を法的に保護されるものにしようとする努力は，不便と費用という問題を孕んでいた．そして，交換に携わっていたローマの商人やその他の者たちが，財産を寄託したり，貸したり，貸付に対する担保として用いたりしている人々に比べて，政治的影響力において劣っていたと信じることは，確かに困難である．

第16章　ローマ法とイングランド法

　法源は，法の発展に対して大きなインパクトを与えるのであるが，古代 〔139〕
ローマと中世イングランドとではたいへん異なるものであった．しかし，こ
のような大きな問題はここでの我々の関心事ではない．この章で私が論じ
たいのは，ローマ法とイングランド法の発展が如何に似ていないかを例示す
る実体法の二つの問題である．これら二つを選ぶについては特別の理由が
あった．第1のテーマは土地法である．これは，一つの制度を孤立させて考
察すると法発展の理由をいかに簡単に誤解するかを示すためにとりあげた．
第2のテーマは契約である．契約は，ローマ法とイングランド法の間でその
方法に大きな隔たりがあることを例示するために論じることにした．
　S. F. C. ミルソム（Milsom）は一般に，過去半世紀の中で最も偉大なイン
グランド法制史家と考えられており——私も賛成である——，そして彼の『コ
モン・ローの歴史的基礎』（Histrical foundations of the Common Law）は，土地
法というここでの主題についての最良の本と考えられている[1]．土地の所有
権を扱う最初の文章は次の通りである．「最も初期の定住から産業革命まで，
社会の経済的基礎は農業であった．土地は富であり，生計手段であり，家族
の食料であり，そして法の基本的な主題であった．」[2]　最後の言葉は，一般
化の一部として著者は意図しているものと思われるが，もしそうとすれば明
らかに誤りである．ローマにおいては，土地は「法の基本的な主題」ではな
かったからである．あるいは以下のように主張するほうが簡単であろう．イ
ングランド法とは対照的に，ローマ法においては，土地法の大きな発展はな
く，土地と動産の扱いに大きな法的相違はなかった．
　まず始めに，そして後の考察から極めて明らかなことに，ローマの相続法
においては，土地と動産との間に相違はなかった．両方とも無遺言相続にお
いて全く同じ扱いで相続人に承継される．しかも，長子相続や女子の排除は
問題とならなかった．土地は全く動産と同様に，遺言相続の対象となり得た．
相続に関して存在したわずかな制限は，主として家族を保護するためである
が，土地とその他の物を問わず平等に適応された[3]．実に，この関係で土地
が他の物と異なって扱われるべきであると考えた人がかつて1人でもいたこ
とを暗示するわずかなヒントすら史料にはない．

ローマ人は，所有の対象となり得る物を手中物（*res mancipi*）と非手中物（*res nec mancipi*）とに分けた．イタリアにおける土地は，奴隷，牛，馬，ラバ，ロバおよび農業用不動産役権（rustic praedial servitudes）と呼ばれる土地に対する負担と共に前者のカテゴリーに入っていた[4]．この分類の理由は明らかではないが，手中物は，初期の牧畜経済にとって最も重要な物であり[5]，グループへの分類が一度なされるや，それがそのまま維持されたのである．この区別の主な結果は，手中物の所有権は，単なる物理的引渡し（*traditio*）だけでは移転できず，握取行為（*mancipatio*）の儀式あるいは法廷譲与（*in iure cessio*）が要求されたことである[6]．握取行為の要式は簡単であるが，他の物の譲渡にはそれで十分な引渡とは異なるものであり，5人の証人の立会いを要した[7]．

その上，ここでの重要なポイントは，土地は他の手中物と全く同じ方法で，他の要件が付け加わることもなく譲渡できたことである．実際は，土地の譲渡について1つの修正があった．譲渡に当たって当事者はその土地にいる必要はなかったのであるが，他の手中物は儀式の間，譲受人によって物理的に握られていなければならなかった[8]．このことの理由が何であれ，土地の所有権の譲渡は，他の手中物よりも容易であった．

同様に，土地は動産と全く同じ方法で担保に入れることができた．担保に入れるには2つの主要な方法があった．質（*pignus*）（その中に抵当 *hypotheca* も含まれ得る）においては，占有は債権者に引き渡されるが，所有権は債務者に保持された．信託（*fiducia*）は，（法廷譲与が使われた場合は別として）手中物に限定されていた．その場合，所有権は，信託として（誠意と信託により *fide fiduciaque*），変形された握取行為により債権者に譲渡されたが，占有は債務者が保持することが可能であった[9]．担保に入れられ，引き渡された目的物は，債権者によって使用することができないのが一般的ルールであり，債権者はその管理において注意を払わなければならなかった[10]．これらの状況においては，信託は強い担保であるから——何故なら債権者が所有者なのであるから——，債権者はその財産の支配を債務者に返還し，債務者はその債務を弁済するためにそれを利用することができるようにした，と想像してよいであろう．さらに，この方法でもっともよく担保に入れられていた財産は，そこで作業する奴隷や動物を多分含めての土地であったと考えてよいであろう．しかし，ローマ法は，土地のみに適用される複雑なルールを発展させなかったし，その必要もなかった．

土地に特有のルールもいくつかあったが，これらは第1に対象の性質に関連していた．例えば，隣接する土地のために，ある土地に負担を課する役権

(servitude rights)がそうである[11]．隣人の権利を保護するための雨水阻止訴権（*actio aquae pluviae arcendae*）といった，いくつかの訴訟もあった[12]．これらはその性質上，同様に動産にも適用することはできなかった．

古典期の法では，時効取得（使用取得 *usucapio*）に必要な期間は，動産については1年で，土地については2年であった[13]．その説明としては多分，当初の時代においては，占有ではなく実際の公然たる使用が取得時効のために必要であったことである[14]．多くの土地が特定の季節だけ使用されていたので，その場所は主たる農地から相当離れており，休耕地の状態にされていたことが考えられる．そこで，所有者がその権原を喪失するためには1年以上保有することが妥当であった．

占有は特示命令によって保護されたが，土地と動産に関して異なった特示命令が用いられた．土地に対する特示命令（不動産保持の特示命令 *uti possidetis*）は，暴力，盗み，あるいは他人の許容により取得された場合でない限り，現在占有している者から占有を実力で奪うことを禁止した．動産のためのそれ（動産占有保持の特示命令 *utrubi*）は，（暴力，盗み，あるいは他人の許容により取得されたのではない限り）さかのぼる1年のうちの相手より多くの期間にわたりその物を占有した当事者にそれを取得することを認め，他の者が彼の占有を妨害するために実力を行使することを禁じた[15]．この区別〔141〕の理由は，直ちに明らかというわけではないが，多分，最近土地の占有を取得した者が強制的に追い出された場合，平和の破壊となることを恐れるより大きな理由があったと考えられる．しかし，いずれにせよ我々にとっての問題として，不動産占有保持の特示命令は，土地法の大きな発展と，それについての関心を示すものではないことである．

かくして，イングランドとの際立った対照として，ローマにおいては，土地は「法の基本的な主題」ではなかった[16]．最も重要な点において，法は土地と動産とを区別しなかったのである．区別した場合にも，動産に関する法は，土地についての法と全く同様に発展した．さらに言えば，ローマにおいては，紀元前1世紀においてさえ，契約とか不法行為のような法の他の部門は，18世紀のイングランドよりもはるかに発展していた．

人は，ある主題の経済的重要性とそれに関する法の発展との相互関連性を，簡単に自明のこととして仮定することはできない．しかし，簡単にそう決めつけられている．我々はみんな，無意識的にでも，法は経済的条件と権力的基礎から出現すると信じている．土地は，イングランドにおけると同様，ローマにおいても富の主たる源泉であった．さらに，たとえその制度がイギリス法と同様に実り多いものである場合でも，一つの制度から法的発展につ

いて一般化することはできない．

　しかし，実質的な，はっきりと区別された土地法がローマで発展しなかったのであれば，なぜ中世のイングランドではそれが発展したのかが問われなければならない．土地が富の主たる源泉と形態であり，政治権力の基礎であるが故に，別個の土地法が発展する，と言うのは正しくない．答えは，中世の封建制の性質に存する．

　以下においてまず最初に私は，特にイングランドについてではなく，むしろ単純な理念型としての封建制を考え，今考えれば，そこから発展すると予期することのできる種類の法を考察する．その上，記述は図式的である．封建制は，封主が封臣に対して，忠誠と主として軍事的な奉仕の約束と引換えに行う譲与を基礎とした社会制度，と定義することができるであろう．

　かかる制度においては，忠誠や奉仕は継続すべきものであるから，封の譲与は絶対的で永久のものではない．封臣がその奉仕をする気がなくなったり，できなくなったりすれば，譲与は終了する．一時的なもので，逸失してしまったり，領主の知らないところで譲渡ができる物は，譲与の対象とはならないであろう．かくして譲与されるものとしては動産は相応しくなく，土地と，利権を伴う官職（offices of profit）が相応しいものとなる．

　このような譲与は，特定の性格を有し，特定の法的性格を必然的に伴うことになる．それは一時的なものであり，遅くとも封臣の死によって封主に復帰し，そしてそれは，軍事的奉仕をすることができないような特定のタイプの人間に対してはなされない．この段階において，譲与が存続する間，封主と封臣は，土地に対して，併存するが相異なる利害を有する．封主は，彼自身の後任の封臣を選択したいので，封臣側の相続はない．同じ理由で，封臣は，少なくとも封主の同意なくして彼の権利を譲渡することはできない．そして，戦うことができない女性は（少なくともその時代の軍事的慣習により），封臣になることはない．

〔142〕

　しかしこれに第2の段階が続く．通常の事柄の流れとして，封臣は，譲与された土地が家族の中に残ることを欲し，相続権を確立しようとする．良く奉仕を受けた封主は，しばしばその願いを叶える．ある程度，相続の法的権利が発展する．しかし，封主は，この権利を付与することに対する見返りを期待する．相続人が相続することを封主が許可する見返りとして，報酬が要求される．封主は支配権を失いたくないので，封臣は彼の相続人を選ぶことが許されない．かくして，封建制度外においてどのような品物の相続が許されようと，この制度においては遺言相続はない．封主は譲与における彼の権利がばらばらになることを欲しないので，長子相続の制度が出現するが，こ

第16章　ローマ法とイングランド法　　　　　　　　　171

こでもまた動産の処分は問題とならない．同様に，たとえうわべだけのものであるにせよ軍事的奉仕が譲与の印として残っている限り，女性は相続から排除される．封臣が息子なしに死亡し，この非常事態に娘が相続を許される場合，封主は，彼女の夫が結局は，実際上，軍事的奉仕の履行に責任を持つことになるので，その夫の選択について発言権を持ちたいと欲する．封主はその結婚に同意しなければならないが，通常は対価と引換えにそれをする．やがて，女性の封臣が結婚する場合，金銭的報酬が封主に支払われることになる．封臣が未成年男子である相続人を残して死亡する場合，封主は当分の間，軍事的奉仕についての彼の権利を奪われることになる．その土地からの収入の形で，補償が要求される．この段階で，以前のルールがどうであったにせよ，金銭的付随条件（money incidents）が，軍事的奉仕に対してますます優勢なものとなる．いずれにせよ，軍事的奉仕に関する取決めは決して便利なものではなかった．

　この段階において，封主と封臣の関係はますます人的関係を薄めていく．このことは第3の段階へと導く．封臣は彼に譲与されたものを譲渡する権利はないが，再下封（subinfeudation）によりそれを利用することが可能となり，かくして，彼自身の権限で彼自身の封臣を持つ封主となることができる．再下封は以前には存在したが，今は，金銭を調達するための商業的方法に使用されている．さらに，封臣は，とりわけその死によって生ずる金銭的付随条件（financial incidents）を避けようと欲する．例えば，近代の信託の前身であるユースといったものが，封臣の身分を，死亡することのない集団や団体に置きかえるために考案される．

　以上述べた発展のパターンは，理念的であまりにも単純化されたものではあるが，イングランド土地法の異常なまでの発展を引き起こしたものが封建制であったことを示すには十分なほど，中世のイングランド法に近似している．動産に関する法とは対照的に，土地法の大いなる複雑性は，その経済的重要性の故に生じたと単純に主張することはよくないが，その発展は社会的・経済的条件と大いに関連していた．しかし，明らかなパラドックスが存する．上述の図式では，封建制度は明らかに第2の段階で衰退しており，第〔143〕3の段階では間違いなく崩壊している．このことは，封建制度は土地法（特に事実，イングランドの土地法）の発展のための場を設けるのであるが，明らかに封建的なイングランド土地法の大いなる複雑性の根にあるものは封建制度の崩壊であることを意味する．法は，新しい社会環境に適合するために変化し，複雑な状態を引き起こすのであるが，土地法の基本的な封建的性格を何世紀にもわたって変更することはしていない[17]．出現したルールが，そ

の時代の条件に如何に適合したかを調べることが，ここでの主眼ではない．むしろ私が強調したいのは，法的発展が下位の法形成者——この場合は裁判官達——に委ねられた場合，法における過激な変化は問題外であることである．大体において，イングランドにおける土地に対する直接の遺言相続の不存在，無遺言相続における男子の長子相続，および19世紀までの既婚女性の財産権——したがって契約に関する権利も含む——の制限を長い間残したのは，13世紀に消滅した中世の封建制度であった．

ローマ私法が全期間を通じて，イングランド法や19世紀における合衆国東部の法よりも，女性に対する差別の度合いがはるかに少なかったことは，不思議な事実である．ほとんど全ての期間において，ローマの女性達は無遺言相続に対して〔男性と〕平等の権利を有し，遺言相続に対してほぼ同じような権利を有していた．同様に，ハドリアーヌス帝の時からローマの女性は自由に遺言を作成することができた[18]．父親または夫の権力下にない女性は，父親の権力下にない男性と同様の財産権を有し，紀元前1世紀の初めから，夫の権力は殆ど存在しなかった．1世紀の後，女性の財産的地位を悪化させる可能性のあった，取引に対する後見人の同意の要件は，たとえ感情的にはそうでなかったとしても実質的にはほとんど死文化していた．女性は男性と同じ基盤の上で契約をすることができた．

我々はついにイングランド土地法に到達する．イングランド土地法は，その極端な発展の故というよりも，大陸の封建法に比較しても異常なほどの複雑性の故に，驚くべきものである．この複雑性は，部分的にはイングランドにおける封建制度の完全な普及によって（但しイングランドには自由所有地がなかった），部分的にはイングランドがローマ法を受け入れなかったことによって説明されるが，しかしまた法の発展が裁判所の手にしっかりと委ねられていたことに大いによるものである．これについては1例のみあげれば十分であろう．この例は，他の多くの例と比べると多分より単純なものではあるが，一つの典型例である．

イングランド法は，合有不動産権（joint tenancy）と共有不動産権（tenancy in common）とを区別した（そして現在もしている）．前者においては，土地保有者達は，統一体——1人格——を形成し，合有権者の1人が死亡した場合，彼の権利は他の合有権者達に吸収される．この権原は，同一の譲与により形成され，同一の不動産権について生じる．他方において，共有不動産権においては，共有地の保有者達は一つの譲与によりその土地を譲り受ける必要はなく，また，1人の保有者が死亡すると，彼の権利は，共同保有者達にではなくて，相続人に受け継がれた．イングランドのコモン・ローは，

合有不動産権を好み，そして，もし不動産権が，当該土地の同一の不動産権 〔144〕
に関し同一の譲与によって設定され，分離（severance）の明確な文言がな
かった場合，その保有は合有不動産権として解釈された．このことは，コモ
ン・ローの初期の時代においてそうであったと考えられる．封建領主は，土
地に関する義務が1人の人間の肩に置かれることを好んだからである．しか
しエクイティは，極めて初期の頃から，合有不動産権を共有不動産権として
扱う傾向を発展させた．このことは3つのそれぞれ異なる状況において示さ
れる．

　第1に，コモン・ロー上は，AとBに対する，売買に基づく単純封土権
（fee simple）の譲与は，常に合有不動産権であった．合有不動産権が意図さ
れていないことが推論されない限り，エクイティにおいてもこれがルールで
あった．合有不動産権が意図されていないとエクイティ上推論される主な場
合は，購入価格を各自が不均等な割合で支払った場合である．

　第2に，土地が共同事業目的で，または商業組合において購入された場合，
エクイティ上それは共有不動産権であった．

　第3に，均等割合であるか否かを問わず，2人またはそれ以上の者がある
人に金銭を融通し，土地を共同で担保に取った場合，コモン・ロー上の帰結
は合有不動産権であり，貸手達の中の生存者が，その土地も返還された金銭
も全て相続した．エクイティにおいて発展したルールは――そしてもちろん
論争を経てエクイティが勝利するのであるが――，譲渡抵当権者達は共有不
動産権保有者であるというものであった．しかし，譲渡抵当権者が受託者で
ある場合は，エクイティのルールは全く便利であるわけではなかった．何故
ならば，信託の場合，信託財産がなお生存する受託者に承継されるのが常に
妥当だからである．かくして，譲渡抵当権者が受託者である場合，共同計算
条項を譲渡抵当に挿入することが実務であり，この条項の挿入によって，生
存する受託者達の受領は，受領された金銭についての十分な弁済となり，他
方で生存者達は，死亡した受託者の人格代表者の同意なくしてその土地を再
譲渡できた．もちろん，エクイティ上は，受託者達の不動産権はなお共有で
あり，他方でコモン・ロー上は合有であった．エクイティが優勢となったが，
コモン・ロー上生じる結果を実務上認めるために，回避策が受け入れられた．

　1926年以前の合有不動産権と共有不動産権についてのこの簡単な論述か
ら，イングランド法とローマ法の発展の鋭い相違を示す2つの相互に関連し
た問題点が明らかとなる．第1は，イングランド法におけるコモン・ローと
エクイティとの管轄の競合によって引き起こされる複雑性である．競合管轄
は，1873年と1875年の最高法院法（Judicature Acts）の時まで残ったが，そ

の分割の結果が今日も残存している．ローマにおいては，法の発展に影響するような競合管轄は存在しなかった．第2の点は，裁判官と先例（precedents）によって形成された制度の中で流れを変化させることの困難さである．変化は，原則に対する例外を創ることによりなされ，これらは時々，原則を呑み込んでしまう場合もある．しかし，法学者によって発展させられた制度におけるとは異なり，一般的に受け入れられたルールはより良いルールに取って代わられるべきであると単純に言うことはできない．そして，競合管轄の形成を説明するのが，先例のこの相対的硬直性である．

〔145〕　もし，制度が法的伝統——とりわけ先例と競合管轄に基づくそれ——によって拘束されることがなかったとしたならば，はるかに簡単でより納得のいく方法は，分離に関する明確な文言がない限り合有不動産権が推論されるべしとのルールに換えて，反証がない限り共有不動産権が推論されるべしとのルールを導入することだったであろう．

　第2の実体法の例は，簡単に取り扱うことにするが，契約から選択する．これは，びっくりするような類似性がひとたび取り除かれると，ローマ法とイングランド法の間にある方法の基本的相違が非常に明快に光り輝く典型例である．ローマ法は契約の制度を有しておらず，ただ個別の契約が存するに過ぎない，としばしば言われる．これはそれほど正確ではない．多分，驚くべきことに，初期のローマ法は契約の制度を有しており，そして，全ての種類の合法的取引を拘束力のある1つまたは複数の問答契約の中に含めることができた．イングランド法について J. H. ベイカー（Baker）は，彼の読者が，「イングランド法の歴史が最後ではなく最初から明らかに全面的な契約上の救済手段を伴っていることに」に驚くかもしれない，と述べている[19]．この救済手段がいわゆるカヴェナント（covenant）である．しかし，イングランド法には〔カヴェナントよりも〕前の段階があった証拠があるが，ローマ法に問答契約よりも前の段階があったかどうか不明なので，カヴェナントから始めるのが妥当である．

　土地に関するカヴェナントは，通常，押印され，証人の署名がなされる証書の形をとった．土地に関しない合意は，しばしば書面ではなされず，そして立証の困難さの故に，通常は国王裁判所ではなく地方裁判所に申し立てられた[20]．グランヴィル（Glanville）[21]から我々は，訴訟は地方の裁判所に提起することができたとはいえ，その当時コモン・ローが，私人間の合意についてそんなに関心を持っていなかったことを知る．しかし，書面による合意がない場合でも，原告が取引について証人を持っているならば，国王の裁判所に申立てをすることが可能であり，その場合には証明は雪冤宣誓（wager of Law）によってなされた[22]．しかし 1321 年までに，国王裁判官によって，書面による捺印証書（written deed）がない場合，カヴェナントに基づく事件を審理しないことが，確立した法として認められた．この法が確立したものであることを示したウォルサム運送事件（Case of the Waltham Carrier）において，ハール（Herle）判事は，「カヴェナントは，捺印債務証書（specialty）に存する当事者の合意以外のなにものでもない」と述べた[23]．あるいは，異読本においては，「カヴェナントとは，捺印債務証書なしには訴えることのできない当事者間の合意以外のなにものでもない」と．裁判官の言葉とその後の事件が説明しているように，問題は国王の裁判官が許容する証拠の問題であった．カヴェナントとは当事者の合意であることは認められ得たのではあるが，裁判官が許容する証拠を原告が提出できる場合にのみ訴訟が成立し，そして，押印された書面のみが，許容できる証拠と考えられたのである．

　ここでの議論における論点は，元々カヴェナントは当事者の合意によって有効に成立したが，裁判官が審理することのできるものは唯一証拠だけだったので，押印された書面にそれが記録された場合のみ強制力を持った，ということである．つまり，カヴェナントに要求される要式が果たす役割は，それらが国王の裁判官によって証拠として認められることにある．その要式は，裁判所の手続に合うよう定められたのである．

　ローマの問答契約は，厳正法（strict law）上の要式・片務契約であった．〔146〕その方式は，今まで見たように，要約者（promisee）が諾約者（promisor）に対して，何かを与え又は為すことを約束するかを尋ね，諾約者は同じ言葉を使って約束をする，というものであった．元来は，誓約する（spondere）という一つの動詞で足りていたが，より初期の時代から何かを与え又は為すことを約束する意味の，他の全ての動詞が有効に使用できるようになった．それ以外の，契約のための方式は，古代法においては必要なく，このことはそのまま維持された．もちろんこのことは，問答契約に基づいて訴訟が提起された場合，証拠の問題を引き起こす可能性を持っていた[24]．そしてそれがまさに私の言わんとするところである．この，初期の一般的なローマの契約は，要式性を要求していたが，それは裁判手続の主導によるものではなかった．そうではなく，要式性は拘束力のある合意が締結されたことを当事者に明らかにするためにのみ役立ったのである．もし訴訟が提起されて，問答契約の証拠を諾約者が要求したならば，契約それ自体の外にある手段によってそれに備えなければならなかった．

　カヴェナントと問答契約との対照は，イングランドとローマの法的発展の異なった方式を正確に指摘するものである．イングランドのカヴェナントは

特定の方式を要求したのであるが，それは，その方式のみが裁判所において許容されたからである．問答契約に要求された要式性は，裁判所の求める要件とは関係がなかった．イングランドの実体法は，裁判所とその手続によって——そして土地法について見たように——裁判所の権限によって支配されていたのであるが，ローマ法においては決してそのようなことはなかった．

第17章　ユースティーニアーヌス『法学提要』が学術書に及ぼした影響――大陸法

　前4章は，比較法のアプローチがローマ法の諸側面を解明できることを示 〔147〕すことに当てられた．今や，ローマ法の影響を強調する比較法のアプローチによりその後の西洋の法制度について多くの説明ができることを示す時がきた．

　『ローマ法大全』(*Corpus Juris Civilis*) の一部を，その国の法，または法を発見するのに直接の重要性を有する法として考えるいかなる社会も，遅かれ早かれ――そして多分遅くというよりは早く――必然的に，ユースティーニアーヌスの『法学提要』(*Institutes*) に特別の尊敬を払うことになる．その理由は，『法学提要』における法は，『ローマ法大全』のその他の部分よりも実務にとってより満足のいくもの，識者をより満足させるものであるということではなく，純粋に教育的な理由からである．『ローマ法大全』を採用した国々においては，ローマ法研究が法学教育において支配的となり，その過程で『法学提要』に力点が置かれることになった．一つの説明としては，『法学提要』は，一方で『ローマ法大全』のその余の部分と同様に制定法として発布されながら，他方においては学生の初級教科書として意図されたからである．その上に，ユースティーニアーヌスがよく知っていたように，『学説彙纂』(*Digest*) と『勅法彙纂』(*Code*) は，初心者には極端に難解なものであった．ローマ法の学習の再興と共に，当然のことながら，『法学提要』は学生の最初の法律書という昔の役割を引き継ぐ．実に，『ローマ法大全』の構成部分の全ての内，『法学提要』のみが，合理的で体系的な構造を有している．これはガーイウスの『法学提要』に大部分由来するものである．ここでは，ユースティーニアーヌス『法学提要』の基本構造の中，そのいくつかだけを詳しく述べれば十分である．『法学提要』は，私法のみを扱い，4巻から成り立っている．第1巻は法の性質と法源について簡単に，その後は詳細に人について，第2巻は物と遺言相続について，第3巻は無遺言相続 (intestate)〔原文は testate〕，契約，そして準契約について，第4巻は不法行為，訴訟，そして犯罪について取り扱う．主題のこの分割は，部分的には論理の考察によってではなく，ローラにかけて軸に巻いた複写物を作るために

本をすべて大体同じ長さにするというガーイウスが直面した実際的必要性によってである（しかしユースティーニアーヌスの時代には，この方法は時代遅れになっていた）．

『法学提要』に対する多くの入門書が 12 世紀の最も初期の注釈学者達によって書かれていることが知られており，そして，残存している大量の資料の中に，ヘルマン・カントロヴィッツ（Hermann Kantorowicz）が妥当にも，ボローニャにおけるローマ法教授の始祖として伝えられるイルネリウス（1055 年？〜1130 年？）の作品とする入門書がある[1]．これらの入門書の内容と構造は，もう一つのポピュラーなタイプの作品である『勅法彙纂』の入門書と大いに異なっている．その理由は，すでにこの時代でさえ，『法学提要』の入門書は初心者向けのものであり，全ての法文献のためのものであって，『法学提要』のためだけのものではなかったからである[2]．ヴァカリウスによる『法学提要』についての講義の写本が残っているが，彼は 1143 年頃にイングランドに来て，そこで市民法の伝統を確立した人物である[3]．多くの図書館に，独立した著作としての『法学提要』の，通常は注釈付きの写本が，現存する．そして，『学説彙纂』，『勅法彙纂』，あるいは『ローマ法大全』全体よりも以前に，『法学提要』の最初の印刷版が，1468 年にマインツでペーター・シェッファー（Peter Shoeffer）によって出版された．

かなり後になるが，ユースティーニアーヌスの『法学提要』は，その「試験問題集」（examinations）が出版されるほど，その時代で最も重要な教科書となった．すなわち，「試験問題集」とは，試験の時に学生達に出されるような『法学提要』に関する問題を，模範解答付きで提示するものである．かかる本のオランダにおける例は，ヨハネス・アルナルドゥス・コルヴィヌス（Johannes Arnaldus Corvinus）の『ローマ法入門』（*Elementa juris civilis*, 1645）と T. トリグランド（Trigland）の『法の理論』（*Paedia Juris*）または『法学提要に関する法律問題』（*Examen institutionum juris*, 1671——1710 年にオックスフォードで再出版）である．スペインのイエズス会によるものとして，アントニウス・ペレチウス〔Antozius Perezius = Antonio Perez〕の『問題別の欽帝法学提要』（*Institutiones imperiales erotematibus distinctae*）があり，1646 年から 1719 年の間に多くの版が出版された．初期のドイツの例として，H. クナウスト（Knaust）の『ラテン語=ドイツ語問題集』（*Latino-Germanica Erotemata*, 1568）がある．少なくとも 1 つのローマ法の類似の教科書は，『学説彙纂』の配列に従っている．それはベルナルドゥス・ショターヌス（Bernardus Schotanus）の『法律試験問題』（*Examen juridicum*）であり，17 世紀にオランダで数回再出版された．

その本の内容に対応して,『法学提要』は「若き法知識の希求者」に捧げられている．序文の第4節は，ユースティーニアーヌスがトリボニアーヌス，テオフィルス，そしてドロテウスに対して特別の要請をしたことを伝えている．

　「これら3人の者たちは，古の物語からではなく皇帝の栄光によって法の最初の基本を修得し，汝らの耳と精神の双方で，不必要にして誤ったものでなく，これらの事柄における真実を受け止めて，朕の権威と朕の奨励によって法学提要を編纂すべし．そして，以前は汝らが皇帝の勅法を読むに至るまでに少なくとも4年間を要したが，今や発端においてこの仕事を始め，かかる光栄を価値あらしめ，汝らの法学教育の始まりと完成の双方が，皇帝の口から由来していることに歓喜せよ．」[(4)]

　序文はまた，『法学提要』は特にガーイウスの『法学提要』と彼の『日用法書』(Res cottidianae) をモデルとして編集されたことを表明している．ガーイウスの著作を主要な源として参照したことは特に重要である．なぜなら，この法学者の『法学提要』が全体の構成を提供することになったからである．双方の作品は，ともに問題の取扱いのパターンが同じであるばかりでなく，だいたい同じ長さであり，4巻本に分かれている．この巻の長さと分割は，保守主義にとって重要な意味を持つ．というのは，ガーイウスの時代には，本の長さは一般的に予め定められていたからである．本は，巻物にセットされ，持つのに便利な長さにされたからである．この長さが定められていたことは，内容について一般的に制約を課すこととなった．しかし，ユースティーニアーヌス帝の時代までに，本（codices〔冊子タイプの本〕）はたいへん今日的な形態となり，本の長さはその内容に依存するものとなった．

　結局，ユースティーニアーヌス帝の巻分類は，近代の民法典に継承された．しかし，ユースティーニアーヌス帝独自の巻分類は，満足すべきものとはかけ離れたものであったので，これと異なる巻分類の試みが多数なされた．ユースティーニアーヌスのモデルが満足すべきものではなかったので，近代法典における分割は様々なものとなった．このことは，民法典に含められるのが妥当と考えられる主題が何処でもだいたい同じであるという事実と対照的である．

　ガーイウス『法学提要』の第1巻は，近代の学者によって200の節に分けられている．最初の8節を除いて，全ては人に関する法である．最初の節は，市民法 (ius civile) と万民法 (ius gentium) を区別し，第2～7節は，ローマ法の源泉を論じ，第8節は主題の区分を示している．当時はきわめて当然のことであるが，これらの導入部分は，巻を別にしない．しかしユース

ティーニアーヌスには，これと同じパターンをとる必然性はなかった．彼の本の第1巻において，最初の表題〔正確には第2章の表題〕は「自然法，万民法，そして市民法」となっているが，残りの24の表題は全て人に関する法である．ガーイウスの巻の最初と最後は必ずしも区分に最も適した場所に対応していないのに，双方の類似性は続くのである．第2巻は物，財産の取得，そして遺言相続である．第3巻は無遺言相続と債務についてである．第4巻は訴訟である．このパターンはユースティーニアーヌスの『法学提要』に投影されている．すなわち，第2巻はガーイウスのそれに対応し，第3巻は無遺言相続，契約，そして準契約に関するものであり，第4巻は不法行為，準不法行為，そして訴訟で，刑法に関してはほとんど述べられていない．

『ローマ法大全』を権威があるか，または説得的なものとして受容することと，法学教育におけるローマ法の支配，ユースティーニアーヌスの『法学提要』の最初の法律書としての役割と，――17世紀と18世紀における市民法制度の特色ある産物の一つである――各国の法学提要（institutes of national law）との間には，直接的なつながりがある[5]．これらの法学提要は，ユースティーニアーヌスの『法学提要』の直接の継承である．ユースティーニアーヌスの影響を受けていることは，その全体的な形態と構造において，明快で簡潔で簡単で，そして体系的な方法で法の基本原則を述べようとする意図において，ほとんど常に直ちに明白である．地域法提要（local institutes）の内容が，ユースティーニアーヌスのそれと大いに相違するとしても，このことは真実である．

しかし，新しい法学提要と古い法学提要との間に3つの相違がある．第1に，新しい地域法提要の場合，正式な法学教育で使用されることはしばしば著者の意図するところではなかった[6]．第2に，地域法提要は法を記述することを意図していたが，それ自体が何ら権威のあるものではなかった．それらが有するに至った影響力は，それら自身の固有の性質によるものであり，然るべきライバルがいなかったことによるものである．第3に，地域法提要は，大部分の場合，『ローマ法大全』に類似した複雑な全体の一部を形成するものではなかった．実際，多くの場合には――最初の例外はフランスで起きるが――容易にその国の法の詳細を学ぶことができるような包括的な著作が存在することによって，法学提要が支援されることはなかった．

これら17世紀の地域法提要とそれ以前の著作との間に余りに鋭利な区別をするべきではない．例えば，14世紀のスコットランドの『国王陛下』（Regiam Majestatem）（その冒頭の言葉からそう呼ばれている）は，地域法提要の初期の例であり，ユースティーニアーヌスの『法学提要』の影響を含め，特

徴的な性質を示している，と主張することができよう．しかし，かかる著作は17世紀初期に突然開花したものである．例えばフランスがそうであり，ギ・コキユ（Guy Coquille）の初期の『法学提要』（*Institution*）は1617年に出版されている．もっとも，北フランスでは「継受」がなかったという点は，大陸西ヨーロッパにおける例外ではあるが[7]．法学提要タイプの作品（institutional work）に対するそこでの主要な実際的推進力は，大小を問わず，それぞれの地域で支配的であった多数の慣習の存在にある．コキユの時代までに，これらの各地の慣習を法典化する仕事は順調に進んでおり，実際彼は『ヌヴェールの慣習』（Custom of Nevers）を出版した[8]．シャルル・デュムラン（Charles Dumoulin），別名モリナエウス（Molinaeus）（1500～66年）は，コキユの目指した考え，すなわち「その上，この王国の非常に普及した，しばしば愚かしいまでに多様な慣習全てを，全体を短く，たいへん明確で正しく，調和のとれたものに縮小する仕事ほど，称賛に値し，有用で望ましいものはない」という考えを，既に表明していた[9]．

　確かに，コキユの『法学提要』には，ユースティーニアーヌスの『法学提要』から直接の影響を受けたことを示すものはほとんどない．それは，フランス語で書かれ，巻に分けられておらず，最初に法の性質について取り扱うこともなく，また主題の取扱いもローマの『法学提要』とかなり異なる．その上に，取り扱われている主題においては，記述されている法が包括的でなく，慣習と国王による立法のみである．フランスにおいて受容されたローマ法のルールは，例えば契約の場合のようにそれらが支配的であった場合ですら記述されていない．けれども，ローマ法を排除することができたというわけではなかった．ローマ法は頻繁に参照されている．ローマ法は色々な方法で引用されている——理由の基準として，主張を支持するものとして，慣習的ルールの発展の説明として，あるいは逸脱の根拠として——，しかし，関連性のないものとして扱われたわけでは決してなかった．例えば，発展したローマ法にも存在しなかった家族共有財産（family community property）を論じるときに，コキユは，相続問題において，彼の専門領域であったヌヴェールの慣習が以下の点で他の全ての慣習と異なっているとの見解を述べた．すなわち，親の一方が死亡した場合，14歳以上の男の子供達または12歳以上の女の子供達が，生き残った親と頭割りで（*per caput*）同じ相続分を取得する，という点である．コキユは，子供達は18歳に達するまでは頭割りではなく一つの単位として数えられるべきであるとの，他の慣習が採る一般的見解の方を良しとする．コキユは，ヌヴェールが例外であるのは，成熟年齢に関するローマの準則に従った結果である，と説明している．もっと

も，ローマの 18 歳での「完全成熟」(full puberty) を基準とする方が良いというのが彼の意見である[10]．それで彼は，正しいか間違っているかはともかくとして，この場合には，ローマ法がヌヴェールの慣習に影響を与えたものであると主張する．そしてコキーユは，ヌヴェールの慣習法が外国またはローマに起源を持つ場合には，これを理由として拒否することができることを示唆する．もっとも，別なところでは，彼は慣習の一般的に受け入れられている準則の採用について，その準則が，他の，むしろ疑わしいローマ法の規定と調和することを根拠として，賛成しているのではあるが[11]．慣習法とローマ法との間の緊張は明らかであるが，フランスの法的思考に対するローマ法の重要性もまた明らかである．

　フランスの法学提要がユースティーニアーヌスの『法学提要』から相当にかけ離れて独自性を有していたことは続かなかった．ユースティーニアーヌスの『法学提要』を通じて法律を学んだ学生達は，ユースティーニアーヌスの方式を用いると，各地の法に対するアプローチがたいへん簡単であることを発見する．その上に，フランスのために例示することのできる特別の要素があり，それは，南部の成文法地域 (pays de droit écrit) においてはローマ法は慣習であり，その地域のフランス成文法に関する著作はユースティーニアーヌスの構成に従う傾向があったということである[12]．これらの法学提要の著者達も同様に，ルイ 14 世 (Louis XIV) の 1689 年の改革の時に任命されたフランス法の王設教授 (royal professor of French law) あるいは実務をしている弁護士であったと思われる．

　かくして，パリ最高法院 (Parlement de Paris) の弁護士であるジェローム・メルシエ (Jerôme Mercier) は，1655 年に同市で，『ユースティーニアーヌス帝の法学提要に基づくフランス法の新研究』(Remarques nouvelles de droit François sur les institutes de l'empereur Justinien) を出版した．読者に対する注記で，その書物は「ユースティーニアーヌスの『法学提要』の忠実な翻訳である」と主張しているにもかかわらず，その本の中には翻訳はない．その上に，注記にもかかわらず，その著作には，ローマ法の理解に最も有用で必要な全てのことが何も入っていない．しかしこの書物は，全てユースティーニアーヌスの『法学提要』の観点から見た慣習と判決の引用を伴う，フランス法についての注釈であり，順序は全くユースティーニアーヌスの通りであり，著作の最初に，「正義と法」(Justice and Law)，「自然法，万民法，そして市民法」(Natural Law, Law of Nations, and Civil Law) についてという表題がある．ユースティーニアーヌスの内容が全て取り扱われているわけではないが，多くの特定のパラグラフが扱われている．この進め方の意味すると

ころは，夫婦財産制のような，ローマ法において類似のものがないフランス法の部分が無視されていることである．

　より興味を引くのが，ユースティーニアーヌスの厳格な順序から離脱している著作である．その最も傑出したものは，パリ最高法院のもう一人の弁護士であるガブリエル・アルグー（Gabriel Argou）の2巻本『フランス法提要』（*Institution au droit François*）である．この書は1692年にパリで最初に出版され，最終の第11版は，フランス革命の2年前に出版された．著者の死後に出された版の注記には，この法学提要を称賛すべく，従前のそれとの比較がなされており，コキーユとアントワヌ・ロワゼル（Antoyne Loysel）の法学提要は慣習法を扱うのみであるが，この著作は慣習法とローマの成文法の双方を扱うのであると主張している．

　この著作は4巻（four books）に分けられ，序文で，フランス法は公法と私法の2つの部分からなるが，後者のみが取り扱われると説明している．第1巻は人の市民としての地位についてのものであるが，ローマ法と必ずしもパラレルではない主題に力点が置かれている．つまり，第1章は死亡税対象農奴（*serfs de main-morte*）を取り扱い，第2章は「貴族身分について」(De la noblesse) と題されている．第2巻は，物，世襲権（hereditary rights），贈与，遺言，そして無遺言相続を取り扱う．第3巻は債務についてである．債務一般についての最初の章の後に，婚姻，婚姻契約，夫婦共有財産（community of property）（数章にわたる），嫁資（dowry），個々の契約，犯罪と制裁が記述されている．しかしこれは私法に関する著作であるから，犯罪と制裁についての章は，私人間の義務に関するものであり，公の犯罪を取り扱わない．とりわけ不貞，詐欺破産，そして民事訴訟における虚偽の証拠の提出が扱われている．第4巻は，附従債務（accessory obligations）と債務の効果（consequences of obligations）である．4つの巻は同じサイズではなく，第2巻は第1巻の優に4倍の長さがある．そして，正義と法あるいは自然法，万民法，そして市民法の間の区別について，序文での説明はない．〔152〕

　アルグーの『法学提要』は，ナポレオン民法典の配列に似ている．学者達はしばしば，18世紀のこの法典は自然法理論の影響を受けた合理主義精神の産物であると主張する．少なくともある意味で，その主張は正確である．しかし，ナポレオンの『民法典』には──そしてアルグーの『法学提要』にも──，正義や自然法についての特別な扱いがないことや，この法典の配列と法学提要タイプの著作のそれとの間に類似性があることにかんがみるとき，立証の負担は，自然法の思想が顕著な影響を持っていたと主張する人達に置かれるべきである．法自体を短く，体系的に，そして権威あるものとして説

明するという構想が自然法から由来していると主張するだけでは十分ではない．その推進力は，ユースティーニアーヌスの『法学提要』から直接に由来するからである(13)．

　フランス以外では，オランダにおいて，かかる最も初期の法学提要の中の1つ——そしてユースティーニアーヌスに大いに由来しているもの——もまた，最も有名なものである．すなわち，グローティウスの『オランダ法学入門』(Inleidinge tot de Hollandsche rechtsgeleerdheyd) は，1631年に出版されたのであるが，著者が1619年から1621年の間，ルフェステイン城に入獄している間に書かれたものである．この書物は手続の特別な扱いを排除するのであるが，それ以外は，ユースティーニアーヌスに対する依存が際立っている．配列に相違が見られ，その大部分は改良といってよいであろう．3巻本であるが，第1巻は他の2巻の約4分の1に過ぎない．第1巻は15章に分けられている．第1章は「法学と正義について」であり，第2章は「様々な種類の法とそれらの作用について」であり，残りは人の法を扱う．第2巻は物的権利 (real rights) であり，物，所有権の取得，遺言相続および無遺言相続，そして物権である．第3巻は人的権利であり，債務一般，贈与，個々の契約，不法行為，債務の消滅である．概して，多くの細部がユースティーニアーヌスの『法学提要』に対応している．しかし，ユースティーニアーヌスの『法学提要』との相違として，『オランダ法学入門』は，大陸法諸国において商事法の部分であると伝統的に考えられている内容を含んでいる．他のオランダの著作は，このようなテーマを他のテーマよりも簡単に扱っているとはいえ，グローティウスのモデルに従っている．

[153]　グローティウスのその著作に対する推進力は，コキーユを駆り立てたものと同じではない．オランダはフランスと同様，場所によって異なった制度を有していたが，グローティウスは，西フリースラントを含めてホラント州の法律のみに関心を持った．彼は自然法，ローマ法，そしてドイツ法に頻繁に言及しているのであるが，他の州の法律と調和させたり，それを記述しようともしなかった．

　類似の性格を持ったその後のオランダの著作は，シモン・ファン・レーウェン (Simon van Leeuwen) の，『新しい法の表題，すなわちローマ＝オランダ法の簡潔な概念』(Paratitula juris novissimi, dat is, een kort begrip van het Rooms-Hollandtsreght, 1652) および彼のよりいっそう重要な著作『ローマ＝オランダ法』(Het Roomsch Hollandsch recht, 1664)，ウルリック・フーバー (Ulrich Huber) の『現代の法学』(Heedendaegse rechtsgeleertheyt, 1686) およびヨハンネス・ファン・デア・リンデン (Johannes van der Linden) の

『裁判官，実務家，実業家，そして法の全体的概観を必要としている全ての人達のための，法の実務と実業家のためのハンドブック』(Rechtsgeleerd practicaal en koopmans handbook, ten dienste van regters, praktizijns, kooplieden, en allen die een algemeen overzich van rechtskennis verlangen, 1806) であった．

ファン・レーウェンの『ローマ=オランダ法』は5巻からなる．第1巻は，法全般，「継受」とオランダの国制についての資料の紹介の後，人について扱っている．第2巻は財産を扱い，第3巻は相続，遺言および無遺言相続を扱う．第4巻は債務を扱うが，ユースティーニアーヌスにおいては不法行為とされている部分に出てくる犯罪を含み，その後に「犯罪に類似する原因によって生じた債務」が続き，さらにその債務の消滅についての章が続く．そして第5巻は手続である．したがって，配列はユースティーニアーヌスにたいへん近いものである．

フーバーの著作は6巻からなり，訴訟と犯罪は別として，最初の3巻はユースティーニアーヌスの『法学提要』に忠実に従っている．第4巻は「国家と司法職員について」と題されている．第5巻は手続についてであり，第6巻は犯罪についてである．第4巻の最初の半分は，著作全体の最初にあるべきものである．その場所にないということは，ひとえに法学提要の確立された伝統の力によるものである．

ファン・デア・リンデンの著作は，3巻からなり，第2巻は犯罪に関するものであり，第3巻は訴訟に関するものであるが，それらは非常に短いものである．この論文は特に重要なものである．なぜなら，1895年9月19日の「憲法」(Grondwet) に第1付録として付け加えられることにより，南アフリカ共和国の公式の法律書としての地位を与えられたからである．ある事柄が説明されていないか，または明確にされていない場合には，ファン・レーウェンの『ローマ=オランダ法』あるいはグローティウスの『オランダ法学入門』が補助的に権威あるものとして参照されるべきものとされた．

最初の主要な，合理的に体系化されたオーストリア法の説明は，ベルンハルト・ヴァルター (Bernhard Walther, 1516-84) による一連の論文であり，まとめて「黄金のオーストリア法の論文」(Aurei iuris austriaci tractatus) という名称で知られている[14]．これらは，法学提要の形態をとっていないし，私法全体を包括するものではないが，最も慣習に基づく部分に集中している．我々にとってより重要な書物は，1674年に最初に出版された，ヨハン・ヴァインゲルトラー (Johann Weingärtler) の『4巻本にセットされた，イン川上流オーストリア慣習法の〔普通法との〕調和と不調和』(Con- et discor-

[154] *dantia iuris consuetudinarii Austriaci supra Anasum cum iure communi, in quattuor institutionum libris remonstrata*) である[15]。

　各地の法に関する法学提要タイプの著作の流行は，ヨーロッパを通じて広がり，スコットランドやスカンジナビアのように今でも近代法典を自慢できない国々にさえ広がった[16]．スコットランドにおける最も早い例は，ステアー卿（Lord Stair）の『スコットランド法提要』（*Institutions of the Law of Scotland*）であり，1660年代初期に書かれ，相当訂正されて1681年に最初に出版され，1693年に実質的に修正されて再版された．ジョージ・マッケンジー（George Mackenzie）卿の非常に短い『スコットランド法提要』（*Institution of the Law of Scotland*）は，ユースティーニアーヌスの『法学提要』の構造にたいへん近いものであり，次の世紀の主たる仕事の形態であるジョン・エアスキン（John Erskine）の『スコットランド法提要』(Institution of the Law of Scotland, 1773) の形態を決定した．実に長い間，マッケンジーの本は，弁護士仲間入会の最初の試験テキストであった．1725年に，スコットランド法において必修試験の導入が提案された時に，マッケンジーの著作は推薦教科書となった．その提案は成功しなかった．しかし，そのような試験が1750年に導入された時，マッケンジーの方法に従って行われた．18世紀を通じて，第1の試験はローマ法の知識であった[17]．

　イタリア諸国の法学者もまた，地域法提要を作ったが，特に顕著な意義も価値もなかった．多分これは驚くべきことではない．というのは，『ローマ法大全』は他の何処よりもその国の法律と見られたからである．そのような法学提要の一つの例として，ジョセフス・バスタ（Josephus Basta）の『ナポリ私法提要』(*Institutiones iuris privati Neapolitani*) があり，その第3版は1803年に出版されている．この本は4巻からなる．第1巻は，法源についてはほとんどふれず，主として人の法に関するものである．第2巻は，物すなわち，物に対する（*in rem*）権利であり，相続を含む．第3巻は，人に対する（*in personam*）権利，すなわち債務を取り扱う．そして第4巻は訴訟である．したがって手続は扱われているが，刑法は扱われていない．バスタは，ローマ以後の（post-Roman）法学者の引用をナポリや彼自身の時代のものに限定していない．それは，明確にナポリのものと言える法律はなかったからであり，彼は広い範囲で引用する．例えば，不法損害（wrongful damage）に関する第3巻第25章の中で彼は，オランダ人のゲルハルドゥス・ヌート，アーノルド・ヴィンニウス（Arnold Vinnius），フーゴー・グローティウス，そしてコルネリス・ファン・ビンケンスフック（Cornelis van Bynkenshoek），フランスのフランソア・オットマン，ディオニシウス・ゴト

フレードゥス，そしてヤコブス・クヤキウス，キルフェティウスとヤコブス・コンテタンティナエウス（Iacobs Constantine）と共に，ドイツ人のヨハン・G・ハイネッキウスに言及している．バスタはまた，14世紀における為替手形の起源に関する彼の議論のように，法律の歴史に興味があり，南イタリアのノルマン人について沢山の言及をしている．

　現代の人々にとって，これらの地域法提要の最も注目すべき性質は，それらが構造，主題の取扱い，そして一般的な法的理由と議論において全く現代的に思われることである．これは，ニコラス・エヴェラルディ（Nicholas Everardi）の『議論に対する法的アプローチ』（Loci argumentorum legales），ステア卿以前の時代のスコットランドにおいて書かれた『先例集成注解』（practicks）に関する本や，グローティウスの『戦争と平和の法』（De jure belli ac pacis）のような著作に対してさえ，激しい対照をなすものである． 〔155〕

　大多数の地域法提要は，それぞれ異なるのであるが，ユースティーニアーヌスの『法学提要』とは，形式と内容において少しだけ異なるに過ぎない．主な相違点は2つである．第1に，ユースティーニアーヌスの配列が完璧なものではないとの認識があり，〔違いの〕多くは改善の試みであった．しかし，その何れも制するに至らず，ほとんど全ての場合に，ユースティーニアーヌスの影響が最も権威を有した．第2に，ユースティーニアーヌスの『法学提要』が内容の最大限の枠を決定した──例えば，商事法，ギルドや類似のルール，行政法，そして証拠法がなかったことである──が，ローマ法の私法と公法への分離はユースティーニアーヌスよりもしばしば厳重に遵守されており，そしてわずかとはいえビザンツの『法学提要』には公法が見出されるのであるが，後の地域法提要には，しばしばそれに対応する記述すら存在しない(18)．かくして，ユースティーニアーヌスの最後の編が充てられている公的──すなわち刑法の──訴訟はしばしば省かれている．あるいはアルグーの『フランス法提要』の場合のように，犯罪の取扱いは私人間の債務に関するものであった．同様に，手続もしばしば除外された．

　ステア卿は，それぞれの『スコットランド法提要』の中で，刑法の取扱いを一切除外した著者の一人である．F. H. ローソン（Lawson）は，この脱落について2段階の説明をしている．すなわち，主要なスコットランド裁判官のうち非常に少数の者のみが刑事法廷を勤めていたのであり，ステアーはその中の1人ではなかったし，刑事事件に関係することを嫌悪していたのである，と(19)．ローソンの見解は，本書の中で提唱されている比較法に対する歴史的アプローチの重要性をたいへん明快に示している．ステアーを孤立させて見る場合，ローソンの説明は満足すべきであり，十分であると思われ

る．しかし我々が，他の国の同時代の法学提要を見るとき，それ以上の何かが関係しているに違いないことが判る．これらその他の著作の多くもまた刑法を省いているからである．

　これら地域法提要のような，生産的に結果をもたらす本の場合，それらがユースティーニアーヌスの『法学提要』の直接の子孫であることを示すだけでは不十分である．何故それらがその場所，その時において隆盛であったのかもまた説明しなければならないからである．これらの法学提要は，17および18世紀の自然法運動と共通の特質を有している．第1に，法学提要は大体において自然法運動と同時代のものである．第2に，同じ法学者が時々，その国の法律を推進することと自然法理論を開発することの双方のリーダーであった．全ての自然法の法律家の中で最も有名なクリスチャン・トマジウス（Christianus Thomasius, 1655-1728）も，広く称賛されたローマ法とドイツ法の短い歴史を書いた[20]．自然法思想は，ステアーの『法学提要』の構成に多くの生気を与えている．彼は，正式な法律の訓練を受けていなかったが，グラスゴウ大学の理事をしていた．そこで彼は論理学，倫理学，政治学，そして数学を教えた．第3に，地域法提要のほとんどが自然法に対する言及をしているのであり，その場合それらは，ユースティーニアーヌスの『法学提要』をおうむ返しにしているに過ぎない．

[156]　しかしながら，自然法を各地の法に関する著作の知的な源泉と考えることは決してできない．このことは，地域法提要とユースティーニアーヌスの『法学提要』の間の関係と相俟って，自然法と地域法提要の間の構造的な相違において明らかである．より重要なことは，17世紀自然法の基本的観念が，各国の法文献に固有のまさにその強調するところと，調和を欠いていることである．自然法学者にとっては，法とは理性に由来し，1つ以上のルールが等しく満足すべきものである場合があることは認められているとはいえ，基本的ルールは，ひとたび確立されるや，細かい事項の大部分について解決をもたらすものである．しかしそれとは対照的に，地域法提要は，正義と法の基本原則はどこにおいても同じであると大いに宣言しているにも拘ず，特定の領域内でのルールの特殊性を強調するのであり，その多くは，扱われている法の高い質に対して賞賛すらしているのである．かくして，ステアーは初版に対する献呈の辞において以下のように書いている．

　　「そして，最も生産的で活動的な人々が法の学習と実践に専心するところではどこでも同じように，我々の間でこの職業に専心した人々は，大いなる概念形成の傾向と表現の器用さを伴った，鋭利で洞察力のある精神に対する大きな証拠を与えてきた．こうした精神は，裁判官と弁護

士の双方で必要な資質である．それによってこの王国の法は，大いなる完全性に到達し，うぬぼれでなく，いかなる我々の近隣諸国の法にも比肩することができるようになるのである．」

たぶん驚くべきことに，地域法提要の直接の知的な第1原因（causa causans）は，人文主義法学（legal humanism）である[21]．人文主義法学の主要な目的は，基本的には一般の人文主義と同じであり，古典世界を可能な限り理解することである．この目的のために，原典の満足すべき版が準備され，誤った修正が破棄され，その後の野蛮な解釈が承認されたり拒否されたりする必要があった．もちろん，法律の場合，注意はギリシャにではなくローマに集中した．最初の仕事は，原典を確証することは別にして，それが実務的であろうとなかろうと，注釈学派や後期注釈学派の解釈からローマ法源を解放することであった．人文主義者達の間では，バルトールスとその後継者達は軽蔑をもって見られていた．

16世紀に，フランスは人文主義法学の中心となり，新しいフランスの方法であるガリア学風（*mos gallicus*）は，古いイタリア学風（*mos italicus*）と対照をなす．しかし，後の解釈の集積を捨てるだけでは十分でないことがすぐに明らかとなった．『ローマ法大全』は，ビザンツの皇帝ユースティーニアーヌスとその助力者達によって編成されたものであるが，人文主義者達がむしろ発見したいと欲したものは，ビザンツのそれを含め，その後の全ての解釈の集積から解放されたローマ法であった．

人文主義法学者の中で最も著名な人は，ジャック・クジャス〔ヤコブス・クヤキウス Jacobus Cujacius〕（Jacques Cujas, 1522-90）であり，最初はカオールの教授であったが，ブールジェにおける教授として最も有名であった．彼の著作の最も初期のものの中に，『パウルスの断案録』（*Pauli sententiae*）に対する注記があり，この『断案録』は，その時代に知られたユースティーニアーヌス以前のローマ法の非常に数少ない本の一つである．彼はまた（注釈つきで），他に『ウルピアーヌスの断章』（*Ulpiani tituli*），同様に『ある古法学者の鑑定意見集』（*Consultatio veteris cuiusdam jurisconsulti*）のような著作を編集した．はるかに重要なのは，偉大なローマの法学者であるパウルス，ネラーティウス（Neratius），マルケッルス，ウルピアーヌス（『解答集』*Responsa*のみ），モデスティーヌス，ケルウィディウス・スカエウォラ（Cervidius Scaevola），ユーリアーヌス，アフリカーヌス，そしてとりわけパーピニアーヌスの著作に対する注釈である． 〔157〕

しかし，人文主義法学と地域法提要との関係を最もよく例示する一つの著作は，もう一人のフランスの法学者であるフランソア・オットマン

(François Hotman, 1524-90) の短い『反トリボニアーヌス』(*Antitribonianus*) である．この本は明らかに 1557 年に書かれたものであるが，彼の死後 1603 年にフランスで最初に発行され，最初のラテン語版は 1647 年に登場した．それは何回も版を重ねた．

オットマンは，法が最も重要なものであるとの宣言と，フランスの若者の一部が真面目にユースティーニアーヌスの法の学習に従事していることを述べることから始める．「しかし私は，ローマ人の市民法とユースティーニアーヌス皇帝の諸著作との間に大きな区別をする場合，真実からかけ離れたことを言っているとは思わない．」オットマンのやり方は，最初に，あたかも法学研究のその方法は世界で最も良く規制された方法であり，ユースティーニアーヌスの諸著作は完璧に作られたものであるかのごとく〔研究を〕進めること，第 2 に，これらの諸著作の性質と効果を調査することである．彼は，何時の時代でも賢明な人達は，ある国の法律は共和国の状態と形態に適合しなければならないのであり，共和国が法律に適合しなければならないのではない，と主張している．彼は，王政が破壊され，共和政が樹立されるや否や，150 年間にわたり，デモクラシーに適合する新しい法を作る努力を惜しまなかったローマを，その一例として挙げる．それで彼は，フランスの状態はローマとたいへん異なるので，フランス法はローマの公法から何も学ぶことはできない，と論じる．そのうえに，共和政および帝政盛期のローマ公法は『ローマ法大全』から実は認識することはできないと論じた．

第 4～9 章は，ローマの私法もまたフランスの私法と如何に大きく異なっているかを証明することにあてられている．オットマンは，第 10 章においてローマとフランスの法学教育を比較し，しかしまたより一般的な結論も導き出している．すなわち，「ローマ人の市民法について語れと言われれば，私としてはさらに以下のことを述べておきたい．ローマ市民法は，分け隔てなく全ての国民に適合する，衡平または自然の理性としての役割を果たすために作られまたは構成されたものでは決してなく，イタリアの他の住民よりも高い等級と尊厳においてローマ市民を支援するために，特別な特権により創案されたものでしかない」．その上に，「これらの 2 つのポイントは十分に認識されてきた．第 1 に，ユースティーニアーヌスの著作の学習をローマ法の学習であると呼ぶことは全くの誤りである．なぜなら，ローマ法の 20 分の 1 の部分しか我々に残されていないからである．第 2 に，我々に残されている部分はほんのわずかであるが，その 10 分の 1 すらも我がフランスで使用し，実務に使うことができないのである」．

第 11 章から先でオットマンは，彼の第 2 の主要な論点である『ローマ法

大全』の質を取り扱う．彼は，2つのローマの法学派，サビーヌス学派とプロクルス学派の追随者達の間での法に関する数多くの議論について述べ，ヘラガバルス (Helagabalus)，コンモドゥス (Commodus)，カラカラ (Caracalla)，そしてディオクレティアーヌスのような悪名高い皇帝達の勅答の衡平さに関して注目すべきものがないことをほのめかしている．彼は，ユースティーニアーヌスの主たる大臣であるトリボニアーヌスの不衡平性を強調する．スイダスによると，トリボニアーヌスは神と全ての宗教，とりわけキリスト教を軽蔑し，たいへん欲が深かったので，法と正義を売り，法の趣旨を金で変えたと言われ，プロコピウス (Procopius) によると，個人の利益のために法を変えることなしに1日たりとも過ごさない日はなかったと言われている．ユースティーニアーヌスもそれ以上のものではなかったとオットマンは断言する．第12章は，トリボニアーヌスの作品のいくつかの特色についての議論にあてられる．例えば，トリボニアーヌスは彼の作品を完成した後，全ての古い法，法務官告示，そして元老院議決を断圧して廃止した．トリボニアーヌスは，法学者達の解説を残したと自慢する一方で，実際には，カトー達やムキウス親子，マーニーリーウス，カエキリウス，そしてセルウィウス・スルピキウスのような真のローマ人であった偉大な法学者の著作を断圧したが，アフリカーヌス，トリフォニウス，モデスティーヌス，ヤウォレーヌス，そしてウルピアーヌスのようなギリシャ人，シリア人，そしてアフリカ人の著作は保存した．トリボニアーヌスの作品は，原典からの役に立たない断片からなる抜粋でしかない．そして彼は，制定法についてさえ元々の順序を維持しなかった．トリボニアーヌス自身の多くの改竄と多くの繰返しとともに，多くの矛盾が残っている．しかし，廃止されたローマ法の諸形式が，その著作全体を通して明らかになっている．オットマンのトリボニアーヌスに対する批判はかくのごとくである．オットマンの本の残りは，『ローマ法大全』のその後の歴史に関するものであり，最後の第18章では，改革の希望が表明されている．

　法に対する態度の改革を求めるオットマンの願いはさておくとしても，各国の法に対する人文主義法学のメッセージは簡単である．ローマ法は，永遠で，自然の理性として役に立つことを意図されていたのではなく，特定の時代に特定の人々のために作られたものである．ローマ法は，その目的にとって完全なものではなかった．ましてや，ユースティーニアーヌスの法律書は，実際にはローマ法を提供するものではなく，その不正さで有名な人達の著作であった．したがって，古典古代に対する尊敬が『ローマ法大全』に対する敬愛になっていくはずはなかった．しかし，『ローマ法大全』がローマ法を

〔158〕

与えず，ローマ法それ自体が完全では決してなく，特定の人々や場所についてのみ意図されたものであり，もはやそんなに有益でないとすれば，そしてオットマンが主張しているように，良い法に大きな価値があるならば，各国の状況に合わせて採用された法の研究と改良が奨励されるべきことになる．かくして人文主義法学は，特に，各国の法とその研究に対する知的な尊敬に導かれることになる．一方において，フランスが人文主義法学の中心であり，17世紀には，主として著名なフランスのユグノー教徒の法律学者（とりわけフーゴー・ドネッルス）のオランダへの避難の結果として，そこが中心となったこと，そして他方において，双方の国は地域法提要の公刊が盛んであったことは，たぶん全く偶然であるわけではない[22]．地域法提要は人文主義法学の予期せぬ副産物である．かくして，その時代に地域法提要が一般的になったことの説明ができる．

[159] 人文主義と地域法提要の間の関係に関して，ドイツは，17世紀においてむしろ例外ではあるが，啓蒙的なものを提示する．神聖ローマ帝国は，ユースティーニアーヌスの『ローマ法大全』を国の法として受け入れたのであるが，それは補助的な法としてであった．「理論的継受」（*theoretical Reception*）として知られているものである．そしてまた，イタリアの学問と法実務を通じて伝えられたローマ法の色々な，そして多くの個々の原則と制度を，第一の法として受け入れた．これがいわゆる「実際的継受」（*practical Reception*）である．「実際的継受」は，ドイツにおいては特に強かった．このようなローマ法と並んで，古いドイツ法がたくさん残っていたが，学問的な取扱いを欠いていた．このドイツ法は，ローマ法からの逸脱として，「忍びよる法慣習」として考えられ，したがって狭く解釈されていた[23]．この状況の下においては，人文主義法学が多くの直接の影響力を有したり，あるいはその地の法学提要が生じることは，困難であった．

しかし，人文主義法学者が不足していたというわけではない．実際，ウダルリクス・ツァジウス（Udalricus Zazius, 1461-1535）は，1503年にブライスガウのフライブルクの教授となったのであるが，人文主義法学者の最も早期で最も偉大な一人と広く考えられている．オランダの大学よりもドイツのプロテスタントの学部が，大いにユグノー教徒を引きつけた．フランシスクス・バルドゥイヌス（Franciscus Balduinus）は1556年から1561年までハイデルベルク大学に，オットマンは1556年から1559年までシュトラースブルクに（後にスイス），フーゴー・ドネッルス（Hugo Donellus）は，1573年にハイデルベルクに，そして1588年にアルトドルフにいた．しかし，フランツ・ヴィーアッカー（Franz Wieacker）が考察しているように，この移住は概して

知的な結果をもたらさなかった[24]．これは驚くべきことではない．実際的継受の大きな成功は，ドイツの法律家が実務のために欲したことが，注釈学派とその後の注解学派によって発展させられた法的議論の様式を理解することだけではなく，『ローマ法大全』および後の発展双方の法準則の基礎を完璧に確立することであったことを意味する．よりアカデミックな法的訓練の価値について懐疑的なイタリア学風のやり方でこの訓練を与えたいと望む多くの教授が何時もいたものと思われる．

しかしながら，フランスの人文主義者をドイツの大学に招聘したというまさにその事実は，イタリア学風の教授で全てうまく行くわけではないと認識していたことを意味する．古い方法の冗漫さの意味するところは，1年に『法学提要』や『学説彙纂』の数行しか注釈されなかったこと，5年ないし6年間の学習の後，学生は断片的知識しか得られなかったことである．さらに，学習のために選ばれた文章は，必ずしも実務のために最も有用なものではなかった．その結果，多くのドイツ人は法の学習のためにフランスに行き，ドイツ自体においては，正式ではない教育課程が発展した[25]．17世紀の初めから，大学をイタリア学風から解放しようとする新しい動きの兆候が見られるが，それは方向性において本質的に実務的であった．その目的は，特定の原典のみを解説することよりも，個々の法制度について首尾一貫した説明をすることであり，ローマ法の現代的慣用（usus modernus pandectarum），すなわちローマ法の現代的理解に集中して，「注釈」（the Gloss）の難解でしばしば時代遅れの注釈文献（apparatus of the Gloss）から離れることであった．ここでのリーダーはハイデルベルク大学であり，この大学の改革法は，1604年からのものであり，その年に同大学に移ってきたフランスの法学者ディオ〔160〕ニシウス・ゴトフレードゥス（親）（Dionysius Gothofredus the Older）の影響下においてであった[26]．1634年のシュトラースブルクの法によると，講義を聞く者が，「それぞれの章に特に含められているものと，特に注目されるべきものと」を学ぶようにするために，『学説彙纂』の最初の教授は，「最も有用で，日々の役に立つ資料」を読むこと，とりわけ最も最近の法律を斟酌すること，そして原典を「今の世紀の用途にできる限り」適応させるべしとされた．『勅法彙纂』についての講義は，明確に手続と封建法の主題についてなされた．他の国においてと同じように，大学での教授はローマ法に集中し，教会法へのそれはそれほどではなかった．ドイツ私法についての最初の大学の講義は，ハレにおいてクリスチャン・トマジウスによって1699年から1701年の間に行われた[27]．彼の跡を，彼の弟子の一人であるゲオルク・バイヤー（Georg Beyer）が1707年にヴィッテンベルクにおいて引き継いだ．

その立場は，ドイツ内部に，非常にたくさんの国々——あるものは大きく，あるものは都市に過ぎない——，さまざまなタイプの国々——諸侯領，太公領，商人の寡頭政治——，そしてさまざまな宗派——カトリック教徒，ルター派，カルヴァン派——が存在したことによって複雑なものとなっていた．古いドイツ私法のあるものは，帝国全体を通じて適用され，あるものは特定の地域のみに適用された．立法は，帝国全体の場合もあれば，一つの領邦または都市だけのためである場合もあった．必然的に，さまざまな種類の変化が国ごとに異なる速さで生じた．例えば，大学における法律講義シラバスの改良は，特に南ドイツにおいて顕著なものであった．

　法律書は，戸惑うほどずらりとタイプが並んで出版された[28]．それらは，『法学提要』や『学説彙纂』のまさに注釈書そのものから，特定地域の法のモノグラフや注釈書，例えばダヴィット・メヴィウス（David Mevius）の都市リューベックに関するもの，ベネディクト・カルプツォフ（Benedict Carpzov）のザクセンに関するものにまでまたがっていた[29]．カルプツォフの著作は，ザクセンの国制について書いたものであり，そこにはラテン語対訳と注釈が付されている．注釈は，国制から演繹可能な，現行の，ローマ法とザクセン法 Saxon Law の混合に関する多数の定義を並べる，という形を取っている．

　我々は今や，〔ドイツにおける〕地域法提要について述べることにしよう．現代的慣用（usus modernus）に専念する注釈付きの，ユースティーニアーヌス『法学提要』の諸版には，ほとんど〔地域法提要としての〕資格がない．何故ならば，それらの版は注釈付き『法学提要』の末裔だからである．また，現代的慣用を専ら取り扱っている注釈もまたその資格がない．というのは，それらは特定の地域のために計画されたものではなく，ドイツ私法に十分な注意を向けたものではないからである．しかし，真の意味での地域法提要が若干存在した．セバスティアン・クライサー（Sebastian Khraisser）の『ローマ＝選定侯領バイエルン法提要』（Institutiones iuris Romano-Bavarici electoralis, 1644）がその内の一つであり，ユースティーニアーヌスの『法学提要』の各章について，はるか後の時代の法学者にふれつつ議論した後，通常はバイエルンの特定の法についての簡単な取扱いをしているからである．もう一つの例は，ザムエル・シュトリュツク（Samuel Stryk）の『法学提要の方法によるリューベック法について』（De iure Lubecensi ad methodum institutionum, 1674）で，リューベック市のために書かれたものである．しかし，そのような地域法提要は相対的に一般的ではない．

　最も重要な法学提要は，ゲオルグ・アダム・シュトルーヴェ（Georg Adam

Struve)の『法廷のためのローマ＝ドイツ法学』(*Jurisprudentia Romano-Germanica forensis*, 1670)である．それは，ユースティーニアーヌスの『法[161]学提要』におけるもはや使用されていない多くの法を提示していたので，その表題に添うものではない．しかし，シュトルーヴェは，子供達の共同(*unio prolium*)，そしてとりわけ訴訟手続といったドイツ的制度も含めて，現代的慣用のみならずドイツ私法についても述べている．そしてその著作の範囲は，1つまたは若干のドイツの国々に限定されない．その著作は法学提要の形態を全面的に採用しており，4巻からなっている．第1巻は，法と正義，そして人を取り扱っている．第2巻は，遺言と無遺言の相続を含んだ物の法についてである．第3巻は，債務についてである．そして第4巻は手続についてである．そのような他の著作は，J. フィリップス(Philippus)の『ユースティーニアーヌスの法学提要の実務的慣用』(*Usus practicus institutionum Justinianearum*, 1665)，J. F. レティウス(Rhetius)の『裁判所実務とローマ＝ドイツ帝国の用に採用されたユースティーニアーヌスの市民法法学提要についての学問的考察』(*Meditationes academicae ad institutiones juris civilis Justinianeas praxi forensi et usui Imperii Romano-Germanici accommodatae*, 1688)，そしてたいへん異なっているのがB. C. C. ホファッカー(Hofacker)の『ローマ＝ドイツ市民法の諸原則』(*Principia iuris civilis Romano-Germanici*, 1788──1794年に死後の版として2巻本として出版)である．

地域法提要という訳ではないが，ヨハン・シルター(Johann Schilter)の，『今日の法廷の用のために採用された，ローマとドイツの自然法，万民法および市民法に関する法学提要』(*Institutiones juris ex principiis juris naturae, gentium et civilis, tum Romani, tum Germanici, ad usum fori hodierni accommodatae*, 1685)は，ユースティーニアーヌスの原典に，自然法，万民法および市民法に関する現代法に注釈を付加したものである(ここでの最後の言葉「市民法」は，現代のローマ法とドイツ法双方の意味で使用されている)．この著作はユースティーニアーヌスの原典に対する注釈としての性質を持っていたので，必然的にバランスに影響を与え，シルターは現存の法についての全面的で系統的な像を描けなかった．狩猟に関する法のようなドイツ法の驚くべき量が入れられているが，例えば自由ドイツ人の色々な等級に関するいくつかの主題は無視されている[30]．

しかしドイツにとっての最も顕著な発展は，ローマ法の取扱いを排除したドイツ私法についての法学提要のそれであり，ローマ法および現代的慣用へのその貢献に関する叙述を排除したドイツ私法提要の発展である[31]．非常

に重要な最初のステップは，ヘルマン・コンリング（Hermann Conring）の『ゲルマン法の起源について』（De origine juris Germanici, 1643）である．それは，「継受」についての最初の実用主義的な歴史であり，「ロタール伝説」（Lotharian legend）を論駁したものである．ヴィーアッカーは，その発行の年が重要であるとする．すなわち，30年戦争における普遍的帝国理念の崩壊は，同時に，ローマ法が自らの形而上学的正当化について恩恵をこうむっていたところのもう一つの理念，すなわち普遍的法理念の崩壊をももたらしたのである，と(32)．このことは，コンリングのような著作の出現についての全面的な説明とはならない．というのは，ドイツ私法という概念自体は，それとともに，さまざまなドイツ諸国の法は元々ドイツのものであり，少な〔162〕くとも1度は，ドイツの領土の何処でも有効であった諸原則を有しているとの考えをもたらしたからである(33)．皇帝の権力は大いに縮小され，神聖ローマ帝国が古代のローマ帝国の継続であるとの信念はなくなり，弱体化した形態ではあったが，普遍的ドイツという認識はまだそこに存在していた．現行法の多くが『ローマ法大全』には見いだされないこと，生ける法のあるものはその後の解釈からすらも独立していたこと，そしてとりわけ古典世界に対する無条件の尊敬を，大部分がビザンツでの産物である『ローマ法大全』に拡張することはできないことを明らかにしたことは，事実，ここでもまたその一部は人文主義者達の功績としなければならない．ドイツにおいてもまた，人文主義法学が，各国の法に対する知的尊敬へと至る道を明らかにした．ヨハン・シルター（1632～1705年）は，彼自身は人文主義者であり——その証拠としてローマの法学者ヘレンニウス・モデスティーヌスについての書物（1687年）と，『法学における分析手法についての証拠』（Praxis artis analyticae in jurisprudentiam）が，『アリストテレスによる，仮定的三段論法に対する論理的酷評』（Diatribe Logica de syllogismus ex hypothesi, secundum Aristotelem, 1678）と共に出版されている——，そして，ローマ法，封建法，そしてドイツ法についての著作者であるが，ドイツは2つの普通法，すなわち土着のドイツ法と外国のローマ法を有しているとの彼の理論により，ドイツ私法研究に推進力を与えた(34)．

　ドイツ私法の最も早い法学提要は，ゲオルク・バイヤーの『ドイツ法概要』（Delineatio juris Germanici）であると思われるが，死後4年たった1718年に最初に出版された．これは，例えばザクセンやブランデンブルクの地方準則を時々述べてはいるが，ドイツ私法一般について系統的に説明したものである．ドイツに継受されたローマ法のルールは大体省かれている．『ローマ法大全』が権威あるものとして受容されるべきであるとの兆候もな

かった．あるルールがローマ法とドイツ法とで同じ場合，引用される典拠はドイツ法にのみ関連するものであった．時々，その著作は，『ローマ法大全』がルールの源泉として誤って挙げられているとか，受容されたルールは『ローマ法大全』のルールとは異なることを明言している(35)．

しかしながら，やはり顕著なことは，ユースティーニアーヌスの『法学提要』が著作全体の形式に対して及ぼした全般的な影響である．第1巻は人に関する法であり，第2巻は相続を含んだ物的権利であり，第3巻は債務である．訴訟についての特別な取扱いは，しばしば起こることであるが排除されている(36)．少なくとも，例えばC. G. ホフマン（Hoffman）によって編集され，1740年にライプチッヒにおいて出版された版のように，少なくとも幾つかの版は，ドイツ法の源泉と起源のような事柄についての入門的教材も含まれており，大学におけるドイツ法の講義に役立つものを有している．最も初期のドイツ法提要の著者のほとんどが，ドイツ法について講義をした最初の人間であったことは，偶然のことではない．バイヤーはローマ法にも堪能であった．1706年に彼は，ヴィッテンベルクにおいての『法学提要』すなわちユースティーニアーヌスのそれの教授となり，1713年に第3番目の教授，つまり『旧学説彙纂』（Digestum vetus）担当教授職に選出された．『ドイツ法概要』の名声は，彼の他の著作の影を薄いものとしたが，彼の『法学提要と学説彙纂による市民法と，基本に立ち返り，世紀の使用に採用された封建法の概要』（Delineatio juris civilis secundum institutiones et pandectas atque feudalis ad fundamenta sua revocati et ad seculi usum accommodati, 初版1704年）はたいへん人気があった．例えば，1738年に第5版が出版されている．その表題は範囲を示している．法学提要と学説彙纂による市民法と，基本に立ち返り，今世紀の使用に採用された封建法の概要である．バイヤーはまた，刑法，封建法，そして教会法の『概要』を書いている．

はるかに大きな著作は，ヨハン・G・ハイネッキウス（Johann G. Heineccius）の『昔のそして今日のドイツ法の入門』（Elementa juris Germanici tum veteris tum hodierni, 1735/36）である．その表題が示しているように，これもまた，歴史的な説明である．古ゲルマン人について書いているタキトゥス（Tacitus）について言及がなされ，西ゴート族やその他の部族の法律について多くのことが述べられている．『入門』は，3巻に分かれている．第1巻は人を取り扱う．第2巻は，物の法に関してであるが，さらに小部分に別れ，最初の部分は財産，相続（無遺言と遺言），そして契約上の債務を取扱い，第2の部分は不法行為と犯罪を取り扱う．第3巻は訴訟の法を取り扱う．かくして配列は大いにユースティーニアーヌスの『法学提要』の順に

よっているが，その内容は決定的にドイツ的である．『ローマ法大全』についての言及はあるが，それは比較的稀であり，通常はそれとの相違を指摘するのが目的である[37]．法律の歴史を強調する点で類似の仕事は，それよりも少し早い J. F. ポラック (Polac) の『古代ゲルマン民事法学入門』(*Systema jurisprudentiae civilis Germanicae antiquae*, 1733) である．これは，ユースティーニアーヌス『法学提要』の影響を露呈するところの4巻構成をとっている．第1巻は人についてであり，第2巻は契約を含む物についてであり，第3巻は不法行為についてであり，第4巻は手続である．J. S. ピュッター (Pütter) の『現代ドイツ私法入門』(*Elementa juris Germanici privati hodierni*, 1748) には，かかる著作の一般的な特徴であるが，ドイツ法とその歴史についての長い序文がある．「ドイツ法の理論的第1部」と呼ばれる最初の部分は，2つの主要な小区分，人と財産があり，第二の部分は手続についてである．手続の取扱いは簡単なものであるが，理論的法と手続への分割は，19世紀の必要に合わせて解釈された『学説彙纂』を教えていたパンデクテン法学者の間で，そして特にカルル・サロモン・ツァハリアエ (Karl Salomon Zachariae) にとって重要な役割を果たした．J. H. C. フォン・セルコフ (Von Selchow) の，『ドイツ法提要』(*Institutiones jurisprudentiae Germanicae*, 1757 ── 1762年からは『現代ドイツ法入門』*Elementa juris Germanicae hodierni* として再版) もまた手続を第5巻において大変簡単に取り扱う．J. F. ルンデ (Runde) の『一般ドイツ私法の基礎』(*Grundsätze des allgemeinen deutschen Privatrechts*) も，その配列にはむしろ異なるところがあるとはいえ，同じことがあてはまる．

　ここに疑問が生ずる．なぜ，ドイツにおいては，ローマ法に由来するルールの取扱いをできるかぎり排除する法学提要が生じなければならなかったのか？　いかなる実務的，教育的あるいは感情的な必要性があったのか？　実務のために求められていたことは，その全体としての生ける私法，つまりローマ法の近代的形態とドイツのルールの両方を叙述することだったのであるから，直接的な実際の必要性はなかったはずである．この必要性は，シュトルーヴェの『ローマ＝ドイツ法学』(Jurisprudentia Romano-Germanica) によって的確に満たされた．かくしてそれは1771年まで多数の版を重ね，巨大なる人気を博した．18世紀には，多くの法律家にとってその実務のためには「シュトルーヴェの小さな本」さえあれば良いと言われた[38]．1773年，G. シャウムブルク (Schaumburg) は，イェーナにおいて，シュトルーヴェについての彼の注釈を出版した．『ゲオルグ・シュトルーヴェのローマ＝ドイツ法学についての注釈』(*Annotationes ad. B. Georg Ad. Struvii iurispruden-*

第 17 章　ユースティーニアーヌス『法学提要』が学術書に及ぼした影響——大陸法　199

tiam Romano-Germanicam forensem) である．この本は，著者の意見によれば，シュトルーヴェが必ずしも完全な栄養食ではなかった学生のために書かれたものであった．しかし，彼は序文の中で以下のように述べている．「君達は，シュトルーヴェを愛していて，市民の英知の学習の中で彼を君達の案内として選択する．君達は，シュトルーヴェの『法学』を生きている文脈中に向けるためにあらゆることをする．そしてそれにはもっともな理由がないわけではない．」

　それでローマ法を排除する文献への必要性はますます高まり，ドイツの教育制度の伝統の中に根づいた．土着のドイツ私法の存在が認知された後でも，大学では，ローマ法，「現代的慣用」および教会法のみを教えていた．生ける法の文献は，大学の偏見を反映して「現代的慣用」に集中し，そしてドイツ法の役割を軽く扱った．自然な反動として，実にドイツ法の重要性が継続していることを強調する最も簡単な方法として，ドイツ法の系統的な論文が作成され，ローマ法の貢献が無視された．かかる論文がドイツに登場し，例えばフランス，オランダあるいはスコットランドにおいては登場しなかったことは，ドイツにおける「継受」が非常に強かったことに帰せしめられるべきである．ドイツにおけるローマ法の権威はたいへん大きなものであり，土着の法律の声を聞くのには特別の努力を要した．

　最後に，地域法提要は，その地に由来する市民法制度を持った国々でも出版された．それらの法学提要は，その地に由来する法の真の法学提要である限り，法が由来する領域の法源と同じ位には『ローマ法大全』を権威あるものとして引用することはない．ここでも，ユースティーニアーヌスの『法学提要』には現れるが，しかし西ヨーロッパからは姿を消した法主題についての議論を含むことがある．奴隷制度はその明らかな例である．

　最も成功した法学提要は，後の中部アメリカ共和国の住人であったホセ・マリア・アルバレス（José Maria Alvarez）による『カスティリアと西インド諸島の王の法についての法学提要』（*Instituciones de derecho real de Castilla y de Indias*）であった．グアテマラ大学におけるアルバレスの教授職は，ユースティーニアーヌスの『法学提要』担当である．彼の本は，1818〜20 年に最初にグアテマラにおいて出版され，第 2 版は 1826 年にメキシコにおいて出版された．そして，1827 年にニューヨーク，1834 年と 1841 年にハヴァナ，そして 1854 年にグアテマラにおいて何度も版を重ねた．著者は 1820 年に死亡した．版を重ねるごとに注が増大し，後の版では文献の大量の引用がなされた．著者は，プロローグにおいて，彼は他のもっと良いものを採用することができたのであるが，ローマの『法学提要』の順序に従った

こと,ハイネッキウス(1681〜1741年)の『詳述』(*Recitationes*)の定義,原則,そして結論を採用しようと試みたことを述べている.有名な学者に加えて,しばしば引用されるユースティーニアーヌスの『法学提要』のもう一人の近代の注釈者は,オランダ人のアーノルド・ヴィンニウス(Arnold Vinnius, 1588-1657年)である.若干の法学者がときどき引用されているが,いままで最大の数の言及がなされているのが,例えば『七部法典』(*Las Siete Partidas*),『カスティリアのための新集成』(*Nueva Recopilación de Castilla*),『最新編集』(*Novissima Recopilación*),そして『西インド諸島のための編集』(*Recopilación de Indias*)といったスペインの法や法編集,並びに中部アメリカに関するその後の成文法であった.教会法についての言及はあるが,ユースティーニアーヌスの『ローマ法大全』についての言及はない.

　これらの地域法提要は,ユースティーニアーヌスの『法学提要』に明確に依存しつつ,それとともに,近代市民法の形態と内容を形成することに強力な役割を果たしたのである[39].

第18章　ユースティーニアーヌスの『法学提要』が学術論文に及ぼした影響
——ブラックストンの『釈義』

　ローマ法は，「継受」に抵抗した国々においてすら，学術論文の構造に深 [166]
い影響を与えた．このことはしばしば見過ごされている．一例としてダンカ
ン・ケネデイ（Duncan Kennedy）は有名な論文で以下のように書いている．
「私は，ブラックストンについて背景事情を提供する意思はないが，次のこ
とだけは指摘しておきたい．彼は1765年から1769年の間に論文を公表した
こと，1820年から1825年の間に出版された大法官ケント（Kent Chancellor）
の『合衆国法についての注釈』を別として，ブラックストンの著作はコモ
ン・ロー制度全体の理論を提示するために作られた唯一の体系的な試みであ
ることである．」[1]

　ウイリアム・ブラックストン（William Blackstone）の『イングランド法釈
義』（*Commentaries on the Laws of England*）が，コモン・ロー制度全体の理
論を提示するために作られた唯一の体系的な試みであるとするこの見解は，
興味あるものだが誤っている．ブラックストン自身が，「我々の法を一つの
体系にまとめるために働いた」先人達のリストを挙げている．すなわち，グ
ランヴィル，ブラクトン，ブリットン，『フリータ』（Fleta）の著者，フィッ
ツハーバート，ブルック，ベイコン（Bacon）卿，サー・エドワード・クッ
ク（Sir Edward Coke），コーウェル博士，サー・ヘンリー・フィンチ（Sir
Henry Finch），ウッド博士，サー・マシュー・ヘイル（Sir Matthew Hale）であ
る[2]．たしかに彼らの配列は欠陥を免れていない．特に，ブラックストンが
指摘しているように，フィッツハーバートとブルックの配列は，アルファ
ベット順であり，ベイコンは正規の順序をわざと回避した．しかし，まだ他
の9人が残っている．ケネデイはその驚くべき誤りのために，ブラックスト
ンの背景についての無関心と相俟って，『釈義』の構造について，純粋にイ
デオロギー的な言葉で説明を提示している．しかし，事はしかく簡単ではな
い．法律の構造は，法律論文の構造を含めて，歴史的な吟味によってのみ突
き止められる強い文化的な構成要素を有しているのである[3]．最近，ウイリ
アム・ブラックストンの『釈義』の構造について多くの著作があり，その中

で最も著名なのは，ジョン・W・ケアンズ（John W. Cairns）によるものである．彼はブラックストンの作品をその歴史的文脈に置いて，ブラックストンの試みを先人達のそれに関連づけている(4)．しかし，ケアンズの説明も完全ではない．この章の目的は，ブラックストンの構造の真実の基礎を明らかにすることである．

　論文の構造の必要性は，情報を伝達する必要性にある．そして，情報は，順序のある系統的な方法によって提示された時に，より容易に把握されるものである．しかし，法が事件に基礎をおいている場合，法に明確なシステムまたは構造はない．多くの事件——しかも，それぞれの事件が特定の論点を取り扱い，それぞれが関連がなく，そして相互に独立で，他の事件は異なった論点を取り扱う——から，売買のような法的制度の概要を演繹することは困難なことである．しかし，人は如何にして個別の事件を基に，例えば賃貸借や組合のような他のあり得る制度と並べて，契約という概念を（例えば，所有権の取得という概念から区別したものとして）提示するために，売買という制度を配置することができるのであろうか？　そして，如何にして人は法の全体系の中で，契約を分類することができるのか？

　事件に基礎を置く法においては明確な体系や構造がない，と私は言った．事実，法を判決のなされた事件のみによって基礎づけるならば，いかなる特定の構造も論理的に演繹する方法がない．法の内部においては何の助けになる手段も得られない（制定法については例外であるが，この場合適切な基礎とはならない）．しかし，イングランドの著作者達にとって良いニュースは，法の系統的構造を組み立てることに役立つ外部的モデルが存在したことである．悪いニュースは，そのモデルは適切ではなかったことである．

　この外部的モデルとはもちろん，ユースティーニアーヌスの『法学提要』であり，それ自身は（以前の章で私が述べたように），紀元後 160 年頃のガーイウスの『法学提要』の構造に大いに依拠している．このモデルの成功は，法律の歴史において未曾有のものであり，以下の国々においてその子孫達——時々息子や娘というよりは曾孫以上のものであるが——が生まれている．オランダにおいては，例えばフーゴ・グローティウスの，1619 年と 1621 年の間に書かれ，1631 年に出版された『オランダ法学入門』（*Inleidinge tot de Hollandsche rechtsgeleerdheid*）がそれにあたる．フランスにおいては（そこでは法は地域によって様々であり，成文法地域 *pays de droit écrit* の法は慣習法地域 *pays de droit coutumier* の法よりもはるかにローマ法に近いのであるが），例えば，ジェローム・メルシエ（Jerôme Mercier）の『ユースティーニアーヌス帝の法学提要に基づくフランス法の新研究』（*Remarques Nouvelles de*

第18章　ユースティーニアーヌスの『法学提要』が学術論文に及ぼした影響
　　　——ブラックストンの『釈義』　　　　　　　　　　　　　　　203

droit François sur les institutes de l'empereur Justinien, 1665年），そしてガブリエル・アルグー（Gabriel Argou）の『フランス法提要』(*Institution au droit François*, 1692年）である．スコットランドにおいては（そこでは，多くの法がイギリスのコモン・ローと似ていたが），ステアー卿（Lord Stair）の『スコットランド法提要』(*Institutions of the Law of Scotland*, 1681年）そしてことのほか，ジョージ・マッケンジー（George Mackenzie）卿の同じ名前の著作（1684年）である．そしてドイツにおいては（そこでは，ローマ法に由来する法準則を排除しようとした著作を選べば十分であるが），なかんずくゲオルク・バイヤー（Georg Beyer）の『ドイツ法概要』(*Delineatio juris Germanici*, 1718年）である[5]．

　またこの成功は驚くべきものではない．法は市場において作用するとともにアイデアのレベルでも存在する．アイデアは，理想的なものでなくても，借用可能であり，市場において許容できる形を与えられ得るものである[6]．実に法は，主として，その制度の他の部分からの類推による借用，あるいは他の法制度からの借用によって発展するのである．何世紀にもわたり，大陸の法律家達が判決を発見しなければならなかったとき，彼らはユースティーニアーヌスの『ローマ法大全』の中にそれを探した．14世紀のパリ，15世紀のサラマンカ，16世紀のライプチヒ，あるいは17世紀のライデンのように，社会が政治的，経済的，そして宗教的に，2世紀のローマや6世紀のコンスタンティノープルと非常に異なっていても，『ローマ法大全』はそこで略奪され得た．広く理解されている言葉で書かれているので，それは利用しやすいものであった．それは詳しいものだったので，大部分の問題に対する何らかの解決を提供できた[7]．同様に，大陸の法律家達は，これらの法準則についての構造を作ろうとしたときに，それを『ローマ法大全』の中で探し，『法学提要』の中で発見した．『ローマ法大全』の構成部分の中で唯一『法学提要』だけが，体系的に編成されていたからである．そしてそれは，全ての大学の法律の学習の基礎的な部分だったので，その構造は良く知られていた．ユースティーニアーヌスの『法学提要』の基本的な構造については，短いが〔168〕十分な説明を，第16章において述べておいた．

　実体法を取り扱う最初のところで，『法学提要』は基本的な区別をしている．「我々が使用する全ての法は，人か物か訴訟のどれかに関連している．」[8] 原文は，この問題についてそれ以上明確にしていないし，『法学提要』の後の所で，この一句の意味を明確に説明しているものは何もない．もし我々がそれに何か意味を与えるとすれば，ユースティーニアーヌスは物の概念の中に，相続に関する権利と債務を入れたと判断しなければならない．

もちろんこの区別は，後の法学者の多くの注意を引いた．それを明らかにするための一例を挙げるとすれば，アントニウス・ペレチウス（1583—1672年）の，法を学習する人々のための入門書である『問題別の欽定法学提要』（*Institutiones Imperiales, erotematibus distinctae*）がある．それは，質問とユースティーニアーヌスの『法学提要』から引かれる答からなっている．序文の最初に以下の文章がある．「法学提要の主題は何か？　人，物，そして訴訟の法である．人に関する法は第 1 巻に述べられている．物に関する法は第 2 巻と第 3 巻にある．訴訟に関する法は第 4 巻である．」

ついでに触れておくだけで十分であるが，訴訟が第 4 巻の主題とされていること——もっともこの巻は既に見たように私的権利侵害（private wrongs）（不法行為および準不法行為）と刑法も扱ってはいるが——は，我々にとって重要なものとなる．

『法学提要』をモデルとして依拠しなかったイングランドのコモン・ローの主たる特徴は，ローマ法とイングランド法の一般的相違を別にすれば，以下の通りである．(1)古い封建制の結果としての土地法の優勢，(2)実体法と手続法の絡み合い状態，実に，悪名高い未分離の状態，(3)契約法がほとんど存在しないこと，そして(4)不法行為法の発展が初歩的段階にとどまっていること，である．ローマにおいては反対に，土地法と他の重要な物との間にほとんど区別はなかったし，実体法は手続法と厳格に区別されており，そして契約と不法行為は，ともに法の非常に発展した分野であった．

ブラックストンの『釈義』の構造についての最も明確な案内は，1756 年に最初に出版された『イングランド法の分析』（*Analysis of the Laws of England*）において彼自身が与えている．そこには，問題の解明にとって非常に有益な序文と目次が含まれている．

序文においてブラックストンは，彼以前に，グランヴィルから始まるある方法によってイングランド法を説明しようと試みた人達について論じている．第 1 に述べられていることは，1605 年に最初に出版されたジョン・コーウェル（John Cowell）の『イングランド法提要』（*Institutiones Iuris Anglicani*）と袂を分かったことである．「コーウェル博士は，実に彼のラテン語の法学提要において，イングランド法をユースティーニアーヌスの法学提要のモデルに合わせて変換しようと努力をした．そして，無理に行われて不自然な考案が，その実行の過程で不十分で欠陥のあるものとなったことは驚くべきことではない．」コーウェルの『法学提要』は，ユースティーニアーヌスの法学提要をそのモデルとし，その表題に *institutes* あるいは *institutions* という言葉すら使用した，イングランドやその他の場所で 17 および 18

第18章 ユースティーニアーヌスの『法学提要』が学術論文に及ぼした影響
——ブラックストンの『釈義』

世紀に書かれた地方法についての多くの——文字通り何百の——著作の中の [169] 一つであった．コーウェルの著作は，ユースティーニアーヌスの配列にきちんと従っている点で，かなり特異なものである．ユースティーニアーヌスの『法学提要』の各章にコーウェルの章が対応し，ユースティーニアーヌスの中にない章はコーウェルの中にはなかった．この結果，構造的に無理が生じ，法の取扱いにバランスを欠くこととなった．しかし，その本が多いに成功し，需要を満たしたことは，それが1630年，1664年，そして1679年に再版されたこと，その上に議会の制定法の命令によって英語に翻訳され，1651年に出版された事実によって証明される．

序文において述べられている第2のことは，ブラックストンは主としてマシュー・ヘイル（Matthew Hale）卿の『法の分析：イングランド法の数個の章と区分けの仕組みまたは要約』（*The Analysis of the Law: being a Scheme, or Abstract, of the several Titles and Partitions of the Law of England, Digested into Method*, 1713年初版）の順序に従ったと述べていることである．これは一見して，ユースティーニアーヌス『法学提要』の影響をほとんど受けていないように見える．それら54の節を付録Aにおいて示している．

その序文においてヘイルは，コモン・ローと制定法の区別をしないこと，そしてローマ法の方法や用語にこだわらないことを既に宣言している．彼はまた法を次の2種類に別けたと述べている．

「1．民事の部分，民事上の権利とその救済手段
　2．刑事の部分，犯罪と軽罪（*Misdemeanors*）」

そして彼の『分析』の最初の節が始まる．

「法の民事の部分は以下に関連する．
　1．民事上の権利または利益
　2．これらの権利に関わる権利侵害（Wrongs）すなわち権利侵害（Injury）
　3．これらの権利侵害に適用される救済（Relief）すなわち救済手段（Remedies）

さて全ての民事上の権利あるいは利益は2種類に分かれる．
　1．人の諸権利（*Jura Personarum*）
　2．物の諸権利（*Jura Rerum*）」

人の権利と物の権利へのこの分割は，ユースティーニアーヌスの，「我々が使用する全ての法は，人か物か訴訟のどれかに関連している」と明らかに歴史的に関連している（ユースティーニアーヌスによって使用されている *ius* というラテン語は，英語では「法」と「権利」の双方を意味することに注意）．

実に，第23節「物の諸権利およびその一般的区別に関して」においてヘイルは，彼が物の一般的概念の中に相続権と債務を含めたことを明らかにしている．彼は物の諸権利について，「ここではそれらは，絶対的にその性質と種類において考察され，そしてそれら自身またはそれらの性質およびそれらの中の幾つかの利益（Interests），そしてそれらの取引（Transactions）と関連する」と述べている．彼が行った区別の中の一つには，「占有可能な人的な物」（things personal in possession）と「訴訟により実現可能な物」（things in action）とがある．後者について彼は述べる．

〔170〕　「訴訟により（in Action）実現可能な物とは，人的な物の権利（Rights of Personal Things）であり，しかしながら占有可能ではないものである．すなわち，

1．債務（Debts due）
　1．契約（Contract）によるもの
　2．捺印債務証書（*Specialty*）によるもの
　　1．債務の捺印証書（*Deed* of *Obligation*）によるもの
　　2．正式誓約書（*Recognizance*）によるもの
2．当事者が奪われ，または占有を失った動産（Goods, whereof the Party is *divested*; or out of Possession）
3．不確定損害賠償請求権；例えば捺印契約違反（*Rights of Damages* uncertain; as *Covenants* broken）
4．支払われないあるいは引き渡されない遺贈（*Legacies*）
5．未確定な人的な物，例えば勘定，その他多数（*Personal* Things in *Contingency*, as Accounts, and many more）．また，年金，その中，譲与が可能な物は占有可能な物となるが，訴訟による以外に回収できないものは，訴訟により実現可能な物となる．」

彼の解説に述べられている，さらにもう一つの特徴は，ヘイルが実体法と手続法の区別を維持しようとしていたことである．

ヘイルの『分析』の最初の節に表明されている彼の思想と一致させるために，第1節は私法の性質を扱い，第2～22節は人の権利を，第23～38節は物に関連する権利を扱う．

これらの節は，ユースティーニアーヌスの『法学提要』の順序とある対応関係にある．つまり，ユースティーニアーヌスの第1巻はヘイルの第1～22節と対応し，特にユースティーニアーヌスの第1巻第1章と2章はヘイルの第1節と同じである．ユースティーニアーヌスの物，相続，そして契約を扱う第2・第3巻は，事実上，ヘイルの第23～38節に対応する．ヘイ

第18章　ユースティーニアーヌスの『法学提要』が学術論文に及ぼした影響
　　　——ブラックストンの『釈義』　　　　　　　　　　　　　　　207

ルの時代のイギリス法は契約に関するコモン・ローをほとんど有していなかったし，不法行為法はその幼児期にあったので，その点についての問題を抱えていた．契約の配列の問題に関するヘイルの解決は，それを物の法に包含することであった．例えば，第28節において，相続，判決，そして強制執行と同様に，契約法が物を取得する方法であることを根拠としてそうしたのである．かくして，ヘイルが第38節に到達する時までには，彼はユースティーニアーヌスの『法学提要』の最初の3巻を事実上カバーしていた．契約の分類についてのこの方法は十分に合理的なものであったので，他の所でも同じことが生じた．例えば，1804年のフランス『民法典』である．『民法典』の第3巻は，「人が財産を取得する色々な方法」と題され，相続と贈与のみならず，契約や準契約，不法行為，そして準不法行為をも含んでいる．もちろん，ヘイルの方法は，イングランドのような契約法がそんなに発達していなかった国においては特に合理的であった．

　ヘイルが配列問題に対して行った解決の第2の部分は，人と物に関連した権利侵害（wrongs）を（権利侵害が不法行為であろうと犯罪であろうと）それに関する救済手段（その時代の法の状態の下においては，それらを別々にしておくことはできなかった）とともに残りの第39～54節において，取り扱うことであった．かくして第39～54節はユースティーニアーヌスの『法学提要』の第4巻に対応する．

　犯罪に関する議論は最小のものであり，ヘイルの『分析』は大部分，2つの種類の法の一つである民事の部分に限定されている．ヘイルが『分析』の最初の節において，民事の部分を権利と権利侵害（およびそれに対する救済手段）とに分け，さらに権利を人の権利と物の権利とに分けたことを，ここでは想起されたい．

　ブラックストンは，彼の『分析』（Analysis）において，〔彼の枠組が〕この〔ヘイルの〕枠組のおかげであることを認めたうえで，曖昧さを減少するために変更したと公言している．最も明らかなことは，彼がスコットランドやヨーロッパにおいて既に広く採用されていたユースティーニアーヌスの4巻本の枠組に立ち返ったことである．ブラックストンの第1巻は法の性質と人の権利，第2巻は物の権利，第3巻は私の権利侵害（private wrong），第4巻は公の権利侵害，すなわち犯罪（public wrongs or crimes）である．ブラックストンは，彼の枠組を表の形式で並べている（〔1757年の第2版から〕再現したものを付録Bとした）．〔171〕

　ブラックストンの『釈義』（ここでは，それぞれの巻が章に分けられている）の構造は，彼の『分析』の枠組に従っているが，表はない．したがって，一

つの章の他の章に対する関係が余り明らかではない．かくして，例えば導入部と第1巻は以下のような配列となる．

　　　第Ⅰ節　法の研究について
　　　第Ⅱ節　法一般の性質について
　　　第Ⅲ節　イングランド法について
　　　第Ⅳ節　イングランド法に従う国々について
　　第1巻　人の権利について
　　　第Ⅰ章　個人の絶対的権利について
　　　第Ⅱ章　議会について
　　　第Ⅲ章　国王とその王権について
　　　第Ⅳ章　王族について
　　　第Ⅴ章　国王に属する各諮問機関について
　　　第Ⅵ章　国王の義務について
　　　第Ⅶ章　国王の大権について
　　　第Ⅷ章　国王の収入について
　　　第Ⅸ章　従属的行政官（Subordinate Magistrates）について
　　　第Ⅹ章　外国人，国籍取得者（Denizens），内国出生者を問わず人民について
　　　第ⅩⅠ章　聖職者について
　　　第ⅩⅡ章　市民の地位について
　　　第ⅩⅢ章　軍隊と海軍の地位について
　　　第ⅩⅣ章　主人と使用人について
　　　第ⅩⅤ章　夫と妻について
　　　第ⅩⅥ章　親と子供について
　　　第ⅩⅦ章　後見人と被後見人について
　　　第ⅩⅧ章　法人について

　スタンリー・N・カッツ（Stanley N. Katz）は，ブラックストン『釈義』第1版のシカゴ大学複写版第1巻への序文の中で，それが4巻本に分かれていることについて次のようにコメントしている．「第1巻は，ブラックストンが『人の権利』と呼んでいるものを取り扱っているが，現代の法律家であれば憲法（constitutional law）と呼ぶであろう．」[9]　これは理解できるが，そんなに正確ではない．ブラックストンにとって，第1巻は人の法を取り扱う．このことは，少なくとも一部は『釈義』の第14章以降の見出しに現れている．しかしそれは，『分析』の表の中で明確に現れており，『釈義』の第1巻の第1章ではっきりと述べられている．すなわち，自然人は絶対的あるいは

[172]

相対的な権利を有する．絶対的な権利とは，「単に個人または単一の人間としての特定の人間に属する物である．相対的な権利とは，社会の構成員であり，相互に色々な関係に立つ個々人に生じる．」

人の権利という表題の下で，人の地位の相違が今日よりもはるかに重要であると考えられていた時に著作をしていた法学者が，議会，国王，国王の家族，彼の各諮問機関，そして従属的行政官の各地位を取り扱うべきであったことは，さほど驚くことではない．かかる枠組は他の国でも生じている．ドイツの一例を挙げると，ゲオルク・バイヤーの『ドイツ法概要』の「人の法について」と題する第1巻は，以下のように始まる．

「第1章　貴族，市民（Townspeople）またはブルジョワ（Burgesses），および農民の地位の起源について
　第2章　貴族一般の権利について
　第3章　貴族の義務と職務，およびそこから生じる上級と下級の貴族への区分について」

そして，かかる章に進む．

「第14章　商人の権利について
　第15章　手工業者の権利について
　第17章　宿屋の主人と居酒屋の主人の権利について
　第24章　貴賤相婚（Morganatic Marriage）について
　第27章　婦女後見と不在〔失踪〕について」

同様にフランスにおいても，君主についてさえ，その色々な権利や地位が，1605年に最初に出版されたロワゼル（Loysel）の『慣習法提要』（*Institutes coutumières*）の第1巻の長い最初の章において詳細に述べられている．

この点でのブラックストンの直接のモデルを求めるならば（それを求めるべきなのであるが），我々はふたたびヘイルの『分析』以上に調べる必要はない．第1節の最初でヘイルは，自然人は2通りの方法，一つは絶対的な観点と一つは〔他者との〕関係における観点から考察されると述べている．次に，人間が，絶対的な観点で考察した場合にそれ自身で有している利益について論じて，第1節の最初で以下のように述べる．

「全ての人間がそれ自身で有している利益は，基本的には3つの事柄の中に存する．すなわち，

1．人が彼自身の身体（Person）の安全について有している利益とそれに関連した権利侵害（Wrongs）――1．暴行（Assault），2．闘争（Affray），3．傷害（Woundings）

2．人が彼の自由と身体の自由において有している利益．これに対す〔173〕

る権利侵害（Injury）は強迫（Duress）と不法監禁（Unlawful Imprisonment）である．

3．人が彼の名前と名声について有している利益．これに対する権利侵害（Injury）は醜聞（Scandal）と名誉毀損（Defamation）である．

これは，『分析』(The Analysis) における自然人の絶対的権利についてのブラックストンの取扱いと正確に対応する．ヘイルは，第2節とそれに続くいくつかの節において，さらにある関係における権利を取り扱っているが，そこでは，王，行政官，夫婦などが扱われている．

もちろん，ブラックストンの『釈義』の第2巻は，もっぱら物の法を取り扱い，それはヘイルの『分析』の第23〜38節と，したがってまたユースティーニアーヌスの『法学提要』の第2・3巻と対応する．ここでもまた，契約は，例えば30章において財産が獲得される一つの手段として，物の法の下に包含されている[10]．

かくして，ブラックストンの『釈義』の第3・4巻が考察の対象として残るが，それらは，ヘイルの『分析』の第39〜54節の主題と，そして正確にユースティーニアーヌスの『法学提要』の第4巻に対応する．

ブラックストンの第4巻の内容の選択については，ほとんど議論を要せず，すぐに説明ができる．この最後の巻は，『法学提要』の最後の章と主題が正確に対応する．ブラックストンの取扱いが1つの巻全体に及び，ユースティーニアーヌスのそれは1つの章だけであるという事実については，最小限度の議論だけで十分である．刑法は，しばしば強調されるように，18世紀のイングランドにおいて大きくそして重要なテーマであった[11]．その重要性が4巻の内の1つの巻を割くに値したのである．他方において，ユースティーニアーヌスの『法学提要』は（そして『学説彙纂』も同じく）ローマの法学者の興味を反映している．そして，大いに強調されてきたように，ローマの法学者は刑法に対して余り関心を持たなかったのである[12]．

ブラックストンによる権利侵害（wrongs）の取扱いの多くは，すでにヘイルの『分析』において明らかである．我々が見たように，ヘイルはすでに私法を権利と救済手段に分けているが，第1節の最初において，権利に関わる権利侵害に適用される救済について述べている．権利と救済との対比は，ヘイルにおいて余りきわ立っていない．しかしこれは，彼がいくつかの節を1つの巻にまとめなかったからであり，その結果，救済手段を明確に取り扱っているいくつかの節が権利侵害を問題にしていないかのように見えるのである．

ブラックストンの問題の処理の方法について強調されなければならないこ

第18章　ユースティーニアーヌスの『法学提要』が学術論文に及ぼした影響
　　　——ブラックストンの『釈義』　　　　　　　　　　　　　　　　211

とは，以下の通りである．(1)彼は（教育目的のために）イングランド法の体系的な説明を述べようとした．(2)純粋に事件に基礎を置く法は，自然で必然的で妥当な構造を有していない．(3)法を体系的なものとするために，彼は実体法を手続法から分けて取り扱わなければならなかった（イングランド法が洗練されていないものに見えないようにするためにはこのことは必要である）．(4)実に他国の著者達が法を権利の体系として説明しているように，彼も法を権利の体系として説明しようと望んだ．(5)しかし，イングランドの実体法は分かちがたく手続法と絡み合っており，そのため手続法は，広範囲に，そして特定の法的権利に関連して取扱われなければならなかったのである．他の国や領域における著者達は，手続法の取扱いを省略できたし，またしばしばそ〔174〕れを行った(13)．(6)手続法を取り込む彼の方法は，手続法を権利侵害に対する救済手段として取り扱うことであり，したがって法的権利と法的権利侵害の二分法が生じた．(7)彼はその取扱いにおいて，同時代の法的文化に大いに拘束され，特にヘイルに恩恵をこうむった．(8)ヘイル以上に彼は，大いに良く知っていたユースティーニアーヌスの『法学提要』の構造に依拠した．

　ジョン・B・ラングバイン（John B. Langbein）は，ブラックストンの『釈義』の初版の，シカゴ大学複写版の第3巻への紹介を，以下の文章で始めている．

　　「ブラックストンの『釈義』の独特の構成は，私的権利侵害についての第3巻の叙述において，現代の読者を最も当惑させるであろう．そのような表題の巻であるならば，人は不法行為の実体法を取り扱うものと期待するであろう．実際，若干の，分量の少ない章は，現代の法律家であればその大部分を財産法の中に取り込むであろう，財産に対する権利侵害（injury）に関わる幾つかの救済手段と共に，18世紀中葉の初歩的な不法行為法について論じている．しかしながら，第3巻は，イングランドの民事手続，すなわち裁判所間の管轄および裁判所における訴訟手続をもっぱら取り扱っているのである．この奇妙な表題は——その本が今日書かれ，そう表題を付けられているのであれば，我々はそれが間違いであると言うであろうが——重要である．と言うのは，ブラックストンの時代までは，実体法と手続法は分離しているには程遠い状態だったのであり，そして原初的法制度において実体法は『手続法のすき間に隠されている……』というメイン（Maine）の金言を，イングランド法はなお多くの点で例証した．」(14)

　しかし文化的現象と社会的リアリティの双方に関するものとして法に興味を有する法制史学者は，そんなに驚かない．イングランドの不法行為法は，

ラングバインが正当にも主張するように，原初的なものであった．ブラックストンの問題は，ヘイルの配列の影響の下に，そしてまた——間違いなく明らかになりつつあるのであるが——ユースティーニアーヌスの配列の影響の下に，不法行為法と民事訴訟一般における手続法を如何にうまく取り扱うかに関するものであった．我々は，彼の主たるジレンマが2つの形態の下で生じたと考えることができる．彼は，ユースティーニアーヌスの『法学提要』の内容に等しいものとしてイングランド法を扱うか，それともイングランドの法的手続を取り扱い，そして彼の体系の中でそれについての文脈を発見しなければならなかった．どちらの形態で行うにせよ，このジレンマは，イングランドの法的権利を，手続法とは区別された実体法として取り扱うと最初に決定した時から直ちに存在した．イングランド法を体系化したいと望む者で，ブラックストンのように，(a)彼の先達達の仕事を知っており，(b)ローマ法の威厳によって幾らかでも影響を受けており，そして(c)1世紀以上スコットランドやヨーロッパ大陸の各国法においてユースティーニアーヌスの『法学提要』をモデルとして出版された本を少しでも知っている者は，ほとんどの場合にこのような決定をしなければならなかった[15]．既に述べたように，各国の法についてのこれらの外国の著作は，手続の取扱いを全部落としてさえしていた．ブラックストンの解決は極端に単純なものであった．彼は実体法的な法的権利を取り扱ってきた．法的権利から生じる訴訟はすべて，権利の侵害（または主張されている侵害）の故に，したがって不法行為を理由として発生する．そこで彼は，私的訴訟の法を私的権利侵害（private wrongs）の法として扱い，不法行為（torts）の法を私的権利侵害の表題の下で扱っている（そしてある程度彼は，『分析』の最初の節で，訴訟を権利侵害に対する救済手段としてリストに挙げていたヘイルを先駆者として有していた）．ブラックストンは，不法行為法は重要ではなかったという単純な理由で，まさに彼の時代においてなんの混乱もなかったのであるから，彼の方法が現代の読者を誤解させ混乱させるかも知れないことを予見できなかった．ふたたびヘイルの『分析』の第3巻の表に言及することは，彼の思考パターンを最も明らかにする．

第1巻と2巻における最も顕著な言葉である「権利」と第3巻と第4巻における最も顕著な言葉である「権利侵害」との，本の表題における対照が過剰であると感ぜられるかも知れないが，学者のほとんどは，誇張された対照をする誘惑を回避できない．

以上述べたことから，各主題の取扱いはブラックストンの時代のイングランド法にしっかり適合したものであるとはいえ，例えばヘイルのような他か

第 18 章　ユースティーニアーヌスの『法学提要』が学術論文に及ぼした影響
　　　　　　——ブラックストンの『釈義』

らの影響の有無にかかわらず，ブラックストンの『釈義』は，その基本的構造において実際に，ユースティーニアーヌスの『法学提要』の直接の子孫であることが明らかとなる．かくして，
　『法学提要』第 1 巻第 1 〜 2 章 =『釈義』序論
　『法学提要』第 1 巻第 3 〜 26 章 =『釈義』第 1 巻
　『法学提要』第 2 〜 3 巻 =『釈義』第 2 巻
　『法学提要』第 4 巻第 1 〜 17 章 =『釈義』第 3 巻
　『法学提要』第 4 巻第 18 章 =『釈義』第 4 巻
　ブラックストンは，コーウェル博士の例にならって全ての章を『法学提要』の各々に対応させることはしていないが，ヘイルから離れてユースティーニアーヌスの全体構造に立ち返ったのである．
　ブラックストンがユースティーニアーヌスの『法学提要』からどのように借用したか，その要点を繰り返しても無駄ではあるまい．ユースティーニアーヌスの第 1 巻第 1 章と第 2 章は，正義と法学の性質，法の学習，法の類型，すなわち自然法，万民法あるいはローマ人に固有のタイプの法を取り扱っている．ブラックストンの序論は，法の学習，法一般およびイングランド固有の法の性質，そしてイングランド法の裁判権の性質を取り扱う．
　ユースティーニアーヌスの第 1 巻第 3 〜 26 章（すなわち，第 1 巻の残りの部分）は，ブラックストンの第 1 巻と同様に人の法に関する．古代世界においては必然的に，巻の大きさには大小ともに限界が存したこと，比較的初期の時代においてユースティーニアーヌスの第 1 巻第 1 章と第 2 章は独立した 1 巻としては存在し得なかったことを，ここで想起する価値がある．その上に，ブラックストンは彼の『分析』において，「法一般の性質」を第 1 巻の中に入れ，しかし別立ての序論は置かなかった．
　ユースティーニアーヌスの第 2・第 3 巻は，物（すなわち財産），相続，そして契約を取り扱っている．そしてこの取扱いは，物に関する法に言及する第 1 巻第 2 章第 12 節におけるユースティーニアーヌスの枠組みに対応している．ブラックストンの第 2 巻は，物すなわち財産の権利を取り扱う．そして彼は，そこに相続を編入し，そしてたとえわずかとはいえ，財産を獲得する手段としての契約法もこの中に入っている．〔176〕
　ユースティーニアーヌスの第 4 巻第 1 〜 17 章（すなわち，最後の章を除く第 4 巻の全て）は，私的権利侵害と訴訟を取り扱う．ブラックストンの第 3 巻は，主として同じ主題を取り扱うが，訴訟は（権利に対する）私的権利侵害に対する救済手段を意味するものとして扱われ，初歩的段階にとどまる不法行為法が含まれている．

ユースティーニアーヌスの第4巻第18章（すなわち最後の章）は，「公訴について」(*De publicis iudiciis*) という表題の下に，犯罪を取り扱っている．ブラックストンの第4巻は，「公的権利侵害」という表題の下に，刑事法を取り扱っている．

ブラックストンの『釈義』の構造は，このようにユースティーニアヌスの『法学提要』のそれに極端に依存しているのであるが，この依存は，——イングランド法の主題を適切に取り扱うために——4つの巻を異なったテーマに分解したこと，そして4つの巻の表題における彼の用語法（2巻は権利を強調し，他の2巻は権利侵害を強調）とによって曖昧なものとなった．表題の用語は，技巧的なものであるが，彼の配列を体系的なものとする試みである．しかしそれは後の学者を混乱させてきた．

ブラックストンの意図は，現代の学者によって相当に誤解されてきた．カッツは，ブラックストンの第1巻の内容をかなり誤って性格づけている．ガレス・ジョーンズ (Gareth Jones) は，第2巻について「物の権利という困惑させる表題が付けられている」と書いている[16]．ラングバインは，第3巻の特異な構成に対する現代の読者の驚きに満ちた反応を強調する．ケネディは，構成についてのブラックストンの意図を，彼が作っていた文脈を顧慮せずに解釈する．権利の概念に関して，彼は以下のように述べている．

　「私は，それ〔権利の概念〕が特定の弁明的意味を有していたことを論じよう．しかし私は，他の共同決定要素を過小評価しようとは思わない．ヘイルは，1703年，死後に出版された短い論文の中で，類似の枠組みを使っていた．『イングランド人の権利』は重要な政治的スローガンであった．ブラックストンは，人の権利 (*ius personarum*) と物の権利 (*ius rerum*) というローマ法の法的カテゴリーに精通していた．そして17世紀と18世紀の政治思想は，その中心的概念として『自然権』(natural rights) を発展させた．ブラックストンについて特異なことは，権利を前面に出したことではなくて，権利を『権利侵害』(wrongs) に関連させたその方法であった．」[17]

ああ，ケネデイは，彼の言う「他の共同決定要素」に多くの注意を払っていない．彼がブラックストンの方法に対するヘイルの意義を理解していたことを示す兆候は何もない．いわんやユースティーニアーヌスの『法学提要』においておやである．しかし，ブラックストンの構造は，その歴史的文脈の中でのみ解釈することができる．彼の意図したことも然り．彼の意識しなかったイデオロギーもまた然りである．

しかし，ブラックストンの『釈義』に対するユースティーニアーヌスの

第18章　ユースティーニアーヌスの『法学提要』が学術論文に及ぼした影響
　　　——ブラックストンの『釈義』　　　　　　　　　　　　　　　　215

　『法学提要』の影響で未だことが終わる訳ではない．ブラックストンの，『分析』のための一覧表形式の体系が重要であることは，すでに指摘しておいた．彼の『分析』に対する先駆者はいるが，それは，ディオニシウス・ゴトフレードゥス（Dionysius Gothofredus）（1542～1622年）による，ユースティーニアーヌスの『法学提要』の構造に対する一覧表である．彼は，テオドール・モムゼン（Theodor Mommsen）（1817～1903年）までは，たぶん『ローマ法大全』の最も著名な校訂者であった[18]．その一覧表は，彼の版の全てに〔177〕は出てこないが，例えば（私が見たものの中では），J．ブロウ（Blaeu）と L. and D. エルツェヴィアー（Elzevier）により，シモン・ファン・レーウェン（Simon van Leeuwen）の監修の下，アムステルダムで1633年に発行された版，そして1705年にフランクフルト・アム・マインとライプチヒで発行された版，そして1720年にライプチヒで発行された版に出てくる．簡単な形にした一覧表の翻訳を付録Cとして示しておいた[19]．序というべき事柄について述べた後，ゴトフレードゥスが，彼の配置として4つの主要な表題を設けていることは，直ちに明らかである．すなわち，人，物，訴訟，そして公訴（*Personae, Res, Actiones*, and *De publicis Iudicis*）である．そして，ゴトフレードゥスはユースティーニアーヌスの『法学提要』の順序に従っているとはいえ，これらの主たる表題は，『法学提要』の4つの巻の内容に対応していない．

　この一覧表の形式とブラックストンのそれは明らかに関連している．もちろん，ゴトフレードゥスは，『法学提要』の配列の枠に拘束されている．なぜなら，それは彼が説明しなければならないことだからである．したがって彼は主題の順序を変えることはできない．しかしそれだけになおのこと，枠組みの中の彼の区分が興味深いものとなる．彼は『法学提要』のそれぞれの巻を別々に扱っていない．彼は，人，物，相続，債務，訴訟あるいは類似の制度のような主題を取り扱っていない．むしろ彼は，『法学提要』第1巻第1章第12節にある人，物，訴訟の枠組みに立ち返っている．しかし彼は公訴を加えている．これはブラックストンのそれに大いに対応する．そして人は，巻の最初，第1巻の最初で終わる．物は，ゴトフレードゥスが第2巻，第3巻としている部分を占めている．そして彼は，ブラックストンがしたように，相続と契約を物として入れている．しかし彼は不法行為（delicts）も加えており，これは妥当な取扱い策であるかに見える．イングランド法と異なり，ローマの不法行為法は良く発展していた．そして，ローマ法における実体法と手続法の厳格な分離を考慮するならば，ゴトフレードゥスにとって不法行為を実体法のその他の部分から分離し，それを権利侵害（wrongs）と

いう表題の下で訴訟といっしょに取り扱うだけの自由はなかった．訴訟は，その枠組みの中で，第4巻のほとんど全ての内容となっている．しかし2つの特異なものがここにある．その第1は，事実ユースティーニアーヌスの『法学提要』において第4巻は不法行為から始まるのに対して，ゴトフレードゥスは，驚くべきことに，誤ってユースティーニアヌスが不法行為と準不法行為を第3巻として扱っているものとしているのである．ゴトフレードゥスは，事実上，訴訟に対して，ブラックストンが——彼の場合にはそれに対応するところの——権利侵害の取扱いにおいてそれに与えた意義と同じ意義を与えている．第2は，同じく驚くべきことであり，また事実を明らかにするものである．ゴトフレードゥスは，訴訟のところを終了するに当たり，全く新しい表題「公訴について」で締め括っている．この表題は，量としてはわずかであるとはいえ人，物，訴訟のような別個の主たる表題と全く同様の重要性を与えられている．彼はその短い取扱いを以下のように始める——「公訴について，13．これは，訴訟（それについては上記を見よ）によって規制されるのでもなく，我々が語った他の判決と共通のものも持たない．何故ならば，最初においても，そして手続中においても，主題に大きな相違があるからである．」この表現は実際上，『法学提要』第4巻第18章の事実上の言換えである．にもかかわらず，その章の表題を考えると，ゴトフレードゥスはこの章を（ユースティーニアーヌスの『法学提要』第1巻第2章第12節のように）訴訟という一般的表題の下に入れることができたはずである．しかし彼はそうしなかった．ここで，ブラックストンの構造を示唆するもう一つの

〔178〕ものを見ることは，何ら奇抜なことではないように思われる．ゴトフレードゥスの構造は，人，物，訴訟，犯罪となっている．ブラックストンのそれは，人，物（共に「権利」の下で），訴訟，犯罪（共に「権利侵害」の下に）となっている．

今，我々が，ゴトフレードゥスの枠組みを取り去り，ユースティーニアーヌスの『法学提要』の巻と章に関連づけるならば，次の対応となる．

　　　　ゴトフレードゥス「種類」(*Species*) =『法学提要』第1巻第1・2章
　　　　ゴトフレードゥス「人」(*Personae*) =『法学提要』第1巻第3～26章
　　　　ゴトフレードゥス「物」(*Res*) =『法学提要』第2・3巻
　　　　ゴトフレードゥス「訴訟」(*Actiones*) =『法学提要』第4巻第1～17章
　　　　ゴトフレードゥス「公訴について」(*De publicis Judiciis*) =『法学提要』第4巻第18章

そして我々は以前に，つまりまさにブラックストンの『釈義』の序と第4

第18章 ユースティーニアーヌスの『法学提要』が学術論文に及ぼした影響
——ブラックストンの『釈義』

巻の中に，ユースティーニアーヌスの『法学提要』のこの正確な区分を見た．しかしながら，ブラックストンはこの枠組みについて少し特別な扱いをしている．彼は彼の『釈義』を，序と4巻の標準的な本へ分別するためにそれを採用し，それを使用した！　ゴトフレードゥスはこの分割を序と4つの主たる表題へと分けた．ゴトフレードゥスは，ユースティーニアーヌスの構造に従い，そのため，表題を巻と同じようにすることはできなかった——論じられる主題の大きさの隔たりがはるかに大きすぎたからである．しかし，イングランド法の構成は異なっており，ブラックストンはその事実を優先させたのである．

最後にもう1つの類似性が指摘されなければならない．ゴトフレードゥスもブラックストンも序説を有している．その際，人，物などの表題によってカバーされる主題を示すために，ゴトフレードゥスは総称的〔な言葉である〕「対象」(generic *Objecta*) を用いた．彼の枠組みの中でまさにこれに対応する場所で，ブラックストンは「イングランド法の対象」(Objects of the Law of England) としている．

ゴトフレードゥス版『ローマ法大全』は，その時代の標準的刊本として，間違いなくブラックストンが利用することのできたものであり，ゴトフレードゥスの『法学提要』に関する一覧表形式の枠組みとブラックストンの『釈義』に関するそれとの関係は，否定することができない．可能な結論は唯一，(1)ブラックストンはゴトフレードゥスの枠組みを使ったこと，(2)ブラックストンとゴトフレードゥスの枠組みは知られざる共通のモデルを持っていたこと，そして(3)ブラックストンはゴトフレードゥスに由来する知られざる枠組みに依拠していたことである．かかる一覧表形式の枠組みは，共に一般的であらざるものではない．絶対的な正確さはここでは必要がない．このような一覧表の枠組みがブラックストンの枠組みとして役立ったことを知れば十分である．実にオッカムの剃刀の原則によれば，最も単純な仮説として，ブラックストンが一覧表のアイデアと枠組みをディオニシウス・ゴトフレードゥスから取ったことが示されよう．

しかし，直接的な証拠がないので，我々としてはブラックストンがそのような一覧表システムを利用できなかったと仮定して議論すべきであるとしたならば，どうなるであろうか？　その場合，状況はより一層面白いものとなる．ゴトフレードゥスとブラックストンの間には密接な相互関係があるので，単なる偶然や符合では何の説明もできない．しかし，ゴトフレードゥスは，ユースティーニアーヌスの『法学提要』を同時代人がより利用しやすいものとした．もしゴトフレードゥスとブラックストンの間にそれ以上の関連がな

[179] いのであれば，ユースティーニアーヌスとブラックストンとの間の関係はなおのこと顕著なものとなる．この根拠に立てば，意識すると無意識とにかかわらず，ブラックストンは深くユースティーニアーヌスに従おうと努めたに違いない．

　ブラックストンのローマ法に対する知識の程度は時々疑問視されてきたが，少なくともユースティーニアーヌスの『法学提要』から基本的アウトラインを借用し，ゴトフレードゥスを利用するだけの能力はあった．第1に，彼の義理の兄弟であるジェームス・クリセロウ（James Clitherow）は，ブラックストンが勤勉な学生であり，ギリシャとローマの詩人を特に好んでいたことを記録している[20]．だから彼はラテン語に十分堪能であった．第2に，政治的理由からそれは不成功に終わったが[21]，（多分1751—52年の）「ローマ市民法欽定講座担当教授」の立候補者であった．だから，彼が『ローマ法大全』に少しではあっても通じていたとするのは，全く保証のない仮説であるとは言えないのである．彼はまた，彼の学位のために市民法を勉強していた．第3に，彼はユースティーニアーヌスの『法学提要』のコピーを所有していたが，彼はそれをニュー・イン・ホール（New Inn Hall）に遺贈し，現在それはバリオール・カレッジ図書館にある[22]．第4に，我々が見てきたように，彼はコーウェルの『イングランド法提要』の構造に良く通じており，彼が言ったように，ユースティーニアーヌスの『法学提要』の構造についてたいへん良く認識していた．第5に，ゴトフレードゥスの一覧表への接触は，その時代に法律書の構造に興味があり，大学の良い図書館で調査をする者なら誰にでも簡単なことであった[23]．

　しかし謎は残る．ブラックストンは，『分析』への序文の中で，ヘイルに恩義があること，コーウェルの配列から距離を置いていることを表明しているが，その彼が何故，ユースティーニアーヌスやゴトフレードゥスについて何も言っていないのであろうか？　いかなる解答も推測の域を出ない．しかし私は2つのことを示唆したい．第1に，ここでブラックストンは，他の場所と同じように[24]，彼のイングランド人気質を示している（スコットランド人に浮かぶであろう考えである）．つまり彼は，イングランド法を体系的に記述しようとした人々のみを取り扱っているのである．第2に彼は，彼の観点から合理的に，コーウェルをユースティーニアーヌスの配列に従ったとして批判したのであり，彼自身が同じ情報源に対する恩義を表明する必要を感じなかった．

　要するに，ブラックストンは，『釈義』において，ユースティーニアーヌスの『法学提要』の基本的構造を採用している．つまり，4つの巻において

第18章 ユースティーニアーヌスの『法学提要』が学術論文に及ぼした影響
——ブラックストンの『釈義』

主たる題目が同じ順次で取り扱われている．たしかに，ユースティーニアーヌスが——そうでなければ人の法のみを取り扱うはずの——第１巻に序論的主題を入れているのに対して，ブラックストンは人の法についての第１巻の前に序論を置いている．しかし，以下のことが強調されなければならない．すなわち，ユースティーニアーヌスの時代の通例として，彼は，一つの巻から分離させて独立の序論を置くことはできなかったこと，ブラックストンの序論と第１巻はまとまって４分冊の中の第１分冊を構成すること，ブラックストンは，以前の『分析』において，序論的主題を第１巻の一部として入れたことである．より具体的に言うと，ブラックストンの巻の間の区分は，（１つの小さな例外は別として）ディオニシウス・ゴトフレードゥスの『法学提要』の構造の分析の中で提案されたユースティーニアーヌスの『法学提要』の中の区分にきちんと対応する．ゴトフレードゥスは，一覧表の形で〔180〕ユースティーニアーヌスの『法学提要』に関する彼の分析を説明しているが，その方法はブラックストンにより『イングランド法の分析』において踏襲された．『分析』は『釈義』の先駆者である．ユースティーニアーヌスは，『法学提要』の中で，全ての法は人，物あるいは訴訟と関係することを有名な場所で宣言しているが，その区分は，彼の巻と対応していない．ゴトフレードゥス，ヘイル，そしてブラックストンは皆，この区分を彼ら自身の構造として受け入れているが，このことは，彼らが債務——ヘイルとブラックストンにとっては契約に過ぎない——と相続権を「物」の概念に含めることを意味する．特に，その後ブラックストンによって踏襲されたヘイルは，契約を，財産を取得する一つの方法として物の概念に含める．ブラックストンが，彼以前のヘイルに対応して，ゴトフレードゥスと袂を分かったのは，もう一つの主たる債務の分類——不法行為——である．ゴトフレードゥスは，彼の理論的見解から合理的に，不法行為（delict）を物に関するものとしてこれに含める．ブラックストンは，イングランド法における彼の見解から同じく合理的に，初歩的な状態にあった不法行為法（tort law）を私的訴訟と共に取り扱い，そして私的訴訟自体は権利侵害（wrongs of rights）に対する私的救済手段として分類される．その結果，多分皮肉なことであるが，ゴトフレードゥスは，訴訟法から不法行為（delict）を鋭利に分けるのであるが，ユースティーニアーヌスは，不法行為と訴訟を１つの巻で取り扱い，ブラックストンも，不法行為（tort）と私的訴訟について同じ取扱いをしている．彼のより小さな配列において，ブラックストンはヘイルに大いに影響を受けたと，彼の『分析』において述べている．

ブラックストンの『釈義』の配列に対して，ユースティーニアーヌスの

『法学提要』の構造，ディオニシウス・ゴトフレードゥス版『法学提要』における彼の一覧表による説明，およびヘイルの『分析』の構造の3者が組み合わされて圧倒的な影響を及ぼしたことは，否定しがたいと私は考える．ブラックストンの配列における独創性は，その時代のイングランド法にとって満足すべき構造を作るそれぞれの分野や，これらの要素を結合させたことにある．しかし彼が用いたそれぞれの要素を，彼はそれ固有の分野に限定した．かかる状況において，『イングランド法釈義』の構造に特定のそれに対応した政治的・イデオロギー的動機もあったと想像することは困難である．

　ゴトフレードゥスの枠組み，あるいはゴトフレードゥスが採用した枠組みは，ブラックストンと同様に他の者にも影響を与えた．特に明らかな例は，ジョルジュ・ドゥ・ゲヴィート（George de Ghewiet）の『ベルギー法提要』(*Institutions du Droit Belgigue*)（1736年）第1巻第1章第13節「法の対象」(The Objects of the Law) である．すなわち，「ガーイウスは，『我々が使用する全ての法は人または物または訴訟に関係する』と言う（『学説彙纂』第1巻第5章第1法文）．ゴッソン（Gosson）（アルトアの慣習について 1.1.n.3）は，我々が使用する法も同様であると述べているが，私ならここで，ユースティーニアーヌスの『法学提要』を構成する4巻本と一致させるために，『または公訴に』の一言を付け加えたいところである．その主題は犯罪に関するものである」．したがって，ゲヴィートはゴトフレードゥスと同様に同じ4つの法の対象を採用したいと考えていた．ゲヴィートは，彼のスタンスとは対照的に，『学説彙纂』中のガーイウスと，彼の同国人であるゴッソンが3つの対象しか認めていないことを指摘している．しかし，彼自身は，ユースティーニアーヌスの4部分の枠組みと一致させようと望んでいる．彼は，ユースティーニアーヌスの『法学提要』が第1巻第2章第12節で，彼が拒否している3部分の枠組みを正確に述べていることを，無視している！

〔181〕　この章で私は，多くの著名な学者との意見の不一致を他のどの章にもまして主張した．私がそうしたについては特別な理由がある．私は，法史学者や法社会学者の伝統的な方法がしばしば特定の発展に対して正しいまたは全面的な解答を与えないことを証明したかったのである．このブラックストンの『釈義』の構造は，彼の法文化的環境が説明されない限りは解明することができないことを意味する．彼のイングランドの先達のみならず，ローマ法や彼が接触することのできたヨーロッパの著者達にも注意が向けられなければならない[25]．

第19章　フランス民法典における
　　　　不法行為と準不法行為

　11世紀から，近代法典化運動が成功を収める18世紀に至るまで，西ヨー　[182]
ロッパの法はきわめて複雑な様相を呈していた．法には多くの撚り糸があっ
た．地方の慣習，封建法，地方の制定法，教会法，そしてローマ法である．
同じ人間が彼または彼女の人生のさまざまな局面において，いろいろな裁判
所の管轄に服したであろう．領主の封建裁判所，教会の教会裁判所，農村ま
たは都市の裁判所であり，さらには，例えばパリの最高法院や帝室裁判所と
いった見地を異にする裁判所への上訴もあり得た．法の2つのシステム，す
なわちローマ法と教会法は，たとえローマ法が実務で受容された程度は領域
により色々であるにせよ，国家を超えた意義を有するものとみなされた．
ローマ法と教会法は相互に作用し合い，そしてローマ法がより優勢な役割を
演じて，普通法（*ius commune*），すなわち西ヨーロッパにおける共通の学
識法といって差支えのないものを形成するに至る．もちろん普通法の影響は
いずれの国においてもその他の地方的要素の強さによって左右された．[1]
　さまざまなものが混在する形をとる慣習法に関しては，種々の理由からそ
の重要性が過小に評価されやすい．おびただしい数の慣習的な法制度が存在
し，場所によって大きく異なり，しばしば地域的管轄も大いに限定されてい
た．慣習法は，中世の大学やルネッサンス期のヨーロッパでは研究されな
かった．慣習法は，ローマ法や普通法が持っている洗練された魅力を欠いて
いたからである．なかんずく，近代世界の勃興とともに，慣習法の多くは放
棄されたか，生き残ったとしてもたいへん異なった形をとった．今日の世界
に住む人々は，大陸法系の国であろうとコモン・ローの国であろうと，『ノ
ルマンディーの慣習法書』（*Coutumes de Normandie*）よりはユースティーニ
アーヌスの『法学提要』を読む方が気楽であると感じるであろう[2]．
　にもかかわらず，11世紀から18世紀の間，ヨーロッパの法発展における
2つの主要な撚り糸は，地方の慣習法と（しばしば普通法の形をとった）ロー
マ法であった．後者は，その地域の特殊性に応じて徐々にあるいは速やかに，
前者の空白を埋め，前者を修正し，より洗練されたものにし，あるいは入れ
替わったのである[3]．近代民法典の大部分は，この絡み合いの結末である．

とはいえ，それぞれの撚り糸の特定の寄与を判断することは容易ではない．

かくして，ローマ法という撚り糸の力を評価するためには，寡聞にしてこれまで提起されたことを知らない質問に対して答えを見つけなければならない．すなわち，社会的条件や意識が変化したので，あるいは何らかの理由で

[183] ローマの準則自体が十分発達しなかったので，ローマの準則が適切なものではないときに，ローマの準則が近代民法典における法準則に対して及ぼした影響とは何か．もしローマの準則が受容されなかった場合には，人はいかなる情報入力の存在も単純に否定して，ローマ法の継受を直接的な借用の場合に限定しなければならないのか．受容せずとは拒絶を意味するのか．たしかにこれは，何人かの著名な学者の態度と思われるが，彼らは，多分，問題を必ずしも理解していたわけではない．例えば，ジャン・ブリソー（Jean Brissaud）は，フランスにおける法典編纂をローマ法に対する慣習法の勝利とみなす[4]．ポール・ヴィオレ（Paul Viollet）は言う．「我々の法典は歴史的観点から考察すれば，王令（*ordonnances*）や慣習の中に分散され，しばしば相異なるフランス古法を1つにまとめ統一したものである．」[5] さらにルドルフ・B・シュレジンガー（Rudolf B. Schlesinger）は端的に以下のように述べる．

「しかし，1つの点については意見の合理的な相違があるはずはない．すなわち，現在施行されている民法典はローマ法の単なる現代版に過ぎないという余りにもしばしば繰り返されてきた古い格言がまったくのナンセンスだということである．法典編纂者が採用した解決は，多くの面で伝統的なものではなかった．そして，伝統的なものの中の多くのものはローマ的ではない．故レジナルド・パーカー（Reginald Parker）教授の以下の発言は多分正しい．『もし，かかる事柄を満足のいく方法で調査することが可能であったとしたならば，ある大陸法系の国の法制度の大部分が，私法の領域内においてさえローマ起源では必ずしもないことを証明することは，困難なことではないと私は信ずる．』」[6]

上記の意味するところは，ローマの解決が採用されない場合，ローマ法は何の影響も与えなかったということであろうか．さらには，ローマ法が近代法に与えた影響は，思われているほど大きなものではなく，無視しても差し支えないということであろうか．

しかし，事はそれほど簡単ではないと私は信じる．私は逆説を意図するものではないが，この章では，ローマの準則が受け入れられなかった場合におけるローマ法の継受という問題を扱うことにしたい．問題は，ローマの法準則が明らかに不適当で受け入れがたい場合に，法典編纂に際して法に何が起

こったのかである．事実と法の状況はそれぞれ異なるであろうし，私には一般理論を構築しようとの意図はない．私の気質と訓練は，詳細な分析から取りかかるよう私を導く．ここでは「不法行為と準不法行為」なる表題の下で 1804 年のフランス『民法典』に現れている条文に集中することにしたい．

第 1382 条　他人に損害を生じさせた人の行為は，いかなる行為であれ，その過誤によってそれを生じさせた者に，損害を賠償する責任を負わせる．

第 1383 条　各人は，自己の行為によって生じさせた損害のみならず，自己の過失若しくは軽率によって生じさせた損害についても責任を負う．

第 1384 条　人は，自己自身の行為によって生じさせた損害についてのみならず，自己が責に任ずべき他人の行為，または保管する物によって生じた損害についても責任を負う．

父と，夫死亡後の母は，同居する未成年の子が生じさせた損害について責任を負う．

主人および雇用主は，その使用人および被用者が雇われた目的である職務の執行中に生じさせた損害について責任を負う． 〔184〕

教師および親方は，生徒および徒弟がその監督下にあるときに生じさせた損害について責任を負う．

上述の責任は，父および母，教師および親方が責任を発生させるに至った当該行為を阻止することができなかったことを証明しない限り発生する．

第 1385 条　動物の所有者または使用者は，使用中においては，その管理下にあると，迷いもしくは逃走中であるとを問わず，動物が生じさせた損害について責任を負う．

第 1386 条　建物の所有者は，その倒壊によって生じた損害について，倒壊が管理の欠陥または構造の瑕疵の結果生じたときは責任を負う．(7)

まず最初に，責任の根拠という問題に関して，我々はこれらの条文を文言通り理解することから始めよう．5 つの条文の規定は決して明らかなものではない．その人自身の行為に関する責任を扱う 1382 条と 1383 条は，明らかに責任の根拠を，過失を含む過誤においている．そして，明確には述べられていないものの，過失についての通常の立証責任は原告にあるであろう．しかし，1384 条に規定されている，自己が責に任ずべき他人の行為または保管物に関する責任については，その根拠をいかにすれば理解できるというの

か．重大な例外，つまり主人と使用人の場合を別として，責任の根拠については何も述べられていない．その答えが直接的には何ら与えられていない第1の問題は，人が責に任ずべきとされる他人は，発生すべき責任について過誤あることが必要なのかどうかである．とりあえずの答えは否であろう．なぜなら，未成年の子は，いかなる過誤も帰せしめることができない年齢にあることが多いからである．未成年の子をさらに分類するということは何も述べられていないし，何人も法律が分類していないことは分類できないというのがフランス法の原則である[8]．にもかかわらず，主人が使用人の行為によって生じた損害について責任を負うという事実は，必要ありとの答えに味方する．主人は，一方で自己に過誤ある場合に限り自分自身の行為について責任を負うのに対して，過誤なき使用人が生じさせた損害についてどうして自動的かつ無過失の責任を負わなければならないのか？　常識からいえば負わないということになろう．以上述べたように，1384条は，否定的であれ肯定的であれ，明確な答えを与えてはくれない．いわんや，物によって生じるべき責任に関してはその物に瑕疵がある場合でなければならないのか，条文を一読しただけでは，何らの示唆も得ることができない．

　責任の根拠を他のところに，すなわち「上位者側」の所為に探し求めようとすれば，我々はここでもまた同じ大いなる混乱の中にとりのこされてしまう．使用人，被用者および物によって生じた損害に関しては，その責任について「上位者側」自身に過誤ある場合でなければならないのかを明確に示すものはない．ここでの「上位者側」は，たとえ過誤がなくても常に絶対的に責任を負ったのだ，と思う人がいるであろう．なぜなら，──親，教師および〔185〕親方には明示的に適用されている──責任に関する唯一の例外は，使用人の主人と物の保管者にも適用されるとは述べられていないではないかと．しかし，そのような結論を引き出すのは早すぎるであろう．つまり，1384条は，本当に，人の所為に対する「上位者側」の責任を物の所為に対する保管者の責任と同一視しているのであろうか．これら2つの責任は同一の条文において区別なく扱われているので，我々としてはそう考えることにしよう．しかし，先の結論は受け入れがたいように思われる．

　この例外自体もまた問題を引き起こす．親，教師および親方は，その子，生徒および徒弟が引き起こした損害について，当該行為を阻止できなかったことを証明しない限り，責任を免れない．この場合の責任の根拠は，1382条および1383条において述べられている，その人自身の行為に関するそれではない．少なくとも，ここでは立証責任が〔先の2条とは異なり〕被告に転換されている．

さらに，被告は過失なきことを証明しても免責されないように思われる．なぜなら，当該所為を阻止することができなかったことを証明しなければならないからである．そして我々は，実際の行為者の側において当該所為が不注意な，または悪しきものであることが要件とされるのかどうかも分からないことを思い出す必要がある．

次に1385条であるが，この条文を一見しただけでは，以下の2つの重要な問題について答えを見出すことはできない．まず第1に，動物の所有者または使用者に責任を負わせるためには，当該動物に「過誤」がなければならないのか．第2に，所有者は，その動物が損害を引き起こすにまかせたことについて過誤がなければ責任を免れるのか．

1386条は，その意味するところが比較的明瞭であるが，やはり同じように我々を混乱させる．倒壊し，損害を生じさせた建物の所有者は，いずれか2つの場合に損害について責任を負う．一つは，倒壊が不十分な管理の結果であった場合（所有者側における過誤），もう一つは，倒壊が構造上の瑕疵の結果であった場合（建物の瑕疵）である．ところでこの第2の場合は，条文を一読しただけでは解決が見つからないいくつかの問題を我々に残す．第1の問題は，なぜ所有者は，たとえ彼に過誤がなくても——所有者は建設に加わっているわけでもなく，構造上の瑕疵を検査できるわけでもないであろうに——責任を負わなければならないのか．つまり，人は過誤がなければ自分自身の所為について責任を負うことはないはずである．第2の問題は，1386条においては建物，1384条においては保管物と，なぜ両者を区別しているのか，そして区別の理由はどこにあるのか．第3に，なぜ1386条は，明確に建物とのみ述べて，不動産一般として述べなかったのか．例えば，適切に管理されなかった，または欠陥があった場合に，樹木が倒れるということもあるだろう．これまで5つの条文における責任の根拠は何かという問題を列挙してきたのであるが，最後に我々は，これらの条文の表題には不法行為と準不法行為の2つが挙げられているのに，いずれの用語も条文の文言には出てこないことに注意すべきである[9]．用語があるだけでそれ以上の説明はなく，また責任の根拠に関する両者の相違も説明されてはいない．

ここではまだ法典起草者の意図について論じるときではないが，今まで述べてきたことに鑑みれば，責任の根拠に関して条文の起草は拙劣であること，そして起草者はどうしようもないほど混乱しているか，一貫した政策に欠けていることを認めることができる．これらの事実についてどのような説明ができるのか．ここでは，この問題が単に理論的な意味を有しているにとどまらないことを強調しておきたい．『ダローズの小法典』(Petit Code Dalloz)　〔186〕

で展開されている「学説」と「判例」に関する膨大な注釈を一瞥しただけでも分かるように、これら5つの条文における責任の根拠は、『民法典』の解釈において最も議論の多い論点の一つである.

　まずは短い解答から述べよう. このような混乱は、なかんずく、ユースティニアーヌスの『ローマ法大全』で述べられているローマの解決が、社会的条件・態度の変化の故に適切なものではなく、使用できないことが明白であった状況において生ずる――しかし、その場合にローマの解決または法文は隠れた影響を及ぼした.

　1382条および1383条においては、自己の所為に対する責任の根拠（これについては後でさらに論じる）は明らかに過誤にある. これは、ローマ法、特にアクィーリウス法（*lex Aquilia*）における立場であった[10]. しかし、我々の興味を引く第1の問題は、人が責に任ずべき他人の行為を扱う1384条の中でのみ生じる. ローマ法の下では、上位者がその責任を負うところの従属者とは、父の権力下にある息子（家息 *filiusfamilias*）または奴隷であった. 奴隷は、私法において何の法的資格も有せず、直接訴えられることはなかったし、家息は、財産を有せず、彼を訴えても無駄であった. 正式には家長（*paterfamilias*）のみが、相手として訴えを起こすことのできる唯一の人間であり、家族の長であるという理由に基づき、――例えば息子や奴隷の契約に関する権利と同様に――責任も家長に帰した. ローマ法は、奴隷または息子の不法行為について、故意か過失かを問わず、その被害者が家長たる主人または父に対して訴えを提起することを認めた. しかし、被告は、判決が下される前に、奴隷または息子を加害者委付として被害者に引き渡すことによって、金銭で下される有責判決を回避できた[11]. したがって、この考え方は有限責任の原初的形態であった. つまり、従属者の不法行為はたしかに「上位者」に損失をもたらすが、〔加害者委付により〕その損失は不法行為者自身の価格を限度とするに過ぎないからである. 上位者側に過誤があるかどうかは関係がなかった――なぜなら、責任は家族の長としての彼の地位にのみ基づいていたからである. 但し、上位者側に過誤があると、ある状況の下で、実際の行為者を加害者委付として引き渡す権利を喪失する場合があった[12]. 従属者側に過誤があることは要件であった. それはまさに、独立した地位にある者（自権者 *sui juris*）がその所為によって損害を引き起こしたとき、過誤がない限り責任を負わないことと同じである. フランスにおいて加害者委付がなかったこと（そして、ローマの家長権 *patria potestas* に相当するものがなかったこと）は、この〔ローマでは〕適切で満足すべき解決方法を採用することができなかったことを意味する. この結果として、――私が長

い解答の中でこれから示すように——『民法典』の起草者達の間でも，また彼らに先んじたフランスの法学者達の間でも考え方の混乱をもたらした．そのため，『民法典』は，1384条における責任の根拠を明確に従属者側の過誤に置くことも，上位者側の過誤に置くことも，いずれもしなかったのである．

　同じようにして，『法典』の起草者は，無生物によって引き起こされた損害についても，ローマ法の中に明確で妥当な解決を発見することができなかった——それにこの解決は，蒸気ボイラー，内燃機関および高性能爆薬が存在する以前の時代にあってはさほど必要でもなかった．これに対して，2つの状況下で生じ，いずれもローマ人によって準不法行為として分類された，動産に対する責任は，発見することができた．状況の一つは，何かが住居から公道に投下され，または流されて損害が惹起された場合であり，その家の居住者を相手方として訴訟が提起される[13]．訴えは居住者を相手として行われ——単にそのとき居住者であったという理由の故にである——，彼が投下行為をしたか否か，それを知っていたか否か，それを阻止できたか否かは関係がなかった[14]．投下または流出された物の所有権は無関係であった[15]．実際この訴訟は，物を管理下に置いていたその人を相手方として提起されたからである．そしてもちろん，損害が物の瑕疵から生じたかどうかは，まったく問題となりえない．ローマのこのアプローチは賢明なやり方である．特に立証の困難性の観点からいってそうであり，また，いかなる形の居住者であれ，彼自身の所為のみならずその息子，奴隷の所為についても責任を負ったからである．つまり，居住者自身が物を投下または流出しなかったとすれば，その息子，奴隷がそうした可能性がある．

　もう一つの状況は，何かが屋根からぶら下がっていたり，屋根の庇または突き出た部分に置かれていて，落下により損害が生じる虞がある場合であり，その家の居住者を相手方として訴訟が提起される[16]．この訴訟は，物を危険な状態においた者を特に相手方として提起されるものではなかった．また，損害はいまだ発生していないので，物の状態が関係あるはずもなかった[17]．このアプローチは，未然防止策として理に適っている．

　これらは共に特別な事例である．もしこれらの事例を一般化するならば——明らかにそうすべきではないが——，人は自己の管理下にある物に関して，自己の所為が不法であるか否かを問わず，また物の瑕疵とは無関係に責任を負う，という説を提示することになろう．これが，『民法典』1384条が形成されるに至った道筋である．しかし，それが起草者の意図であったとしたならば，以下の理由によりきわめて不適切なものであったと思われる．第1に，1382条および1383条における自己の行為に関する責任の根拠と抵触

[187]

する．第2に，人がその責に任ずべき他人の行為に関する責任の根拠と，おそらく抵触する．そして第3に，建物の倒壊に関する1386条と抵触する．ローマ法は，物により惹起された損害に関して，借用可能な一般的解決を提供しなかった（ついでに言うならば，フランス『民法典』のここでの条文表記がローマの流出投下物訴権（*actio de effusis vel deiectis*）および据置吊下物訴権（*actio de positis ac suspensis*）に由来するとしたならば，これほど真に驚くべきことがあろうか．しかし，なんとこれが私の証明したいことなのである）．

ローマ法において，動物が損害を生ぜしめ，それが過誤によるものといえる場合，四足動物の与えた損害に関する訴権（*actio de pauperie*）の下で，加えられた損害額につき動物の所有者を相手方として被害者に救済手段が与えられた——しかしここでもまた，所有者は動物の委付を選択するならばそれ以上の責任を免れることができた[18]．所有者の有限責任策がここでも採られたのであるが，この事実と被害者は実際に損害を被ったという事実とを考慮するならば，四足動物の与えた損害に関する訴権の成立要件として，動物が危害を加えないよう管理することにつき所有者に過失等があったかどうかが問題とはならなかったことは，まったくの当然である．

〔188〕

しかし，フランスには加害動物委付が存在しなかったので，「四足動物の与えた損害に関する訴権」による解決を全面的に受け入れることは明らかに妥当ではなかった．しかし1385条は，その文言自体としては，動物の所有者または使用者が動物の惹起するあらゆる損害について過誤がなくても責任を負うのか，それとも所有者自身または使用者自身の所為の場合と同様に，自己の過誤がなければ責任を負わないのかについて，何も述べていない．どちらの解釈も可能である（この時点では我々は，起草者の意図ではなくむしろ法典における起草者の表現を問題としていることを想起されたい）．私が期待するに，起草におけるあるパターンの存在が明らかになりつつあることを認めることができるのではないだろうか．つまり，ローマの「四足動物の与えた損害に関する訴権」の解決——加害動物委付——は，動物が危害を加えることを阻止するについての所有者の過失を問題としないので，19世紀のフランスでは受入れ可能なものではなかった．しかし，ローマ人は「四足動物の与えた損害に関する訴権」に関し所有者の過失という問題を議論しなかったので，1385条もまた所有者または使用者の責任の根拠を明確に説明しなかったのである．

ローマ法において，動物によって惹起された損害に関しては，他に2つの救済手段が可能であり，2つともここでは重要である．動物が他人の土地の団栗を食べた場合，放牧訴権（*actio de pastu*）が提起できた．この訴訟は，

ローマ法源ではあまり強調されていない．法文は相対的にあまり多くを語っていない．そして以下の2つの見解のどちらかが可能である．一つの見解によると（私はこちらを支持するが），人が彼の動物を実際に他人の土地で飼育する目的で放牧した場合に限りこの訴訟を提起することができた[19]．もう一つの見解は，古典期以後の時代の『パウルスの断案録』(Pauli Sententiae)を原典上の根拠とするもので，この訴訟では加害動物委付が許され[20]，その場合には所有者側の過誤は問題とされなかった．2番目の訴訟は，高等按察官告示により認められたもので，人々が通常歩くような場所で，危害を加えそうな方法でもって（おそらく剣闘士用の）猛獣を飼っていた者を相手方とする．責任の根拠は，人々を損害の危険に曝すことであり，他に何の過誤も要件とされなかった．この訴権は罰訴権であり，自由人が殺害された場合，定額の金銭を支払わなければならず，自由人が傷害を受けた場合，裁判官はどれだけの額が公平かを決定した．その他の場合には，加えられた損害の倍額が罰金となった[21]．かくしてローマには3つの訴訟が存在したが，ローマ法源において目立っていたのは「四足動物の与えた損害に関する訴権」であった．

1386条を見るならば，あるパターンの存在を確認することができる．ドマ (Domat)[22] と法典草案の議論を一瞥すれば明らかなように[23]——そして我々が長い解答において見ることになるように——この条項の「生まれた背景は，未発生損害 (damnum infectum)，すなわち未だ発生していないが発生する虞れのある損害に対するローマの救済手段にある．すでに述べたように，一般的に言って，ローマ法は物によって惹起された損害については何の救済手段も与えず，建物の倒壊についてさえこのことに変りはなかった[24]．しかし，隣人が相手の土地上の欠陥物によって脅かされている場合，隣人は法務官に申立てをすることができ，法務官は土地の所有者に対して，損害が生じた場合の原状回復につき担保——いわゆる未発生損害担保問答契約 (cautio damni infecti)——を与えるよう命令した．担保問答契約 (cautio) は発生する虞れのある損害についてなされ，このことは建物に瑕疵がなければならないことを意味する．そこで，担保がなされ，損害が発生したものの，その瑕疵が原因ではなかった——例えば，嵐がたいへんに強くて頑丈な建物ですらそのタイルをはがされてしまうような——場合には，瑕疵ある建物の所有者は，担保に基づいては責任を負わなかった[25]．危険な財産の所有者が担保を提供しなかった場合には，法務官は，危険に曝されている隣人に占有付与 (missio in possessionem) すなわち財産の所持を認めた[26]．

フランス法は未発生損害担保問答契約も占有付与も受け入れなかったので，

将来の，発生する虞れのある損害に対する救済手段はなかった．しかしながら，未発生損害についてローマ人がどう述べているかが，その後のフランスにおける，不動産による損害をめぐる議論の焦点であった．担保問答契約がなされていない限り，無生物によって惹起された損害に対する一般的な救済手段は存在しなかったので[27]，ローマ法のそれ以外のところにはこの議論に関係しうるようなものはなかったからである．

　まさにこの背景こそが，上述の，1386条に関する3つの問題に対する答えを可能にしてくれる．第1に，フランスにおいて所有者は彼に過誤がなくても責任を負うのは何故か．ローマ法における責任が（損害を惹起する可能性のある）財産における瑕疵に基づいていたからである．当然のことながら，ローマ人にとって，瑕疵は観察しうるものであり，損害は予測可能であって，所有者に知らされるものであるから，所有者が修理をしなければ彼には過誤があった．第2に，なぜ1386条は不動産のみを対象としたか．ローマの救済手段は，不動産によって生じる虞れのある損害のみを対象としたからである．第3の問題──なぜ1386条は建物については明確に述べるが樹木については述べていないのか──は，より一層説明を要する．ローマの未発生損害担保問答契約は，瑕疵ある建物およびその他の工作物により発生する虞れのある損害だけではなく，瑕疵ある樹木により発生する虞れのある損害についても，利用可能であった[28]．しかし，法務官はその告示において，工作物によって発生する虞れのある損害につき方式書の雛型を設けたものの，樹木により発生する虞れのある損害についてのそれは設けなかったものと思われる．同様に法学者も，土地上の樹木やその他の物によって発生する虞れのある損害については，それ自体として議論をせずに，工作物に関連してついでに述べているだけである[29]．多分，最も重要なことは，占有付与は自然の物によって発生する虞れのある損害に関連して論じられることはなく，工作物，特に建物に関連して議論されていることである．したがって，フランス人のその後の議論は，工作物，特に建物による損害しか語らないようになった．ここまでの議論が正しいとすれば──そして長い解答の中で詳細な証拠が提供される予定であるが──，1386条における法発展の中に特殊なねじれが存在することになる．1386条における責任の根拠は，フランスでは受容されなかったローマの救済手段によって規定されたが，フランスの条項は，ローマ法源ではそれが強調されているという理由から，土地上の工作物により惹起された損害に自らを限定し，（ローマ法と同様に）樹木による損害についても救済するということは，しなかった[30]．

　この段階で，議論の行き着くところを示すために，そしてそのためにのみ，

いくつかの結論を前もって述べておくことにしよう．不法行為に基づく損害の領域において，ローマ法は首尾一貫した救済手段を設けていたものの，それらのいくつかは，後の時代のフランスにとって適切なものではなかった．その理由の一つは，社会的条件が変化したことであり，また一つには，従属者・動物の委付，また発生の虞れのある危険など，特定のローマ法の概念が拒絶されたことによる．にもかかわらず，民法典の各条文の基礎を形成したフランスでの議論はローマ法を基礎として進められ，その結果，条文において明らかな恐ろしいほどの混乱をもたらした——この混乱が主として起草過程にあったのか，それとも編纂者の考えにあったのかはともかくとしてである．

最も重要なことは，以上の結論から当然に導き出される事柄にある．ローマ法が不適切なものである場合，そしてそれが拒絶された場合ですらも，起草者達は必ずしもローマ法の支配から解放された訳ではなかったのである．彼らは常に地方の慣習の中に解決を見出した訳ではなかった．彼らはいつも彼ら自身の首尾一貫した解決を提示した訳ではなかった．

さて，これからは長い解答である．問題を簡単にするために，私は4つの論点のみを明確且つ詳細に取り扱うことにする．1384条における保管物に関する責任，人が責に任ずべき他人に関する責任，1385条における動物に関する責任，および1386条における建物の倒壊に関する責任である．

我々は，1689年から1697年の間に最初に出版されたジャン・ドマ（Jean Domat）の『その自然的秩序における市民法』（Les Lois Civiles dans Leur Ordre Naturel）の中に，満足すべき出発点を見出すことができる．ドマの全体計画は，フランスのために，キリスト教徒の法の枠組みを容易に理解できる順序で説明することであった．彼は，4つの種類の法がフランスにおいて支配していると述べる[31]．第1に，王令はフランス全土に対して普遍的権威をもつ．第2に，慣習は，それが遵守されている地域において個別的権威をもつ．第3に，ローマ法は2つの効用をもつ．一つは，いくつかの事項に関し，いくつかの地域において，慣習として．もう一つは，フランス全土においてあらゆる事柄に関して——「なんとなれば，人はどこにおいても，ローマ法に書かれているが故に『書かれたる理性』と呼ばれる，これらの正義と衡平の準則を遵守するからである．かくしてこの第2の効用において，ローマ法は我々の理性に対して正義と衡平が有すると同じ権威を有する」．第4に，教会法も，その内のいくつかは拒否されたとはいえ，フランスに受け入れられた多くの準則を含んでいる．ドマはさらに続けて，衡平に関する自然法がローマ法の中にありながらも，ローマ法研究がかくも困難であるが

故に，本書の計画を練り，主題の選択を行った，と述べている[32].

　ドマはその第2巻第8章において，不法行為に基づく損害につき以下のように述べて議論を始めている．

[191]　「何らかの損害を発生させる不法な行為については，これを3種類に分けることができる．重罪または軽罪となる不法な行為．売却物を引き渡さない売主，なすべき修理をしない賃借人のように，合意に基づく債務を履行しない者の不法な行為．そして，合意とは関係がなく，また重罪または軽罪にまでは至らない不法な行為，例えば，ある者が軽率に何か物を窓から投げて，それが衣服を汚した場合，適切に保管されていない動物が何か損害を生じさせた場合，人が不注意で火事を起こした場合，倒壊しそうな建物が修理されず，他の何かの上に倒れて損害を生ぜしめた場合である．

　これら3つの不法な行為の類型の内，重罪と軽罪は民事上の問題と混同されるべきではなく，また合意に関する事柄はすべて第1巻で説明したが故に，最後の種類のみがこの章の主題となる．」

　我々の興味を引く論点，すなわち，物，動物，そして建物により惹起された損害について議論するための場が設定されている．この1種類についてのみ議論することは，非常に偏ったもののように思われる．この章の表題は以下の通りである．(1)家から投げられた物，または家から落下して損害を生じさせる虞れのある物について．(2)動物によって惹起された損害について．(3)建物の倒壊または何らかの新工事によって生じる可能性のある損害について．(4)重罪または軽罪に至らぬ，過誤によって生じたその他の種類の損害について．ポティエ (Pothier) はポティエで，その『債務論』(*Traité des obligations*) において，不法行為 (*délits*) と準不法行為 (*quasi délits*) に対してぞんざいな扱いをし，節の半分でこの主題を片付けてしまった[33].

　こうしたアプローチは，これら2人の法律家に限られたものではないが，極めて重大な帰結を含んでいたはずの，そして説明をしなければならなかった主題を無視したことを示唆する．ドマは，重罪にも軽罪にも至らぬ (*sans crime ni délit*)，過誤により生じたその他の種類の損害を論じている．*délit* なる言葉をどう訳すべきかは，決して直ちに明白ではない．それがローマの不法行為 (*delictum*) なのか，それとも後のフランス法の故意による不法行為 (*délit*) なのか，明らかではない．それが何であれ，ドマの考えにおいては，重罪 (*crime*) と同じように民事上の問題と混同されるべきではないものを意味する．〔ドマの〕基本的な考え方を明らかにするためには，ドマが実際に扱ってはいないことは何かを考察し——というのは，彼は

市民法に関心があるからである——，そして他の学者達が，後の時代も含め，この問題にどのようにアプローチしたのかを調べるという，迂遠な方法を用いなければならない．

　ドマは，ユースティーニアーヌス『法学提要』にあるようにローマ人が不法行為（delicta）として分類した不法な行為を取り扱わなかった．おそらくその理由は，彼以外の学者が明らかにしているように，それらの不法な行為が犯罪としての性質も持っていることにある．そこで，他の法域から若干の例を挙げると，ジョージ・マッケンジー（George Mackenzie）卿は，その『スコットランド法提要』（Institutions of the Law of Scotland, 初版 1684 年）において不法行為を扱ってはいないが，この本の最後の章「犯罪について」（4.4）の中で次のように書いている．「私的犯罪——不法行為（delicta）とも呼ばれる——は，市民法においては，犯行者に私的当事者の損害および利益を賠償する責任を負わせる」と．しかし，彼は私的犯罪についてそれ以上何も述べてはいない．またマリノ・グァラノ（Marino Guarano）は，『ナポリ王国の慣用のためのユースティーニアーヌス法学提要講義』（Praelectiones ad Institutiones Justiniani in Usum Regni Neapolitani, 1779）において，「真の不法行為における過誤は故意であり，準不法行為におけるそれは過失である（Vitiositas actus in veris delictis est dolus, in quasi delictis est culpa）」（4.1.3）と述べる（4.5.1も参照）．ジャムバッティスタ・デ・ルカ（Giambattista de Luca）は，『全法総覧』（Instituta universale di Tutte le Leggi, 4.2,3,4,5§1）において不法行為を論じ，「今日の実務においては刑事訴訟の方がより有効である（oggi in pratica resta più comoda l'azione Criminale）」と述べている．彼は（§7），「滅多に使われないアクィーリウス法訴権に時間を費やす価値はない」とさえ言っている． [192]

　ローマの主要な不法行為は，窃盗（furtum），強盗（rapina），不法損害（damnum iniuria datum——財産に対する不法な損害）および人格権侵害（iniuria）（名誉毀損と身体的危害の両方を含む）であった．後の時代の法においては（ローマ法においてもそうだという訳ではないが），これらはすべて刑法の扱う対象とされた．なぜなら，不法損害を唯一の例外として，すべての不法行為が犯罪者側の意図的な，悪意ある行為を要件としたからである．不法損害の場合，当該不法行為の要件は故意または単なる過失であった．中世末期の西ヨーロッパにおいては，特殊な困難がローマ不法行為法の継受を妨げた．フランスにおいては，ローマ〔不法行為〕法の継受がなかった[(34)]．フランスにとっての悲劇は，フランスの学者が，不法行為（delicta）を，とりわけそれが犯罪であるとして，また継受されなかった法として，議論から排除

することにより，アクィーリウス法について論じる場も失ってしまったことである(35)．何となれば，この法こそが，とりわけあらゆる観点からの過失に関する議論，そして過失により物および人に加えられた損害に関する議論を見出すことのできる，ローマ法における論題だからである（奴隷は第一級の財産であり，従属者としての子は法的には大いに奴隷に類似した取扱いを受けたので，人身損害も不法損害の扱う範囲に含まれたのである）．かくして，このアプローチをとる法学者の，これに続く不法行為責任の根拠に関する論述は，見劣りするものとなる．

ドマは，窓から流され，もしくは投げられ，または危険な状態で吊り下がっている物に関する責任について論じている．しかし，きわめて一般的な言葉，分析のまったくない部分（例えば第2巻第8章第4節）を別にすれば，無生物たる動産や人の不法行為から生じる損害の責任について，それ以外の事例は挙げられていない．ポティエは，物損害の責任の根拠に関しては一言も述べていないし，民法草案に関する国務院での議論においても，「行為により生じた……損害，……人の管理する物の」の意味について少しの時間も費やされてはいない．重要なことは，草案には現行1381条の直ぐ後に続いてもう2つ特別な条文が含まれていたことである．

　第16条　数人の者が居住する一つの家屋から，損害を惹起する水または何かが通行人に投げられたときは，それが投げられた当該集合住宅の各居住者全員が連帯して責任を負う．但し，投げた者がわかっているときは，その者のみが損害を賠償する責任を負う．

　第17条　一時的にそこに居住するにすぎない客は，家屋から物が投げられたとき，投げた者が客であるとの証明がなされない限り，損害を賠償する責任を負わず，客を宿泊させた者が責任を負う．

草案のこれら2つの条文は，『民法典』のこの部分の起草を理解するについて，きわめて重要なものである．条文は2つとも，まさにローマの流出投下物訴権の状況に関係があり，しかも2つとも特殊な状況に関わるものである．すなわち，一つは主たる居住者が2人以上いる場合，もう一つは居住者が一時的な宿泊客である場合．これらの状況は，特殊な事例として，〔起草者の念頭にあった〕主要な考えを明らかにし，その議論の脈絡を解き明かしてくれる．まず第16条は国務院での議論もなく承認されたが，第17条に関する議論において，市民ミオが，原則の宣言で十分であって諸例は削除されるべきであると主張した(36)．国務院においては，現行1384条に該当する物による損害の責任に関して1言も発言はなかった．同様に，『法典』のこの部分が1804年2月19日に立法院に提出されたときも，提案説明における

トゥレヤールであれ，審議における護民官タリブルであれ，この問題について1言も述べてはいない(37)。

　実に，実務においてこの準則の重要性が明らかにされるまでは，物により惹起された損害に対する責任はほとんど学者の注目を引くことはなかったのである．例えば，饒舌なる『民法典』の注釈者トゥリエ（Toullier）は，動物による損害の議論には24の論文を書いているが，無生物によって惹起された損害についてはわずかに1本しか論文がない——しかもその論文は，1384条について簡単に言及した後，1386条に紙幅を割いている(38)．同様に，1877年になってもまだ，F. ムルロン（Mourlon）はその出版した民法講義において，1384条に関しては人が責に任ずべき他人の行為のみを扱い，人の保管下にある物という表題で1385条および1386条しか論じていない(39)．実に，保管物に対する責任が議論されたことはほとんどなく，また，テフェン（Teffaine）事件(40)が起こるまで実務ではほとんど関心が払われることはなかった．さらに，その文言の背景は，次のように述べることが可能であるほど，人に知られてはいない．すなわち，起草者の意思が動物および倒壊する建物に関してのみ責任を設けることにあったこと，また1384条の当該部分は1385条および1386条の個別事例を単に前触れしたに過ぎないことは，フランスにおける全員一致の見解であった，と(41)．

　しかし，これで1384条を終りにする訳にはいかない．我々はなお人が責に任ずべき他人の行為に対する責任について，そのいくつかの側面を考察しなければならない．ドマは『市民法』（1.2.8.7）で次のように述べる．「学校の教師，親方職人，およびその他の，生徒，徒弟およびその他をある種の技術，手工業または商売を訓練するために自己の家に受け入れる者は，これらの者の行為について責任を負う」と．これは，フランス法における，他人の所為に基づく責任に関する早い時代の所説である．この所説は，その文脈を無視して，ここだけを読むならば，ローマ法に対応するものはない．ローマ法においては，人はその奴隷および権力下にある息子の行為について一般に責任を負ったが，生徒，徒弟およびその他の訓練生については責任を負わなかったからである．しかし，その文脈がドマに関しては重要である．原文は，窓からの流出・投下物についての議論から始まっている（すなわち，生徒等の彼らの先生の自宅での行為として）．そして，明示されてはいないものの，（ドマにとっては）おそらくこの事案に限定されるべきものであった．この場合，ローマ法においては（まさに投げた者と居住者との間に何の関係がなくてもそれが存在したように）絶対的な責任が発生する．そしてドマもまた，疑う余地のない言葉でその責任を表現している．興味深いことに，ドマは根

拠として，実際にはいささか引用の意図からはずれるものであるが，学説彙纂第9巻第3章第5法文第3項を引用する．

〔194〕　そこでの問題は，誰が居住者（habitator）とみなされるべきかであり，この法文は，ある者が建物を，そこで仕事を行わせまたは生徒を教えるために賃借し（しかし，そこで寝泊りはしない），そして損害が発生した場合について，事実訴権が付与されることを述べている．

　この問題はさらにポティエによっても取り上げられ，ポティエは，人はその権力下にある者の行為についても責任を負うと主張する．父，母，後見人および教師は，不法行為または準不法行為が彼らのいるところで犯された場合に，また一般に当該損害を阻止できたのに阻止しなかった場合に，そのような責任を負う．しかし，それを阻止することができなかったときは，責任はない．ポティエはさらに付け加えて，使用人および被用者によって引き起こされた不法行為については，たとえ当該行為を阻止することができなかった場合であっても，使用人または被用者が雇われた目的である職務の執行中に不法行為を行った限り責任を負う，と述べている(42)．『民法典』で規定されている準則まであと一歩である．1803年2月6日の護民院で演説したベルトゥラン・ドゥ・グルーイユ（Bertrand de Greuille）によれば，教師および親方職人は，親の代りを務めるが故に，その生徒および徒弟の行為について責任を負う——これはローマ法の立場と全然違うものである(43)．

　ドマを起点とする歴史の流れはまったく明瞭である．ドマは，生徒およびその他の者に対する責任を間違いなく述べている（そして，このことはその文脈においては妥当なものであった）．ポティエは，彼が念頭においていたのがドマであれそれと類似の叙述であれ，このアプローチを一般化した．しかし，一般化された文脈においては，その責任を親または教師が阻止できなかった不法行為に限定する必要があった．そしてポティエは，それに加えて使用人および被用者に対する責任についても述べる．しかし，既に述べたように，その結果として『民法典』においては，子，生徒および徒弟の行為に対する責任の根拠は自己自身の行為に対する責任の根拠よりも厳格となった．その主たる理由は，第1に，アクィーリウス法の論議がフランスの議論から除外されたことである．そこでは，過誤なければ責任なしとの原則が示されていたが，その後のフランス法においてはこの大原則がかすんでしまった．第2の理由は，ドマが何の限定もなく絶対的な責任を述べ（しかし，それは流出投下物訴権という限られた文脈の中だったのであるが），ポティエの前に，例えばドマの議論といったようなものがあり，ポティエが（アクィーリウス法の検討という過酷な作業から解放されて）それに限定を付け加えたことにあ

る．第３は，ポティエの見解が，独自の考察がそれほどなされた形跡もなく，法典委員会によって採用されたことである．

　1385条に関しては，法典編纂者の意図が直ちに明白なので，『準備草案』(travaux préparatoires) が長い解答のための最良の出発点を提供する．トゥレヤールは国務院において何も述べていないが，ベルトゥラン・ドゥ・グルーイユははっきりしていた．

　　「本草案が念頭におくのは，動物が，誰かに連れられているか，その手から逃げ出したか，あるいは単にうろついていたときに，何らかの不法を惹起した事案であります．起草理由は以下の通りであります．最初の２つの事例におきましては動物を使用する者，第３の事例におきましてはその所有者は，損害を賠償する責任を負うものと考えなければならない．なぜならば，その損害は，主人の側の保管および警戒の欠如，または動物を使用する者の無思慮，軽率もしくは不注意に帰せしめられなければならないからであります．さらに付け加えるに，一般論として，何者かに帰属するものが他人に損害を加えても何の咎めもないというのはあり得ないからであります．」[44]　　　　　　　　　　　　　　　　　　[195]

　したがって，グルーイユにとっては，動物の所有者または使用者の責任は絶対的なものであり，２つの基本的な論拠が存在した．第１は，帰せしめられるべき過誤の一つであること．第２は，動物責任は物に対する責任という一般的な範疇（1384条）の中に入り，その責任は絶対的なものである，ということである．タリブルの発言は比較的短いが，責任の根拠を過失におく．しかしその過失は非常に軽い過失でもかまわない[45]．かくして，この条文の解釈に関しては，立法者の間ですらある程度の対立があったように思われる．しかし，ベルトゥラン・ドゥ・グルーイユはさらにはっきりしていた．彼の意図は，動物の行為に対する絶対的な責任を確立することにあった．

　もし放牧訴権が，所有者が他人の土地で餌を食べさせるために自己の動物を放った場合に制限されるものではなく，したがってその訴権は加害動物委付訴権であったと考えるならば，グルーイユの意図は，ローマ法の３つの救済手段に正確に対応するであろう．たしかにドマは，加害動物委付のことは何も述べていないが，放牧訴権についてこの広く解する見解の方をとっている．このことは，動物損害に関してドマがとっていると述べるところのアプローチと一致する．ドマは，慣習が大いにまちまちなので，共通に使用できる一般準則のみを立てたのであって，地方の慣習に固有の準則や，ローマ法にはあるが地方の慣習にはない準則を打ち立てた訳ではない（だから，加害動物委付も取り上げてはいない）[46]．実際，ドマが与えるものは，ローマ法，

しかも脱落のあるローマ法である[47]。ここでもまた，たとえ慣習法はとりわけ放牧に関しては広がりがあったにせよ，この文脈においては，起草者は地方の慣習に依拠していない[48]。ここでも，1385条の文言は，ローマ法に基礎を置くドマの叙述に遡るということができる。しかしながら，ローマの準則に特異な影響を与えた加害動物委付は，ここから削除されている[49]。

建物の倒壊に対する1386条における責任は，それとはたいへん異なった救済手段であるローマ法の未発生損害とつながりがある。このつながりを証明するためには，国務院におけるベルトゥラン・ドゥ・グルーイユの発言を考察すれば十分である[50]。

「草案の最後の条文も，これがかの争い得ない真実の帰結であるとの判断によるものである。すなわち，建物の所有者は，建物がその倒壊により惹起した損害について，倒壊が欠陥ある保管またはその構造上の瑕疵により生じたときは責任を負うものとする。この決定は，ローマ法において見出される規定よりも厳格さが大いに緩和されており，より衡平なものである。ローマ法の規定は，その建物が倒壊の虞れのある他人の建物の落下により損害を被る虞れのある者に，隣地の所有者が恐れる理由のある損害について担保を提供しない限り，隣地者の財産を占有することを認めた。したがって，損害の虞れそれ自体を根拠として訴訟ができたのであり，占有奪取を生ぜしめることができた。これに反して草案は，とりわけ，損害は現に存在するものでなければならないと考える。したがって，被害者の訴えおよび請求を正当化し，彼の利益のために判決を下すことを可能にするものは，まさに倒壊そのものである。被害者がその損害を調べ，損害の重大さを決定することが許されるのは，この倒壊の後である。そして，まさにその後で，建物を管理するについての所有者の過失，または建設に雇った職人の無知が倒壊の原因であったことが証明されたならば，裁判官はその賠償について判決を下すのである。」

かくしてベルトゥラン・ドゥ・グルーイユは，明確に，1386条における責任をそれとは大いに異なる未発生損害のためのローマの救済手段に関連付けている。このローマの救済手段が〔草案の条文と比べて〕衡平さを欠いているのかどうかは，我々の関心事ではない。問題は，不適切にも持ち込まれたある特徴であり，その特徴は違った効果をもたらし，不法行為損害に関するフランスの責任を均衡を失したものにしてしまった。

ローマの救済手段は，発生する危険のある将来の損害に対して付与された。このことは，もし何もなされなければ将来の倒壊が明白であったことを意味

第 19 章　フランス民法典における不法行為と準不法行為　　　　　239

する．所有者が何ら倒壊を防止しようとしなかったことは，すなわち過失ということになるだろう．このことは，欠陥が建築における過誤に由来する場合ですら当てはまるであろう．しかし，フランスの場合，その訴訟は過去の損害に関するものであり，所有者が知らなかった建築における過誤による場合でさえ許された．かくして，フランスの責任はローマ法の責任とは違うものとなった．しかも，1386 条の責任は，過失を要しないという点で 1382 条および 1383 条の責任と異なり，（過失がない場合には）物における瑕疵を要するという点で 1384 条と異なっている．

　1803 年 11 月 24 日の国務院での議論を調べ，ルグノーの以下の見解に注目するならば，不適切なローマの未発生損害の頑固さが明白にその姿を現す．ルグノーは，「欠陥ある管理の結果または建築における瑕疵により」という，うっとうしい言葉を削除して，「その過誤により」に差し替えることを希望したのである．責任の根拠を過誤に置こうとするこの試みは拒否された[51]．

　以上，フランス民法典の不法行為損害に関する 5 つの条文を考察してきたのであるが，かくして我々は，法の発展における複雑かつ特異な現象と相対している．これらの条文には，法的責任の根拠は何かという問題に関して調和がまったく見られない．このことは，立法者がそれぞれの状況について周到に考察を加えた結果であるとも，また単純に起草の方法が拙劣であったことの結果であるとも思われない．むしろ，それは過去の法の歴史の結果として生じたものであり，なかんずく，（その大部分が拒絶されていたところの）不適切なローマ法の文脈の中でもっぱら行われた責任に関する議論に依存したことの結果である．慣習法の準則に依拠したことはなかった．ローマ法はここでは受容されなかったが，にもかかわらず，ローマ法は，『民法典』においてフランスの準則の形を決定する際の初動要因——支配的な要因——であった．

　誤解を避けるために，1 点について明確に述べておく必要があろう．私は，もちろん，不法行為損害に関するさまざまな状況においてそれぞれ違う責任基準が働く余地はないと言っている訳ではない．また，フランスの準則はそのそれぞれが 1804 年のフランスにとってはどうしても異様なものであったと主張している訳でもない．私が述べているのは，フランスの条文に見られるさまざまな責任の根拠は，大した考慮も社会的目的もなく，その痕跡を古いフランスの文献にとどめる，拒絶されたローマ起源の法から採用されたこと，そして，草案は，古い文献に由来する先入見を基礎としたために，明快さを得ることができなかったことである．ドイツ『民法典』(Bürgerliches Gesetzbuch : BGB) の対応する条文，823 条ないし 853 条——これ自体ローマ

[197]

法の影響を強く受けているのであるが——，あるいは合衆国につき『プロッサーの不法行為』(Prosser on Torts) のいずれの版であれ，一瞥するならば，たいへん異なる準則を，まさに実際そうであったように，容易に採用することができたことが分る．

『民法典』のこれらの準則は，私が最も重要であると考え，そして本書および過去の著作において私が貫いている一つの主張の正しさを例証してくれる．その主張とは以下のものである．いかなる国であれ，(それが立法者，裁判官または法学者によるものかを問わず) 法形成のアプローチ，社会制度に対する法の適用可能性，法制度の構造，および法準則の表現と範囲はすべて，その大部分が過去の歴史の結果として生じたものであり，また圧倒的に過去の法史の結果であること，そしてこれに符合して，それ以外の社会的勢力の影響は，同時代のそれでさえもわずかであること．したがって，例えば，ある立法や判決が何故そのようなものであるのかを理解するためには，その法形成者が活動する場である法的伝統を知らなければならないのである．そして，法の借用が一般的であり，重要であること，また法の多くが古代に起源をもつことを考慮するならば，このことは，法形成に向かう姿勢，法制度の構造，法準則の諸要因，および法律家の見解というものは，ほとんどの場合，我々が当該の法を，それ以外の法との，しかも何世紀にも亘る歴史的関係において吟味しない限りは，説明することができないことを意味する．

最後の問題を考察することにしよう．1382条の文言は以下の通りである．「他人に損害を生じさせた人の行為 (fait) は，いかなる行為であれ，その過誤 (faute) によってそれを生じさせた者をして，損害を賠償する責任を負わせる．」*fait* を「行為」(action) と訳すことは妥当であろう．そして，この言葉自体には非難や不法な行為を意味するものはないものと思われる．訴訟を生じさせる不法は *faute*，過誤 (fault) によって示されているが，この言葉は，故意による不法行為を必ずしも意味するものではない．しかし，1383条の文言は，「各人は，自己の行為 (fait) によって生じさせた損害のみならず，自己の過失 (négligence) もしくは軽率 (imprudence) によって生じさせた損害についても責任を負う」となっている．

もし，この条文における「行為」(fait) という言葉も行為を意味し，したがって非難可能性を含んではいないと理解するならば，「行為」と対照をなして現れる「自己の過失もしくは軽率により」は，人は行為しないことについても責任を負うことを意味し，たとえ積極的行為義務がなかったときも不作為について責任を負うことを表現していることになろう．「過失」(négligence) は「故意」(dol) と対比されている訳ではない．1383条にあるのは

「行為」（fait）だからである．〔もし「故意」（dol）とはいわないまでも〕過誤（faute）であれば，この言葉を，せっぱ詰まれば，「過失」（négligence）に固有の意味を持たせるために「故意による不法行為」と訳したくさえなるのであるが，この「過誤」ですらない．しかし，『準備草案』[52]を見るならば，その意図が，不作為について訴訟を認めることにではなくて，むしろ不法行為損害についての訴訟は故意の場合も単に過失の場合も共に成立することを明らかにすることにあったことが分かる．したがって，1383条の起草は拙劣なものであった．しかし，いずれにせよ，これら2つの条文を設けたことの意味は何か．なぜ単純に，「他人に損害を生じさせた人の行為は，い [198] かなる行為であれ，その故意（dol），過失または軽率によってそれを生じさせた者に，損害を賠償する責任を負わせる」と書かなかったのか．その答えは，それ以前の，フランスにおけるローマ法の歪曲にある．早くもポティエにおいて，*délit* は故意をもって行われた不法行為であり，*quasi-délit* は過失によりなされた不法行為であるという，鮮明な区別がなされている[53]．1383条の——表現されていない——意味は，損害を惹起した過失による行為もまた責任を発生させることを示すことにあった[54]．

『法典』中のこれらの条文が首尾一貫性を欠くことについては，我々は全面的にドマを免責する訳にはいかない．ドマは，そうする必要がなかったのに，すべての不法行為（*delicta*）を犯罪として扱ったからである．ドマは，たとえアクィーリウス法を論じたくはなかったとしても，過失や責任に関するローマの議論を利用することができたはずである．しかし，ドマは，人が責に帰すべき自己の所為により惹起した損害について，その基本的シナリオを導入しなかった．そのことによって，ドマは，（過失を含む）過誤ある場合に限られる責任の基本的枠組みを重視することができなくなってしまったのである．例外事例は，その理論的根拠や限界を説明しても，事柄の体系構成に合うものではなかった．想像力の相当な欠乏が，『民法典』の起草者に帰せしめられなければならない．特に，彼らは，満足すべき法がきわめて容易に形成されうる状況下に置かれていたからである．しかし，起草者は，軽率にも，条文における矛盾，彼らが不滅のものとしようとした当該準則の歴史に気付いていなかったものと思われる．

しかし，法的想像力の欠乏は，以下の結果をきたした．そしてそこには将来のそれも含まれている．法は実践的な効果をもつ．しかし，私が他のところでも論じたように[55]，非常に大きな度合いで，法はそれ独自の世界をもつ．法は，実践的な生活に関わる諸機能を有するが，特に法を変化させる力をもつ法形成のエリートの文化に関連して，文化のレベルでも作用する．そ

して，現に存在する文化は，そこに生きるエリートによっては吟味されないのである．文化としての法にそなわる典型的な3つの特徴は，――ここでは立ち入った検討を控えるが――法的想像力が現在欠乏していることと関連している．第1は，法典化された法準則は，除去されたり置き換えられたりすることに抵抗する．第2に，社会および法律家は，その時々の条件次第で，非常に不適切な，さらには馬鹿馬鹿しい法でさえも，許容することができる．第3に，法準則は，便利な形で利用できる場合には，その有効性を吟味することなく容易に借用することができる．

　第1の特徴に関して言えば，5つの条文の内4つが，最近のフランス『民法典』の中で，その後の関連する立法があるにもかかわらず，改正されずに残っている．1384条は修正を受けた．しかしその修正は，それほど重要でない側面についてではあるが，人が責に任ずべき他人の責任および保管物の責任に関するものである．

　第2の特徴に関しては，もしかすると，法的想像力の欠乏よりはむしろその過剰について語った方がいいのかも知れない．ミルソム（S. F. C. Milsom）は，イングランドのコモン・ローの歴史に関して，論点を上手に述べている．

〔199〕

　　「コモン・ローの歴史は，その基本的アイデアの濫用の歴史であった．もし財産に関する準則が今や不当と思われる答えをもたらすならば，債務をやってみよ．エクイティは，債務に関わる材料から財産に関する事象を偽造できることを証明したからである．もし契約の準則が今や不当と思われる答えをもたらすならば，不法行為をやってみよ．汝の偽造は，ローマ起源のカテゴリーで育った者には奇妙に思われるであろう．しかし，偽造はうまくいくはずだ．もし，ある不法行為，例えば詐欺に関する準則が今や不当と思われる答えをもたらすならば，他の不法行為をやってみよ，ネグリジェンスをやってみよ．かくして，法的世界が巡っていく．」(56)

　しかしながら，ミルソムの著書の大部分は，（彼がそう呼ぶところの）偽造が，働くとはいえ，うまくは働かないことの証明に役立つ．実際のところ，ちょうどいいときに偽物を作ることはできないからである．フランスにおいては，1382条および1383条は，自己の行為に関して，その責任は，被害者たる原告が証明すべき過誤に基づくという意味で，常に解釈されてきた．最初，1385条における動物責任は，推定された過誤に基づいていた．しかし，19世紀末までには，責任は厳格となり，動物の所有者または使用者は，不可抗力（force majeure），第三者の行為または被害者の過誤を証明できない限り，責任を負った．1386条の解釈は，かなり安定したものであった．建

物が倒壊したときは[57]，その所有者は，過誤がなかったことを証明したからといって，責任を免れるものではなかった．例えば，資格を持った建築業者に建物の管理を委ねた，あるいは瑕疵を発見することが人間には不可能であった場合にも，責任を負った．解釈——すなわち，条文の何らかの社会的意味を理解する，それぞれ異なる試み——における最も大きな変化は，1384 条における保管物責任に関して生じた．解釈の範囲は異常なほど広く，ここで検討する訳にはいかないが，保管者の過誤が証明されない限り責任はないとする解釈から，物に瑕疵があれば，たとえ保管者がそれを知らなかったとしても責任を負うとする解釈，さらに，彼に帰せしめることのできない偶発事変（cas fortuit），不可抗力または外的原因（cause étrangère）を保管者が証明しない限り反証不可能な，厳格な責任であるとする解釈まである．動く物（例えば自動車）が保管者の制御下にあるとき，保管者は，偶発事変，不可抗力または外的原因を証明しない限り，物が惹起した損害について（物に瑕疵がなくても）1384 条により責任を負う，とさえ考えられている．この解釈の下では，自動車の運転者は，1382 条および 1383 条にもかかわらず，1384 条に基づいて過誤がなくても責任を負う場合があることになる[58]．

　文化としての法の第 3 の特徴——すなわち，その有効性を吟味することなく準則を安易に移植すること——に関しては，その例を任意に選ぶことができる．1837 年のサルディニア王国『民法典』（code civil）には，フランスのこれらの条文の逐語訳が見られる[59]．ドミニカ共和国は，1845 年に〔フランス〕『民法典』をそのまま取り込み，これをスペイン語に翻訳したのはようやく 1884 年のことであった．フランスのこれらの条文は，この『民法典』（código civil）の 1382 条ないし 1386 条として，現在でも修正されずに残っている．1865 年のイタリア『民法典』（codice civile）は，これらのフランスの条文を，その 1151 条ないし 1155 条として翻訳しただけである．但し，数人が不法行為または準不法行為について責任を負うときの連帯（in solidum）責任を定める 1156 条が追加されている．

　私としては，1382 条ないし 1386 条を引合いに出してこれまで主張してきたことをここで明確にしておきたい．私は，フランス『民法典』が近代化されたローマ法であると主張しているのではない——条文自体が，その多くが受容されたものではないことを証明する——．また，『民法典』にある各条文の説明はローマ法の中に発見することができると主張しているのでもない．私が主張していることは，『法典』の条文——私は立法すべてについてこれが妥当すると考えるのであるが——は，その背後にある文化の歴史を探求してはじめて，条文の形式および内容について完全に理解することができる，

〔200〕

ということである．そしてこの探求は，しばしば何世紀にも何か国にも跨るものでなければならない．私はまた次のことも主張しておきたい．継受（この場合ローマ法の継受であるが）の影響力は，単純に準則や構造の受容によって判断されるべきものではなく，外国の制度に対する依存の程度によって判断されなければならないのである．

第 20 章　莫大な損害

　いくつかの近代法制度は，取引が甚だしく不公平であるとき，損害を被っ〔201〕た契約の当事者に救済手段を与えている．当事者の一方に損害をもたらす，かかる甚だしい不公平は，スコットランド法において莫大な損害（enorm lesion）と呼ばれる．このスコットランドの名称は，中世ローマ法の用語である莫大な損害（*laesio enormis*）に由来する．しかし，この救済手段の基礎となっているそれぞれの法は，大いに異なるであろう．このことが正しいとしても，結局，さまざまなアプローチにとっての出発点をローマ法源の性質の中に発見することがわかるであろう．現代における法の多様性すらもローマ法の認識を基礎としてのみ説明することができると思われるからである．

　1804 年のフランス『民法典』1674 条は，狭い範囲でしか莫大な損害を認めない．すなわち，「売主は，当該不動産価格の 12 分の 7 を超える損害を被った場合には，契約において本条の定める取消請求権を放棄する旨明示し，超過価額分を贈与すると述べたときであっても，売買を取り消す権利を有するものとする」．したがって，契約取消訴訟は，以下の要件が備わる場合にしか認められない．(a)契約は売買契約であること，(b)売買は不動産の売買であること，(c)不利益を被った当事者が売主であること，(d)損害は定められた割合，すなわち価格の 12 分の 7 を超えるものであること．しかし，それ以上の，例えば買主の搾取行為といった要件を示唆するものは，条文にはない．

　1900 年のドイツ『民法典』138 条の規定は，これと大きく異なっている．
　① 　善良の風俗に違反する法律行為は無効とする．
　② 　加えて，他人の窮迫，軽率または無経験に乗じて，ある給付に対し自己または第三者に財産的利益を約束または供与させる法律行為は，その財産的利益が当該事情より見て著しく給付と均衡を失する程度に給付の価値を超過するときは，無効とする．

　損害を被った当事者は，以下の要件の下で，訴訟を提起することができる．(a)法律行為の種類を問わず，(b)不公平の〔基準となる〕正確な割合は要求されていないが，給付に明白な不均衡が存在し，(c)しかし，（第 2 項を第 1 項とは切り離して解釈するのであれば，第 2 項からの判断として）利益を受けた当事者に搾取または行き過ぎた行為がある場合に限り，提起することができる．

著しく均衡を失する取引に関連していかなる法準則が存在するかを見れば，その社会について多くのことが分かる，と人は考えてよいであろう．不動産の売主の保護を求め，損失につき確定の割合を要求したのは，フランス人の精神に深く根づいた何かであったのか．ここには，正確さを愛するフランス人の精神と相俟って，土地に対する有名なフランス農民の貪欲さが現れているのであろうか．これとは対照的に，ドイツの準則は，正義に対するドイツ人の，普遍化を求める哲学的アプローチと，それに加えて，救済手段は悪い行為に対してのみ与えられるべきだという，ロマンティックな空想を証明するものなのか．あるいは，我々はむしろ，経済的諸条件の違いをそこに見るべきなのか．つまり，1804年のフランスは未だ農業社会であり，これに対して1900年のドイツは急成長する工業・商業大国であると．もしそうだとしたら，2つの法典の条項に変化がなかったという事実をどう理解すべきであるのか．2つの国のこれと関連する経済的諸条件は，それぞれ1804年と1900年におけるそれと同じなのか．当時と現在との間で何の変化もないのか[1]．

〔202〕

　フランスとドイツの条項に関しては，さらにもう一つ重要な疑問が生じる．我々は誰でも，一般的に，ローマ法が近代のフランス法とドイツ法の形成に重大な影響を及ぼしたことを知っている．2つの法典の間で条項が異なることを考えるならば，この場合，一方あるいはおそらく両方の法典においては，地域的諸条件，その国の法的伝統，あるいは国民感情がローマ法への依存を退けた，と我々は想定すべきなのであろうか．簡単に言ってしまえば，我々が後で見るように，否である．

　しかし，まず我々は，『ローマ法大全』に2つしかない，これに関連する法文を見ておく必要があろう．2法文ともディオクレティアーヌス帝のものとされる勅答であり，表向きは売買に関して発布されたものである．

　　　『勅法彙纂』4.44.2　汝または汝の父が，より高い価格の物をより低い価格で売却した場合，裁判官の権威による助力を得て，買主達への代金返還後に，売却した農地を取り戻すか，または買主がそれを選択するときは，正当価格に不足する分を取得することが衡平である．価格は，その真の価格の半分が支払われなかったとき，過少とみなされる．

　　　『勅法彙纂』4.44.8　汝の息子が，汝の指示により汝の農地を売却した場合に，当該売却が有効とみなされるべきではないとするには，買主の狡猾さと不意打ちによる詐欺が証明されるか，死の恐怖，または身体に対する拷問の脅しが証明されなければならない．その農地が少

し低すぎる価格で売却されたことを汝が証明しても，単にその事実だけでは，売買を取り消すことはできない．明らかに，売買契約の実質をよく考えるならば，すなわち，買主はより安く買うことを望んで，売主はより高く売ることを望んで契約に臨み，長い話合いをしてからということもほとんどなく，売主は求めたよりも少し減額し，買主は申し出たよりも少し増額して，価格について合意に至る，ということを考えるならば，売買の約束を保護する信義誠実も，またはいかなる理由も，直ちにであろうと，長い交渉の後であろうと，それが最終的に合意された以上は，契約の取消を許すものではないことを，汝は真に知るであろう．但し，以前に買主に与えられた選択権が遵守される限りは，売却時において正当であった価格の半分にもならない価格しか支払われなかった場合を除く．

　以上の，それぞれ紀元後285年と293年の2つの勅答が，事実上，ローマ法源における唯一の証拠であり，そして後に出された勅答によって否定されたものと思われる[2]．これら2つの法文は，日付がたいへん近接しており，法に関して同じことを述べており，また法史料上，他に証拠がないので，我々としては，莫大な損害の歴史的発展について構想を練ることができない．せいぜい我々が言えることと言えば，『学説彙纂』にこれに反すると思われる法文があることから考えて[3]，この教義は古典期の法律家には知られていなかったものと思われることである．トマジウス (Christianus Thomasius, [203] 1655-1728) の時代以来，これらの勅答は改竄されており，その教義はユースティーニアーヌスのものであるとの主張がしばしばなされ[4]，問題をさらに複雑なものとした．

　改竄を支持する主要な論拠を挙げることは容易である．第1に，法文は，後日に変更されていなければ説明できないような形で書かれている．例えば，『勅法彙纂』4.44.2において，最初，売主は「汝または汝の父」であり，〔この主語に係る〕動詞は父親にしか関係しない．しかし，その後，売主は「汝」となっている．最初，買主は複数であるが，その後は1人だけである．最初，売却されたのは「物」であるが，後は「農地」となっている．『勅法彙纂』4.44.8においては，「以前に買主に与えられた選択権」という言葉によって，『勅法彙纂』4.44.2に言及されているが，個人に宛てられた勅答においては無意味である．『勅法彙纂』4.44.2においては，実質的な法の中身についても，ディオクレティアーヌスの時代としては疑わしいところがある．つまり，売主が父親であったとすれば，どうしてその息子が，父の存命中には起こされなかった訴訟を提起できるのか，明らかではないからで

ある⁽⁵⁾．改竄を支持する第2の主要な論拠は，『テオドシウス法典』に，莫大な損害の教義を知らないと思われる後の時代の勅答が存在するという，よく知られた事実である．

　実質的改竄に対する主要な反証も，同じように，述べることは容易である．第1に，法文，特に『勅法彙纂』4.44.2が，形式において決して適当なものでないことは承認するものの，しかし，形式における変更は内容の変更を意味するものではない．『勅法彙纂』4.44.2における息子の訴訟をする権利は，ディオクレティアーヌスの時代の法としては疑わしいものである．しかし，だからといって，莫大な損害そのものに関する疑いにまでこれを拡張することにはまったくならない．第2に，ディオクレティアーヌスは，経済的危機の時代に統治した皇帝であるが，彼は，なかんずく法によってこの危機に対処しようとした．広い範囲にわたり商品とサービスについて最高価格を設定した紀元後301年の彼の有名な告示⁽⁶⁾は，対処策の第一例であり，しかも失敗例であった．なぜ，莫大な損害に関する彼の教義もまた失敗し，後継者達に無視され，しかしユースティーニアーヌスによって新しい生命を与えられた，と考えてはいけないのか．第3に，もしこの重要な改革がユースティーニアーヌスに帰せしめられるものであったとするならば，ユースティーニアーヌスはこの問題について彼自身の勅法を発布したはずである．自らこのような貢献を隠す理由が，彼にはあり得ない．第4に，もしユースティーニアーヌスが意識的に改革を行ったのであれば，莫大な損害が『ローマ法大全』の中に十分組み入れられていることを期待して良いはずであるが，そうなっていない．それにひきかえ，『勅法彙纂』4.21.17（紀元後528年）に規定されている，売買契約成立における書面の役割に関する法の変更は，『法学提要』3.23首節で取り扱われており，『学説彙纂』18.1.2の有名な改竄をもたらした．私の意見では，法文を見る限り，この教義がディオクレティアーヌスのものなのかユースティーニアーヌスのものなのかについて，決定的な証拠は存在しない．

　2つの勅答の実質的内容に戻ることにしよう．2つの一般的なポイントをそこから引き出すことができる．第1に，たとえ詐欺や強迫がない場合でも，また被害者が未成年でない場合でも，とんでもなくあくどい取引は無効であるという考えは，どうみても当然であり，状況，文化の違いにかかわらず，議論の対象となることが可能であろう．第2に，勅答においては，価格が半分を下回るならば莫大な損害ありとされている．いかなる割合に決めようと，所詮は恣意的にならざるを得ないにしても，価値の一定割合を基準として選択することは，道理に適っている．基準として半分を選ぶことはまったくご

く普通のことである．半分というのは，誰でも思いつきそうな数字であり，〔204〕
熟考すれば違う割合がより相応しいということになるのかもしれないが，す
ぐに頭に浮かぶ数字である．半分という数は，例えば23分の19のような奇
抜な数ではない．以上２つの一般的なポイントは，もし我々が莫大な損害と
いう教義の存在と半分という割合だけを用いて，このローマの教義の起源を
ローマあるいは外国の哲学学派，宗教または外国法に求めようとするならば，
それは何ら有益な目的に役立たないということを示唆する．例えば，特定の
ラビ（律法博士）達の間で，またはあるギリシャの哲学学派の中で，あるい
は東方の法律制度の中で，半分未満の価値が価格として設定されたならば，
契約は悪しき取引として破棄することができることが立証されたとしても，
その伝統とローマの法準則との間に因果関係が存することを意味する訳では
ないであろう．実際，ローマの準則にその着想を与えた何らかの源泉があっ
たとしても，その源泉の伝統では割合は半分とは異なることもまた容易にあ
り得ることである．つまり，借用者は，その伝統からアイデアを得たとして
も，彼にとって最も適当と思われる割合をそれに課すことはあり得る．した
がって，ここでローマの法的教義に着想を与えたものを探すことは何ら根拠
のないことである[7]．より強い理由から，その他の場所や文脈の中で，半分
未満の価値が合意された場合の契約取消の伝統を発見することができるとし
ても，その事実は，ディオクレティアーヌスやユースティーニアーヌスの勅
答の日付を特定する試みにとって何の価値もない．他方において，我々が
ディオクレティアーヌスによってであれユースティーニアーヌスによってで
あれその教義をローマ法に導入した日付について確信をいだいたとしても，
これだけの根拠では着想の源泉を発見することの役には立たないであろう．

その源泉を特定するために必要とされるものは，源泉の中にある１つまた
は複数の同一の特性に対するところの，莫大な損害の範囲（または勅答の書
式）における１つまたは複数の特性の詳細な内容である．しかしここで，勅
答は我々を完全にがっかりさせる．私人に宛てられた勅答の大多数と同様に，
これらの勅答も質問者の特定の問題に解答を与えることを目的としている．
それらはルールの範囲を定めることをしないし，それを意図していない．両
方の勅答は同じ状況，すなわち低い価格での土地の売買に関するものである．
勅答が答えているのはその状況に対してである．しかし，ルールの範囲は説
明されていない．我々は，他の数千の人がしたように，以下の質問をしてよ
かろう．そのルールは動産の売買に適用されるのか否か？　余りに高い売買
に対してなのか？　もしそうならば，「余りに高い」というのは如何にして
計算すべきなのか？　それは売買契約にだけ適用されたのか，それとも他の

契約に対してもなのか？　契約の範囲外の取引的状況に対してはどうか？
社会的地位の何かを問わず，どの売主に対しても適用されるのか？　土地の
価値を知っている売主に対してはどうか？　損害（lesion）を根拠にする取
消しが契約条項から明確に排除されている場合はどうか？　人は，真実の価
値が如何に計算されるべきかについても質問するであろう．この類や他の類
の質問がしばしばなされてきたが，多分，クリスチャン・トマジウスよりも
強力にその質問をしたものは決していないであろう．

〔205〕　「その法の救済は，貴族の売主に対して適用可能か？　田舎の男性，
女性またはその他の庶民は，その真実の価格を知っていたことが証明さ
れた場合に，この救済手段によって助けられるのか？　また，抜け目の
ない人もその救済手段を使えるのか？　あるいは未成年者などはどう
か？あるいは学識のある人間は？　動産の売買についてそれは適用の余
地があるのか？　その物の価値を知る売主に対する救済はあるのか？
我等の法の救済手段は，買主も使えるのか？　それは他の誠意契約にお
いても働くのか？　あるいは厳正法上の契約においてもか？　特に，裁
判官の判決による売買においても作動するのか？　あるいは競売におい
てもか？　あるいは賃貸借においてもか？　または不動産賃貸が終わっ
た場合もか？　あるいは短期の不動産賃貸においてもか？　あるいは，
長期不動産賃貸借においてもか？　あるいは封土の購入においてもか？
あるいは買主が貧乏になった場合，第三者である占有者を召喚できるの
か？　それは，交換，財産の分割，嫁資に，そして嫁資の金銭の評価価
値についても適用があるのか？　一般的放棄（general renunciation）は，
この勅法に対して障害となるのか？　あるいは特別の放棄が必要なの
か？　裁判外での和解は莫大な損害を理由として取消しできるのか？
あるいは裁判の和解の場合はどうか？　この救済手段は，貸付（loan），
債務の免除，元々の債務と異なる裁判上のあるいは裁判外の履行に適用
があるのか？　買主が売却された財産に財宝を発見した場合は，半額を
超える権利侵害を論じることができるのか？　契約に誓約が付加された
場合に，この救済手段は排除さるのか？　もし追加的に何かを付加する
条項が付けられた場合は贈与となるのか？　誰かが，半分未満の故に損
害を受けた場合，彼が助けてもらっている教会裁判所でこの特定の救済
手段を受けるのか？　どの裁判所にこの救済手段について提訴するの
か？　契約が破棄された場合に，売却された物に買主によって設定され
た抵当権は消滅するのか？　売買契約が取り消された場合，買主は売主
に対して，改良費の賠償を請求できるのか？　どの程度の期間，その訴

第 20 章　莫大な損害　　　251

権は継続するのか？　買主の事件の場合に，権利侵害は如何にして計算するべきなのか？　実際の価格と正当な価格との間の区別はどう引くのか？　特別の損害は如何にして立証するのか？　その物は，それから集められた果実と一緒に返還されるべきなのか？　その物が買主から回収できない場合，売主はその価格を埋め合わせるためにのみ訴訟をできるか？　このヒドラには多くの頭がある！」[8]

　質問の大半については，答えを出す確かな見込みはないといってよい．問題の一部は，教義の源泉についての情報の欠落である．その源泉は，以下の4つの可能な要素の1つの中に存すると言ってよいものと思われる．法的伝統，道徳的または哲学的意見，一般的な社会的または経済的条件，そして特定の政治的または歴史的事件である．第1の要素は，この場合には排除してよい．というのは，古典期の法学者はその教義に向けられた論点の何ものも論じていないように思われるからである．第4は，特定の事件について示唆するところがないので，たぶん無視しても良い．しかし第2と第3は関連性があると考えられてきた．そして，教義の源泉が道徳的及び哲学的であるのか，それとも社会的及び経済的であるのかによって「莫大な損害」の範囲についてそれぞれ異なる解答がもっともなものと思われる[9]．

　例えば，第1の仮説の場合には，論点は衡平であり，その教義は土地と同様に動産についても，価格が高すぎる場合にも低すぎる場合にも，そして売買契約と同様に他の契約についても，それぞれ適用があるものと考えてよい．第2の仮説の場合には，土地の低すぎる価格の場合に教義を限定することを〔206〕議論することになりがちである．産業革命前の社会においては，土地は主たる経済的財産であり，そして（封建時代などにおいては）特別なルールを要求するものである．経済的条件によって，土地の所有者に，特定の土地を売却し，そして彼の行うことのできるものはどんな取引でも行うことを強制される場合がある．しかし——非常に特別な状況の場合を除いて——人が特定の土地を購入することを強制されることはない．我々は悪循環に陥っている[10]．つまり，莫大な損害の原因を知らなければ，その適用範囲を発見することはできないし，莫大な損害の適用範囲を知らなければ，その原因を発見することはできない．

　しかし，ローマのルールの範囲を結局において決定することができないことは，民法の発展にとって重要な，予期せぬ贈物であった．勅答は，ルールについてのその後の全ての議論の中心となり，法律家の創造のために，広い狭いを問わず解決のために[11]，そして抽象的な道徳理性に基づくアプローチ（例えばフーゴー・グローティウス[12]）のために，あるいは経済的必要によ

り関連するアプローチ（例えばジャック・クジャス）のために，十分な余地を与えてくれたのである．

第 21 章　法学上の分類と実体法

　我々は既に，過去の法史が法の分類に影響し得ること，法の分類が実体法〔207〕に強力な影響を与え得ることを見てきた．私はこの章において，既に議論してきた著者ブラックストンとドマからの2つの極端な例について述べたいと思う．そこでは，著者の取扱いが，一方の場合は分類についてほとんど関心を示さないことから，他方の場合は分類について余りに多くの注意が示されていることから生じている．

　「ブラックストンの無視された子供：雇用契約」(Blackstone's Neglected Child: The Contract of Employment) と題する有名な論文において，オットー・カーン-フロイント (Otto Kahn-Freund) 卿は以下のことを書いている．

　　「イングランド法へのアプローチが外国の法律家に与えた多くのショックの内で最も大きなものの一つに違いない，イングランドの法律文献のある側面から始めたい．第二次世界大戦後もなおしばらくの間までは，雇用契約法——その当時まだ一般的であった言葉を使うならば，主人と使用人の法——について知りたい人々は，不法行為法を含む多くの主題に関する文献から，そして——これは最も大きな驚きであるが——当時は家庭内関係 (domestic relations) の法，現在は家族法 (family law) と呼ばれているものに関する本から，多くの必要な情報を集めなければならなかった．雇用者と被雇用者の関係に関する議論が，1951年に発行された，『エヴァースリーの家庭内関係について』(Eversley on Domestic Relations) の第6版に出ている．

　さて，主人と使用人の法が家庭内関係の文脈において登場すべきものであったことは驚くべきことではないし，またこのことはこの国に固有のことでもない．過去の世紀においてこれは全く自然なことであった．奴隷全体のたいへん多くの部分が家庭内労働をしていたのであり，農業労働者として農地で雇用されていた人々や奉公していた職人あるいは小商人でさえもしばしば家政に関わっていた．生産と消費の単位が未だ分離していない所では，労務関係と家族との間の繋がりは不可避的に強い．例えば，16世紀フランスのエティエンヌ・パスキエ (Etienne Pasquier) が，彼の『ユースティーニアーヌスの法学提要の解釈』(Interprétation des Institutes de Justinien）で，主人の権力を父や夫の権力と結びつけて結論していたことに，我々は驚く必要はない．当時は16世紀だったのである．驚異的なのは，20世紀に，そのような結合が全く時代遅れになった世界において特に，家事使用人が消滅した類のものであり，小作農や独立性の少ない職人がほとんど死滅した種類のものである国において，類似のものを発見することである．エヴァースリーにおいては，焦点は家庭内労働に置かれている——それでもなおその本は，主人と使用人の法一般を扱うと言っている．このようなほとんど信じがたい時代錯誤はどう説明することができるのか？　その説明の一部はブラックストンの『釈義』の配列にあるというのが私の意見である．」[1]

カーン－フロイントは次に配列について議論をしている．彼は，ブラックストンをはじめて見て，雇用についての彼の叙述を探す者は最初に「契約」〔208〕を探すであろうと述べる．しかし，「ブラックストンは，彼の叙述計画においてユースティーニアーヌスの『法学提要』から影響を受けていたにもかかわらず，「債務」（oligations）についての章を有しなかったので，彼は困難を来すことになる．彼は，他の場所を探したと宣言した後で，続けて言う．

「そして今や，最初は幾らか信じがたいことであるが，我々は第1巻の『人の法』(the Law of Persons）において，『陸軍と海軍』と題する章と『夫と妻』と題する章との間に割り込むかたちでおかれている『主人と使用人』という表題を有する一つの章を発見する．いったいどうして，これが『人の法』の中に，しかも公法つまり憲法の議論が終わり私法つまり家族法の議論が始まる境目に入り込んでいるのか．ブラックストン自身我々に解答を与えている．彼は，『主人と使用人』と題する章の冒頭で，今や公的関係から生じる権利・義務から，彼が『私的経済関係』と呼ぶところの関係に立つ人々の権利・義務へと移るのだ，と述べているからである．そして彼は，私的生活には3つの大きな関係があると言っているが，事実は4つあることが明らかである．それらは，主人と使用人，夫と妻，親と子供，後見人と被後見人であり，これらは続く4つの章の主題となっている．」[2]

そしてカーン－フロイントは以下の2つのことを論じる．ブラックストンの分析は，彼が書いた時代には完全に時代遅れになっていた社会・経済的諸条件を頭に思い描いて展開されたものであること，ブラックストンの分析は，「その後の何世代にもわたってイングランドの労働法の形成に影響を与え，それを決定した」ことである．彼はブラックストンの使用人のカテゴリーを論じ，確信をもって以下のように書いている．

「しかしながら，ブラックストンの描くところが，とっくの昔に存在しなくなっている社会の風刺画，というよりはむしろ描写であることを論証するためには，社会・経済史に対する最も初歩的な洞察で十分である．我々は徒弟については耳にするが，それまでに石工，大工，活版工，仕立屋あるいはその他の何某として見習いを終え，今や職業として雇われている熟練職人の話は出てこない．我々は，海運業，造船業に雇用されている人々については何も聞くことはなく，そして——最も重要なことであるが——採鉱，陶器製造，石炭乾留法があらたに導入されたことによって生産者にとって木炭が不要となったまさにその時代に成長していた製鉄などの拡大する産業で働いている人々については何も聞くことはない．全てこれらの産業は，資本主義的生産，すなわち雇用労働を基にして行われていた．そして，——英国が世界をリードしていた——繊維産業においてはこの生産様式はいまだ完全には家内工業制度にとってかわっていなかったけれども，18世紀においてさえ『生産高の大部分は大事業によるものであった…』．(3)」

カーン-フロイントの分析は，鋭く，刺激的で，そして大体において正確である．しかし，彼は明らかにそのことに気付いていたのに，ある事柄の意味に注目しなかった．彼は，雇用の取扱いが，憲法に関する議論が終わり人の法が始まる境目で登場することに言及している．しかし彼は，主人と使用人が人の法で最初に取り扱われる主題であるのは何故であるかについて，それは最初に見てもたいへん奇妙な位置づけであるにもかかわらず，疑問を呈していないのである．

その説明は，ここでもまた，ブラックストンがユースティーニアーヌスの〔209〕『法学提要』の構造に依拠したことに見いだすことができる．ユースティーニアーヌスの人の法の取扱いの最初の文章（第1巻第3章首節）は，以下の通りである．「人の法における主要な区別は，全ての人間は自由人か奴隷であることである．」そしてその章の残りの部分は，奴隷の法にふり向けられる．ローマ法の文脈においては，それを主要な区別として，最初に奴隷の地位を取り扱うことは合理的なことであった(4)．イギリスの被雇用者のローマ法における類似物は奴隷である．だから，ブラックストンは，ユースティーニアーヌスが奴隷を取り扱った所で雇用を取り扱うのである．主人と使用人が，ブラックストンの「私的経済関係」の最初の主題であるのは，この理由による．そしてブラックストンが第1巻の『人の法』でその主題を扱っていることもまた，少なくとも部分的には，それが理由である．

私が第18章で指摘したように，ブラックストンをして，現在は憲法と考

えられている主題である「人」に関して，第1巻で取り扱うことを余儀なくさせているのは，ユースティーニアーヌスの枠組みに対する彼のこだわりである．その（公的な）部分を終えて，ブラックストンの第14章「主人と使用人」は，以下のような言葉で始まっている．「行政長官と人民との公的関係 (the *public* relations of magistrates and people) に立っている人の，権利と義務についての注解を終わって，私が計画した方法に従い，私的経済関係における人の権利と義務を考察することにしよう．」 もちろんブラックストンは，人の法の範囲内で憲法を取り扱うことがいささか技巧的であることを知っている．自己の方法を合理化するために彼は，人の法の公的関係と私的な関係への分割を強調する．この方法は，雇用は私的な関係の側にしっかりとあるので，ブラックストンに，商業的ではない家族的な雇用における雇用法に焦点をあてさせることになった．そこで彼は，「使用人」を召使，徒弟，労働者，そして執事として分類するのである．

しかし，我々はそこで止まるわけには行かない．私が第18章でも強調したように，ブラックストンは，彼の『釈義』の構造に関して，ユースティーニアーヌスの『法学提要』のみならず，彼が明確に述べているように，1713年のマシュー・ヘイル（Matthew Hale）の『法の分析』(*Analysis of the Law*) にも依拠した．ヘイルの場合は，その分析においてユースティーニアーヌスの『法学提要』に影響されたが，ブラックストンよりは程度が低かった．またヘイルも，「憲法」を人の関係を取り扱う法として分類した．彼の「人の関係とそこから生じる権利について」と題する第2節は以下のように始まる．

　「今や関係の観点において人を考察した場合，そこから生じる権利は3種類となる．すなわち，
　　1．政治的
　　2．経済的
　　3．市民的」

そして，彼の第14節「経済的関係にある人の権利：第1に夫と妻について」が始まる．

　「かくして，政治的関係にある人の権利から離れて，今や経済的関係にある人の権利が始まる．
　そしてそれらは3つの対からなる．

〔210〕　　1．夫と妻
　　2．親と子供
　　3．主人と使用人」

ヘイルのこの方法は明らかに，ブラックストンの「公的関係」と「私的経

済関係」への分類に影響を与えたが，もともとは3分類であったヘイルのそれが2つのカテゴリーに減縮されている．2分類の枠組みを採用するに際して，ブラックストンは主人と使用人を私的経済関係の最初に置き，他方ヘイルにとっては主人と使用人が「経済的関係」の最後の表題であったことは，ユースティーニアーヌスのブラックストンに対する影響を示すものである．

しかし，詳細を調べると興味深いことに，ブラックストンはヘイルの『分析』を手前においていた．ブラックストンの同じ第14章は，既に引用した書出しに続いて以下のように述べている．

「私的生活に3つの大きな関係がある．1．主人と使用人の関係：それは，利便性のために設けられたものである．この関係によって，人は，彼の技能と労働が彼の義務となっている用件に答えるのには不十分であるときに他人の補助を求めるように指示される．2．夫と妻の関係：それは，自然の関係において設けられたものである．しかし市民社会によって修正されている．自然の関係は，人に彼の種を継続し増やすことを指示し，市民社会は，自然の衝動が制限され規制される方法を規定する．3．親と子供の関係：それは，婚姻関係の結果として起こるものであり，主要な結果であり計画である．そして，子供が保護され，養われ，そして教育されるのは，この関係による．しかし，この世話を第一番に義務としている両親は，死亡またはその他の事情で，彼らがその義務をまっとうする前に姿を消す場合があるので，法は第4番目の関係を設けた．4．後見人と被後見人の関係である．それは，自然の関係に欠陥が生じた場合にそれを補う人為的な親子関係である．これらの関係について，以下ではこの順序で述べることにする．」

さて，私的生活の3つの大きな関係が存するが，リストは4つであるというブラックストンの主張には，明らかな誤りがある．人は，これを筆が滑ったか印刷の間違いであると単純に考えたいとの誘惑に駆られる．特に，ブラックストンは1756年の『イングランド法の分析』(*Analysis of the Laws of England*) の，これに対応する第14章において同じ4つの関係をリストとして挙げて，「人の私的経済関係は4つである」と主張しているからである．しかし，ブラックストンの眼がヘイルの「経済的関係」の「3つの対」に向けられたので彼の不正確な「3つの大きな関係」が出現したと考えることは尤もなことである．ブラックストンの4つ目の大きな関係，後見人と被後見人は，ヘイルではこの場所に登場せず，ヘイルは，第2節における彼の主要なカテゴリー，すなわち「市民的関係」の第3番目として，第17節に登場させている．

私がブラックストンのこの奇妙で明らかに瑣末な詳細を強調するのは何故かといえば，もしブラックストンがヘイルを常に考慮に入れていたとすれば，それだけになおのこと，このことがイングランドの実体法に対してもたらすと思われるいかなる結果にもかかわらず，彼が，ヘイルの行った主人と使用人の法の合理的位置づけを放棄して，その結果ユースティーニアーヌスの『法学提要』の影響の前に屈伏したことが，顕著になるからである．

〔211〕　ブラックストンによる主人と使用人の法の位置づけという主題を離れる前に，最初に引用したカーン－フロイントの一節に立ち返ることにしよう．そこで彼は，1951年においてすら，エヴァースリーの本の焦点が，主人と使用人を一般的に取り扱うと称しているにもかかわらず，家庭内労働にもっぱら置かれていたと述べ，「そのような殆ど信じがたい時代錯誤」の説明を求めている．本書で主張されている，法の性質を理解する方法が持つ利点の一つは，正に，かかる時代錯誤がまことに信じられることであると分かることである．オットー・カーン－フロイントは，主人と使用人の法の位置づけについてのエヴァースリーの取扱いにも，ブラックストンのそれにも，驚くべきではなかったのである．

　第2の例は，不法行為（delict）と準不法行為（quasi delict）についてのドマの取扱いからのものである．我々は第19章において，この取扱いは奇妙に見えることと，フランスの民法典の起草に強力な影響を与えたことを見た．ここでは，ドマが，契約または犯罪の結果ではない不法行為の文脈中で，なぜローマのアクィーリウス法（*lex Aquilia*）がカバーする権利侵害（injuries）と類似の権利侵害を扱わなかったか，の説明が残っている．その元々の範囲がどのようなものであれユースティーニアーヌスの時代のはるか以前に，その制定法は，過失によるものであれ故意によるものであれ財産について生じた損害を，そして拡張されて自由人に対する権利侵害も取り扱ったのである．それは，事実，過失についてのローマ法の議論のための主要な場であった．

　ローマ法から出発しよう．売買契約や不法行為としての窃盗（delict of theft）といったローマの法制度は，大部分，契約や不法行為のようなより広い分類よりも以前に，しかもそれとは独立に成長したものである．けれども，個々の制度をカテゴリーに入れて分類するのが法学者の特色である．しかし，個々の制度は時々，後日のカテゴリーときちんと合わないことがある．それは，そのカテゴリーの選択が悪かったか，寄せ集められた制度は家族的類似性のみを有しているだけで，個々の特性のどれ1つとして共有している訳ではないか，そのカテゴリーが残余のもので，どこにも適応しない制度を容れ

る器であるか，何れかの理由による．

　ガーイウスは，紀元後160年頃に書かれた『法学提要』（第3巻第88節）の中で，債務関係の主要な区別は契約と不法行為であると書いている．後者は窃盗（*furtum*），強盗（*rapina*），身体に対する暴行と名誉毀損（人格権侵害 *iniuria*），そしてアクィーリウス法の下における財産に対する損害である．『学説彙纂』の一法文においてガーイウスはこの基本的な分類をさらに採用し，そして，債務関係は「さまざまなタイプの原因から生じるある特定の権利からも」生じ得ると付け加えている[5]．彼はその後「あたかも不法行為から」（*quasi ex delicto*）生じる訴訟について論ずる[6]．第1の例は，「訴訟を自己のものとする審判人」である．『学説彙纂』第44巻第7章第5法文第4項：「もし審判人が訴訟を自己のものとしたならば，彼は，正確に言うならば，不法行為による義務を負わない．しかし，彼は契約によっても拘束されないので，たとえ軽率（*imprudence*）によってであったとしても（*licet per imprudentiam*），なんらかの方法で不法行為をしたとみなされ，あたかも不法行為の場合に基づいて（*quasi ex maleficio*）責任がある．」「あたかも不法行為の場合に基づいて（*quasi ex delicto*）」責任があるという考えは，準不法行為（quasi delict）という債務関係の一つの表題として固まった．しかし，きっちりとした分類を好む学者にとっては，準不法行為はどのような共通の特質を有しているのか，そしてどのような特徴がそれを不法行為から区別するのであるかという問題が存在した[7]——そして現在でも満足すべき解答は与えられていない． 〔212〕

　この難問に当惑している初期の例は，アックルシウス（Accursius）に見ることができる．今引用した法文に対する注釈において彼は，審判人は「未熟練（*lack of skill*）は過失と考えられる」（*imperitia culpae annumeratur*）との理由で不法を行ったのであると主張し，なぜ審判人はアクィーリウス法の下で責任を負わないのかを尋ねる．彼の解答は，審判人は特殊な事例であるということである[8]．彼の当惑は，ガーイウスが，債務関係は不法行為に基づいて（*ex maleficio*）発生する，例えばアクィーリウス法に基づいて（〔不法〕損害に基づいて *ex damno*），と述べている『学説彙纂』第44巻第7章第4法文に対する彼の注釈において，より明らかとなる．すなわち，「損害に基づいて．損害が未熟練によって引き起こされた場合は，この限りではない．例えば，医者が未熟練によって治療に失敗した場合である．なぜなら，その場合にはそれは準不法行為に基づく債務となるからである．しかし，確かに汝は，ここにあるように債務は不法行為に基づき発生すると言うであろう．その事案は，軽率により不正な判決を下した審判人の場合と事情を異にする．

なぜならその場合は，債務は準不法行為に基づくものだからである．」[9]　かくして，準不法行為を識別するその特徴を発見する問題は，準不法行為をアクィーリウス法に基づく債務から識別することの困難さから生じた．そして焦点は，未熟な医者対軽率な審判人を相手とする救済手段の性質における相違にあてられている．

　我々は現在の目的のために，提案されている様々な方法を調べ尽くすことを試みる必要はない．その代りに，ローマ刑法についての有名なオランダの著者であるアントニウス・マタエウス2世（Antonius Matthaeus II, 1601～54年）に焦点を当てることができる．彼は，『刑法について』（*De Criminibus*）（1644年）の冒頭において，犯罪の性質の説明を模索して，以下の区別を行う．犯罪（*crimen*）とは，生殺与奪の権力を有している者の面前においてその公的処罰が審理される不法行為（*delictum*）である．彼は，不法行為には広い意味と狭い意味とがあると言う．狭い意味では，不法行為は，種であって類ではなく，犯罪と対照をなす．それは，通常人々がそれを理由として民事訴訟を提起する侵害（*peccatum*）である．しかし刑事訴訟もまた，狭い意味での不法行為に対して用いることができる，と彼は力説する．そこで彼は，侵害を，3つの種，すなわち準不法行為（*quasi delicta*），不法行為，そして犯罪（*crimina*）からなる最高の類として定立する．そして彼は，準不法行為に対しては民事訴訟のみが設けられていると説明する．かくして犯罪（*crimen*）とは，たいへん深刻な権利侵害（a wrong）であるので，刑事訴訟となり，民事訴訟とはならない．不法行為は，刑事訴訟となるが，民事訴訟によっても追及される権利侵害である．そして準不法行為は，犯罪と言うには余りに些細な不法行為であるが，民事訴訟は惹起する権利侵害である．

　ローマ法と彼の時代の法との妥協として，マタエウスの方法（それは彼に限ったことでは決してなかったが）は大いに称揚すべきことである．ローマの不法行為は事実，民事と刑事の双方の訴訟を惹起するが，ローマ法は民事的救済を強調する．後世のヨーロッパでは，窃盗（theft），強盗，そして身体に対する故意による暴行は，とりわけ犯罪として扱われた．

　この分類について最もしつこくつきまとう理論的問題は，アクィーリウス法の下での不法行為である不法損害（*damnum iniuria datum*），不法に惹起された財産的損失について生じる．というのはこの法律は，故意または過失によって惹起された，財産（そして，しばしば人も）に対する損害を填補するものとして取り扱われたからである．過失による損害は刑事訴訟を引き起こさないが，アクィーリウス法上の訴訟を惹起する不法行為が一つの侵害として取り扱われる限りは，故意による損害と過失による損害とが一体のもの

として分類されることになろう．そしてローマ人は，アクィーリウス法の下における犯罪（offense）を不法行為として分類し，したがってマタエウスの公式によるならば，（それもまた，第一次的にすら民事訴訟を惹起したのであるが）犯罪として分類したことになる．

犯罪（*crimina*），不法行為（*delicta*），そして準不法行為（*quasi delicta*）の分類に対するかかる方法の欠点は，ドマが行ったことを試み，刑法から完全に離れていると考えられる市民法の説明を提示しようと試みる場合にのみ明らかとなる．この場合，犯罪と不法行為を取り扱う余地が無くなるのである．特に，この時までには，ローマの不法行為（*delicts*）は大部分の場合，第一次的に犯罪として取り扱われたからである．そこで，損害が過失によって引き起こされた場合でもアクィーリウス法の取扱いが排除されていることが判るのである．

私は，マタエウスの著作とドマの著作との間の直接の関係を主張してはいないし，証明する必要もない．犯罪からも契約からも生じない侵害行為（*wrongs*）についてのドマの取扱いが明らかに特異なものであることを説明するためには，マタエウスのような意見が一般的であることを知れば十分である．かくして，分類に対する余りに熱心な注目は法を歪曲するのである．

第22章　ユースティーニアーヌスの自然法の遺産

〔214〕　法史料にあらわれる概念は，あきらかに基本的なものですら，それが立てられた際の法文化的背景を考慮に入れない限りは，重大な誤解を受けやすい．この章においてはその２つの例を見ることにしよう．一つは，自由は自然なものであるというスペイン法における強調であり[1]，一つは，ジョージ・マッケンジー（George Mackenzie）卿の『スコットランド法提要』（*Institutions of the Law of Scotland*, 1684）における，自然法と万民法の区別に関する取扱いである．

　これらの例は，『ローマ法大全』で述べられている自然法と万民法（*ius gentium*）の概念と顕著な関係を有しているという共通点をもつ．しかし，スペイン法におけるこの関係は，思うに自然法に関する中世の神学の議論のために，現代の学者にとっては曖昧なものとされてきた．それとは対照的に，マッケンジーの方法は，ユースティーニアーヌスの枠組みからの後の世俗的な逸脱によって影響を受けたものであり，マッケンジーのスタンスを評価するためには，これらの逸脱を知る必要がある．

　スペインにおける自由の強調がローマの法史料と関係があることは久しく知られていたので，この法史料から始めるのが適切である．不幸にも，ローマの法史料の趣旨は相当に誤解されてきた[2]．しかし，ユースティーニアーヌスの『学説彙纂』，『勅法彙纂』，そして『法学提要』の性質に関して，もう少し語っておかなければならないことがある．紀元後533年の『学説彙纂』は，数世紀前の古典期の法学者の著作からの抜粋であり，一般的な見解にもかかわらず，ユースティーニアーヌスは編纂者に原文を変更したり今日的なものにするような指令を与えなかった．反対に，彼らは，（時代遅れになったものを縮小したり削減したりすることに加え，）他のところで，すなわち529年の『勅法彙纂』の第１版で言明されたことを繰り返さないよう命令されていた[3]．『勅法彙纂』は，主として３世紀以来の皇帝の勅令や決定から構成されている．すなわち，これらの作品をまとめて考えると，『学説彙纂』は，ローマの古典時代の法の縮小版から時代遅れになったものを差し引き，さらに『勅法彙纂』における法文によって繰り返されたものを差し引いたも

のとなる.そして『勅法彙纂』は,その後の修正を伝えていた.529年の『勅法彙纂』は,534年版によって取り換えられ,旧『勅法彙纂』は伝わっていない.534年の『勅法彙纂』には奴隷制と自然法についての関係する法文が存在しないが,『学説彙纂』や『法学提要』には存在する.『法学提要』(同じく533年のもの)は,短い初等教科書であり,それらに『学説彙纂』にない説明がある場合,これらの説明は古典期の法学者の著作の中にはなかったとの想定がなされるべきである.

　かくして,ローマ人の——ユースティーニアーヌスとは異なる——考え方を明確にするためには,我々は『学説彙纂』から出発しなければならない.そして,キケローのようなローマの哲学者達は自然法の性質に興味をいだいていたが,我々は法律家達の見解を明確にするために,——少なくとも第1〔215〕にとりあげるべきものとしては——彼らの著作を使用すべきではない[4].法学者の目的は違っていた.唯一関連する『学説彙纂』の法文は以下の通りである.

　『学説彙纂』第1巻第1章第1法文第3項(ウルピアーヌス『法学提要』第1巻)　自然法(*ius natuale*)とは,自然が全ての動物に教えた法である.何故ならば,それは人類に固有のものではなく,陸と海に生まれる全ての動物の法であるからである.それは鳥達も共有している.我々が婚姻と呼んでいる雌雄の結合,子供の出生と養育は,この法に基づく.何故ならば,我々は,他の動物たちもまた,猛獣たちも含めて,その法の知識を有すると判断されることを知っているからである.　第4項　万民法(*ius gentium*)とは,諸民族が用いる法である.それが自然法と同一の広がりを有するものではないことは,容易に理解される.それは,後者が全ての動物に共通な法であるのに対して,前者は人類相互間にのみ共通なものであるからである.

　『学説彙纂』第1巻第5章第4法文(フローレンティーヌス(Florentinus)『法学提要』第9巻)　自由とは,力または法によって禁じられていること以外,人が好むことを行う自然の能力である.　第1項　奴隷制は,万民法の制度であり,それによって人は自然に反して他人の所有権に服する.　第2項　奴隷(*servi*)なる名称は,将軍が彼らの捕虜を殺すことなく売る習慣を有し,これによって彼らを救う(*servare*)ことに由来する.

　ここで見ておくべき第1のポイントは,奴隷制が自然に反するという所見からは何ら実際的な結論は引き出されないということである.奴隷制は禁止されていない.反対に,全ての人民によって実施されていると言われている.

第2に,『学説彙纂』第1巻第1章第1法文第3項と4項に,自然法に対して道徳的な内容を与えようという意図はない．反対にこの区別は,純粋に事実的なものである．自然法は全部の動物に適用される法であり,これに対して万民法は,人間に限定され,全ての人民によって受け入れられる法である．第3に,そしてこのことが見過ごされてきたと思われる点なのであるが,自然法が人間と猛獣を含む全ての動物に等しく適用されるのであれば,同様に牛や羊のような動物を捕われの状態に置くことも自然法に反することになるはずである．このことから2つの見解を導き出すことができるであろう．一つは,法学者はこの結論に気付いていなかったとする見解であり,そうだとすれば,法学者は自然法の問題にほとんど興味を有していなかったことがこの見解によって示されることになろう[5]．あるいは,次のように考えることも可能である．法学者は,動物を捕まえておくことは（彼らの意味において）自然法に反することに気付いていたが,重要なことではなかったのでこの点には言及しなかったのであり,『学説彙纂』第1巻第5章第4法文においてこの問題が出てきたのは,法学者が自由身分と奴隷身分とを区別したかっただけのことである,という見解である．この後者のアプローチによれば,ここでもまた,自然法なる概念には何らの道徳的要素もなかったことが明らかとなろう．第4に,『学説彙纂』第1巻第5章第4法文における力点は,自由が自然状態だということにあり,奴隷制が自然でありえないことは,単にそれとの対比で意味を持つに過ぎない．

　私が上記のことから引き出したい結論は,もちろん,ローマの法学者が『学説彙纂』の中で奴隷制は自然に反すると言う場合,彼らがそれを何らかの意味で不適切であるとか非難に値するとか考えていることを意味してはいないということである．彼らの言明には,なんら道徳的意味はないのである．

　ユースティーニアーヌスの『法学提要』は,これらの法文を若干の変化を加えて繰り返しているが[6],その他にもう一つの法文が含まれている．『法学提要』第1巻第2章第11節：「しかし,至る所で,そして全ての人々の間で遵守されている自然法は,一種の神の摂理によって確立されたものであり,常に安定して不変のものである．しかし,各国家がそれ自身のために設定した法は,しばしば,人民の黙示の同意によって,またはその後に可決される他の法律によって変化する.」『学説彙纂』または『勅法彙纂』においてはこれに対応するものはなく,それが史料として利用可能かどうかに関して学者の間に合意は見られず[7],したがって,この法文はユースティーニアーヌスに由来するに違いないと考えるのが合理的である．この法文は,すでに『学説彙纂』第1巻第5章第4法文第1項に内在する考え方,つまり,自然

法は不変であり，(自由のように)自然なものはいつまでたっても自然なものとの考えを提示している．しかし，翻訳の最初の文章に含まれている自然法に関する記述は，法学者の万民法の概念に，より妥当するように思われる[8]．たぶん，概念全体に対する不十分な興味の結果であろう．しかしながら，この法文は新しい次元を持ち込む．すなわち，自然法は宗教と関連するものであり，一種の神の摂理によって確立されたものだと．

さて，ここからはスペイン法の有名な宣言について考察することにしよう．この宣言は，アルフォンソ10世賢王（Alfonso X, the Wise）によって公布された膨大な編纂物，『七部法典』（*Las Siete Partidas*）に見出される．その最終的な姿はたぶん1625年頃に固定され，そしてスペインの新世界（Spanish New World）に大きな影響をもつことになっていた．『七部法典』第4部第22章は，その序論の最初において以下のように宣言する．「生まれながらにして，世界の全ての創造物は，自由を愛し，切望する．ましてや，他の何にもまして思慮分別を持つ人間ならば，そしてとりわけ高貴な魂を有する人達ならば，どれほど強く自由を愛し，切望することか．」そして，問題の第4部第21章第1条である．

「奴隷制は，諸国家が古代において形成した条件と制度であり，その制度の下で，自然の状態であれば自由の人間達が奴隷となったのである．彼らは，自然の理に反して，他者の所有権に服したのである．奴隷（siervo）は，その名前をラテン語で *servare* と呼ぶ言葉から取っており，スペイン語では，助ける（save）の意味となる．そして，この助けること（saving）は皇帝によって確立されたものである．古代においては，捕虜とした者をみな，彼らは殺害したからである．」

これらの原文がローマのそれに依存していることはまことに明らかである．もちろんアルフォンソの時代までには，神学者達は，自然法の概念を実質的に発展させていた．しかし，立法者の真意や意図を説明してくれるものが，そのローマのモデルであるというよりは神学的概念であると想定することは，方法論的に誤っているであろう．

第1に，原文をあるがままに考察すべきである．奴隷制が道徳的に間違っていることはなんら示されていない．自由は自然なものであるが，明確に書かれているように，これは人間に対してのみならず全ての動物に対して当てはまるものである．奴隷制が間違いであるならば，動物の捕獲や家畜化もその通りだということになる．自由に対しては，原初的な，したがって自然の状態であることが強調されているのである．私が他のところで示唆したように，ローマの原文においては，「奴隷」（*servus*）という言葉が「助ける」

(*servare*) という言葉から派生したとされているが，このことは，道徳に対する何らかの不安を示すものかも知れない[9]．仮にそうであるとしても，『七部法典』の原文は，奴隷制の存在の説明以上のものではないと思われる．

[217] 　『七部法典』第4部第5章の序文についても同じ方法が必要であり，それは以下の文章から始まる．「奴隷制は，人間の間に存在し得る最も卑しく，最も軽蔑されるものである．なぜなら，神が創った全ての創造物の中で，最も高貴で自由な創造物である人間が，奴隷制によって他者の権限の下に置かれるからである．しかも，人間は，他の生物・無生物の財産を取り扱うように，奴隷を彼らが欲するように取り扱うことができるのである．」[10] ここには（そして，引用されていない序文の他の場所でも），奴隷制が道徳に反するという非難はない．立法者は，奴隷制は人間の最も悲惨な状態であるという，彼にとって事実であるところを記述しているのである．

　しかし我々は，自然法に関する法形成者の一般的な理解の文脈の中にこれらの原文を置かなければばならない．『七部法典』第1部第1章第2条は宣言する．

　　「ラテン語の *ius naturale* は，スペイン語では *derecho natural*（自然法），すなわち，すべての人間が，そして感覚を持つ他の動物すらも，それ自身において自然に有するところの法を意味するもので，この法の指示するところに従い，我々はそれを婚姻と呼ぶのであるが，雄は雌と結合する．そしてそのため，人間は彼らの子供達の面倒を見る．そして全ての動物もそうする．さらに，万民法（ラテン語で *ius gentium*）なるものが存在するが，この法は，全ての国民に共通するもので，しかし他の動物には妥当しないものである．そしてこの法は理由があって，そして必然的に創造されたものである．なぜなら，全ての人間は，この法を使用しないならば，他者と調和して平和に暮らすことができないからである．」

　後にこの同じ法において，アルフォンソは，万民法によって，全ての人間は神を愛し，彼らの父と故郷に従うよう拘束される，と宣言している．したがって，自然法を論ずる主たる法において，自然法に道徳的内容は与えられていない．もし道徳的意味が付与されるとすれば，それは万民法に留保されている．

　奴隷制の不道徳性をスペインの法形成者が知っていたとする近代の学者達は，時代錯誤的である．しかし彼らの見解は驚くべきことではない．自然法の理論が神学の議論において中心的な地位を占めた数世紀の後に，現代的な見地からみるならば，彼ら自身の言葉で表現された初期の法史料に近づくこ

とは容易なことではない．16世紀に「インド諸島〔新大陸〕国王評議会」(Consejo Real de Indias) のメンバー，グレゴリオ・ロペス (Gregorio López) によって書かれた，『七部法典』標準注釈における解説は，彼の時代のスペインの法律家達の態度を明らかにしている．『七部法典』第1部第1章第1条の中の自然法概論に対する注解の中で，彼は次のように言っている．「しかし，人が天使と共有している性質すなわち理性の力に従うならば，それは次のように定義される．『自然法は，善行を行い，その反対を回避するために人間という創造物に植え付けられたある自然の理性である．』」 かくして，ロペスのこの文脈の中で，自然法は道徳的な性質を有している．そして彼は，アクィナスに従い，アクィナスを引用して，この定義を発展させる．しかし彼は，奴隷制に関する法律に注解を加えるとき，『七部法典』第4部第21章第1条での注釈の中では，それが自然に反すると言っているにもかかわらず，この制度を反道徳的であると考えている形跡はない．

　法史料の誤解についての私が挙げる第2の例は，ジョージ・マッケンジー卿の，有名な『スコットランド法提要』(1684年) から取ったっものである．最初の章で彼は宣言する．

　　「自然法 (Law of Nature) は，自然が全ての生き物に教えた命令を〔218〕包含している．正当防衛，子供の教育がその例である．そして，一般に人間と動物に共通する全ての共通原則がそうである．そしてこれは，実定法であるよりも生来の本能である．

　　万民法 (Law of Nations) は，正しい理性によって命じられ，人類にのみ特有の法であり，〔次の2つに〕分割される．1つは，原初的なそして基本的な自然法であり，神に対する尊崇，我々の国や両親に対する尊敬のような正しい理性の第一のそして純粋な原則から流れ出るものである．2つめは，第二次的・帰結的な自然法であり，通常全ての国民が賛成し，そして彼らが必然的な帰結により前述の第1の原則から導く一般的帰結から成っている．そして自然法のこの部分には，約束や契約から生じる債務，商業の自由，捕虜の受戻し，外交官の身の安全などが包含される．」[11]

　マッケンジーは，ユースティーニアーヌスの『法学提要』(第1巻第2章第1巻第2節) に従っているが，いくつかの点でそれから離れ，法を自然法，万民法 (ius gentium)，そして市民法に分割する．自然法は，ユースティーニアーヌスの『法学提要』におけると同様，人間を含む全ての動物に共通の法である．しかし，『法学提要』とは対照的にマッケンジーは，これは実定法よりは生来の本能であると宣言する．この自然法の概念において『法学提

要』とマッケンジーに共通なのは，自然法が特別の道徳的性質を有している形跡はないということである．

ユースティーニアーヌスの『法学提要』第1巻第2章第1節では，万民法は，自然の理性が全ての人間のために作る実定法であり，どこでも同じものである．我々がこの法が何であるかを知ることは簡単ではない．それがしかじかのものではないと言うほうが簡単である．ローマ人にとってそれは国際法ではない．他の文脈では，万民法は，ローマ人と同様に外国人にも使えるローマ法の部分を意味しているようである[12]．そこで，『法学提要』第2巻第1章第11節においては，自然法は万民法と同じものとされているものと思われる．マッケンジーの場合，万民法に対して2つの明確な，そして多分1つの隠れた意味が与えられている．後者について言えば，彼は，約束や契約から生じる義務が万民法に含まれていると言うときに，万民法についてのローマ人の使い方の一つを取り扱っているようである．すなわち，外国人とローマ市民とが一様に使えるローマ法の部分で，この部分は問答契約は含まないが大部分の契約を含む．彼が万民法に与える2つの明確な意味の第1のものは，正しい理性から生ずる，人間によって用いられる法である．これが自然法の第1番の形態であると彼は宣言する．万民法の第2の用法は，彼の言う第2の自然法であるが，（マッケンジーも契約を含めているとはいえ）国際法と多くが共通するものである．

マッケンジーはこのテーマを展開させていないのであるから，自然法と万民法に関する彼の見解についてより一層詳しく調べることは困難である．しかし我々にとっての疑問は，なぜ彼がローマ法から離れ，こうした特殊な区別をするかである．双方の質問に対する解答は，彼が17世紀ヨーロッパの法律学者の文化的伝統の内部で活動している点に求められる．その例証は，ヨハネス・フット（Johannes Voet）の初級教科書で，1700年初版の『ユースティーニアーヌスの法学提要の順序に従った法の要素』(*Elementa Juris secundum ordinem Institutionum Justiniani*) から引くことができる．これは著しくマッケンジーの著作に似ている．私はもちろん，フットがマッケンジーから直接に影響を受けていると言うのではなく，両者が同じ法文化の伝統に参加していたことを主張しているのである．フットは，1.2において以下のように言う．

「自然法と言うときには，適切な場合と不適切な場合とがある．本能，すなわち自然が全ての動物に教えたものについて使われる場合，それは不適切である．我々が婚姻と呼んでいる雌雄の結合，子供の出産と教育，そして正当防衛がこれに関係する．

それが，人間の自然法，すなわち大きな精神的活動なしに，常に公正で善良なことが正しいことであると真に理解している者達に，正しい理性が命じる法として使われる場合は，適切である．

万民法は，全ての国，少なくともより文明化された国々で適用され，世界的に遵守されている法である．

そしてそれには第1次的なものと第2次的なものがある．第1次的なものは，自然の理性が人間達の間に確立したもので，全ての国で，あるいは少なくともより文明化された国々で遵守されているものである．かくして，自然法は国々によって承認される．これに関係するものは，神への尊崇，我々が両親に従うこと，我々の国を愛することである．

第2次的なものは，慣習と人間の必要の迫るところにより導入されたものである．そしてこれは，正しい理性の単に命じるところからよりは，人間の利益または必要性に関する理由から生ずる．これに関するものとしては，所有権の種類の区別，戦争，捕虜，奴隷状態，奴隷解放，そして，その形態のみならずその起源に関しても市民法の一部である問答契約を例外として，契約一般がある．」

もちろんここでも私が言いたいことは，フットとマッケンジーが必然的に同じことを述べているということではなく，両者がその問題に関してローマ法に反応し，部分的にはこれを拒否するという同じ法文化の伝統の中で活動していることは否定し得ないということである．全ての動物に教えられた法としての自然法は，法としては拒否されている．そして次に，万民法は，2つの意味において自然法として理解されている．第1次的な意味は，自然の正しい理性によって教えられた法として，第2次的な意味は，国際法としてである．

それより少し以前の法学者である J. F. ベッケルマン (Böckelmann, 1633～81年) は，マッケンジー，フット双方の議論の傾向をより明確にさせる．彼の『ユースティーニアーヌスの学説彙纂に関する注釈19巻』(*Commentariorum in Digesta Justiniani* Libri XIX) の中で，彼は『学説彙纂』第1巻第1章に注釈を加えている．

§ 23. 自然法 (*Jus Naturale*) は，その言葉が自然の命令に関するものとして受容されている限り，2つの意味で用いられている．(1)不適切な意味で．これは，自然の本能以外の何ものでもない．したがって，ユースティーニアーヌスは次のように言う．「天，地，そして海に生まれる全ての動物に自然が教えたもの……」

§ 24. 適切な意味で，自然法は広い意味で使われる場合があり，万民

法を含み……または狭い意味に用いられる場合は，自然が全ての人間に教えるもので，人知によって発明されたものではない……」

[220] §25. 万民法 (*Jus gentium*) もまた，広い意味と狭い意味で使われる．広い意味では，理性の命ずるところによるか，一般の同意によって生ずるかを問わず，諸国民が用いる法を意味し，……．実にそれはしばしば，自然法を意味する……．

§26. 狭い意味で使われる場合，全ての諸国民の間に自然法が確立したものと定義される (late, c. 9, dist. I)……．ここには，戦争，奴隷制度，帰国権 (*postliminia*)，奴隷解放，所有権の間の区別，そしてほとんど全ての契約が含まれる……．

§28. 自然法と万民法との相違は，たいへん大きなものである．前者は神によって設定され，後者は人々によって確立されたものである……．

§29. 我々が不適切に自然法 (*Natural law*) と呼んでいるものは，博学な博士達が一般に第1次的な自然法と呼んでいるものである．我々が適切に自然法と呼んでいるものは，博士達によって第2次的な自然法と呼ばれ，そしてそれは，博士達にとっては第1次的な万民法である．彼らは，適切にして狭義の意味においては万民法を第2次的な万民法と呼ぶ．この区別は，ある意味では許容できるものであるが，混乱の原因となる．

現在の目的のために，我々は自然法と万民法に対するこのアプローチの歴史を調べる必要はない[13]．このアプローチの根底にある理由を発見することは困難ではない．自然法の概念は，そのいくつかの意味において，理論的な精神の法学者にとってはたいへん魅力的であるが，ユースティーニアーヌスの『法学提要』第1巻第2章第1節におけるその定義を利用することはできない．そしてユースティーニアーヌスは，第2巻第1章第11節において，いずれかの言葉も定義することなく，自然法は万民法と同じであると明言し，かくして，後世の学者に両方の概念を発展させるための多くの余地を与えた．その両義性が国際法の主題の展開において特別な重要性を持つことになったのであった．

第23章　裁判官の文化

　第12章およびこれに続く各章から，裁判官が論証を行い判決を下すそのやり方に影響を及ぼす諸要因を明らかにしようとする中で，裁判官がそこで活動する法的伝統を考慮に入れなければならないことが，今や明白と思われる．また，そのためには，しばしば，たとえ遠く隔たった時代であろうと，法史を，そして他の国々の法を長期に亘り，しかも精細に考察する必要があろう．

　1つの要因がこの考察を特に興味深いものにする．すなわち，裁判官は，社会が彼らに期待しているものを社会に与えることができないことである．民衆（populace）は，裁判官に，法を事実に適用した結果としての，正しい法的決定を求める．良い裁判官は，いかにして彼らの決定に到達するのか？　しかし，悪い裁判官はどうしてできるのかと言うほうが簡単であろう．悪い裁判官の推論は，論理に欠けているか，関連する法を知らないか理解していないかである．しかし，良い裁判官とは，少なくとも大部分の種類の民事の控訴事件では，論理を使用し，証明された事実に法準則を適用して正しい決定に到達する者である，と人は言うことはできない[1]．当事者の弁護士達が，彼らの仕事を適切に行い，事件の準備をしたとするならば，必然的な正しい解答というものは存在しない．事件はどっちに転んでもおかしくはない．正しい解答は，裁判官が到達する解答であるが，裁判官がその解答に到達して初めてそれは正しいのであり，そして，到達したというそれだけの理由で正しいに過ぎない．ロバート・H・ジャクソン（Robert H. Jackson）は，最高裁判事のときに以下の意見を述べた．「もし〔合衆国〕超最高裁判所（super-Supreme Court）があるならば，我々の州裁判所の破棄判決の相当の部分がまた破棄されることであろう．我々が不可謬であるから我々の判決が最終なのではなく，我々の判決は最終であるという理由によってのみ不可謬なのである．」[2]　そうだとすれば，あるいは，明らかに悪いというわけではない裁判官はすべて良い裁判官に数えられるべきなのか？　しかし，インサイダーはすべて，悪い裁判官に加えて，中程度と良い裁判官がいると，そして，良い裁判官の中にも，ある者は他の者よりも良い裁判官であると，信じている．インサイダーの基準は何なのか？　私が提案する解答は以下の通りである．

[221]

インサイダーにとって，良い裁判官とは，仲間の裁判官や，良い地位にある弁護士や法律学者が最も妥当と考える思考過程によって，事実に適用されるべき法に到達する裁判官である．その適切な思考過程は，法文化によって決定されるものと思われ，そして，他の文化の場合と同様，その過程に参加する者によってほとんど疑問を呈されることはないであろう．アウトサイダーは，事柄を違うように見ている．彼は「異」文化の印象を強く感じるであろうが，その内のいくつかの側面は彼に不条理を感じさせることになる．

この章において，さまざまな社会において見られる，事件に対して判決を下す4つのアプローチを考察したい．——現在のイングランド，つまり，法典化されていない民事法制度，あるいは「混合」法制度（17世紀のスコットランドからと20世紀初期の南アフリカからの例を引きつつ），法典化後の19世紀のフランス，そして15世紀のドイツ，そして13世紀と14世紀のスペインを少し見ておきたい．以上の国々では，最も適切と考えられる思考過程を適用することにより正しい決定に至る試みが，そのたびになされた．ここで吟味されるアプローチはいずれも，結果指向的なものではない．そして，外部の者，特に異なった法文化に育った法律家にとっては，思考過程は，技巧的で愚かしいものとすら思われるであろうが，そのゲームに参加している者にとってはそうではない．それぞれの事例におけるアプローチはそれぞれの法文化にとって非典型的なものではないが，私は顕著な事例を見いだすよう努めた．

〔222〕

I

法制史家であろうが法の改革者であろうが，法発展の予想もしない変化に興味のある者は誰でも，特に，貴族院の実務慣行に関する声明が1966年に出されて以来の，イングランドの先例拘束性の原理（English doctrine of precedent）に魅せられるはずである[3]．1898年から（一般の計算方法によればそうなるが，実際はもっと以前である[4]）法律貴族（Law Lords）は，彼ら自身の従前の判決に自らが拘束されるものと考えてきたが，今述べた実務慣行に関する声明の中で彼らは次のように宣言したのである．すなわち，彼らは，彼らの従前の判決を原則として拘束力のあるものとして取り扱うが，そうすることが正しいと思われる場合には従前の判決を変更することにする，と[5]．

あるたいへん最近の貴族院の事件，インド大統領対ピンタダ船会社事件（*President of India v. La Pintada Compania Navigacion S. A.* [1984] 3 W. L. R. 10）が，このアプローチにとって有益である．問題となっている法律上の論

点は，履行遅滞の場合の利息が契約で決められていない場合で，履行遅滞が生じたが，訴訟が始まる前に債務が弁済されたとき，相手方契約当事者は損害賠償の中に不払いに対する利息を請求できるか否かである．この論点が，裁判官によって「事例1」として言及されている．

タリベルトンのフレイザー卿（Lord Fraser of Tullybelton）が意見を最初に述べているが，短いものであった．「私は，私の高貴で博学の友人であるオウクブルクのブランドン卿（Lord Brandon of Oakbrook）のスピーチの草稿を読ませてもらってたいへん参考になった．彼の推論は，私にとって否定することができないように思われ，この上訴が許容されて，仲裁人の選択的裁定が支持される結果となることに，気は進まないのであるが，同意せざるを得ないと思う．」[6] 今や，私が述べたように，上訴の段階にある大部分のタイプの民事事件において，双方の弁護士が彼らの義務を尽くした場合，裁判官にとって，法についての1つの判決しかあり得ないことが生じてはならないのである[7]．そうでなければ，事件は上訴にまで来ないであろう．貴族院の場合のように，裁判所がそれ自身またはその他の先例によって拘束されないところでは，このことはそれだけますます真実である．その判決が不可避的なものでなければ，それに対する推論も反駁できないものではありえない．フレイザー卿の指摘できるところは，それが何であれ裁判官が説得的であると考える論理や議論のタイプによって，ブランドン卿のその結論に至る推論が説得的である，ということだけである．にもかかわらずフレイザー卿は，彼が下した判決に対する後悔を表明する．すなわち彼は，不当な結果となる場合でさえも，何が法であるかを決定する諸原則が存在することを受け入れる．明確に言っていないが，彼は，法は異なると技術的に自由に決定することができる場合ですら，法なるもの（lawness）はこれらの諸原則によって決定されるべきであることを受け入れる．言い換えると，裁判官は法とは何であるかを決定する自由がある場合にはそれを行うのだという考えよりも，不当な結果となる場合ですら，法なるもの——何が法を構成するのか——についての何らかの概念を適用することによってこの決定に達すべきである，という考えの方が高い位置にある．すなわち，法を形成することができる人々ですら，法の基準は彼らの正義の観念とは異なるものであることを受け入れるのである． [223]

スカーマン卿（Lord Scarman）の意見は以下の通りである．

「諸卿の方々，私は，私の高貴にして博学の友人であるオウクブルクのブランドン卿によってなされた言明，私が学習する機会を得た草稿に賛同する．しかし私は，私の高貴にして博学の友人であるロスキル卿

(Lord Roskill) によってなされたコメントに賛成したい. 私もまた, 上訴は許されなければならないとの結論に達したが, 後悔と不本意を感じている. 法律委員会によって提案された線に沿った立法 (または, 同様の結論に達する解決) が早くなされればなされるほど良い.」[8]

スカーマンの立場は, フレイザーの立場以上に進む. ここでも, スカーマン卿は, 司法上の法形成権を行使するならばそうする必要はなかったにもかかわらず, 正しくない判決を下す. しかし彼は, その法が変更されること, しかしそれは立法によってなされることの希望を表明する. 法形成者には階層があり, 立法者は裁判官が有しているよりも大きな法形成力を有している. 法が変更されるべき場合に, 裁判官は, 立法者がその変更をするのが妥当であると感じ, それをすることができる場合でも, 自らはそれをしないのである. 彼らの立場はここに止まっている (あるいは, 少なくともこの場合のスカーマン卿の立場は). それは, 第1に立法者の介入が確実でない場合でも, そして第2に立法機関が少しでも現在の不正を正そうとしない場合でも, そうである. 法形成の妥当性に関するある考え方を推進するために, 裁判官は不正を犯しても頓着しない. 正義についての理論的な考え方による不正ではなく, 裁判官自身の正義と不正についての個人的な考えによる不正義である.

ロスキル卿もまた, ブランドン卿の推論を止むに止まれぬものと考える. そして彼は続ける.

「しかし, 私はこの結論に疑いもなく到達したが, にもかかわらず後悔と不本意を感じていることを素直に告白する.『ロンドン, チャタムおよびドーヴァー鉄道会社対南東鉄道会社事件』(*London, Chatham and Dover Railway Co. v. The South Eastern Railway Co*. [1893] A. C. 429) が, 正当な不満感を持つ債権者と救済手段を持たない明らかな不正義を残したことは, 長く認められてきた. 1893年に貴族院はこの決定の結果を承認したが, しかし, その不正義が是正されないままに残った歴史的理由について止むに止まれないものを感じた. 1893年に国会は2度介入した. 最初は, わが高貴にして博学なる友人達が事例3と呼んでいるものを是正するために, 第2番目は, 事例2を是正するためにである. 後者の事件で, 国会は法律委員会の報告を前にして, 事例1 (支払が遅滞したが, その賠償の訴訟が開始される前に債務が弁済された場合) がしばしば生ぜしめ得た債権者に対する不正を是正することにもなる機会を得た. しかし国会は, 法律委員会の事例1に対する解決の提案を受け入れなかったし, それ自身の実質的な解決を提供もしなかった. したがって私は, この懈怠は意図的であったことを認めざるを得ないと考える. も

第23章　裁判官の文化　　　　　　　　　　　　　　　　　　275

しそうであるならば，この貴族院がその司法的権限において，『ロンド　〔224〕
ン，チャタムおよびドーヴァー鉄道会社対南東鉄道会社事件』を変更し
て，もしできるならば事例1だけでなく全て3つの事例に適用されなけ
ればならない救済手段を提供することは，正当ではあり得ない．そうす
れば，事例2と3に関しては，同時に矛盾する救済手段が存することに
なる．一つは制定法で裁量的なものであり，もう一つはコモン・ロー上
のもので権利的なものである．というのは，契約違反とその違反によっ
て生じた損害が立証されると，裁判所は裁量権がなく，請求にかかる全
損害賠償を付与しなければならないからである．」[9]

　その判決のために示された主たる先例は，91年前の1893年の事件であり，
ロスキル卿は，──我々がこれから見るように，正当にも──そのとき貴族
院もまた彼らの決定を不当であると思っていたと感じていた．

　ロスキル卿は，彼の決定についてより多くの議論を提供する．彼は，「ロ
ンドン，チャタムおよびドーヴァー鉄道会社」事件判決は3つの別々の事例
をカバーするものであるとのブランドン卿の見解を受け入れる．事例3は国
会によって最初に是正された．それから国会は，事例1と事例2に関する法
律委員会の報告を前にして，事例2を是正したが，事例1については何もし
なかった．国会は，法律委員会の勧告を受け入れなかったし，国会自身の解
決を提供しなかった．このことからロスキル卿は，国会の懈怠は意図的なも
のであった（したがって，たぶん貴族院は，法を変更するのであれば，国会の意
思に反して行うことになったであろう）という結論を導き出す[10]．

　このタイプの推論は，沈黙を根拠とする議論に似ていて，常に危険である．
我々が以下のことを考慮する場合，それは一層もろいものとなる．すなわち，
英国の国会の草案が，よく知られているように悪いものであること[11]，英
国の庶民院が，党略上影響のない問題に関する立法に興味を有していないこ
とで有名であること[12]，そして，立法の通過，または完全で充実した立法
の通過を阻止する要因の多くが，庶民院の計画的な意図に関係のないもので
あることである[13]．その上に，ロスキル卿の「国会は，法律委員会の報告
を前にして」という言葉は，少し誇張に聞こえる．むしろ法律委員会は，国
会に対して報告を提出していたのである．しかし，国会のメンバーがそのこ
とを意識して，それを読んで理解したとか，それを考察したということは言
えない．その推論──しなかったことが根拠となっている推論であることを
忘れずに──は，英国の裁判所が立法の歴史を考察することを拒否している
ことを我々が考察する場合，まったく愚かしいものとなる．制定法の文言に
ついてのみの立法部の想定上の意図を探すことはたぶん妥当であろうが[14]，

相当異なった論点についての条項の欠落を通じて立法部の意図を探すことによって制定法を解釈することは，妥当なことではあり得ないのである．

そのパラグラフの最後にあるロスキル卿の論拠は，ブランドン卿のそれに由来し，基本的なものである．いまブランドン卿の議論を引用することが適切である．

〔225〕

「債務の支払が遅れたことによって生じる損害または損失に対するコモン・ロー上の救済手段が存在しない3つの事例が存する．事例は以下の通りのものであるが，便宜のため事例1，事例2，事例3として記述する．事例1は，債務の弁済が遅滞したが，その損害賠償のための訴訟手続が始まる前に弁済された場合である．事例2は，債務の弁済が遅滞したが，その損害賠償のための訴訟手続が始まった後，終結する前に弁済された場合である．事例3は，〔債務の弁済が遅滞したが，〕その損害賠償のための訴訟手続がなされ，判決が求められた結果として，元々の債務がそれに吸収される金銭支払判決が下されるまで，債務が弁済されなかった場合である．」[15]

今や，私にはロスキル卿が正しいと思われる．事例1で与えられる救済手段が事例2や事例3でも与えられるべきである．債務者が訴えられているか訴えられた事例の2や3よりも，弁済の前に訴訟が提起されていなかった事例1における利子に対する権利がより大きいとすれば，それは誤りである．しかし，債権者の請求は，事例1よりも事例2や3の場合の方が大きなものであるべきであるとの議論が実際に存するであろうか？　訴訟を提起した債権者は債務の利子についての権利があるが，提起していない債権者にはその権利がない，と判示することに何らかの正当事由が存するか？　常識と正義は——それらは法とほとんど関係のないことがあり得るが——は，そうではないことを示唆している．

しかし多くが，事例2と3におけるこの法的権利の性質に依存しているであろう．1934年の法改正法第3節(1)は，事例3を対象とするもので，以下のように規定する．「いかなる債務または損害の回復のための，いかなる正式記録裁判所（court of record）におけるいかなる訴訟手続においてであれ，裁判所は，妥当であると考えるならば，判決で与えられた額に，債務または損害賠償の全部または一部について，裁判所が妥当であると考える割合の利子が含められるべきである，と命ずることができる．」　裁判所は，「妥当であると考えるならば」判決がなされる場合の債務について利子を与えることができる．1982年の「司法運営法」（Administration of Justice Act of 1982）の付則1は，事例2を取り扱う．「裁判所のルールに従い，債務または損害の

回復のために高等法院（High Court）での法的手続において（開始された場合は何処でも），判決で与えられた額に，判決が与えられたかまたは判決の前に支払がなされた債務または損害の全部または一部についての，裁判所が妥当と考えるか，裁判所のルールの規定し得る割合の単利を含めることができる．」裁判所は利子を与えることが「できる」．つまり，事例2と3において，裁判所は利子を与えることについての裁量を有する．

しかし，この裁量の性質は何か？ それは確かに恣意的に行使されるべきではないが，──「貴族院」の，それ自身の判決に従わない権利のように──判断の健全な基準に従って行使されるべきである[16]．適用されるべき妥当な原則は何か？ 利子は制裁として付与されるべきではないと我々は言明できる，と私は考える．第1に，もし利子の付与に制裁が含まれる場合があるとすれば，それは立法に明確に規定されると我々は予期するからである．第2に，妥当な制裁は常に利子の額に対応するものではないからである．第3に，利子の主たる目的は賠償（compensation）もしくは補償（recompense）であるからである．そして第4に（そしてなかんずく），両方の制定法が，利子が当事者間の協定やその他のものによって定められていた場合，それらの規定は適用されないと明確に宣言しているからであり，裁判官が制裁を付与する権限を実際上与えられているのであれば，そのルールは不適切である．

それで，利子が付与されるのが恣意によってでも制裁によってでもないのであれば，その付与に当たっては，原告が被った損失を考慮しなければならない．その利子は損害賠償として付与されなければならない．両方の制定法〔226〕の下で，「妥当であると考えるならば」という裁判所の裁量は，利子の付与だけではなく，利子率やその期間にまで拡大することが問題となる．

それでは，我々は，債権者の請求は事例1よりも事例2や3の場合の方が大きなものであるべしという議論が立つかどうかについての問題に立ち返りたい．前述の分析が正しいものであり，そして，裁判所が事例2と3で利子を付与するべき場合で，原告の損失の一部がまさに，彼が債務の支払を受け取っていれば取得したであろうものに対応する利子の損失である場合，債務者らは事例1においても利子を付与すべきである．そして，原則として，事例2や3から離れても，利子は事例1において付与されるべきである．ロスキル卿が議論していたように，コモン・ローにおいては，「ひとたび契約違反がなされ，その違反によって生じた損害が証明された場合，裁判所は何の裁量も有せず，請求されている損害額を全額認定しなければならない」．その健全な原則に立った場合，──1893年とそれ以前の状況がどうであったにせよ──通常の状況において，債権者は支払を受けた場合にそれを投資す

る，少なくとも銀行に預けるであろうということを人は疑わないであろう．彼がそれを行う可能性がなく，したがってそれ以上の損失を被る状況にない場合，裁判所は損害として利子を与えるべきではない．

　それであるから，一般原則に立って，1893年の判決がなく——この判決を無視することができたのであるが——，そして事例2と3から離れた場合，裁判所は，事例1における損害として利子を付与することができ，そうするべきなのである．しかし，ロスキル卿はある問題を考えている．全てこれら3つの事例はコモン・ローによって取り扱われるが，権利としての救済手段を与える．しかし事例2と3はまた，裁量的な救済手段のみを与える制定法によっても取り扱われる．不整合は，実質的なもの以上に技術的または美学的なものである．コモン・ローにおいては，利子は権利として与えられるが，債務の弁済のないことやその遅滞から損失が推定できる場合に限られる．制定法においては，裁判所は，「妥当であると考えるならば」——そして裁判官から裁量が剥奪されるべきではないのであれば——判断の中に利子を入れなければならない．しかしそれは恣意的にされてはならず，あるいは制裁として付与されてはならず，現実のまたは推定される損失を根拠としてのみ付与されなければならない．救済手段は色々な根拠に基づくのであるが，矛盾した帰結になるべきではない．

　ロスキル卿は以下のように結論づける．

　　「わが貴族の方々，事例1に関連した法の現在の状態が，零細な債権者を，裕福で影響力のある債務者に対して深刻な不利な状況に置く，という事実に知らないふりをするのは無駄なことである．零細な債権者は，迅速に，もっとはっきりいえばおよそ法的手続を提起することにより，後者を怒らせることを恐れる．そして，裕福で影響力のある債務者達が，とくに財政的な切迫の時に，この戦術的な強さを利用するのに手間取るものではないことは，良く知られている．事例2と3における不正義を是正するために，2つの立法が行われた．一つは1893年から約50年目のものであり，もう一つはほぼもう半世紀後のものである．いかなる解決が事例1で最終的に採用されようとも，法律委員会の解決がある程度複雑であるか，あるいはいくらかより簡単であるかを問わず，その解決は速やかに発見されるであろうし，法のこの分野における残りの不正義は最終的に除去されるであろうことを，私は敢えて希望する．」[17]

〔227〕　このパラグラフの最初の部分は，事例2と3における債権者と同じ保護を事例1の債権者に与える必要を明確に示している．事例1を救済する立法者の活動の可能性がないことは，事例2と3の救済をするために要した時の長

さによって示される．ロスキル卿も彼の同僚の裁判官も，事例１の立法的改革，すなわち彼ら自身が行うことを拒否した改革を見るまで生きていられそうもない．

　オウクブルクのブランドン卿は，彼の判決に対して３つの主要な理由を与える．

　「私の最初の主たる理由は，『ロンドン，チャタムおよびドーヴァー鉄道会社事件』の結果として生じた債権者に対する不正のより大きな部分が，今や，大部分は立法者の介入によって，少ない程度では判決自身の範囲という司法の性質によって除去されたことである．私の第２の主要な理由は，次の通りである．一方で国会が，特定の分野における法律委員会のいくつかの勧告については立法によって実施したものの，しかしそれ以上はそのような勧告は実行しないという，政治的と思われる決定をしたときに，他方で貴族院が，（それを拒否するという政治的決定を国会がしたと思われる）まさにその勧告を異なる手段で実施することになるような決定をするならば，そのような決定は何であれ，貴殿ら貴族院による，本来国会に帰属する権能の不当な簒奪であると十分みなすことができるのであって，それは，以前の決定が時代遅れになり，一定種類の事件において，ある程度の不正をなお引き起こし続ける可能性があるという理由で，そのような決定を変更するという裁判権の行使ではない．

　私の第３の理由は以下の通りである．諸卿らが『ロンドン，チャタムおよびドーヴァー鉄道会社事件』（［1893］A. C. 429）を変更して，全ての債権者に対して債務が未弁済で残っているか弁済が遅滞した場合，訴訟が提起される前後を問わず，契約違反に対する一般的損害賠償の方法により利子に対する請求原因を与えるという方法を採った場合，結果は如何なることになるのか？　私にはその結果は以下のようなことになると思われる．かかる請求原因は，債権者が特別な損害を立証しなければ救済手段がないという事例１において使えるだけではなく，1982 年の「司法運営法」（Act of 1982）が施行されているので，すでに制定法による救済手段を有している事例２と３においても，その請求原因が使えることになる．その上に，事例２と３に適用できる新しい請求原因は，債権者の権利としての救済手段を構成するが，他方で，制定法による救済手段は裁量によるものとして止まっている．したがって，事例２と３に関して，２つの平行した救済手段が存することになる．一方は権利として，他方は裁量的なものとして．そして，債権者は，この救済手段の相違により，後者の権利よりは前者の救済手段に主として依存することに

なる可能性が高い．私の見解によると，1934年と1982年の法律の関連条文の形態から，国会は一貫して債務に対する利子の付与を，債権者が権利としては資格を持たない，まったくの裁量の問題としての救済手段として考えていたことが推定できる．それが立法者の明確な政策であるから，貴殿ら諸卿が，事例2と3に関して，競合する救済手段の制度を創設するべきであるとは考えない．その競合制度は，権利としての救済手段なのであるから，明確な政策とは一貫しないものとなる．」[18]

第1の理由は大いに説得力に欠け，理由のないものである．法準則が3つの状況において不当に作動しており，2つの場合に是正されているならば，残りの状況についての是正を放置するという議論はほとんど成立しない．その不運な状況にある者達にとっては，関連はあるが彼らが置かれてはいない〔228〕状況において不正がなされていないからといって，そのことはほとんど慰めにはならない．

第3の理由は，我々が既に見たところであるが，ハーウィッチのブリッジ卿（Lord Bridge of Harwich）もまた重要視する．この第3の理由はブランドン卿によって上手に説明されているが，ほとんど説得力がないように思われる．コモン・ローのルールとして，債務の未弁済による契約違反についての全ての訴訟において，債務の利子が損害額の付与に必ず含められなければならない必要はないが，原告の損失のある部分が未弁済の債務に対する利子である場合には，損害の付与の中に利子の額を含めるのがルールである．

第2の主たる理由の価値を評価するために，我々は1982年の「司法運営法」を考察しなければならない．法律の冒頭でその内容についての説明がなされている．

「法律の目的は，司法の運営とこれに関連する事項に関する追加条項を作ること，死亡の結果を来たす傷害を含む人身傷害の損害賠償のための訴訟に関する法律を修正すること，そして，労務の喪失に関する訴訟を廃止すること，遺言に関する法を修正すること，裁判所における基金，制定法による保証金，上記基金と保証金とその他の基金の一般投資のための計画に関する追加条項を作ること，（裁判所の）給料差押命令によって雇用者による給料の控除に関連した法律を修正すること，1974年のソリシター法（Solicitors ACT）によって与えることのできる制裁についての追加条項を作ること，イングランドとウエールズの治安判事の任命のためと，法律委員会のメンバーの一時休暇に関する追加条項を作ること，不動産登記局長官によって保管されている権原登記を，文書形態以外の方法で保管ができるようにすること，北アイルランドにおける

治安判事のための旅費，生計費，そして財政的損失についての手当の支払を認可することである．［1982年10月28日］

我々のテーマについては何も述べられていない！ それは，法律第3部として，「人身被害に対する損害賠償等——スコットランド」と題する部分の後で，「遺言」についての部分の前に滑り込まされている．第3部は以下の通りである．

15. (1) この法律についての付則1の第1部で出されている節は，1981年の「最高裁法」の第35節の後に挿入されるべし．
    (2) その付則の第2部で出されている節は，1959年の「郡裁判所法」の第97節の後に挿入されるべし．
    (3) 1947年の「国王訴訟手続法」は，その付則の第3部での修正に従ってその効果を有し，上記の款1と2に対応する修正となる．
    (4) 以下の節の，款5で述べられた条項（それらが「高等法院」と「郡裁判所」に適用される限り，この節が取って代わる）は，これらの裁判所に関連した効果を持つことを停止する．
    (5) 条項は以下の通り．
        (a) 1934年の法改正法（雑則）の第3節
        (b) 1969年の「司法運営法」における
            (i) 第22節，そして
            (ii) 第34節(3)中の「そして第22節」という文言から
    (6) この法律の付則の第4部で出ている節は，1950年の仲裁法の第19節の後に挿入されるべし．

16. 次の節は，1973年の「婚姻事件法」の第23(5)節の後に挿入されるべきである．（離婚手続と関係のある財政状況など）——
    (6) 裁判所が，
        (a) この節で，一括払い（a lump sum）の支払について命令を出した場合で，そして
        (b) 以下の指示をした場合
            (i) その金額またはその金額の一部の支払が延期されるべきこと，または
            (ii) その額またはその一部が分割によって支払われるべきこと．裁判所は，その額が延期されたことまたは分割払いによって命令の日以後の日から，特定されるその支払期日までの命令によって特定された利率の利子の支払を命ずることができる．

制定法は，連合王国の立法の多くの観察者達によって，多くの魅力が指摘

されている．幾つかの主題が，1つの制定法によって扱われている．1つの主題についての法が，いくつかの制定法の中で取り扱われている．ある立法が他の立法を参照している（そのために曖昧性が増大している）．制定法本体から付則への乖離がある[19]．なかんずく制定法は，国会が，契約にもとづく債務の不払いについて，何時利子を支払うべきかの問題につき全面的で成熟した考察を与えていることを示していない．

　R. H. S. クロスマン（Crossman）は，彼が住宅および地方行政大臣をしていた時に，庶民院を通過させたどの法案も読むことさえしなかったこと，「彼は実際の条項を理解することすらせず，どの議員も，反対党のスポークスマンでもそれをしなかった」と書いている[20]．ブランドン卿の議論は，国会の議員が，1982 年の「司法運営法」の第 15 節を，煩を厭わず読んで理解していたこと——そしてその節の理解は，その節で触れられている付則と 6 つの制定法を読んで理解することを含むのであるが——，それだけではなく，何がその節で取り扱われなかったか，何が事例 1 の不正義を正さないという意図的な決定をなさしめたのかも理解していたと，我々に信じさせるのである．そしてこの意図的な判決には，国会の議員達が判例法を含む従前の法を知っていたことも含まれていると，少なくとも私は懐疑的であり，したがって，ブランドン卿の判決の第 2 の主要な理由は説得力がないと判断する．1978 年の「法律委員会の利子についての報告」についての国会の取扱い（Cmnd. 7229）と 1982 年の「司法運営法」の第 15 節によって，私は，立法によるスピーディな改革を期待する気にはならなかった．ちなみに，（国会は事例 1 の改革を欲していないとの）ブランドン卿の理由を止むに止まれないものとして受け入れるスカーマン卿とロスキル卿の意見と，立法的改革への彼らが表明した希望との間には，ほとんど首尾一貫しないものがある．もし貴族院議員達（lords）が事例 1 を改革したならば，彼らは国会の表明した希望を無視していたのではなく，1893 年の彼ら自身の判決の基礎を換えていたことになるであろうことは，想起する価値がある．

［230］　「インド大統領対ピンダタ船会社事件」の考察は，法形成に対する司法のアプローチの例としては，（貴族院の裁判官達がそれを変更しないことを決定した）1893 年の事件である「ロンドン，チャタムおよびドーヴァー会社対南東鉄道会社事件」に一瞥もしないならば，明らかに不完全なものとなろう．その事件で，大法官ハーシェル卿（Lord Herschell）は以下のように述べた．

　　「私は，上訴人に有利な結論に，ともかく，可能ならば訴訟の日から彼らに利子を付与するところまでの結論に達したいという切なる気持を持って，本件のこの部分を検討したことを告白する．……しかし私は，

先例を考慮し，原審に同意して，そうすることは可能ではないという結論に至った．」
そしてワトソン卿（Lord Watson）は，
「私は，貴族院の裁判官達と意見を異にすることができないことを遺憾とするものである．」
そしてシャンド卿（Lord Shand）は，
「私は，この事件において利子を与えるという議論を聞いたとき，イングランド法の下でのその可能性を大いなる熱望をもって期待したことを告白する．私は，利子を与えないことの結果として大いなる不当となることを考えざるを得なかった．それは法の欠陥のある状態であると私には思われる．」

かくして，1893年の判決は，それを下した裁判官によって不当と考えられ，そして法を決定するものとして取り扱われたが，それによって拘束されない裁判官をして，91年後に，その点について立法の介入がなかったので，不当であると彼らが繰り返し明白に非難する判決を出させるに至った．もちろん，1893年の裁判官達は，事例2と3に特に関心を有していた．

この章のこの節の主な目的は，本事件を法形成に対する貴族院のアプローチの実例として議論することである．事件で採られているアプローチが独特で異常であると私は言うのではない——全くその反対である．また，「永遠の相の下に」（sub specie aeternitatis）その判決が不当と考えられるべきか否かを問うことも関連性のないことである．そうではなく，その目的は以下のことを示すことである．すなわち，法がそれ自身のみを独自の根拠として存在するものと取り扱われたこと，判決は法なるもの（lawness）を確立するのに適切な思考過程によってなされるべきであり，何が正義であり何が法であるべきかについての裁判官自身の感じ方によって下されたのではないことである．その判決は，裁判官自身の表明した意見によると不当であった．彼らは，彼ら自身のほとんど1世紀前の判決を破棄することによって，彼らが正しい判決であると信じたものに到達することができたはずであり，そして彼らにはそうする権限が存した．にもかかわらず彼らは，法的推論についての特定のプロセスの故に，正しくない判決に至る義務が存すると考えた．第1に彼らは，法は以前に確定されていたと判断した．第2に彼らは，法形成者の階層が存することを受け入れた．つまり，立法者は裁判官の上位に存すると．そのことから彼らは，立法者がそうする機会があるのに法の変更をしなかった場合，裁判官もその変更をするべきではないと判断した．それをすれば，立法者の役割の簒奪となるからである．そして彼らは，立法者が単に立

法をしなかっただけのことを，意図的に立法を差し控えたのであると推論した．それを根拠とする伝統の中にいる多くの者たちには，受け入れることができる．しかし，その理由の技巧的であること——そして，リーガリスティックな性質——は，立法者の意図を詮索することを拒否し，それが受け入れられていることと，立法者は法を変更するであろうとの希望を表明していたことの双方によって明らかとなっている．（私は信じる．裁判官が実は空涙を流しているのであって，社会的，経済的あるいは政治的な理由により，事実は彼らにとって最も受け入れられる結論に到達したのであると仮定することによって，人はこの結論から逃れることはできないと．第1に，彼らがそう考えたとすれば，その判決が不当であると強調する必要はなかったのであり，立法に対する希望を表明して，判決の欠点に対する注意を喚起する必要はなかったのである．第2に，いかなる政治的，経済的あるいは社会的先入観が彼らの判決の動機となったかを理解することは困難であり，私には不可能である．第3に，裁判官の内の一人であるスカーマン卿は，改革を勧告した法律委員会の議長であった．）

　このようなやり方の法的推論を愚かしいと見て，この愚かしい方法による推論のためにどれだけの人々が雇われ尊敬されているかを問うのは，通常はアウトサイダー達であり，特にアウトサイダーの法律家達であろう．インサイダー達にとっては，法形成の形態は伝統によって神聖化されている．インサイダーは，事態が現在の状態となった訳を説明することができず，その説明をすることを求められるだけでも驚くであろう．

Ⅱ

　しかし，イングランドの裁判官達のアプローチだけが問題にされるべきではない．彼らだけが，結果の質や妥当性によってではなく，法なるもの(lawness)の観念によって正当化することのできる，答えに至る道を探しているのではない．それは，技巧的で，アウトサイダーには奇妙に思われる道であり，裁判官が従わなければならない道ではない．

　私は，既に他のところで，17世紀のスコットランドにおけるこの類の目立った事例[21]について述べた．それは目立ったものであるが，スコットランドと大陸ヨーロッパ双方における，その時代の一般的な態度を代表するものである．土地所有者がツイード川の支流の汚染を生ぜしめ，その結果ツイード川の鮭が死に，ツイードで商売をしている漁師達に損害を与えた．漁師達は訴訟を提起した．事件の双方の側の主たる議論は，ローマ法における河川の使用に対する制限に，特に河岸所有者に流水を汚染する権利があるの

か否かの問題に及んだ．

　スコットランドの状況はイタリアのそれと異なるという事件の核心における社会的・経済的要因，つまり河川の大商業の漁業が存在することは，ローマ法の指標としての妥当性を決定するためには決して議論されなかった．まだローマ法はスコットランド法の一部ではなく，採用する必要はなかった．しかし，スコットランド法に欠落のある場合にはローマ法を参照するのが一般的実務になっていた．議論は，法的伝統によって確立された法なるものの観点に及び，それは支配的なやり方に大いに負うところの方法であったが，〔232〕決して強制的ではない方法であった．我々はこの事件の結末を知らない．それは重要なことではない．我々にとって興味のあることは，双方の弁護士が，事件がローマのルールを基にして適切に裁判されるべきであると考え，これらのルールがスコットランドの状況に妥当するものであるかは問題とならなかったことである．

　今日ですら，『ローマ法大全』(Corpus Juris Civilis) とそれからのその後の発展が，ある意味でその国の法の一部として考えられている，あるいは少なくともたいへん説得力を持っている国々においては，伝統の同じ問題が起こり得るのである．裁判官達は，彼らの法的文化にたいへん染まっているので，目の前にある事例の特定性に対しては十分なウエイトを常には置かず，他の場所でも，そしてたいへん異なった状況下にある場合でも適用されているルールを通じて，彼らの判決形成を行っている．（コモン・ローとの混合であるが）法律が法典化されていない現在の有力な大陸法の国である南アフリカ共和国が，当然のことであるが最も明らかな例を提供する．独立以前の1つの例で十分であろう．背景として，以下のことを認識すれば十分である．一般的に認められている見解によれば，ローマ＝オランダ法 (Roman-Dutch law)，特に17世紀におけるホラント州の法が，南アフリカの判例法の強い影響さえなしに，南アフリカにおいて権威のあるものである[22]．このローマ＝オランダ法は，オランダにおいて受け入れられていた限りにおいて（あるいは多分，後の制定法や反対の慣習によって廃止されない限り），『ローマ法大全』，オランダの法学者の著作，オランダの法廷の判決を含むものである．

　マン対マン事件（Mann v. Mann［1918］C. P. D. 89）は，ある婦人が夫と離れて暮らしているが，裁判別居の状態ではなく，そして夫婦共有財産はなかったのであるが，暴行（assault）を受けたとして損失と苦痛を根拠に，夫に対して訴訟を提起したというものであった．サール（Searle）判事は，判決の一部として以下のように言った．

　　「この主題についてのローマ＝オランダ法に関して，夫に対して妻に

よりそのような理由でこの裁判所に提起された周知の民事訴訟が存在しないことは，我々の法によってそれが暗黙の内に許されてこなかったことを証明するに十分であるが，もちろんこのことは決定的なものではない．ローマ＝オランダ法の下では，婚姻はもともと夫婦共有財産を生ぜしめ，夫と妻の全財産は共有であり，それぞれは半分について権利がある．夫は全体に対して管理権を有している．結果として，私は，一方の配偶者から他方の配偶者への金員の支払についての配偶者間の民事訴訟が如何にして可能となるのか判らない．妻が夫を訴える場合，婚姻が存続し法的な「別居」がない限り，夫は判決によって支払われた額に対して権利がある．夫は収益の管理権を有するので，夫に対する判決を取ることは，妻にとって何の利益にもならないのである．」[23]

論旨は明快にして合理的なものである．しかし，現在の事例に対しては余り役に立たない．私が言ったように，問題は，当事者が同居の婚姻状態にない場合の暴行についての訴訟である．サールは続ける．

〔233〕　「治安判事（Magistrate）によって引用されたもの以外に，この問題について私が発見することができたローマ＝オランダの先例と法は多くない．フット（Voet）（第47巻第10章第2節）は，権利侵害（Injuries）についてのメリウス・ドゥ・ヴィリエ（Melius De Villiers）の著作の中で翻訳されているように，以下のように言う．『さらに，夫が妻に対して夫の権力を有していることは議論の余地がないが，夫が彼女に対して，より深刻な種類の『真正の』（real）権利侵害を加えることによって，その権力を乱用する場合，サンデ（Sande）によって報告されている判決に従って，その訴訟が，夫婦の財産に対して与えられなければならない尊敬のために，穏健で慎みのある言葉で語られているならば，彼女が権利侵害を理由に夫を訴えることを阻止することはできない．』フットは第7節で以下の説明をする．『真正の権利侵害』（real injury）とは，重大な傷害を意味し，疑いもなく本件で訴えられている暴行は，実際に行われたことが立証されるならば，『真正』と称するに十分に重大である．権利侵害についてのこの本の博学なる著者［ドゥ・ヴィリエ］は，上記の一節について注釈をして，42頁で以下のように述べる．『しかしながら，夫によって妻に加えられた傷害につき妻が夫に対して民事訴訟を提起することができるかどうか，たいへん疑問である．』そして彼はブルーワー（Brouwer）の『婚姻法について』（de Jure Connubiorum）に言及する（2，29，12）．この著者は述べる．『法学者達は，深刻にそして過剰に，理由なしに打たれた妻に対して，不名誉な（famosa）訴権である人格権

侵害訴権（*actio iniuriarum*）を否定するが，しかし彼らは，事実訴権（*actio in factum*）を，夫が妻に加えた権利侵害についての補償を支払うという趣旨で認める．前者は正しいが，後者は間違っている．何故ならば，法はこの不法行為に対して一定の制裁金を科してきたのであり，我々は法に定められた罰に満足すべきである．』彼はそれから，その種の事件でユースティーニアーヌスによって規定された制裁について言及する．すなわち，夫は妻に対して，彼自身の財産の中から，婚姻前契約によって設定された財産の3分の1を与えなければならない．そして，今日，妻に暴行を加えた者は，当局による矯正と更正を受けるために身柄を拘束されること，そして，ユースティーニアーヌスの制裁は実務では，すなわちオランダの裁判所の実務では，決して採用されなかったことを指摘する．」

　オランダの権威者達による議論は大部分，ローマの実体法によって影響を受けたローマの訴訟手続の詳細に関するものである．ローマ法のもとでは，配偶者は他方の配偶者に対して，敗訴被告を破廉恥な（*infamis*）者とし，一種の専門用語としての法的不名誉（*technical legal disgrace*）を与えることになる訴訟ができなかった[24]．人格権侵害訴権，すなわち暴行の場合に適用される民事訴訟は，そのような訴訟であった．破廉恥（*infamia*）を回避して，被害を受けた配偶者に救済のための訴訟を認めるべく，ローマ人は，事実に基づく訴訟，事実訴権を与えた．この場合，暴行に対する損害賠償のための訴訟は認められるが，敗訴被告は破廉恥とはならない．オランダは，破廉恥の概念も，ローマの訴訟手続の専門的な特性も受け入れなかった．ローマ人は，その点が注目するべき点であるが，夫婦財産制度を有しなかった．

　したがって，明らかにオランダにおいては，結婚しているが共有財産のない妻が被害を受けた場合，その妻が別居中の夫に対して暴行で訴訟をすることになんの障害もなかった．したがって，ア・サンデとヨハネス・フットの意見は正当化されることになる．ヘンドリック・ブルーワー（Hendryk Brouwer）の意見は分析なしに引用されているが，少し支離滅裂なものであると思われる．もしユースティーニアーヌスの制裁が，彼が主張するように（オランダにおいては）受容されなかったとするならば，事実訴権は（オランダにおいては）制裁つきの訴訟によって置き換えることができないのであるから，ローマの法学者は（オランダについては）事実訴権を認めることにおいて誤っていないことになる．

　サールはさらにローマ＝オランダ法の権威者について続ける．

〔234〕　「フットが言及しているサンデの判決は,『フリースラント判決集』 Dec. Fris.〔Decisiones Frisicae〕第 5 巻第 8 章第 9 定義の中にある．妻に対する訴訟について，法律専門家達の間でなにがしかの意見の相違があることについて言及した後，彼は述べる．『そして従って，カステリアーヌス・カッタは主張する．夫によって残酷に叩かれた妻は，人格権侵害訴権によってではなく，主人の名誉 (fama) が保たれるようにするために，事実訴権 (actio in factum) によってのみ訴訟を提起できる．』．ローマ法における人格権侵害訴権と事実 (「事件についての」) 訴権の間の相違は，被告が前者の訴訟で有責とされた結果，彼は「破廉恥」(infama [ママ]) の汚点をこうむることであり，これにはある重要な市民的権利の喪失が含まれる (ハンター Hunter のローマ法 546 頁を見よ)．他方において，事実訴権はこれらの結果を招かない．

　ウルリック・フーバー (Ulrich Huber) は『現代の法学』(Heedensdaegse Rechts Geleertheyt) 第 1 部第 1 巻第 10 章第 21 節において以下のように言う．人格権侵害訴権は，配偶者の間では認められない．それは，その訴訟で有責とされた者は評判を失うか，そうでなくても評判が落ちるのであり，かかる結果は配偶者達の間では認められるべきではない．ドゥ・ヴィリエ氏の指摘するように，学者達は賛同していないように思われる．フットは，人格権侵害訴権は認められると考えているようであるが，サンデを引用している．サンデは，人格権侵害訴権は認められないが，事実訴権は認められると主張している．フーバーは，端的に人格権侵害訴権は認められないと主張し，ブルーワーは，特別の刑罰が科せられるのであるから，両方の訴訟共に認められないと主張する．サンデとフーバーは，フリースラントの学者達で，フリースラントの法はオランダ法よりもローマ法により密接に従っているように思われる．フットとブルーワーはオランダ法の唱導者である．

　グローティウスは，彼の『入門』第 1 巻第 5 章第 20 節の中で，以下のように言っている．『夫は妻を殴打したり，その他の方法で虐待したりすることはできない．そして，配偶者の一方が他方に対して身のほど知らずのことをしたならば，かかる犯罪についてそれぞれの場所で規定された罰金に処せられ，そして場合によってはより一層厳しく罰せられる．夫婦喧嘩が長く続いた場合，裁判所によって別居が認められる．

　ペレチウスは，『勅法彙纂』第 9 巻第 15 章第 4 節について〔の注釈において〕，支配的な慣習によれば，夫が妻に対して穏やかな矯正を施すことができることは認められていると言った後で，以下のことを述べる．

第 23 章 裁判官の文化

夫が妻に対して怒りをぶちまけた場合，裁判官の裁量に従って彼を拘束することができる．そして，妻が夫の堪えられない虐待を理由に彼のもとを離れて別居することは，何時も認められることである．そして同様に，父親によって過酷に取り扱われた息子は，父親に彼の解放を強制することができる．

フルーネウェーヘンの『廃止された諸法律について』(Groenewegen, De Leg. Abrog.) は，『新勅法』第117号第14節についての注釈の中で以下のことを述べている．もしある者が根拠なしに妻に対して怒りをぶちまけたならば，我々の慣習により，彼はこの法的制裁に服しない（離婚について，そして財産の3分の1についてのユースティーニアーヌスのルールについては，上述のところを参照）．しかし，裁判官の裁量に従って罰金を科されるのを慣習とする．そして夫は，訴訟を提起した妻に対して別居扶養料を支払い，彼女の家から立ち退く義務に任ずることができる，と．しかしフルーネウェーヘンは，不貞を犯した，または怠慢な妻を夫が懲罰することは合法であると付け加え，その関係についての沢山の先例と法を引用している．」

ウルリック・フーバーの議論は，ほとんど関連性がないかに思われる．というのは，オランダには破廉恥 (infamia) はないからである．暴行による損害賠償を求める配偶者間の私的訴訟の可能性などについて，何人かのローマ＝オランダ法学者によって述べられていないのは，驚くべきことではない．その点は，1918年の南アフリカにおいて先例がないことについても同様である．なぜなら，17世紀のオランダにおいてもまた，婚姻は通常，全面的な夫婦共有財産を伴ったからである．そこで，フーゴー・グローティウスは，『オランダ法学入門』(Inleiding tot de Hollandsche Rechtsgeleertheyd, 2.11) で以下のように述べる． [235]

「8．ホラントまたは西フリースラントで締結される婚姻は，婚姻前夫婦財産契約でそれが排除されるか制限される場合は別として，コモン・ローにおける配偶者間の財産共有制を形成する．25歳未満の若者と20歳未満の少女が，親，友人または治安判事の同意なしに婚姻する場合は，婚姻を論じる際に既に述べたように，これと異なる．そのような場合は，婚姻はできるが，財産の共有制はないからである．

婚姻の解消の場合，共有財産は配偶者とその相続人に平等に分割される．そして，もし婚姻の間に子供達が婚姻や取引や商売をするために彼らの親から何かを受け取っているならば，彼らは分割前にこの前払い分を共有財産に入れなければならない．そしてこの財産持戻し (collatio bonorum）は，他の子供達のみならず（これについては後に述べる）存命の配偶者の利益のためにも効力を生じる．」[25]

サール自身が直ちに続ける．

「もし夫が，彼から離れて自身で生計を立てている妻に，その結果妻が生計をもはや立てられないような方法で——例えば妻の腕を折るなどして——ひどい暴行を加えた場合に，妻は夫を訴追するか拘束して平穏を維持することしかできず，彼女が被った損失に対する補償の救済を得ることができないのであれば，それは間違いなく許容しがたい状態であると思われる．何故なら，夫が妻を扶養する義務があるというのでは間違いなく十分な答えとは言えないからである．夫はたいへん貧しいかも知れず，他方妻は大きな収入を稼ぐことができるかも知れない．しかし，たぶん最も合理的な見解は，メリウス・ドゥ・ヴィリエ氏が上述の著作の中で提案しているものである．彼は主張する (p. 42)．『夫と妻が，離婚したか裁判別居 (judicial separation) した場合，離婚または別居の主張が認められた後になされた被害に関して訴訟が認められるべきではない理由はなんらあり得ない．』著述した学者達がこのルールを設定していないように思われるのは正しい．もちろん，当事者が離婚して，婚姻が解消されている場合に，暴行に対する損害賠償を求める民事訴訟が認められることは，言うまでもない．そして，裁判別居の後も当事者はなお夫と妻であり，〔別居〕命令は調停を望んで下されるとはいえ，命令が有効である限り，命令後になされた暴行については，その補償を求める訴訟が認められるとして，彼らの関係を別異に取り扱っては何故いけないのか，その理由を見出すことはできない．」

サールが，実に，当該事例において本来それとは異なる事実状況に関するローマ＝オランダ法を引用するという文化的伝統によって，不必要に，過剰に影響を受けていることを示しているのは，正にここである．間違いなく，彼が主張するように「法は全ての個別の事例について規定できない」．しかし法は，夫婦が共有財産なしに婚姻している場合の重要なカテゴリーについては規定できる．別居している妻に暴行を加えた夫についてサールの意見を表明している今引用のパラグラフの冒頭の文章は，夫婦に共有財産がある場合と否とを問わず同様に妥当し，そして論理的に，後者の〔共有財産のない〕場合に別居が裁判によるか否かを問わず同様に妥当する．しかしながらサールは，明確にメリウス・ドゥ・ヴィリエの意見を制限つきではあるが採用している．「夫と妻が離婚したか，裁判別居した場合，離婚または別居の主張が認められた後になされた被害に関して訴訟が認められるべきではない理由

はなんらあり得ない．」 しかし彼は，「著述した学者達がこのルールを設定していないように思われるのは正しい」と直後に述べているように，そうする必要はなかったのである．先例や法学者達によって確立されたルールがないのであれば，彼は，別居しており，共有財産がない状態で婚姻している配偶者に対して損害賠償の訴訟が認められると述べることができたからである．サールは彼の意見をさらに述べる．

「したがって，総じて，少しの躊躇も遺憾の意もなく私は以下の結論に達した．すなわち，この訴訟がローマ＝オランダ法によって認められていること，あるいはオランダの法廷においてそれが認められてきたことを証明する何ら十分な先例や法が存在しないことである．そして，最高裁における我々の実務によってそれが認められてきたとは思われないこと．かかる訴訟を提起することは，大いなる困難によって束縛されているので，暴行に対する民事上の補償による救済手段は，裁判別居についての裁判所の命令下で，夫と別れている妻に対してのみ認められるべきである，と我々は判断する．」[26]

彼は，彼の判決の結果について完全に満足してはいない．しかし彼の判決は，第 1 に文化的に規定されており，結果指向的ではない．彼の判決は，法の情況によって強制されたものではなかったが，彼が「法なるもの」を確立するに適切な思考過程によって結論に到達することに関心のある良い裁判官であることを証明するに適している（もっとも 1918 年の著作においては，サールは，今日しばしば発生している妻の虐待に対してさほど敏感ではなかったと思われる）．

しかし，彼のアプローチは極端に技巧的であり，法と社会的行動における条件の変化をほとんど考慮していない．その出発点は，ローマ人達が配偶者間の人格権侵害訴権（*actio iniuriarum*）の承認を拒否するところからである．しかしこの拒否の理由——この訴訟が破廉恥の汚点を付けること——は，オランダでは 17 世紀以前に消えてしまっており，20 世紀初期の南アフリカにおいては言うに及ばずなのである．制限の根拠がなくなったのであるから，制限もまたなくなるべきであった．ローマの，事実に基づくその時限りの救済手段もよりいっそう可能であった．ローマ＝オランダ法，オランダの裁判所，そして南アフリカにおけるこの訴訟の存在の証拠が——全部ではないけれども——存在しないということは，マン対マン事件の婚姻は共有財産のないものであったけれども，通常の婚姻は共有財産を伴っていたという理由で説明できる．事実状況が変化しているので，それに関する権威の不存在は重要ではないものとなる．南アフリカにおける夫と妻の間の訴訟についての障

害は，サールからの最初の引用が示しているように，夫婦共有財産の結果であるところが大きい．配偶者の一方からなんらかの財産を取り上げて他方に付与することは，共有財産に対する同額の追加となり，財産の分配になんの変化も来さず，財産の割当額に変更はない．

〔237〕　この事例から我々が去る前に，少し元に戻って，最後に引用した部分の少し前のサールのパラグラフに立ち返る必要がある．

「フットは，その著書の，アクィーリウス法（lex Aquilia），不法行為が為されたことによる損害を回復するためのローマ＝オランダ法下で許される訴訟に関する叙述（9,2,12）において以下の意見を述べる．『これらの直接的で衡平な訴訟は，損害を引き起こした者を相手方として提起され，破廉恥を生ぜしめないのであれば，妻や夫に対しても提起できる．』これ〔破廉恥〕は，既に述べたように，人格権侵害訴権が成功する場合の結果である．フットはこのことを裏付けるために，妻が夫の財産に損害を与えたならば，妻に対して〔アクィーリウス法〕訴訟を提起できるとする『学説彙纂』（第9巻第2章第56法文）を引用する．しかし，フット（47, 10, 13）は，人に対する暴行事件は，すべて人格権侵害という固有の分類に入ることを指摘する．したがって，アクィーリウス法訴訟が夫と妻の間で提起できるという事実は，この問題の討論を進展させるものではない．』[27]

マン婦人の事件は，暴行に基づくものであるが，実際には治療費と苦痛に対するものであった．グローティウスは，『オランダ法学入門』（3.34.1,2）の中で，以下のことを述べる．

「身体に対する不法行為は，誰か人間が手足を失ったり不具になったり傷つけられたりその他のことである．このことから，外科医の料金，被った損害，回復の間の逸失利益に対して，そして被害が継続する場合はその後も，補償をしなければならない．身体の苦痛と損傷は，適切に補償することができないものであるが，請求されるならば，金銭で評価される．」

救済手段はローマ以後の発展によるものであるが[28]，治療費と同様に苦痛に対しても然るべき訴訟が，アクィーリウス法によって規定されているものとして，ローマ＝オランダ法の権威者達によって受け入れられていた．そして，アクィーリウス法訴権は，破廉恥の汚点を付けなかったので，夫と妻の間で認められた．マン婦人は勝訴すべきであった．「マン対マン事件」判決は，適切にも「ローロフ対オーシャン損害保険会社事件」（*Rohloff v. Ocean Accident & Guarantee Corp.*, Ltd. 1960（2）S. A. 291（A.D.））判決によっ

て破棄された．そして今や，アクィーリウス法に基づく訴訟が認められているように思われる[29]．

　他の法的伝統から来たアウトサイダーは，裁判官達が何百年も前の先例によって設定された法の解釈に奮闘しているのを見て，奇怪に思うかも知れない[30]．まして，妥当な訴訟を発見することが困難な時に，いわんや，古い法が，発見された時には拘束力がない時に，である．しかし，このような立場にある裁判官が，法についての理由や社会的条件の変化について大いに考慮しないならば，彼らのアプローチは，法的文化の巨大な影響という観点からみた場合に関しては別として，不可解なものとなる．

III

　第3のタイプのアプローチは，大部分の大陸法諸国において支配的な出来事，すなわち民法典の公布がもたらす一つの効果によって引き起こされる．ほとんど全ての場合に，法典の公布は，過去との断絶を伴う．民法典は今や法であり，欠落した部分を従前の法を参照して満たすべきではない[31]．その理由は明らかである．求められているのは，新しい開始であり，法典化の主たる理由の一つはしばしば，特に法源における単一性への要望であった[32]．古い法への参照は，この願望を満たさない[33]．そこで，遅かれ早かれ，法典の解釈についても裁判官や法学者達は，法典と古いルールの間に距離を置こうとする．後者が法典の条文の基礎を形成した場合でもある． [238]

　しかし時々，例えばある契約が法典化以前に締結された場合，古い法を参照すべきことがある．その場合，古い法が深く関連していることを認識する必要性と，その影響を制限したい圧倒的な願望との間に，法文化の観点からのみ解明可能な，明らかな相剋が存在することになろう．例えば，議論の核心が不動産賃貸借（lease）のような継続的契約で，法典の何年も前に締結されたが，債務関係は将来に継続する場合には，問題は特定の顕著な形で現れる．

　かかる事例は，フランス破棄院民事部の1876年3月6日判決『ドゥ・ガリフェ対ペリサーヌ市事件』（*De Galliffet v. Commune de Pélissane*）である[34]．ここでの我々の関心事の限りでは，エックス（*Aix*）の民事裁判所は1841年3月18日に以下のことを認定した．1576年6月22日の契約により，アダム・ドゥ・クラポンヌ Adam de Craponne は，灌漑用の水路を建設して管理し，ペリサーヌ市の土地を灌漑するとの合意を締結した．加えて，それぞれのカルテイラードの灌漑に対して3ソルがアダム・ドゥ・クラポンヌとその相続

人に支払われるべきものとし，自由都市は運河からの収入に対して税金を課さないとの合意がなされた．アダム・ドゥ・クラポンヌは，その運河とその上の橋を永久に管理することに合意した．裁判所は，契約の条項に加えてさらに以下の認定をした．すなわち，灌漑と運河の管理の費用は，灌漑の費用が支払とまったくつり合わないほどに高くなったこと，そして，それぞれのカルテイラードの灌漑のための支払が値上げされない限りその事業は放棄せざるを得ないであろうと．裁判所は，費用は60サンチーム（すなわち約4倍）まで上げられるべきであると命令し，契約が長い期間にわたって履行される場合，裁判所は，衡平の原則に基づき，契約を不当なものとする環境の変化に徴して契約を変更することができる，という理由でこのことを正当化した．

　いくつかの関連する訴訟の後で，エックスの控訴裁判所は1873年12月31日に，民事裁判所の判決を支持して，以下の宣言を行った．「定期的履行に依存する契約は，一方当事者の履行と他方当事者の義務の間のバランスがもはや存在しない場合，裁判所によって修正することができる.」　そこでペリサーヌ市は，フランス破棄院に上告（*pourvoi*）をした．我々の関心を引く根拠は，『民法典』の1134条に基づいている．条文は以下の通りである.

　　「合法的に形成された合意は，合意を形成した者にとって，法に代わるものである．

　　かかる合意は，当事者相互の合意または法が是認した理由によってのみ取り消すことができる．

　　かかる合意は，誠実に履行されなければならない.」

〔239〕　フランス破棄院の意見の関連部分は以下の通りである．

　　「しかし，上告の第1の理由――『民法典』の1134条の十分なる考慮――について．この条文の条項は，合意による債務の問題についての昔の原則を再現したものに過ぎないところ，訴訟になった契約が締結されたのは民法典の公布以前のことであるという事実は，本事件において上述の条文の適用に対する障害とはなりえない．つまり，民法典が公布するルールは一般的で，絶対的で，そして，全く異なった性質の契約を規律するのと同様に，その履行が引き続き長期間に及ぶ契約にも適用されるものである．裁判所の判決がいかに裁判所にとって衡平であるかに見えようとも，当事者間の合意を変更し，契約当事者によって自由に受け入れられた条項を新しい条項と差し替えるために，時と状況を考慮に入れることは，裁判所の役割では決してない．これに反する判断をし，支払う金額はもはやクラポンヌによる運河の維持費とつり合わないことを

口実として，1560年と1567年の合意によって3ソルに固定されていた灌漑料を，1834年から1874年までは30サンチームに，そして1874年から60サンチームに引き上げる点において，争われている判決は先に考慮した1134条に正式に違反するものである．」

そして裁判所は，控訴裁判所の判決を破棄した．裁判所の回答は，フランス人でない聴衆にはたぶん敷衍されるべきものである．自明のものとして示されてはいないが，議論の中に本質的に入っているのは，「法が区別をしていないところでは，人は区別をしてはならない」というフランスの解釈の原則である[35]．したがって，1134条が，一度の履行で実行される契約と継続契約の間で区別をしていないので，裁判所は何の区別もしてはならない．

フランス破棄院は，下級審の判決が衡平に思われることに賛成していると思われるが，にもかかわらず，裁判所が当事者の合意を排除することはできないという根拠で，それを破棄した．しかし，その判決は裁判所にとって強制的なものではなかった．なぜならば，裁判所は，衡平なアプローチというよりは1134条の下での当事者の信義誠実に焦点を当てることができたはずである．多分，裁判所は以下のことを判断することができた．すなわち，状況が変化して，当事者の履行と他方当事者の支払義務との間のバランスが，通常の企業にはその履行が不可能となるほどに不均衡となったとか，相手方当事者が，契約の履行の継続を主張することは信義誠実に反すること，あるいは，当事者には外部的な状況の変化があり，アダム・ドゥ・クラポンヌの相続人達に帰せしめることのできない不可抗力（force majeure）によって不可能となったとかである．

しかし我々の興味は，異なった事柄に存する．明らかに判決にとって，最後の契約が締結された1567年のペリサーヌの法律がどうであったかは関連性がないのである．そして裁判所は，1134条について以下のように述べる．「この条文の条項は，債務に関する法律の中で継続的に守られてきた昔の諸原則を再現するのみであり……」 裁判所は，これらの昔の諸原則に関する権威を示そうとの願望を明らかにしてはいない．——諸原則はどの広さで適用されるのか，それらに対するどのような例外があるのか，そしてなかんずく，それらは1576年にペリサーヌで締結された契約に適用されたか否かについてである．裁判官がしたかったことの全ては，1134条を，契約を規律する主たる法とすることである．彼らはより古い法に向かって敬礼をするのであるが，実際は彼らは，文化的理由もあって，『民法典』を法の出発点としているのである．彼らは，より古い法を見ることによって，より衡平な答えを得ることもできた．しかし彼らは，それをする必要がないのに，その可〔240〕

能性を排除する法を発見するアプローチを採用した.

　事実, 1567 年のペリサーヌに, 1134 条に対応する昔の原則はなかったのである. ペリサーヌは, 成文法 (pays de droit écrit) 地域にあるし, そして慣習法の地方ルールがなかったので (1876 年においては, 裁判所は多分それを発見することができなかったであろう), 『ローマ法大全』とその一般的解釈に依拠しなければならなかったであろう. ローマ法は, 裁判所によって示されたような昔の諸原則を知らなかった. 反対に, 何世紀にもわたる契約に正確に対応する文献はないとはいえ, 賃貸借 (locatio conductio) ——明らかに物の賃貸借に関する文献である——についての十分な証拠はあり, 状況が変化した場合に契約上の義務を変化させることを証明する. つまり, 土地の賃貸借の場合に, 旱魃のような例外的な気象条件や, ムクドリの来襲などのような回避することのできない土地に対する外部的な力が穀物に被害を与えた場合, 賃借人はその年の賃料の支払を免除された[36]. さらに, 賃借建物の窓がその後に近所の人間にふさがれた場合, 賃借人は賃貸借を解約することができた[37]. その後, これらの事例は類別されるに至った. 例えば, ロベール・ポティエ (Robert Pothier) (1699～1772 年) は, 賃貸人 (lessor) は, 日の光が賃借人に必要な場合, 窓が近隣の者によってふさがれないことを黙示的に保証しているのである, とした[38].

　しかし, 1134 条の歴史的に究極の源泉であるローマ法が有していたのは, 契約の当事者が合意によって, 法律とは異なる基準を課することができる, というルールであった. 例えばユースティーニアーヌスの『学説彙纂』第 16 巻第 3 章第 1 法文第 6 項——「寄託において過失についても責任があるとの合意がなされた場合, その合意は承認される. というのは, 契約は合意によって法となるからである.」[39] 通常は, 寄託においては悪意の場合にのみ責任が生じた. 1134 条の直接の源泉は, ジャン・ドマ (Jean Domat) (1625～96 年) の, 『その自然的秩序における市民法』(1.1.2.7) である——「合意が完成した時は, 何が合意されたとしても, それを締結した当事者にとっては, 法に代わるものである. そして, その合意は当事者の相互の同意あるいは第 6 節に説明された他の方法による以外に取り消すことはできない.」 ドマは, 上記引用の『学説彙纂』の原文と, せいぜい同じ趣旨の他の原文に言及している[40]. ドマが, 裁判官には, (ローマ法では裁判官はそれを有したのであるが) 状況が劇的に変化した時に契約条件を衡平に従って変更する権利がないとの見解に到達するために, ローマ法を逸脱したことを示すものはない. 実際にドマは 1.4.2.18 において, 不可抗力の結果, 賃借人が賃貸借の目的物を享受することができない場合に, 賃料の支払が免除される

ことを受け入れている．『民法典』以前のフランス法は，破棄院によって語られた「古代の諸原則」を知らなかった．

1134条の文言は，ドマのそれに密接に従うものであり，それだけからでも，『民法典』の起草者はドマとローマのルールを逸脱していなかったと考えるのは，たぶん正当であると言える．しかし我々には草案注解があり，それには，起草者達自身がドマから離れようとしていたことを示すものは何もないのである(41)．破棄院は誤解していたか，意図的に（そして明確な認識なしに）1134条の範囲を拡大した．その判決は，『民法典』と以前のフランス法の間に距離を置く法的文化の帰結である．不衡平に見える判決が，その時代のフランスの法学者により，裁判官の推論の様式の故に称賛されたことは，驚くに当たらない(42)．〔241〕

IV

法的伝統において我々からよりいっそうかけ離れている例が，裁判官の愚かしさを特別に明確な方法で我々に理解させてくれる．つまり，判決が法なるものの原理によって支配されることを確立するために，ある思考過程を不必要にも採用する，彼らの愚かしさである．例えば，中世のドイツでは都市が，たとえ政治的に従属しない場合でさえ，法律問題について法的意見を求めるために「母」都市を採用することが一般的であった．「母」都市は，「娘」都市の創始者によってその町が設立されるときに選択されるが，任意に選択される場合もあった．特に後者の場合には，もう一つの母都市がその後に選択されることもあり，母都市達はまた彼ら自身のために母都市を選択した．ザクセンのマグデブルクは，母都市の主要な例であり，そしてその法はオストファーレン，マルク・ブランデンブルク，マルク・マイセン，ラウジッツ，シレジア，リトアニア，ドイツ騎士団のプロイセン領，そしてポーランド王国（kingdom of Poland），シュテッティン，そして一時，ポメラニアのスタルガード，そしてモラヴィアの幾つかの都市で普及した．その上に，それはボヘミアとモラヴィアの法に主要な影響力を有していた．しかし都市の多くは，家族の財産，したがって相続についてたいへん異なった法を持っていた．マグデブルクは，夫による妻の財産の管理と使用について，直接世襲と，夫死亡の場合の寡婦の持ち分も含め，古いザクセンの規定を持っていた．他方，チューリンゲン地方の多くの都市は，全取得物の共有や，包括的な財産共同体というフランク族の制度を有していた(43)．法におけるこの相違にもかかわらず，娘都市の裁判官は，このような事柄をマグデブルクの参

審員——素人裁判官に与えられる資格——に提示することを控えなかった．次の事例は，マグデブルクの参審員によって，チューリンゲンのシュライツ（Schleiz）の裁判所に提出された15世紀の意見を伝える[44]．

「マグデブルクの光栄ある参審員——相続に関してシュライツの裁判所になされた法的回答．

〔242〕 貴兄は我々に，両当事者の書面，すなわちハンス・クレービス（Hans Krebis）の請求（charge）と訴状（accusation）ならびに彼の妻の後見人であるハンス・ヘルビッヒの反対答弁（counter-plea）と反対訴答（reply）を送り，我々に法について述べよと要請されたので，そして，両当事者はそれぞれ，彼らの書面で，ある特権［すなわち，法共同体，特に都市の特別の権利］と以下のことを述べ，表明し，そしてそのような趣旨と思われる都市の慣習を主張している．『もしある者が血族の相続人なしで死亡し，しかして同人が彼の妻に全財産を与える場合，彼の死後彼女が生を終えるまでそれらを自ら享受するべし』．我々はかかる慣習を法として認めることを拒否する．しかし我々マグデブルクの参審員は，訴え（complaint）と答弁（answer）についての法に従い，事件について我々の回答を与える．

もし，彼の妻の後見人でこの事件の被告であるハンス・ヘルビッヒ（Hans Helwig）が，裁判所における証言により完全に彼の主張が正しいことを証明するならば，すなわち，ハンス・クレービスが健全なる心身の状態のもと，彼が死亡した場合のことを考えて，裁判所で遺贈の方法により，裁判所にて彼の妻に，オルゼニッツ（ザクセンのオルスニッツ（？），ライプニッツの60キロ南）にある放牧地，納屋，庭，そしてそれに加えて彼の動産全部を，彼女が彼女の好むところに従って取り扱うことができるように彼女に引き渡し，適法に残したことを証明するならば，それが正しいものである限りは，もし彼が以下のことを完全に証明するならば，すなわち，もしその婦人（ヘルビッヒ夫人）が，その贈与物を保持して，誰からの異議もなく1年と1日以上その占有を保持した場合，それでその贈与物は法的に有効なものとなることを．そうするならば，ハンス・クレービスの寡婦で，現在ハンス・ヘルビッヒの妻は，前述の財産，すなわち牧草地，納屋，庭，そして彼の動産全部に対して，彼女の夫の甥であるハンス・クレービスが相続を理由に彼女の請求を阻止することのできる権原や権利よりも，より近い権原とより良い権利を有する．」

シュライツの裁判官達は事件をマグデブルクの参審員に廻す必要はなかっ

たのであるが，彼らはそうしたのである．また裁判官達は，参審員の意見に従う必要はなかった．シュライツの裁判所によって送られた訴訟資料 (pleadings) で，その問題についてのシュライツの法はマグデブルクの法と同じではないことが明らかとなった．マグデブルクの参審員は，彼らがザクセンの法のみに基づいて彼らの意見を出していることも同様に明らかにした．また，ここでマグデブルクの参審員は，彼らにとって通常ではない道に従わなかった．彼らは通常，申立人 (petitioners) の法に従って判決をしなかった(45)．シュライツの裁判官がマグデブルクの実務を知らなかったとは考えられない．我々には，シュライツの裁判官が結局においてマグデブルクのルールに従って判決をしたかどうか分からない．もし彼らがそうしたのであれば，確立されて通常はそれに従っている地方の慣習を破棄したことになる．しかし，その時に彼らはそうする必要がなく，大衆 (populace) の福祉と訴訟の当事者の期待に必ずしも結びついていない理由によってそれを行うことになった．もし彼らがそうしなかったのであれば，アウトサイダーは，マグデブルクの参審員に判断を仰ぐシュライツの裁判官の奇妙にして余計な行動に奇妙であるとの念を覚えるであろう．シュライツの裁判官達がマグデブルクの参審員の意見に従ったのか否かを問わず，インサイダーにとっては，彼らが法なるものについての固有の原則に従っていたことを立証したことになる．難しい事件で，マグデブルクの参審員の意見を聞くことは，妥当ではあったが，必要ではなかった．そしてその意見を受容することは，必要ではなかったが，妥当なことであった．シュライツとマクデブルクの法が異なっており，マグデブルクの参審員が彼らの意見をマグデブルクの法にのみ基づかせていたとしても，シュライツの裁判官は妥当な道を採用していた．

　母都市の参審員に回答を求めるというドイツの制度に類似した制度は，他〔243〕のところでも存在し，例えば，12世紀からのベルギーにおいても(46)，12世紀から14世紀の間のスペインの幾つかの所でも存した．スペインにおいては，一つの都市のフエロ (*fuero*)（すなわち，都市の憲章または都市の特権）は，王またはその他の領主によって他の都市に与えることができたし，フエロの編集者は，他のフエロをモデルとすることができた．都市のフエロは，与えられたものであろうと，借用したものであろうと，模倣したものであろうと，あるいは単純に賞賛されたものであろうと，他の都市によって高く尊重されたが，フエロを有している都市は，他の都市の名士達による訪問の対象となった．例えば，アラゴンのアルフォンソ2世 (Alfonso II) は1187年に，カスティーリャ，ナバラ，そしてその他の国々の人々が，良い慣習，フエロを学ぶためにハカにやって来てそれらを持ち帰る，と言っている(47)．事実，

ハカの長くかつ詳細なフエロ (1063年) とその法律家の評判はたいへん大きなものだったので，フランコス (francos〔自由な人達〕)——この言葉は，特定の特権を与えられた外国人を意味する——が居住していた都市，例えばエステラ (その1164年のフエロは，その時までに洗練されていたハカの法律の一部を受領した)，サン・セバスティアン (ビスカヤにおいて，ナバラのサンチョ賢王 [Sancho el Sadio 1150～94年] によって公認されたそのフエロは，エステラのフエロに由来する)，フウェンテラビア (カスティーリャ)，そしてパンプローナ (この都市は1129年にアルフォンソ1世 Alfonso I によってハカのフエロを与えられた) は，あるルールの解釈についてハカに意見を求めただけではなく，訴訟事件において実際に，法の真実の解釈者としてのハカの権威者達に上訴状を送った．このことは，これらの都市の法律が，ハカの法律と全然違うにもかかわらずなされた．ナバラのサンチョ強王 (Sancho el Fuerte) 1234年死亡) は，ハカへの上訴を禁止した．しかし後に，パンプローナの陪審員と善人達 (jurados y hombres buenos) は，多分ハカのフエロに関する多くの文献を持っているが常に同じ法を与えるとは限らないハカ市の裁判官や名士に手紙を送り，ハカの裁判官によって作られたモデル・フエロによって彼らのフエロが訂正されるべきかどうかを尋ねた．1342年8月27日の回答はその要請を拒否し，ハカへの上訴の習慣は，ナバラ法によって統治されている諸都市によっても認められてきたことを指摘し，ハカとパンプローナの間の古来の愛のきずなについて言及した[48]．思うに，ハカの裁判官達は，パンプローナの法学者達が正しい〔フエロの〕条文を有していたならばハカへ上訴をする必要はないという理由で拒否したものと思われる[49]．

　疑いもなく，ハカの裁判官達は，マグデブルクの参審員と同様，高い尊敬に値した．しかし，時々，彼らへの上訴もまた不適切なものではなかったと信じることは，人間の軽信性を曲解するものであろう[50]．ハカへ訴えることは不必要なことと思われるが，しかし，ここでもまた，他の都市の裁判官は判決をするのに適切な態度を有していたことを示すことが意図されていた[51]．

V

　かくして，イングランドにおける現代の貴族院は，立法者の意思を大変に尊重し，立法がないことは，立法をしない意図的な意思を示すものであると解釈し，そしてそうする必要がない場合に，彼ら自身の古い先例に従って判決を下し，そして自らその判決は不正だと述べる．法典化されていない民法

第 23 章　裁判官の文化

または「混合」制度のもとで，17 世紀のスコットランドと 20 世紀の南アフリカの法廷は，ローマ法やローマ＝オランダ法に，それらが裁判官達を拘束するものではなく，状況がたいへん異なり，それに対する信頼が適切ではない場合にすら依拠する．『民法典』の公布後半世紀とそれ以上たったフランスの裁判官達は，法典以前の法から隔たることをたいへん願望するので，法典以前の法に関連性があってもそれを考慮せず，法典の条文の基礎を誤って解釈することになる．15 世紀のドイツの裁判官達は，母都市の参審員をたいへん尊重しているので，彼らにはそうする義務はないにもかかわらず，彼らの法が異なる場合で，母都市の法を根拠にした答えしか期待できない場合ですら，母都市の参審員に意見を求める．13 世紀と 14 世紀のスペインの裁判官は，そのフエロが彼ら自身のフエロの源である都市に上訴を送ることすらした．

　この章で論じた事例は，それぞれのアプローチを比較したり対照したりする目的ではなく，西洋の法的伝統の中の一般的な主題を明らかにするために集めたものである．裁判官達は，彼ら自身が良い裁判官であることを立証し，彼らの取り扱う事件の法的意味を特定の思考過程――それは制度によって異なる場合がある――によって正しく分析していることを証明しようと試みる．この過程は，「法なるもの」，法を形成する裁判官の権威，権限または力以外の基礎に基づいて判決を立証することへの高い尊重を示している．その過程は正当化の働きを有する．裁判官は，彼らの判決を選択する権利と力を有しているが，彼らの選択を恣意的に行使してはならない．その過程は現存する法の限界を越えるものを含むのであるが，文化的に規定されている．思考過程は，もちろん，裁判官と彼らの前で実務をおこなう者達の文化に帰属するものであり，特に住民一般とか支配的なエリートの文化に帰属するものではない．法文化の影響はたいへん強力なものであるから，その――不可避的なものではない判決が，――裁判官自身の目から見て不正であるか，社会的条件が変化したか，その方法に対する法的基礎が無くなってしまったかして，不適切な結果になる場合ですら，その思考過程が用いられる．もちろん，裁判官に対する文化の影響が最も明らかなのはその結果が不適切な場合であるが，しかしそれらは，通常は異常なケースであるというわけではない．

　一つの副次的な，しかし相当不愉快な結論がこれに続く．裁判官達がその中で活動している法的文化に対する相当の理解なしに，判決を読んで裁判官のアプローチを完全に理解することは，不可能である．それは事実上，法の歴史に対する大いなる知識が必要であることを意味する．そして法の歴史は，事実，多くの場合に他の法制度の歴史を含んでいる．

[245]

第24章　封建法と法的伝統

　本書第2部の最初の章は，比較法へのアプローチを説明し，そこから導くことのできる幾つかの教訓を示唆した．その後で我々は，このアプローチがローマ法それ自体における幾つかの問題を理解するのにいかに役立つかを考察し，残りの大部分の章では，『ローマ法大全』(Corps Juris Civilis) がそうとう衝撃的な方法で影響力を有した特定の法的発展または構造に対して，このアプローチを検証した．最後の3つの章は，比較法の異なった論点に振り向けられる．この章において私は，そのような効果を有したのが『ローマ法大全』だけではなかったこと，それ故，『ローマ法大全』の影響はそれを学んだ人の一風変わった精神の帰結であったことを示したい．第25章は，一般的な意見と異なり，イングランド法はローマ法とたいへん異なる発展をしたことを証明し，その説明をする．第26章は，引き出すことのできる更に一般的な事柄に関連するものである．すなわち，政府はしばしば，法の内容を彼らの被支配者に対して伝えることにほとんど関心がない，ということである．

　本書で例証として挙げられた多くの論拠もまた，我々が中世の『封建法書』(Libri Feudorum) を議論した場合，見事に確認される．『封建法書』は，封建法の領域の発展に対して，ユースティーニアーヌスの私法一般におけるのとほとんど同様の意義を有するものである．8つの関連する論点が存する．

　第1に，『封建法書』は，いくつかの国王の立法を含んでいるとはいえ，ミラノの王室裁判所の裁判官であるオベルトゥス・デ・オルト (Obertus de Orto) による私的な著作である．『封建法書』は初め，12世紀の最初の4半世紀にミラノで編集されたように思われる．第2版は，明示して引用されたいくつかの立法，すなわち皇帝フリードリッヒ1世 (Frederick I) の1154年と1158年の勅法を含む．第3版は，1233年に，有名なボローニャの法律家であるフゴリヌス (Hugolinus) によって完成された．この分野で立法による政府の法形成が多くなかったことは，『封建法書』が非常に成功したことの証左である．その後の主要な立法がそれに取って替わることになる．

　第2に，『封建法書』が，いくつかの皇帝の立法を含み，あるいは報告しているという事実が[1]，立法の一般的な欠落が，立法が不可能であったとい

第 24 章　封建法と法的伝統　　　　　　　　　　　　　　　　　303

う根拠によって説明できるものではないことを示している．それは単に，政府が余り関心がなかっただけのことである．支配者には——それが何であろうとも——行うべきより重要なものがあった．『封建法書』における制定法の程度を決定することは容易ではない．何故ならば，制定法の条項は，それを明示することなくして含められていることがあるからである．その上に，言及されている制定法の最も頻繁な源泉は，7世紀と8世紀からのロンバルド法（Lombard law）の古い収集であり，それはたいへん異なった社会的条件のための立法である．

　第3に，政府が法形成に興味をいだいていないことを容認しないことは，　〔246〕
博学の人々をして——彼らはよりいっそう知っているべき者であるが——基本的な誤りをさせた．例えば，輝かしいスコットランド人のトーマス・クレイグ（Thomas Craig）は，彼の『封建法』（*Jus Feudale*, 1.6.7）において以下のことを言っている．なお，この本は最初1655年に出版されたが，はるか以前に書かれたものであるる（クレイグは1608年に死亡した）．

　　「しかしそれは驚くべきことのように思われる．何故ならば，これらの本の著者達は，私人で代訴人（*attorneys*）であるからであり（しかしながら，知的に偉大であり，彼ら自身の集まりでは指導者達であった），彼らの意見はあたかも制定法であるかのごとく扱われたばかりではなく，国王の法や教会法をすらそれらに従わしめたのであり，その分野において至高の法とされたからである．何故ならば，教皇や皇帝（皇帝という言葉で，私はそれ以上の地位の者を認めない全ての支配者を含める）が法律を制定する権利や力を有しているからである．」

そして彼は我々に，偉大なローマの法学者であるウルピアーヌス，スカエウォラ，そしてパウルスでさえ，彼らの権威を彼らの卓越性からではなくユースティーニアーヌス皇帝の認可と決定から得ていることを想起させるのである．そして彼は 1.6.8 においてさらに次のように述べる．

　　「しかし，この問題の解決は簡単である．何故ならば，『学説彙纂』（Digest）の権威は，それを著者自身からではなく，ユースティーニアーヌスによって公布され，『学説彙纂』の巻頭に置かれている勅法の日付，すなわち紀元後533年12月24日から得たからである．・・・同様に，『封建法書』の場合において，それがその権威を［有名な著作者である］ゲラルドゥス Gerardus やオベルトゥスからではなく皇帝の勅法から得たことが考察されるべきである．『封建法書』が基礎付けられ，ロンバルディアの裁判所において適用された時に，ゲラルドゥスやオベルトゥス（Obertus）は，『封建法書』の使用と遵守の範囲を短いメモにして書き

留めた.」

そこで彼は続ける.『封建法書』は,皇帝の制定法の産物であり,ロタール,コンラート,そしてフリードリッヒのような皇帝の法の選択と要約であったと.もちろん,クレイグはだまされていたのであるが,彼は自己欺瞞の犠牲者であり,その点でたいへん進んで犠牲者となったものであることが明らかにされなければならない.彼の目的のためには,『封建法書』が権威を有することで十分だったのである.権威の起源を彼は特定する必要はなかった.特に,彼の主たる主題はスコットランド法であったからである(そして,スコットランドは皇帝の立法の支配下に入ったことはなかった).彼はまた,優秀な歴史家でもあったので,——実際,彼が明らかにしているように——『封建法書』が皇帝立法のダイジェストであるという証拠はないことに気付かないはずはなかった.しかし彼は信じた——そしてこのことのみが,彼のアプローチを説明することができるのであるが——,このような権威のある著作は,必然的に,直接の政府の法形成,すなわち皇帝の立法に基づくものでなければならないと.ついでながら,彼は非常に優秀な法律家であったので,彼が導いた〔『封建法書』の〕『学説彙纂』との類似が類似でなかったことに気付くことができないはずはなかった.『学説彙纂』に含まれる法学者達の著作は,『学説彙纂』が法律として制定されたが故に——そしてまさにその時に——,権威のあるものとなった.これは,『封建法書』が,立法の要約を含んでいたので権威を有していたと言うのとはたいへん異なるものである.私的な著作は,それが立法を言い換え,要約し,あるいは報告するが故に権威がある,ということはできないからである.

〔247〕　第4に,『封建法書』の成功は,法律の移植の大規模な受容のもう一つの例である.『封建法書』は,ロンバルディアでのみならず,その他の場所,フランス,ドイツ,オランダ,そしてスコットランドでも,法に対して大きな権威を有するものとして扱われた.ゲッティンゲンで発行された『封建法の原則』(*Principia Iuris Feudalis*) において,G. L. ベーマー (Boehmer, 1715～97年) の意見は有益である——ベーマーは,傑出した教授であり,大ブリテン王とザクセン選定侯の家臣であった——.「一般ドイツ封建法の源泉は,ドイツ中で受け入れられていたロンバルディア人の封建法,普遍的なドイツの封建慣習,並びに皇帝の裁可,ローマ法,および教会法に含まれていた帝国の一般法である.」[(2)]　したがって,『封建法書』が全ドイツに共通の封建法の源泉の中で優位を占めている.

しかし,『封建法書』は広く受け入れられていたのであるが,そこには,『ローマ法大全』の法が大いに浸透していた.『封建法書』が答えを提供しな

い場合,『ローマ法大全』とコモン・ローに依拠するというのが,承認されたルールであった[3]. しかしながら,その逆の適用はなかった.『学説彙纂』や『勅法彙纂』(*Code*) からの議論は,『封建法書』についての注釈の中にたくさんあり,それはローマ法の有名な学者に対する参照と同じである. ローマのカテゴリーと分類は,重要な知識の供給源として取り扱われた. そこで,たいへん基礎的なレベルでの例を示すならば,ヘンリクス・ゾエシウス (Henricus Zoesius, 1571〜1627年) は,1623年にルーヴァンでなされた(最初に1641年に出版された)『封建制講義』(*Praelectiones Feudales*) で,封土契約 (feu) は,有名契約に分類されるべきか,それとも無名契約か,そしてそれは誠意契約 (*contractus bonae fidei*) に分類されるべきものか,という質問を提示した[4]. 有名契約,無名契約,そして誠意契約は,ローマ法に関する議論から出てきているものである.

　第5に,封建法は,意味のある社会制度としての封建制度が実際に死滅した後も長く,重要な法制度として存続した. かくして多くの学者にとっての意見では,社会制度としての封建制の終りは12世紀に来たとのことであるが,それは正に『封建法書』が書かれたときである[5]. 他の学者の意見では,封建制の終りは13世紀に来たとのことである[6]. 時々,封建社会の継続と見られているものは,むしろ封建法の遺物と見なされるべきである. とりわけ土地保有はそうであるが,今や保有者の義務は金銭を支払うことであって,忠誠ではなかった. しかし,引用したばかりのG. L. ベーマーの著作は,少なくとも8つの版を重ねており,最後は1819年に出版された. トーマス・クレイグの『封建法』は,17世紀初期に書かれたものであるが,1655年に出版され,1716年にライプチッヒで再版され,エディンバラで1732年にもう1度出版された. プロイセン人のヘンリクス・コッケーユス (Henricus Coccejus, 1644〜1719年) の『封建法注釈』(*Juris Feudalis Hypomnemata*) は,4つの版を重ねたが,1747年にユトレヒトで最後に出版された. ペトルス・グデリーヌス (Petrus Gudelinus, 1550〜1619年) の『封建法注解』(*De Iure feudorum Commentarius*) は,最初に1624年にルーヴァンで出版された. ザムエル・ストリュック (Samuel Stryk, 1640〜1710年) の『封建法の考察』(*Examen Juris Feudalis*) は,多くの版を重ね,最後の版は多分ウィーンであるが,1750年かその後に改訂された,等々である. フランスにおいては,封建法は革命で廃止された[7].

　第6に,ここでの主要な法形成者は教授達であった. これは,『封建法書』[248]の著者に関してのみならず,その後の歴史にも当てはまる. 第3版以前でさえ,釈義文献 (*apparatus*) がピリウス (Pillius) によって作成された. それ

が今度は，標準注釈（*Glossa*）（この場合は『ローマ法大全』のための注釈）を作ったアックルシウス（Accursius）によって使用された．最後に第3版を作ったフゴリヌス（Hugolinus）は，『ローマ法大全』の伝統的な編成に，注釈付きでそれを加えた．すなわち，第5巻『貧乏な巻』（*Volumen Parvum*）の中の「公撰書」（*Authentica*）の後に置かれた．その後，その運命を『ローマ法大全』と共にし，学識法の一部として考えられた．バルドゥス，バルトールス，デュアレーヌス，オットマン，クジャス，ザシウス，そしてパウルス・ド・カストロを含む，ローマ法に関する著作で有名な多くの法学者達がまた，『封建法書』についての重要な著作にも貢献した．実に，クジャス（Cujas）は，『封建法書』を伝統的に3分冊に分ける方法に代えて5分冊に分ける配列をつくり出した．

　教授達は，ちょうど彼らが法の発展にとってそうであったように，『封建法書』の領域の場所的拡大の主たる原因であった．だから，偉大なヘルマン・コンリング（Hermann Conring）が1643年の『ゲルマン法の起源について』（*De origine juris Germanici*）の中で，これらの封建的慣習が，法が最初に教授され，大学が設立された15世紀にドイツに輸入されたのであると主張したのを見ても，驚くべきことではない[8]．しかしもちろん，封建制と封建的慣習ははるか以前から存在していたものである．コンリングは述べる．「ゴート族，ヴァンダル族，アルマン族，フランク族，ブルグンド族，アングル族，サクソン族など，戦争によってローマ帝国の最も豊かな部分を占領した全てのゲルマン人は，それぞれロンバルド族と同様に，封土に関して彼ら自身の法または慣習を有していた．」そしてコンリングの見解は支持を得ていた[9]．

　第7に，『封建法書』は，その権威自体はそうではないが，その正当化の議論は大いに疑問のあるところであり，それはこのことと一致する．ある者達にとっては，その権威は他の『市民法書』（*Libri Juris Civils*）のそれと同じであった．地方の制定法や地方の慣習がないところでは，『封建法書』が支配的となった[10]．他の者達は，『封建法書』は，あたかも皇帝によって認可されて『ローマ法大全』に編入されたかのように制定法としての効力を有した，との見解を表明した[11]．あるいは，「継受されたことによって，すなわち，ある自然な判決によって，それらはその事実に反対しない皇帝の承知の下で学派に持ち込まれ，判決の一般的遵守によって説明され，有効とされたのである」[12]．他の者達は，君主や人々の公的ではない権威によって認可されたその著作の私的なカテゴリーを強調し，そして彼らは，私的な著作はなんら法を作らないと主張する．その形式にかかわらず，その見解によると，

『封建法書』は慣習の権威を越えるものではない[13]．『封建法書』の権威の源泉についてのこの混乱は，誰が法を作るのか，いかにしてそれは作られるのかについての政府の側での興味の欠落についての証拠となる．権威は懈怠により存在する．

　第8に，これらの従属的な法形成者達は，法を部分的には彼らの文化と見ていると，私は主張する．これら学識法曹の伝統的文化の一部は，ユースティーニアーヌスの『法学提要』(Institutes)であり，それは，例えば，地方の法を扱った後の多くの文献の構造に巨大な影響を与えた[14]．この伝統の影響はたいへん強力なものであったので，それが封建法には全く不適当なものであった時ですら，『法学提要』のこの構造を，例えばザムエル・ストリュックの『封建法の考察』がそうであるように，封建法においてさえ見いだすのである[15]．

第25章　法発展の2つのパターン

〔250〕

　学者達の間で，ローマ法とイングランド法の成長を思考の中でリンクさせるのがありふれたことである[1]．S. F. C. ミルソム（Milsom）は，彼の有名な『コモン・ローの歴史的基礎』（*Historical Foundations of the Common Law*）を以下の言葉で始めている――「ヨーロッパの人々の慣習が知的な法制度にまで仕上げられたのは2度だけである．そして今日の世界の多くは，それらの2つの中の1つに由来する法を適用している」[2]．より驚いたことには，ある学者達は，2つの制度における法的アプローチに本質的な類似性を見ている．フリッツ・プリングスハイム（Fritz Pringsheim）は，有名な「イングランド法とローマ法の間の内的関係」と題する論文を物した[3]．W. W. バックランド（Buckland）とA. D. マクネア（McNair）は，「ローマの法学者とコモン・ローの法律家の密接な関係」について書き，以下の主張さえする――「それはパラドックスであるかも知れないが，ローマの法学者とコモン・ローの法律家との間には，ローマの法学者とその近代の大陸法の継承者との関係以上の密接な関係があるというのが，真実であるかに思われる」[4]．バックランドは，他のところで，「ローマ法とイングランド法というよりは，ローマの法律家とイングランドの法律家との間の本質的な類似」について書いた[5]．

　もちろん，これらの著者達も，2つの制度間の相違について知っていた．しかし，これら2つのアプローチの類似性について強調することは，基本的に見当違いのものとなり，2つの制度と法的発展一般についての深刻な誤解に導くことになる．この章において，全体の展望を正すことを試みる．

　法的伝統は，法の形成に対して大きな影響を与え，個々の法源は法の成長に異なった効果を有する．裁判官の形成した法は法学者の形成した法と異なるし，両者は制定法とも異なる．それはたいへん明らかなことなので，我々はこのことに長く係わることはない．もちろん，裁判官は法を形成する場合に困難な立場に立つ．イングランド法がそうであるように，先例に効力を与える制度においては，裁判官は，眼下の実際の事件と，利用可能な救済手段の中にそれを当てはめ，現存する判決とそれを調和させることにのみ関心を持てばよい．法形成者として，裁判官は，法制度を全体として考慮する立場

にはない．そして事件は，裁判官のところに，適切ではない時にやってくるかも知れないのである．法はすでに確立されているので，容易に変更することはできず，あるいは十分に発展していないので，それ自身が法の将来の成長を決定する判決のためにはほとんど指針とならない場合がある．反対に，法学者は，法を全体として説明することができ，法の一分野を体系的方法によって取り扱うことができ，法的概念を理論的に取り扱うことができる．現実の事実的状況に係わっている場合でも，法学者は，他の仮定的な状況を考察し，いくつかの状況を比較したり対照させたりして，常に原則を探し，ルールや制度のギリギリの限界に集中することができる．そして，もし法が[251]確立されているようであるが間違った方向をたどっている場合，新しい方向を要求することは，裁判官よりも法学者のほうが容易である．

　ローマ法とイングランド法を比較する場合に，イングランドのコモン・ローは裁判官の産物であるが，ローマの私法は法学者のそれであること，そして，アプローチにおける〔両者の〕明らかな相違は，その事実に帰せられるという，大雑把な一般化の誘惑に駆られがちである．この一般化は，真実であるかのような外観を有しているが，間違いである．欠陥は，この一般化が比較のための適切な出発点を誤認していることである．イングランドのコモン・ローは，中世とその後のイングランドの裁判制度の内部で働いていた裁判官の産物である，と私は提言したい．ローマの私法は，ローマの裁判制度の中で活動していた法学者の産物である．イングランドのコモン・ローは——ここでは制定法のインプトの問題は考慮に入れないでおく——，裁判官の判決の総計以上のものである．そして，ローマ法は，近代の学者達は法学者によって創造されたものと考えているが，法学者の意見の総計以上のものである．

　我々は，ローマと中世のイングランドの裁判制度を区別することから始めなければならない．

I

　この節で後に簡単に取り扱うが，中世のイングランド法の良く知られた状況と対照的に，法的な請求権があると信じるローマ市民は，抵触する法準則を有する法制度を作動させ，競合する管轄を有する数多くの裁判所を利用できた訳ではない．ローマの私法制度は，ほとんど全く単一のものであって，市民のためには単一の私法制度のみが存した．

　いくつかの特性がローマの法制度の単一性を隠しており，それらを明らか

にする必要がある．まず第1に，私法のために2名の重要な法務官がいた．市民掛法務官（urban praetor）と外人掛法務官（peregrine praetor）である．それぞれは，告示（Edict）を発して，彼が法を如何に施行し，彼自身の法廷を運営するかを説明する．しかし，外人掛法務官の告示はたいへん短いものであり，私は他の場所でも議論したのであるが[6]，市民に適用されない条項のみを有するものであった．その他の問題については，外人掛法務官は彼の法廷で，市民掛法務官の告示に記載されている条項を施行した．2人の法務官のそれぞれの管轄は，大きな議論の対象であり，2つの見解が支持者を得た．多数意見では[7]，外人掛法務官の法廷は，市民と外国人（peregrine）の間の紛争を審理した．しかし，デイヴィッド・ドーブ（David Daube）は，私はその意見に賛成であるが，共和政を通じて外人掛法務官の裁判所は外国人の間の紛争のみを議論するものであると主張した[8]．これらの見解のどちらが正しいかは，ここでの我々の関心事ではない．いずれの見解に立っても，すなわちローマ市民が市民掛法務官の法廷でのみ訴訟を提起することができたか，それとも外人掛法務官の法廷においても提起できたのかにかかわらず，ローマ市民に向けられた法は同じだからである．

[252]　第2に，法務官より権限の低い，選出公職者である高等按察官（curule aediles）は，ローマの市場や街路を統括し，彼ら自身の告示を発したが，それには，法務官告示にはない2つの顕著で重要な条項があった．これらの条項は奴隷と動物の販売を規定していたが，とりわけ，救済手段——契約の解除，すなわち，売主への奴隷または動物の返還と，それに続く金銭的補償を求める買主の訴訟——を約束した．これは法務官告示にはないものである．しかし，またもや事柄は表面的なものと異なる．按察官告示には，他にもう1つの条項しかなく，これら全部で3つの按察官告示では，按察官の法廷にくる全ての問題をカバーするには全く不十分であった．按察官達は，他の事件に対してどうしたのか？　ただ1つの回答があるのみである．按察官は，国の一般的な法，法務官の告示に書かれている法律と法務官の法廷で施行されている法を用いたのである．そして，この論点については議論があるが，文献の示すところによると，按察官の解除は，訴訟〔の成立〕がすでに法務官の法廷で認められている状況下においてのみ与えられた．そして，解除自体は，基本となる法務官の買主訴権（*actio ex empto*）の範囲内での，法務官の救済手段として与えられたのである[9]．私は，按察官の法と法務官の法の間になんの相違もないと主張しているものと誤解されたくない．むしろ私が指摘したいことは，実際は少ししか相違がなかったことである．高等按察官は，法務官の法廷で使えない救済手段を導入したいと思うときだけいくつかの告示

を発し，そして法務官の法廷は，それを表明している告示を発することなしに，按察官の救済手段を引き継いだのである．

　第3に，ローマにおいては市民法と法務官法との間に，良く知られた，たぶん基本的な相違があった．市民法という言葉は，制定法と法学者によって構成された法を意味するものであり，法務官法は，法務官によって修正された法と，修正についての法学者の解釈を意味する．しかし，現在の文脈においてこの相違の実際的な帰結はそんなに大きなものではなかった．強調されなければならないのは，一つは市民法を運用し，他方は法務官法を運用する2つの裁判所の制度があったのではないことである．ただ1つの私法の裁判所の制度があり，それは，法務官法によって修正された市民法を適用する，法務官によって運営されたのである（今しがた議論した高等按察官の裁判所は別である）．

　この管轄の単一性は疑問の余地がない．そして現代の学者達は，ローマの法学者が（この意味での）市民法と法務官法を区別する程度を誇張する傾向にある．そこで，我々が知っているように，主たる2つのタイプの長い注釈が存在するのは，法学者のせいであった．サビーヌスについての（ad Sabinum）文献であり，告示についての（ad edictum）文献である．そして学者達は，あたかも，前者は市民法についての注解であり，後者は法務官法についての注解であるかのごとく書いている[10]．これはそんなに正確なものではない．双方とも，単純に私法についての注解であり，それらの構成が異なるだけである．確かに，サビーヌスの注解とそれを手本とした注解は，市民法において義務があると主張する訴訟を決して持たない，法務官によって創られた制度を取り扱わなかった．しかしその説明は，これらの著作が市民法のみを取り扱っていたということではない．そうでなければ，パウルスがサビーヌス注解第10巻において，アクィーリウス法（Lex Aquilia）の例に倣う訴権を用益権者に認め[11]，あるいは，奴隷が，主人の知るところなく，悪意で占有を喪失した場合に，主人を相手とする準提示訴権（actio utilis ad exhibendum）を拒否するようなことは，あり得なかったであろう[12]．また，ウルピアーヌスがサビーヌス注解第42巻において以下のことを宣言することはあり得なかったであろう．すなわち，遺言書の寄託を受け，それを声を出して読んだ者を相手とする事実訴権（actio in factum）が許されることや[13]，他人の奴隷を裸にして，彼の衣服を盗んだ者は，その奴隷が寒さで死亡した場合にも，事実訴権の責を負うことである[14]．実際の説明はたいへん異なる．市民法の重要な主題もまた全体として除外されていた．サビーヌス自身の注解が，婚姻，離婚，後見（保佐），奴隷制，そして嫁資

〔253〕

などのたいへん重要な市民法の主題を割愛していた．それは彼が，(紀元前95年の執政官である) クィントゥス・ムーキウス・スカエウォラに大いに従っていたからであり，クィントゥス・ムーキウスもまたこれらの主題を扱っていなかったからである(15)．そして，クィントゥス・ムーキウスは，これは異例のことであるが，紀元前3世紀の中頃以前に制定法に規定されていた主題と，それらに関連しうる主題のみを取り扱っていたと思われるのである．クィントゥス・ムーキウスは実際に，何世紀にもわたって存在した市民法の基本的問題を取り逃がした(16)．この奇妙な方法は必然的に，制定法ではなくて，告示によるもので純粋に法務官のものである制度もまた排除されたことを意味する．その理由はとりわけ，告示の主たる成長が紀元前1世紀に生じたことにある(17)．告示注解は，告示の配列に従っている．しかしその内容は，法務官の創設したところに限定されていない．告示は，法務官の条項のみならず，方式書 (*formulae*)，すなわち訴訟の模範的方式を含んでいる．そして方式書は，市民法と法務官の訴訟に同じように妥当し，使えるのである．そこで市民法は，法務官告示にも，したがってまた告示注解にも現れるのである．例えば，アクィーリウス法は市民法の一部である——実にそれは制定法である——，しかし，それに対応する『学説彙纂』第9巻第2章における主たる扱いは，ウルピアーヌスの告示注解第18巻から取られている．明らかに，ユースティーニアーヌスの編纂者達は，これを主題の最も満足すべき扱いであると考えた．同じことは，主に市民法である他の主題についても当てはまる．かくして，(不当)利得返還請求訴権 (*condictio*) すなわち，すぐれて市民法的な救済手段に関する文献の主たる源泉は，サビーヌス注解もよく使われたが，ウルピアーヌスの告示注解第26巻，27巻そして28巻である．そして，所有権を主張する主たる民事訴訟である所有物返還訴権 (*vindicatio*) については，『学説彙纂』第6巻第1章における主たる扱いはウルピアーヌスの告示注解第16巻から取られている．

　かくして我々は，その形成時代を通じてローマの私法制度は基本的に単一であり，この単一の法を適用する1つの裁判所の制度があったと言うことができる．

　イングランド法は，良く知られているように，たいへん異なり，色々な法廷が排他的または競合する管轄を主張し，しばしば抵触する法を適用していた．原告が勝つか被告が勝つかは，原告が訴える裁判所に多くを依存する場合があった．コモン・ローの上位国王裁判所 (superior royal courts of common law)，王座裁判所 (Court of King's Bench)，人民訴訟裁判所 (Court of Common Pleas)，そして財務府裁判所 (Exchequer of Pleas) があった．それら

の裁判所は，それらの間で異なった管轄と法を有していただけではなく，上位国王裁判所に提訴することができない，または直接提訴することができない，県裁判所（county courts）に固有な法的状況がたくさんあった．法ではなくエクイティのルールを施行する「大法官府」（Chancery）があった．そしてその他の中で，コモン・ローの裁判所の側で大きな嫉妬の対象であった「海事高等法院」（High Court of Admiralty）があった[18]．

II

　発達したローマ法と中世イングランド法の双方が，方式による訴答書面（formulaic written pleadings）を有しており，そしてこれらの訴答書面は，2つの法制度の間の類似性の印として考えられてきた．しかしまた，相違点も大きく，そして意味深いものである．模範となる方式書は，私が述べたように，それぞれの法務官によって告示の中で述べられている．ここで，2つの初期の方式書を示すことが有益である．売買契約の買主のためのものと，物の賃貸借の契約における賃貸人のためのものである．

　「アウルス・アゲリウスが，ヌメリウス・ネギディウスから[19]，訴訟が提起されている原因となっている男〔奴隷〕を購入したが故に，そしてこれは訴訟の主題であるが，ヌメリウス・ネギディウスがアウルス・アゲリウスに対して，信義誠実に従ってこの問題について与え為すべきものは何であれ，それについて，審判人よ，ヌメリウス・ネギディウスがアウルス・アゲリウスに対して責あるものと判決せよ，それが明らかでない場合は免訴せよ．」[20]

　「アウルス・アゲリウスが，ヌメリウス・ネギディウスに対して，訴訟が提起されている原因となっている農地を賃貸したが故に，そしてこれは訴訟の主題であるが，ヌメリウス・ネギディウスがアウルス・アゲリウスに対して，信義誠実に従ってこの問題についてた与え為すべきことは何であれ，それについて，審判人よ，ヌメリウス・ネギディウスがアウルス・アゲリウスに対して責あるものと判決せよ，それが明らかでない場合は免訴せよ．」[21]

したがって，これらの訴訟の第1のものに関しては，売買契約がなければならず，売買契約に至らない何かの取引ではだめであった．第2に関しては，賃貸借契約がなければならなかった．これはたいへん基本的なことであったので，合意が契約の一つのタイプの範囲に入るが，結局において当該のその契約が無効である場合，訴訟をすることはできない，と長い間考えられてき

た．例えば，ある物は天上または地下の神々に献上された物だとか，公共の財産のように「取引外のもの」（*extra commercium*）と考えられ，それらは売買の対象にはなり得なかった．そこで，帝政初期に至るまでは，売買に関する訴訟は，そうと知らずに買った買主にすら拒絶された(22)．そして帝政初期でさえ，傾向としては，売られた物が所有することのできないものであった場合でも，売買契約は有効と宣言する方へ向かった(23)．

　このアプローチは，重要な結果をもたらす．しかし最初に我々は，方式書に含まれていない驚くべき量の情報があることに注意するべきである．例え

〔255〕ば方式書は売買契約の存在のために何が必要か，例えば何がしかの形式が必要か否か，価格は貨幣でなされなければならないか，将来の商品は売却することができるのかどうかについて述べていない．それは，売主の義務について何も語っていない．売主は所有権を移転しなければならないのかどうか——実際，彼はそのような義務を負っていない——，完全な所有権や隠れた瑕疵のないことを担保するのか否か．引渡し前に，売られた商品についての危険が移転するのか否かについて，何も明らかにされていない．事実，方式書は，売買契約の性質がすでにある程度知られていることに基づいて想定されているのである．もちろん，契約を執行する訴訟が存在する前に，法的売買契約のようなものはあり得ず，方式書は正に訴訟であり，それを創造することによって契約が存在するに至るのであるが，契約の実体的ルールは，あたかも契約は論理的には訴訟の創造以前に存在するものとして扱われるのである．売買契約の創造を記した法務官の方式書以外に，ローマ売買法とか公の主導は存在しなかったと言うべきである．この段階で我々に関心のある内容は，このパラグラフで述べられた事実に基づけば，手続が法の実体を創造し支配することは不可能という点である．それ以上に，ほとんど信じがたい程度にまで，法の実体と法的権利を執行する手続は厳格に分離されているのである．

　我々が売買のための方式書と物の賃貸借のための方式書を詳細に並べて考察する場合，問題はより広くなる．それらの方式書は，実際に事件となったものを示している．すなわち，売買と賃貸借は異なった契約であること，そして異なった訴訟が色々な契約について設けられていることである．ＡＡ〔原告〕がＮＮ〔被告〕を売買のための方式書で訴訟提起したが，契約は賃貸借であることが明らかとなる場合，ＡＡは敗訴する．そして彼は，ローマ法の基本的原則によって，その後は賃貸借に基づいて訴訟をすることができない．その原則とは——争点決定（*litis contestatio*）と呼ばれる——訴訟の決定的な段階にいったん至れば，原告は同じ事実について新しい訴訟を始める

ことができない，という原則である．その結果として，ローマ法においては，法的制度や行為のギリギリの限界を精密に決定すること，何が売買と考えられ，何が物の賃貸借として考えられるかを決定することが，きわめて重要となる．したがって，売買契約といったものの法的要素を正確に決定するために，莫大な努力が払われた．実体法がローマの手続から成長することができなかったというのではなく，ローマの訴訟の性質が，実体法がそれ自身において高度に発展することを要求した，ということである[24]．

　問題の性質とその影響のあるものは，紀元後160年頃に書かれた教科書，ガーイウスの『法学提要』(*Institutes*, 3. 146) の文章に例示されている．

　　「同様に，我が汝に以下の条件で剣闘士を引き渡すとする．その条件は，試合の結果，負傷していない状態の者それぞれに対して，労苦の故に12デナリウスが支払われるが，殺されまたは負傷した者それぞれに対しては1000デナリウスが支払われることである．これは売買契約か賃貸借契約かという問題が生じる．多数の意見では，負傷しない状態の剣闘士については賃貸借契約であり，殺されたり負傷した者については売買契約であるとされる．これは結果に依存して生じるものであり，それぞれについて条件付で売買契約か賃貸借となると理解される．物が条件付で買われたり，売られたり，あるいは賃貸借されたりされることは，今や疑われていないからである．」

　物の売買か賃貸借か，これらの行為の1つだけが正しいものである．その結果として，他の状況と同じようにこの場合においても，何が売買契約で何が賃貸借契約とみなされるかを正確に決めることが必須のことであった[25]．そこで，法の実体ができるだけ十分に発展することが重要であった． 〔256〕

　ローマの訴訟の性質の故に（実体法が訴訟から生じるという理由からではない），実体法を発展させることが重要であったことは，他の例によっても示すことができる．これまで我々は，物の賃貸借 (*locatio conductio*) について語ってきたが，この契約はその範囲がたいへん広いもので，物 (*l. c. rei*) の，労務 (*l. c. operarum*) の，そして為されるべき仕事 (*l. c. operis faciendi*) の賃貸借を含むという説明が，伝統的なものである．賃貸と賃借 (*locatio conductio*) という二重の名前は，当事者の一方が賃借人 (*conductor*) で他方が賃貸人 (*locator*) であることを示している．それぞれが，それ自身の特別の訴訟を有していた．借主訴訟 (*actio ex conducto*) あるいは貸主訴訟 (*actio ex locato*) である．もし私が貴方に対して，貴方が私のワインを貴方の船でローマに運ぶことに同意する場合，この契約は，個々の取決めの仕方に応じて，労務の賃貸借 (*locatio conductio operarum*) であ

るか,為されるべき仕事の賃貸借 (locatio conductio operis faciendi) であるかであり,貴方が何かの理由で履行しなかった場合,責任の評価が異なり得る．しかしそれ以上に,もし契約が労務の賃貸借である場合,運搬をする貴方は賃貸人で,私は賃借人となり,私の訴訟は借主訴訟となる．そしてもし,契約が為されるべき仕事の賃貸借である場合,私は賃貸人であり,貸主訴訟ができる．訴訟に勝つためには,当事者は,正しい訴訟,借主訴訟か貸主訴訟によって訴訟を提起しなければならない．どちらの訴訟が正しいかは,法の実体による．実体法がたいへん詳細に発展して,訴訟を提起する前に当事者が契約の性質を詳細に決定することが,重大な問題であった．

　イングランドの令状 (writ) 制度は,異なった効果で作用した．もちろん,法的発展の初期の段階では,実体的な権利の概念が訴訟の前に存在することは,論理的には正しい．請求は実体的な正当性または有効性があるという意識があるので,訴訟が創造されるからである．しかし,イングランドの上位裁判所においては——実体法の発展に対して権限を有するに十分なほど上位であったので——,令状が発せられた場合のみ,実体的な権利の請求に基づく訴訟を提起できるという状況が生じた．そして,令状は事実の狭い設定に基づいており,それらは固定化され,時代遅れのものとなった——14世紀初期までに新しいタイプの令状は発せられていない[26]．この段階では,実体的な権利を主張する訴訟は,すでに存在している令状のタイプが使える場合にのみ可能であった．イングランドの実体法は訴訟から発展したとか,訴訟に関する法が実体法以前に存在したと主張することができるのは,現存する令状を根拠として救済手段を与えようとする回りくどい試みにおいてのことである．ここでは説明の必要がなく,この章の後の節である程度出てくるが,良く知られているように,令状によってできる請求は,しばしば事実的状況を偽らざるを得なかったし,近代法またはローマ法で承認可能な法的カテゴリーに基づいておらず,しばしば他の法廷を出し抜くことが意図されたものであり,そして,法的概念,制度あるいは法における明確性を発展させるために使用することのできる道具ではなかった．

　かくして,ローマの訴訟手続は,法学者を強制して実体法の概念と明確なルールを発展させたのであり,そして実体法は手続法からはるかに離れたものとなった．その上に,訴訟手続それ自体が,法学者が彼らの義務を果たしたか果たしつつあるという考え方に基づいているのである．実に,ローマの裁判制度自体は,法学者を裁判所指向的になるよう仕向けるのではなく,彼らの議論を法制度,ルールまたは諸原則に適応させるようにさせるのである．反対に,イングランドの訴訟手続は,実体法の概念の発展を抑制し,妨害し,

そして実体法は訴訟手続の卓越性とは対照的に重要ではないかに見える．依頼者——問題を抱えている人間である——の観点からすると，イングランド法は正道を踏み外している．依頼者の利害は実体の問題から始まる．ローマではそうではなかったが，イングランドでは，依頼者は手続問題の迷路に吸い込まれる．この迷路は——結果に及ぼす影響は別にして——，彼にとっては極めて無関係のものである．イングランドにおける権利を理解することは，専門家を除く全ての者にとって理解しがたいものであったということは，ほとんど言うまでもないことである．

　この段階でもう一つの論点が立てられなければならない．上述のようなローマ法の訴訟と実体法の制度の明確性は，準訴権（actiones utiles）と（特にそのための）事実訴権（actiones in factum）の流行によって曇らされたと言うことができるかもしれない．まさに，何がこれらの救済手段の形態を相互に区別しているのかは確かなものではない．しかし，そのことで我々は現在の文脈に止まる必要はない．問題なのは，それらは，請求が告示の中の方式書でカバーされないが，しかし法務官が妥当であると感じた場合に，法務官によって認められた訴訟である，という点である．その訴訟は，現存する方式書の基礎の上に構成されたものであるが，擬制の挿入を伴っていた．例えば，「もし原告がローマ市民であるとすれば」のような想定された仮説を基礎として，裁判官は手続を進めることができる．あるいは，その方式書は，現存する法的義務を主張していないが，もし申し立てられている事実が認められれば，判決は被告の敗訴となるべしと宣言することができる．

　これらの準訴権と事実訴権は，多くの文脈の中で見られるものであるが，なかんずく，財産損害を扱う制定法であるアクィーリウス法の回りに集まっている．例えば，アクィーリウス法に基づく訴訟は所有者のみが使えたのであるが，準訴権と事実訴権は，その恩恵を善意の所有者や用益権者のような特定の非所有者に拡大した[27]．さらに，訴訟は財産に対する損害によって生じた損失についてのものであったので，傷害を被った自由人はそれについて訴訟を提起することはできなかったが，彼には準アクィーリウス法訴権（actio utilis Aquiliae）が与えられた[28]．他の文脈の中で我々は，ある告示が，建物から物が投げられたことを理由として占有者に対する訴訟を与えている場合に，パウルスは船を管理している人間を相手とする準訴権を認めたことを見る[29]．そして，ある者が相続を拒否するように強制された場合に，パウルスは，法務官はその人間があたかも相続人であるかのように準訴権の付与を認めることができると述べた[30]．

　あるレベルでは，かかる準訴権や事実訴権の存在は，法をより複雑なもの

[258] にする．何故ならば，法律を知るためには，それらの存在を考慮に入れなければならなかったからである．しかしそれらの訴権は——人間社会の状況の複雑性を考慮に入れるために——，法の下で正義をなすためには理想的な道具である．その上，法的概念と制度の明確性を保存し，それどころか増大させるものであった．例えば，「所有権」の概念は，法学者達によって「合理的な」方法で発展させることができる．管理下にある財産に対して権利侵害がなされた場合に，そうでなければ救済手段を与えられなかったはずの善意占有者をその〔所有者という〕概念の中にうまく収めようとする必要はなかった．特に参考になる例が，すでに引用したガーイウス（『法学提要』3.146）によって提供されている．もし供給者が試合のために剣闘士を引き渡すことを単に怠った場合はどうなるのか？ ガーイウスは，結果が出るまで，合意は売買契約でも賃貸借契約でもないことを明らかにした．しかし，試合の主催者は確かに救済に値する．もしそれが買主訴訟か借主訴訟でなければならないとするならば，これらの契約の概念の純粋性が反対に影響を受けることになろう．そしてガーイウスは，これが行われるようにはならないことをほのめかしている．正義と概念の純粋性の相剋は，法務官が事実訴権を認めるのであれば解決される．人によっては，現在の考え方をあたかも過去のものであるかのように，かかる訴訟を概念の純粋性を保存するための道具として描くであろう．もちろん，歴史的には，それらは概念の純粋性を傷つけずに法の下で正義を実現する道具である．概念の純粋性に対するこの気づかいは，イングランドのコモン・ローにあるものからははるかにかけ離れたものである．そして，これらのローマの修正された訴訟は，真実を隠蔽することを試みるものではない．

III

一つの問題があり，それはほんの少しのページしか要しないが，直接の原文証拠によっては証明されない．しかしたいへん重要なので，節を改めて取り扱う必要がある．私が前述したことであるが，方式書において法的詳細が欠落していることは，法務官が法を形成する法学者に依存することができたことを根拠にして説明されなければならない．さらに議論を進めなければならない．方式書における情報の極端な欠落は，実体法がすでに知られていたことを根拠にしてのみ首肯できるのである．それを知ることができ，法を宣言する権限のあった唯一の人々は，法学者といった人々であった[31]．次に，このことは，方式書と告示を起草することと，それらの修正の提案の双

方について，法学者からの積極的な協力がなければならなかったことを意味する．告示を作った功績は大いに，「学術的」な相当上級クラスの法学者に帰せしめられなければならない．同じことは，準訴権と事実訴権にも当てはまる．法学者が，法務官は準訴権を与えるであろうと言う場合，その意味するところは，法務官は法学者の忠告に従い，法学者が考案した個別の救済手段を与えるであろうということである．

　しかし，悪名高いことであるが，イングランド法においては長い間，学者は外されていた．イングランド法の形成時代を通じて，ブラクトンの著作，そしてグランヴィルに帰せしめられる著作のような若干の本があった．しかしそれらは，法の形式と実体，法の教育，そしてその後の著作に対してさえ影響を欠いていたのである．明らかに1616年頃に始められたクック (Coke)の『イングランド法提要』(*Institutes of the Law of England*) は，それに対する部分的な例外であるが——もっとも彼は法を発展させようと試みていたのではなかった——，しかし，理論的構造の欠陥は有名である(32)．

〔259〕

IV

　我々はこの段階で方向を転ずる．人はもう一つの一般化によって誘惑されるかも知れない．すなわち，イングランドのコモン・ローは裁判所指向型であり，ローマの私法はそうではないという一般化である．イングランド法で重要なことは，「裁判所は本件事件の審理をするか？」ということであるかに思われる．ローマ法においては，それと明確に対照をなして，裁判所で何が起こったかについて法学者が少しでも興味を有したとの兆候はない．しかしこの一般化は，真実の一部を開示するが，全体を見えなくするものである．ローマの私法が裁判所指向型でないことはその通りである．イングランド法における問題は，「裁判所は本件事件の審理をするか？」ということではなくて，「どの裁判所が，もしあるならば，本件の審理をするか？」である．イングランドのコモン・ローが裁判所指向型であるというのは正しくない．それは，裁判所指向型であると同時に裁判所特定型なのである．

　我々が2つの基本的な本を比較するときに，対照が鋭く現れる．紀元後160年頃に書かれたローマの法学者ガーイウスの『法学提要』と，1190年に死亡したイングランドの最高法官であるグランヴィルの書いたイングランドの法と慣習に関する著作である．ガーイウスの『法学提要』は4巻からなるが，最初の3巻は実体法を体系的に取り扱い，訴訟についての議論を排除する．第4巻のみが訴訟法を主題としているが，それさえも，一般原則の体系

的説明を主としている．ガーイウスは，ある訴訟と他の訴訟との相違を説明していない．それぞれの訴訟は基本的に他の訴訟と同じであるから，彼はそれをする必要がないのである．その上に，ガーイウスの叙述順序は，ローマの実体法が訴訟の取扱いから大きく独立して説明できないことを示している．しかし，グランヴィルの本は，手続に焦点を当てた実務書である．それ以上に，それは他の全てを排除して，国王裁判所（king's courts）のみを取り扱っている．そしてそれについて，以下のことが言われてきた．「王国の王の慣習は，国王裁判所において訴訟を始める道具であり，国王裁判所が大切に保管している救済手段，すなわち令状の法であった．」[33] その上に，グランヴィルにとっては，全ての令状は個別のものであった．それぞれの令状において，この訴訟が国王裁判所において特に審理されるべきものであると主張をしなければならなかった．そしてもちろん，国王裁判所が結局において一連の複数の国王裁判所となったとき，それぞれは競合する管轄を有していて，問題が悪化した．18世紀後半においてすら，ブラックストンが彼の『イングランド法釈義』（Commentaries on the Laws of England）を構成する場合に直面した主要な問題は，実体法を手続法から如何に分けて取り扱うかであった[34]．

　方向づけの相違は，実体法に現れる．私にとって模範的な例は契約にあり，そこでは，イングランドとローマの双方の初期の段階から，全ての合法的な取引は裁判所によって執行される方式に記されていた．イングランドの発展[260]したカヴェナント（covenant）とローマの問答契約（stipulatio）は，双方ともに方式を要求したが，双方の目的は著しく相違していた．1321年までにイングランドにおいては，国王の裁判官は，書面による捺印証書によって証明されないカヴェナントについては事件の審理をしないことが定められていた．書面のない取引の有効性は，異議申立ての対象とならなかったが，原告はそれについての許容できる証拠を提出しなければならなかったし，国王の裁判官が審理する唯一の証拠は，捺印された書面であった．かくして，発展したカヴェナントの方式の目的は正に，国王の裁判所に対して証拠を提出することであった．ローマの問答契約の場合，その有効性と完全な訴訟可能性のためには，書面も証人も必要としなかった．要約者は尋ねる．「あなたは約束するか……？」と．諾成者は，必ず同じ動詞を用いて「私は約束する」と答える[35]．他に方式を必要としなかった．問答契約の方式は，法廷の証拠としては何の意味もない．反対に，それは純粋に取引の当事者間で機能する．その方式は当事者に対して，彼らが合意に達したことや契約を意図したことを示すのである．もちろん裁判所は，判決をする根拠となる証拠を必要

とするが，ここでの大事なことは，その必要性が契約の性質を反映しているのではないことである．

また，ここで契約に関しても，対照は裁判所指向的である制度とそうではない制度とにあるのではなく，制度が裁判所指向型であると同時に裁判所特定型か，裁判所指向型ではないかにある(36)．イングランド法の大事な点が，裁判所が捺印のある書面のみを契約の証拠として許容することにあるのではなく，国王裁判所がそのような証拠のみを許容することにある．そして国王裁判所のみが，一般的私法の発展のための方向を定める権限を有していた．

V

ローマ法とイングランド法の間の類似性について繰り返された議論は，私には無意味に思われる．以下のことが強調されている．

「それらの関係は，第1に，ローマ法とイングランド法が事件についての議論と判決を通じて形成されたという事実に基づいていた．これらのルールは，立法部によって作られた広い命題なのではなくて，特定の事実の文脈の中で宣言された狭い言明であった．多くの制定法とその他の成文法（*ius scriptum*）の例にもかかわらず，双方の法のエッセンスは制定法（lex）ではなくて，法（*ius*），すなわち専門家達──ローマの法学者とイングランドの裁判官──の間の議論の中で『発見され』た法であり，彼らによって洗練された法である．」(37)

これは陳腐なものである．人はそれ以外に如何にして法が発展することを期待するというのか？　進歩は，ある状況がある特定の救済手段の範囲に入るのか，あるいはある特定の法制度であると見なされるのかを発見するための，狭い事実に関する議論を基礎としてのみ，可能である．そして我々は，発展した法制度を考察しているのである．壮大な立法がある場合ですら，それは，それに先んずるカズイスティック（casuistic）な議論を前提としているのである．ユースティーニアーヌスの『ローマ法大全』それ自身以上に良い例はない．それには，法学者の文献の断章を編集した『学説彙纂』（*Digest*）と，その大部分が法学者に出された特定の細かい質問についての皇帝の解答から構成されている『勅法彙纂』（*Code*）が入っている．実に，これらの皇帝の解答は法律官僚の著作であり，以前の法学者の議論によって伝えられていたものである．ある国民がその法をどこかから借用して，それを立法として組み立てた場合でさえも，借用されたもの自体が，カズイスティックな議論の成果である(38)．

〔261〕

さらに見過ごされているのが，ローマとイングランドのカズイスティックな議論の相違である．ローマの法学者は家で仕事をする．実際のあるいは仮定的な質問が彼に出される．彼はそれについて考え，たぶん友人や学生達と議論をし，事実を法制度の一般的な枠組みの中に当てはめる．彼にとっての問題は，アカデミックなものである．彼は，その利害のためにサービスをしなければならない依頼者によって雇われてはいない．彼は，対立当事者を法廷に引き込んだり罠にかけたりする手続的な逃げ道や考案を考えたりはしない．彼は，当事者の一方がまともな者で他方がならず者であることに興味はない．どこに線が引かれるべきかを決定するために，彼は，特定の事実を「少し異なった」[39]事実のより広い文脈の中に設定するのである．

　イングランドの裁判官は法廷——彼の法廷——にいる．そして彼は，彼の裁判所が，彼の法廷に持ち込まれたこの訴訟の形態に基づいて，これらの特定の事実に因る訴訟を審理すべきか否かという問題と直面する．彼は，仮定的事実について判定するのではない．具体的な実際上の問題と直面しているのである．彼は，一方の当事者がならず者で他方の当事者が正直者であることを知っている．彼は問題を，契約のような一般的な制度の中に置いたりはしない．彼が彼自身に対して，「引受訴訟は存することになるか？」（Will assumpsit lie ?）ではなくて，「この法廷において引受訴訟は存することになるか？」（Will assumpsit lie in this court ?）と尋ねるのである．そして彼の解答は，我々が見るであろう通り，彼の裁判所が人民訴訟裁判所であるか王座裁判所であるかによって異なる．

　この場合においても，ローマの事例議論が裁判所指向型でないことと，イングランドの事例議論が裁判所指向型であると同時に裁判所特定型であることを認識しないことは，実にひどい誤りである．また，個別問題指向型ではなく，そして共和政後期から書かれてきた体系的な論文の役割を，軽視したり無視したりすることも誤りである．それらの抽象化，制度の限界との関係，そして事実の抽象的概念への演繹において，これらの文献はイングランドのコモン・ローにはないものである．

VI

　しかし，ローマとイングランドの法的思考がかなり類似していると思われる状況がある．これらの状況が法廷を含むことは，もちろんのことである．しかし，誤解に陥らないように十分に注意してこれらを扱わなければならない．

第25章 法発展の2つのパターン　　　　　　　　　　　　　323

　ローマにおける法廷譲与（*in iure cessio*）と棍棒による解放（*manumis-*　[262]
sio vindicta）およびイングランドにおける馴合不動産回復訴訟を，類似のア
プローチの最良の例として選択することができる．
　法廷譲与について，ガーイウスは以下のように述べる．
　　『法学提要』 2.24. 法廷譲与は，以下のようにしてなされる．客体の
　　法廷譲与を受けようとする者は（*is cui res in iure ceditur*），ローマ国
　　民の政務官，例えば法務官の前で，客体に手を触れて次のように言明
　　する．「予はこの奴隷がローマ市民の法によって予の所有であること
　　を宣言する．」かかる所有権の主張があった後，法務官は，譲渡をな
　　す者に対して反対の主張をなすか否かを尋ねる．譲渡者がこれを否定
　　しまたは沈黙するとき，法務官は，所有権を主張した者にその客体を
　　帰せしめる．そしてこの手続は法律訴訟（*legis actio*）と呼ばれる．
　形式としては，これは，法律訴訟と呼ばれる古い正式の手続の最初の段階
であり，方式書（*formulae*）の導入以前に使われていたものである．それは，
擬制の訴訟による所有権の譲渡である．財産の譲渡を受けるべき者が所有権
を主張し，譲渡者は反対の主張をしない，そして法務官はその客体を譲受人
に帰せしめる[40]．訴訟の形式をとるにもかかわらず，その実体が認められ，
法廷譲与は譲渡として有効であり，当事者間のみならず第三者に対しても有
効である．
　棍棒による解放においては，奴隷を解放したい者は，自由人が間違って奴
隷として拘束されているという訴訟，自由身分回復の訴え（*vindicatio in
libertatem*）を提起する．奴隷所有者は防御をせず，そして，奴隷は自由で
あるとの判決が下される．この場合にも，実体が認められ，そして前の所有
者は，任意に奴隷を解放した者と同様に保護者としての権利を全て有し
た[41]．
　イングランドの不動産回復訴訟は，馴合いの物的訴訟であった．限嗣封土
権者（tenant in tail）は，友人をして彼に対して引渡下知令状（*praecipe
quod reddat*）を使って限嗣不動産の回復のための訴訟を提起させた．限嗣
封土権者は，名前のあるある人からその土地を譲り受け，その人は，彼自身
および彼の相続人に対して，彼が与えた権原は有効であることを担保したと
の虚偽の主張をするが，それ以外の物的抗弁を立てない．名前をあげられた
その人は，土地を持たない共謀者であり，裁判に欠席する．裁判所は，訴訟
の対象である土地を原告に与え，そしてその土地は限嗣不動産ではなくなる．
裁判所はまた，被告に対しても，裁判を欠席した共謀者の土地に対して判決
を執行するという価値のない権利を与える．理論的には，限嗣封土権者の直

系卑属の権利と，復帰権を持つ人々の権利は侵害されていないので，判決は不服の対象とならない．その後，原告は従前の限嗣封土権者に，単純封土権またはその価値を再譲渡する(42)．

確かに我々はここで，ローマの法廷譲与と棍棒による解放におけるアプローチと，イングランドの不動産回復訴訟におけるそれとがたいへん類似しているという一つの例を見た．さらに認識されるべきなのは，双方ともに政府の失敗に対する解答である点である．しかし，隠された相違を看過してはならない．なぜなら，それはローマ法とイングランド法の対照を正確に指摘しているからである．ローマ法においては，一杯食わされている者は誰もい〔263〕ない．不利益を被っている者は誰もいない．せいぜい，奴隷を解放した所有者の相続人が奴隷の価値を失うことを示唆するぐらいである．しかし，所有者が死亡するまで相続人はないというだけでなく，相続人が干渉する権利を持たないのは，所有者が奴隷を第三者に贈与した場合と同様である．反対に，コモン・ローにおける不動産回復訴訟の場合，限嗣封土権者の直系卑属と，そのような卑属がいない場合にその土地が復帰する者との双方の利害は，ごまかされている．彼らは意図的にごまかされているのであるが，限嗣封土権 (fee tail) の要点は，彼らに，剥奪することのできない未確定の権利を与えることである．実際上，ローマの高官達は，全ての者が望む目的を達成するために，全ての影響のある当事者がそれらを利用することを単純に黙認しているのである．反対に，イングランドの裁判所は，積極的に介入して，他の当事者からは権利を剥奪し，一方の当事者に対しては新しい権利を与えるのである．ローマの裁判の役割はこの場合機械的であり，イングランドの裁判所の役割は創造的であり，そして権利破壊的である．

VII

最後に我々は，ローマ法とイングランド法との間の内的関係を示すために強調されている両者の性質を考察してみたい．ローマ法とイングランド法の双方において，擬制が用いられている．ローマ法の典型的な説明が，ガーイウスの『法学提要』に見られる(43)．彼は，方式書訴訟に用いられる擬制のいくつかの例を述べている．例えば，法務官は相続についての古い市民法を大きく変更し，その結果，遺産を請求するため，あるいは遺産債務を請求するためのどちらにも，市民法上の相続人ではない者に，あたかも相続人であるかのようにして，法務官の訴訟が許される場合があった．前者の場合，訴訟は以下のようにして始まる．「某は審判人となれ．アウルス・アゲリウス

(すなわち原告)がルキウス・ティティウスの相続人であるとすれば，そうして訴訟の客体である土地がローマ市民法によって同人に帰属することを要するとすれば」と．さらに，例えばアクィーリウス法の下での財産に対する損害や，窃盗 (*furtum*) という私的権利侵害についてのいくつかの訴訟は，ローマ市民によってのみ提起することができた．それが外国人に対して開かれるべきだと考えられ，そして外国人が原告である場合，「もし彼がローマ市民であるならば」という擬制が挿入されたのである．現存する権利を新しい種類の人間や状況に拡大するものであることが，ローマの擬制に共通する点である[44]．それらについては何のごまかしもない．盗訴権 (*actio furti*) の原告が市民でないことは，一見して明らかである．原告は，もし彼が市民であるならば有するであろう権利を，彼は市民ではないが有することができる．ローマの擬制は，変化した状況と傾向に合わせるために法を今日的なものに維持するための単純で最も簡単な，そして最も経済的な方法なのである．擬制は，裁判制度において救済をもたらし，法を単純なものに維持することを目的としている．それは，単一の裁判制度で活動している法学者達の仕事である．

イングランド法における擬制はたいへん異なる．なによりもそれは，事実の状況に対応しない申立事実を基に作動する．それは，管轄外事実について，[264] ある特定の裁判所が管轄をひったくることによって生じ，その結果，法に曖昧さが持ち込まれ，概念の発展を阻止した．若干の例を簡単に考察することで十分である．

理由開示令状 (*ostensurus quare*) の方式は，当初，権利侵害が暴力と武器により，そして国王の平和に反して (*vi et armis et contra pacem regis*) なされた場合に限り，侵害 (tresspass) に対するものとして許された．その令状は，国王裁判所が管轄を有しない，暴力によらない権利侵害に対する訴訟を認めるために，擬制を用いて使用されるに至った．かくして我々は，14世紀の後半において，権利侵害が馬に対するもので被告が鍛冶屋であると特定できる場合の暴力と武器による侵害訴訟 (actions for trespass *vi et armis*) を多数見出すのである．最も明快な説明は，それが専門家としての違法行為に対する訴訟であることである．つまり，合意に基づいて馬に蹄鉄を履かせる時に，鍛冶屋が権利侵害を引き起こした[45]．このような状況下の国王裁判所における救済手段の利益が何であっても，この擬制によるアプローチは，法を曖昧にし，専門家によってのみ理解可能なものとする．それはまた，契約法と不法行為法の発展に対する障害となる．

さらにイングランド法は，他の制度と同様，失当な行為 (misfeasance) と

不作為（nonfeasance）との間に区別を設ける．そして，支払うべき金銭を支払わないという特定の種類の不作為に対しては，金銭債務令状（writ in debt）があるだけであった．債務には，救済手段に関して厳しい制限があった．被告は雪冤宣誓をすることができ，対価（quid pro quo）に対する狭い理解がなされ，請求額は確定されていなければならず，そして債務は遺言執行者を相手としては成立しなかった[46]．もう一つの救済手段である引受訴訟（assumpsit）は，1550年以前にはさまざまな不作為の状況下で使うことができたが，もちろん，令状の排他性という観念——一つの状況には一つの可能な令状しか存在しない——の故に，金銭債務令状が発せられる場合には，引受訴訟を用いることはできなった．金銭債務の欠陥は引受訴訟の範囲の拡大を望む理由となり，その理由は，金銭債務について専属管轄を有していた人民訴訟裁判所よりも王座裁判所においてより説得力を有した．

有名な1602年の「スレイド事件」（Slade's Case）以前に，金銭の不払に対して引受訴訟を拡大するために少なくとも3つの考案がなされた．それぞれの場合に，金銭を支払うとの約束と引換えになんらかの約因が存在したことを証明することが必要であった．そして，初期の例のなかでいったい何例において，主張されている事実が真実に対応しているかを述べることは，簡単ではない．引受訴訟を許す1つの考案は，債務は存在したが，その後一定の期間に債務について訴訟をしないという合意と引換えに支払をするとの約束がなされた，と主張することである．主張される猶予期間は，たったの1日か2日である．人民訴訟裁判所はこれを純粋な約因として取り扱わなかったが，王座裁判所はそう取り扱った．第2の考案は，互いに取引をしている商人たちにとって，一定の額が支払われるべきであると主張する場合に適したものであった．引受訴訟は，当事者が交互に計算をなし（insimul computassent），そして債務は履行期にあることが判明したとの約因で，提起することができた．第3の考案は，現存する債務を支払うとの約束に加えて，（引受訴訟に必要な約因（consideration）を作るため）その契約は被告によって要請されたものであることと，（しばしば数ペンスの）約束のための約因があること，あるいは期日に支払われなかったので原告は損失を被ったとの主張を用いることであった．かかる虚偽の主張は，人民訴訟裁判所では拒絶されたが，王座裁判所では拒絶されなかった[47]．

かくしてイングランド法においては，特定の裁判所の管轄を根拠づけるために考案された擬制の例に次から次へと出くわすのである．読者には，コモン・ロー裁判所と海事裁判所（Court of Admiralty）によって，特に17世紀に海事問題についての管轄を得るために，次々と擬制が考案されたことを思い

出してもらうだけで，今は十分である$^{(48)}$．

Ⅷ

　結論を述べよう．法学者が法形成者である場合は，彼らは，他の制度と鋭く区別された制度を伴う，概念化され，体系的で明解な法を作る傾向にある．裁判官が法形成者である場合，彼らは，概念的に貧弱で，抽象化に欠け，専門的な回避策や考案に満ちた法を作る傾向にある．しかし，ローマの法学者達は，彼らがその中で働いている裁判制度のまさに性質によって，常によりいっそうの概念の明確化と，一つの制度と他の制度の相違の明晰性を促進するよう駆り立てられた．他方イングランドの裁判官達は，彼らが働いている裁判制度によって，概念や，契約や不法行為あるいは個々の契約のような法制度を発展させることを妨げられ，そして，特定の専門的考案やあらゆる種類の回避策を発展するべくせき立てられた．2つの制度が有する類似性はあろうが，顕著な事実は，ローマ法とイングランド法がいかに発展の仕方を異にしているかということである．

　我々は，出発点であるＳ．Ｆ．Ｃ．ミルソムの引用に戻ろう．「ヨーロッパの人々の慣習が，知的な法制度に至ったのは，2度だけである．」　我々の現在の目的にとっては，ミルソムの論説が不正確であることが，最高度に重要である．ミルソムは直ちに続けて定義づける．「出発点は慣習，個々人の慣習ではなくて社会を支配する裁判所の慣習である」，と．これは，イングランド法を理解するのに役立つことである．裁判所は，何をするのが彼らの慣習なのかと自問する．そして，さまざまな裁判所がさまざまなことを行うのである．しかし，ローマ法についての顕著な事柄は，少なくとも我々が知るところの古拙な段階から，ローマ法が慣習から，人民が行うことについての想定された前提から，ほとんど完全に自由であったことである$^{(49)}$．ローマ法は，ルールや制度が何であるべきか，あるいは何をするべきかについて熟慮し，そして，単一の裁判制度の中にそれを適合させる，紳士達の研究の結果なのである．

第26章 伝達と法

〔266〕 本書で論じる最後の現象は，比較法的研究の結果として法に関して生じうる，さらなる一般化に関するものである．すなわち法の伝達についてである．

少なくとも，法と法制度は，紛争を規律するための制度的手続を提供することによって，社会において秩序を促進すべく機能するものである．最大限それらは，政治的上層部によって提供された道筋に沿うよう，個人の思想や行動を指示するために存在する．どちらの場合でも，ルールとその目的の双方を，影響を受ける当事者に伝達することが，法の概念にとって中心的なものである，と期待してよいであろう．しかしながら，法の伝達は重んじられているなどというものではないことがわかる．

西洋の世界は，（裁判所が習慣的に彼らの判決にとって決定的であると考えている正当性の基礎という意味において）4つの法源を利用してきた．すなわち，慣習，先例，法学者の意見，そして（法典を含む）制定法である．それぞれの源泉は，伝達について異なった意味合いを有している．

慣習に関する伝統的な理論は，習慣的な行動は，人々がそれを法としてすでに拘束力があるとの信念で遵守する場合，法的効力を有するに至る，というものである．実務的には，慣習とされるものは，それに基づく裁判所の判決が慣習法の宣明として受け入れられたときに，法となる．実際は，先行する慣習がない場合があり，あるいはそれがあった場合でも，広くは知られていない場合がある．慣習法は何よりも，強力な中央政権のない小社会において見出されるものであり，法が知られていないか，法に多くの欠落のあることが，慣習的法制度の特徴的な性質である．しかし，問題に直面している裁判官は，慣習的行動が答を提供すると否とにかかわらず，彼の抱えている事件に判決を下さなければならない．裁判官はしばしば，優れた制度からルールを，それがあたかも慣習であるかのごときものとして借用し，あるいは，権威のない，しばしばルールを作ったり他からそれを借用したりする著作者の意見に従う．慣習の支配するところでは，法は余り知られていない．そしてしばしば，多くの慣習の混乱がある．かくしてジョルジュ・ドゥ・ゲヴィート（George de Ghewiet）は，『ベルギー法提要』(*Institutions du Droit Belgique*, 1736年初版) 1.1.5.17において，人々はベルギーの1つの州に存

在するさまざまな慣習によってしばしば被害を受けていると述べている．それぞれの慣習を知ることと，どの慣習が適用されるのかを知ることの困難さが示唆されている．そして彼は，1つの州に慣習が1つだけ存するべきであるとの希望を表明している．しかしこれは問題の始まりに過ぎない．彼は1.1.6.2において，特定の地方の慣習で解決できない場合，ローマ法の中にではなくてフランドルの一般的慣習（Coutume Générale de Flandres）の中に答えを探すことが慣習であることを指摘する．しかし，なにが一般的慣習と考えられるかは不確かであると述べる．彼は，フランドルの議会は1694年 [267]に，一般的慣習となるためにはその州の3つの地方的慣習が必要であると決議した，と述べている．つまり，地方の慣習がさまざまな解答を出した場合，他の解答よりも3つ多くの慣習による支持のある解答が一般的慣習となるのである．地方の慣習でうまくいかない場合に法を発見するために一般的慣習を知るこの必要性の故に，彼は1.1.6.4において，フランドルの全ての特定の慣習の良い翻訳があればいいと言明している．その法は，フランス語であったり，フランドル語であったりした．しかし，特定の地方の裁判官はこれらの言語の1つしか知らないことがあった．

　慣習についての権限のある判断がなされたとき，それは法となる．慣習法は，制定法とは異なり，今日の先進国においては強力な法源ではない．しかし慣習法は，ヨーロッパ大陸において，特に中世時代に強力な法源であったのであり，今日でもアフリカ Africa やその他の場所においてそうである[1]．

　法形成の一つの形態としての先例は，法の知識とその目的を伝達する満足すべき方法ではない．法は，何冊かの文献に載せられた多くの事件の中に埋め込まれており，1つのルールの最初を引き出すためにすら，通常は幾つかの事件が研究されなければならない．教科書が裁判官の創った法を伝えている場合でも，判例をなお読む必要があるとの印象を残す．法は，それに従うものと想定されている人々から遠いものとなっている．加えて，この方法で形成された法は体系的なものではあり得ない．裁判官が創った法は，発見するのが困難であるという理由からだけではなく，事件を待って，その時点では知られていないし知ることのできない法に従って，過去に行われた正当なことを判断するのであるから，伝達の方法としては貧弱である．先例が法形成力を与えられる大部分の制度の特徴は——アメリカの制度においてはその特徴は大いに小さなものだが——，司法判決が政策指向型のものではないことである[2]．先例は，コモン・ロー諸国における強力な法源であり，そして大陸法諸国において，よりいっそう尊重されるようになってきている．

　法学者の意見は，古代ローマと，中世およびそれ以後のヨーロッパの学識

法の発展における強力な法源であったし，今日の大陸法諸国においては今でもそうである．合衆国においては，注目されてはいるが，より程度は低い．伝達のためには，法学者の意見は，将来を見通すことができ，論点や法の全領域を体系的にそして明確に説明することができ，そしてルール採用の理由を表現することができる，という利点を持っている．しかしそれは欠陥も有する．それは法ではなく，したがってその権威が裁判所か立法者によって受け入れられるまで法として知られることはない．

　法学者の意見は法を発見するために重要であるとするほとんどの制度は，しばしば起こることであるが，法学者の意見が一致しない場合，どの法学者あるいはどの意見が先例となるかを決定する制度を設定していない．このことは，例えば，法学者の意見が法の変化を形成していた時代のほとんどの期間の古代ローマ，法典化以前のローマ法継受の諸世紀の間の西ヨーロッパのほとんどの国々，そして現在のドイツの場合である．さらに，法学者の意見はしばしば，それが表明されてから相当の期間後になって法を形成するに至る場合がある．したがって，それが法源である限り，法学者の意見には，法の伝達の観点から高い点数を与えることはできない．

　立法は，少なくとも理論的には，最も強力な法形成の形態である．それはまた，法的思考を形成し，人間の行動を指示し，そして知識を検閲する最も強力な力を有するものである．立法のみが，先行する法との関係を鋭く絶ち，新しく開始をすることができる．現代の良い例が，1925年のアタチュルク（Atatürk）によるスイス民法典の（わずかな修正をしただけの）採用であり，その後の，ヨーロッパの類似の法源からの商法の受容である．アタチュルクは，トルコの非宗教化，近代化，そしてヨーロッパ化を目指し，そして法は彼の道具の1つであった．彼の狙いは一時に達成されたものではなかったが，新しい法は成功裏に採用された．さらに，制定法が人間の行動を変化させようとすることができるだけではなく，立法者は彼の目的を明確にし，その前文において彼の目的を説明することができる．——明らかにプラトン（Plato）によって発明され，フリードリッヒ大王とマッコーレイ（Macaulay）卿は反対したものの，ジェレミー・ベンサム（Jeremy Bentham）によって支持された考案である．加えて，立法は，法の一分野について体系的であることも，あるいは現代の法典のように法の全分野をカバーすることもできる．

　かくして法は，伝達方法として，そして人間の行動を規制し指示する制度化された方法として，立法によって最高に達成できるものである．しかし，歴史の教訓によれば典型的な，立法のいくつかの特徴に触れておかなければならない．第1に，近代以前には，立法は比較的稀なものであった．第2に，

立法は過去との関係を遮断するが，それは公布された時だけのことであること．我々が見たように，特にたぶん法典化において示されるように，ひとたびそれが場所を得ると，たぶん数世紀にわたって変更されない傾向にあるのが，立法の特徴である．裁判所は，その元々の目的から離れてそれを再解釈することもできるが，結果として残る法は，裁判官が創った法と同じように，それを知ることが困難となる．第3に，他の地域の法に大きく頼るのではなくて，それらが作用している地域のために新しいものに作り換えられるという意味で独創的である制定法は非常に少なく，法典は非常に稀である．アタチュルクの改革がその典型である．すなわち，法は，たとえ社会の目的と正確にぴったり適合していなくても，創るよりは借用するほうが簡単である．アタチュルクが何を望んでいたとしても，何を遂行したとしても，世紀の変り目のスイスと1925年におけるトルコとの間ほど，地理，経済，政治，そして宗教の点でより異なる近代の社会はほとんどないであろう．にもかかわらず，一つの国の法が他の国の法に引き継がれたのである(3)．第4に，「元々の」立法でさえ通常はるか過去のルーツを隠しており，そのルーツは，立法者の意識に現れないのであるが，行動を指示する試みに影響を与える．第5に，大きな情熱をいだくテーマとは異なり，立法者は一般に，特に私法の領域で法の改革に関心をいだかない．立法を通じての変化は多くの時間を要する場合がある．

　法形成の全ての形態に時々現れるある要素に注意する必要がある．それは，控えめに言っても，法の内容をそれによって影響を受ける者に伝達することについての関心がいささか欠落していることを示すものである——すなわち，[269] それによって影響を受ける多くの人々には分からない言葉で法を編集することである．立法にとって最も優れた例は，ユースティーニアーヌスの『学説彙纂』と『勅法彙纂』である．それらの公布の時には，そして何世紀も前から，帝国の中心は西のローマではなくて東のギリシャであった．そしてラテン語は，人口の大半の言葉ではもはやなかったし，私法の問題を抱えている者たちの多数が理解すらしなかった．しかし『学説彙纂』のほとんど全てはラテン語であり，『勅法彙纂』の大部分もそうであった．しかしユースティーニアーヌスは，これらの著作のギリシャ語版を作ろうという計画は決して持たなかった(4)．そしてユースティーニアーヌスは，ラテン語で書かれた『法学提要』第3巻第7章第3節において，「全ての者が理解するために」ある法律をギリシャ語で起草したことを自画自賛している！　それのみならず，彼の勅法の冒頭において［すなわち，現在の『新勅法』第17号，535年］，彼は最高司法官達のために，ラテン語とギリシャ語の双方での説示を用意し，

そして写しを全ての彼の行政官に，完全に情報を得るために彼らがいる地域に適当な言葉で用意して送る，と述べている．ギリシャ語しか知らないこれらの上級官僚達が，どうして『学説彙纂』と『勅法彙纂』にある法を理解するというのであろうか．彼はその点について述べていない．

その他の類似の，効果的な例は，5世紀以後のゲルマン民族のいわゆる蛮族法典から引くことができる．『テオデリック王の告示』(*Edictum Theoderici*)，『エウリック王法典』(*Codex Euricianus*)，そして西ゴート族のための『裁判書』(*Liber iudiciorum*)（すなわち西ゴート人法），ブルグンド族のための『ブルグンド人法』(*Lex Burgundionum*)，バイエルン人のための『バイエルン人法』(*Lex Baiuwariorum*)，河岸フランク人のための『リブアリア人法』(*Lex Ribuaria*)，アレマン人のための『アレマン人法』(*Lex Alamannorum*) などである．全てラテン語で出された！[5] フランスの『民法典』は，1845年のドミニカ共和国の法としてフランス語で採用され，1884年までスペイン語に翻訳されなかった．ジョルジュ・ドゥ・ゲヴィートは，『ベルギー法提要』の一番最初 (1.1.4.4) で，フランドルとブラバントのために出された法の布告の大部分がフラマン語であったことを述べている．そして彼は，フランドル高等法院への上訴権をもつ裁判所組織にいる裁判官はフラマン語の話し手でない可能性があるので，布告がフランス語に翻訳されるべきであるとの希望を表明する．先例が重要である制度における外国語の使用については，ノルマン人の征服後のイングランド裁判所におけるフランス語の使用に言及したほうが良いであろう．最初はこれは合理的なことであるかに思われたが，間もなくそうではなくなった．ポロック (Pollock) とメイトランド (Maitland) は，1362年のそれ自身はフランス語で書かれた制定法が，「フランス語はほとんど理解されないので，全ての訴えは英語で『答弁され，証明され，防御され，回答され，議論され，判決される』べきであると宣言した．しかしこれは遅すぎた」と述べている[6]．それからしばらくして後，判例集さえもフランス語でのみ出された．慣習法の編纂についての例として，『トゥールーズの慣習』(*Coutume de Toulouse*) を挙げることができる．それは，町庁舎に置かれた白書 (*livre blanc*) にラテン語で記され，18世紀の終りになってはじめて，法律家やその他の人々が使えるようにスラッジュ (Soulatges) によってフランス語に翻訳された[7]．中世のスペインのほんの一部——エストレマドゥーラ (Extremadura)——から選択しても，カラタユド (Calatayud, 1131年)，ダロカ (Daroca, 1142年)，テルエル (Teruel, 1177年)，クエンカ (Cuenca, 1188年または相当後) の各フエロ (*fueros*) もまた全てラテン語であった．慣習法の編纂者は，何時も，慣習

を記載する理由として，それらが簡単に忘れられるという事実を挙げる．しかし，多くの者が理解しない言葉で書かれたならば，慣習に従うことの助けにどうしてなるのであろうか？

　たとえそれが驚くべきものであるとしても，結論を回避することはできない．一般に，法の領域の多くにわたって，法形成者達は，法とその中にある彼らのメッセージを伝達することに，あるいはある特定のメッセージを持つことにすら，ほとんど関心がないのである．後者については，法の借用の頻度と程度が決定的である．前者については，19世紀イングランドにおける刑法の問題を，明らかにする例として選択することができる．もし人が，行動の理想を伝達し，行動に影響を与えるために使われる法の例を欲する場合，不法と見なされる行為を抑制したいとの願望が，特別の重要性を有することになる．1833年に，刑法委員会委員が，一つの法典に制定法とコモン・ローの原則を入れる必要性を証明するという最初の仕事のために，イングランドで任命された．彼らは，その法典の中で現存する法を言い直す準備をしなければならなかった．多くの従前の立法にもかかわらず，法の多くが先例であり，発見するのに困難であった．5つの報告書が1839年と1845年の間に作られ，再編成された委員会が1845年と1849年の間に別に5つの報告書を作った．その段階において裁判官は，法の枠組みが硬直にすぎるとして，法典という考え方に反対した．陪審員あるいは治安判事をも務めていた議会のメンバーも，改革には余り熱心ではなかった．最終的な結果は，すでに制定法にある法を統合した制定法（24 & 25 Victoria, Cs 94r-100）以上のものではなかった．

　これすべては，マッコーレイ卿により起草されて成功裏に公布された英領インドの刑法典を背景とするものであった．インドの法典に経験のあるジェイムス・フィッツジェイムス・ステファン（James Fitzjames Stephen）卿は，1870年に刑法典の彼自身の草案を作った．それは一時，議会で成功するかに思われたが，裁判官の反対で再び廃案となった．それは，イングランドにおいては議会を通過しなかったが，いくつかの植民地では成功した．それ以後，いくらかの進歩はあったが，わずかで緩慢なものであった[8]．学者は，裁判官としてであれ立法者としてであれ〔立法に〕気が進まない法形成者の動機について意見が一致しないかも知れない．しかし我々にとって，ここでの教訓は簡単であり，法形成者達が何が法であるかについての知識を伝達することについて，あるいは法における正確なメッセージを作ることについてさえ，大きな願望を示していないことである．法形成者の側における法の伝達についての興味の欠落は，典型的なものである．

今日の立法者が，法知識を彼らの有権者に対して伝達することに，より熱心である，と軽々に結論づけるべきではないであろう．イングランドの例が参考となる．イングランドの制定法の中から法を発見する困難さは，少なくとも17世紀の中頃以来，法形成に係わる最も地位の高い人達の間で一般的に何度も言われてきたことである(9)．困難さは今日も同様に明らかである．そして，その筋の批判があいかわらずやかましい．イングランド制定法の参考となる一つの例は，第23章ですでに明らかになっている．

〔271〕　以前は議会の顧問であり，1977年から1979年まで制定法協会（Statute Law Society）(10)の議長をしていたフランシス・ベンニオン（Francis Bennion）は，権威を有する立場からこの主題について書いている．ベンニオンは，制定法の理解を妨げる4つの要素を挙げて論じている(11)．言葉の圧縮は，例外的に高く評価されるが，しばしば読者を困惑させる．ほとんど手掛りが読者に提供されないという意味で，匿名が標準である．表題や傍注はほとんどなく，相互参照も十分ではなく，主たる参照事項を選択するための活版印刷上の考案が用いられていない．構造と配列の歪みは，議会で通過させるために採用されたテクニックの結果であり，重要な事柄について可能な限り議論ができないようになっている．彼が挙げる第4の要素は，主題の扱いを色々な場所に分散させることである．彼は第5の悪い要素として「英国独特の現象」を付け加える(12)．それは，基本的な法（*principal acts*——彼はそう呼んでいる）が実際上，その文言を変更することによってではなく，間接的に修正されることである．これは，以前にしばしば強調された悪い要素である．さらに，この方法は読み手の理解のみならず立法者の理解も困難にすることが注意されるべきである(13)．

　彼が「制定法書の公式の保管者によるモデル条項の存在しない中で，その仕事は非公式の団体によってなすことができた」と言っているのは，最後の手段としてである(14)．そして彼は，裁判官やアメリカ法律家協会代表達による1923年のアメリカ法律協会（*American Law Institute*）の設立を，イギリス法曹に一つの例として推奨する．

　法形成者の側における，法を伝達することに対する興味の欠落について述べてきたのであるが，これについては，3つの限定付けがなされなければならない．

　第1に，伝達に対する願望は，法の法典化を成功裏にやろうとした多くの人々の精神の中の主要な動機であると思われる．このことは，例えば，モーゼ，ハンムラビ，ユースティーニアーヌス，フリードリッヒ大王，ナポレオン，そしてアタチュルクの場合に当てはまる．それは，ユリウス・カエサル

やジェレミー・ベンサムのような，法典化を追求したが失敗した何人かの場合もその通りである．ルールの実際の内容に対する不満足は，通常，動機としてはほとんど意味を持たなかった．通常，法のルールを伝達する必要性は，これらの改革者によって表明される．2つの特徴が目を引く．(1)法典化によって法が伝達されることを望む者は，通常，法的伝統の外にいるのであり——彼らは，他の法形成者が曖昧にしていることに我慢ならないのである．そして(2)彼らは法知識を伝達したいのであって，その法に含まれている特定の社会的メッセージを伝達したいのではない．かくして，アタチュルクがトルコを西洋化したいと望んだときですら，スイス法はトルコ民法のモデルとして選ばれたのであり，明らかにトルコの法務大臣がスイスにおいて法を学んでいた以上の大きな理由はないのである．フリードリッヒ大王は，プロイセンで効力を有していたローマ法の内容に大いに満足していると明確に宣言した．ナポレオン民法典は，フランスの過去に大いにルーツがある．ユースティーニアーヌスの『学説彙纂』に含まれる原典のほとんどは，少なくとも300年は経っているものである．

　第2に，いくつかの国では，法のいくつかの分野での伝達が大変まじめになされ，その国々は，外の世界でもその法的対応について最高に有名となる．アイルランドは，離婚の法的認知の拒否と堕胎と不妊手術に対する刑事制裁〔272〕によって．南アフリカは，人種の混合に反対するその法によって．法準則はしばしば，ラジオや新聞のようなメディアを通じての簡単な方法で伝達される．問題となる法は通常，国家によってその利害に不可欠であると考えられ，他の社会と区別する社会的条件や態度を維持するためのものである．ここではその法は，特定の社会的価値を伝達し維持するために使われる．伝達のための注意が焦点となる法の分野についての一般法則を立てることはできない．ルールを伝達しようとの特別の願望が常に，(19世紀のイングランドの例が示しているように) 刑法であるとか，家族法であるとかというのは，正しくない．同様に，資本主義社会の，ビジネス・ローの明確性やその形成に，必ずしも注意が向けられる訳ではない．19世紀のイングランドにおける商法の非常に遅い発展は——マックス・ウェーバー (Max Weber) の当惑するところであるが——，このことの十分な証明となる．

　第3に，成文憲法は典型的に，国の指導者達によっていだかれた最も高い理想あるいは宣伝を伝達するために用いられる．これは，合衆国やソヴィエト連邦のような色々な国々において妥当する．他の法律と対照的に，憲法は通常，言葉が専門的でなく，低価格で，あるいは無償版ですら広く配付されており，しばしば政治家等によって雄弁に言及されるのである．憲法は基本

的な法として扱われ，それを知ることは市民の義務である．憲法は，国に対する市民の忠誠を説得するために使われる．

　そこで結論として，法は人間の行動を統制し，それを行うために伝達されなければならないのであるが，一般に社会は，それによって影響を受ける者達に利用できる法の知識を与えることに相対的に余り興味を示さず，法における目的を説明することさえしないのである．伝達に対する興味のこの欠落は，特定の社会における法の果たす役割が，とりわけある種の秩序の確立であることを示しているものと十分に考えられる．しかし，それは，社会のある詳細な秩序づけが全ての法の背後にあることを示すものではない．法は相当の程度において，法形成を行うエリートの文化の表現であり，法を形成する中で，ある法形成者は他の法形成者にシグナルを送るのである．裁判官は他の裁判官や実務家のために意見を書き，法学者は他の学者のために教科書を書き，立法者は他の議会人に影響を与えるために立法を行うのである．たいへん特別な状況の下でのみ，法形成者達は，大衆一般に対して法の中にあるメッセージを述べ，あるいは法を明確に説明しようと試みる．このような特別な場合を別にすれば，国家は最も基礎的な考え方のみを伝達することに興味を有しているように見える．「汝盗むなかれ」——しかし，行為の性質や窃盗を構成する意思についての説明はない．「契約は拘束力がある」——しかし，契約の定義や契約当事者の権利や義務についての説明はない．

〈付録A〉 ヘイルの『分析』

〔275〕

1. 法の民事の部分（総説）について
2. 人々の関係，およびそれにより発生する権利について
3. 国王個人に関係する権利について
4. 国王大権に関して
5. 国王の領地権すなわち帝権に関して
6. 裁判権（*Potestas Jurisdictionis*）すなわち国王の裁判権について
7. 王国〔課税〕調査（*Census Regalis*）すなわち国王の王国収入に関して
8. 国王の世俗収入について
9. 王位の相対的大権について
10. 従属的行政官について，第1に教会のそれ
11. 世俗の行政官に関して
12. 裁判権を持たない（*Sine Jurisdictione*）下級行政官について
13. 人民すなわち臣民の権利について
14. 家政関係にある人々の権利について，第1に夫と妻のそれ
15. 親と子供の関係に関して
16. 主人と使用人の関係について
17. 民事的関係に関して
18. 被相続人と法定相続人に関して
19. 領主と保有者に関して
20. 後見人と被後見人に関して
21. 領主と隷農について
22. 政治的人格または団体すなわち法人に関して
23. 物の諸権利（*Jura Rerum*）およびその一般的区別に関して
24. 物的な物，およびその分類に関して
25. 教会の，すなわち宗教的な物に関して
26. 財産の性質と種類について
27. 法定の行為による財産の取得について
28. 当事者の行為による財産の取得，および両者混合の行為によるもの
29. 物的な物の諸権利に関して
30. 単純封土権および限嗣封土権について
31. 法定相続不動産権よりも劣る，コモン・ロー上の不動産権について
32. 占有との関係での，不動産権の分類について
33. 物的な物における不動産権の取得と移転について，第1に法定の行為によるもの

34. 当事者による財産取得に関して，第1に記録によるもの
35. 証書外事項による譲渡に関して，そして第1に捺印証書について
36. 制定法の力による譲渡について
[276] 37. 慣習的不動産権に関して
38. 没収による財産の移転について
39. 権利侵害（Wrongs）すなわち権利侵害（Injuries）について，そして第1に人に対する権利侵害（Wrongs）について
40. ある関係にある人に対する権利侵害について
41. 物の権利との関係における権利侵害について，そして第1に人的な物について
42. 当事者の占有を奪うことのない，物的な物に対する権利侵害，およびその救済手段について
43. 占有剥奪を伴う権利侵害に関して
44. 裁判所の法的手続の様相を呈する権利侵害について
45. 救済手段，およびその取得方法に関して
46. コモン・ロー上の救済手段，そして第1に訴訟によらない手段について
47. 訴訟による，コモン・ロー上の救済手段に関して
48. 訴訟手続および出廷について
49. 訴答について
50. 争点について
51. 事実審理について
52. 判決について
53. 執行について
54. 錯誤等による権利侵害（Injuries）の救済策について

The Analysis of the Law: being a Scheme, or Abstract, of the Several Titles and Partitions of the Law of England, Digested into Method (1713) による．

〈付録Ｂ〉　ブラックストンの一覧表　　　　　　　　　　　　　　　〔277〕

```
　　　第１巻
法の性質一般　　　第１章
イングランド法の基礎と基盤　　第２章
これらの法に服する国々　　第３章
イングランド法の対象　　第４章
 Ⅰ．人の権利
　 １．自然人
　　 １．絶対的な権利，すなわち以下のものの享有
　　　 １．個人の安全
　　　 ２．人身の自由
　　　 ３．私有財産
　　 ２．相対的な権利，ある関係において存立する権利　　第５章
　　　 １．公的なもの
　　　　 １．行政官
　　　　　 １．最高行政官
　　　　　　 １．立法部，すなわち議会
　　　　　　 ２．執行部，すなわち国王　　第６章
　　　　　　　 １．王　権
　　　　　　　 ２．栄　典　　第７章
　　　　　　　 ３．義　務
　　　　　　　 ４．諮問機関
　　　　　　　 ５．王　族
　　　　　　　 ６．大　権　　第８章
　　　　　　　 ７．収　入　　第９章
　　　　　　　　 １．通常収入
　　　　　　　　　 １．宗教的なもの
　　　　　　　　　 ２．世俗的なもの
　　　　　　　　 ２．特別収入　　第10章
　　　　 ２．従属的行政官　　第11章
　　　 ２．人　民　　第12章
　　　　 １．在留外国人
　　　　 ２．内国出生者
　　　　　 １．聖職者
　　　　　 ２．俗　人　　第13章
　　　　　　国家においては，
　　　　　　 １．民　事
　　　　　　 ２．軍　事
　　　　　　 ３．海　事
　　　 ２．私的なもの　　第14章
　　　　 １．主人と使用人
　　　　 ２．夫と妻
　　　　 ３．親と子供　　第15章
　　　　 ４．後見人と被後見人
　 ２．政治的団体，すなわち法人　　第16章
 Ⅱ．物の諸権利　　　　　　　　　　　　　第２巻
 Ⅲ．私的権利侵害（Wrongs），すなわち民事権利侵害（Injuries）　　第３巻
 Ⅳ．公的権利侵害（Wrongs），すなわち犯罪と軽罪　　第４巻
```

第2巻　物の諸権利

〔278〕物の諸権利は以下の物に対する支配権である．　　第1章
- Ｉ．物的な物――これを構成するもの
  - 1．そのいくつかの種類
    - 1．有体物
    - 2．無体物　第2章
  - 2．不動産保有――その条件　第3章
    - 1．古　代
    - 2．近　代　第4章
  - 3．不動産権――これに関係する事柄
    - 1．権利の性質
      - 1．自由土地保有権
        - 1．法定相続によるもの　　第5章
        - 2．法定相続によらないもの　　第6章
      - 2．自由土地保有権より劣る不動産権　　第7章
    - 2．享有期間　第8章
      - 1．占有において
      - 2．残余権において
      - 3．復帰権において
    - 3．保有者の数および結びつき　　第9章
      - 1．単独保有
      - 2．合有不動産権
      - 3．相続財産共有
      - 4．共　有
  - 4．権原――その取得・喪失原因とは　　第10章
    - 1．無遺言不動産相続
    - 2．譲受け――これに含まれるもの
      - 1．無主物先占　第11章
      - 2．取得時効
      - 3．不動産復帰
      - 4．没　収　第12章
      - 5．破　産
      - 6．移転（普通譲渡確証証書による）――その証書とは　　第13章
        - 1．捺印証書または証書外事項――これに含まれるもの
          - 1．一般的性質
          - 2．個別の種類　第14章
        - 2．記録事項　第15章
        - 3．特別慣習　第16章
        - 4．遺　贈
- Ⅱ．人的な物，すなわち動産――これを構成するもの　　第17章
  - 1．それらの区分
  - 2．財　産
  - 3．権原――その取得・喪失原因とは　　第18章
    - 1．無主物先占
    - 2．大　権
    - 3．相　続
    - 4．慣　習　第19章
    - 5．婚　姻
    - 6．没　収
    - 7．判　決
    - 8．譲　与　第20章
    - 9．契　約
    - 10．破　産　第21章
    - 11．遺　言　第22章
    - 12．遺産管理

第3巻　私的権利侵害，すなわち民事権利侵害　　　　　　　　　　　　　　　　〔279〕
これに対してイングランド法が提供した救済策　　　　第1章
- I. 当事者の単なる行為による場合
- II. 法の単なる作用による場合
- III. 双方による場合，すなわち裁判所における訴訟　　　第2章
  - 1. 裁判所
    - 1. その性質と事件
    - 2. そのいくつかの区別
      - 1. 公的ないし一般的裁判権
        - 1. コモン・ロー裁判所とエクイティ裁判所
        - 2. 教会裁判所　　第3章
        - 3. 軍事裁判所
        - 4. 海事裁判所
      - 2. 私的ないし個別的裁判権
  - 2. 権利侵害，すなわち権利侵害（Injuries）の裁判管轄権　　第4章
    - 1. 教会裁判所
    - 2. 軍事裁判所
    - 3. 海事裁判所
    - 4. コモン・ロー裁判所
      - 1. 以下の権利侵害に対する各々の救済手段　　第5章
        - 1. 人の諸権利
          - 1. 絶対的な権利
          - 2. 相対的な権利
        - 2. 財産権　　第6章
          - 1. 人的権利
            - 1. 占　有
              - 1. 占有奪取による場合
              - 2. 損害による場合
            - 2. 訴訟によるもの――契約違反による場合
          - 2. 物的権利　　第7章
            - 1. 占有剥奪ないし占有奪取
              - 1. 臣民からの
                - 1. 自由土地保有の奪取
                - 2. 不動産的動産の奪取　　第8章
              - 2. 国王または彼の被譲与者からの
            - 2. 侵害（Trespass）　　第9章
            - 3. 不法妨害（Nuisance）
            - 4. 毀損（Waste）
            - 5. 義務履行差控え（Subtraction）　　第10章
            - 6. 侵害（Disturbance）
      - 2. 救済手段の遂行　　第11章
        - 1. コモン・ロー上の訴訟による場合
          - 1. 令　状
          - 2. 訴　答
          - 3. 訴答不十分の抗弁および争点
          - 4. 事実審理　　第12章
            - 1. 記　録
            - 2. 検　査
            - 3. 証　人
            - 4. 証明書
            - 5. 決闘裁判
            - 6. 雪冤宣誓
            - 7. 陪　審　　第13章
          - 5. 判　決　　第14章
          - 6. 上　訴
          - 7. 執　行
        - 2. エクイティ裁判所における訴訟手続による場合　　第15章

〔280〕　**第4巻　公的権利侵害，すなわち犯罪と軽罪**
これらを構成するもの　　　第1章
- I．犯罪の一般的性質，および刑罰
- II．犯罪を犯す能力のある者，および彼らの有責性のいくつかの段階　　　第2章
  - 1．正犯
  - 2．共犯
- III．以下の法を犯すより特殊な（刑罰を伴う）個々の犯罪　　　第3章
  - 1．神法
  - 2．万民法
  - 3．国法――以下に特に影響を及ぼすものとして　　　第4章
    - 1．国王および政府に
      - 1．大逆罪
      - 2．大権を侵害する重罪　　　第5章
      - 3．教皇尊信罪
      - 4．侮辱（Misprisions and Contempts）
    - 2．連合王国に――以下に対する違反　　　第6章
      - 1．公の正義
      - 2．公の平和
      - 3．公の取引　　　〔第7章〕
      - 4．公衆衛生
      - 5．公共経済
    - 3．個人に――以下のものに対する犯罪　　　第8章
      - 1．個人の身体
        - 1．殺人により
        - 2．その他の身体に対する侵害により　　　第9章
      - 2．個人の住居　　　第10章
      - 3．個人の財産
- IV．防止手段　　　第11章
  - 1．平和のための安全確保により
  - 2．善行により
- V．処罰の手段
  - 1．個々の刑事司法裁判所
  - 2．そこでの手続　　　第12章
    - 1．略式手続
    - 2．通常手続
      - 1．逮捕
      - 2．収監と保釈
    - 3．訴追手続
      - 1．告発によるもの
      - 2．正式起訴によるもの
      - 3．訴追請求によるもの
      - 4．私訴追によるもの
    - 4．訴訟手続　　　第13章
    - 5．罪状認否手続およびその事件
    - 6．訴答および争点
    - 7．事実審理および有罪判決　　　第14章
    - 8．聖職者
    - 9．判決および私権剥奪――これにより生じるもの　　　第15章
      - 1．没収
      - 2．血統汚損
    - 10．判決の回避
      - 1．無効または破棄により，私権剥奪
      - 2．執行停止または恩赦により
    - 11．執行

Analysis of the Laws of England, 2nd ed. 1757 による。

〈付録C〉 ゴトフレードゥスの一覧表（翻訳）

この法学者によって明らかにされた，法学提要諸巻の配列についての説明

序，または本法学提要を承認する立法

   第1巻
正義および法について
種　類
 │自然法，万民法および市民法について
法の客体
人
 │奴　隷
 │ │人の法について
 │自由人
 │ │生来自由人について
 │ │解放による自由人について
 │ │ │いかなる者が，いかなる理由により解放することができないか
 │ │ │ │フーフィウス・カニーニウス法の廃止について
自権者および他権者について
他権者について
 │家父権について
 │ │婚姻について
 │ │養子について
 │家父権を終了させる方法について
被後見人，およびその後見人，保佐人について
種　類
 │遺言後見人
 │ │後見人の職務について
 │ │遺言によって後見人を指定することのできる者
 │法定後見人
 │ │宗族の法定後見職について
 │ │ │頭格変更について
 │ │保護者の法定後見職について
 │ │尊属親の法定後見職について
 │選定後見人

〔282〕
　　　｜｜アティーリウス法の後見人，およびユーリウス・ティティウス法に基づき
　　　｜｜任命された後見人について
　　｜後見人の助成について
　　｜逆の事柄
　　｜｜後見職が終了する方法について
　　｜関連する事柄
　　｜｜保佐人について
　　｜後見人または保佐人によって提供される担保について
　　｜後見人または保佐人の免除について
　　｜過誤の嫌疑を受けた後見人または保佐人について

第2巻
物
　｜物の区別，万民法による物の所有権の取得について
　｜｜有体物および無体物について
　｜｜｜農業用不動産役権および建物役権について
　｜｜｜用益権について
　｜｜｜使用権および居住権について
　｜法律および市民法による物の取得方法について
　｜｜これらの方法における個々の物について
　｜｜使用取得および長期間の前書について
贈与について
　｜譲渡を受けることが許される者，許されない者
　｜何人を介して人は取得することができるか
包括的相続
　｜遺言作成について
　｜兵士の遺言について
　｜遺言作成を許されない者について
　｜子の相続廃除について
　｜相続人の指定について
　｜｜通常補充指定について
　｜｜未成熟者補充指定について
　｜遺言が無効となる場合について
　｜不倫遺言について
　｜相続人の種類及び相違について
　｜相続財産の遺留について
　｜｜遺贈について
　｜｜｜遺贈の取消について
　｜｜｜ファルキディウス法について

信託，およびトレベッリウス元老院議決に基づく相続について
　信託により遺される個々の物について
小書付について
無遺言相続について
　宗族の法定相続について
　テルトゥッリアーヌス元老院議決について
　オルフィートゥス元老院議決について　　　　　　　　　　　〔283〕
　血族の相続について
奴隷の血縁関係について
　解放奴隷の割当分について
遺産占有について
自由のために遺産を裁定付与される者について
破産による売却に起因する相続について

第 3 巻

債務関係について
契約に基づく債務関係
　引渡しによるもの
　　引渡しにより債務関係が発生するその方法について
　言語によるもの
　　言語による債務関係について
　　2名の諾約者または要約者について
　　奴隷の問答契約について
　　問答契約の区別について
　　無効な問答契約について
　　保証人について
　文書によるもの
　　文書による債務関係について
　単なる合意によるもの
　　売買について
　　賃貸借について
　　組合について
　　委任について
　　　　準契約に基づく債務関係
　　　　　いかなる人を介して我々は債権を取得するか
　　　　　債務関係消滅の方法について
　　　　不法行為に基づく債務関係
　　　　　窃盗について
　　　　　強盗について

アクィーリウス法について
人格権侵害について
準不法行為に基づく債務関係

第4巻
訴　権
　原　告
　　訴権について
　　　他権者の行為により我々に行使可能な訴権について
　　　他権者との取引について
　　　加害訴権について
　　　もし四足の動物が
　　その人に代わって我々が訴えることのできる者について
　　　担保について
　　永久または期限付きの訴権，および相続人が行使可能な，または相続人を相手方として行使可能な訴権について
　被　告　　　　　特別の抗弁について
　原告と被告　　　再抗弁について
　　　　　　　　　特示命令につて
　　　　　　　　　濫訴に対する制裁について
　裁判官について　裁判官の職務について
　公訴について

Corpus Juris Civilis, Dionysio Gothofredo auctore (1663) による．

原　注

[285]

序　文
（ 1 ）　B. Nicholas, *An Introduction to Roman Law*（Oxford, 1962), pp. 43f.

第 1 章　法とローマの精神
（ 1 ）　2.9f.
（ 2 ）　118ff.
（ 3 ）　563ff.
（ 4 ）　651. *Epidicus*, 442〔422〕も見よ．
（ 5 ）　*Eunuchus*, 335ff.
（ 6 ）　*Histories*, 31.23.11; 31.29.10 を参照せよ．
（ 7 ）　*De finibus*, 4.12〔1.4.12〕.
（ 8 ）　*De officiis*, 1.10.33.
（ 9 ）　*Heautontimorumenos*, 796.
（10）　Valerius Maximus, 7.7.5.
（11）　法務官告示については第 3 章を見よ．
（12）　Valerius Maximus, 7.7.5〔7.7.7〕.
（13）　Cicero, *De legibus*, 2.21.53.
（14）　*Epidicus*, 697ff.
（15）　*Captivi*, 802ff.
（16）　*Casina*, 68ff.
（17）　*Persa*, 135ff., 329ff., 524ff., 577ff., 665, 714f.
（18）　*Poenulus*, 771-785.
（19）　*D*.9.2.33*pr.*（Paul).
（20）　*D*.9.2.27.3〔9.2.27.34〕（Ulpian).
（21）　Cicero, *De oratore*, 1.58.246; Varro, *De re rustica*, 2.3.5, 2.5.11, 1.7.6〔2.7.6〕.

第 2 章　王法と十二表法
（ 1 ）　諸史料は，S. Riccobono, *Fontes iuris romani antejustiniani*, vol.1, *Leges*, 2d ed.（Florence, 1941), pp. 4ff. において収集されており，そこで見ることができる．
（ 2 ）　Dionysius, *History*, 2.15 による．
（ 3 ）　Ibid., 2.26.27.
（ 4 ）　Ibid., 2.27.
（ 5 ）　Plutarch, *Romulus*, 22.
（ 6 ）　Dionysius, *History*, 2.25.6.
（ 7 ）　議論については，A. Watson, "Roman Private Law and the *Leges Regiae*," *Journal of Roman Studies* 82（1972): 100ff. を見よ．

[286] (8) Dionysius, *History*, 2.9.
(9) Ibid., 2.10.
(10) Plutarch, *Romulus*, 22.
(11) 後述第4章を見よ.
(12) Dionysius, *History*, 2.26.27.
(13) Ibid., 2.74.
(14) Festus, *s.v. Parricidii*.
(15) Servius, *Commentarii in Vergili Eclogas*, 4.43.
(16) *D*.11.8.2.
(17) Livy, *History*, 3.34.6 を参照せよ.
(18) Cicero, *De legibus*, 2.4.9.
(19) Livy, *History*, 3.9.1ff.
(20) Ibid., 3.35.
(21) Ibid., 3.36.
(22) これらの諸断片は, *Fontes*, 1:26ff. において収集されており, そこで見ることができる.
(23) *D*.47.22.4.
(24) *D*.10.1.13.

第3章 法 源

(1) *D*.45.3.39 において〔言及されている〕.
(2) つまり, 元々の著作は, こすりあるいは洗い落とされ (したがって, それを読むためには絶えず困難を伴う), その結果, 当該羊皮紙は再利用が可能となる. ガーイウス『法学提要』の場合, それは聖ヒエロニムス (Saint Jerome) の著作に書き換えられていた.
(3) *J*.1.2.3.
(4) *J*.1.2.9.
(5) *G*.4.26-29.
(6) *D*.1.3.32.
(7) *C*.8.52(53).2.
(8) Livy, *History*, 2.58.1.
(9) *D*.9.2.1.1. 一般的な主張については, A. Watson, *Law Making in the Later Roman Republic* (Oxford, 1974), pp. 6ff. も見よ.
(10) *Asinaria*, 371.
(11) Valerius Maximus, 7.7.5.
(12) 古い, 形式を重んじる手続の下では, 諾成契約が存在したはずがない.
(13) *De agri cultura*, 144-150.
(14) *Pro Tullio, passim*.
(15) *De natura deorum*, 3.30.74.
(16) 後述第7章を参照せよ.
(17) *Captivi*, 802ff.

原　注

(18) Livy, *History*, 106.3ff.〔10.6.3ff〕.
(19) 〔十二表法〕第4表2.
(20) Dionysius, *History*, 2.26, 27.
(21) この条項の意味は明瞭ではない．私見によれば，以下の解釈の方が優れている．すなわち，この一文は，売買と握取行為による所有権の移転に関係するのではなくて，握取行為に非常に類似する拘束行為（nexum）による，借金のための息子の質入れに関係〔287〕していた．質入れされた息子は父の権力の下に留まった——もし息子が握取行為によって移転されたのであれば，そうはならなかったはずである．議論については，A. Watson, *Rome of the XII Tables, Persons and Property* (Princeton, 1975), pp. 111ff. を見よ.
(22) *D*.1.2.2.7.
(23) *D*.1.2.2.41.
(24) *De Oratore*, 1.48.212.
(25) *D*.28.2.2.29*pr*.〔28.2.29pr.〕
(26) *D*.28.6.39*pr*.
(27) *D*.39.3.3.1.
(28) *D*.50.17.73.2.
(29) *G*.1.7.
(30) 両学派の間に教義上の違いを見出すことはできないが，その絶えざる論争は，発展にとって計り知れないほど貴重なものであった．
(31) *G*.1.5.
(32) *D*.1.4.1*pr*., 1.

第4章　家族法

(1) 後述第7章，言語契約の箇所を見よ．
(2) 握取行為の形式については，後述第6章を見よ．
(3) *Pro Flacco*, 34.84.
(4) 前述第2章を見よ．
(5) *Noctes Atticae*, 4.3.1,2.
(6) 非常に特殊な解放奴隷の宣誓（*iusiurandum liberti*）は別として．
(7) したがって，有責判決の額が嫁資の値を超えることはない．
(8) 前述第3章を見よ．
(9) 議論については，A. Watson, *Society and Legal Change* (Edinburgh, 1977), pp. 122ff. を見よ．
(10) Cicero, *De domo sua*, 13-14.34-38 を参照せよ．
(11) Ibid., 16.41.
(12) Aulus Gellius, *Noctes Atticae*, 5.13.5.
(13) *G*.1.149.
(14) 後述第6章，所有権の取得の箇所を見よ．

第5章　奴隷制

(1) *D*.22.1.28.1.

（2） 上述第1章を見よ．
（3） 上述第3章を見よ．

[288] 第6章 財　産
（1） *G.*2.2.
（2） *G.*2.12.
（3） 本章後述，役権の箇所を見よ．
（4） *D.*7.8.12.2.
（5） Cicero, *Topica*, 10.42; *De natura deorum*, 3.30.74.
（6） 〔十二表法〕第6表1.
（7） *Epidicus*, 697ff.

第7章 契　約
（1） しかし，第2部第15章で論じるように，初期のローマ法は一つの一般的な契約，すなわち問答契約を承認した．
（2） *G.*3.89; *J.*3.13.2.
（3） *G.*3.94.
（4） 後述第8章，詐欺の箇所を見よ．
（5） 上述第4章，嫁資の箇所を見よ．
（6） 本章後述，（不当）利得返還請求訴権を見よ．
（7） *De officiis*, 3.58ff.
（8） *J.*3.21.
（9） *C.*8.37.14.2.
（10） *J.*3.14.
（11） *G.*3.90.
（12） *G.*4.47.
（13） 上述第6章，物的担保の箇所を見よ．
（14） 後述第15章を見よ．
（15） *C.*4.21.17.
（16） *G.*3.141. を見よ．
（17） 後述本章，交換の箇所を見よ．
（18） *C.*4.44.2, 4.44.8. 後述第20章を見よ．
（19） *D.*18.1.8.1.
（20） 移転が握取行為によって行われていた場合は別である．上述第6章を見よ．
（21） 後述第8章，加害者委付の責任の箇所を見よ．
（22） *G.*3.144.
（23） 後述第9章，遺言相続の箇所を見よ．
（24） *G.*3.149.

第8章 不法行為
（1） 後述第18章を見よ．

（2） *D*.47.2.21pr.
（3） *D*.47.2.21.5.
（4） *G*.3.196.
（5） Aulus Gellius, *Noctes Atticae*, 7. 15.1. 〔289〕
（6） *D*.47.2.52.20.
（7） *D*.9.2.9pr.
（8） *G*.3.219.
（9） 上述23頁を見よ．
（10） *D*.9.2.29.5.
（11） *Noctes Atticae*, 20.1.13.
（12） Plautus, *Asinaria*, 371.
（13） *Rhetorica ad Herennium*, 2.13.19.
（14） Cicero, *Ad Atticum*, 16.15.2.
（15） Cicero, *De natura deorum*, 3.30.74.
（16） *D*.4.3.1.2.
（17） Valerius Maximus, 8.2.2.
（18） *D*.11.3.16.
（19） *J*.4.5.
（20） *D*.44.7.5.4, 5, 6（Gaius, 3 *aureorum*）.
（21） 後述第21章を見よ．

第9章 相 続
（1） Cicero, *In Verrem*, 2.1.45.117. もっとも，その条項の形式は，後の時代のそれと著しく異なる．
（2） *C*.6.23.21.
（3） Cicero, *De finibus*, 2.17.55; Saint Augustine, *De civitate Dei*, 3.21.
（4） Cicero, *De oratore*, 1.39.180; *De inventione*, 2.42.122; *Brutus*, 52-53.194-198.
（5） 上述第5章を見よ．
（6） 上述第4章，後見の箇所を見よ．
（7） *C*.6.43.1; *J*.2.20.3.
（8） 例外として，保護者は彼の解放奴隷の相続に対して一定の権利を有した．
（9） *Novels*（『新勅法』），118, 127.

第10章 後古典期の法とユースティーニアーヌス
（1） *C.Th*. 1.4.3.
（2） 後述第17章を見よ．

第11章 ローマ法のその後の歴史
（1） 西ゴート人法とブルグンド人法の，ローマ法との関係のより詳細な事柄については，A. Watson, *Evolution of Law*, pp. 77ff. を見よ．
（2） もっとも，パヴィアの法律家達は，法学識の標準を高めたことによって，イルネリ

ウスやその他の人達のために道を整え，その結果ユースティーニアーヌス法典を理解することが可能となったのである。C. M. Radding, *The Origins of Medieval Jurisprudence* (New Haven, 1988) を見よ。

[290] （3） オランダと南アフリカ以外のところでは，むしろグローティウスは，国際法に関する彼の古典的著作『戦争と平和の法』(*De iure belli ac pacis*) で有名である。

（4） 1746年5月9日付答申書 (*Avis*) の最初の節には，次のように書かれている。「わけても，ローマのラテン語で書かれた法律は廃止さるべきであり，そしてプロイセンの地には，自然の理性と国家の諸法令にのみ基礎をおくべきドイツ領国法が発展せらるべきである。」

（5） ローマ法のかなりの痕跡をその他の州，特にテキサスとアーカンソーにおいて見出すことができる。

第12章　比較法

（1） 例えば，Watson, *Legal Transplants*; "Comparative Law and Legal Change," *Cambridge Law Journal* 37 (1978): 313 ff. を見よ。

（2） この提案については，今やとりわけ Watson, *Failures*, pp. 35ff. を見よ。

（3） 私は，可能な限り一貫して「政府」(*government*) という用語を，個人として，または集団として，国家における最高行政権と，制定法またはそれとほぼ同様の形式で法的命令を発する権利との双方を有する，個人または集団を示すために用いる。

（4） 例えば，Buckland, *Textbook*, p. 4; Kaser, *Privatrecht*, 1 : 181; J. A. C. Thomas, *Textbook*, pp. 4f., 40ff. を見よ。

（5） 例えば，H. J. Wolff, *Roman Law, An Historical Introduction* (Norman, Okla. 1951), pp. 172ff.; Kaser, *Privatrecht*, 1 : 1; Thomas, *Textbook*, pp. 7ff. を見よ。

（6） 例えば，G. Strauss, *Law, Resistance, and the State* (Princeton, 1986), pp. 73ff. を見よ。

（7） 例えば，Robinson, *Introduction*, p. 61 を見よ。

（8） Watson, *Failures*, pp. 145ff. 見よ。

（9） Ibid., pp. 47ff.

（10） 例えば，S. F. C. Milsom, *Foundations, passim*; F. Reynolds, *The Judge as Lawmaker* (London, 1967), p. 7 を見よ。

（11） Watson, *Sources of Law*, pp. 1ff. を見よ。

（12） A. Watson, Review of B. Frier, *The Rise of the Roman Jurists*, *Michigan Law Review* 85 (1987): 1071ff., at pp. 1075f. を見よ。

（13） Watson, *Sources of Law*, pp. 9ff. を見よ。

（14） とりわけ A. Paterson, *The Law Lords* (London, 1982), pp. 9ff., 特に pp. 33f. を見よ。

（15） 例えば，F. Schulz, *Roman Legal Science* (Oxford, 1953), pp. 44f. を見よ。J. W. Tellegen は，"Oratores, Jurisprudentes and the *Causa Curiana*," *Revue Internationale des Droits de l'Antiquité* 30 (1983): 293ff.; "Parva Quaestio sed tamen Quaestio," *Juridical Review* 195 (1987): 195ff. において，弁論家と法学者との間に鮮明な区別はなかったと主張するが，説得力に欠ける。

（16） *Topica*, 12.51.

(17) J. F. Stephen, *History of the Criminal Law of England*（London, 1883）, 1：46I を見よ。
(18) 例えば、*D.*29.5;*Pauli Sententiae*, 3.5 を参照せよ。
(19) *D.*29.5.1.*pr.*
(20) *D.*29.5.1.2.
(21) *D.*29.5.1.3.
(22) *D.*29.5.1.7.
(23) *D.*29.5.1.8. 〔291〕
(24) *D.*29.5.1.9.
(25) *D.*29.5.1.10.
(26) Lenel, *Edictum*, p. 363 を見よ。告示におけるこの元老院議決の位置づけは、官僚的行為、しかしたぶん法学者の関与を伴ったそれであったと思われる。そしてこの議決がユーリアーヌスによって承認されたことは明らかである。
(27) 私は、ローマ法を借用した社会がシーラーヌス元老院議決をかつて受け入れたことの証拠を発見していない。
(28) 裁判官に関する若干の例については、後述第22章を見よ。最近の好例は、1988年の南アフリカ共和国のものである：*Du Plessis NO v. Strauss* 1988 (2) SA 105. 裁判官有利のために提出された法律家の議論については、例えば、Watson, *Evolution of Law*, pp. 98ff.; "The Evolution of Law : Continued," *Law and History Review* 5 (1987): 537ff., at pp. 566ff. を見よ。
(29) *An Introduction to the Study of the Roman Law*（Boston, 1854）, p. 129.
(30) Watson, *Sources of Law, passim.* を見よ。
(31) もっとも、T. Honoré, *Tribonian*（London, 1978）, p. xiv によれば、トリボニアーヌスはそうであったとされる。これは、この著者が、法学者の仕事・役割と、専制君主と親密な法律官僚のそれとの間を識別できないことを反映するものである。
(32) 判決に対する政治的影響力を誇張する典型例については、D. Kairys, *The Politics of Law*（New York, 1982）, pp. 3ff.; R. Dworkin, *A Matter of Principle*（Cambridge, 1985）, pp. 9ff. を見よ。

第13章　ローマ法と比較法——法源

(1) 「進歩」(advances) とは、もちろん曖昧な用語である。私は正確な説明を提示する必要があるとは思わないが、念頭にあるのは、長期的影響力を有した、法における変化のことである。
(2) 例えば、Rotondi, *Leges*, p. 241 を見よ。しかし、例えば A. M. Honoré は、紀元前209年と195年の間の年ではないかとする。"Linguistic and Social Context of the *lex Aquilia*," *Irish Jurist* 7 (1972): 138ff., 特に p. 149 を見よ。
(3) 以上述べたことに関しては、*G.*3.118-125 を見よ。
(4) 例えば、Rotondi, *Leges*, pp. 271f. を見よ。
(5) 例えば、Kaser, *Privatrecht*, 1：357 を見よ。
(6) 詳細については、例えば、A. Watson, *The Law of Succession in the Later Roman Republic*（Oxford, 1971）, pp. 163ff. を見よ。

（7） ローマの上級選出公職者は，彼らの任務をいかに考えているかを表明する告示を発布する権利を有した．裁判を担当するこれらの政務官，特に法務官と高等按察官は，彼らが訴訟を付与しようとする事実関係を表明する告示を発布した．このようにして彼らは，正式には法形成力を有してはいなかったけれども，法の変化に対して莫大な影響力を有した．
（8） 我々は，どの民会が私法の立法について責任を負っていたかを考慮する必要はない．
（9） Rotondi, *Leges* に集められている諸制定法を見よ．
（10） ローマ共和政後期の立法に関するこの評価は，Watson, *Failures*, pp. 37ff. から取ったが，そこには他の国の諸例も挙げられている．
（11） Ibid., pp. 139ff. を見よ．
（12） *D*.1.2.2.6（Pomponius, Manual, sole book）．

第14章 ローマ法と比較法——奴隷制度，占有

（1） 議論については，A. Watson, "Slavery and the Development of Roman Private Law," *Bulletino del Instituto di Diritto Romano*（1988）' 105ff. を見よ．
（2） とりわけ Lenel, *Edictum*, pp. 456ff. を見よ．
（3） Ibid., p. 489 を見よ．
（4） Ibid., p. 470 を見よ．
（5） *D*.41.2.3.1; *Pauli Sententiae*, 5.2.1.; Buckland, *Textbook*, p. 197.
（6） どんな物理的支配であれば足り，どんな意思であれば適しているのかは，論議の対象であるが，現在の文脈においてはこの問題を検討する必要はない．
（7） 以上4名の法学者にれば，恩恵的土地貸与（*precarium*）の借手は，まさに貸手から許容により（*precario*）占有しているが故に，不動産占有保持の特示命令において，貸手に勝つことはない．
（8） *Textbook*, pp. 139f. 占有の発展に関する非常に異なった歴史的説明として，M. Kaser, *Eigentum und Besitz im älteren römischen Recht*, 2d ed.（Cologne, 1956）, pp. 239ff., 278ff. がある．

第15章 ローマ法と比較法——契約の出現

（1） Glanville（d.1190）, *Tractatus de Legibus et Consuetudinibus Regni Anglie*, 10.18; A. W. B. Simpson, *A History of the Common Law of Contract*（Oxford, 1975）, p. 4 を見よ．
（2） 議論については，Watson, *Legal Transplants*（1974）, p. 15 を見よ．
（3） 既に見たように，握取行為は，一定種類の重要な財産を移転するために必要な，正式の儀式であった．義務の内容は，譲受人がその財産を追奪されないことの黙示の担保であった．拘束行為は，不明な点があるとはいえ，おそらく握取行為の変形種であった．拘束行為には，被拘束者（*nexus*）の人身に対する物的権利が含まれていた．Kaser, *Privatrecht*, 1 : 165ff.; A. Watson, *Rome of the XII Tables*（Princeton, 1975）, pp. 11ff., 134ff.; Gy. Diósdi, *Contract in Roman Law*（Budapest: Akadémiai Kiadó, 1981）, pp. 30ff. を見よ．債務を含むものとして法廷譲与も加えようとするのが，Diósdi である．法廷譲与は，所有権移転を発生させるための擬制的訴訟であり，所有者である被告が，譲受人

である原告による所有権の主張に対して防御をしないというものである．これら 3 つの制度のいずれも，その後の契約法の発展に対して主要な影響力を有しなかった．
(4) 例えば，Thomas, *Textbook*, p. 226 を見よ．
(5) *Rhetorica ad Herennium*, 2.13.19.
(6) M. Kaser, *Das altrömische Ius* (Göttingen, 1949), pp. 256ff.; H. van den Brink, *Ius Fasque: Opmerkungen over de Dualiteit van het archaïsch-romeins Recht* (Amsterdam, 1968), pp. 172,ff.; O. Behrends, *Der Zwölftafelprozess* (Göttingen, 1974), [293] pp. 35f.; およびそれらで引用されている著者を見よ．
(7) Kaser, *Privatrecht*, 1 : 168ff.
(8) Ibid., pp. 170f.
(9) 議論については，A. Watson, *Roman Private Law Around 200 B.C.* (Edinburgh, 1971), pp. 126f. を見よ．
(10) 盗の不当利得返還請求訴権 (*condictio furtiva*) は例外であって，ここでの我々の関心事ではない．
(11) Kaser, *Privatrecht*, 1 : 492f.
(12) フランス法においては，(技術的な意味での) 非商業的な取引で，きわめて小さい額を超えるものは，公正証書または私署証書によってしか証明することができないのであるが，『民法典』第 1348 条は，債権者が証書を得ることが可能ではない場合をその例外とする．ここでの「可能である」とは，物理的な可能性はもちろん，精神的なそれにも関係する．そして，一定の近しい関係においては——時に，例えば，その人の母親，女主人，医者といった関係を含む場合がある——，証書を取ることは精神的に不可能であるとみなされる．
(13) 何人かの学者——例えば Kaser, *Ius*, p. 286——は，物的訴訟，すなわち神聖掛金式対物法律訴訟 (*legis actio sacramento in rem*) は，(不当) 利得返還請求訴権導入以前において，消費貸借のために用いることができたことを示唆する．このことの証拠はなく，しかも，そのような訴訟が適用可能であったとするならば，(不当) 利得返還請求訴権導入の説明がより難しいものとなってしまうであろう．しかしこの示唆は，消費貸借はその取決めが友人間で行われるもので，問答契約では精神的に不適切であるが故に，特別の保護が与えられたとするここでの見解に，不利に働くものではないであろう．いつの時代であれ，営利業としての貸付は利息を含み，問答契約が締結されたのであり，したがって消費貸借を法的に特別保護する必要性は存在しなかったであろう．
(14) D. Daube, "Money and Justiciability," *Zeitschrift der Savigny-Stiftung* (röm. Abt.) 92 (1979): 1ff., 11. D. Daube, "The Self-Understood in Legal History," *Juridical Review* 18 (1973): 129f. を見よ．
(15) *Collatio*, 10.7.11. その訴訟は，寄託または後に緊急寄託と呼ばれるもののための訴訟以外の何かであると，しばしば考えられてきたが，Watson, *Private Law*, p. 151 および Kaser, *Privatrecht*, 1 : 160, n. 49 を見よ．
(16) 例えば，Watson, *Private Law*, p. 157; Kaser, *Privatrecht*, 1 : 160.
(17) 例えば，Kaser, *Privatrecht*, 1 : 160.
(18) Lenel, *Edictum*, pp. 288f. 法務官とは選出公職者であり，とりわけ特定の裁判に対して管轄を有した．法務官は，立法を行う権限は有していなかったが，その実務におい

て，告示を発布することにより大きく法を変容させた．告示において法務官は，訴権の付与と特別の防御手段の許可を公表したのである．
(19) 文献は膨大であるが，例えば，W. Litewski, "Studien zum sogenannteen 'depositum necessarium,'" *Studia et Documenta Historiae et Iuris* 43 (1977): 188ff., 特に 194ff., およびそこで引用されている著作を見よ．
(20) 例えば，Plautus, *Bacchides*, 306 を参照せよ．
(21) Diósdi, *Contract*, pp. 44f.
(22) A. Watson, *Law of Obligations in the Later Roman Republic* (Oxford, 1965), pp. 40ff. を見よ．
(23) Kaser, *Privatrecht*, 1 : 546; H. F. Jolowicz and B. Nicholas, *Historical Introduction to the Study of Roman Law*, 3d ed. (Cambridge, 1972), pp. 288ff. およびそこで引用されている著作を見よ．
(24) T. Mommsen, "Die römischen Anfänge von Kauf und Miethe," *Zeitschrift der Savigny-Stiftung* (röm. Abt.) 6 (1885): 260ff.

[294] (25) これらのアプローチ——特に最初の2つ——のいずれかを取る学者達はまた，発明における中心的役割を外人掛法務官に帰せしめようとする．これは余計なことであると私には思われるが，ここでこの論点に立ち入る必要はない．A. Watson, *Law Making in the Later Roman Republic* (Oxford, 1974), pp. 63ff. を見よ．
(26) これは Mommsen, "Anfänge," p. 260 においてさえ見られる．E. I. Bekker, *Die Aktionen des römischen Privatrechts* (Berlin, 1871), 1 : 156ff.; V. Arangio-Ruiz, *La Compravendita in diritto romano*, 2d ed. (Naples, 1956), 1 : 57 ff. も見よ．Diósdi は異議を唱え，「現物取引 (*spot transactions*) についての単一の契約を」破壊して，「2つの別々の契約とし，問答契約による2つの約束を承認し，その後すぐに複数の問答契約を放棄して，その結果，前古典期の最初においてその〔売買〕契約は既に古典期の〔完成された〕姿で現れるということが，どうして必要なのかを問うている (*Contract*, p. 45)．」「現物取引」という言葉で彼が考えていたものは握取行為と思われる．この議論には2つの欠点がある．第1に，売買タイプの取引の目的物が常に手中物であるとは限らないであろう．その場合には，握取行為は不適切となる．第2に，初期の時代においてさえ，目的物が手中物であった場合ですら，当事者が常に現物取引を望んだとは限らず，その後の引渡しもあり得るし，その場合には握取行為は用いられないからである．
(27) A. Watson, "The Origins of Consensual Sale : A Hypothesis," *Tijdschrift voor Rechtsgeschiedenis* 32 (1964): 245ff.
(28) 実際，命令訴権 (*actio quod iussu*) が導入されるまでは，完全な保護の下に〔他人の〕息子や奴隷から問答契約による約束を取ることはできなかった．命令訴権は，法務官告示に基づくものであったと思われる (Lenel, *Edictum*, p. 278)．そして，原告に新しい訴権を付与する告示条項に基づく訴権は間違いなく紀元前100年頃よりも前に成立した，とすることはできない．Watson, *Law Making*, pp. 31ff. を見よ．
(29) B. Nicholas は同意せず，問答契約は，(売買に基づく責任が信義誠実にのみ依拠しているのに対して) 厳正な責任を課すが故に，存続したことを示唆する．Jolowicz and Nicholas, *Historical Introduction*, p. 289, n. 8 (at p. 290) を見よ．この見解は的はずれである．問題は，問答契約が使用され続けたことではなくて，売買において黙示の担保

責任 (implied warranties) が存在しなかったことである．厳正な責任を望む人々は，たとえ売買契約が担保を当然伴っていたとしても（その排除は可能であったが），依然として問答契約を要求することができた．また，このアプローチは，黙示の担保責任の欠落という商取引上の不便さを減少させるものではない．さらに，信義誠実を基礎とする売買契約において，権原または安全な占有の担保が存在しないことは，驚くべきことであるとしなければならない．

(30) 厳密な典拠となる証拠は欠いているが，厳正法上の問答契約から誠意契約としての売買への展開以外のものであったはずはない．

(31) これについては，Watson, *Civil Law*, pp. 14ff. を見よ．

(32) *De re rustica*, 2.2.4, 2.3.4, 2.4.5.

(33) もちろん，売却された物が手中物であり，追奪に対する黙示の担保を伴う握取行為によって実際にそれが引き渡された場合には，初期の諾成売買においてこの欠陥が及ぼす影響は，それほど著しいものではなかったであろう．しかし，この場合ですらも，隠れた瑕疵に対する担保は存在しなかった．

(34) 諸見解については，例えば，Jolowicz and Nicholas, *Historical Introduction*, pp. 249ff. を見よ．意味深いことには，古代の賃貸借について書いた最近の著者H. Kaufman は，諾成契約の起源について何らの見解も示していない．*Die altrömische Miete*（Cologne, 1964）を見よ．

(35) 実際に，賃貸借（*locatio conductio*）は明らかに補充的カテゴリー——つまり，金銭給付を含む双務的取引は，売買でなければすべて賃貸借である——なので，売買が先であるという仮定から出発する必要すらないほどである．賃貸借の補充的性質というまさにその事実から，売買が先であることを引き出すことができるのである．但し，元来，売買取引は賃貸借の領域内にあり，売買（*emptio venditio*）はこのすべてを含む契約から分かれ出た，と（私は誰もそうしないと思うが）主張することができるのであれば，話は別である． 〔295〕

(36) Cato, *De agricultura*, 149.

(37) *Rhetorica ad Herennium*, 2.13.19. A. Watson, *Contract of Mandate in Roman Law*（Oxford, 1961）, p. 22 を見よ．

(38) K. Visky, *Geistige Arbeit und die Artes Liberales in den Quellen des römischen Rechts*（Budapest, 1977）, pp. 146ff.

(39) Watson, *Law Making*, pp. 31ff., 特に p. 38.

(40) 例えば，Lenel, *Edictum*, pp. 254ff. を見よ．彼はそのような訴権は存在したと考える．また Kaser, *Privatrecht*, 1：537 を見よ．彼は存在しなかったと考える方に傾いているものと思われる．

(41) Watson, *Obligations*, pp. 182ff.

(42) *D.*13.7.9.*pr.*, 13.6.16.1.〔13.7.16.1〕

(43) もっとも，命令訴権は共和政期については証明されていない．Watson, *Obligations*, pp. 187f. を見よ．

(44) 新たな契約訴訟を導入したもう一つの理由は，法務官法上の訴権は信義誠実に基づいて（*ex fide bona*）構成される有責判決文言を有してはいなかったが，それが，信義誠実への依拠にむしろ役割を認めることができたことである．この説明にとって有利と

なる事実は，信託（*fiducia*）――物的担保の最古の形式であり（本章の冒頭で行った定義において契約ではないものである）――は，信頼と誠実に関わる特別の文言を伴う握取行為を用いることによって，設定されたことである（Watson, *Obligations*, pp. 172ff. を見よ）．実際，信託の存在が，質の創造にとって類推という方法で影響を与えた可能性がある．信託には2つの点で制約が存した．握取行為に依存することは，手中物しかこれによって質入れすることができなかったことを意味した（但し，厄介な法廷譲与 *in iure cessio* を用いた場合は別であるが）．次に，市民（または通商権 *commercium* を有した人々）だけが債権者，債務者となり得た．かくして法務官は，問答契約であれば債務者の権利を十分に保護するとはいえ，これを行うとなれば諸々の困難がつきまとうので，まったく異なった質（*pignus*）契約を導入した．

(45) Cicero, *De officiis*, 3.58.
(46) Thomas, *Textbook*, pp. 267ff.
(47) Watson, *Obligations*, pp. 21ff.
(48) G.3.153a.
(49) G.3.154b.
(50) とりわけ，A. Watson, "Consensual *societas* Between Roman and the Introduction of *formulae*," *Revue Internationale des Droits de l'Antiquité* 9 (1962): 431ff. を見よ．
(51) G.3.149.
(52) D.17.2.29.*pr.*, 1. A. Watson, "The Notion of Equivalence of Contractual Obligation and Classical Roman Partnership," *Law Quarterly Review* 97 (1981): 275ff.
(53) 莫大な損害（*laesio enormis*）は，ディオクレティアーヌスかユースティーニアーヌス（*C.*4.44.2, 4.44.8）のいずれかに帰せしめようと，後古典期のものである．
(54) G.3.159; D.17.1.12.16. 緊急寄託（*depositum miserabile*）の場合に損害賠償が2倍となったことは問題ではない．緊急寄託はなお特別の規制に服していた．
(55) D.45.1.122, 45.1.126.2, 45.1.140.*pr.* 証書を問答契約の証拠として認めることには，何か非論理的なものがある．その証書は，当事者の意思を証明することはできるが，彼らが正規の手続を執り行ったことを証明することはできそうにない．
(56) D. M. MacDowell, *The Law in Classical Athens* (Ithaca, 1978), p. 233.
(57) G.3.134.
(58) M. Crawford, *Roman Republican Coinage* (Cambridge, 1976), pp. 35ff.
(59) ユースティーニアーヌス以前の時代における交換の発展段階は，不明であり，大いに議論されているが，ここで立ち入って検討する必要はない．例えば，Thomas, *Textbook*, pp. 312f. および Kaser, *Privatrecht*, 1 : 381 を見よ．
(60) G.3.141; *J.*3.23.1 〔3.23.2〕; *D.*19.4.1.*pr.*
(61) D. Daube, "Three Quotations from Homer in D.18.1.1.1," *Cambridge Law Journal* 10 (1949): 213ff.
(62) サビーヌス学派の見解の，相対的に満足すべき成果は，思うに，交換は売買であり，両当事者は買主としての債務関係に立つということであろう．
(63) Daube, "Money," pp. 8, 9.
(64) *D.*19.5.
(65) *D.*19.5.5.*pr.*

(66) これらについては，Watson, *Obligations*, p. 257 を見よ．
(67) 古典期の法学者が裸の合意（*nudum pactum*）に救済手段を与えることを妨げたものは問答契約の力であったことを，付け加えて良いであろう．K.-P. Nanz, *Die Entstehung des allgemeinen Vertragsbegriff im 16. bis 18. Jahrhundert*（Munich, 1985), pp. 18f. を見よ．

第 16 章 ローマ法とイングランド法

(1) Milsom, *Historical Foundations of the Common Law*, 2d ed.（Toronto, 1981）.
(2) Ibid., 99.
(3) 例えば，Buckland, *Textbook*, pp. 326ff. を見よ．
(4) *G.*2.16.
(5) 例えば，Buckland, *Textbook*, p. 239 を見よ．
(6) Ibid., pp. 233ff.
(7) *G.*1.119.
(8) Cicero, *Topica*, 10.45.
(9) 例えば，Buckland, *Textbook*, pp. 431ff. を見よ．
(10) Ibid., pp. 473ff.
(11) Ibid., pp. 259ff.
(12) 例えば，A. Watson, *The Law of Property in the Later Roman Republic*（Oxford, 1968), pp. 155ff. を見よ．
(13) Cicero, *Topica*, 4.23; *G.*2.42.
(14) とりわけ，R. Yaron, "Reflections on *Usucapio*," *Tijdschrift voor Rechtsgeschiedenis* 35（1967): 191ff. および A. Watson, "The Origins of *Usus*," *Revue Internationale des Droits de l'Antiquité* 23（1976): 265ff. を見よ．
(15) とりわけ Lenel, *Edictum*, pp. 170〔470〕, 488ff. を見よ．
(16) 例えば，D. Johnston, "Successive Rights and Successful Remedies : Life Interests in Roman Law," in *New Perspectives in the Roman Law of Property, Essays for Barry Nicholas*, ed. P. Birks（Oxford, 1989), pp. 153ff. を見よ．
(17) あるところで私は，いくらかの驚きをもって，封建法の大陸での発展に大変な影響〔297〕を及ぼした『封建法書』は封建制が消滅して初めて現れたことを指摘した．この驚きは見当違いである．封建制の諸特徴を有する高度に発展した法は，封建制の衰退を待って現れざるを得ないので，他にはあり得なかったのである．
(18) 例えば，Buckland, *Textbook*, p. 288 を見よ．
(19) *Introduction*, p. 263.
(20) Ibid., p. 265.
(21) *Tractatus*, 10.18.
(22) Eyre of London, 1321,11（Selden Society, 86 : 286).
(23) Ibid.
(24) Buckland, *Textbook*, pp. 434ff.

第17章 ユースティーニアーヌス『法学提要』が学術書に及ぼした影響——大陸法

(1)　*Glossators of the Roman Law*（Cambridge, 1938), p. 64.
(2)　Ibid., p. 56.
(3)　この写本は F. de Zulueta によって大英博物館の中で発見された (*British Museum Royal MS.* 4 B IV, item 9). P. Stein, "Vacarius and the Civil Law," in *Church and Government in the Middle Ages*, ed. C. N. L. Brooke et al. (Cambridge, 1976), pp. 119ff.; R. W. Southern, "Master Vacarius and the Beginning of an English Academic Tradition," in *Medieval Learning and Literature : Essays Presented to R. W. Hunt*, ed. J. J. G. Alexander et al. (Oxford, 1976), pp. 257ff. も見よ。
(4)　*Institutes of Justinian*, trans. J. A. C. Thomas (Cape Town, 1975), p. 1.
(5)　K. Luig, "The Institutes of National Law in the Seventeenth and Eighteenth Centuries," *Juridical Review* 17 (1972): 193ff. を見よ。
(6)　例えば、Guy Coquille, *Institutions au droit françois* は、フランス法が諸大学において教授される以前に書かれた。Stair, *Institutions of the Law of Scotland* および Mackenzie, *Institutions of the Law of Scotland* は、スコットランドにおいて正式の法学教育がなかった時代に出版された。そして Grotius, *Inleidinge tot de Hollandsche rechtsgeleertheyd* は、彼の息子達のために書かれた（グローティウスの兄弟？による "Address to the Reader" を見よ）。
(7)　Jean Imbert, *Enchiridion iuris scripti Galliae moribus et consuetudine frequentiore usitati* (Lyon, 1556) も見よ。この書物においては、内容がアルファベット順に並べられており、例えば、最初の項目は Abusus で、以下 Absens, Abbates 云々となっている。
(8)　例えば、J.P. Dawson, "The Codification of the French Customs," *Michigan Law Review* 38 (1940): 765ff. を見よ。
(9)　*Omnia quae extant opera* (Paris, 1681), 11 : 690ff. にある *Oratio de concordia et unione consuetudinum Franciae*. また Luig, "Institutes," p. 203 ——「唯一民法典が、フランス法の非常に短く、容易で、そして完全な小冊子 (*brevissimus, expeditissimus et absolutissimus libellus*) を求めたデュムランの希望を実現した」——も見よ。
(10)　Coquille, *Œuvres* (Bordeaux, 1703), 2 : 58.
(11)　G. Beyer, *Delineatio iuris Germanici* (1718), 3.4.5. を見よ。
(12)　1783年にトゥールーズでその死後に出版された F. de Boutaric, *Les institutes de l'empereur Justinien conférées avec le droit françois*, を見よ。この書物の著者は、トゥールーズにおいてフランス法の教授であった。Claude Seres, *Les institutions du droit françois suivant l'ordre de celles de Justinien* (Paris, 1753) を見よ。この書物の著者は、モンペリエ大学のフランス法の教授であった。
(13)　法学提要タイプに加えて、フランス法を扱う論文も存在したが、そのもっとも思い出されるものは、ポティア (Pothier) のそれである。
(14)　法学者にはよく知られていることであるが、これらの論文は、J. B. Suttinger, *Consuetudines austriacae* の補遺として、1716年に最初に出版された。Bernhard Walther, *Privatrechtliche Traktate aus dem 16. Jahrhundert*, ed. M. Rintelen (Leipzig, 1937) も

見よ.
(15) J. G. Kees, *Commentarius ad Justiniani institutionum imperialium quattuor libros* (1726) は, オーストリアの実務に対する言及を含む, ユースティーニアーヌスの注釈書である. しかし, 支えとして引用されている法学者は, 決してオーストリア人に限られるものではなく, ドイツとオランダの学者の方が勝っている. まったく同じ傾向にあって, しかしザルツブルク大司教職に由来するのが, それよりほんの少し前のJ. B. Franz, *Jurisprudentia elementaris, seu prima elementa totius legitimae scientiae juxta ordinem institutionum imperialium* (1718) である.
(16) Luig, "Institutes" を見よ.
(17) J. W. Cairns, "The Formation of the Scottish Legal Mind in the Eighteenth Century," in *The Legal Mind : Essays for Tony Honoré*, ed. N. MacCormick and P. Birks (Oxford, 1986), pp. 253ff., at pp. 264f. を見よ.
(18) *J.* 1.1.4.
(19) "Stair from an English Standpoint," in *Stair Tercentenary Studies*, ed. D. M. Walker (Edinburgh, 1981), pp. 227ff., at p. 234.
(20) *Delineatio Historiae juris Romani et Germanici*. この書物は, 1704年にライプチヒで, François Hotman の *Antitribonianus* と共に出版された.
(21) 人文主義法学の説明については, G. C. J. J. Van den Bergh, *The Life and Work of Gerard Noodt* (1647-1725) (Oxford, 1988), pp. 108ff. を見よ.
(22) Wieacker, *Privatrechtsgeschichte*, pp. 168f.; R. Feenstra and C. J. D. Waal, *Seventeenth Century Leyden Law Professors* (Amsterdam, Oxford, 1975), pp. 16f. を見よ.
(23) Hans Thieme, s.v. *Deutsche Privatrecht*, in *Handwörterbuch zur deutschen Rechtsgeschichte*, ed. A. Etler and E. Kaufmann (Berlin, 1964), 1 : 702ff.
(24) *Privatrechtsgeschichte*, p. 168.
(25) *General Survey*, pp. 393ff. を見よ. P. Koschaker, *Europa und das römische Recht*, 2d ed. (Munich, 1953), pp. 105ff. も見よ.
(26) Wieacker, *Privatrechtsgeschichte*, pp. 208ff. を見よ.
(27) K. Luig, "Die Anfänge der Wissenschaft vom deutschen Privatrecht," *Ius commune* 1 (1967): 203f. を見よ.
(28) A. Sollner, in Coing, *Handbuch*, 2.i, pp. 501ff. を見よ.
(29) Mevius, *Commentarius in ius Lubecense* (Leipzig, 1642/43). この書物には, 『ローマ法大全』と後期の注解学派の双方に対する無数の言及が含まれている. Carpzov, *Definitiones forenses seu iurisprudentia forensis Romano-Saxonica ad constituones Saxonicas* (Frankfurt-am-Oder, 1638 ―― 1721年まで頻繁に再版された). シレジアのための非常に異なった作品が, *Jus Silesiacum secundum usum modernum illustratum* (1736) であり, これは学位論文集である.
(30) 11.1.16ff.
(31) Luig, "Anfänge," pp. 195ff. も見よ.
(32) *Privatrechtsgeschichte*, p. 206.
(33) 例えば, Luig, "Institutes," p. 207 を見よ.
(34) *Institiones juris ex principiis juris naturae, gentium et civilis, tu Romani, tum* 〔299〕

Germanici, ad usum fori hodierni accommodatae（1685）, 1.2.17（on *J*.1 .1.10）. この著作のタイトルそれ自体が, きわめて重要である.
(35) Beyer, *Delineatio juris Germanici*, 1.25.8, 2.5.25ff., 2.10.12, 3.1, 3.2.19, 32ff., 3.4.15ff.
(36) Luig, "Institutes," p.210 を見よ.
(37) 例えば, Heineccius, *Elementa*, 2.5.131 and 135 を見よ.
(38) Wieacker, *Privatrechtsgeschichte*, p. 219, n.19.
(39) 議論については, 例えば, Watson, *Civil Law*, pp. 99ff.; "Legal Change : Sources of Law and Legal Culture," *University of Pennsylvania Law Review* 131（1983）: 1121ff., at pp. 1126ff. を見よ.

第18章　ユースティーニアーヌス『法学提要』が学術書に及ぼした影響——ブラックストンの『釈義』

(1) "The Structure of Blackstone's Commentaries," *Buffalo Law Review* 28（1979）: 205ff., at p. 205.
(2) *An Analysis of the Laws of England*, 1st ed.（1756）, p. v.
(3) Watson, *Civil Law*, pp. 62ff., 111ff. を見よ.
(4) "Blackstone, an English Institutist : Legal Literature and the Rise of the Nation State," *Oxford Journal of Legal Studies* 4（1984）: 318ff. ケアンズ（Cairns）は, 詳細な文献リストと以前の学者達の議論を提供する. ごく最近のものとして, M. Lobban, "Blackstone and the Science of Law," *Historical Journal* 30（1987）: 311ff., P. Birks and G. McLeod, *Justinian's Institutes*（Ithaca, N.Y., 1987）, pp. 23ff.
(5) 以上で触れた作品およびその他のものに関しては, 例えば Watson, *Civil Law*, pp. 62ff.; "Legal Change, Sources of Law and Legal Culture," *University of Pennsylvania Law Review* 131（1983）: 1121ff., at p. 1128 を見よ.
(6) Watson, *Legal Transplants* を見よ.
(7) Watson, *Evolution of Law*, pp. 66ff. を見よ.
(8) *J*.1.2.12.
(9) P.v.
(10) ブラックストンの商法の取扱いがまばらであること（これについては G. Jones, *The Sovereignty of the Law*［Toronto, 1973］, p. xxxix を見よ）は, ユースティーニアーヌス『法学提要』への依存と符合する. Watson, *Civil Law*, p. 158 を見よ.
(11) 例えば, 最近のものとして G. J. Postema, *Bentham and the Common Law Tradition*（Oxford, 1986）, pp. 263ff. を見よ.
(12) 例えば, Thomas, *Textbook*, p. 4 を見よ.
(13) Watson, *Civil Law*, pp. 29ff. を見よ.
(14) P. ii. ここで手間取る必要はないが, メインのこの金言は, コモン・ローの世界であまねく有名であるとはいえ, 誤りである. メインの金言は, イングランド法の成長を正確に記述しているとはいえ, それ以外の原初的な法制度を説明するものではなく, 古代ローマ法を説明するものでないことは明らかである. A. Watson, "The Law of Actions and the Development of Substantive Law in the Early Roman Republic," *Law Quarterly*

Review 89 (1973): 387 ff. を見よ.

(15) しかし大陸の作品のいくつかは訴訟法の重要性を示している．例えば，16世紀のドイツの法学者 Johannes Schneidewin の *In quattuor Institutionum Imperialium D.* 〔300〕 *Justiniani Commentarii* においては，ユースティーニアーヌス『法学提要』に対する注釈全体の4分の1以上がそのための一つの章（第4巻第6章「訴訟について」）に割かれている．

(16) *Sovereignty*, p. xxv. ジョーンズの困惑は，物が権利を持ちうるという明白な観念と一致しないと思われる．ブラックストンは第1巻第1章において，物の権利を *jura rerum* の訳語に充てている．ジョーンズはまた，第1巻の主要な部分は「今日の我々であれば憲法と呼ぶであろうもの」を扱っていると述べている．

(17) Kennedy, "The Structure of Blackstone's Commentaries." さらに，不思議なことにケネディはブラックストンの『分析』の存在に気付いていないように思われるが，その内容の1ヴァージョンを——しかし連結線〔突起付括弧〕を付けずに——印刷している (pp. 224, 225, 228, and 230)．これは，New York Bar のあるメンバーの手になる，ブラックストン『釈義』クリスチャン版 (Philadelphia, 1855) の1ヴァージョンから取られたものと思われる．奇妙なことに，ケネディの論文は，いわゆる批判的法学研究 (Critical Legal Studies) 運動のメンバー達から多くの支持を得た．最新のものとして，M. Tushnet, "Critical Legal Studies : An Introduction to Its Origins and Underpinnings," *Journal of Legal Education* 36 (1986): 505ff. at 512, and n.21. Tushnet は，ケネディの論文を「情け容赦なく歴史に無関心 (ahistorical) である」！と（賛意をもって）述べている．「非歴史的 (unhistorical)」と表現することもできるであろう．史実をまったく欠いたケネディの，権利 (rights) と権利侵害 (wrongs) の区別に関する叙述 (pp. 221ff. 以下) も見よ．

(18) 『学説彙纂』と『勅法彙纂』のために準備されたものもある．

(19) よく分かるように，右欄にある細かな記述のいくつかは省いておいた．

(20) *Preface to the Reports of Sir William Blackstone*, 2d ed. (London, 1828), p. ix.

(21) Jones, *Sovereignty*, p. xvi. を見よ.

(22) Balliol College, 1550. a.3.

(23) John Taylor [1704-66], *Elements of the Civil Law*, 1st ed. (1755) は，ブラックストンのローマ法への言及の源であると時々言われる．この書には，ゴトフレードゥスの配列に類似するものは何もない．

(24) したがって，イングランド法に対する彼の態度全体は考慮に入れないとしても，早くに大学でイングランド法を教えなかったことについての彼の説明を一例として挙げることができよう．彼は聖職者を非難する（「彼らの多くは異国人」）(*Commentaries*, introduction, section 1).

(25) ブラックストンの構造における特殊な要因と，実体法に対するその可能な影響については，後述第21章で論じる．

第19章 フランス民法典における不法行為と準不法行為

(1) 一般的に，H. Coing, *Europäisches Privatrecht, 1500 bis 1800*, vol. 1 (Munich, 1985) を見よ．ドイツにおける裁判所の激増については，G. Strauss, *Law, Resistance*

and the State (Princeton, 1986), p. 122 を見よ。本書には「私法」および「公法」という用語がしばしば出てくる。この2つを区別することが容易ではないこと，法準則または制定法の多くが両方の性質を持つこと，そして（他の時代でもそうではあるが）とりわけ中世法に関しては区別の実質的意味がほとんどないことを，私は十分に承知している。しかし，他の多くの人達がそれと分かったように，この区別は，概して便利である。私の「私法」という用語の使い方が一貫したもので，また有益であれば，幸いである。この用語は，犯罪および訴訟は別にして，ユースティーニアーヌス『法学提要』で扱われている法の論題すべて，正確には近代民法典の主題をカバーする。

〔301〕（2） 地方の慣習法がこのように過小評価されたことの影響を知るには，Coing, *Privatrecht*, vol. 1 および彼の監修による Coing, *Handbuch* の各巻を調べれば十分である。

（3） 慣習的な法システムに対して，書かれている洗練された法が及ぼした影響の重要性については，Watson, *Evolution*, pp. 66ff. を見よ。

（4） *General Survey of Events, Sources, Persons, and Movements in Continental Legal History*（様々なヨーロッパの学者の共同執筆）(Boston, 1912), p. 286 を見よ。

（5） *Histoire du droit civil français*, 3d ed. (Paris, 1905), p. 220. しかし，ヴィオレは，ある程度のローマ法の役割を否定しようとはしなかった (pp. 11.ff. を見よ)。

（6） *Comparative Law*, 4th ed. (Mineola, 1980), p. 280.

（7） 1382. Tout fait quelconque de l'homme, qui cause à autrui un dommage, oblige celui par la faute duquel il est arrivé, à le réparer.

1383. Chacun est responsable du dommage qu'il a causé, non seulement par son fait, mais encore par sa négligence ou par son imprudence.

1384. On est responsable, non seulment du dommage que l'on cause par son propre fait, mais encore de celui qui est causé par le fait des personnes dont on doit répondre, ou des choses que l'on a sous sa garde.

Le père, et la mère après le décès du mari, sont responsables du dommage causé par leurs enfans mineurs habitant avec eux; Les maîtres et les commettans, du dommage causé par leurs domestiques et préposés dans les functions auquelles il les ont employés;

Les instituteurs et les artisans, du dommage causé par leurs élevès et apprentis pendant le temps qu'ils sont sous leur surveillance.

La responsabilité ci-dessus a lieu à moins que les père et mère, instituteurs et artisans, ne prouvent qu'ils n'ont pu empêcher le fait qui donne lieu à cette responsabilité.

1385. Le propriétaire d'un animal, ou celui qui s'en sert, pendant qu'il est à son usage, est responsable du dommage que l'animal a causé soit que l'animal fût sous sa garde, soit qu'il fût égaré ou échappé.

1386. Le propriétaire d'un bâtiment est responsable du dommage causé par sa ruine, lorsqu'elle est arrivée par une suite du défaut d'entretien ou par le vice de la construction.

（8） 例えば，A. Weill and F. Terré, *Droit civil : introduction générale*, 4th. ed. (Paris, 1979), p. 184 を見よ。

原　注　　365

(9) 不法行為 (*délit*) および準不法行為 (*quasi-délit*) という用語は，合意なくして発生する債務の類型である準契約 (*quasi-contrat*) と並んで，1370条に現れる．しかし，定義も説明もなされてはいない．
(10) 例えば，*D*.9.2 を見よ．
(11) 例えば，*D*.9.2.27.3.; *h.t.*44.1, 9.4.2.*pr.*, 1 ; *h.t.*4.2.; *h.t.*6 を見よ．
(12) この準則は複雑なものであり，またここでは重要なものではないが，例えば，Watson, *The Law of Obligations in the Later Roman Republic* (Oxford, 1965), pp. 274ff. を見よ．
(13) *D*.9.3 を見よ．
(14) とりわけ *D*.9.3.1.4 を見よ．
(15) *D*.9.3.1.4.
(16) *D*.9.3.5.6ff. を見よ． 〔302〕
(17) 私の考えによれば，居住者は，彼が置いたか，物が置かれたことを知っていた場合に限り，責任を負った．"Liability in the *actio de positis ac suspensis*," *Mélanges Philippe Meylan* (Lausanne, 1963), 1 : 379ff. 私の見解およびそれが的確であるかは，この文脈においては重要なものではない．というのも，ここで問題としているのは，居住者はたとえ過誤がなくても責任を負ったとする伝統的な見解だからである．
(18) *D*.9.1 を見よ．
(19) *D*.10.4.9.1; *D*.19.5.14.3 を見よ．
(20) *Pauli Sententiae*, 1.15.1 を見よ．また，Lenel, *Edictum*, p. 198 も見よ．
(21) *D*.21.1.40; *h.t.*41; *h.t.*42.
(22) *Les Lois Civiles dans Leur Ordre Naturel* (1689/97), 2.7.3.
(23) Fenet, *Travaux préparatoires*, 13 : 477.
(24) 例えば，*D*.39.2.7.1,2 を見よ．
(25) 例えば，*D*.39.2.24.4-11; *h.t.*43*pr.* を見よ．
(26) ここでその詳細に立ち入る必要はない．例えば，Kaser, *Privatrecht*, 1 : 408f. を見よ．
(27) 他にいくつか特別な救済手段，例えば雨水阻止訴権 (*actio aquae pluviae arcendae*) が存在した．
(28) *D*.39.2.24.9.
(29) とりわけ Lenel, *Edictum*, p. 551 を見よ．
(30) しかし，フランス判例法は，1386条は瑕疵ある樹木による損害にも適用されるものとした．Cour d'Appel, Paris, Première Chambre, 20.8.1877; S. 1878 II, 48 を見よ．
(31) *Traité des Lois*, 13.9.
(32) 『市民法』(*Les Lois Civiles*) に対する彼の序文第1節を見よ．
(33) Pothier, *Traité des obligations*, 1.1.2.2 を見よ．
(34) 例えば，C. de Ferrière, *La Jurisprudence du Digeste* (1677) の *D*.9.2 に関する箇所を見よ．A. Dumas, *Histoire des Obligations dans l'Ancien Droit Français* (Aix-en-Provence, 1972), p. 33; Coing, Privatrecht, 1 : 504ff. を参照．
(35) アクィーリウス法の無視については，他にも理由が存在した．なぜなら，この法律がその後の法に「継受」されたのかどうか疑わしい可能性が十分にあるからである．

Watson, *Transplants*, pp. 79ff. の, Christianus Thomasius (1655-1728) と J. H. Heineccius (1681-1741) との間の論争を見よ.
(36) *Procès-Verbaux*, 3 : 311ff. C.-B. M. Toullier, *Le Droit civil Français*, 5th ed. (Paris, 1830), 11 : 192f.; C. Baudry-Lacantinerie and L. Barde, *Traité Théorique et Pratique de Droit Civil, Les Obligations*, 3 ed. (Paris, 1908), 4 : 653f. を参照.
(37) Fenet, *Travaux préparatoires*, 13 : 464ff. を見よ.
(38) Toullier, *Le Droit civil*, pp. 433ff. 例えば, A. Tunc, "A Codified Law of Tort — The French Experience," *Louisiana Law Review* 39 (1979): 1051ff. の見解を参照.
(39) F. Mourlon, *Répétitions écrites sur le code civil contenant l'exposé des principes généraux* (Paris, 1877), 2 : 982ff., especially at p. 895. 同様の沈黙が考察されるものとして, V. Marcadé, *Explication théorique et pratique du code Napoléon expliqué article par article* (Paris, n.d.), pp. 58ff.; A Duranton, *Cours de droit civil*, 4th ed. (Brussels, 1841), 7 : 508ff. 以下の著名な作品についても同様のことが当てはまる. C. S. Zacchariae, *Cours de droit civil français*, revu et augmenté par C. Aubry et C. Rau (Strasbourg, 1839), 3 : 202f. 同様に, A. M. Demante with E. Colmet de Santerre, *Cour analytique de Code civil*, 5, 2d ed. (Paris, 1883), pp. 660ff. ボスケ (Bosquet) の説明は, 問題点を明らかにする. 1384条に関して彼は次のように書いている. 「人が管理下に置く物とは, 動産か不動産であり, 無生物か生物である. 本条はいずれもその後者だけを問題にしようとしたという可能性はある. しかし, このように理解するならば, 1385条で十分ではないのか.」(*Explication du code civil* (Avignon, 1805), vol. 3.)
(40) S. 1897.1.17. なお, A. T. von Mehren and J.R.Gordley, *The Civil Law System*, 2d ed. (Boston, 1977), pp. 608ff. にその英訳がある.
(41) G. Viney, *Les Obligation, La Responsabilité : Conditions* (Paris, 1982), in *Traité de Droit Civil*, series directed by J. Ghastin, p. 749 を見よ. Jand'heur v. Galéries Belfortaises 事件において, P. Matter は人の管理下にある物に対する責任は, 古いフランスの慣習法に由来すると主張した. Dalloz, *Recueil Périodique et Critique* (1930), 1 : 65 を見よ.
(42) 雇用者は, ラバの御者, 荷車運転者または馬車の御者の過誤または不器用によって生じた損失に対して責任を負う, という考えは既に実務において現れていた. C. de Ferrière, *Jurisprudence* の D.9.2 に関する箇所を見よ.
(43) Locré, *Législation*, 13 : 42 において報告されている.
(44) Ibid., p. 43 からの引用.
(45) Ibid.
(46) *Les Lois Civiles*, 1.2.7.2.
(47) しかし, ドマは, 彼の考えをローマ法の権威に基づかせてはいるが, 少なくともある状況下においては, 四足動物の与えた損害に関する訴権による責任は, 所有者が動物の悪癖を知りながらなお注意を払わなかったことに基づく, と考えているように思われる. Ibid., 1.2.7.2.6, 7, 8 を見よ.
(48) 若干の例をほとんど無作為に挙げるならば, 以下の通り. Guy Coquille, *Conférence des Coutumes de France* (Paris, 1642), p. 211; *Coutumes générales de Berry*, title 10, arts. 1-4 (pasturage); *Coutumes générales du bailliage de Troyes*, art. 118

原 注　367

(wandering animals); arts. 121, 167-172 (pasturage); *Coutumes de Melun*, arts. 302-309 (pasturage); M. Petitjean and M.L. Marchand, *Le Coutumier Bourguignon glosé* (Paris : CNRS, 1982), pp. 232 §273, 239 §300 (delict), pp. 32 §3, 236 § 287, 291 §402. 興味深いことに，動物損害の実務における重要性にもかかわらず，例えば A. Loysel, *Institutes Coutumières* (初版1607年) や G. Argou, *Institution au Droit françois* (初版1692年) は，この主題について何も述べてはいない．もっとも，C. de Ferrière, *Jurisprudence* の D.9.2 に関する箇所は，これらとは非常に異なっている．

(49) この最後の文章は，ひょっとしたら間違っているかも知れない．もし，他人についての責任に関するドマの論述が唯一の源泉 (*fons et origo*) であったとするならば，ローマの加害者委付は，流出投下物訴権において問題とならないので，後のフランス法にとって直接の関連はなかった可能性がある．

(50) トゥレイヤルは折良く何も述べていない．そしてタリブルの言葉は，曖昧ではあるが (条文の言葉遣いとは反対に) 過誤がなければ責任はないことを示唆する．Locré, *Législation*, 13 : 58 を見よ．

(51) Fenet, *Travaux préparatoires*, 13 : 455.

(52) Locré, *Législation*, 13 : 31, 40, 59f.

(53) *Traité des obligations*, 1.1.2.2.

(54) 既に J. J. ビュネは，ポティエのこの箇所についての注で，次のように書いている．ポティエに従った法典起草者達は，1382条においては délits を述べ，1383条では quasi-délits を述べようとしたものと思われる，と．

(55) 例えば，"Legal Change" の，特に p. 1151 以下を見よ．また，*Evolution*, pp. 115ff. も見よ．

(56) *Foundations*, p. 6.

(57) しかも，倒壊または落下でなければならない．例えば，M. Planiol and G. Ripert, *Traité pratique de droit civil français*, vol 6, *Les Obligations*, 2d ed., ed. P. Esmein 〔304〕(Paris, 1952), pp. 849f. を見よ．

(58) 1384条のこの部分に関する種々の解釈については，例えば，Tunc, "A Codified Law of Tort," pp. 1064ff.; F. H. Lawson and B. S. Markesinis, *Tortious Liability for Unintentional Harm in the Common Law and Civil Law* (Cambridge, 1982), 1 : 146f. を見よ．後者の著作には，本章の議論と関わるものは何もない．1384条における，人が責に任ずべき他人の責任の解釈に関しては，例えば，Tunc, "A Codified Law of Tort," pp. 1062ff を見よ．また，Tunc, "It Is Wise Not to Take the Civil Codes Too Seriously : Traffic Accident Compensation in France," *Essays in Memory of Professor F .H. Lawson*, ed. P. Walington and R. M. Merkin (London, 1980), pp. 71ff. を見よ．交通事故法は，Loi de 5 juillet, 1985 によって改定された．Tunc, *Revue Internationale de Droit Comparé* 37 (1985), 1019ff. を参照．

(59) 第1300条ないし第1304条．追加規定は，第1305条ないし第1307条にある．これらの条文の起源もまたローマにある．

第20章　莫大な損害

(1) もっとも，ドイツ民法典第138条の解釈については変遷があった．例えば，A. T.

Van Mehren and J. R. Gordley, *The Civil Law System*, 2d ed. (Boston, 1977), pp. 1003ff. を見よ.
(2) *C.Th.* 3.1.1. (A.D.319); *h.t.* 4 (A.D.383); *h.t.* 7 (A.D.396).
(3) *D.* 4.4.16.4, 19.2.22.3. そして *D.* 18.1.9.1 と *D.* 18.1.10 も一緒に読むこと.
(4) *De aequitate cerebrina legis secundae C.De resc. vend.*
(5) 改竄の論拠の顕著な一例として, R. Dekkers, *La Lésion énorme, Introduction à l'histoire des sources du droit* (Paris, 1937), pp. 16ff. を見よ.
(6) 史料と翻訳については, N. Lewis and M. Reinhold, *Roman Civilization Sourcebook 2 : The Empire* (New York, 1966), pp. 464ff. を見よ.
(7) 多くの試みの中で一例を挙げるならば, 例えば H. F. Jolowicz, "The Origin of *Laesio Enormis*," *Juridical Review* 49 (1937): 50ff. を見よ.
(8) *De aequitate*, 2 §13.
(9) 多くの学者達は, この区別をしないか, 気付いていないものの, しかし仮説の一方を本能的に選択し, それ故——彼らにとって——明白な結論をより力強く論証することができるのである.
(10) このタイプの議論の古いヴァージョンとして, Jacques Cujas (1522-1590), *Observationum et emendationum libri 28* (1618) を見よ.
(11) とりわけ Dekkers, *Lésion énorme* を見よ.
(12) *De Jure Belli ac Pacis*, 2.12.

第 21 章　法学上の分類と実体法

(1) *Law Quarterly Review* 93 (1977): 508f.
(2) Ibid., pp. 510f.
(3) Ibid., pp. 519f. ジョン・ケアンズ (John Cairns) は, 賢明にも次のように主張する. ブラックストンが「主人と使用人」を人の法の脈絡に位置づけたことは彼の時代にとっては正しかったと. "Blackstone, Kahn-Freund and the Contract of Employment," *Law Quartely Review* 105 (1989): 300ff. を見よ.
(4) それ以外の考慮を別とすれば, このアプローチはもっとも単純なものであった. なぜなら, 奴隷の人的法律関係は1つ, すなわち主人との関係しかなかったからである. 自由人の場合には, 対配偶者, 対卑属, 対後見人という, いくつかの人的法律関係があり得た.
(5) *D.* 44.7.1*pr.* ここでの目的にとって, さらなる債務関係の分類が本当にガーイウスによるものなのか, それとも改竄の結果であるのかは, 重要ではない.
(6) *D.* 44.7.5.4, 5, 6. 準不法行為については, 上述第8章を見よ.
(7) 現代のいくつかの試みについては, 例えば Buckland, *Textbook*, pp. 598f.; D. Stojcevic, "Sur le caractère des quasi-délicts en droit roman," *IURA* 8 (1957): 57ff.; P. Stein,"The Nature of Quasi-delictal Obligations," *Revue Internationale des Droits de l'Antiquité* 5 (1958): 563ff. を見よ.
(8) 実際, 審判人がアクィーリウス法の下で責任を負うことはあり得なかった. なぜなら, この制定法は損失が物理的損害によって生じた場合にしか適用されなかったからである.

（9） 用語の意味を示すために原典を引用する必要がある．*Ex damno. Nisi per imprudentiam〔imperitiam〕damnum fiat, ut cum medicus male servit per imprudentiam〔imperitiam〕: quia tunc est obligatio ex quasi maleficio, sed certe dicas nasci ex maleficio, ut hic: secus in iudice, qui per imprudentiam male iudicavit:quia tunc est obligatio ex quasi maleficio.*

第22章 ユースティーニアーヌスの自然法の遺産
（1） 例えば，D. B. Davis, *The Problem of Slavery Western Culture* (Ithaca, N.Y., 1966), p. 234. を見よ．
（2） 私もまた然り．A. Watson, "Slave Law : History and Ideology," review of M. Tushnet, *The American Law of Slavely, 1810-1860 : Considerations of Humanity and Interest, Yale Law Journal 91* (1982), pp. 1036ff. at 1044 を見よ．
（3） Watson, *Civil Law*, pp. 10ff.; *Failures*, pp. 47f. を見よ．
（4） Cicero, *De legibus*, 1.17-37, 2.8-15; *De re publica*, 3.21, 32-34; *De harispicum responso*, 32. を見よ．
（5） Watson, *Civil Law*, pp. 84ff. を見よ．ユースティーニアーヌスの『法学提要』(2.1.37) は，自然法によって動物の仔は用益権者に帰属すると述べている．このことは，動物の飼育が自然法と調和するものであると見られていたことを示唆するであろう．しかし，この一節の元になっている法学者ガーイウスの原文（*D*.22.1.18.2〔22.1.28〕）には，自然法の言及は含まれていないことが，注意されるべきである．
（6） *J*.1.2.*pr.*,1.2.1,2 において．
（7） とりわけ C. Ferrini, *Opere* (Milan,1929), 2 : 334 を見よ．
（8） 自然法に対するこのアプローチ（したがって自然法は万民法に近いということ）は，もし我々が，テオフィルスの『義解』はユースティーニアーヌスの態度を伝えるものであることを認めることができるならば，確証を得られることになる．1.2*pr*, 11; 1.3.1, 2 を見よ．
（9） *Roman Slave Law* (Baltimore,1987), p. 8.
（10） 奴隷制は自然法に反するというスペイン語原文の要点の典型的な誤解として，A. Levaggi, "La condicion juridica del esclavo en la epoca hispanica," *Revista de historia del Derecho* I (1973): 83ff., at. p. 149 を見よ．
（11） *Institutions*, 1.1. 〔306〕
（12） 例えば，J. A. C. Thomas, *The Institutes of Justinian* (Cape Town, etc., 1975), p. 7 を見よ．
（13） マッケンジー，フット双方の強力な先駆者は，Hugo Grotius, *De Jure Belli ac Pacis* (1625) at, e, g., 1.1.10, 11, 12 : 11.1 である．それ以前のヴァージョンとして，J. B. a Costa [ca.1560-1631], *Commentarius*, on *J*.1.2 を引用することが許されるであろう．すなわち，「『自然法』という用語は2つの意味で用いられる．第1に，すべての動物に共通するものとして．そしてこの意味において，自然法はこの3区分の中に受け入れられている．第2に，自然法は，自然の理性がすべての人間において確立したものである．そして，この3区分においては，これが本来『万民法』と呼ばれるものであり，市民法との対照において，*J*.2.1.11 でユースティーニアーヌスにより『自然な』と呼ばれてい

るのである．したがって『万民法』と『自然法』は，D.41.1.1 において法学者によって区別なく用いられている」．彼は，自然 (*naturale*)，万民 (*gentium*)，市民 (*civile*) の 3 区分を行う．そして後の方で，動物の自然法は「隠喩，あるいは厳密な意味での法ではない (*metaphorice sive non proprie jus*)」と述べる．彼はフランス人でカオール (*Cahors*) の教授であったが，オランダの法学者達によって利用された．例えば，J. Vande Water による版 (1714 年) が存在する．その後のドイツの例については，J. Hoppius, *Commentatio succincta ad Institutiones Justinianeas* (ユースティーニアーヌス『法学提要』に対する簡潔な注釈) ad *J.*1.2. を見よ．

第 23 章　裁判官の文化

(1) 大部分の種類の民事の控訴事件は，以下の理由によるというものではないであろう．すなわち，当事者の一方が非常に激しくその立場上の道義に確信を抱いて，法律の意味は明確であるにもかかわらず，その言い分を主張するため，あるいは評決を得るというかすかな望みを抱いて，訴訟をするといって聞かない，という理由からではないであろう．そのようなケースは，1850 年のアメリカ逃亡奴隷法 (Fugitive Slave Act) 以後の，逃亡奴隷引渡しをめぐる状況において見られた．例えば，R. Cover, *Justice Accused* (1975) pp. 119ff. を見よ．裁判官が彼の役割からくる要求と良心の声との板挟み状態におかれ (Cover, *Justice*, at pp. 6ff.)，法律を逸脱して自由へと導くよう求められるような状況は，類似の問題を生じさせるけれども，ここでは論じないでおこう．

(2) *Brown* v. *Allen*, 73 S.Ct. 397, 427 (1953).

(3) Practice Statement (Judicial Precedent) [1966] 1 W.L.R. 1234.

(4) *London Street Tramways Co.* v. *London County Council* [1898] A.C.375, および，例えば R. B. Stevens, *Law and Politics* (Chapel Hill, 1978), pp. 88ff. を見よ．

(5) 彼らの実務については，とりわけ A. Paterson, *The Law Lords* (Toronto, 1982)，特に pp. 162ff. を見よ．

(6) *President of India* v. *La Pintada Compañia Navigación*, at p. 13.

(7) もちろんこれは，アメリカのリーガル・リアリスト達の見識の一つであった．十分に争われた民事の控訴事件であれば常にいずれであれ判決を下すことができると述べることは，法準則の存在を否定するものではない．法準則は，争いが法廷に来る前にその多くを決定するが，控訴事件は，法準則の境界線か，あるいはこの場合のように裁判所がそうする権限を持つときの準則の変更に関わっている．

(8) *President of India* v. *La Pintada Compañia Navigación*, at p. 13.

(9) Ibid., at p. 13.

(10) *Lloyd's Maritime et Commercial L. Q.* (1984), pp. 305ff. にある P.M.N. の注も見よ．

立法部の意図の発見に関しては，例えば H. Friendly "Mr. Justice Frankfurter and the Reading of Statutes," in *Benchmarks* (1967), pp. 196ff., 特に pp. 200, 207, 219ff. を見よ．

(11) Watson, *Sources of Law* (1984), pp. 78ff. にある資料と議論を見よ．

(12) 例えば，*Journal of the Law Society of Scotland*, 24 (1979): 235ff ; Lord Hailsham of Marylebone, "Obstacles to Law Reform," *Current Legal Problems* 34 (1981): 279ff., 特に pp. 286ff. において引用されている，1979 年不動産登記法 (スコットランド) 通過時の様々な政治家の見解を見よ．

(13) Watson, *Sources of Law*, at 80ff.; *Society and Legal Change* (Edinburgh, 1977), pp. 61ff. を見よ.
(14) 実際, それは用いられた文言のみで制定法を解釈することである.
(15) *President of India* v. *La Pintada Compañia Navigación*, at p. 23. 共存する制定法とコモン・ロー上の救済手段の問題に関しては, *Illinois* v. *City of Milwaukee*, 599 F. 2d 151 (1979) の参照が許されるであろう.
(16) 私は『スイス民法典』第1条を想起する. すなわち,「法律は, その諸規定の文言または精神が関わるすべての問題を規制する. 適用可能な法規定を欠くときは, 裁判官は慣習法に従い, また慣習法を欠くときは, 自己が立法者として行動すべきとしたならば確立するであろう準則に従い, 判決を下すものとする. 裁判官は, 法学説および判例法が尊重する解決によって導かれるものとする」.
(17) *President of India* v. *La Pintada Compañia Navigación*, at p. 14.
(18) Ibid., at p. 30.
(19) 例えば, W. Dale, *Legislative Drafting : A New Approach* (London, 1977), pp. 331ff.; 以下のタイトルの Statute Law Society の出版物, *Statute Law : The Key to Clarity* (London, 1972) および *Renton and the Need for Reform* (1979); Zander, *The Law-Making Process* (London, 1980), pp. 9ff. を見よ.
(20) *The Diaries of a Cabinet Minister* (London, 1975), pp. 628.
(21) Haining's Case であり, Sir George Mackenzie, *Works* (1716) 1 : 24ff. において見ることができる. Watson, *Evolution*, pp. 87ff. において論じた.
(22) 例えば, W. J. Hosten, A. B. Edwards, C. Nathan, and F. Bosman, *Introduction to South African Law and Theory* (1977), p. 222; H. R. Hahlo and E. Kahn, *The South African Legal System and Its Background* (1968), p. 581 を見よ.
(23) At p. 94.
(24) ローマ法における破廉恥 (*infamia*) については, とりわけ A. H. J. Greenidge, *Infamia: Its Place in Roman Public and Private Law* (Oxford, 1894) を見よ.
(25) 訳は, R. W. Lee, *Hugo Grotius : The Jurisprudence of Holland* (Oxford, 1953), pp. 121, 123 による.
(26) At p. 99.
(27) At p. 98.
(28) 例えば, Grotius, *Inleiding*, 3, 34.2; Voet, *Commentarius ad Pandectas*, 9.2.11; Matthaeus, *De Criminibus*, 47.3.4; Groenewegen, *Tractatus de Legibus Abrogatis et Inusitatis in Hollandia Vicinisque Regionibus*, D.9.3.7 を見よ.
(29) 例えば, Macintosh and Scoble, *Negligence in Delict*, 5th ed. (1970), p. 41 を見よ. Van de Merwe and Oliver, *Die Onregmagtige Daad in Die Suid-Afrikaanse Reg*, 4th ed. (1980), pp. 302, 355 は, 不法行為訴訟は共有財産のない婚姻状態にある夫と妻の間では成立するという説に立って,「ローロフ事件」を是認し, 婚姻が共有財産を伴う場合には訴訟は成立しないという説に立って,「マン事件」を支持する.
(30) 現代の, 極端で, 問題点を明らかにする南アフリカの例として, *Du Plessis NO* v. 〔308〕 *Strauss* 1988 (2) SA 105 を見よ.
(31) もちろん, 最初期の近代民法典であるバイエルンのそれ, すなわち『マクシミリア

ンのバイエルン民法典』(*Codex Maximilianeus Bavaricus Civilis*, 1756) を含めて，いくつかの例外が存在する．この法典は，補充的な効力しか有していなかった．

(32) 例えば，Watson, *Civil Law*, p. 101; "Legal Change : Sources of Law and Legal Culture," *University of Pennsylvania Law Review* 131 (1983): 1121ff., at p. 1132; J.P. Dawson, Book Review, *University of Chicago Law Review* 49 (1982): 595ff., at p. 602 を見よ．

(33) しかし，フランス『民法典』の初期の解釈者集団，「注釈学派」(école de l'exégèse) は，立法史を参照し，『民法典』の初期の時代においては，古い時代の権威者達がしばしば法廷で引用された．

(34) *Dalloz*,1876.1.193.

(35) 例えば，A. Weill and T. Terré, *Droit Civil : Introduction Génerale*, 4th ed. (1979), p. 184 を見よ．

(36) *D.*19.2.15.2,3.

(37) *D.*19.2.25.2.

(38) *Traité du Contrat de Louage*, art.113.

(39) 同じ立場に立つ *D.*50.17.23 も見よ．

(40) *D.*50.17.23, 2.14.1, 50.17.34.

(41) P. A. Fenet, *Recueil Complet des Travaux Préparatoires du Code Civil* (1827, reprinted 1968), 13 : 54 を見よ．唯一の議論は，最後の一文に関係するものであった．ポルタリス (Portalis) は，「履行される」(exécutées) の前にある「締結され，そして」(contractées et) の削除を提案し，成功している．C. Baudry-Lacantinerie and L. Barde, *Traité Théorique et Pratique de Droit Civil: Les Obligations*, 3d ed. (1906), 1 : 381ff. も見よ．

(42) Baudry-Lacantinerie and Barde, *Traité*, at p. 383 and n. 1 を見よ．

(43) 例えば，Schröder, *Geschichte des Ehelichen Güterrechts in Deutschland*, Teil 2, Abt. 3 (1967, original edition 1874), pp. 69ff., at pp. 187ff. を見よ．

(44) ペスネック市参審員の見解を収集した最初の本が，数にして 123 冊出ている：*Die Schöffenspruchsammlung der Stadt Pössneck* (Grosch, ed., 1957), 1 : 1118ff. また vol. 3, at p. 7 (Buchda, ed., 1962) も見よ．

(45) しかるにライプチッヒの参審員は，申立人の法に従って判決を下そうとした．

(46) 現代のベルギーではどうなっているのかについては，J. Gilissen, *Introduction Historique au Droit* (1970), pp. 247ff. を見よ．Gilissen は，小さな共同体においてさえ非常に多くの裁判権が存在し，そして，行政官にして裁判官である市助役達 (échevins) は法的訓練を受けていなかった，と述べる．訴訟で難問が生じたときは，「ほぼ同一の慣習に従う」より大きな市や町の助役達に問題点を送付することが習慣となった．12, 13 世紀においては，多くの都市の法が他の都市に授与された．例えばブリュージュ (Bruges) は，他の 20 以上の都市の母都市であった．

(47) 例えば，J. M. Lacarra, *Fueros Derivados de Jaca*, vol. 1, *Estella-San Sebastián* (1969), p. 21; J. M. Lacarra and A. J. M. Duque, *Fueros Derivados de Jaca*, vol. 2, *Pamplona* (1975), p. 56 を見よ．

(48) この回答は Lacarra and Duque, *Fueros Derivados*, at pp. 235ff. によってリプリント

原 注　373

されている．しかし，4つの章の正確な版は送られた．
(49)　Ibid., p. 57.
(50)　ハカは決してそのフエロが広範囲に拡がった唯一の都市ではなかった．エステラ自〔309〕体ももう一つの顕著な例である．一般的なものとして，Tomás y Valiente, *Manual de Historia del Derecho Español*, 4th ed.（Madrid, 1983), pp. 150ff. を見よ．
(51)　ハカの裁判官に上訴したのは，例えばパンプローナの裁判官であって，訴訟の当事者達ではなかった，という直接の証拠はない．しかし，ハカの決定がパンプローナにおける決定の強制力に対して他のやり方で影響力を持っていたと想像することは困難である．さらに，上訴したのがパンプローナの裁判官ではなかったとするならば，1342年8月27日のハカの回答は，ほとんど説明がつかなくなる．ハカの「陪審員と善人達」のそのようないかなる決定も公刊されなかったものと思われる．

第24章　封建法と法的伝統

(1)　1.9, 13*pr.*, 19.1; 2.1*pr.*（ここでは一般的に，封建法に関わる事件は，あるものはローマ法によって，あるものはロンバルディア制定法によって，あるものは慣習によって解決されることが述べられている), 3.1, 9*pr.*; 9.4, 16, 22*pr.*; 24.12, 27; 33.3, 34*pr.*, 38（制定法によって認可される慣習), 39.2, 40, 44*pr.*, 52, 53, 55, 57; 58.1, 58.2, 58.3, 58.4, 58.5. 原典の直接の突合せが不可能なところでは，先行する立法を推し量る確実な方法は存在し得ない．先行する立法をはっきりと述べない場合もあろう．また，存在しない立法を引合いに出して原文に権威を付与する場合もあろう．異なる作品から例を取るならば，『ロマーニア裁判書』(*Assizes of Romania*)，すなわち14世紀初期（しかし，おそらく一部は，13世紀の比較的簡潔な編纂物に基づいているであろう)，フランクのモレア（Morea) の法書の序第2節は，エルサレム（すなわちコンスタンティノープル)の慣行と慣習に基づいていると主張する．実際それが，現存する『エルサレム裁判書』(*Assizes de Jerusalem*) に由来しているとは思われない．そして問題は，モレアの法書が，今や失われた初期の版に依拠していたのかどうかである．P. W. Topping は，"The Formation of the Assizes of Romania," *Byzantion* 17（1944-45): 304 において否定的な答えを出し，J. L. La Monte は，"Three Questions Concerning the Assizes de Jerusalem," *Byzantina-Metabyzantina* 1（1946): 201ff., at pp. 210f. において肯定的な答えを述べている．
(2)　1.1.10.
(3)　この効果に関する若干の言及として，例えば，Craig, *Jus Feudale*, 1.9.36; the Saxon S. Stryk, *Examen Iuris Feudalis*, 1.26; the Prussian Henricus Coccejus, *Juris Feudalis Hypomnemata*, 1.13 を見よ．
(4)　1.5, 6.
(5)　例えば，Robinson, *Introduction*, p. 61 を見よ．
(6)　例えば，M. Bloch, *Feudal Society*（Chicago, 1961), pp. 48ff. を見よ．
(7)　例えば，A. Esmein, *Précis élémentaire de l'histoire du droit français de 1789 à 1814*（Paris, 1911), pp. 57ff. を見よ．
(8)　Chapter 32.
(9)　例えば，Stryk, *Examen*, 1.15 を見よ．

(10) 例えば，Gudelinus, *De Iure Feudorum*, prol. 5 を見よ．
(11) Jason, *Super Usibus Feudalis*, 2（in fine）．
(12) Stryk, *Examen*, 1.I4 は，彼の見解に与する何人かの学者を挙げている．
(13) Zoesius, *Praelectiones*, proem. 15. また，H. Coccejus, *Hypomnemata*, 1.12 も見よ．
(14) 例えば，Watson, *Civil Law*（1981），pp. 64ff. を見よ．
〔310〕(15) Watson, "Legal Change, Sources of Law and Legal Culture," *University of Pennsylvania Law Review* 131（1983）: 1121ff., at p. 1128 を見よ．

第25章 法発展の2つのパターン

（1）もっとも新しいものとして，P. G. Stein, "'Equitable' Remedies for the Protection of Property," in *New Perspectives in the Roman Law of Property*, ed. P. Birks（Oxford, 1989），pp. 185ff.
（2）2d ed.（Toronto, 1981），p. 1.
（3）現在は，*Gesammelte Abhandlungen*（Heidelberg, 1961），1 : 76ff. に所収．R. C. Van Caenegem, *The Birth of the English Common Law*（Cambridge, 1973），pp. 94f. も見よ．
（4）*Roman Law and Common Law*, 2d ed., by F. H. Lawson（Cambridge, 1952），p. xiv.
（5）Buckland, *Equity in Roman Law*（London, 1911），p. v.
（6）A. Watson, *Law Making in the Later Roman Republic*（Oxford, 1974），pp. 63ff.
（7）今や F. Wieacker, *Römische Rechtsgeschichte*（Munich, 1988），1 : 439 を見よ．
（8）D. Daube, "The Peregrine Praetor," *Journal of Roman Studies* 41（1951）: 66ff.
（9）今や A. Watson, "Sellers' Liability for Defects : Aedilician Edict and Praetorian Law," *IURA*（1988）〔38（1987）〕: pp. 167ff. を見よ．
(10) 中でも，J. A. C. Thomas, *Textbook of Roman Law*（Amsterdam, 1976），p. 51 を見よ．
(11) *D*. 9.2.12.
(12) *D*. 10.4.10〔10.4.16〕．
(13) *D*. 9.2.41*pr*.
(14) *D*. 19.5.14.1.
(15) F. Schulz, *Roman Legal Science*（Oxford, 1946），p. 156; Watson, *Law Making*, pp. 144ff. を見よ．
(16) Watson, *Law Making*, pp. 143ff. を見よ．
(17) Ibid., pp. 31ff.
(18) Milsom, *Foundations*, e. g., pp. 11ff., 37ff., 82ff.; J. H. Baker, *Introduction to English Legal History*, 2d ed.（London, 1979），pp. 11ff., 34ff., 83ff., 101ff. を見よ．
(19) アウルス・アゲリウス（Aulus Agerius）とヌメリウス・ネギディウス（Numerius Negidius）は，原告と被告のそれぞれを示すための標準名称であった．
(20) とりわけ Lenel, *Edictum*, p. 299 を見よ．
(21) Ibid., pp. 299ff.
(22) 例えば，P. Stein, *Fault in the Formation of Contract*（Edinburgh, 1958），pp. 67ff. を見よ．
(23) *D*. 18.1.4, 5, 6*pr*.

(24) もちろん私は，曖昧なことのすべてが解決されたと主張するものではない．ここで初期のローマ法を扱うつもりはないが，私はあるところで次のように論じたことがある．初期のローマの実体法も，古拙な訴訟制度すなわち法律訴訟（*legis actiones*）から出てくることはあり得なかったと（"The Law of Actions and the Development of Substantive Law in the Early Roman Republic," *Law Quarterly Review* 89 (1973): 387ff.).
(25) ガーイウス『法学提要』3.146における状況は，すぐに見るように，実践的な法的問題を免れるものではない．
(26) 例えば，Milsom, *Foundations*, p. 36 を見よ． 〔311〕
(27) *D*.9.2.11.6-10 を見よ．
(28) *D*.9.2.13*pr.*
(29) *D*.9.3.6.3.
(30) *D*.4.3.21.6.〔4.2.21.6〕
(31) 例えば，A. Watson, book review, *Michigan Law Review* 85 (1987): 1071ff., at pp. 1075f. を見よ．法学者達がいかにして法の形成を任せられるに至ったのかの説明として，pp. 1079ff. を見よ．法学者の社会的出自については，W. Kunkel, *Herkunft and soziale Stellung der römischen Juristen*, 2d ed. (Graz, 1967) を見よ．方式書と告示の表記の変遷については，Watson, *Law Making*, pp. 33f. を見よ．
(32) 例えば，Baker, *Introduction*, p. 165 を見よ．
(33) Ibid., p. 13.
(34) 今や上述第13章を見よ．
(35) 非常に初期の法においては，誓約する（*spondere*）という動詞だけがこの契約を成立させた．
(36) うわべだけの類似性を示すその他の例，すなわち共和政期ローマと19世紀までのイングランドにおける法学教育についても，同じことが主張されるべきである．ロー・スクールはなかった．若者は大家に師事して法を学んだ．しかし，これらの類似点も強調されるべきではない．以下のことを述べれば十分である．ローマの「法の託宣者達」（oracles of the law）の大部分は法廷に関心がなく，また将来の法学者は法を学ぶために託宣者達の家に話を聞きに行ったことである．例えば，Watson, *Law Making*, pp. 103ff. を見よ．もっとも，ごく最近 J. W. Tellegen は，法学者と託宣者との間に明確な区別はなかったと主張する："*Oratores, Jurisprudentes* and the *Causa Curiana*," *Revue Internationale des Droits de l'Antiquité* 30 (1983): 293ff.; "*Parva Quaestio sed tamen Quaestio*," *Juridical Review* 195 (1987): 195ff. イングランド法は，個々の裁判所の実務に携わる専門家の話を聞くことによって学ばれた．例えば，Baker, *Introduction*, pp. 147ff. を見よ．
(37) Stein, "*Remedies*," p. 185.
(38) この過程は，法形成における政府の一般的な無関心によって助長される．例えば，Watson, *Slave Law in the Americas* (Athens, Ga., 1989), pp. 1ff. を見よ．
(39) D. Daube, "Slightly Different," *IURA* 12 (1961): 81ff. を見よ．
(40) 例えば，Buckland, *Textbook*, pp. 233ff. を見よ．
(41) A. Watson, *Roman Slave Law* (Baltimore, 1987), pp. 24f. およびそこで引用されている文献を見よ．

(42) 例えば，Milsom, *Foundations*, pp. 183ff.; Baker, *Introduction*, pp. 234ff.; Cheshire and Burn, *Modern Law of Real Property*, 14th ed., ed. E. H. Burn (London, Edinburgh, 1988), pp. 239f. を見よ．最良の記述は，現在もなお W. Blackstone, *Commentaries on the Law of England*, 1st ed.（1766), 2 : 357ff. である．
(43) *G*.4.34-38.
(44) このことは，擬制が例えばプーブリキウス訴権（*actio Publiciana*）（*G*.4.36）のような新しい訴訟における場合でも同様である．Lenel, *Edictum*, pp. 169ff. も見よ．
(45) とりわけ，S. F. C. Milsom, "Trespass from Henry III to Edward III," *LQR* 74（1958): 195ff., at pp. 220f. and 586; Baker, *Introduction*, pp. 57f. を見よ．
(46) Baker, *Introduction*, p. 282 を見よ．
(47) Ibid., pp. 283ff.; Milsom, *Foundations*, pp. 339ff.; J. H. Baker and S.F.C. Milsom, *Sources of English Legal History* (London, 1986), pp. 406ff.; A. W. B. Simpson, *A History of the Common Law of Contract* (Oxford, 1975), pp. 281ff. を見よ．
〔312〕(48) Baker, *Introduction*, p. 108 を見よ．
(49) Watson, *Law Making*, pp. 169ff. を見よ．

第 26 章　伝達と法

(1) Watson, *Evolution*, pp. 43ff. を見よ．
(2) 諸例については上述第 22 章を見よ．
(3) A. Watson, "The Evolution of Law : Continued," *Law and History Review* 5（1987): 537ff., at 550ff. を見よ．
(4) この文脈において，ユースティーニアーヌスは保守的であったという示唆的説明では不十分であるといわざるを得ない．
(5) この文脈においても，ローマ法の優位から考えてラテン語は法律書にとって当然の言語であったと述べることによって，ゲルマン言語で書かれた種々の版を作らなかったことを単純に受け流してしまうことはできない．
(6) F. Pollock and F. W. Maitland, *History of English Law*, 2d ed. (Cambridge, 1898), 1 : 85.
(7) 『トゥールーズの慣習』の成立年代は不明であるが，最近時の言及では，1769 年 11 月 10 日とされている．
(8) これについては，例えば W. R. Cornish, in H. Coing, *Handbuch*, 3 : 2225ff.; F. Bennion, *Statute Law*, 2d ed. (London, 1982), p. 73. を見よ．
(9) いくつかの言及に関しては，Watson, *Sources of Law*, pp. 77ff., ; F. Bennion, *Statute Law* (London, 1982), pp. 73ff. を見よ．
(10) この委員会は，制定法をより単純で明快なものとするために，1973 年にイギリス政府によって設立された．
(11) *Statute Law*, pp. 119ff.
(12) Ibid., p. 131. しかし，それは，実際には英国に制限されるものではない．
(13) 例えば，第 23 章における最初の事例の議論を見よ．
(14) *Statute Law*, p. 29.

訳者あとがき

　本書は，Alan Watson, *Roman Law and Comparative Law*, The University of Georgia Press, 1991 の全訳である。第1部はローマ法についての概説であり，第2部の「比較法」を理解するための基礎知識を提供するものである。第2部は著者がそれまでに発表した諸論文をもとにして，近代における法準則，法制度がなぜそのようなものとして存在しているのかを明らかにしようとする。本書のこの構成は，序文にあるように，第2部におけるその「解答がローマ法の知識なくしては不可能であること」による当然の帰結である。本書のおもしろさはもちろん第2部で展開されている，知的刺激に満ちた比較法研究の成果である。しかし，第1部もまた，単なる概説ではなく著者独自の鋭い分析が加えられている。

　著者 Alan Watson は，ジョージア大学教授（Distinguished Research Professor and Ernest P. Rogers Chair at the University of Geogia School of Law）であり，ローマ法，比較法，法史等の分野で現在最も活躍中の学者であり，これまでに100を超える論文を発表し，出版した著書はもうすぐ50冊に達する勢いである。ローマ法研究においても数々の著書，論文を公にしているが，最近では『学説彙纂』英訳版の編者として精力的な活動を見せている。業績目録も含め，ジョージア大学のウェブサイトに著者のプロフィールが載っているので，是非ご覧を頂きたい。

　樺島は，カーメン著『アメリカ刑事手続法概説』（佐伯千仭監修，樺島正法・鼎博之共訳，第一法規，1994年）を翻訳してから間もなく，その際に協力を得たシルビア・ブラウン浜野女史より本書を紹介され，翻訳を開始，1999年に下訳を完了，その3年後に幸いにも信山社渡辺左近氏のご尽力により翻訳権を取得することができた。樺島は瀧澤に訳書出版の協力を依頼し，瀧澤はこれを快諾，以後2人で翻訳原稿の作成にとりかかった。瀧澤が樺島作成の下訳に手を入れ，それを元に樺島が修正するという作業を何度も繰り返し，最終原稿を完成させた。本書は瀧澤と樺島の共同作業によるものである。ところで原著には少なからず誤植があり，単純な誤りは訳それ自体において，他は〔　〕書きで訂正した。二ヵ所につき，著者に直接問い合わせ，確認した。また，原著の索引とは別に日本語の見出しの索引を作成し，加えている。

　最後に，本書の出版にご協力頂いた方々，とくに，樺島より，この本を紹

介し，ラテン語の手ほどきを受けたシルビア・ブラウン浜野女史に深甚の感謝を捧げます。また，原稿の入力や訂正，索引の作成にあたった樺島法律事務所の中塚美佐子さん，大阪大学法学部の永末麻友美さん，同志社大学大学院法学研究科の玉井美香さん，同志社大学法学部の下田香織さん，迫菜採さんに感謝の意を表明したい。

2006年1月

瀧 澤 栄 治
樺 島 正 法

原 著 索 引
（数字は原著の頁数を示す）

《A》

Abortion　堕胎　10, 271-72
Acceptilatio　受領問答契約　57
Accession　附合　47
Account books　会計簿　57
Accursius (the glossator)　アックルシウス（注釈学者）　89, 212, 248
Actio de arboribus succisis　樹木伐採訴権　74
Actio auctoritatis　担保訴権　46
Actio certae pecuniae　確定貸金訴権　133
Actio commodati　使用貸借訴権　59-60
Actio depositi　寄託訴権　60
Actio de doIo　悪意訴権　55, 73
Actio de effusis vel deiectis　流出投下物訴権　75, 187, 192-93, 194, 303（n. 49）
Actio empti　買主訴権　61, 62
Actio ex empto　買主訴権　252
Actio in factum　事実訴権　233-34, 253, 257-58
Actio fiduciae　信託訴権　51
Actio furti　盗訴権　70, 132
Actio iniuriarum　人格権侵害訴権　40, 73, 233-34, 236, 237
Actio legis Aquiliae　アクィーリウス法訴権　71, 72
Actio mandati　委任訴権　71
Actio de modo agri　土地の面積に関する訴権　46
Actio negotiorum gestorum　事務管理訴権　67-68
Actions, Roman law of　（ローマ）訴訟（法）　26, 67-68, 259, 299-300（n. 15）
Actio de pastu　放牧訴権　74, 188, 195
Actio de pauperie　四足動物の与えた損害に関する訴権　76, 187-88, 303（n. 47）
Actio pigneraticia　質訴権　51
Actio pro socio　組合訴権　65
Actio Publiciana　プーブリキウス訴権　47
Actio quod iussu　命令訴権　132
Actio quod metus causa　強迫故の訴権　54, 73
Actio de rationibus distrahendis　計算剥奪訴権　36-37
Actio rei uxoriae　妻の財産訴権　32
Actio rerum amotarum　物移動訴権　74
Actio sepulchri violate　墓所侵害訴権　44
Actio Serviana　セルウィウス訴権　51

Actio servi corrupti 奴隷誘惑訴権 74
Actio de suspensis 吊下物訴権 75
Actio de tigno iniuncto 梁木組立訴権 74
Actio tutelae 後見訴権 37
Actio utitis 準訴権 253, 257-58
Actus servitude 家畜の通路役権 49
Administration of Justice Act（1982）「司法運営法」 225, 227, 228-29
Adoption （他権者）養子縁組 28, 34-35
Adrogatio 自権者養子縁組 34-35, 77
Adstipulator 参加要約者 71
Adultery 不貞 10, 27, 30, 31
Africa アフリカ 267
Agency 代理関係 66
Agnates 宗族 35-36, 37, 38, 81
Agobard（bishop of Lyons） アゴバルドゥス（リヨン司教） 88
Agrippina アグリッピーナ 30
Alaric II（king of the Visigoths） アラリック2世（西ゴート王） 86
Alciatus（the humanist） アルキアートゥス（人文主義法学者） 91
Alexander Severus（emperor of Rome） アレクサンダー・セウェールス（ローマ皇帝） 113
Alfonso I（king of Aragón） アルフォンソ1世（アラゴン王） 243
Alfonso II（king of Aragón） アルフォンソ2世（アラゴン王） 243
Alfonso X the Wise（king of Castile） アルフォンソ10世賢王（カスティリア王） 90, 216, 217
Algeria アルジェリア 93
Allegemeines Landrecht für die preussischen Staaten『プロイセン一般ラント法』 92
Alvarez, José Maria ホセ・マリア・アルバレス 164
American Law Institute アメリカ法律協会 271
Analysis of the Law, The（Hale）（ヘイル）『法の分析』 169, 172-73, 175, 209-10, 275-76
Analysis of the Laws of England（Blackstone）（ブラックストン）『イングランド法の分析』 168-69, 171, 73, 176, 179, 180, 210, 277-82, 300（n. 17）
Anglo-American law 英米法 15, 21
　——theft　——：窃盗 69, 70
　——doctrine of precedent　——：先例理論 83
Animals 動物
　——killing of, as property damage 財産損害としての——の殺害 71, 111
　——damage by, liability for　——による損害、——に対する責任 76, 184, 185, 187-88, 191, 193, 194-95, 199, 303（n. 47）
　——natural law and　自然法と—— 215, 216, 217, 30（n. 5）

Animus possessionis 占有の心素 120-21
Annotationes ad. B. Georg Ad. Struvii iurisprudentiam Romano-Germanicam forensem (Notes on Georg Struve's Roman-German jurisprudence, Schaumburg) (シャウムブルク)『ゲオルグ・シュトルーヴェのローマ＝ドイツ法学についての注釈』 164
Anonymous 無名氏 87
Anthropology 文化人類学 10
Antitribonianus『反トリボニアーヌス』 157-58
Antoninus Pius (emperor of Rome) アントニーヌス・ピウス (ローマ皇帝) 34, 40
Aquaeductus servitude 水道役権 49
Aquilian law *Lex Aquilia* を見よ
Aquillius, Gaius ガーイウス・アクィーリウス 58
Argou, Gabriel ガブリエル・アルグー 151, 167
Arkansas アーカンソー 290 (n. 5)
Arra (earnest) 手付 61
Assizes of Romania『ロマーニア裁判書』307 (n. 1)
Assumpsit 引受訴訟 264-65
Atatürk アタチュルク 98, 268, 271
Athens アテネ 6, 11-12, 13, 61, 135
Augustus (emperor of Rome) アウグストゥス (ローマ皇帝) 23-24, 29, 30, 33-34, 42, 43, 80, 81, 111
Aurei iuris austriaci tractatus『黄金のオーストリア法の論文』153
Austrian law オーストリア法 92, 153
Autun Gaius『オータン〔で発見された〕ガーイウス〔『法学提要抄録』〕』 82
Azo (the glossator) アーゾ (注釈学者) 89

《B》

Bacon, Lord Francis フランシス・ベイコン卿 166
Baker, J. H. J・H・ベイカー 145
Balduinus, Franciscus フランシスクス・バルディヌス 159
Barbarian codes 蛮族法典 269
Barbarian tribes 蛮族 86
Barter 交換 25, 61-62, 66, 123, 124, 296 (n. 62)
——contract for (*permutatio*) ——のための契約 (*permutatio*) 66, 135, 136-37, 138
Bartolus de Saxoferrato バルトールス・デ・サクソフェルラート 90, 156
Basil I (emperor of Byzantium) バシリウス1世 (ビザンツ皇帝) 87
Basilica『バシリカ法典』 87, 91
Basta, Josephus ジョセフス・バスタ 154
Bavaria バイエルン 160
Belgian law ベルギー法 180, 243, 266, 308 (n. 46)
Bellapertica, Petrus de ペトルス・デ・ベラペルティカ 89-90

Benefit of Clergy　聖職者の特権　102
Bennion, Francis　フランシス・ベンニオン　270-71
Bentham, Jeremy　ジェレミー・ベンサム　268, 271
Betrothal, Roman law　（ローマ法の）婚約　27, 32
Beyer, Georg　ゲオルグ・バイヤー　160, 162-63, 167, 172
Biblical law　聖書の法典　12, 82, 92
Blackstone, Sir WLLliam　ウィリアム・ブラックストン　166, 168, 300（n. 16, 17）
　——classification of law　——；法律の分類　171, 174, 207-11, 259, 277-82, 304-6（n. 3）
"Blackstone's Neglected Child: The Contract of Employment" (Kahn-Freund)
　（カーン・フロイント）「ブラックストンの無視された子供：雇用契約」　207-8
Böckelmann, J. F.　J. F. ベッケルマン　219
Boehmer, G. L.　G. L. ベーマー　247
Bologna　ボローニャ　88, 89, 147
Bona fide possessor (possessor in good faith)　善意の占有者　103
Booty　戦利品　60, 128
Brabant　ブラバント　269
Bradford Corporation v. Pickles (1895)　ブラッドフォード会社対ピックルズ事件　102
Brandon, Lord of Oakrook　（オウクブルクの）ブランドン卿　222, 223, 224-25, 227, 228, 229
Bridge, Lord of Harwich　（ハーウィッチの）ブリッジ卿　228
Brissaud, Jean　ジャン・ブリソー　183
Brockenbrough, Judge　ブロッケンブロー（判事）　106-7
Brouwer, Hendryk　ヘンドリック・ブロウワー　233, 234
Bruges　ブリュージュ　306 (n. 46)
Brutus, Marcus　マールクス・ブルートゥス　5
Buckland, W. W.　W. W. バックランド　250
Bugnet, J. J.　J. J. ビュネ　303 (n. 54)
Buildings　建造物
　—— things poured or thrown from　——から流されもしくは投げられた物　75, 187, 192-93, 194
　——collapse, liability for damage from　——の倒壊、——による損害の賠償責任　184, 185, 191, 193, 195-96, 199
Bulgarus (the glossator)　ブルガールス（注釈学者）　89
Bürgerliches Gesetzbuch　（ドイツの）『民法典』　92-93, 122-23, 197, 201-2
Burgundians　ブルグンド族　86
Burial　埋葬　44

《C》
Caecus, Appius Claudius　アッピウス・クラウディウス・カエクス　22
Caesar, Julius　ユリウス・カエサル　6, 77, 271

Cairns, John W. ジョン・W・ケアンズ 166, 304-5 (n. 3)
Canon law 教会法 88, 90, 160, 164, 165, 182, 190
Capitalism 資本主義 272
Caracalla (emperor of Rome) カラカラ（ローマ皇帝） 157-58
Carpzov, Benedict ベネディクト・カルップツォフ 160
Carrier's Case (1473) キャリアー事件 102
Cascellius (the jurist) カスケッリーウス（法学者） 23
Case of the Waltham Career ウォルサム運送事件 145
Casina (Plautus) （プラトゥス）『カシナ』 4
Cato, Marcus Porcius, the Elder マールクス・ポルキウス・カトー（大カトー） 20
Cautio damni infecti 未発生損害担保問答契約 188-89
Censors 戸口総監 16, 29, 31, 33
Census, Roman （ローマの）戸口調査 39, 41
Central America 中部アメリカ 165
Ceylon セイロン 3, 93
Children 子供
　　——power of *paterfamilias* over ——に対する家長の権力 9-10, 33
　　——guardians for ——のための後見人 13
　　——marriage and 結婚と—— 31, 112, 215, 217, 219
　　——inheritance by ——による相続 34, 80, 150
　　——illegitimate 非嫡出の—— 35
　　——tutelage and 後見と—— 36
　　——born to slaves 生来奴隷としての—— 39-40
　　——liability for damage by ——による損害に対する責任 183, 184, 192, 193, 194
　　——in Blackstone's relations ブラックストンの〔私的経済〕関係における—— 210
　　Filiusfamilias も見よ
Chile チリ 3
Christianity キリスト教 6, 27, 29, 41, 82, 87, 113, 158
　　——and divorce ——と離婚 31-32
Cicero, Marcus Tullius キケロー 6-7, 11, 12, 35, 57, 58, 73, 78
　　——on Roman law ローマ法における—— 4-5, 20-21, 23, 101
　　——and natural law ——と自然法 214-15
Civil law 市民法 218, 219
　　——praetors and 法務官と—— 5-6, 19
　　——Roman ローマ—— 22, 45, 157, 161, 213, 252-53
　　——English イングランド—— 148, 169, 170-71
Claudius (emperor of Rome) クラウディウス（ローマ皇帝） 24, 30, 40
Clitherow, James ジェームス・クリセロウ 179
Clodius クローディウス 35
Coccejus, Henricus ヘンリクス・コッケーユス 247

原著索引

Code of Justinian　ユースティーニアーヌスの『勅法彙纂』　147-48, 160
　　――composition of　――の構成　80, 85, 87, 89, 112-14, 261
　　――laesio enormis　――：莫大な損害　202
　　――natural law in　――における自然法　214
　　――and feudal law　――と封建法　247
　　――incomprehensibility of　――の不可解なこと　269
Code Napoléon　『ナポレオン法典』　France：*code civil* も見よ
Codex Gregorianus　『グレゴリウス勅法集』　83, 86
Codex Hermogemanus　『ヘルモゲニアーヌス勅法集』　83, 86
Codex Theodosianus　『テオドシウス法典』　83, 86, 91, 203
Codicils　小書付　81
Código de las Siete Partidas　『七部法典』　90, 165, 216-17
Coemptio　共買　28, 29-30
Coggs v. *Bernard*（1703）　コッグス対バーナード事件　102
Coke, Sir Edward　サー・エドワード・クック　166, 259
College of Pontiffs　神官団　21-22, 99, 114
Comitia（assembly）　民会　16-17, 23-24
Comitia curiata　クーリア民会　34
Comitia calata　特別招集民会　77
Comitia centuriata　ケントリア民会　16-17
Comitia tribute　トリブス民会　16, 17
Commentaries on the Laws of England（Blackstone）（ブラックストン）『イングランド法釈義』　166, 259, 300 (n. 17)
　　――influence of Justiman's Institates on,　――に対するユースティーニアーヌス『法学提要』の影響　168, 171-72, 173-81
　　――classification of law and　法の分類と――　207-11
Commentariorum in Digesta Justiniani Libri XIX（Nineteen books of commentaries on Justinian's *Digest*, Böckelmann）（ベッケルマン）『ユースティーニアーヌスの学説彙纂に関する注釈19巻』　219
Commentaries ad Pandectas（Commentary on the *Digest*, Voet）（フット）『学説彙纂注解』　92
Commercial law　商法　20
Commodatum（loan for use）　使用貸借　59-60, 124, 131, 132, 134, 136, 138
Commodus（emperor of Rome）　コンモドス（ローマ皇帝）　157-58
Common law　コモン・ロー　English law を見よ
Commonwealth v. Turner（1827）　英連邦対ターナー事件　105-7
Comparative law　比較法　ix-x, 97-110, 147, 155, 245
　　――and sources of law　――と法源　111-15
　　――slavery　――：奴隷制度　116-17
　　――possession　――：占有　117-21

——contracts ——：契約 122-38, 259-60
——English and Roman law ——：イングランド法とローマ法 250-65
Comparison of Mosaic and Roman Laws 『モーゼ法とローマ法の対照』 82
Con- et discordantia iuris consuetudinarii Austriaci supra Anasum cum iure communi (Harmony and dissonance of customary Austrian law above the inn, Weingärtler) (ヴァインゲルトラー)『イン川上流オーストリア慣習法の〔普通法と〕の調和と不調和』(ベッケルマン) 153-54
Concilium plebes 平民会 17, 18, 42
Concubinage 内縁 28
Condictio (不当)利得返還請求訴権 56, 57, 59, 67, 125-26, 253
Confarreatio ファール共祭 28, 29-30, 31
Conring, Hermann ヘルマン・コンリング 161, 248
Consensual contracts 諾成契約 20, 21, 60-67, 127-33, 136, 137
Constantinaeus, Iacobus ヤコブス・コンスタンティナエウス 154
Constantine I (emperor of Rome) コンスティーヌス一世 (ローマ皇帝) 16, 32, 34, 35, 40, 83
Constantine Copronimus コンスタンティーヌス・コプロニムス 87
Constantinople コンスタンチノープル 87, 113
Constitutio Antoniniana アントニーヌス〔カラカラ〕の勅法 25
Constitutional law 憲法 x, 171-72, 208, 209, 302 (n. 16)
Constitutions 憲法 272
Constitutum possessorium 占有改定 47
Consuls 執政官 11
Consultatio veteris cuiusdam iurisconsulti (Cujas) (クジャス)『ある古法学者の鑑定意見集』 156-57
Contract law 契約法
——verbal 言語—— 5, 53-57
——sale 売買—— 8, 25, 60, 61-64, 101, 123, 128-30, 135-36, 254-56, 294 (n. 29)
——Roman ローマの—— 13, 19, 27, 33, 40, 111, 143, 145-46, 211, 218, 219
——consensual 諾成—— 20, 21, 60-67, 127-33, 136, 137
——literal 文書—— 57-59, 67, 73, 74, 133, 135
——real 要物—— 59-61
——actions ——訴権 67-68
——English イングランドの—— 102, 139, 145-46, 168, 297-08, 222, 226, 228, 264
——comparative law and 比較法と—— 122-38, 259-260
——in Hale's *Analysis* ヘイルの『分析』における—— 170
——in Blackstone's Commentaries ブラックストンの『釈義』における—— 173, 175-76, 180
——in Gothofredus ゴトフレードゥスにおける—— 177
——*laesio enormis* ——：莫大な損害 201-6

――French *code civil* and　フランス民法典と―― 238-241
Coquille, Guy　ギ・コキーユ　150, 151, 153
Corporeal things　有体物　44
Corpus Juris Civilis　『ローマ法大全』　179
　　――composition of　――の構成　85, 87, 89, 261
　　――legal humanists and　人文主義法学者と――　91, 92, 156, 157-58, 162
　　――in Reception of Roman law　ローマ法の継受における――　98, 99, 109, 147, 149, 154, 159, 163, 167-68, 186, 232
　　――Gothofredus edition　―：ゴトフレードゥス版　176-78
　　――*laesio enormis*　――：莫大な損害　202-3
　　――natural law in　――における自然法　214-15
　　――and feudal law　――と封建法　245, 247, 248
Corpus possessiotas　占有の体素　120-21
Corvinus, Johannes Arnaldus　ヨハネス・アルナルドゥス・コルヴィヌス　148
Courts　法廷
　　――Roman　ローマの――　4, 12, 251-53
　　――English　イギリスの――　145, 146, 253-54, 259-60, 261
Coutume Générale de Flandres　フランドルの一般的慣習　266-67
Coutumes de Normandie（Customs of Normandy）『ノルマンディーの慣習法書』　182
Coutume de Toulouse　『トゥールーズの慣習』　269
Covenants　カヴェナント　145, 146, 170, 260
Cowell, John　ジョン・コーウェル　166, 175, 179
Craig, Thomas　トーマス・クレイグ　246, 247
Craponne, Adam de　アダム・ド・クラポンヌ　238, 239
Crassus, Lucius　ルキウス・クラッスス　79-80
Creditors　債権者
　　――security　――：担保　50-52, 55, 57, 140
　　――remedies　――：救済手段　71, 72-73, 131-32
　　――interest for debt――：金銭債務の利子　225-26, 227
Crimen suspecti tutoris　後見人被嫌疑罪　36, 37
Criminal law　刑事法　ix, 169, 272
　　――Roman　ローマの――　43, 155, 212, 213
　　――English　イングランドの――　102, 122, 173, 176, 270
　　――French　フランスの――　191-92
Crossman, R. H. S.　R. H. S. クロスマン　229
Cuiacius, Jacobus　ヤコブス・クヤキウス　91, 154
Cujas, Jacques　ジャック・クジャス　156, 206, 248
Curatorship　保佐　37-38, 68
Curule aedile　高等按察官　7, 18, 21, 24, 63-64, 188, 252
Cushing, Luther S.　ルーサー・S・クッシング　107

Customary law　慣習法　15-16, 182, 183, 266, 269-70
　　──in France　フランスにおける──　195, 240
Custom of Nevers　ヌヴェールの慣習　150-51

《D》
Dade, Judge　デイド判事　105-6, 107
Damnum infectum　未発生損害　188-89, 195-96
Damnum iniuria datum　不法損害　69, 212-13
Daube, David　デイヴィッド・ドーブ　125, 126, 136, 251
Death　死亡
　　──murder　──：殺人　10, 40, 102-4
　　──furnishing a cause of　──の原因を与えること　71-72
Death penalty　死刑　44
Debt, writ in　金銭債務令状　264-65
Debtors　債務者　13, 18, 32, 50-52, 55-56, 57-58, 59, 71, 72-73, 131-32, 226
Decemviri　十人官　11
De Criminibus（On crimes, Matthaeus）（マタエウス）『犯罪について』　212
Defamation　名誉毀損　192, 211
De Galliffet v. *Commune de Pélissane*（1876）「ドゥ・ガリフェ対ペリサーヌ市事件」 238-41
De Greuille, Bertrand　ベルトゥラン・ドゥ・グルーイユ　194-96
De Iure feudorum Commentarius（Commentary on feudal law, Gudelinus）（グデリーヌス）『封建法注解』 247
De iure Lubeceasi ad methodum institutionum（On the law of Lubeck following the method of the Institutes, Stryk）（シュトリュック）『法学提要の方法によるリューベック法について』 160
De jure belli ac pacis（On the law of war and peace, Grotius）（グローティウス）『戦争と平和の法』 154-55
Delicts　不法行為
　　──Roman law　ローマ法の──　69-76, 126-27, 138, 168, 192, 211, 233
　　── in French code civil　フランス『民法典』における──　170, 183-90, 192-200, 211-213
　　──in Gothofredus　ゴトフレードゥスにおける──　177, 180
Delineatio juris civilis secundum institutiones et pandectas atque feudalis（Outline of civil law according to the *Institutes and Pandects*, and of feudal law, Beyer）（バイエル）『法学提要と学説彙纂による市民法と、基本に立ち返り、世紀の使用に採用された封建法の概要』 162-63
Delineatio juris Gerrnanici（Outline of German law, Beyer）（バイエル）『ドイツ法概要』 162, 167, 172
De Luca, Giambattista　ジャムバティスタ・デ・ルカ　191-92

De origine juris Germanici（On the origin of German law, Conring）（コンリング）『ゲルマン法の起源について』 161, 248

Depositum（deposit） 寄託 59, 60, 123, 124, 126-127, 130, 132, 133, 134, 136, 138, 240

Depositum miserabile 緊急寄託 127

De Villiers, Melius メリウス・ドゥ・ヴィリエ 233, 234, 235, 236

Diatribe logica de syllogismis ex hypothesi, secundum Aristotelem（Logical diatribe on hypothetical syllogisms, according to Aristotle, Schilter）（シルター）『アリストテレスによる、仮定的三段論法に対する論理的痛烈な非難』 162

Diffarreatio ファール断絶祭 31

Digest（*Pandects*）of Justinian ユースティーニアーヌスの『学説彙纂』
 ——composition of ——の構成 25, 84-85, 101, 112-14, 147, 173, 246, 261, 271
 ——contract law ——：契約法 58-59, 66, 68, 240
 ——delicts ——：不法行為 75
 ——in Reception of Roman law ローマ法の継受における—— 88, 89, 90, 92, 160
 ——succession law ——：相続法 104
 ——classification of law ——：法律の分類 180, 211
 ——*laesio enormis* ——：莫大な損害 202-3
 ——natural law in ——における自然法 214-215, 219
 ——property law ——：財産法 237, 253
 ——and feudal law ——：封建法 247
 ——incomprehensibility of ——の不可解なこと 269

Diocletian（emperor of Rome） ディオクレティアーヌス（ローマ皇帝） 62, 157-58, 202, 203, 204

Dionysius of Halicarnassus ハリカルナッススのディオニュシウス 3, 9

Divine law 神法 44

Divorce 離婚 5, 6, 10, 30-32, 33, 271-72

Domat, Jean ドマ
 —— scheme of French law ——：フランス法体系 188, 190-91, 192, 193-94, 195, 198, 240-41, 305（n. 49）
 ——effects of classification ——：分類の影響 207, 211-13

Dominican Republic ドミニカ共和国 199, 269

Donatio mortis causa 死因贈与 74

Donellus, Hugo ドネッルス 91, 158, 159

Dorotheus ドロテウス 84, 85, 87, 148

Dotis dictio（promise of dowry） 嫁資の言明 56

Dowry 嫁資 10, 28, 30, 31, 32-33, 56, 289（n. 7）

Dumoulin, Charles シャルル・デュムラン 150

《E》

Ecloga 『エクロガ』 87

Edictum Theoderici 『テオドリック王の告示』 86
Egypt エジプト 85, 93
Elementa juris civilis（Elements of civil law, Corvinus）（コルヴィヌス）『ローマ法入門』 148
Elementa juris Germanicae hodierni（Elements of contemporary German law, von Selchow）（フォン・セルコフ）『現代ドイツ法入門』 163
Elementa juris Germamci, tum veteristum hodierni（Elements of German law, old and contemporary,Heineccius）（ハイネッキウス）『昔のそして今日のドイツ法の入門』 163
Elementa juris Germanici private hodierni（Elements of contemporary private German law, Putter）（ピュッター）『現代ドイツ私法入門』 163
Elementa Juris secundum ordinem Institutionum Justiniani（Elements of law following the order of Justinian's Institutes, Voet）（フット）『ユースティーニアーヌスの法学提要の順序に従った法の要素』 219
Emancipatio 家父権免除 35
Emperors 皇帝 15, 25, 53-54, 83
Employment, English law イングランド法の雇用 207-11
Emptio venditio 売買 Sale, contract of を見よ
Ends of Good and Evil, The（Cicero）（キケロー）『善と悪の究極について』 4-5
England イングランド
　——and Scotland ——とスコットランド 91
　——Parliament ——：国会 169, 223, 224, 227, 229, 270, 271
　——House of Lords ——：貴族院 222, 225, 230, 243-44
　——House of Commons ——：庶民院 224, 229
English law イギリス法 3, 93, 105-6, 198-99, 258-59
　——precedent and 先例と—— 98-99, 108, 222-31, 250
　——judges and 裁判官と—— 99-100, 101, 250, 251
　——contracts ——：契約 102, 145, 146, 224, 226, 228, 259-60
　——property ——：財産 122
　——land ——：土地 139, 141, 142-45
　——Blackstone's classification of ブラックストンの——の分類 166, 171-76, 207-11
　——Justinian's *Institutes* and ユースティーニアーヌスの『法学提要』と—— 168-80
　——criminal ——：刑法 173
　——court system ——：裁判制度 253-54, 259-60, 261-64, 265, 269
　——procedure ——：手続 254, 256-57, 258, 259
　——fictions ——：擬制 263-65
　——communication of ——の伝達 270-71
　——legal education ——：法教育 311 (n. 36)
Epanoge 『エパナゴケ法典』 87
Epitome of Ulpian 『ウルピアーヌスの抜粋』 82

Ercto non cito 遺産が分割されない場合の組合 65, 133
Erskine, John ジョン・エアスキン 154
Ethiopia エチオピア 3, 92-93
Europe ヨーロッパ
 ——legal systems ——：法制度 3, 99-100, 182
 ——Reception of Roman Law ——：ローマ法の継受 90-91, 98, 192, 267
 ——criminal law ——：刑事法 212
Everardi, Nicholas ニコラス・エヴェラルディ 154-55
Eversley on Domestic Relations 『エヴァースリーの家庭内関係について』 207, 211
Examen institutionum juris (Examination of the institutes of law, Trigland) （トリグランド）『法学提要に関する法律問題』 148
Examen juridicum (Legal examination, Schotanus) （ショターヌス）『法律試験問題』 148
Examen Juris Feudalis (Examination of feudal law, Stryk) （ストリューク）『封建法の考察』 247, 249
Exceptio doli 悪意の抗弁 55, 73, 74
Exceptio metus 強迫故の抗弁 54, 73
Exceptiones 抗弁 137
Extortion 強迫 54, 73, 137

《F》

Familiae emptor 遺産購買者 77-78
Family law 家族法 207, 208, 272
 ——*patria potestas* ——：家父権 19, 33-35
 ——betrothal ——：婚約 27
 ——marriage ——：婚姻 27-30
 ——divorce ——：離婚 30-32
 ——dowry ——：嫁資 32-33
 ——tutelage ——：後見 35-37
 ——curatorship ——：保佐 37-38
Feudal law 封建法 98, 141-43, 168, 245-49, 309 (n. 1)
Fictions 擬制 20, 57, 263-65
Fide et fiduciae (faith and trust) 誠意と信託に対して 51
Fideicommissa (trusts) 信託遺贈 78, 80
Fideiussio 信命 56
Fidepromissores 信約人 56, 111
Fiducia 信託 50-51, 140, 297 (n. 44)
Fifty Decisions 『五十の決定』 84, 101, 113
Filiusfarmilias (son in the father's power) 家息（父親の権力下にある息子） 19, 22, 75, 186, 286-87 (n. 21)

原著索引　391

Finch, Sir Henry　ヘンリー・フィンチ　166
Flaccus　フラックス　28
Flanders　フランドル　266-67, 269
Flavius, Gnaeus　グナエウス・フラーウィウス　22
Florentinus　フローレンティーヌス　215
Force majeure　不可抗力　199, 239, 240
Formulae (formulary system)　方式書　20, 26, 51, 125-26, 132, 253, 254-55, 257, 258, 262
"Four doctors"　「4 博士」　89
France　フランス
　――law in　――における法　86, 89, 149-52, 167, 172, 247
　――*code civil*　――：『民法典』　x, 92-93, 122, 170, 269, 271, 308（n. 33）
　――Reception of Roman Law　――：ローマ法の継受　90
　――*legal humanism in*　――における人文主義法学　156-57, 158
　――delicts and quasi delicts　――：不法行為と準不法行為　183-90, 192-200, 211-13
　――laesio enormis　――：莫大な損害　201, 202
　――contracts　――：契約　238-41, 244, 295（n. 12）
　――Revolution　――：革命　247
Fraser, Lord of Tullybelton　（タリベルトンの）フレーザー卿　222-23
Fraud　詐欺　5, 21, 37, 38, 54, 55, 58, 60, 73-74, 127, 137
Frederick Ⅰ (emperor of the Germans)　フリードリヒ一世（ドイツ皇帝）　245
Frederick Ⅱ the Great (king of Prussia)　フリードリッヒ大王（プロイセン王）　98, 268, 271
Freedmen　解放奴隷　42, 43, 56, 117
Fueros　フエロ　243, 244, 269, 309（n. 50）
Fugitive Slave Act (1850)　逃亡奴隷法 (1850)　306（n. 1）

《G》

Gaius　ガーイウス　26, 57, 88, 100, 135, 258, 262, 305（n. 5）
　――on Twelve Tables　十二表法に関する――〔の記述〕　13-14, 70
　――*Institutes* of　――の『法学提要』　15, 75, 83, 85, 116
　――classification of law　――：法の分類　44, 180, 211-12
　――authority of　――の権威　82-83
Gallus, Aquillius　アクィーリウス・ガッルス　21, 23, 55, 73, 74, 101, 137
Gellius, Aulus　アウルス・ゲッリウス　31, 72
Gemeinschaft　ゲマインシャフト　126
Gerardus　ゲラルドゥス　246
German law　ドイツ法　x, 88, 102, 122-23, 160-64, 167, 267
　――Reception of Roman Law　――：ローマ法の継受　90-91, 92-93, 158-59
　――liability　――：責任　197
　――*laesio enormis*　――：莫大な損害　201-2

――mother' towns ―― : 母都市　241-43, 244
　　――feudal ―― : 封建法　247, 248
　　――barbarian codes ―― : 蛮族法典　269
Gesellschaft　ゲゼルシャフト　126
Ghewiet, George de　ジョルジュ・ドゥ・ゲヴィート　180, 266, 269
Glossators　注釈学者　89, 147, 156, 159
Good faith　信義誠実　112
　　――actions　誠意訴訟　59-60, 129
　　――contracts　誠意契約　60, 130, 137, 247
Gothofredus, Dionysius　ディオニシウス・ゴトフレードゥス　154, 159-60, 176-80, 283-86
Governments　政府　292 (n. 3)
　　――indifference to lawmaking　法形成に対する――の無関心　97-99, 100, 107, 108, 111-12, 117, 120, 245-46, 248
Greece　ギリシャ　88
Groenewegen, Simon à　シモン・ア・フルーネウェーヘン　91-92, 234
Grondwet　「憲法」　153
Grotius, Hugo　フーゴー・グローティウス　91, 92, 152-53, 154-55, 167, 206, 34, 235, 237, 290 (n. 3)
Grundsätze des allgemeinen deutschen Privatrechts (Fundamentals of common German private law, Runde) （ルンデ）『一般ドイツ私法の基礎』　163
Guarano, Marino　マリノ・グァラノ　191
Guardians　後見人　13
Gudelinus, Petrus　ペトルス・グデリーヌス　247
Gundobad (king of the Burgundians)　グンドバード（ブルグンド王）　86

《H》

Hadrian (emperor of Rome)　ハドリアーヌス（ローマ皇帝）　19, 24, 34, 40, 78, 81, 143
Hale, Sir Matthew　サー・マシュー・ヘイル　166, 169, 174, 175, 176, 179, 180, 209, 275-76
Haloander (the humanist)　ハロアンダー（人文主義法学者）　91
Harmenopulos　ハルメノプロス　87-88
Harsa, Gaius Terentilius　ガーイウス・テレンティリウス・ハルサ　11
Heedendaegse rechtsgeleertheyt (Contemporary jurisprudence, Huber)（フーバー）『現代法学』　153, 234
Heidelberg, University of　ハイデルベルグ大学　159-60
Heineccius, Johann G.　ヨハン・G・ハイネッキウス　154, 163, 164
Helagabalus (emperor of Rome)　ヘラガバルス（ローマ皇帝）　157-58
Helwig, Hans　ハンス・ヘルビッヒ　241-42
Herculaneum　ヘルキュラネウム　57-58
Herle, Judge　ハール判事　145
Herscheil, Lord　ハーシェル卿　230

Hexabiblos (Harmenopulos) （ハルメノプロス）『六巻書』 87-88
Hire, contract of (*locatio conductio*) 賃貸借契約 21, 60, 64-65, 124, 130-31, 240, 254, 55-56, 294-95 (n. 35)
Historical Foundations of the Common Law (Milsom) （ミルソム）『コモン・ローの歴史的基盤』 139, 250
Hofacker, B. C. C. B. C. C. ホファッカー 161
Hoffman, C. G. C. G. ホフマン 162
Holland オランダ 91-92, 152-53, 167, 232, 233, 234, 236
Holy Roman Empire 神聖ローマ帝国 90-91, 159, 161-62
Homer ホメロス 136
Homicide 殺人 40
Hotman, Fransois フランソア・オットマン 92, 154, 157-58, 159
Huber, Ulrich ウルリッヒ・フーバー 153, 234
Hugolinus フゴリヌス 245, 248
Huguenots ユグノー教徒 91, 158, 159
Humamnism 人文主義 91, 156
　——legal humanism ——法学 156-59, 162
Human law 人法 44
Hypotheca 抵当 51-52, 140

《 I 》

Imperfect laws 不完全法 18
Imperium 命令権 25
Incorporeal rights 無体物 50
Incorporeal things 無体物 44, 46, 62
Infamia 破廉恥 233, 234, 237
Inheritance 相続財産 5-6, 34
　——curatorship for prodigals ——：浪費者のための保佐 37-38
　——partnerships in ——の組合 65, 133
　——disputes over ——をめぐる紛争 78
　——murder and 殺人と—— 102 Succession も見よ
In iure cessio (transfer of ownership) 法廷譲与 44, 46, 50, 123, 139-40, 262
Iniuria (personal injury) 人格権侵害 69, 72-73, 192, 211
Inleidinge tot de Hollandsche rechtsgeleerdheyd (Introduction to the law of Holland, Grotius) （グローティウス）『オランダ法学入門』 91, 92, 152-53, 167, 235, 237
"Inner Relationship Between English and Roman Law" (Pringsheim) （プリングスハイム）「イギリス法とローマ法の間の内的関係」 250
Innominate contracts 無名契約 66
Instituciones de derecho real de Castilla y de Indias (Institutes of the royal law of Castile and the Indies, Alvarez) （アルバレス）『カスティリアと西インド諸島の王の法

についての法学提要』 164

Instituta universale di Tutte le Leggi（Umversal institutes of all the laws, de Luca）（デ・ルカ）『全法総覧』 191-92

Institute of the Law of Scotland（Erskine）（エアスキン）『スコットランド法提要』 154

Institutes（Gaius）（ガーイウス）『法学提要』 15, 83, 85, 86, 116, 147, 148-49, 286（n. 2）
　——property law ——：財産法 44-45
　——contract law ——：契約法 53-54, 59, 66, 255, 259
　——classification of law ——：法の分類 211

Institutes（Justinian）（ユースティーニアーヌス）『法学提要』 ix-x, 15, 85, 89
　——contract law ——：契約法 53, 58, 66, 203, 208
　——delicts ——：不法行為 73
　——succession law ——：相続法 81
　——incomprehensibility of ——の不可解なこと 113-14, 269
　——and local law institutes ——と地域法提要 147-65, 248-49
　—— and Blackstone's *Commentaries* ——とブラックストンの論評 167-81, 208-9, 210
　——natural law in ——における自然法 21, 214, 215-16, 218, 220, , 03（n. 5）

Institutes coutumières（Institutes of customary law, Loysel）（ロワゼル）『慣習法提要』 172

Institutes of the Law of England（Coke）（クック）『イングランド法提要』 259

Institution（Coquille）（コキーユ）『法学提要』 150

Institution au droit Françis（Institutes of French law, Argou）（アルグー）『フランス法提要』 151-52, 155, 167

Institutiones imperiales erotematibus distinctae（Imperial institutions distinguished by questions, Perezius）（ペレス）『問題別の欽帝法学提要』 148, 168

Institutiones Iuris Anglicani（Institutes of English law, Cowell）（コーウェル）『イングランド法提要』 168-69, 179

Institutiones iuris privati Neapolitani（Basta）（バスタ）『ナポリ私法提要』 154

Institutiones iuris Romano-Bavarici electoralis（Institutes of the electoral Roman-Bavarian law, Khraisser）（クライサー）『ローマ＝選定侯領バイエルン法提要』 160

Institutiones juris ex principiis juris naturae, gentium & civilis（institutions of law from the law of nature and nations and of civil law, Schulter）（シルター）『今日の法廷の用のために採用された、ローマとドイツの自然法、万民法及び市民法に関する法学提要』 161

Institutiones jurisprudentiae Germanicae（Institutes of German jurisprudence, von Selchow）（フォン・セルコフ）『ドイツ法提要』 163

Institutions du Droit Belgique（Institutes of Belgian law, Ghewiet）『ベルギー法提要』 180, 266, 269

Institutions of the Law of Scotland（Mackenzie）（マッケンジー）『スコットランド法提要』 ix-x, 154, 191, 214, 217-19

Institutions of the Law of Scotland（Stair）（ステアー）『スコットランド法提要』　ix, 91, 154, 155, 167

Interdicta　特示命令　48, 118, 119-20, 140

International law　国際法　218, 219, 220

Interprétation des Institutes de Justinien（Pasquier）（パスキエ）『ユースティーニアーヌスの法学提要の解釈』　207

Intestate succession　無遺言相続　81, 104

Ireland　アイルランド　271-72

Irnerius（the glossator）　イルネリウス（注釈学者）　88-89, 147, 289（n. 2）

Isidorus　イシドールス　87

Italy　イタリア

　——Roman law and　ローマ法と——　20, 45, 88, 89-90, 111, 139, 154

　——civil code　　——：民法典　199

Iter servitude　通行権　49

Iudicium contrarium　反対訴訟　131

Ius commune　普通法　182

Ius Feudale（Craig）（クレイグ）『封建法』　246, 247

Ius gentium（law of nations）万民法　45, 214, 215, 216, 217, 218, 219-20

Iusiurandum liberti（oath of a freedman）解放奴隷の宣誓　56

Ius respondendi　解答権　24, 84, 99

《 J 》

Jaca, Spain　ハカ　243, 311（n. 51）

Jackson, Robert H.　ロバート・H・ジャクソン　221

Jacobus（the glossator）ヤコブス（注釈学者）　89

Japan　日本　3, 92-93

Jerome, Saint　聖ヒエロニムス　286（n. 2）

Jews　ユダヤ人　29

Jones, Gareth　ガレス・ジョーンズ　176, 300（n. 16）

Judex qui litem suam fecerit　訴訟を自己のものとした審判人　75

Judges　裁判官

　——Roman　ローマの——　24, 33

　——and English law　——とイングランド法　99-100, 101, 261

　——and development of law　——と法の発展　105-8, 109, 143, 144, 221-44, 250, 265, 267

　——iability of　——の責任　211-12, 305（n. 8）

Judicature Acts（1873, 1875）最高法院法　144

Julian（the jurist）ユーリアーヌス（法学者）　16, 24, 157, 291（n. 26）

Juris Feudalis Hypomnemata（Notes on Feudal law, Coccejus）（コッケーユス）『封建法注釈』　247

Jurisprudentia Romano-Germanica forensis（Roman-German jurisprudence for the courts, Struve） （シェトルーヴェ）『法廷のためのローマ＝ドイツ法学』 160-61, 163-64

Jurists　法学者
　――development of Roman law　――：ローマ法の発展　4, 15, 22-23, 24-25, 98, 137, 250-55, 258, 261, 265, 266, 267
　――College of Pontiffs　――：神官団　21-22
　――and property law　――と財産法　41, 44, 47, 49, 50, 51, 118-20
　――authority of　――の権威　82-83, 99, 100-101, 102-3, 107-8, 114-15
　――Justinian's codification of　ユースティーニアーヌスによる――の〔著作の〕編纂 84-85
　――German　ドイツの――　90-91, 93
　――legal humanism and　人文主義法学と――　157
　――and criminal law　――と刑事法　173
　――and natural law　――と自然法　214-15

Justin（emperor of Byzantium）ユースティーヌス（ビザンツ皇帝）　30, 84

Justnian I（emperor of Byzantium）ユースティーニアーヌス1世（ビザンツ皇帝）　30, 44, 312(n. 4)
　――codification of law　――：法典編纂　3, 15, 25, 75, 83-85, 86-87, 88, 98, 112-14, 246, 269
　――laws of　――の法律　32, 39, 40-41, 45, 61, 62, 81, 233, 234
　――legal humanism and　人文主義法学と――　158
　――and *laesio enormis*　――と莫大な損害　203, 204

《K》

Kahn-Freund, Sir Otto　サー・オットー・カーン-フロイント　207-8, 211
Kantorowicz, Hermann　ヘルマン・カントロヴィッツ　147
Katz, Stanley N.　スタンリー・N・カッツ　171-72, 176
Kennedy, Duncan　ダンカン・ケネディ　166, 176, 298（n. 17）
Kent, Chahcellor　大法官ケント　166
Khraisser, Sebastian　セバスティアン・クライサー　160
Killing, slaves and beasts　（奴隷及び群をなす家畜の）殺害　71, 111
Knaust, H.　H・クナウスト　148
Knights（*equites*）　騎士階層　17, 23, 115
Krebis, Hans　ハンス・クレービス　241-42

《L》

Labeo（the jurist）　ラベオー（法学者）　23, 73, 119
Laesio enormis　莫大な損害　62, 201-6
Land law　土地法
　――Roman　ローマの――　139-41

――feudal　封建制の――　141-43
　　――English　イングランドの――　142-45, 146, 168
　　――*laesio enormis*　――：莫大な損害　205-6
Langbein, John B.　ジョン・B・ラングバイン　174, 176
Laterensis, Otacilia　オタキリア・ラテレンシス　74
Latin　ラテン語　113, 269, 310（n. 5）
Latino-Germanica Erotemata（Latin-Germanic questions, Knaust）（クナウスト）『ラテン語－ドイツ語問題集』　148
Latin rights　ラテン権　40, 42
Law　法
　　――development of　――の発展　ix-x, 9, 167, 198-99, 250, 260-61, 265
　　――codification of　法典　11, 83-85, 92, 237-38, 271
　　――sources of　法源　15-26, 109, 111-15, 139, 197, 266-68
　　――interpretation of　――の解釈　21-22, 23, 114
　　――books　法律書　22-23, 24-25, 82, 85, 160
　　――governments and　政府と――　97-99, 100, 107, 108, 111-12, 117, 120, 245-46, 248
　　――communication of　――の伝達　98, 110, 113-14, 245, 266-72
　　――professors and　教授と――　99, 104, 107-8, 248
　　――jurists and　法学者と――　102-4, 261, 265
　　――judges and　裁判官と――　105-8, 109, 222-23, 230, 244, 261, 265
　　――local institutes　――：地域法提要　149-59, 160-65
　　――classification of　――の分類　207-13
Law of Citations　『引用法』　82-83, 88
Law Reform (Miscellaneous Provisions) Act (1934)　法改正法　225, 227
Lawson, F. H.　F．H．ローソン　155
Lawyers　法律家　3, 104, 109, 222, 231, 250
Legacies　遺贈　80-81, 112, 170
Legal education　法学教育　309（n. 36）
Legal history　法の歴史　244
Legal humanism　人文主義法学　156-59, 158, 162
Legis actiones（actions of the law）　法律訴訟　20, 26, 46, 51, 124-26, 127, 133, 262, 310（n. 24）
Leibnitz, Gottfried　ゴットフリード・ライプニッツ　92
Leipzig　ライプチッヒ　306（n. 45）
Leo III the Isaurian（emperor of Byzantium）　イサウリアのレオ3世（ビザンツ皇帝）　87
Lex Aebutia　アエブティウス法　18, 20
Lex Aelia Sentia　アエリウス・センティウス法　42
Lex Appuleia　アープレーユス法　111
Lex Aquilia　アクィーリウス法　92, 111, 112, 192, 237, 253, 302（n. 35）
　　――property damage　――：財産損害　7-8, 18, 71-72, 132, 211, 212-13, 257

――liability ――：責任　186, 194, 198, 212, 305（n. 8）
Lex Atilia　アティーリウス法　18, 36, 111-12
Lex Atinia　アーティーニウス法　18, 112
Lex Calpurnia　カルプルニウス法　125
Lex Canuleia　カヌレイウス法　18, 29
Lex Cicereia　キケレーユス法　56, 111
Lex Cincia　キンキウス法　18, 111
Lex Cornelia　コルネーリウス法　73, 111, 112
Lex Falcidia　ファルキディウス法　112
Lex Fufia Caninia　フーフィウス・カニーニウス法　42
Lex Furia　フーリウス法　56, 111, 112
Lex Hortensia　ホルテンシウス法　17
Lex Iulia et Titia　ユーリウス・ティティウス法　36
Lex Junia Norbana　ユーニウス・ノールバーヌス法　42
Lex Minicia　ミニキウス法　112
Lex Ogulnia　オグルニウス法　21
Lex Papia　パピウス法　30
Lex Plaetoria　プラエトリウス法　18, 38, 111
Lex Romana Burgundionum　『ブルグンド人のローマ法』　86
Lex Romana Raetica Curiensis　『クール地方ローマ人法』　88
Lex Romana Visigothorum　『西ゴート人のローマ法』　86
Lex Scribonia　スクリーボーニウス法　112
Lex Silia　シリウス法　125
Lex Titia　ティティウス法　112
Lex Visigothorum Recesvindiana　『レッケスヴィントの西ゴート人法』　86
Lex Voconia　ウォコニウス法　78, 80, 81, 112
Liability　責任　63, 76, 240, 300（n. 17）, 301（n. 42, 47）
　　――limited　有限――　40, 186, 187
　　――quasi delicts　準不法行為――　75
　　――vicarious　使用者責任　75
　　――in French *code civil*　フランス民法典における――　184-99
Liberal arts　自由人にふさわしい職業　65, 131
Liber pauperum（Vacarius）（ヴァカリウス）『貧乏な学生の本』　89
Libri Feudorum　『封建法書』　98, 109, 245, 246-49, 297（n. 17）
Life insurance　生命保険　55
Literal contracts　文書契約　57-59, 67, 73, 74, 133, 135
Loan for consumption　消費貸借　*Mutuum* を見よ
Loan for use　使用貸借　*Commodatum* を見よ
Loans, security for　（貸金のための）担保　50-52
Local law institutes　地域法提要　149-59, 160-65, 174

Locatio conduction　賃貸借　Hire, contract of を見よ
Locatio operarum（hire of services）　労務の賃貸借〔雇用〕　65
Locatio operis faciendi（hire of work）　なされるべき仕事の賃貸借〔請負〕　64-65
Locatio rei（hire of a thing）　物の賃貸借〔賃貸借〕　64
Loci argumentorum legales（Legal approaches to argument, Everardi）（エヴァラルディ）『議論に対する法的アプローチ』　154-55
Lo Codi　『ロ・コディ』　89
Lois Civiles dans Leur Ordre Naturet, Les（The civil laws in their natural order, Domat）（ドマ）『その自然的秩序における市民法』　190-91, 192, 193-94, 240-41
Lombard law　ロンバルディア法　88, 245, 247
London, Chatham and Dover Railway Co. v. The Southern Eastern Railway Co.（1893）「ロンドン、チャタムおよびドーバー鉄道会社対南東鉄道会社事件」　223-24, 227, 229-30
López, Gregorio　グレゴリオ・ロペス　217
Lotharian legend「ロタール伝説」　161
Louis XIV（king of France）　ルイ14世（フランス国王）　151
Louisiana　ルイジアナ　3, 93
Loysel, Antoyne　アントワヌ・ロワゼル　151, 172
Lübeck　リューベック　160
Lucullus, Marcus　マールクス・ルークッルス　20, 70
Lunatics　精神障害者　13, 37, 119

《M》

Macaulay, Lord Thomas Babington　マッコーレイ卿　268, 270
Mackenzie, Sir George　ジョージ・マッケンジー卿　ix-x, 154, 167, 191, 214, 217-19
McNair, A.D.　A. D. マクネイア　250
Magdeburg　マクデブルク　241-42, 243
Magistrates, Roman　（ローマの）政務官　18, 20, 24
Maine, Sir Henry James Sumner　サー・ヘンリー・メイン　174, 297 (n. 14)
Maitland, Frederic William　メイトランド　269
Mancipatio　握取行為　12, 45-46, 47, 123, 139-40, 284-85 (n. 21)
　——adaptations of　——の適用　28, 34, 35, 37, 77, 78
　——servitudes　——：役権　49, 50
　——warranties in　——における担保責任　101-2, 128, 290 (n. 3), 292 (n. 33)
Mandatum（mandate）　委任　21, 60, 66, 71, 124, 130, 131, 134
Manifest theft（*furtum manifestum*）　現行盗　69
Manilius, Manius　マーニウス・マーニーリーウス　5, 8
Mann v. Mann（1918）　マン対マン事件　232-37, 305 (n. 29)
Manumissio censu（manumission by census）　戸口調査による解放　116, 117
Manumission　解放　41-43, 56, 80, 116-17

Manurnissio vindicta (manumission by staff) 棍棒による解放 116, 117, 262
Marcellus マルケッルス 103, 157
Marriage 婚姻
　　——Roman law ——：ローマ法 5, 18, 7-30, 32, 33, 43
　　——in Blackstone's relations ブラックストンの〔私的経済〕関係における—— 210
　　——as natural law 自然法としての—— 215, 217, 219
　　——property law, South Africa ——：財産法，南アフリカ 232-37, 305 (n. 29)
Martinus (the glossator) マルティーヌス（注釈学者） 89
Matthaeus, Antonius, II アントニウス・マタエウス2世 212, 213
Meditationes academicae ad institutiones juris civilis Justinianeas (Academic meditations on Justinian's *Institutions*, Rhetius) （レティウス）『裁判所実務とローマ＝ドイツ帝国の用に採用されたユースティーニアーヌスの市民法法学提要についての学問的考察』 161
Mela メラ 7-8
Merchant of Venice (Shakespeare) （シェイクスピア）『ベニスの商人』 13
Mercier, Jerôme ジェローム・メルシエ 151, 167
Mevius, David ダヴィット・メヴィウス 160
Middle Ages 中世 66, 86, 192, 267
Milsom, S. F. C. S. F. C. ミルソム 139, 198-99, 250, 265
Mishpatim ミッシュパテム 12
Missio in possessionem (detention of property) 占有付与（財産の所持） 189
Modestinus, Herennius モデスティーヌス 36, 82-83, 157, 162
Molinaeus, Charles モリナエウス 150
Mommsen, Theodor テオドール・モムゼン 128, 176
Money 貨幣 135, 136
Morality, Roman separation of law from （ローマの、法と）道徳の分離 5-6
Morea モレア 307 (n. 1)
Mosaic law モーゼ法 82
Mostellaria (Plautus) （プラウトゥス）『幽霊屋敷』 3-4
Mourlon, F. F. ムルロン 193
Movables 動産 139, 140-41, 142, 187, 192, 205
Murder 詐殺 10, 40, 102 4
Mutuum (loan for consumption) 消費貸借 59, 60-61, 67, 123, 125-26, 136, 291 (n. 13)

《N》

Naples ナポリ 154
Napoleon I (emperor of France) ナポレオン（フランス皇帝） 98, 152, 271
Natural law 自然法 92, 152, 155-56, 190, 214-19, 303 (n. 5), 304 (n. 13)
Negligence 過失 37, 184, 185, 188, 192, 196, 197-98, 211, 213
Negotiorum gestio 事務管理 60

Neratius　ネラーティウス　157
Nerva　ネルウァ　119
Netherlands　オランダ　91, 153, 158, 232, 247　Holland も見よ
New Constitutions（*Novels*）『新勅法』　85, 86, 91
Nexum　拘束行為　123, 284-85（n. 21）
Non-manifest theft（*furtum nec manifestum*）非現行盗　69
Noodt, Gerhardus　ゲルハルドゥス・ヌート　92, 154
Norman Conquest　ノルマン人の征服　269
Novissima Recopilación（The latest compilation）『最新編集』　165
Noxal surrender　加害者委付　75, 186, 188, 190, 195, 301（n. 49）
Nueva Recopilación de Castilla（The new compilation for Castile）（カスティリアのための）『新集成』　90, 165
Numa（king of Rome）　ヌマ（ローマの王）　10
Nuncupatio　言明　77

《O》

Oaths　宣誓　12-13, 56
Obertus　オベルトゥス　246
Obsequium　尊敬　43
Observationes et Emendationes（Cuiacius）（クヤキウス）『省察と修正』　91
Occam's razor　オッカムの剃刀　178
Occupatio（occupation）無主物先占　47
Octavius（praetor）　オクタウィウス（法務官）　54, 73, 137
Ofilius（the jurist）　オフィーリウス（法学者）　23, 69, 119
On Dowries（Servius Sulpicius）（セルウィウス・スルピキウス）『嫁資について』　31
Oratory　弁論術　7
Oriental law　東洋の法　27
Orto, Obertus de　オベルトゥス・デ・オルト　245
Ostensurus quare　理由開示令状　264
Ostrogoths　東ゴート人　86
Ownership　所有権　45-48, 63, 117, 139-40, 258, 262

《P》

Pacta（pacts）合意約束　66-67
Paedia Juris（Doctrine of law, Trigland）（トリグランド）『法の理論』　148
Paetus, Sextus Aelius　セクストゥス・アエリウス・パエトゥス　22
Pandectists　パンデクテン法学者　93
Pandects　学説彙纂　*Digest* of Justinian を見よ
Papinin（the jurist）　パーピニアーヌス（法学者）　82-83, 86, 88, 91, 157
Paraphrase（Theophilus）（テオフィルス）『義解』　87

Paratitula juris novissimi（The titles of new law, van Leeuwen）（ファン・レーヴェン）
『新しい法の表題、すなわちローマ＝オランダ法の簡潔な概念』 153
Parker, Reginald　レジナルド・パーカー　183
Partnership（*societas*）　組合　21, 60, 65-66, 133-34, 137
Pasquier, Etienne　エティエンヌ・パスキエ　207
Paterfamilias　家長　9-10, 22, 27-28, 29, 32, 34, 57, 75, 103, 186
Patria potestas　家父権　30, 33-35, 41, 78, 102, 186
Patricians　貴族　3, 10, 11, 17, 18, 21, 29, 114
Paul（the jurist）　パウルス（法学者）　66, 82-83, 85, 103-4, 119, 120, 126-27, 137, 157, 246, 253, 257
Pauli sententiae（Opinions of Paul）『パウルスの断案録』 82, 86, 156, 188
Pays de droit écrit　成文法地域　151, 167, 240
Peculium　特有財産　19, 33-34, 40
Pedius, Sextius　セクスティウス・ペディウス　7
Pepo　ペポ　88
Peregrine praetor　外人掛法務官　18, 20-21, 24, 251, 292（n. 25）
Perezius, Antonius　アントニオ・ペレス　148, 168, 234
Perfect laws　完全法　18
Permutatio（contract for barter）　交換契約　66, 135, 136-37, 138
Personal injury（*iniuria*）　人格権侵害　69, 72-73, 192, 211
Personal law　属人法　88
Personal security　人的保証　55-56, 111
Personal servitudes　人役権　50
Philippines　フィリピン　93
Philippus, J.　J. フィリップス　161
Philosophy　哲学　4-5, 6
Physical assault　身体的危害　192, 211
Pignus（pledge）　占有質　51, 59, 131-33, 138, 140, 295（n. 44）
Pillius　ピリウス　248
Pistorio, Cinus de　キヌス・デ・ピストリオ　89-90
Plato　プラトン　268
Plautus, Titus Maccius　プラウトゥス　3-4, 7, 18-19, 21, 51, 125-26
Plebeians　平民　3, 10, 11, 14, 17, 18, 21, 29, 35
Plebiscites　平民会議決　15, 17
Plutarch　プルターク　9
Polac, J. F.　J.F. ポラック　163
Politics　政治　97
Pollock, Sir Frederick　ポロック　269
Polybius　ポリュビウス　4
Pompeii　ポンペイ　57-58, 133

原著索引　　403

Pomponius　ポンポーニウス　15, 22-23, 114, 134
Pontifex maximus　大神官　6, 21
Pontiffs　神官　6, 7, 11, 21-22, 34
　――College of　――団　21-22, 99, 114
Possession　占有　48-49, 51, 117-21, 140
Postclassical law　後古典期の法　82-85
Pothier, Robert　ポティエ　191, 192, 194, 198, 240, 301（n. 54）
Practice Statement of the House of Lords　イギリス貴族院による、実務慣行に関する声明　222
Praecipe quod reddat　引渡下知令状　262
Praedial servitude　不動産役権　49-50
Praelectiones ad Institutiones Justiniani in Usum Regni Neapolitani (Lectures on Justinian'sInstitutes for the use of the Kingdom of Naples, Guarano)　（グァラノ）『ナポリ王国の慣用のためのユースティーニアーヌス法学提要講義』　191
Praetorian Guard　近衛兵　82
Praetors　法務官　117
　――powers of　――の権限　5-6, 36, 38, 42, 111-12, 118, 251
　――and jurists　――と法学者　258
Praetor's Edict　法務官告示　18-20, 24, 25, 43, 72, 251
　―― development of law by　――による法の発展　7, 19-20, 78, 81, 100, 115, 252-53, 291（n. 18）
　――actions under　の下の訴訟　20, 68, 69, 70, 74, 115, 126, 131, 257
Praxis artis analyticae in jurispruddentiam (Proof of the analytical art in jurisprudence,Schilter)　（シルター）『法学における分析手法についての証拠』　162
Precarium　恩恵的土地貸与（容仮占有）　119-20
Precedent　判例　83, 144, 222, 250, 266, 267
President of India v. La Pintada Compañía Navigación, S.A.（1984）　インド大統領対ピンタダ船会社事件　222-31
Prestations　支払い　124, 130, 136
Primogeniture　長子相続　139, 142, 143
Principia iuris civilis Romano- Germanici (Principles of Roman-German civil law, Hofacker)　（ホファッカー）『ローマ＝ドイツ市民法の諸原則』　161
Principia Iuris Feudalis (Principles of feudal law, Boehmer)　（ベーマー）『封建法の原則』　247
Pringsheim, Fritz　フリッツ・プリングスハイム　250
Priscus, Javolenus　ヤウォレーヌス・プリスクス　6
Private law　私法　122, 173, 208, 300（n. 1）
　――Roman　ローマ――　3, 9-10, 17-18, 32, 98, 111-12, 143, 157, 269
　――Praetor's Edict and　法務官告示と――　19, 100
　――slavery　――：奴隷制度　116, 117

──German　ドイツ──　161
Procedure　訴訟手続（手続法）
　　──Roman law　ローマ法の──　12, 20, 177, 254-56, 257-58
　　──German law　ドイツ法の──　161
　　──English law　イングランド法の──　168, 170, 173-74, 259-60
Procheiron　『プロケイロス』　87
Procopius　プロコピウス　158
Proculian school　プロクルス学派　25, 30, 45, 58, 61-62, 100, 136, 157-58, 285（n. 30）
Prodigals　浪費者　13, 37-38
Proletarii　無産者　17
Property　財産　44-45, 138
　　──damage to　──の損害　7-8, 18, 69, 71-72, 211, 212-13, 257
　　──stolen　盗まれた──　18, 70, 112
　　──acquisition of ownership　──：所有権の取得　19, 28, 40, 45-48, 117
　　──in marriage　婚姻における──　27, 28-29, 30-31, 150
　　──possession　──：占有　48-49, 51, 117-21, 140
　　──servitudes　──：役権　49-50, 140
　　──real security　──：物的担保　50-52
　　──English law　──：イングランド法　122, 143
　　──in Blackstone's *Commentaries*　ブラックストンの『釈義』における──　173, 174, 175-76, 180
　　──marital, South African law　夫婦の──、南アフリカ法　232-37
　　──in German law　ドイツ法における──　241
Prosser on Torts　『プロッサーの不法行為』　197
Prostitutes　売春婦　67
Prussia　プロイセン　92, 27
Puberty　成熟　30, 36, 38
Public law　公法　157, 208, 300（n. 1）
Pupillary substitution　未成熟者補充指定　79-80
Pupils　未成熟者　119
Purefoy v. Rogers（1671）　ピュアフォイ対ロジャーズ事件（1671年）　102
Putter, J. S.　J. S. ピュッター　163

《Q》

Quasi delict　準不法行為　75, 168, 170, 177, 187, 191, 211-13
Quebec　ケベック　3, 93
Querella inofficiosi testamenti　不倫遺言の訴え　79

《R》

Rapina（robbery with violence）　強盗　20, 69, 70

Raveneio, Jacobus de　ヤコブス・デ・ラヴェネイオ　89
Real contracts　要物契約　59-61
Real security　物的担保　50-52, 293（n. 44）
Recceswind (king of the Visigoths)　レッケスヴィント（西ゴート王）　86
"Reception of Roman Law"「ローマ法の継受」　90-91, 92, 90, 98, 99, 153, 159, 164, 183, 192, 267
Rechtsgeleerd practicaal en koopmans handbook (Legal practical and businessman's handbook, van der Linden)（ファン・デア・リンデン）『裁判官、実務家、実業家そして法の全体的概観を必要としている全ての人達のための、法の実務と実業家のためのハンドブック』　153
Recitationes (Heineccius)（ハイネッキウス）『詳述』　164
Recopilación de Indias (The compilation for the Indies)『西インド諸島のための編集』　165
Redhibition　契約の解除　252
Reformation　宗教改革　91
Regiam Majestatem（Royal Majesty）『国王陛下』　150
Reichskammergericht　帝室裁判所　90-91
Religion　宗教
　──Roman separation of law from　ローマ法の、法と──の分離　5, 6
　──natural law and　自然法と──　216
Remarques nouvelles de droit François sur les institutes de l'empereur Justinien（New studies of French law based on the Institutes of the emperor Justinian, Mercier）（メルシエ）『ユースティーニアーヌス帝の法学提要に基づくフランス法の新研究』　151, 167
Renaissance　ルネッサンス　91
Res communes　共通の物　44
Res cottidianae　日用法書　148
Res mancipi　手中物　28-29, 41, 45, 46, 47, 49, 116, 139-40
Res nec mancipi　非手中物　37, 45, 46, 139
Res privatae　私的な物　44
Res publicae　公けの物　44, 62
Res religiosae　宗教物　44, 62
Res sacrae　神聖物　44, 62
Res sanctae　聖護物　44
Restitutio in integrum　原状回復　54, 73
Rhetius, J. F.　J.F. レティウス　161
Robbery with violence (*rapina*)　強盗　20, 69, 70
Rogerius　ロゲリウス　89
Robloft v. Ocean Accident & Guarantee Corp. Ltd.（1960）「ローロフ対オーシャン損害保険会社事件」（1960年），237, 309, 305（n. 29）

Roman law　ローマ法　109, 154
　　——influence of——x　　——の影響　ix-x, 3, 86-93, 107, 147, 149, 244
　　——development of, jurists and　　——の発展、法律家と——　4, 15, 22-23, 24-25, 98-99, 137, 250-51, 258, 260-61, 265, 266, 267
　　——and religion　　——と宗教　5, 6
　　——development of, praetors and　　——の発展、法務官と——　7, 19-20, 78, 81, 100, 115, 252-53, 291（n. 18）
　　——laws of the kings　　——：王法　9-11
　　——Twelve Tables　　——：十二表法　11-14
　　——sources of law　　——：法源　15-26, 115-15
　　——family law　　——：家族法　27-38
　　——slavery　　——：奴隷制度　39-43, 116-17
　　——property　　——：財産　44-52, 117-21, 140, 143, 231
　　——contracts　　——：契約　53-68, 111, 122-38, 145-46, 211, 218, 240, 259-260
　　——delicts　　——：不法行為　69-76, 177, 192, 211
　　——succession　　——：相続　77-81, 103-4, 112, 139
　　——decline of　　——の衰退　82-83
　　——Justinian's codification　　——：ユースティーニアーヌスの法典編纂　83-85
　　——land　　——：土地　139-41, 144
　　—— in european code　ヨーロッパ法典における——　150-51, 156, 157, 158, 159, 164, 182-83, 271
　　——classification of　　——の分類　155, 211-13
　　——and universal law　　——と普遍的法　161
　　—— and Blackstone and Hale　　——と、ブラックストンとヘイル　166, 169, 174, 179, 181
　　——liability under　　——の下での責任　186-92, 193, 195-97, 200
　　——*laesio enormis*　　——：莫大な損害　201, 202-3, 204, 206
　　——*ius gentium*　　——：万民法　218-19
　　——*infamia*　　——：破廉恥　233
　　——court system　　——：裁判制度　251-53, 261-63, 265
　　——procedure　　——：訴訟手続　254-56, 257-58, 310（n. 24）
　　——fiction　　——：擬制　263
　　——legal education　　——：法教育　311（n. 36）
Roman-Dutch law　ローマ＝オランダ法　232, 233-35, 236, 237, 244
Rome　ローマ
　　——kings of　　——の王　3, 6, 9-11
　　——foundation of　　——の建国　3, 9
　　——interest in law in　　——における法に対する関心　3-5, 6-8
　　——Empire　　——：帝国　5, 15, 16, 18, 23-26, 86
　　——Republic　　——：共和政　6, 7, 10, 15, 16-23, 100, 157

――――conversion to Christianity ――――：キリスト教への改宗　6, 31-32, 82
――――citizenship ――――：市民権　11, 20, 25, 29, 41, 45, 263
――――civil war ――――：内戦　20
Romulus　ロムルス　3, 9, 10, 22
Romulus Augustulus（emperor of Rome）　ロムルス・アウグストゥルス（ローマ皇帝）　86
Roomsch Hollandsch recht, Het（Roman-Dutch law, van Leeuwen）（ファン・レーウェン）『ローマ＝オランダ法』　153
Roskill, Lord　ロスキル卿　223-24, 225, 226, 227, 229
Rudens（Plautus）（プラウトゥス）『ルーデンス』　125-26
Ruga, Spurius Carvilius　スプリウス・カルウィリウス・ルガ　31, 32
Runde, J. F.　J.F. ルンデ　163

《S》

Sabinian school　サビーヌス学派　25, 30, 45, 58, 61-62, 71, 100, 136, 157-58, 285（n. 30）
Sabinus　サビーヌス　35, 119-20, 134, 252-53
Sale, contract of（*emptio venditio*）　売買契約　8, 21, 25, 60, 61-64, 101, 123, 128-130, 135-36, 254-56, 292（n. 29）
――――*laesio enormis* ――――：莫大な損害　201-6
Sancho el Fuerte（king of Navarre）　サンチョ強王（ナバラ王）　243
Sancho el Sabio（king of Navarre）　サンチョ賢王（ナバラ王）　243
Sanctio pragmatica pro petitione Vigilii　『ユースティーニアーヌス法典をイタリアに施行する旨の国事詔勅』　88
Sardinia　サルディニア王国　199
Savigny, Friedrich Karl von　サヴィニー　120-21
Saxon law　ザクセン法　160, 241, 242
Scaevola, Cervidius　ケルウィディウス・スカエウォラ　157
Scaevola, Publius Mucius　プーブリウス・スカエウォラ　5, 6, 72
Scaevola, Quintus Mucius, the elder　クイントゥス・ムーキウス・スカエウォラ（父）　101
Scaevola, Quintus Mucius, the younger　クイントゥス・ムーキウス・スカエウォラ（子）　22-23, 76, 79, 88, 101, 134, 246, 25
Scandinavia　スカンジナヴィア　3, 154
Scarman, Lord　スカーマン卿　223, 229, 231
Schaumburg, G.　G・シャウムブルク　164
Schilter, Johann　ヨハン・シルター　161, 162
Schleiz　シュライツ　241-42
Schlesinger, Rudolf B　ルドルフ・B・シュレジンガー　183
Schneidewin, Johannes　ヨハネス・シュナイデヴィン　297-98（n. 15）
Schoeffer, Peter　ペーター・シェッファー　148

Schotanus, Bernardus ベナルドゥス・ショターヌス 148
Scipio Africanus スキピオ・アフリカーヌス 4, 91, 157
Scotland スコットランド 3, 91, 93, 102, 150, 154, 167, 201, 231-32, 244, 246, 247
Searle, Judge サール判事 232-34, 235-37
Senatus consulta (decrees of the senate) 元老院議決 15, 25, 289 (n. 26)
Senatus consultum Claudianum クラウディウス元老院議決 39
Senatus consultum Macedonianum マケドー元老院議決 59
Senatus consultum Neronianum ネロ元老院議決 80
Senatus consultum Silanianum シーラーヌス元老院議決 102-3, 104, 289 (n. 27)
Senatus consultum Tertullianum テルトゥッリアーヌス元老院議決 25
Servitudes 役権 49-50, 140
Servius Tullius (king of Rome) セルウィウス・トゥリウス（ローマの王） 11
Shakespeare, Edward エドワード・シェイクスピア 13
Shand, Lord シャンド卿 230
Siete Partidas, Las. 『七部法典』Código de las Siete Partidas を見よ
Slade's Case (1602) スレイド事件 (1602年) 264
Slavery 奴隷制度 6, 164
Slaves 奴隷 303 (n. 4)
　——Roman law of ——に関するローマ法 5, 29, 39-43, 209
　—— harming or killing, as property damage 財産損害としての——の傷害または殺害 7, 71, 74, 111, 192
　——power of father to sell children as ——として子供を売る父の権限 10, 33
　——manumission of ——の解放 11, 13, 41-43, 56, 78, 80, 116-17
　——liability for ——に関する責任 19, 75, 186, 193
　——adoption of ——の養子縁組 35
　——sale of ——の売却 47, 62, 63-64
　——inheritance by ——による相続 78
　——and masters murder ——と主人の殺害 102-4
　——beating, U. S. law ——を叩くこと、アメリカ法 105-7
　——natural law and 自然法と—— 215, 216-17
Societas (partnership) 組合 21, 60, 65-66, 133-34, 137
Soldiers 軍人 16, 33-34
Solicitors Act (1974) ソリシター法 (1974年) 228
Solon, laws of ソロンの法律 11, 13-14
South Africa 南アフリカ 3, 93, 153, 244, 271-72
　——marital property law ——：夫婦財産法 232-37
South America 南アメリカ 93
Soviet Union ソヴィエト連邦 272
Spain スペイン 86, 90, 90-93, 165, 214, 216-17
　——*fueros* ——：フエロ 243, 244, 269

Specificatio 加工 47

Sponsio 誓約 *Stipulatio* を見よ

Sponsor 誓約人 111

Sri Lanka スリランカ 3, 93

Stair, Lord ix ステアー卿 91, 154, 155, 156, 167

State contracts 国の契約 128

Statutory law 制定法 4, 15, 16-18, 250, 266, 268, 270-71

Stephen, Sir James Fitzjames ジェイムズ・フィッツジェイムス・ステファン卿 270

Stipulatio (stipulation, sponsio) 問答契約 132, 136, 218, 219, 294（n. 26, 28, 29），296（n. 67）
　——form of ——の形態 5, 53-54, 56, 58-59, 146, 260
　——in Twelve Tables 十二表法における—— 13, 53, 123, 124-25
　——uses of ——の使用 32, 55-56, 61, 63, 122, 126, 145
　——inadequacies of ——の不適当 54, 128, 131, 134-35, 293（n. 13）
　——actions for ——のための訴訟 54-55, 56, 67, 71, 73, 124-25, 137
　——release from ——からの解放 56-57

Strict law 厳正法 54, 58

Struve, Georg Adam ゲオルグ・アダム・シュトルーヴェ 160-61, 163-64

Stryk, Samuel ザムエル・シュトリュツク 160, 247, 249

Subinfeudation 再下封 142

Substantive law, 実体法
　——procedure and 手続と—— 168, 170, 173-74, 177, 255-57, 258, 259-60, 308（n. 24）
　——juristic classification and 法律上の分類と—— 207-13

Substitutio vulgaris（ordinary substitution）通常の補充指定 79-80

Succession 相続 19, 103-4, 112, 139
　——testamentary 遺言相続 77-81
　——intestate 無遺言相続 81, 204
　——partnerships ——：組合 133-34
　——feudal law ——：封建法 142
　——English law ——：イングランド法 143
　——French law ——：フランス法 150, 170
　—— in Justinian's *Institutes* ユースティーニアーヌスの『法学提要』における—— 168
　——in Blackstone's *Commentaries* ブラックストンの『釈義』における—— 175-76
　——in Gothofredus ゴトフレードゥスにおける—— 177
　——German law ——：ドイツ法 241

Inheritance も見よ

Sulla, Lucius Cornelius スッラ 73

Sulpicius, Servius セルウィウス・スルピキウス 31, 134

Summa Codicis（Rogerius）（ロゲリウス）『勅法彙纂集成』 89

Summa Institutionum 『法学提要集成』 89
Suretyship 保証契約 55-56
Swiss law スイス法 92-93, 268, 271, 305 (n. 16)
Systema jurisprudentiae civilis Germanicae antiquae (System of ancient German civil jurisprudence, Polac) （ポラック）『古代ゲルマン民事法学入門』 163

《T》

Tacitus, Publius Cornelius タキトゥス 163
Tarquin the Proud（king of Rome） タルクィヌス傲慢王（ローマ王） 3, 9
Taxation 課税 57
Taylor, John ジョン・テイラー 298 (n. 23)
Teffaine case (1896) フェン事件 193
Tenancy 不動産権 143-44
Terence テレンティウス 4, 5
Testamentary succession 遺言相続 77-81
Testamentum comitiis calatis 特別招集民会における遺言 77
Testamentum in procinctu 出陣軍隊面前の遺言 77
Testamentum per aes et libram 銅と秤による遺言 77
Texas テキサス 290 (n. 5)
Thailand タイ 93
Thaleaeus タレアエウス 87
Theft (*furtum*) 窃盗 7, 39, 69-70, 74, 126-27, 132
Theodora テオドラ 30
Theodosius II (emperor of Byzantium) テオドシウス2世（ビザンツ皇帝） 82, 83
Theology 神学 82
Theophilus テオフィッルス 84, 85, 87, 113, 148
Thirty Years' War 30年戦争 161
Thomas, J. A. C. J.A.C.トマス 120
Thomas Aquinas, Saint トマス・アクィナス 217
Thomas à Becket, Saint トーマス・ア・ベケット 89
Thomasius, Christianus クリスチャン・トマジウス 155, 160, 203, 204-5
Tiberius (emperor of Rome) ティベリウス（ローマ皇帝） 29
Title 権原 47-48
Tort law 不法行為法 168, 170, 174, 175, 176, 180, 264
Tractatus de legibus abrogatis et inusitatis in Hollandia vicinisque regionibus (Treatise on the laws abrogated and in desuetude in Holland and neighbouring regions, Simon à Groenewegen) （シモン・ア・フルーネウェーヘン）『オランダと隣接の地域において廃止され、不用となった法に関する論考』 91-92
Traditio (transfer of ownership) 引渡（所有権の移転） 44, 47, 50, 139-40
Traité des obligations (Pothier) （ポティエ）『債務論』 191

Trajan (emperor of Rome)　トラヤヌス（ローマ皇帝）　63
Trebatius (the jurist)　トレバーティウス（法学者）　23, 69, 119-20
Trespass　侵害　264
Tribonian　トリボニアーヌス　84, 85, 148, 158
Trigland, T.　T.トリグランド　148
Trinurmmus (Plautus)　（プラウトゥス）『三文銭』　4
Tripartite will　三部遺言　78
Tripertita (Paetus)　（パエトゥス）『三部書』　22
Trusts (*fideicommissa*)　信託遺贈　78, 80
Turkey　トルコ　3, 93, 268, 271
Tutelage　後見　35-37, 38, 42, 80, 111-12, 119
Twelve Tables　十二表法　11-14, 16, 17, 23, 111, 114
　――and *paterfamilias*　――と家長　9-10, 22, 34
　――contract law　――：契約法　13, 53, 60, 123, 124-25, 126-27, 133
　――property law　――：財産法　28-29, 47, 49, 51
　――tutelage in　――における後見　35, 36-37
　――curatorship in　――における保佐　37
　――slavery in　――における奴隷制度　39, 41, 42, 43
　――delicts　――：不法行為　69, 70, 72, 73, 76
　――succession law　――：相続法　77, 81

《U》

Ubaldis, Baldus de　バルドゥス・デ・ウバルディス　90
Ugo (the glossator)　ウゴー（注釈学者）　89
Ulpian　ウルピアーヌス　25, 69-70, 102-3, 134, 253
　――murder of　――の誅殺　82
　――authority of　――の権威　82-83, 85, 157, 246
　――and natural law　――と自然法　215
Ulpiani tituli (Cujas)　（クジャス）『ウルピアーヌスの断案録』　156-57
Unio prolium (joining of offspring)　子供達の共同　161
United States　合衆国
　――Roman law influences　――：ローマ法の影響　92
　――doctrine of precedent　――：先例拘束性の原理　108, 267
　――law, and women　――：法と女性　143
　――liability law　――：責任法　197
　――slavery in　――における奴隷制度　116
United States Constitution　アメリカ合衆国憲法　272
United States Supreme Court　アメリカ合衆国最高裁判所　108, 221
Universal law　普遍的法　161
Universities　大学　159-60, 164, 182

Unwritten law　不文法　15
Urban praetor　市民掛法務官　18, 20-21, 24, 251
Usucapio　使用取得　46, 48, 117, 140
Usufruct　用益権　40, 50
Usus practicus institutionum Justinianearum (Practical usage of Justinian's *Institutes*, Philippus)　（フィリップス）『ユースティーニアーヌスの法学提要の実務的慣用』　161
Uti possidetis　不動産占有保持の特示命令　118, 119, 140
Utrubi　動産保持の特示命令　118, 140-41

《V》

Vacarius (the glossator)　ヴァカリウス（注釈学者）　89, 148
Van Bynkenshoek, Cornelis　コルネリス・ファン・ビンケンスフック　154
Van der Linden, Johannes　ヨハネス・ファン・デア・リンデン　153
Van Leeuwen, Simon　シモン・ファン・レーウェン　153, 176
Varro, Gaius Visellius　ガーイウス・ウィセリウス・ワッロー　74, 129
Vatican Fragments　『ヴァティカンの断片』　82
Verbal contracts　言語契約　5, 53-57
Vespasian (emperor of Rome)　ウェスパーシアーヌス（ローマ皇帝）　59
Vesuvius　ヴェスヴィウス山　57, 133
Via servitude　車通行役権　49
Vicarious liability　使用者責任　75
Villenage　農奴制　105, 106
Vindicatio　所有物取戻訴権　51, 67, 132, 253
Vindicatio in libertatem (claim of freedom)　自由身分回復の訴　116
Vinnius, Arnold　アーノルド・ヴィンニウス　154, 164-65
Viollet, Paul　ポール・ヴィオレ　183
Virginia　バージニア　105, 106, 107
Visigoths　西ゴート族　86, 163
Vis major (irresistable force)　不可抗力　64-65
Voet, Johannes　ヨハネス・フット　92, 218-19, 233, 234, 237
Von Selchow, J. H. C.　J. H. C. フォン・セルコフ　163

《W》

Walther, Bernhard　ベルンハルト・ヴァルター　153
Warranty, inherent　黙示の担保責任　128-29, 294 (n. 29)
Watson, Lord　ワトソン卿　230
Weber, Max　マックス・ウェーバー　272
Weing_rtler, Johann　ヨハン・ヴァインゲルトラー　153-54
West Friesland　西フリースラント　153, 235

Wieacker, Franz　フランツ・ヴィーアッカー　159, 161
Wills　遺言　77-78
　　——manumission by　——による解放　41, 42, 116
　　——women and　女性と——　78, 143
　　Succession　も見よ
Windscheid（the jurist）　ヴィントシャイト（法学者）　93
Women　女性
　　——divorce law and　離婚法と——　10, 30-31
　　——tutelage of　——の後見　13, 37, 42
　　——daughters, *patria potestas* and　娘、家父権と——　22
　　——marriage law　——：婚姻法　27-30
　　——slave　——：奴隷　39, 40
　　——killing of, as property damage　財産損害としての——の殺害　71
　　——inheritance law　——：相続法　78, 80, 81, 139, 142, 143
　　——property rights, England　——：財産権、イングランド　143
Writ system　令状制度　256-57, 264
Written contracts　文書契約　134-35
Written law　成文法　15
　　——Republic sources　共和政における成文法源　16-23
　　——Empire sources　帝政における成文法源　23-26

《Z》

Zachanae, Karl Salomon　カルル・サロモン・ツァハリアエ　163
Zazius, Udalricus　ツァジウス　91, 159
Zoesius, Henricus　ヘンリクス・ゾエシウス　247

邦 語 索 引
(数字は本書の頁数を示す)

《あ》

アーカンソー　Arkansas　352（n. 5）
アーゾ（注釈学者）　Azo（the glossator）　108
アーティーニウス法　Lex Atinia　21, 135
アーティーリウス法　Lex Atilia　21, 42, 135
アープレーユ法　Lex Appuleia　134
アイルランド　Ireland　335
アウグストゥス（ローマ皇帝）　Augusutus（emperor of Rome）　28, 34-36, 39, 40, 50, 51, 96, 97, 134
アエブティウス法　Lex Aebutia　21, 23
アエリウス・センティウス法　Lex Aelia Sentia　50
アクィーリウス，ガーイウス　Aquillius, Gaius　→ガッルス Gallus
アクィーリウス法　Lex Aquilia（Aquilian law）　111, 134, 135, 233, 234, 292-93, 311-12, 365（n. 35）
　——：財産損害　property damage　9, 21, 84-86, 160, 258, 259-61, 317
　——：責任　liability　226, 236, 241, 259, 368（n. 8）
アクィーリウス法訴権　Actio legis Aquiliae　85, 86
悪意訴権　Actio de dolo　64, 87
悪意の抗弁　Exceptio doli　64, 87, 88
握取行為　Mancipatio　14, 53-54, 56, 148, 168, 349（n. 21）
　——の適用　adaptations of　33, 40, 41, 44, 92, 93
　——：役権　servitudes　58, 59
　——における担保責任　warranties in　123, 155, 354（n. 3），357（n. 33）
アグリッピーナ　Agrippina　35
アゴバルドゥス（リヨン司教）　Agobard（bishop of Lyons）　107
アタチュルク　Atatürk　119, 330, 334-35
（ファン・レーウェン）『新しい法の表題，すなわちローマ＝オランダ法の簡潔な概念』　Paratitula juris novissimi（The titles of new law, van Leeuwen）　184
アックルシウス（注釈学者）　Accursius（the glossator）　108-09, 259, 305-06
アテネ　Athens　7, 13, 16, 71, 163
アフリカ　Africa　329
アメリカ合衆国　United States
　——：ローマ法の影響　Roman law influences　112
　——：先例拘束性の原理　doctrine of precedent　130, 329
　——：法と女性　law, and women　172
　——：責任法　liability law　240

——における奴隷制度 slavery in 140
アメリカ合衆国憲法 United States Constitution 335
アメリカ合衆国最高裁判所 United States Supreme Court 131, 271
アメリカ法律協会 American Law Institute 334
アラリック2世（西ゴート王） Alaric II（king of the Visigoths） 104
（シルター）『アリストテレスによる，仮定的三段論法に対する論理的痛烈な非難』 Diatribe logica de syllogismis ex hypothesi, secundum Aristotelem（Logical diatribe on hypothetical syllogisms, according to Aristotle, Schilter） 196
アルキアートゥス（人文主義法学者） Alciatus（the humanist） 111
アルグー，ガブリエル Argou, Gabriel 183, 203
（クジャス）『ある古法学者の鑑定意見集』 Consultatio veteris cuiusdam iurisconsulti（Cujas） 189
アルジェリア Algeria 113
アルバレス，ホセ・マリア Alvarez, José Maria 199
アルフォンソ1世（アラゴン王） Alfonso I（king of Aragon） 300
アルフォンソ2世（アラゴン王） Alfonso II（king of Axagon） 299
アルフォンソ10世賢王（カスティリア王） Alfonso X the Wise（king of Castile） 110, 265, 266
アレクサンダー・セウェールス（ローマ皇帝） Alexander Severus（emperor of Rome） 136
アントニーヌス〔カラカラ〕の勅法 Constitutio Antoniniana 30
アントニーヌス・ピウス（ローマ皇帝） Antoninus Pius（emperor of Rome） 40, 48

《い》

遺言 Wills 92-93
　　——による解放 manumission by 48, 49, 141
　　女性と—— women and 93
　　　相続 Succession も見よ
遺言相続 Testamentary succession 92-97
遺産が分割されない場合の組合 Ercto non cito 77, 161
遺産購買者 Familiae emptor 92
イシドールス Isidorus 105
遺贈 Legacies 95-96, 135, 206
イタリア Italy
　ローマ法と—— Roman law and 24, 53, 106-07, 109, 134, 168, 186
　　——：民法典 civil code 243
（ルンデ）『一般ドイツ私法の基礎』 Grundsätze des allgemeinen deutschen Privatrechts（Fundamentals of common German private law, Runde） 198
委任 Mandatum（mandate） 24, 71, 78, 84-85, 150, 157, 158, 162
委任訴権 Actio mandati 85

イルネリウス（注釈学者）　Irnerius (the glossator)　107-08, 178, 351-52（n. 2）
（ヴァインゲルトラー）『イン川上流オーストリア慣習法の〔普通法と〕の調和と不調和』
　　Con- et discordantia iuris consuetudinarii Austriaci supra Anasum cum iure communi (Harmony and dissonance of customary Austrian law above the inn, Weingärtler)　185-86
イングランド　England
　――とスコットランド　and Scotland　110
　――：国会　Parliament　274, 275, 279, 282, 333, 334
　――：貴族院　House of Lords　272, 273, 277, 282, 283, 300
　――：庶民院　House of Commons　275
イングランド法　English law　3, 113, 127-29, 242, 283, 302, 318-20
　先例と――　precedent and　119, 130, 272-84, 308-09
　裁判官と――　judges and　120, 122, 308, 309
　――：契約　contracts　123, 174, 175, 275, 277-78, 280, 320-21
　――：財産　property　147
　――：土地　land　167, 169-70, 171-74
　ブラックストンの――の分類　Blackstone's classification of　201, 207-14, 253-58
　ユースティーニアーヌスの『法学提要』と――　Justinian's Institutes and　204-20
　――：刑法　criminal　210
　――：裁判制度　court system　312-13, 320-21, 322-26, 327, 332
　――：手続　procedure　313, 316, 318, 319-20
　――：擬制　fictions　324-27
　――の伝達　communication of　333-34
　――：法教育　legal education　375（n. 36）
（ブラックストン）『イングランド法釈義』　Commentaries on the Laws of England (Blackstone)　v, 201, 219, 320, 363（n. 17）
　――に対するユースティーニアーヌス『法学提要』の影響　influence of Justiman's Institutes on　v-vi, 204, 208-09, 210-20
　法の分類と――　classification of law and　253-58
（クック）『イングランド法提要』　Institutes of the Law of England (Coke)　319
（コーウェル）『イングランド法提要』　Institutiones Iuris Anglicani (Institutes of English law, Cowell)　204, 218
（プリングスハイム）「イングランド法とローマ法の間の内的関係」　"Inner Relationship Between English and Roman Law" (Pringsheim)　308
イングランド法の雇用　Employment, English law　253-58
（ブラックストン）『イングランド法の分析』　Analysis of the Laws of England (Blackstone)　204, 207, 210, 214-15, 218, 219, 257, 339-42（付録B），363（n. 17）
インド大統領対ピンタダ船会社事件　President of India v. La Pintada Compañia Navigación, S. A. (1984)　272-84
『引用法』　Law of Citaions　100, 107

邦語索引　　　　　　　　　　　　417

《う》

ヴァージニア　Virginia　126, 128, 129
ヴァインゲルトラー，ヨハン　Weingärtler, Johann　185
ヴァカリウス（注釈学者）　Vacarius (the glossator)　108, 178
『ヴァティカンの断片』　Vatican Fragments　99
ヴァルター，ベルンハルト　Walther, Bernhard　185
ヴィーアッカー，フランツ　Wieacker, Franz　192
ヴィオレ，ポール　Viollet, Paul　222
ヴィントシャイト（法学者）　Windscheid (the jurist)　113
ヴィンニウス，アーノルド　Vinnius, Arnold　186
ウェーバー，マックス　Weber, Max　335
ヴェスヴィウス山　Vesuvius　67, 160
ウェスパーシアーヌス（ローマ皇帝）　Vespasian (emperor of Rome)　70
ウォコニウス法　*Lex Voconia*　94, 96, 97, 135
ウォルサム運送事件　Case of the Waltham Career　175
ウゴー（注釈学者）　Ugo (the glossator)　108
ウバルディス，バルドゥス・デ　Ubaldis, Baldus de　109
ウルピアーヌス　Ulpian　30, 83, 124, 125, 162, 311, 312
　──の誅殺　murder of　99
　──の権威　authority of　100, 102, 189, 191, 303
　──と自然法　and natural law　263
『ウルピアーヌスの抜粋』　*Epitome of Ulpian*　99
（クジャス）『ウルピアーヌスの断章』　*Ulpiani tituli* (Cujas)　189

《え》

エアスキン，ジョン　Erskine, John　186
英米法　Anglo-American law　18, 25
　──：窃盗　theft　82, 83
　──：先例理論　doctrine of precedent　100
英連邦対ターナー事件（1827）　*Commonwealth v. Turner* (1827)　127-30
『エヴァースリーの家庭内関係について』　Eversley on Domestic Relations　253, 258
エヴェラルディ，ニコラス　Everardi, Nicholas　187
役権　Servitudes　58-59, 168-69
『エクロガ』　*Ecloga*　105
エジプト　Egypt　103, 113
エチオピア　Ethiopia　3, 113
『エパナゴケ法典』　*Epanoge*　106

《お》

（ヴァルター）『黄金のオーストリア法の論文』　*Aurei iuris austriaci tractatus* (Wal-

ther) 185
オーストリア法 Austrian law 113, 185
『オータン〔で発見された〕ガーイウス〔『法学提要抄録』〕』 *Autun Gaius* 99
公の物 *Res publicae* 52, 74
オクタウィウス（法務官） Octavius (praetor) 64, 87, 165
オグルニウス法 Lex Ogulnia 25
オッカムの剃刀 Occam's razor 217
オットマン，フランソア Hotman, François 112, 186, 189, 190, 192, 306
オフィーリウス（法学者） Ofilius (the jurist) 27, 83, 143, 144
オベルトゥス Obertus 303
オルト，オベルトゥス・デ Orto, Obertus de 302
オランダ（ホラント） Holland 110-11, 184-85, 202, 285, 286-87, 288-89, 291
オランダ Netherlands 111, 184, 192, 285, 304
（シモン・ア・フルーネウェーヘン）『オランダと隣接の地域において廃止され，不用となった法に関する論考』*Tractatus de Iegibus abrogatis et inusitatis in Hollandia vicinisque regionibus* (Treatise on the laws abrogated and in desuetude in Holland and neighbouring regions, Simon à Groenewegen) 111
（グローティウス）『オランダ法学入門』 *Inleidinge tot de Hollandsche rechtsgeleerdheyd* (Introduction to the law of Holland, Grotius) 111, 184, 185, 202, 288, 289, 292
恩恵的土地貸与（容仮占有） *Precarium* 144

《か》
ガーイウス Gaius 17, 18, 30-31, 43, 63, 89, 100, 107, 121, 140, 163, 200, 318, 323, 368 (n. 5)
　｜十二表法に関する──〔の記述〕 on Twelve Tables 16, 83-84
　──：法の分類 classification of law 52- 53, 220, 259
　──の権威 authority of 100
カーン-フロイント，サー・オットー Kahn-Freund, Sir Otto 253-55, 258
解除 Redhibition 310
外人掛法務官 Peregrine praetor 21, 24, 28, 310, 356 (n. 25)
（パーピニアーヌス）『解答』 *Responsum* 104
（ウルピアーヌス）『解答集』 *Responsa* 189
解答権 *Ius respondendi* 28, 102, 120
買主訴権 *Actio empti* (*Actio ex empto*) 73, 74, 310
解放 Manumission 48-50, 66, 95, 140-42
解放奴隷 Freedmen 50, 51, 66, 141
解放奴隷の宣誓 *Iusiurandum liberti* (oath of a freedman) 66
カヴェナント Covenants 174, 175, 320
カエクス，アッピウス・クラウディウス Caecus, Appius Claudius 26
カエサル，ユリウス Caesar, Julius 7, 92, 334

邦語索引 419

加害者委付　Noxal surrender　75, 226, 228, 231, 237, 367（n. 49）
学説彙纂　Pandects　ユースティーニアーヌスの『学説彙纂』を見よ
（フット）『学説彙纂注解』　Commentarius ad Pandectas（Commentary on the Digest, Voet）112
確定貸金訴権　Actio certae pecuniae　166
会計簿　Account books　67, 160
加工　Specificatio　56
嫁資　Dowry　11, 34, 35, 37, 38-39, 65, 349（n. 7）
過失　Negligence　44, 223, 225, 228, 233, 239, 240, 258, 260-61
（プラウトゥス）『カシナ』　Casina（Plautus）4
（セルウィウス・スルピキウス）『嫁資について』　On Dowries（Servius Sulpicius）36
嫁資の言明　Dotis dictio（promise of dowry）66
カスケッリーウス（法学者）　Cascellius（the jurist）27
（アルバレス）『カスティリアと西インド諸島の王の法についての法学提要』　Instituciones de derecho real de Castilla y de Indias（Institutes of the royal law of Castile and the Indies, Alvarez）200
『カスティリアのための新集成』　Nueva Recopilación de Castilla（The new compilation for Castile）110, 200
課税　Taxation　67
家息（父親の権力下にある息子）　Filiusfarmilias（son in the father's power）22, 26, 90, 226, 349（n. 21）
家族法　Family law　253, 254, 335
　──：家父権　patria potestas　22, 39-42
　──：婚約　betrothal　32-33
　──：婚姻　marriage　33-36
　──：離婚　divorce　36-38
　──：嫁資　dowry　38-39
　──：後見　tutelage　42-44
　──：保佐　curatorship　44-45
家畜の通路役権　Actus servitude　58
家長　Paterfamilias　10, 25, 33, 35, 38, 41, 67, 90, 125, 186
カッツ　Katz, Stanley N.　208, 214
ガッルス，ガーイウス・アクィーリウス　Gallus, Gaius Aquillius　24, 27, 64, 68, 87, 88, 122, 165
カトー（大カトー），マールクス・ポルキウス　Cato, Marcus Porcius, the Elder　24, 191
カヌレイウス法　Lex Canuleia　21, 35
家父権　Patria potestas　36, 39-42, 49, 93, 123, 226
家父権免除　Emancipatio　41
貨幣　Money　163, 164
カラカラ（ローマ皇帝）　Caracalla（emperor of Rome）191

カルプツォフ，ベネディクト　Carpzov, Benedict　194
カルプルニウス法　Lex Calpurnia　151
慣習法　Customary law　18, 183, 221, 222, 328, 329, 332
　フランスにおける――　in France　238, 296
（ロワゼル）『慣習法提要』Institutes coutumières（Institutes of customary law, Loysel）209
完全法　Perfect laws　21
カントロヴィッツ，ヘルマン　Kantorowicz, Hermann　178

《き》

（テオフィッルス）『義解』Paraphrase（Theophilus）　105
キケレーユス法　Lex Cicereia　66, 134
キケロー　Cicero, Marcus Tullius　6, 7, 12, 13, 34, 35, 41, 66, 67, 68, 86, 92, 93, 122
　――ローマ法における――　on Roman law　5, 24, 27
　――と自然法　and natural law　263
騎士階層　Knights（equites）　19, 139
擬制　Fictions　24, 324-26
貴族　Patricians　3, 11, 12, 20, 21, 35, 138
貴族院の実務慣行に関する声明　Practice Statement of the House of Lords　272
寄託　Depositum（deposit）　69, 70, 149, 150, 153, 157, 160, 163, 164, 166, 296
寄託訴権　Actio depositi　71
キャリアー事件（1473年）Carrier's Case（1473）　123
教会法　Canon law　107, 110, 193, 199, 200, 221, 231, 303, 304
共通の物　Res communes　52
共買　Coemptio　33, 34, 35
強迫　Extortion　63, 87, 165
強迫故の抗弁　Exceptio metus　64, 87
強迫故の訴権　Actio quod metus causa　64, 87
ギリシャ　Greece　106
キリスト教　Christianity　7, 32, 35, 48, 99, 105, 136, 191
　――と離婚　and divorce　37
（エヴェラルディ）『議論に対する法的アプローチ』Loci argumentorum legales（Legal approaches to argument, Everardi）　187
キンキウス法　Lex Cincia　21, 135
緊急寄託　Depositum miserabile　153
金銭債務令状　Debt, writ in　326

《く》

グァラノ，マリノ　Guarano, Marino　233
クーリア民会　Comitia curiata　41

『クール地方ローマ人法』 Lex Romana Raetica Curiensis 107
クジャス, ジャック Cujas, Jacques 111, 187, 189, 252, 306
クック, サー・エドワード Coke, Sir Edward 201, 319
クッシング Cushing, Luther S. 129
グデリーヌス, ペトルス Gudelinus, Petrus 305
クナウスト Knaust, H. 178
国の契約 State contracts 154
組合 Societas (partnership) 24, 77-76, 161, 166
組合訴権 Actio pro socio 78
クヤキウス, ヤコブス Cuiacius, Jacobus →クジャス Cujas
クライサー, セバスティアン Khraisser, Sebastian 194
クラウディウス元老院議決 Senatus consultum Claudianum 46, 126
クラウディウス（ローマ皇帝） Claudius (emperor of Rome) 28, 35, 48
クラッスス, ルキウス Crassus, Lucius 95
クラポンヌ, アダム・ドゥ Craponne, Adam de 293-95
クリセロウ, ジェームス Clitherow, James 218
車通行役権 Via servitude 58
クレイグ, トーマス Craig, Thomas 303-305
クレービス, ハンス Krebis, Hans 298
『グレゴリウス勅法集』 Codex Gregorianus 101, 104
クローディウス Clodius 41
クロスマン Crossman, R. H. S. 282
グローティウス, フーゴー Grotius, Hugo 111, 184-86, 202, 251, 288, 289, 292, 352 (n. 3)
軍人 Soldiers 18, 40
グンドバード（ブルグンド王） Gundobad (king of the Burgundians) 105

《け》

ケアンズ Cairns, John W. 202, 368 (n. 3)
計算剥奪訴権 Actio de rationibus distrahendis 43
刑事法 Criminal law vi, 119, 132, 204, 205, 335
　ローマの—— Roman 51, 186, 187, 188, 258-61
　イングランドの—— English 123, 147, 210, 213, 333
　フランスの—— French 233
(マタエウス)『刑法について』 De Criminibus (On crimes, Matthaeus) 260
契約法 Contract law
　言語—— verbal 6, 62-67
　売買—— sale 9, 29, 71, 72-76, 122, 148, 154-57, 163-64, 313-26, 357 (n. 29)
　ローマの—— Roman 15, 22, 32, 39, 47, 134, 171, 174-76, 258, 268, 269
　諾成—— consensual 23, 24, 71-79, 154-61, 164, 165

文書——　literal　67-69, 79, 88, 160, 162-63
要物——　real　69-71
——：訴訟　actions　79-80
イングランドの——　English　123, 167, 174-76, 204, 206, 253-55, 272-73, 277, 280, 325
比較法と——　comparative law and　147-166, 320
ヘイルの『分析』における——　in Hale's *Analysis*　206
ブラックストンの『釈義』における——　in Blackstone's *Commentaries*　210, 212, 213, 219
ゴトフレードゥスにおける——　in Gothofredus　215
——：莫大な損害　*laesio enormis*　245-52
フランス民法典と——　French *code civil* and　293-297
（シャウムブルク）『ゲオルグ・シュトルーヴェのローマ＝ドイツ法学についての注釈』*Annotationes ad. B. Georg Ad. Struvii iurisprudentiam Romano-Germanicam forensem*（Notes on Georg Struve's Roman-German jurisprudence, Schaumburg）　198
ゲヴィート，ジョルジュ・ドゥ　Ghewiet, George de　220, 328, 332
ゲゼルシャフト　Gesellschaft　152
ゲッリウス，アウルス　Gellius, Aulus　36, 86
ケネディ，ダンカン　Kennedy, Duncan　201, 214, 363（n. 17）
ゲマインシャフト　Gemeinschaft　152
ゲラルドゥス　Gerardus　303
（コンリング）『ゲルマン法の起源について』　*De origine juris Germanici*（On the origin of German law, Conring）　195, 306
権原　Title　56
現行盗　Manifest theft（*furtum manifestum*）　82
言語契約　Verbal contracts　6, 62-67
原状回復　*Restitutio in integrum*　64, 87
厳正法　Strict law　15, 62, 63, 68, 156, 175
建造物　Buildings
——から流されもしくは投げられた物　things poured or thrown from　89, 227, 234, 236
——の倒壊，——による損害の賠償の責任　collapse, liability for damage from　224, 225, 232, 235, 238, 243
「現代的慣用」　*Usus modernus*　199
（ピュッター）『現代ドイツ私法入門』　*Elementa juris Germanici private hodierni*（Elements of contemporary private German law, Putter）　198
（フォン・セルコフ）『現代ドイツ法入門』　*Elementa juris Germanicae hodierni*（Elements of contemporary German law, von Selchow）　198
（フーバー）『現代の法学』　*Heedendaegse rechtsgeleertheyt*（Contemporary jurisprudence, Huber）　184, 288
ケント（大法官）　Kent, Chahcellor　201
ケントリア民会　*Comitia centuriata*　19

邦語索引　　　423

憲法　Constitutions　255, 335
「憲法」Grondwet　185
憲法　Constitutional law vi, 208, 255, 256, 335, 363 (n. 19)
言明　Nuncupatio　92
元老院議決　Senatus consulta (decrees of the senate)　17, 29, 30, 70, 124, 125, 126, 353 (n. 26)

《こ》

合意約束　Pacta (pacts)　79
交換　Barter　29, 73, 78, 149, 358 (n. 62)
──契約　contract for (permutatio)　78, 163-65, 166
後見　Tutelage　42-44, 45, 50, 95, 135, 143-44
後見訴権　Actio tutelae　44
後見人　Guardians　42
後見人被嫌疑罪　Crimen suspecti tutoris　43
拘束行為　Nexum　148, 349 (n. 21)
皇帝　Emperors　17, 30, 63, 100
強盗　Rapina (robbery with violence)　24, 82, 84
高等按察官　Curule aedile　8, 21-22, 25, 28, 75, 229, 310
抗弁　Exceptiones　165
公法　Public law　92, 183, 187, 190, 254, 363 (n. 1)
コーウェル，ジョン　Cowell, John　204, 205, 213, 218
小書付　Codicils　97
コキーユ，ギ　Coquille, Guy　181, 182, 184
『国王陛下』Regiam Majestatem (Royal Majesty)　180
国際法　International law　268-70
(パウルス)『告示注解』on the Edict　143, 144
戸口調査　Census, Roman　46, 48
戸口調査による解放　Manumissio censu (manumission by census)　141
後古典期の法　Postclassical law　99-103
『五十の決定』Fifty Decisions　102, 121, 137
(ポラック)『古代ゲルマン民事法学入門』Systema jurisprudentiae civilis Germanicae antiquae (System of ancient German civiljurisprudence, Polac)　198
コッグス対バーナード事件 (1703年)　Coggs v. Bernard (1703)　123
コッケーユス，ヘンリクス　Coccejus, Henricus　305
ゴトフレードゥス，ディオニシウス　Gothofredus, Dionysius　186, 193, 214-20, 343-36 (付録 C)
子供　Children
──に対する家長の権力　power of paterfamilias over　11, 39
──のための後見人　guardians for　15

結婚と──　marriage and　36, 37, 135, 263, 266, 268
　　──による相続 inheritance by　40, 95-96
　　非嫡出の──　illegitimate　41
　　後見と──　tutelage and　42
　　生来奴隷としての──　born to slaves　46-47
　　──による損害に対する責任　liability for damage by　223, 224, 234, 235, 236
　　ブラックストンの〔私的経済〕関係における──　in Blackstone's relations　256
　　家息 *Filiusfamilias* も見よ
子供達の共同　*Unio prolium*（joining of offspring）　195
近衛兵　Praetorian Guard　99
コモン・ロー　Common law　イングランド法 English law を見よ
（ミルソム）『コモン・ローの歴史的基礎』　Historical Foundations of the Common Law（Milsom）　167, 308
コルヴィヌス，ヨハネス・アルナルドゥス　Corvinus, Johannes Arnaldus　178
コルネーリウス法　*Lex Cornelia*　87, 134, 135
婚姻　Marriage
　　──：ローマ法　Roman law　6, 21, 33-36, 37, 39, 51
　　ブラックストンの〔私的経済〕関係における──　in Blackstone's relations　257
　　自然法としての──　as natural law　263, 266, 268
　　──：財産法，南アフリカ　property law, South Africa　285-93, 371（n. 29）
コンスタンチノープル　Constantinople　106, 136
コンスタンティーヌス1世（ローマ皇帝）　Constantine I (emperor of Rome)　19, 37, 40, 41, 48, 101
コンテタンティナエウス，ヤコブス　Constantinaeus, Iacobus　187
コンスタンティーヌス・コプロニムス　Constantine Copronimus　105
（シルター）『今日の法廷の用のために採用された，ローマとドイツの自然法，万民法及び市民法に関する法学提要』　*Institutiones juris ex principiis juris naturae, gentium & civilis* (institutions of law from the law of nature and nations and of civil law, Schilter)　195
棍棒による解放　*Manumissio vindicta*（manumission by staff）　140, 322
コンモドス（ローマ皇帝）　Commodus (emperor of Rome)　191
婚約　Betrothal, Roman law　32
コンリング，ヘルマン　Conring, Hermann　195, 196, 306

《さ》

サール判事　Searle, Judge　285-88, 290-93
再下封　Subinfeudation　171
債権者　Creditors
　　──：担保　security　59-61, 65, 67, 168
　　──：救済手段　remedies　85-86, 158-59

──：金銭債務の利子　interest for debt　277-79
最高法院法　Judicature Acts（1873, 1875）　173
財産　Property　52-53, 166
　　──の損害　damage to　8, 21, 82, 84-86, 259, 260, 317
　　盗まれた──　stolen　21, 83, 135
　　──：所有権の取得　acquisition of ownership　22, 33, 47, 53-56, 142
　　婚姻における──　in marriage　32, 34, 36, 181
　　──：占有　possession　56-58, 61, 146-48, 169
　　──：役権　servitudes　58-59, 168-69
　　──：物的担保　real security　59-61
　　──：イングランド法　English law　147, 172
　　ブラックストンの『釈義』における──　in Blackstone's *Commentaries*　210, 211, 212, 220
　　夫婦の──，南アフリカ法　marital, South African law　285-93
　　ドイツ法における──　in German law　297
『最新編集』　*Novissima Recopilacióon*（The latest compilation）　200
裁判官　Judges
　　ローマの──　Roman　28, 38
　　──とイングランド法　and English law　119-20, 122, 322
　　──と法の発展　and development of law　127-31, 132, 172, 173-74, 271-301, 308, 327, 329
　　──の責任　liability of　259, 368（n. 8）
（ファン・デア・リンデン）『裁判官，実務家，実業家そして法の全体的概観を必要としている全ての人達のための，法の実務と実業家のためのハンドブック』*Rechtsgeleerd practicaal en koopmans handbook*（Legal practical and businessman's handbook, van der Linden）　185（レティウス）
『裁判所実務とローマ＝ドイツ帝国の用に採用されたユースティーニアーヌスの市民法法学提要についての学問的考察』*Meditationes academicae ad institutiones juris civilis Justinianeas*（Academic meditations on Justinian's Institutions, Rhetius）　195
債務者　Debtors　15, 20, 38, 60-61, 65, 67, 70, 84, 86, 159, 277-78
（ポティエ）『債務論』*Traité des obligations*（Pothier）　232
サヴィニー　Savigny, Friedrich Karl von　145, 146
詐欺（悪意）　Fraud　6, 24, 45, 63, 64, 68, 73, 87, 154, 165
ザクセン法　Saxon law　194, 297
（奴隷及び群をなす家畜の）殺害　Killing, slaves and beasts　85, 134
殺人　Homicide　48
サビーヌス　Sabinus　42, 144, 162, 311
サビーヌス学派　Sabinian school　29, 36, 53, 69, 73, 85, 121, 164, 190, 349（n. 30）
サルディニア王国　Sardinia　243
参加要約者　*Adstipulator*　84

30年戦争　Thirty Years' War　196
サンチョ強王（ナバラ王）　Sancho el Fuerte（king of Navarre）　300
サンチョ賢王（ナバラ王）　Sancho el Sabio（king of Navarre）　300
三部遺言　Tripartite will　93
（パエトゥス）三部書　*Tripertita*（Paetus）　26
（プラウトゥス）『三文銭』　*Trinurmmus*（Plautus）　5

《し》

シーラーヌス元老院議決　*Senatus consultum Silanianum*　124, 126, 353（n. 27）
死因贈与　*Donatio mortis causa*　88
シェイクスピア，エドワード　Shakespeare, Edward　15
シェッファー，ペーター　Schoeffer, Peter　178
死刑　Death penalty　52
自権者養子縁組　*Adrogatio*　40, 92
事実訴権　*Actio in factum*　287-88, 311, 317-18
自然法　Natural law　112, 180, 183, 188, 195, 231, 262-70, 369（n. 5），369（n. 13）
四足動物の与えた損害に関する訴権　*Actio de pauperie*　90, 228, 366（n. 47）
質　*Pignus*（pledge）　→占有質　*Pignus*（pledge）
質訴権　*Actio pigneraticia*　61
『七部法典』　*Código de las Siete Partidas*（Siete Partidas, Las.）　110, 200, 265-67
執政官　Consuls　12
実体法　Substantive law　vi
　手続と——　procedure and　176, 203, 204, 206, 210, 211, 212, 215, 287, 314-17, 318, 319, 320, 375（n. 24）
　法律上の分類と——　juristic classification and　253-61
私的な物　*Res privatae*　52
支払い　Prestations　149, 164
私法　Private law　117, 132, 147, 183, 185, 206, 226, 210, 254, 321, 363（n. 1）
　ローマ——　Roman　3, 11, 20, 21, 37, 118, 134-37, 172, 190, 302, 304, 311, 312, 319, 331
　法務官告示と——　Praetor's Edict and　22, 120
　——：奴隷制度　slavery　140-42
　ドイツ——　German　195
死亡　Death
　——：殺人　murder　11, 48, 124-26
　——の原因を与えること　furnishing a cause of　85
「司法運営法」（1982年）　Administration of Justice Act（1982）　276, 279, 280, 281-82
資本主義　Capitalism　335
市民掛法務官　Urban praetor　21, 24, 28, 309
市民法　Civil law　268, 269
　法務官と——　praetors and　6, 22, 23

ローマの——　Roman　27, 53, 190, 195, 261, 311, 312
　　イングランドの——　English　178, 206-07
『市民法書』 *Libri Juris Civils*　306
事務管理　*Negotiorum gestio*　70
事務管理訴権　*Actio negotiorum gestorum*　80-81
シャウムブルク　Schaumburg, G.　198
ジャクソン　Jackson, Robert H.　271
シャンド卿　Shand, Lord　283
宗教　Religion
　　ローマの，法と——の分離　Roman separation of law from　6, 7
　　自然法と——　natural law and　265
宗教改革　Reformation　110
宗教物　*Res religiosae*　52, 74
自由人にふさわしい職業　Liberal arts　77, 158
十二表法　Twelve Tables　10-16, 18, 20, 25, 26, 27, 134, 138
　　——と家長　and *paterfamilias*　11, 25, 40
　　——：契約法　contract law　15, 62, 71, 148, 149-50, 151-53, 160
　　——：財産法　property law　33-35, 56, 58, 60
　　——における後見　tutelage in　42, 43
　　——における保佐　curatorship in　44
　　——における奴隷制度　slavery in　46, 49, 51
　　——：不法行為　delicts　82-90
　　——：相続法　succession law　77, 92
十人官　*Decemviri*　13
自由身分回復の訴え　*Vindicatio in libertatem*（claim of freedom）　140
手中物　*Res mancipi*　34, 49, 53, 54, 58, 140, 168
出陣軍隊面前の遺言　*Testamentum in procinctu*　92
シュトリュック，ザムエル　Stryk, Samuel　194, 305, 307
シュトゥルーヴェ，ゲオルグ・アダム　Struve, Georg Adam　194, 198
シュナイデヴィン，ヨハネス　Schneidewin, Johannes　363（n. 15）
樹木伐採訴権　*Actio de arboribus succisis*　89
シュライツ　Schleiz　298-99
受領問答契約　*Acceptilatio*　67
シュレジンガー　Schlesinger, Rudolf B.　222
準訴権　*Actio utitis*　317-18
『準備草案』 *Travaux préparatoires*　237, 241
準不法行為　Quasi delict　89, 204, 207, 216, 227, 232, 258-61
（クジャス）『省察と修正』 *Observationes et Emendationes*（Cuiacius）　111
使用者責任　Vicarious liability　90
（ハイネッキウス）『詳述』 *Recitationes*（Heineccius）　199

使用取得　*Usucapio*　55, 57, 117, 140
使用貸借　*Commodatum*（loan for use）　69, 150, 158, 160, 162, 166
使用貸借訴権　*Actio commodati*　70
消費貸借　*Mutuum*（loan for consumption）　69, 71, 79, 149, 151, 166, 355（n. 13）
商法　Commercial law　24, 187
ジョーンズ，ガレス　Jones, Gareth　214, 363（n. 16）
女性　Women
　　離婚法と——　divorce law and　11, 36
　　——の後見　tutelage of　15, 50
　　娘、家父権と——　daughters, *patria potestas* and　26
　　——：婚姻法　marriage law　33-36
　　——：奴隷　slave　46, 47
　　財産損害としての——の殺害　killing of, as property damage　85
　　——：相続法　inheritance law　92-98, 167, 170-71, 172
　　——：財産権，イングランド　property rights, England　172
ショターヌス，ベナルドゥス　Schotanus, Bernardus　178
所有権　Ownership　53-56, 83, 142, 167-68, 318, 323
所有物取戻訴権　*Vindicatio*　61, 80, 160, 312
シリウス法　*Lex Silia*　151, 152
シルター，ヨハン　Schilter, Johann　195, 196
侵害　Trespass　325
神学　Theology　99
人格権侵害　*Iniuria*（personal injury）　82, 86-89, 233, 259
人格権侵害訴権　*Actio iniuriarum*　47, 86, 287-88, 291, 292
神官　Pontiffs　7, 12, 25, 41
神官団　College of Pontiffs　25, 120, 138
信義誠実（誠意）　Good faith　135
　　——：誠意訴訟　actions　70, 156
　　——：誠意契約　contracts　71, 156-57, 165, 305
『新集成』　*Nueva Recopilación* →『カスティリアのための新集成』*Nueva Recopilación de Castilla*
神聖物　*Res sacrae*　52, 74
神聖ローマ帝国　Holy Roman Empire　110, 192, 196
身体的危害　Physical assault　233
信託　*Fiducia*　60, 168, 357（n. 44）
信託遺贈　*Fideicommissa*（trusts）　94, 95
信託訴権　*Actio fiduciae*　60
『新勅法』　*New Constitutions*（Novels）　97, 103, 105, 106, 111, 289
人的保証　Personal security　65, 134
人文主義　Humamnism　110, 189

邦語索引   429

人文主義法学　Legal humanism　189, 196
神法　Divine law　52
人法　Human law　52
信命　*Fideiussio*　66
信約人　*Fidepromissores*　66, 134
人役権　Personal servitudes　59

《す》

スイス法　Swiss law　113, 330, 335, 371（n. 16）
水道役権　Aquaeductus servitude　58
スカーマン卿　Scarman, Lord　273, 274, 282, 284
スカエウォラ，クイントゥス・ムーキウス（子）　Scaevola, Quintus Mucius, the younger 27, 86, 90, 95, 107, 122, 161, 303, 311
スカエウォラ，クイントゥス・ムーキウス（父）　Scaevola, Quintus Mucius, the elder 122
スカエウォラ，ケルウィディウス　Scaevola, Cervidius　189
スカエウォラ，プーブリウス・ムーキウス　Scaevola, Publius Mucius　5, 7, 82
スカンジナヴィア　Scandinavia　3, 186
スキピオ・アフリカーヌス　Scipio Africanus　5, 191
スクリーボーニウス法　*Lex Scribonia*　135
スコットランド　Scotland　3, 110, 113, 123, 180, 186, 203, 245, 285, 300, 304
（エアスキン）『スコットランド法提要』　*Institute of the Law of Scotland*（Erskine）　186, 187
（ステアー）『スコットランド法提要』　*Institutions of the Law of Scotland*（Stair）　vi, 110, 186, 187, 203
（マッケンジー）『スコットランド法提要』　*Institutions of the Law of Scotland*（Mackenzie）　vi, 186, 233, 262, 267-69
ステアー卿　Stair, Lord　vi, 110, 186, 187, 188, 203
ステファン卿，ジェイムズ・フィッツジェイムス　Stephen, Sir James Fitzjames　333
スッラ　Sulla, Lucius Cornelius　87
スペイン　Spain　104, 110-13, 200, 262, 265-66
　——：フエロ　fueros　299, 300, 301, 332
スリランカ　Sri Lanka　3, 113
スルピキウス，セルウィウス　Sulpicius, Servius　36, 161, 191
スレイド事件（1602年）　Slade's Case（1602）　326

《せ》

誠意契約・誠意訴訟　→信義誠実　Good faith
誠意と信託に対して　*Fide et fiduciae*（faith and trust）　60
聖護物　*Res sanctae*　52

政治　Politics　117
成熟　Puberty　36, 42, 45
聖書の法典　Biblical law　14, 99, 112
聖職者の特権　Benefit of Clergy　123
精神障害者　Lunatics　15, 44, 143
制定法　Statutory law　4, 17, 18-21, 328, 330, 334
聖ヒエロニムス　Jerome, Saint　348（n. 2）
政府　Governments　352（n. 3）
　　法形成に対する――の無関心　indifference to lawmaking　117-20, 130, 134, 142, 145, 202-203, 307
成文法　Written law　17, 18, 200, 321
　　共和政における成文法源　Republic sources　19-27
　　帝政における成文法源　Empire sources　28-31
成文法地域　Pays de droit écrit　182, 202
政務官　Magistrates, Roman　21, 24, 28
生命保険　Life insurance　65
誓約　Sponsio　問答契約 Stipulatio を見よ
誓約人　Sponsor　134
セイロン　Ceylon　→スリランカ　Sri Lanka
責任　Liability　76, 296, 365（n. 27）, 366（n. 42, 47）
　　有限――　limited　47, 226, 228
　　準不法行為――　quasi delicts　89
　　使用者――　vicarious　90
　　フランス民法典における――　in French code civil　223-43
窃盗　Theft（furtum）　8, 46, 82, 89, 153, 160
セルウィウス訴権　Actio Serviana　61
セルウィウス・トゥッリウス（ローマの王）　Servius Tullius (king of Rome)　12, 123
善意の占有者　Bona fide possessor (possessor in good faith)　125
宣誓　Oaths　14, 66-67
（グローティウス）『戦争と平和の法』　De jure belli ac pacis (On the law of war and peace, Grotius)　187
（キケロー）『善と悪の究極について』　Ends of Good and Evil, The (Cicero)　5
（デ・ルカ）『全法総覧』　Instituta universale di Tutte le Leggi (Umversal institutes of all the laws, de Luca)　233
占有改定　Constitutum possessorium　55
占有質　Pignus (pledge)　61, 69, 158-60, 166, 358（n.44）
占有の心素　Animus possessionis　145
占有の体素　Corpus possessiotas　145
占有付与（財産の所持）　Missio in possessionem (detention of property)　229
戦利品　Booty　71, 154

先例　Precedent　144, 272, 308, 328, 329

《そ》

ソヴィエト連邦　Soviet Union　335
宗族　Agnates　42, 44, 45, 97
相続　Succession　22, 124-25, 135, 167
　遺言――　testamentary　92-97
　無遺言――　intestate　97, 125
　――：組合　partnerships　161
　――：封建法　feudal law　302-07
　――：イングランド法　English law　172
　――：フランス法　French law　181, 207
　ユースティーニアーヌスの『法学提要』における――　in Justinian's *Institutes*　203
　ブラックストンの『釈義』における――　in Blackstone's *Commentaries*　212
　ゴトフレードゥスにおける――　in Gothofredus　215
　――：ドイツ法　German law　297
　相続財産　Inheritance も見よ
相続財産　Inheritance　6, 7, 40
　――：浪費者のための保佐　curatorship for prodigals　44-45
　――の組合　partnerships in　77, 161
　――をめぐる紛争　disputes over　93
　殺人と――　murder and　124
　相続　Succession も見よ
ゾエシウス，ヘンリクス　Zoesius, Henricus　305
属人法　Personal law　107
属地法　Territorial law　107
（ローマ）訴訟（法）　Actions, Roman law of　30, 79-81, 219, 319, 363 (n. 15)
訴訟手続（手続法）　Procedure
　ローマ法の――　Roman law　14, 24, 215, 313-16, 316-17
　ドイツ法の――　German law　194-95
　イングランド法の――　English law　204, 206, 210, 319-21
訴訟を自己のものとした審判人　*Judex qui litem suam fecerit*　89
（ドマ）『その自然的秩序における市民法』　*Lois Civiles dans Leur Ordre Naturel, Les* (The civil laws in their natural order, Domat)　231, 234, 235, 296
ソリシター法　Solicitors Act (1974)　280
ソロンの法律　Solon, laws of　13, 16
尊敬　*Obsequium*　51

《た》

タイ　Thailand　113

大学 Universities 192-93, 199, 221
大神官 *Pontifex maximus* 7, 25
代理関係 Agency 78
大陸法 Continental law 82, 120
タキトゥス Tacitus, Publius Cornelius 197
諾成契約 Consensual contracts 23, 24, 71-79, 154-60, 164, 165
堕胎 Abortion 11, 335
タルクィヌス傲慢王（ローマの王） Tarquin the Proud (king of Rome) 3, 10
タレアエウス Thaleaeus 105
『ダローズの小法典』 *Petit Code Dalloz* 225
（貸金のための）担保 Loans, security for 59-61
（黙示の）担保責任 Warranty, inherent (or implied) 75, 155, 356 (n. 29)
担保訴権 *Actio auctoritatis* 54

《ち》

地域法提要 Local law institutes 180-93, 212
誅殺 Murder 12, 48, 123-26
注釈学者 Glossators 108, 178, 189, 192
中世 Middle Ages 78, 104, 233, 329
中部アメリカ Central America 200
長子相続 Primogeniture 167, 170, 172
（ロゲリウス）『勅法彙纂集成』 *Summa Codicis* (Rogerius) 108
チリ Chile 3
賃貸借契約 Hire, contract of (*locatio conductio*) 24, 71, 76-77, 149, 157, 296, 313, 315, 337 (n. 35)

《つ》

ツァジウス Zazius, Udalricus 111, 192
ツァハリアエ，カルル・サロモン Zachariae, Karl Salomon 198
通行権 *Iter* servitude 58
通常の補充指定 *Substitutio vulgaris* (ordinary substitution) 95
妻の財産訴権 *Actio rei uxoriae* 30
吊下物訴権 *Actio de suspensis* 89

《て》

ディオクレティアーヌス（ローマ皇帝） Diocletian (emperor of Rome) 73, 136, 191, 246, 247-48, 249
帝室裁判所 Reichskammergericht 110
ティティウス法 *Lex Titia* 135
抵当 *Hypotheca* 61, 168

デイド判事　Dade, Judge　127-29
ティベリウス（ローマ皇帝）　Tiberius（emperor of Rome）　34
テイラー，ジョン　Taylor, John　363（n. 23）
テオドシウス２世（ビザンツ皇帝）　Theodosius II（emperor of Byzantium）　101
『テオドシウス法典』　Codex Theodosianus　101, 104, 111, 248
テオドラ　Theodora　35
『テオドリック王の告示』　Edictum Theoderici　105, 332
テオフィッルス　Theophilus　101, 102, 103, 105, 137, 179
テキサス　Texas　352（n. 5）
哲学　Philosophy　5, 7
手付　Arra（earnest）　71
テフェン事件（1986 年）　Teffaine case（1896）　235
デュムラン，シャルル　Dumoulin, Charles　181
デ・ルカ，ジャムバティスタ　De Luca, Giambattista　233
テルトゥッリアーヌス元老院議　Senatus consultum Tertullianum　30
テレンティウス　Terence　5, 6

《と》

ドイツ法　German law　vi, 106, 123, 148, 184, 194-99, 203, 330
　——：ローマ法の継受　Reception of Roman Law　109-10, 112-13, 191-92
　——：責任　liability　239
　——：莫大な損害　laesio enormis　245-46
　——：母都市　mother' towns　297-301
　——：封建法　feudal　304-07
　——：蛮族法典　barbarian codes　332
（バイヤー）『ドイツ法概要』　Delineatio juris Gerrnanici（Outline of German law, Beyer）　196, 203, 209
（フォン・セルコフ）『ドイツ法提要』　Institutiones jurisprudentiae Germanicae（Institutes of German jurisprudence, von Selchow）　198
ドゥ・ヴィリエ，メリウス　De Villiers, Melius　286, 288, 290
『トゥールーズの慣習』　Coutume de Toulouse　332
ドゥ・ガリフェ対ペリサーヌ市事件（1876 年）　De Galliffet v. Commune de Pélissane（1876）　293-97
ドゥ・グルーイユ，ベルトゥラン　De Greuille, Bertrand　236-38
動産　Movables　167, 168-69, 170-71
動産占有保持の特示命令　Utrubi　142, 169
盗訴権　Actio furti　83, 160
（ローマの，法と）道徳の分離　Morality, Roman separation of law from　6
銅と秤による遺言　Testamentum per aes et libram　92
動物　Animals

財産損害としての——の殺害　killing of, as property damage　85, 134
　　　——による損害, ——に対する責任　damage by, liability for　90, 223, 225, 228, 235, 237, 242, 366（n. 47）
　　　自然法と——　natural law and　263-66, 369（n. 5）
逃亡奴隷法（1850年）　Fugitive Slave Act（1850）　370（n. 1）
東洋の法　Oriental law　32
ドーブ, デイヴィッド　Daube, David　151, 152, 164, 310
トーマス・ア・ベケット　Thomas à Becket, Saint　108
特示命令　Interdicts　57, 142, 145, 169
特別招集民会　Comitia calata　92
特別招集民会における遺言　Testamentum comitiis calatis　92
特有財産　Peculium　23, 39, 47
土地の面積に関する訴権　Actio de modo agri　54
土地法　Land law
　　ローマの——　Roman　46-49, 204
　　封建制の——　feudal　170-172
　　イングランドの——　English　171-76
　　　——: 莫大な損害　laesio enormis　251
ドネッルス　Donellus, Hugo　111, 192
ドマ　Domat, Jean
　　——: フランス法体系　scheme of French law　229, 231, 232, 233, 234, 235-36, 237, 238, 241, 296-97, 367（n. 49）
　　——: 分類の影響　effects of classification　253-61
トマジウス, クリスチァン　Thomasius, Christianus　188, 193, 247, 250
トーマス　Thomas, J. A. C.　145
トマス・アクィナス　Thomas Aquinas, Saint　267
トーマス・ア・ベケット　Thomas àBecket, Saint　108
ドミニカ共和国　Dominican Republic　243, 332
トラヤヌス（ローマ皇帝）　Trajan（emperor of Rome）　75
トリグランド　Trigland, T.　178
トリブス民会　Comitia tribute　19, 20
トリボニアーヌス　Tribonian　101-03, 130, 179, 191
トルコ　Turkey　3, 113, 330, 331, 335
奴隷　Slaves　368（n. 4）
　　——に関するローマ法　Roman law of　5, 34, 35, 46-51
　　財産損害としての——の傷害または殺害　harming or killing, as property damage　8, 84, 88, 134, 234
　　——として子供を売る父の権限　power of father to sell children as　11, 39
　　——の解放　manumission of　12, 15, 48-51, 66, 95, 140-41
　　——に関する責任　liability for　22, 89, 226, 235

──の養子縁組　adoption of　41
──の売却　sale of　56, 73, 75
──による相続　inheritance by　93
──と主人の殺害　and masters murder　124-26
──を叩くこと，アメリカ法　beating, U. S. law　126-30
自然法と──　natural law and　263-67
奴隷制度　Slavery　7, 199
奴隷誘惑訴権　Actio servi corrupti　88
トレバーティウス（法学者）　Trebatius (the jurist)　27, 83, 144-45
ドロテウス　Dorotheus　102, 103, 105, 179

《な》

内縁　Concubinage　34
なされるべき仕事の賃貸借（請負）　Locatio operis faciendi（hire of work）　76
ナポリ　Naples　186
（グァラノ）『ナポリ王国の慣用のためのユースティーニアーヌス法学提要講義』Praelectiones ad Institutiones Justinianiin Usum Regni Neapolitani（Lectures on Justinian'sInstitutes for the use of the Kingdom of Naples, Guarano）　233
（バスタ）『ナポリ私法提要』Institutiones iuris privati Neapolitani（Basta）　186
ナポレオン（フランス皇帝）　Napoleon I（emperor of France）　119, 130, 183, 334
『ナポレオン法典』Code Napoléon　→フランス『民法典』France : code civil を見よ

《に》

『西インド諸島のための編集』Recopilación de Indias（The compilation for the Indies）　200
『西ゴート人のローマ法』Lex Romana Visigothorum　104
西ゴート族　Visigoths　104, 197
西フリースラント　West Friesland　184, 289
『日用法書』Res cottidianae　179
日本　Japan　3, 113

《ぬ》

ヌート，ゲルハルドゥス　Noodt, Gerhardus　111, 186
『ヌヴェールの慣習』Custom of Nevers　181
ヌマ（ローマの王）　Numa（king of Rome）　11, 12

《ね》

ネラーティウス　Neratius　189
ネルウァ　Nerva　143, 144
ネロ元老院議決　Senatus consultum Neronianum　96

《の》

農奴制　Villenage　127, 128
『ノルマンディーの慣習法書』　Coutumes de Normandie（Customs of Normandy）　221
ノルマン人の征服　Norman Conquest　332

《は》

パーカー，レジナルド　Parker, Reginald　222
ハーシェル卿　Herschell, Lord　282
パーピニアーヌス（法学者）　Papinin（the jurist）　99, 104, 107, 111, 189
ハール判事　Herle, Judge　175
バイエルン　Bavaria　194
（フルーネウェーヘン）『廃止された諸法律について』　Groenewegen, De leg. Abrog.　289
売春婦　Prostitutes　80
ハイデルベルク大学　Heidelberg, University of　192
ハイネッキウス　Heineccius, Johann G.　187, 197, 199
売買契約　Sale, contract of（*emptio venditio*）　9, 24, 25, 29, 65, 72-76, 122, 149, 154, 163, 313-15, 357（n. 29）
　──：莫大な損害　*laesio enormis*　245-52
バイヤー，ゲオルク　Beyer, Georg　193, 196, 197, 203, 209
パウルス（法学者）　Paul（the jurist）　79, 99, 102, 125, 126, 143, 144, 145, 153, 165, 189, 303, 311, 317
『パウルスの断案録』　*Pauli Sententiae*（Opinions of Paul）　100, 104, 189, 229
パエトゥス，セクストゥス・アエリウス　Paetus, Sextus Aelius　26
ハカ　Jaca, Spain　300, 373（n. 50, 51）
莫大な損害　*Laesio enormis*　73, 245-52
バシリウス1世（ビザンツ皇帝）　Basil I（emperor of Byzantium）　105, 106
『バシリカ法典』　Basilica　106, 111
パスキエ，エティエンヌ　Pasquier, Etienne　253
バスタ，ジョセフス　Basta, Josephus　186
バックランド　Buckland, W. W.　308
ハドリアーヌス（ローマ皇帝）　Hadrian（emperor of Rome）　22, 28, 29, 30, 40, 48, 93, 97, 172
パピウス法　*Lex Papia*　35
ハリカルナッススのディオニュシウス　Dionysius of Halicarnassus　3, 10
ハルサ，ガーイウス・テレンティリウス　Harsa, Gaius Terentilius　12
バルトールス・デ・サクソフェルラート　Bartolus de Saxoferrato　109, 189, 306
バルドゥイヌス，フランシスクス　Balduinus, Franciscus　192
ハルメノプロス　Harmenopulos　106
破廉恥　*Infamia*　287, 288, 289, 292
ハロアンダー（人文主義法学者）　Haloander（the humanist）　111

蛮族　Barbarian tribes　104
蛮族法典　Barbarian codes　332
反対訴訟　*Iudicium contrarium*　158
パンデクテン法学者　Pandectists　106, 113
『反トリボニアーヌス』　*Antitribonianus*　190
万民法　*Ius gentium*（law of nations）　53, 179, 180, 183, 195, 262-270
（ハーウィッチ）ブリッジ卿　Bridge, Lord of Harwich　280

《ひ》
比較法　Comparative law　v-vi, 117-133, 177, 187, 302
　　──と法源　and sources of law　134-39
　　──：奴隷制度　slavery　140-42
　　──：占有　possession　142-46
　　──：契約　contracts　147-66, 320
　　──：イングランド法とローマ法　English and Roman law　308-27
東ゴート人　Ostrogoths　105
引受訴訟　*Assumpsit*　326
引渡し（所有権の移転）　*Traditio*（transfer of ownership）　53, 55, 60, 168
引渡下知令状　*Praecipe quod reddat*　323
非現行盗　*furtum nec manifestum*（Non-manifest theft）　82
非手中物　*Res nec mancipi*　44, 53, 54, 168
ピストリオ, キヌス・デ　Pistorio, Cinus de　109
ピュアフォイ対ロジャーズ事件（1671年）　*Purefoy* v. *Rogers*（1671）　123
ピュッター　Pütter, J. S.　198
ビュネ　Bugnet, J. J.　367 (n. 54)
『標準注釈』　*Glossa ordinaria*　109, 305
ピリウス　Pillius　305
（ヴァカリウス）『貧乏な学生の本』　*Liber pauperum*（Vacarius）　108

《ふ》
ファール共祭　*Confarreatio*　33, 34, 35, 37
ファール断絶祭　*Diffarreatio*　37
ファルキディウス法　*Lex Falcidia*　135
ファン・デア・リンデン, ヨハネス　Van der Linden, Johannes　184, 185
ファン・ビンケンスフック, コルネリス　Van Bynkenshoek, Cornelis　186
ファン・レーウェン, シモン　Van Leeuwen, Simon　184, 185, 215
フィリップス　Philippus, J.　195
フィリピン　Philippines　113
フィンチ, サー・ヘンリー　Finch, Sir Henry　201
フーバー, ウルリック　Huber, Ulrich　184, 185, 288, 289

フーフィウス・カニーニウス法　*Lex Fufia Caninia*　50
プーブリキウス訴権　*Actio Publiciana*　56
フーリウス法　*Lex Furia*　66, 134, 135
フエロ　Fueros　299, 300, 301, 373（n. 50）
フォン・セルコフ　Von Selchow, J. H. C.　198
不可抗力　*Vis major, Force majeure*（irresistable force）76, 242, 295, 296
不完全法　Imperfect laws　21
附合　*accessio* Accession　56
フゴリヌス　Hugolinus　302, 306
普通法　*Ius commune*　196, 221
不貞　Adultery　11, 32, 36, 37
物的担保　Real security　59-61, 358（n. 44）
フット，ヨハネス　Voet, Johannes　111, 268, 269, 286, 287, 288, 292
不動産権　Tenancy　172-74
不動産占有保持の特示命令　*Uti possidetis*　143, 145, 169
不動産役権　Praedial servitude　58-59
不文法　Unwritten law　17
普遍的法　Universal law　196
不法行為　Delicts
　　ローマ法の――　Roman law　82-91, 153, 166, 204, 233, 258, 287
　　フランス『民法典』における――　in French *code civil*　207, 222-31, 233-44, 258-61
　　ゴトフレードゥスにおける――　in Gothofredus　215, 219
不法行為法　Tort law　204, 206, 211, 212, 213, 215, 219, 325
不法損害　*Damnum iniuria datum*　82, 260
フラーウィウス，グナエウス　Flavius, Gnaeus　26
プラウトゥス　Plautus, Titus Maccius　4, 5, 8, 22, 25, 61, 151
プラエトリウス法　*Lex Plaetoria*　21, 45, 135
フラックス　Flaccus　34
ブラックストン，ウィリアム　Blackstone, Sir WLLliam　201-20, 204, 253, 254, 255-58, 363（n. 16, 17）
　　――：法律の分類　classification of law　208, 211, 253-58, 320, 339-42（付録B），368（n. 3）
（カーン―フロイント）「ブラックストンの無視された子供：雇用契約」"Blackstone's Neglected Child: The Contract of Employment"（Kahn-Freund）253
ブラッドフォード会社対ピックルズ事件（1895年）*Bradford Corporation v. Pickles*（1895）123
プラトン　Plato　330
ブラバント　Brabant　332
フランス　France
　　――における法　law in　109, 181-84, 202, 209, 304

――：『民法典』 code civil vi, 113, 147, 148, 207, 372（n. 33）
――：ローマ法の継受 Reception of Roman Law 109
――における人文主義法学 legal humanism in 188-89, 191
――：不法行為と準不法行為 delicts and quasi delicts 223-32, 233-44, 258-61
――：莫大な損害 Laesio enormis 245, 246
――：契約 contracts 293-97, 301, 355（n. 12）
――：革命 Revolution 305
（アルグー）『フランス法提要』 Institution au droit François（Institutes of French law, Argou） 183, 187, 203
フランドル Flanders 329, 332
フランドルの一般的慣習 Coutume Générale de Flandres 329
（オウクブルクの）ブランドン卿 Lord Brandon of Oakbrook 273-74, 276, 279, 280, 282
『フリースラント判決集』 Decisiones Frisicae 288
フリードリッヒ一世（ドイツ皇帝） Frederick I（emperor of the Germans） 302
フリードリッヒ大王（プロイセン王） Frederick the Great（king of Prussia） 119, 130, 330, 334, 335
プリスクス, ヤウォレーヌス Priscus, Javolenus 7
ブリソー, ジャン Brissaud, Jean 222
プリングスハイム, フリッツ Pringsheim, Fritz 308
『フリータ』 Fleta 201
ブリュージュ Bruges 372（n. 46）
不倫遺言の訴え Querella inofficiosi testamenti 95
ブルートゥス, マールクス Brutus, Marcus 5
フルーネウェーヘン, シモン・ア Groenewegen, Simon à 111, 289
ブルガールス（注釈学者） Bulgarus（the glossator） 108
『ブルグンド人のローマ法』 Lex Romana Burgundionum 105
ブルグンド族 Burgundians 104
プルターク Plutarch 10
（タリベルトンの）フレイザー卿 Fraser, Lord of Tullybelton 273, 274
プロイセン Prussia 112, 335
『プロイセン一般ラント法』 Allegemeines Landrecht für die preussischen Staaten 112
ブルーワー, ヘンドリック Brouwer, Hendryk 286-88
フローレンティーヌス Florentinus 263
プロクルス学派 Proculian school 29, 36, 53, 69, 73, 121, 164, 191, 349（n. 30）
『プロケイロス』 Procheiron 106
プロコピウス Procopius 191
ブロッケンブロー判事 Brockenbrough, Judge 128
『プロッサーの不法行為』 Prosser on Torts 240
文化人類学 Anthropology 11
文書契約 Literal contracts, Written contracts 67-69, 79, 88, 160, 162

《へ》

ベイカー　Baker, J. H.　174
ベイコン卿，フランシス　Bacon, Lord Francis　201
平民　Plebeians　3, 11, 12, 16, 20, 21, 25, 35, 41
平民会　Concilium plebis　20, 21
平民会議決　Plebiscites　17, 20, 84
ヘイル，サー・マシュー　Hale, Sir Matthew　201, 205-07, 209-14, 218, 219, 256, 257, 258, 337-38（付録A）
ベーマー　Boehmer, G. L.　304, 305
ベッケルマン　Böckelmann, J. F.　269
ペディウス，セクスティウス　Pedius, Sextius　9
ペトロニウス法　Lex Petronia　48
（シェイクスピア）『ベニスの商人』　The Merchant of Venice（Shakespeare）　15
ペポ　Pepo　107
ヘラガバルス（ローマ皇帝）　Helagabalus（emperor of Rome）　191
ベラペルティカ，ペトルス・デ　Bellapertica, Petrus de　109
ベルギー法　Belgian law　299, 328, 372（n. 46）
（ゲヴィート）『ベルギー法提要』　Institutions du Droit Belgique（Institutes of Belgian law, Ghewiet）　220, 328, 332
ヘルキュラネウム　Herculaneum　68
ヘルビッヒ，ハンス　Helwig, Hans　298
『ヘルモゲニアーヌスの勅法集』　Codex Hermogeniaanus　101, 104
ペレチウス，アントニウス　Perez, Antonio（Perezius, Antonius）　178, 203, 288
ベンサム，ジェレミー　Bentham, Jeremy　330, 335
ベンニオン，フランシス　Bennion, Francis　334
弁論術　Oratory　8

《ほ》

法　Law
　　——の発展　development of　v-vi, 11, 203, 241, 308, 321, 327
　　——：法典　codification of　12, 100-03, 112, 293, 334
　　——：法源　sources of　17-31, 131, 134-39, 167, 328-31
　　——の解釈　interpretation of　25, 27, 138
　　——：法律書　books　26, 29, 99, 103, 194
　　政府と——　governments and　117-19, 120-21, 130, 134-36, 141, 145, 302-03
　　——の伝達　communication of　118, 133, 137, 302, 328-36
　　教授と——　professors and　119, 126, 129-31, 305, 306
　　法学者と——　jurists and　123-26, 321, 327
　　裁判官と——　judges and　127-31, 132, 273, 283, 301, 322, 327
　　——：地域法提要　local institutes　180-92, 194-200

——の分類　classification of　253-61
法改正法　Law Reform (Miscellaneous Provisions) Act (1934)　276, 280
法学教育　Legal education　375 (n. 36)
法学者　Jurists
　——：ローマ法の発展　development of Roman law　4, 17, 27, 29, 118, 165, 308-09, 318, 321, 327, 328, 329, 320
　——：神官団　College of Pontiffs　25
　——と財産法　and property law　48, 52, 56, 58, 59, 60, 143-46
　——の権威　authority of　99-101, 120-22, 123, 124, 130-131, 138-39
　ユースティーニアーヌスによる——の〔著作〕編纂　Justinian's codification of　101-03
　ドイツの——　German　110, 113
　人文主義法学と——　legal humanism and　189
　——と刑事法　and criminal law　210
　——と自然法　and natural law　263
(ガーイウス)『法学提要』 *Institutes* (Gaius)　17, 29, 100, 103, 104, 140, 177, 179-180, 202, 323, 324, 348 (n. 2)
　——：財産法　property law　52-53
　——：契約法　contract law　62, 70, 78, 315, 318, 319
　——：法の分類　classification of law　52-53, 259
(コキーユ)『法学提要』 *Institution* (Coquille)　181
(ユースティーニアーヌス)『法学提要』 *Institutes* (Justinian)　vi, 17, 89, 103, 178, 180, 181, 182, 184, 188, 191, 197, 199, 200, 233
　——：契約法　contract law　62, 69, 78, 248, 259
　——：不法行為　delicts　87
　——：相続法　succession law　97
　——の不可解なこと　incomprehensibility of　137, 331
　——と地域法提要　and local law institutes　177-200, 307
　——とブラックストンの『釈義』　and Blackstone's *Commentaries*　201-20, 254, 255, 256
　——における自然法　natural law in　262, 264, 267, 268, 270, 369 (n. 5)
『法学提要集成』 *Summa Institutionum*　108
(バイエル)『法学提要と学説彙纂による市民法と，基本に立ち返り，世紀の使用に採用された封建法の概要』 *Delineatio juris civilis secundum institutions et pandectas atque feudalis ad fundamenta sua revocati et ad seculi usum accommodati* (Outline of civil law according to the Institutes and Pandects, and of feudal law, Beyer)　197
(トリグランド)『法学提要に関する法律問題』 *Examen institutionum juris* (Examination of the institutes of law, Trigland)　178
(シュトリュック)『法学提要の方法によるリューベック法について』 *De iure Lubecensi ad methodum institutionum* (On the law of Lubeck following the method of

the Institutes, Stryk) 194

（シルター）『法学における分析手法についての証拠』 *Praxis artis analyticae in jurisprudentiam* (Proof of the analytical art in jurisprudence, Schilter) 196

封建法　Feudal law　118, 172, 302-07, 373 (n. 1)

（クレイグ）『封建法』　*Ius Feudale* (Craig)　303, 305

（ゾエシウス）『封建制講義』　*Praelectiones Feudales* (Zoesius)　305

『封建法書』　*Libri Feudorum*　118, 132, 307, 359 (n. 17)

（グデリーヌス）『封建法注解』　*De Iure feudorum Commentarius* (Commentary on feudal law, Gudelinus)　305

（コッケーユス）『封建法注釈』　*Juris Feudalis Hypomnemata* (Notes on Feudal law, Coccejus)　305

（ベーマー）『封建法の原則』　*Principia Iuris Feudalis* (Principles of feudal law, Boehmer)　304

（ストリューク）『封建法の考察』　*Examen Juris Feudalis* (Examination of feudal law, Stryk)　305, 307

方式書　*Formulae* (formulary system)　23, 31, 60, 151, 160, 312, 314, 317, 318, 323

法廷　Courts

　ローマの――　Roman　4, 14, 310-12

　イングランドの――　English　174, 175-76, 312, 320, 322

法廷譲与　*In iure cessio* (transfer of ownership)　53, 54, 59, 148, 168, 323

（シュトルーヴェ）『法廷のためのローマ＝ドイツ法学』　*Jurisprudentia Romano-Germanica forensis* (Roman-German jurisprudence for the courts, Struve)　194

（ヘイル）『法の分析』　*Analysis of the Law, The* (Hale)　205, 207-210, 212, 256, 337-38 (付録A)

（トリグランド）『法の理論』　*Paedia Juris* (Doctrine of law, Trigland)　178

法の歴史　Legal history　301

放牧訴権　*Actio de pastu*　89, 228, 237

法務官　Praetors　141

　――の権限 powers of　5, 6, 42, 45, 49, 135, 142, 310

　――と法学者 and jurists　318

法務官告示 Praetor's Edict　22-23, 28, 30, 70, 89, 310

　――による法の発展 development of law by　8, 23, 93, 120, 138, 311, 375 (n. 24)

　――の下の訴訟 actions under　23, 80, 82, 83, 88, 139, 153, 158, 317

法律家 Lawyers　3, 126, 131-32, 272, 284, 308

（ショターヌス）『法律試験問題』　*Examen juridicum* (Legal examination, Schotanus)　178

法律訴訟　*Legis actiones* (actions of the law)　23, 30, 54, 60, 151, 153, 161, 323, 375 (n. 24)

保佐　Curatorship　44-45, 80

墓所侵害訴権　*Actio sepulchri violati*　52

保証契約　Suretyship　65
ポティエ，ロベール　Pothier, Robert　232, 234, 236, 237, 241, 296, 367（n. 54）
ホファッカー　Hofacker, B. C. C.　195
ホフマン　Hoffman, C. G.　198
ホメロス　Homer　164
ポラック　Polac, J. F.　197
ポリュビウス　Polybius　5
ホルテンシウス法　Lex Hortensia　20
ボローニャ　Bologna　107, 109, 178
ポロック，サー・フレデリック　Pollock, Sir Frederick　332
ポンペイ　Pompeii　67, 160
ポンポーニウス　Pomponius　17, 26, 138, 162

《ま》
マーニーリーウス，マーニウス　Manilius, Manius　5, 9, 191
埋葬　Burial　52
マクデブルク　Magdeburg　297, 300
マクネイア　McNair, A. D.　308
マケドー元老院議決　Senatus consultum Macedonianum　70
マタエウス 2 世，アントニウス　Matthaeus, Antonius, II　260, 261
マッケンジー卿　Mackenzie, Sir George,　vi, 186, 203, 233, 253, 262, 267-69
マッコーレイ卿　Macaulay, Lord Thomas Babington　330, 333
マルケッルス　Marcellus　125, 189
マルティーヌス（注釈学者）　Martinus (the glossator)　108
マン対マン事件（1918 年）　Mann v. Mann（1918）　285-93, 371（n. 29）

《み》
未完全法　Less than parfect law　21
未成熟者　Pupils　146
未成熟者補充指定　Substitutio pupillaris（Pupillary substitution）　95
ミッシュパテム　Mishpatim　14
南アフリカ　South Africa　3, 113, 185, 300, 335
　——：夫婦財産法　marital property law　285-93
南アメリカ　South America　113
ミニキウス法　Lex Minicia　135
未発生損害　Damnum infectum　229, 238
未発生損害担保問答契約　Cautio damni infecti　229-30
ミルソム　Milsom, S. F. C.　167, 242, 308, 327
民会　Comitia（assembly）　19, 28
（ドイツの）『民法典』　Bürgerliches Gesetzbuch　113, 148, 239, 245

《む》

無遺言相続　Intestate succession　97, 126
(ハイネッキウス)『昔のそして今日のドイツ法の入門』　*Elementa juris Germanici, tum veteris tum hodierni* (Elements of German law, old and contemporary, Heineccius)　197
無産者　Proletarii　19
無主物先占　*Occupatio* (occupation)　56
無体物　Incorporeal things, Incorporeal rights　53, 55, 59, 74
無名契約　Innominate contracts　78
「無名氏」　Anonymous　105
ムルロン　Mourlon, F.　235

《め》

メイトランド，フレデリック・ウィリアム　Maitland, Frederic William　332
名誉毀損　Defamation　233, 259
命令権　*Imperium*　30
命令訴権　*Actio quod iussu*　159
メイン，サー・ヘンリー　Maine, Sir Henry James Sumner　211, 362 (n. 14)
メヴィウス，ダヴィット　Mevius, David　194
メラ　Mela　9
メルシエ，ジェローム　Mercier, Jerome　182, 202

《も》

モーゼ法　Mosaic law　99
『モーゼ法とローマ法の対照』　*Collatio Legum Mosaicarum et Romanarum* (Comparison of Mosaic and Roman Laws)　99
モデスティーヌス，ヘレンニウス　Modestinus, Herennius　43, 100, 189, 191, 196
物移動訴権　*Actio rerum amotarum*　89
物の賃貸借（賃貸借）　*Locatio rei* (hire of a thing)　76
モムゼン，テオドール　Mommsen, Theodor　154, 215
モリナエウス　Molinaeus, Charles　181
モレア　Morea　373 (n. 1)
(ペルチウス)『問題別の欽定法学提要』　*Institutiones imperiales erotematibus distinctae* (Imperial institutions distinguished by questions, Perezius)　178, 204
問答契約　*Stipulatio* (stipulation, *sponsio*)　159, 162, 268, 269, 356 (n. 26, 28, 29), 359 (n. 67)
　　——の方式　form of　6, 62-3, 65-7, 69, 175, 320
　　十二表法における——　in Twelve Tables　15, 62, 150
　　——の使用　uses of　38, 64-5, 72, 75, 147, 152, 174
　　——の不適当　inadequacies of　63, 155, 158, 162-63, 355 (n. 13)

――のための訴訟　actions for　63, 65, 79, 88, 149-50, 165
　　――からの解放　release from　65

《や》
ヤーコブス（注釈学者）　Jacobus（the glossator）　108

《ゆ》
ユースティーニアーヌス1世（ビザンツ皇帝）　Justinian I（emperor of Byzantium）　35, 41, 42, 62, 119, 183, 189, 190, 376（n. 4）
　　――：法典編纂　codification of law　3, 17, 29, 89, 101, 102, 103, 104-06, 107, 118, 132, 136-37, 142, 178, 179, 203, 302, 303, 304, 312, 321, 331
　　――の法律　laws of　38, 47, 48, 54, 72, 97, 287, 289
　　人文主義法学と――　legal humanism and　191
　　――と莫大な損害　and *laesio enormis*　247-48, 249
（メルシエ）『ユースティーニアーヌス帝の法学提要に基づくフランス法の新研究』　*Remarques Nouvelles de droit François sur les institutes de l'empcreur Justinien*（New studies of French law based on the Institutes of the emperor Justinian, Mercier）　182, 202
ユースティーニアーヌスの『学説彙纂』　*Digest* (*Pandects*) of Justinian
　　――の構成　composition of　29, 101-03, 121, 125, 126, 136-37, 177, 321
　　――：契約法　contract law　62, 66, 69, 73, 75, 78, 80, 296
　　――：不法行為　delicts　82, 89, 90, 185, 226
　　ローマ法の継受における――　in Reception of Roman law　106, 107, 108, 110, 111, 112, 194
　　――：相続法　succession law　93, 96, 126, 130
　　――：法律の分類　classification of law　220, 258, 259
　　――：莫大な損害　*laesio enormis*　246-48
　　――における自然法　natural law in　262-264, 269
　　――：財産法　property law　44, 52, 55, 59, 312
　　――と封建法　and feudal law　303, 304, 305, 307
　　――の不可解なこと　incomprehensibility of　331
（ベッケルマン）『ユースティーニアーヌスの学説彙纂に関する注釈19巻』　*Commentariorum in Digesta Justiniani Libri XIX*（Nineteen books of commentaries on Justinian's Digest, Bockelmann）　269
ユースティーニアーヌスの『勅法彙纂』　Code of Justinian　101, 177, 178, 193
　　――の構成　composition of　96, 102, 105, 106, 108, 136-38, 321
　　――：莫大な損害　laesio enormis　246, 247, 248
　　――における自然法　natural law in　262, 264
　　――と封建法　and feudal law　304, 305
　　――の不可解なこと　incomprehensibility of　331

(パスキエ)『ユースティーニアーヌスの法学提要の解釈』 Interprétation des Institutes de Justinien (Pasquier) 253
(フィリップス)『ユースティーニアーヌスの法学提要の実務的慣用』 Usus practicus institutionum Justinianearum (Practical usage of Justinian's Institutes, Philippus) 195
(フット)『ユースティーニアーヌスの法学提要の順序に従った法の要素』 Elementa Juris secundum ordinem Institutionum Justiniani (Elements of law following the order of Justinian's Institutes, Voet) 268
『ユースティーニアーヌス法典をイタリアに施行する旨の国事詔勅』 Sanctio pragmatica pro petitione Vigilii 106
ユースティーヌス(ビザンツ皇帝) Justin (emperor of Byzantium) 35, 101
有体物 Corporeal things 53
ユーニウス・ノルバーヌス法 Lex Junia Norbana 49, 50
ユーリアーヌス(法学者) Julian (the jurist) 18, 28, 189, 353 (n. 26)
ユーリウス・ティティウス法 Lex Iulia et Titia 42
(プラウトゥス)『幽霊屋敷』 Mostellaria (Plautus) 4
ユグノー教徒 Huguenots 111, 192
ユダヤ人 Jews 35

《よ》

用益権 Usufruct 47, 59
(他権者)養子縁組 Adoption 33, 40
要物契約 Real contracts 69-71
ヨーロッパ Europe
　　——：法制度 legal systems 3, 120, 221
　　——：ローマ法の継受 Reception of Roman Law 109-10, 118, 233-34, 330
　　——：刑事法 criminal law 260
「4博士」 "Four doctors" 108

《ら》

ライプチッヒ Leipzig 372 (n. 45)
ライプニッツ, ゴットフリード Leibnitz, Gottfried 112
ラヴェネイオ, ヤコブス・デ Raveneio, Jacobus de 109
ラテレンシス, オタキリア Laterensis, Otacilia 88
ラテン権 Latin rights 48
ラテン語 Latin 137, 331, 376 (n. 5)
(クナウスト)『ラテン語＝ドイツ語問題集』 Latino-Germanica Erotemata (Latin-Germanic questions, Knaust) 178
ラベオー(法学者) Labeo (the jurist) 27, 88, 123, 144, 145
ラングバイン Langbein, John B. 211, 214

邦語索引　　　　　　　　　　　　　447

《り》

離婚　Divorce　6, 7, 11, 36-38, 39, 335
（不当）利得返還請求訴権　*Condictio*　66, 67, 70, 79, 151-52, 312
理由開示令状　*Ostensurus quare*　325
流出投下物訴権　*Actio de effusis vel deiectis*　89, 228, 234, 236, 367（n. 49）
リューベック　Lübeck　194
梁木組立訴権　*Actio de tigno iniuncto*　89
「理論的継受」　theoretial Reception　192

《る》

ルイジアナ　Louisiana　3, 113
ルイ 14 世（フランス国王）　Louis XIV（king of France）　182
ルークッルス，マールクス　Lucullus, Marcus　24, 84
（プラウトゥス）「ルーデンス」　*Rudens*（Plautus）　151
ルガ，スプリウス・カルウィリウス　Ruga, Sprius Carvilius　36, 38
ルネッサンス　Renaissance　110
ルンデ　Runde, J. F.　198

《れ》

令状制度　Writ system　316, 325-26
（イサウリアの）レオ 3 世（ビザンツ皇帝）　Leo III the Isaurian（emperor of Byzantium）
　　105
レッケスヴィント（西ゴート王）　Recceswind（king of the Visigoths）　104
『レッケスヴィントの西ゴート人法』　*Lex Visigothorum Recesvindiana*　104
レティウス　Rhetius, J. F.　195

《ろ》

浪費者　Prodigals　15, 45
労務の賃貸借（雇用）　*Locatio operarum*（hire of services）　77
ローソン　Lawson, F. H.　187
ローマ　Rome
　　――の王　kings of　3, 7, 10-13
　　――の建国　foundation of　3, 10
　　――における法に対する関心　interest in law in　3-6, 7-9
　　――：帝国　Empire　5, 18, 19, 18, 29-30, 86
　　――：共和政　Republic　7, 8, 11, 18, 19-27, 120, 190
　　――：キリスト教への改宗　conversion to Christianity　7, 37, 99
　　――：市民権　citizenship　12, 24, 30, 34, 48, 49, 50, 325
　　――：内戦　civil war　24
ローマ＝オランダ法　Roman-Dutch law　285-92, 300

(ファン・レーウェン)『ローマ=オランダ法』 *Roomsch Hollandsch recht, Het* (Roman-Dutch law, van Leeuwen)　184, 185

(クライサー)『ローマ=選定侯領バイエルン法提要』 *Institutiones iuris Romano-Bavarici electoralis* (Institutes of the electoral Roman-Bavarian law, Khraisser)　194

(ホファッカー)『ローマ=ドイツ市民法の諸原則』 *Principia iuris civilis Romano-Germanici* (Principles of Roman-German civil law, Hofacker)　195

(シュトゥルーヴェ)『ローマ=ドイツ法学』 *Jurisprudentia Romano-Germanica* (Roman-German jurisprudence)　198

ローマ法　Roman law　132, 186
　　――：王法　laws of the kings　10-13
　　――：家族法　family law　32-45
　　――：擬制　fiction　324
　　――：契約　contracts　62-81, 134, 147-66, 174-76, 258, 268, 296, 320
　　――：財産　property　52-61, 142-46, 168, 172, 284
　　――：裁判制度　court system　309-12, 322-24, 327
　　――：十二表法　Twelve Tables　12-16
　　――：相続　succession　92-98, 100, 125-26, 135, 167
　　――：訴訟手続　procedure　313-16, 316-18, 372 (n. 24)
　　――と宗教　and religion　6, 7
　　――：土地　land　167-70, 173
　　――と普遍的法　and universal law　191
　　――と，ブラックストンとヘイル　and Blackstone and Hale　205, 210, 211, 217, 220
　　――：奴隷制度　slavery　46-51
　　――の影響　influence of　v-vi, 3, 104-13, 107, 177, 180, 300
　　――の衰退　decline of　100-01
　　――の発展，法務官と――　development of, praetors and　8
　　――の発展，と法学者――　development of, jurists and　4, 17, 27, 29, 119, 120, 165, 308-09, 318, 321, 327, 328, 329, 330
　　――の分類　classification of　187, 258-61
　　――の下での責任　liability under　226-34, 235-41, 237, 243
　　――：莫大な損害　laesio enormis　245, 247, 249, 251
　　――．破廉恥　infamia　287
　　――：万民法　ius gentium　267-70
　　――：法教育　legal education　375 (n. 36)
　　――：法源　sources of law　17-31
　　――：不法行為　delicts　82-91, 215, 233, 258
　　――：ユースティーニアーヌスの法典編纂　Justinian's codification　101-03
　　ヨーロッパ法典における――　in european code　181, 189, 190, 191, 192, 198-199, 222, 335

『ローマ法大全』 *Corpus Juris Civilis*　218

——の構成　composition of　103, 321
　　人文主義法学者と——　legal humanists and　110, 112, 189, 190-91, 196
　　ローマ法の継受における——　in Reception of Roman law　118, 120, 131-32, 177, 178,
　　　180, 186, 192, 197, 198, 199, 203, 226, 285, 296
　　——：ゴトフレードゥス版　Gothofredus edition　214-17
　　——：莫大な損害　laesio enormis　246
　　自然法における——　natural law in　262, 263
　　——と封建法　and feudal law　302, 304, 305, 306
（コルヴィヌス）『ローマ法入門』　Elementa juris civilis　(Elements of civil law, Corvinus)
　　178
「ローマ法の継受」　"Reception of Roman Law"　109, 118, 120, 185, 199, 222
ローロフ対オーシャン損害保険会社事件（1960年）　Robloff v. Ocean Accident &
　　Guarantee Corp., Ltd.（1960）　292, 371（n. 29）
ロゲリウス　Rogerius　108
『ロ・コディ』　Lo Codi　108
ロスキル卿　Roskill, Lord　273-79, 282
「ロタール伝説」　Lotharian legend　196
（ハルメノプロス）『六巻書』　Hexabiblos　(Harmenopulos)　106
ロペス，グレゴリオ　López, Gregorio　267
『ロマーニア裁判書』　Assizes of Romania　373（n. 1）
ロムルス　Romulus　3, 10, 11, 12, 25
ロムルス・アウグストゥルス（ローマ皇帝）　Romulus Augustulus（emperor of Rome）
　　104
ロワゼル，アントワヌ　Loysel, Antoyne　183, 209
ロンドン，チャタムおよびドーヴァー鉄道会社対南東鉄道会社事件（1893年）　London,
　　Chatham and Dover Railway Co. v. The South Eastern Railway Co.（1893）　274,
　　279, 282
ロンバルド法　Lombard law　107, 303, 304

《わ》

ワッロー，ガーイウス・ウィセリウス　Varro, Gaius Visellius　88, 156
ワトソン卿　Watson, Lord　283

〈翻訳者紹介〉

瀧澤栄治（たきざわ・えいじ）
　神戸大学大学院法学研究科教授

樺島正法（かばしま・まさのり）
　弁護士

アラン・ワトソン　ローマ法と比較法
2006（平成18）年3月15日　初版第1刷発行

著者　アラン・ワトソン
訳者　瀧澤　栄治
　　　樺島　正法
発行者　今井　　貴
　　　　渡辺　左近
発行所　信山社出版
〒113-0033　東京都文京区本郷6-2-9-102東大正門前
TEL 03 (3818) 1019
FAX 03 (3818) 0344

Printed in Japan

©瀧澤栄治・樺島正法, 2006.　印刷・製本／松澤印刷・大三製本

ISBN 4-7972-2436-3　C3332

―― 信山社 ――

来栖三郎著作集Ⅰ　法律家・法の解釈・財産法　財産法判例評釈⑴〔総則・物権〕

来栖三郎著作集Ⅱ　契約法　財産法判例評釈⑵〔債権・その他〕

来栖三郎著作集Ⅲ　家族法　家族法判例評釈〔親族・相続〕

来栖三郎 著　本体各一二〇〇〇円

椿 寿夫著作集Ⅰ　多数当事者の債権関係

椿 寿夫 著　本体一二〇〇〇円
（全二〇巻予定）

民法研究　第一巻　広中俊雄責任編集　本体二五〇〇円
民法研究　第二巻　広中俊雄責任編集　本体三〇〇〇円
民法研究　第三巻　広中俊雄責任編集　本体三〇〇〇円
民法研究　第四巻　広中俊雄責任編集　本体三〇〇〇円

― 信山社 ―

小山昇著作集（全一三巻・別巻二巻）

第一巻　訴訟物の研究
第二巻　判決効の研究
第三巻　訴訟行為・立証責任・訴訟要件の研究
第四巻　多数当事者訴訟の研究
第五巻　追加請求の研究
第六巻　仲裁の研究
第七巻　民事調停・和解の研究
第八巻　家事事件の研究
第九巻　保全・執行・破産の研究
第一〇巻　判決の瑕疵の研究
第一一巻　民事裁判の本質を探して
第一二巻　よき司法を求めて
第一三巻　余録・随想・書評
別巻1　裁判と法
別巻2　法の発生

本体価格（税別）
三七七二八円
二二〇〇円
二四〇〇円
一二二〇〇円
一一〇〇円
四四〇〇円
一二二〇円
三五〇〇円
一四〇〇円
二〇〇〇円
一五五三〇円
一五〇〇円
一四〇〇円
五〇〇〇円
七二〇〇円

― 信山社 ―

広中俊雄編著

日本民法典資料集成 第一巻
第一部 民法典編纂の新方針

本体一〇万円（梱包送料消費税込一一万円・直販のみ）

◆日本民法典編纂史研究の初期史料集の決定版◆

〈全一五巻〉

第一部 民法典編纂の新方針（第一巻）・第二部 修正原案とその審議（第二巻 総則編関係／第三巻 物権編関係／第四巻 債権編関係上／第五巻 債権編関係下／第六巻 親族編関係上／第七巻 親族編関係下／第八巻 相続編関係）・第三部 整理議案とその審議（第九巻）・第四部 民法修正案の理由書（第一〇巻）・第五部 民法修正の参考資料（第一一巻 前三編関係／第一二巻 後二編関係／第一三巻 入会権資料／第一四巻 身分法資料／諸他の資料）・第六部 帝国議会の法案審議―附表 民法修正案条文の変遷（第一五巻）